Olympus OM-D E-M10 Mark IV

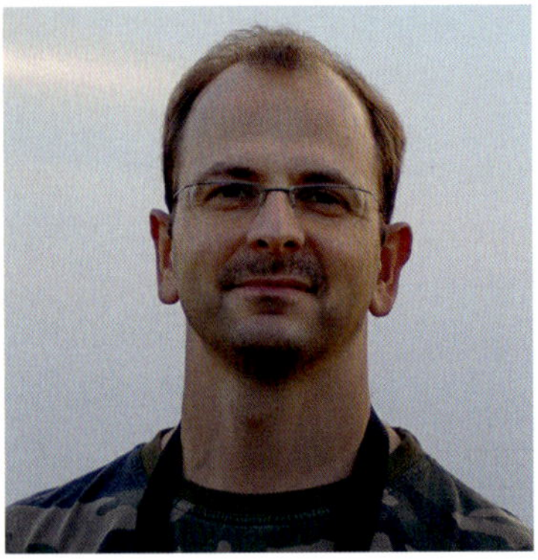

Frank Exner ist Fotofachbuchautor und Betreiber eines Kameraforums. Er verfügt über einen umfassenden Erfahrungsschatz aus über 30 Jahren Fotografie. Sein Fachwissen hat er bereits in zahlreichen Kamerabüchern unter Beweis gestellt. Seine fotografischen Schwerpunkte liegen in der Natur-, Sport- und Porträtfotografie. Er hat zahlreiche Bücher zu Sony- und Olympus-Kameras verfasst, beim dpunkt.verlag sind von ihm Bücher und Pocket Guides erschienen.

Frank Exner

Olympus OM-D E-M10 Mark IV

Das Handbuch zur Kamera

dpunkt.verlag

Frank Exner
www.frank-exner.com

Lektorat: Rudolf Krahm
Copy-Editing: Alexander Reischert, *www.aluan.de*
Satz: Ulrich Borstelmann, *www.borstelmann.de*
Herstellung: Stefanie Weidner
Umschlaggestaltung: Helmut Kraus, *www.exclam.de*, unter Verwendung eines Produktfotos der Firma Olympus
Druck und Bindung: Firmengruppe APPL, aprinta Druck, Wemding

Bibliografische Information der Deutschen Nationalbibliothek
Die Deutsche Nationalbibliothek verzeichnet diese Publikation in der Deutschen Nationalbibliografie; detaillierte bibliografische Daten sind im Internet über *http://dnb.d-nb.de* abrufbar.

ISBN:
Print 978-3-86490-823-1
PDF 978-3-96910-155-1
ePub 978-3-96910-156-8
mobi 978-3-96910-157-5

1. Auflage 2021

Wieblinger Weg 17
69123 Heidelberg

Hinweis:
Der Umwelt zuliebe verzichten wir auf die Einschweißfolie.

Schreiben Sie uns:
Falls Sie Anregungen, Wünsche und Kommentare haben, lassen Sie es uns wissen: *hallo@dpunkt.de*

5 4 3 2 1 0

Vorwort

Wer großen Wert auf Einstellbarkeit bis ins Detail legt, der ist mit der OM-D E-M10 Mark IV von Olympus bestens bedient. Unglaublich kompakt und mit klassischem Design zeigt dieses kleine Funktionswunder, was heutzutage machbar ist. Die Qualität der Fotos und Videos erreicht dabei Spiegelreflexkamera-Niveau. Trotz ihres soliden Gehäuses ist die Kamera angenehm leicht, sodass man sie gerne überall hin mitnehmen und bequem tolle Fotos und Videos machen kann. 4K-Videoaufnahmen, der Hochgeschwindigkeitsautofokus sowie die Möglichkeit, Panoramen direkt aus der Kamera zu erhalten, sind nur drei der vielen herausragenden Funktionen und Verbesserungen der OM-D E-M10 Mark IV.

Dieses Buches soll Sie dabei unterstützen, die OM-D E-M10 Mark IV mit ihrem ganzen Potenzial kennenzulernen, und möchte Sie mit diesem Wissen zu überzeugenden Bildergebnissen führen. Aber warum überhaupt ein Buch, wenn es doch eine Bedienungsanleitung gibt? Auf den folgenden Seiten werden viele Funktionen, die die Bedienungsanleitung nur anreißt, wesentlich detaillierter erklärt. Zudem erhalten Sie vielerlei Hinweise zu Einstellungen für konkrete Aufnahmesituationen und zahlreiche Tipps für die Fotopraxis. Schritt-für-Schritt-Anleitungen erleichtern Ihnen das konkrete Einstellen und Anpassen der verschiedenen Funktionen und Menüpunkte. Darüber hinaus werden typische wie auch ganz spezielle Einsatzfälle des Fotoalltags beschrieben und erklärt, wie Sie diese mit Ihrer OM-D E-M10 Mark IV meistern. So sind Sie auch in schwierigen Fotosituationen, etwa dem Fotografieren in der Nacht oder bei Gegenlicht, erfolgreich und perfektionieren nebenbei Ihre Fototechnik. Und wenn Sie die Technik erst beherrschen, steht Ihrer Kreativität nichts mehr im Wege, um großartige und überzeugende Fotos zu machen. In dieses Buch sind meine Erfahrungen, die ich in den letzten 35 Jahren in der Fotografie gesammelt habe, natürlich mit eingeflossen.

An dieser Stelle möchte ich mich besonders bei meinem Lektor Rudolf Krahm und dem Team vom dpunkt.verlag bedanken. Ohne die vielen Menschen, die mich beim Schreibprozess fleißig unterstützt haben, wäre dieses Buch wohl nicht das, was es nun geworden ist.

Wenn Sie sich über meine weitere Arbeit informieren möchten, dann schauen Sie gern auf meiner Website vorbei: *www.frank-exner.com*

Ich wünsche Ihnen nun viel Spaß bei der Lektüre dieses Buches und beim Fotografieren mit Ihrer Olympus OM-D E-M10 Mark IV!

Ihr Frank Exner
Januar 2021

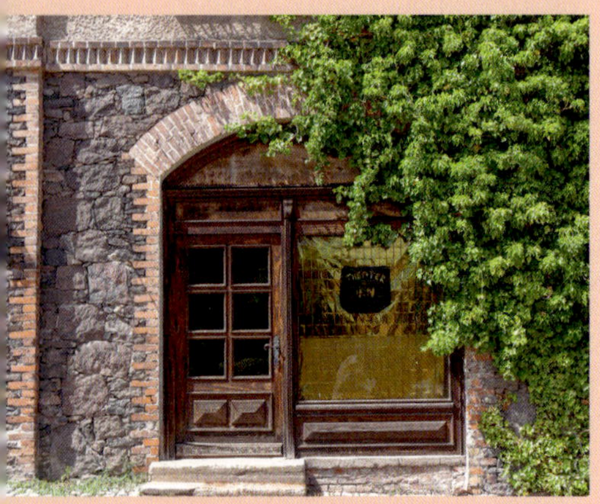

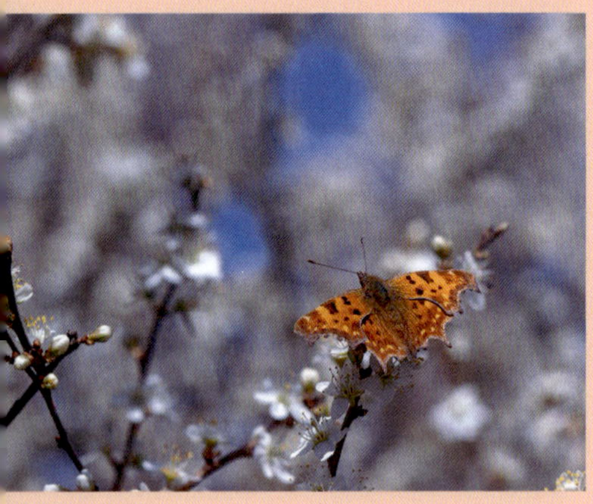

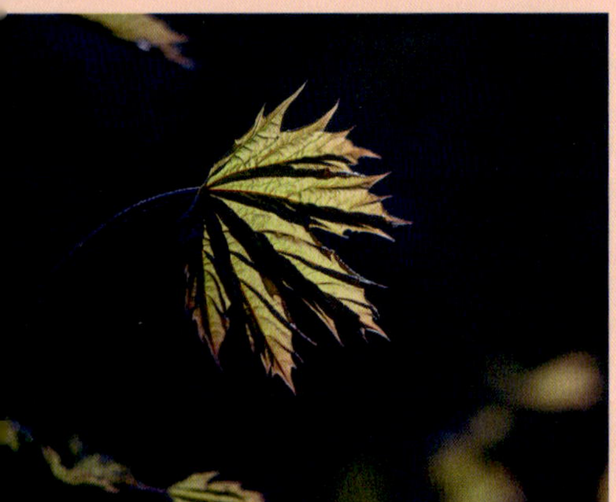

Inhaltsverzeichnis

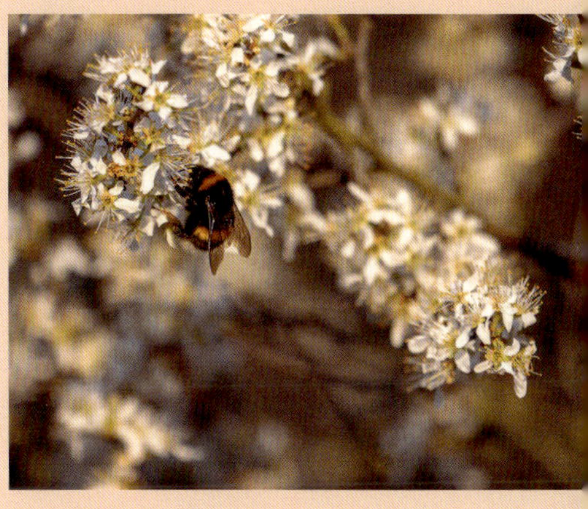

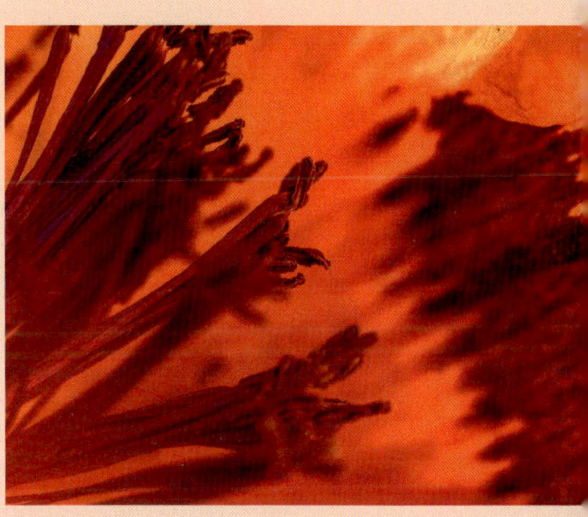

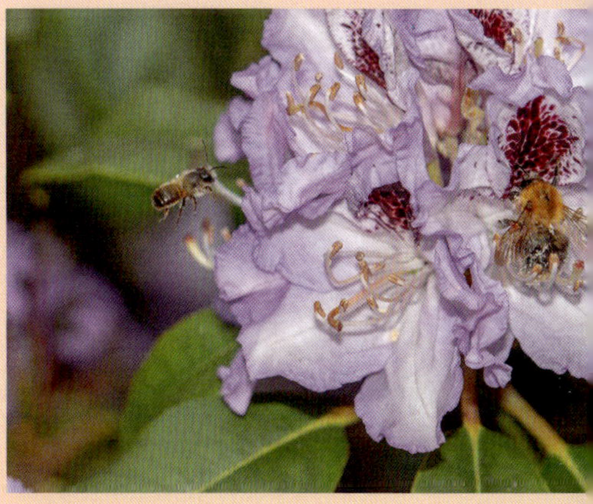

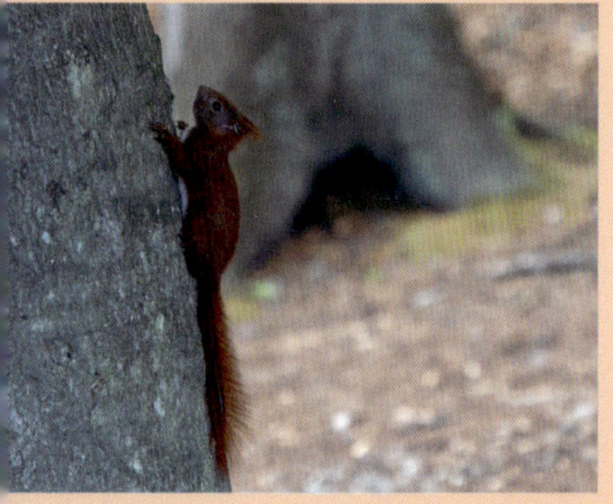

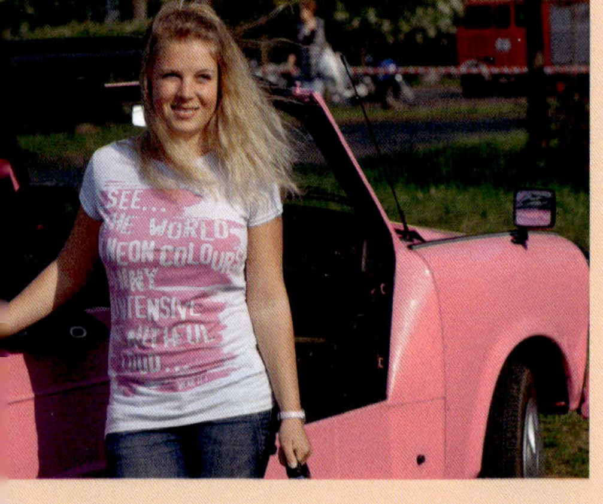

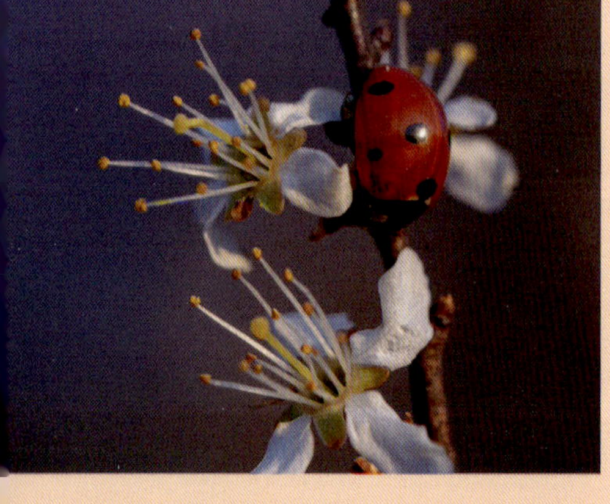

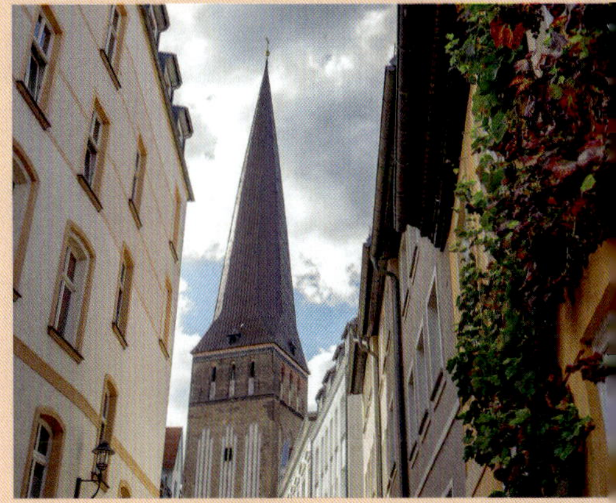

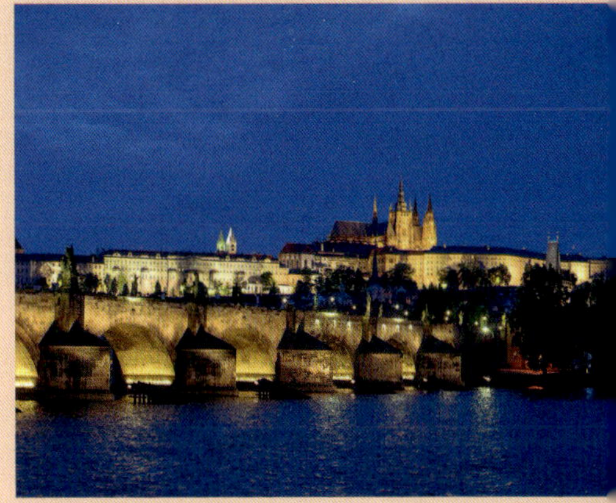

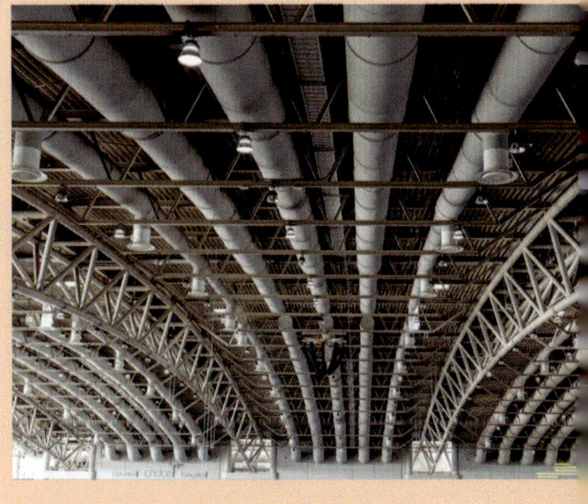

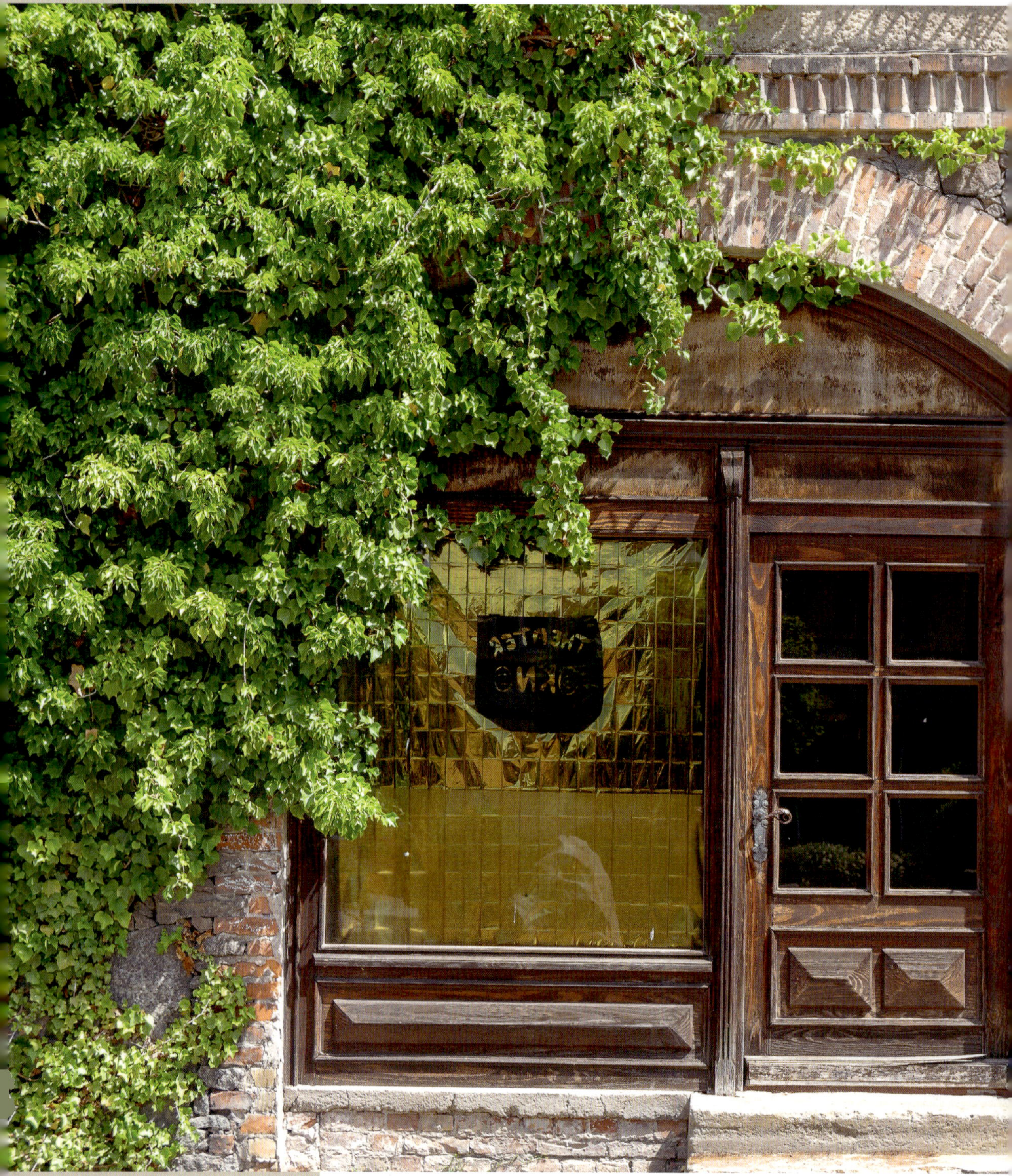

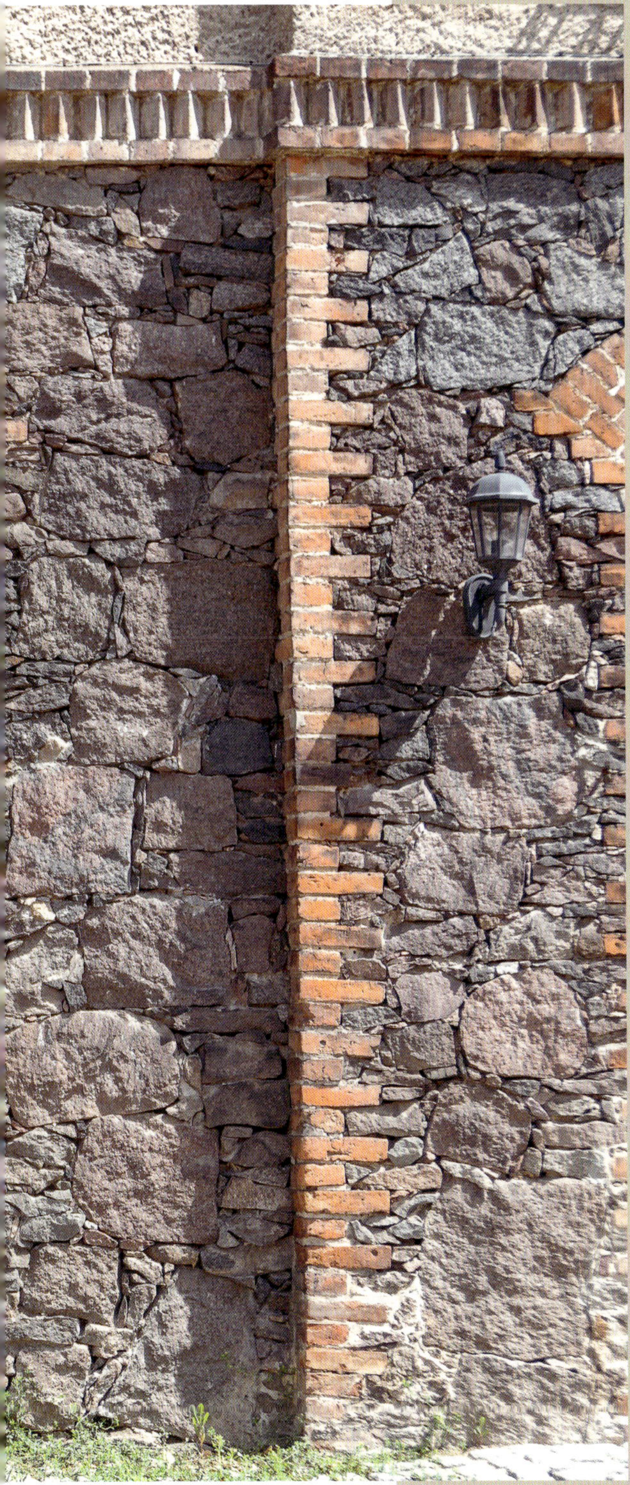

1 Der schnelle Einstieg

Dieses Kapitel gibt einen Einblick in die Technik der OM-D E-M10 Mark IV. Das Ziel dabei ist es, Ihnen einen perfekten Einstieg in das Fotografieren mit der OM-D E-M10 Mark IV zu ermöglichen. Sie lernen die wichtigsten Bedienelemente kennen und erfahren, wie Sie die Kamera am besten für den Fotoalltag vorbereiten. Dazu gehört auch der sichere Umgang mit dem Kameramenü. Konfigurieren Sie Datum, Uhrzeit und akustische Signale. Auch werden Tipps zum Stromsparen gegeben. Außerdem wird vermittelt, welches Dateiformat für welchen Anwendungsfall das sinnvollste ist.

34 mm | f4 | 1/250 s | ISO 100

1.1 Das alles steckt in Ihrer Kamera

Olympus bringt nach drei Jahren Entwicklungszeit das überarbeitete Modell der OM-D E-M10 Mark III auf den Markt. Die OM-D E-M10 Mark IV wartet nun mit 20 Megapixel auf, was eine leichte Erhöhung zu den 16 Megapixeln des Vorgängermodells bedeutet. Damit werden Ihre Aufnahmen noch detailreicher.

Der Bildstabilisator wurde leicht verbessert und nun ist ein echter Panorama-Modus verfügbar. Auch der Autofokus wurde nochmals optimiert. Neben dem mechanischen steht nun auch ein elektronischer Verschluss zur Verfügung. Damit sind Verschlusszeiten bis zu 1/16.000s machbar.

Das Herzstück der OM-D E-M10 Mark IV: der Sensor

Bei einer Größe von 17,3×13mm (Four-Thirds-Standard) liefert der Live-MOS-Sensor der OM-D E-M10 Mark IV Daten von 20,3 Mio. Pixeln. Hochwertige Ausdrucke sind so bis zu DIN A2 möglich. Bei kleineren Ausdruckformaten besitzen Sie genügend Spielraum für den Beschnitt der Fotos.

Der Empfindlichkeitsbereich des Sensors erstreckt sich wie bisher von ISO 200 bis ISO 25.600 (die Einstellung *LOW* entspricht ISO 100). Bis ISO 3200 kann das Rauschen des Sensors als gering eingeschätzt werden. Die Datenaufbereitung übernimmt der bekannte Prozessor TruePic VIII. Vor Staub wird der Sensor der OM-D E-M10 Mark IV mittels *Supersonic Wave Filter* geschützt.

Monitor und Sucher

Der elektronische Sucher der OM-D E-M10 Mark IV liefert eine Auflösung von 2,36 Mio. Pixeln, was ein scharfes Sucherbild garantiert. Der Monitor kommt mit 1,037 Mio. Pixeln daher und ist nun auch nach unten klappbar, was für Vlogger (Video-Bloggern) und bei Selfies hilfreich ist. Der Monitor ist als Touchscreen ausgelegt. Eine Bedienung der Kamera per Fingertipp direkt auf dem Monitor ist damit möglich. Der Sucher und der Monitor bieten ein 100%-Bildfeld. Es werden Ihnen also keine Randbereiche vorenthalten und Sie sehen genau das, was auch später auf dem Bild zu sehen ist. Wichtig für Brillenträger: Am Sucher lässt sich eine Dioptrienkorrektur von –4 bis +2 Dioptrien einstellen. So können Sie bequem auch ohne Brille fotografieren.

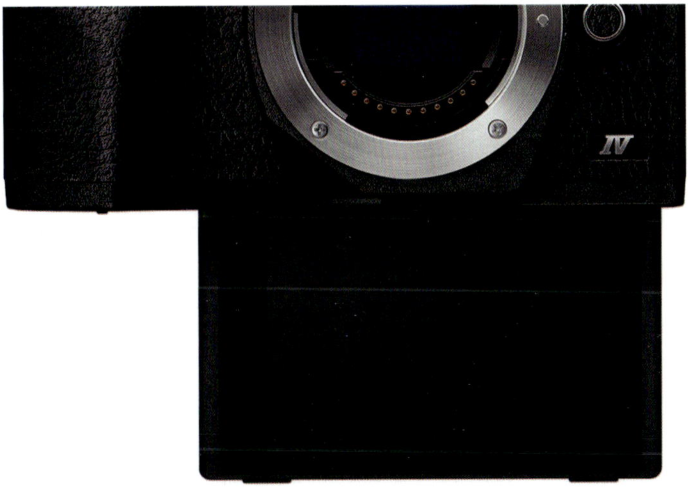

Abbildung 1.1: Der Monitor lässt sich nach oben und unten schwenken. Neu ist eine »Selfie-Stellung« des Monitors. Per Fingertipp auf den Touchscreen können Sie die Kamera bedienen (Bild: Olympus).

WLAN-Verbindungen

Die OM-D E-M10 Mark IV verfügt über die Möglichkeit, drahtlos eine Verbindung zum Smartphone oder ähnlichen Geräten herzustellen. Fotos und Videos können so leicht übertragen werden. Ebenso leicht lässt sich die OM-D E-M10 Mark IV per Smartphone fernsteuern. Eine Kopplung der Geräte mit der OM-D E-M10 Mark IV per NFC (*Near Field Communication*, Nahfeldkommunikation) ist nicht vorgesehen. Zur einfachen Kopplung wird hier stattdessen ein QR-Code verwendet. Detaillierte Informationen zur WLAN-Verbindung finden Sie im Abschnitt »Die WLAN-Funktion einrichten« ab Seite 236.

Bluetooth

Der OM-D E-M10 Mark IV wurde von Olympus ein Bluetooth-Modul (Low Energy Version 4.2) mitgegeben. Koppeln Sie einfach Ihr Smartphone mit der Kamera und übertragen Sie so die Standorte der Bildaufnahmen in die Bilddateien. Später können Sie am Computer diese Daten auslesen und dadurch erkennen, wo die Bilder aufgenommen wurden.

Bildstabilisator

Ein Highlight der OM-D E-M10 Mark IV ist sicherlich der Bildstabilisator. Er arbeitet in fünf Richtungen, kann also horizontale und vertikale Verwacklungen, aber auch solche durch leichtes Kippen der Kamera nach vorn und hinten ausgleichen. Einem Verwackeln etwa bei wenig Licht und damit längeren Belichtungszeiten wird so wirkungsvoll entgegengewirkt.

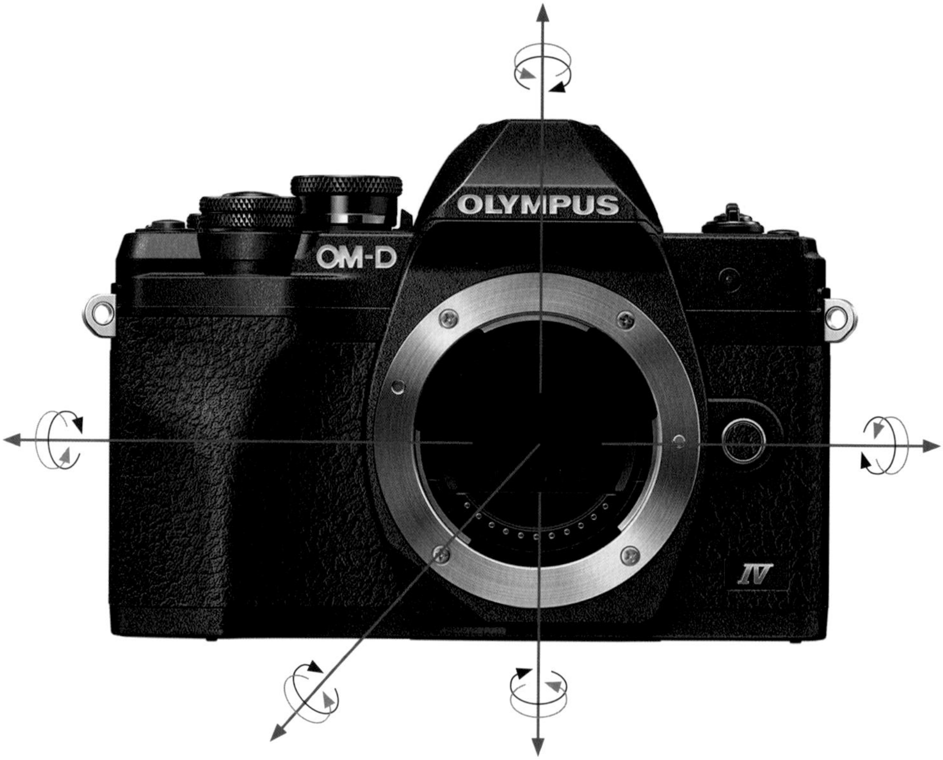

Abbildung 1.2: Der Sensor der OM-D E-M10 Mark IV lässt sich über Elektromagneten bewegen und kann so ungewollte Kamerabewegungen ausgleichen (Bild: Olympus).

Wo bei anderen Systemen schon die Arbeit mit Stativen notwendig wird, nehmen Sie mit der OM-D E-M10 Mark IV noch verwacklungsfreie Bilder oder Videos per Hand auf. Detaillierte Informationen zum Bildstabilisator finden Sie im Abschnitt »Schärfere Bilder dank Bildstabilisator« ab Seite 71.

Gehäuse

Die OM-D E-M10 Mark IV besteht aus einem stabilen und trotzdem nur 383 Gramm (inkl. Akku und Speicherkarte) wiegenden leichten Gehäuse. Die Haptik ist sehr angenehm und wertig. Trotz des recht kleinen Gehäuses lässt sich die Kamera sehr gut halten, wenn man kleine bis mittelgroße Hände hat. Für größere Hände oder eine längere Laufzeit der Kamera bietet sich der Einsatz eines Kameragriffes an.

1.2 Praxistipps für die effiziente Kamerabedienung

In den folgenden Abschnitten soll der Grundstein für den kreativen Umgang mit Ihrer OM-D E-M10 Mark IV gelegt werden. Um schnell in das Fotovergnügen einzusteigen, ist es von Vorteil, sich mit den wichtigsten Bedienelementen und Kameraeinstellungen vertraut zu machen. Deshalb gebe ich Ihnen hier einen Überblick und gehe auf die wichtigsten Einstellungen auch schon kurz ein. Im Laufe des Buches erfahren Sie dann alles über die Funktionen.

Die Bedienelemente der OM-D E-M10 Mark IV

Die OM-D E-M10 Mark IV verfügt über eine gute Ausstattung mit zahlreichen Bedienelementen und drei programmierbaren Funktionstasten. Damit Sie immer schnell und sicher die richtige Taste oder den passenden Schalter zur gesuchten Funktion finden, erhalten Sie in diesem Abschnitt einen Überblick über die vorhandenen Bedienelemente. In den folgenden Abschnitten lernen Sie dann die verschiedenen Funktionen im Detail kennen. Schalten Sie die Kamera mithilfe des An-/Aus-Hebels zunächst ein.

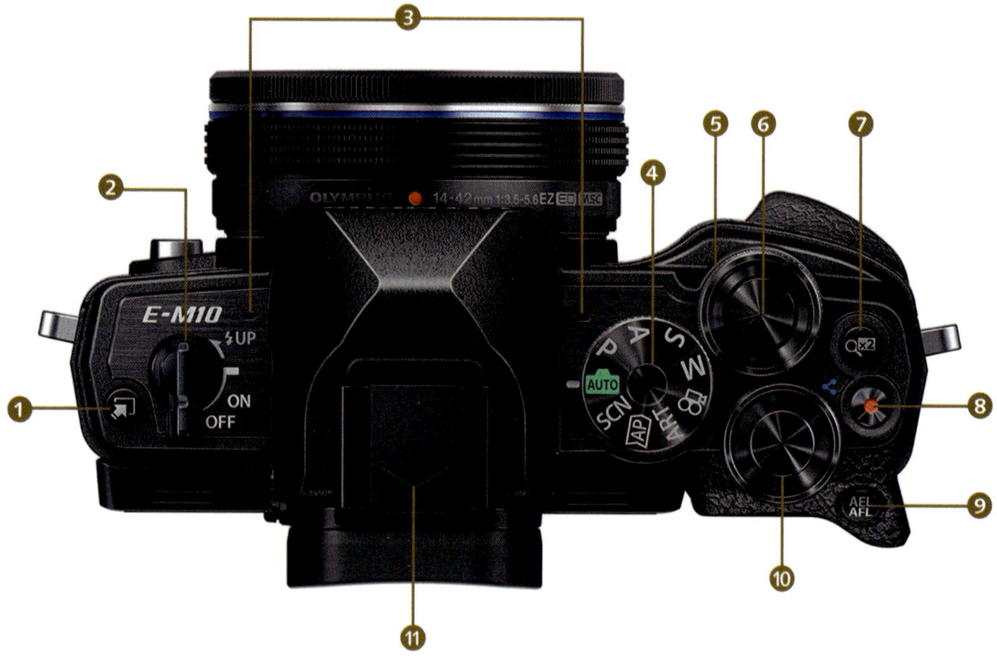

Abbildung 1.3: Die OM-D E-M10 Mark IV bietet Ihnen zahlreiche Bedienelemente, die zum Teil auch programmierbar sind (Bild: Olympus).

1. Taste *Kurzwahl* zur Funktionsauswahl, abhängig vom gewählten Programm.
2. Mit dem Ein-/Aus-Hebel (*ON/OFF*) schalten Sie die Kamera ein bzw. wieder aus. In Stellung *UP* lässt sich das interne Blitzberät ausklappen.
3. Die beiden Mikrofone (Stereo) dienen der Aufzeichnung des Tons beim Filmen.
4. Programmwählscheibe zum Einstellen der einzelnen Programme und zum Abrufen der Programmspeicherplätze
5. Vorderes Einstellrad mit verschiedenen Funktionen wie z. B. Blendenwahl im Programm *A* oder Belichtungszeitwahl im Programm *S*
6. Auslöser zum Scharfstellen (bei halb gedrücktem Druckknopf) und Starten des Auslösevorgangs
7. Taste *Digitaler Konverter* zur Nutzung des Digitalzooms. Eine zweifache (digitale) Vergrößerung ist hier einstellbar.
8. Video-Taste zum Starten und Stoppen einer Videoaufnahme. Im Wiedergabemodus können Sie mit dieser Taste Bilder auf ein Smartphone übertragen und in soziale Netzwerke freigeben.
9. *AEL/AFL*-Taste zur Speicherung der Belichtung bzw. des Fokus
10. Hinteres Einstellrad, siehe 5
11. Anschluss für externes Blitzgerät

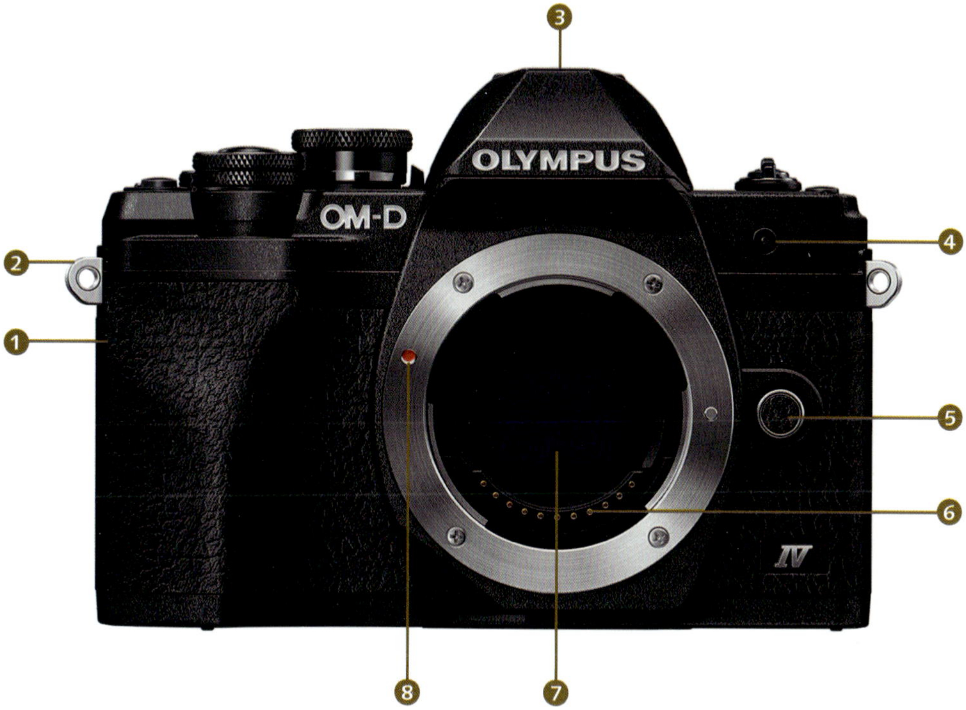

Abbildung 1.4: Die OM-D E-M10 Mark IV von vorn (Bild: Olympus)

1. Anschlussabdeckung für HDMI- und USB-Anschluss
2. Die Ösen dienen der Befestigung z. B. eines Schulterriemens.
3. Mit dem ausklappbaren internen Blitzgerät können Sie aus nächster Nähe das Motiv aufhellen, wenn z. B. nicht genug natürliches Licht zur Verfügung steht.
4. Das Selbstauslöser-Lämpchen signalisiert das Ablaufen der Zeit bei einem Selbstauslösevorgang. Die zweite Aufgabe dieser LED ist die Aufhellung der näheren Umgebung, um den Autofokus bei wenig Licht zu unterstützen.
5. Bei gedrücktem Objektiventriegelungsknopf können Sie das Objektiv entriegeln und dann nach links abschrauben.
6. Hier befinden sich die Kontakte für die Spannungsversorgung und Steuerung des Objektivs.
7. Der Bildsensor ist für die Aufnahmen der Bilder bzw. Videos zuständig.
8. Diese Markierung muss beim Ansetzen des Objektivs mit der Markierung am Objektiv übereinstimmen.

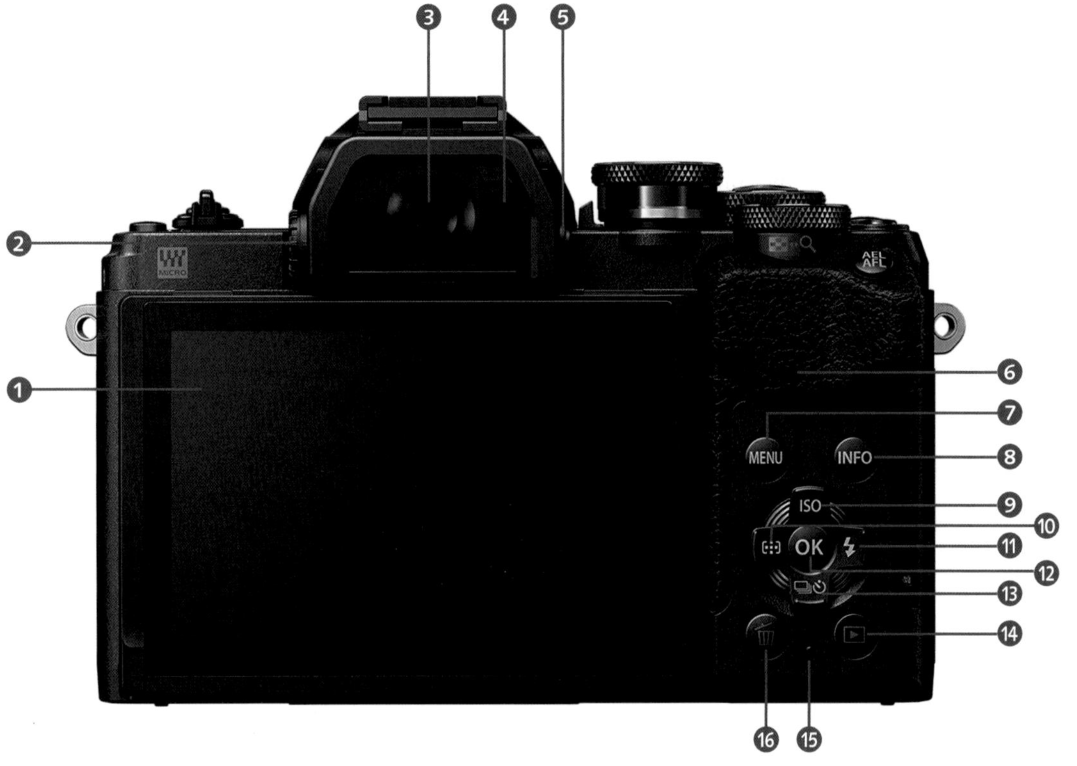

Abbildung 1.5: Die OM-D E-M10 Mark IV von hinten (Bild: Olympus)

❶ 3-Zoll-TFT-LCD-Monitor mit Touchscreen zur Bedienung der Kamera per Fingertipp.

❷ Mit dem Dioptrieneinstellrad geben Sie als Brillenträger Ihre Dioptrienstärke vor, falls Sie ohne Brille fotografieren möchten.

❸ Mit dem elektronischen Sucher sehen Sie das Echtzeitbild in 100%-Größe. Auch bei schwierigen Lichtsituationen wie Gegenlicht haben Sie so alles im Griff.

❹ Der Näherungssensor stellt fest, ob sich ein Objekt in der Nähe des Suchers befindet, was im Normalfall das Auge ist. Die OM-D E-M10 Mark IV schaltet dann von Monitor- auf Sucherausgabe um. Sobald Sie den Monitor neigen, wird die Funktion deaktiviert.

❺ Per |◻| (LV)-Taste wechseln Sie manuell in den Live-View-Modus und zurück, wenn der Augensensor deaktiviert wurde. Zum Deaktivieren drücken Sie diese Taste etwa zwei Sekunden und wählen die entsprechende Option.

❻ Lautsprecher zur Wiedergabe des Tons bei Videos und von Signalen z. B. beim Scharfstellen

❼ Mit der Taste *MENU* erreichen Sie das Softwaremenü Ihrer OM-D E-M10 Mark IV und können hier die Kamera konfigurieren und Aktionen wie das Formatieren der Speicherkarte auslösen.

❽ *INFO*-Taste zum Umschalten der Informationsanzeige für Aufnahme und Wiedergabe

❾ *ISO*-Taste zur Wahl der Sensorempfindlichkeit. Weitere Infos ab Seite 95.

❿ Taste zur Auswahl der Fokusfelder und der Gesichtserkennungsoptionen

⓫ ⚡-Taste zur Auswahl der Blitzmodi (Die Tasten ⓫–⓮ dienen zudem dem Navigieren z. B. in Menüs.)

⓬ Die OK-Taste dient dem Quittieren der Eingaben sowie dem Zu- und Abschalten der Live-Kontrolle, mit der eine Funktionsauswahl eingeblendet wird.

⓭ Mit der Taste ❏ⅼ⏱ können Sie den Bildfolgemodus wählen, also z. B. festlegen, ob Sie Einzel- oder Serienaufnahmen anfertigen wollen.

⓮ Taste ▶ zur Wiedergabe von Bildern und Videos

⓯ Während des Ladens des Akkus der OM-D E-M10 Mark IV leuchtet diese LED-Lampe.

⓰ Taste 🗑 zum Löschen von Bildern und Videos

Der Auslöser

Mit dem Auslöser können Sie nicht nur die Bildaufnahme starten, er besitzt auch noch eine zweite Funktion: Drücken Sie den Auslöser ⓱ nur halb herunter, erhält die Kamera den Befehl zum Scharfstellen. Die Kamera benötigt zum Scharfstellen etwas Zeit. Kontrollieren Sie diesen Vorgang am besten im Sucher oder auf dem Monitor. Drücken Sie den Auslöser erst dann ganz durch, wenn Sie sicher sind, dass die Kamera nach Ihren Wünschen scharfgestellt hat. Wichtig ist auch, den Auslöser gefühlvoll durchzudrücken. Ansonsten müssen Sie allein durch den Auslösevorgang mit verwackelten Aufnahmen rechnen. Ein halb gedrückter Auslöser startet (in der Standardeinstellung) zudem den Bildstabilisator. Der Auslöser dient auch zur Reaktivierung der Kamera, wenn sie sich im Ruhemodus (*Stand-by*) befindet.

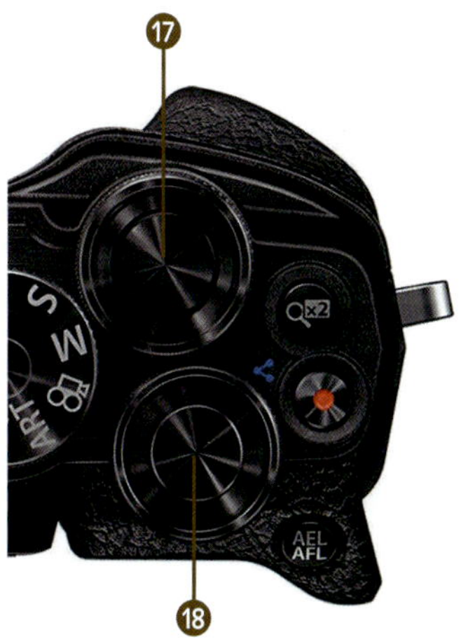

Abbildung 1.6: Der Auslöser ⓱ kann unter Umständen mit der ähnlich aussehenden Erhebung ⓲ am hinteren Einstellrad verwechselt werden. (Bild: Olympus)

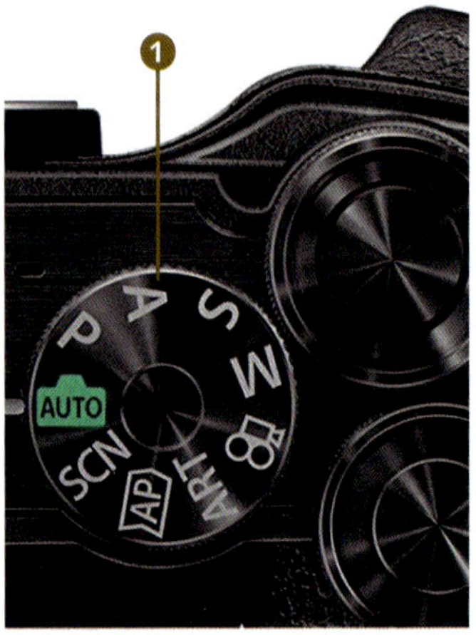

Abbildung 1.7: Programmwählscheibe zur Wahl des Programms (Bild: Olympus)

Schaltzentrale Programmwählscheibe

Die Programmwählscheibe ❶ finden Sie an der rechten Oberseite der OM-D E-M10 Mark IV. Bevor Sie mit dem Fotografieren beginnen, prüfen Sie hier den eingestellten Aufnahmemodus. Denn es kann leider schon mal vorkommen, dass sich die Programmwählscheibe versehentlich verstellt hat. Über diese sind die Vollautomatiken AUTO und *P* (Programmautomatik), die Kreativprogramme *A* (Blendenvorwahl-Modus), *S* (Verschlusszeitvorwahl-Modus) und *M* (manuelle Belichtung) sowie die Motivprogramme *SCN* anwählbar, außerdem die Filmfunktion 🎥, die Funktion *AP*, mit der Sie schnell spezielle Modi wie z. B. *Live Composite* erreichen können, und die Effektfilter *ART*. Die Vollautomatik sowie die Motivprogramme sind vor allem für Fotografieanfänger oder sehr spontane Aufnahmegelegenheiten gedacht. Der Umstieg auf die Kreativprogramme ist schon etwas anspruchsvoller und benötigt ein wenig Einarbeitungszeit, aber die Mühe lohnt sich. Und nur so können Sie maximalen Einfluss auf Ihre Aufnahmen nehmen.

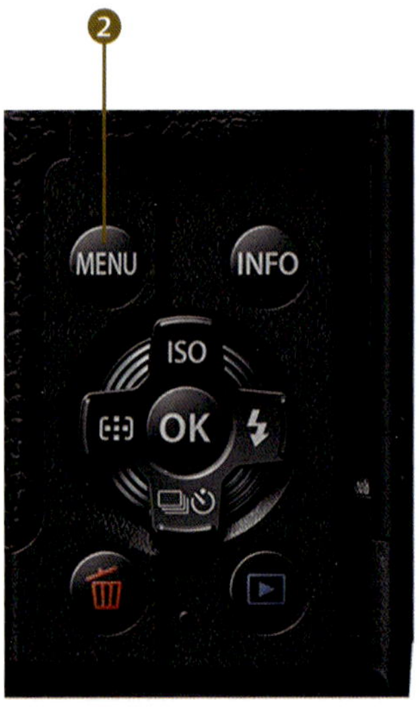

Abbildung 1.8: Die »OK«-Taste und die Tasten ISO, [·:·], ▭, ⏲ und ⚡ dienen zum Bestätigen von Einstellungen und zur Navigation in den Menüs, die »MENU«-Taste ❷ zur Auswahl des Einstellungsmenüs (Bild: Olympus).

Die MENU-Taste

Über die *MENU*-Taste ❷ erreichen Sie das Softwaremenü der Kamera. Hier finden Sie allgemeine Kameraeinstellungen wie Sprache, Datum, Uhrzeit oder auch die Einstellung von Signaltönen. Andererseits werden Sie vermutlich das Menü regelmäßig für die Festlegung der Bildqualität und anderer Aufnahmebedingungen verwenden. Olympus hat das Menü in fünf Kategorien unterteilt, was die Suche nach den einzelnen Funktionen erleichtert. Allerdings gibt es zum Teil sehr viele Untermenüs, was das Auffinden der richtigen Funktion gerade anfangs erschweren kann.

- 📷1 *Aufnahme-Menü 1*: Es enthält grundlegende Einstellungen, die für Foto- und Videoaufnahmen von Bedeutung sind.
- 📷2 *Aufnahme-Menü 2*: Hier haben Sie die Möglichkeit, erweiterte Funktionen der Kamera Ihren Wünschen entsprechend zu wählen beziehungsweise einzustellen.
- 🎥 *Video-Menü*: Hier finden Sie alle Einstellmöglichkeiten und Funktionen für die Aufnahme von Videos.

- ▶ *Wiedergabe-Menü*: In diesem Menü nehmen Sie alle Einstellungen für die Ausgabe der Fotos oder Videos vor. Zum Beispiel ist es hier auch möglich, Bilder an Ihr Smartphone zu schicken. Außerdem können Sie hier Bilder bearbeiten und löschen.
- ✲ *Anwender-Menü*: Hier finden Sie diverse Einstellungsmöglichkeiten der Kamera – angefangen bei der Autofokuseinstellung über die Wahl der Belichtungsmessung bis zur Einstellung der Nivellierung.
- 𝐘 *Einstellungsmenü*: Dieses Menü enthält grundlegende Kamerafunktionen wie die Monitorhelligkeit, die WLAN-Einstellungen, Datum und Uhrzeit sowie die Spracheinstellungen. Hier finden Sie auch die Versionsnummer der Firmware Ihrer OM-D E-M10 Mark IV und des Objektivs.

Sind Menüpunkte in der aktuellen Einstellung nicht aktivierbar, dann werden sie ausgegraut dargestellt.

Eine Ebene zurück gelangen Sie mit der *MENU*-Taste. Drücken Sie den Auslöser, während Sie sich im Menü befinden, dann wird die aktuelle Auswahl nicht gespeichert.

In der Grundeinstellung werden für jeden Menüpunkt Informationen in einem kleinen Einblendfenster angezeigt. Haben Sie sich schon mit der Kamera vertraut gemacht oder stört Sie generell das Fenster, da es Menüpunkte verdeckt, dann schalten Sie diese Funktion einfach per *INFO*-Taste ab. Über diese Taste können Sie die Hilfe jederzeit auch wieder aktivieren, wenn Sie im Menü navigieren.

Arbeiten Sie zum ersten Mal mit einer Olympus-Kamera, braucht es sicherlich etwas Geduld, sich in die neue und auf den ersten Blick etwas unübersichtliche Menüstruktur einzuarbeiten. Mit der Zeit werden Sie aber merken, dass sich das Menü recht intuitiv bedienen lässt. Der folgende Workshop soll Ihnen anhand eines Beispiels (die Einstellung von Datum und Uhrzeit) das Funktionsprinzip der Menüs Ihrer OM-D E-M10 Mark IV erläutern.

Das Kameramenü verwenden

1 Menü aufrufen und Kategorie wählen

Drücken Sie die *MENU*-Taste, um in das Kameramenü zu gelangen; mit den Tasten ▼(▭ ⏱)▲(*ISO*)◀([·:·])▶(⚡) navigieren Sie durch das Menü. Die OM-D E-M10 Mark IV merkt sich, an welcher Stelle Sie sich zuletzt im Menü befunden haben. Drücken Sie deshalb gegebenenfalls die Taste ◀ beziehungsweise die *MENU*-Taste (wenn nötig, auch mehrfach), um auf die erste Menüebene mit den fünf Kategorien zu gelangen. Wählen Sie nun mit den Tasten ▲▼ die gewünschte Kategorie aus, in diesem Beispiel das Menü 🔧.

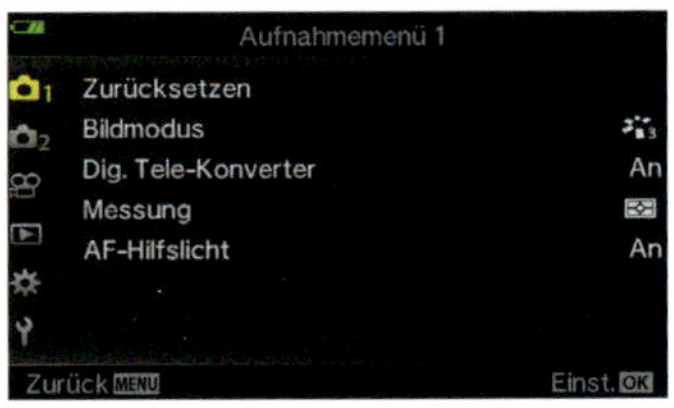

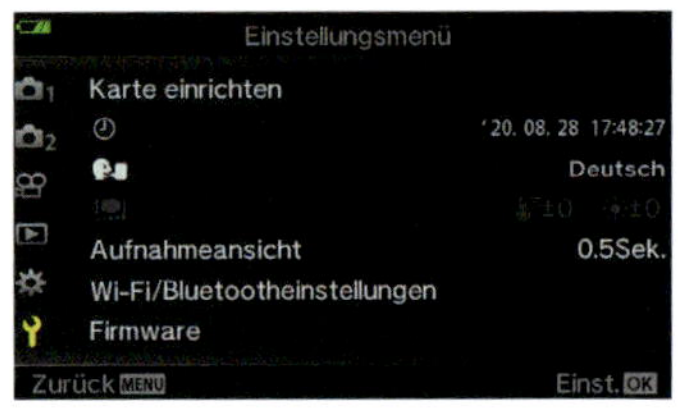

2 Menüpunkt wählen

Mit der *OK*-Taste gelangen Sie in die Untermenüebene. Von hier aus manövrieren Sie mit der Taste ▼ zum Menüpunkt 🕘. Drücken Sie die *OK*-Taste, um in das Untermenü zu gelangen.

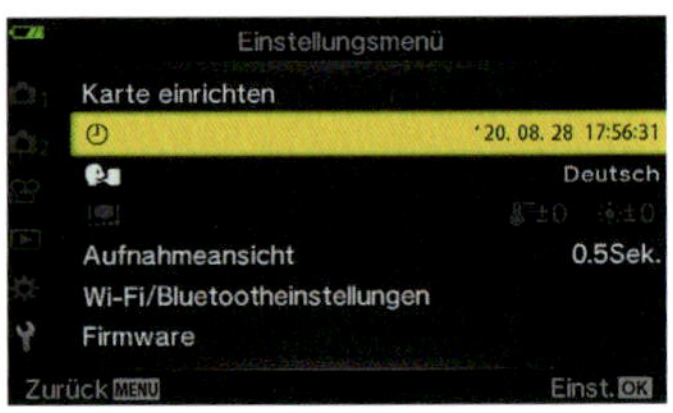

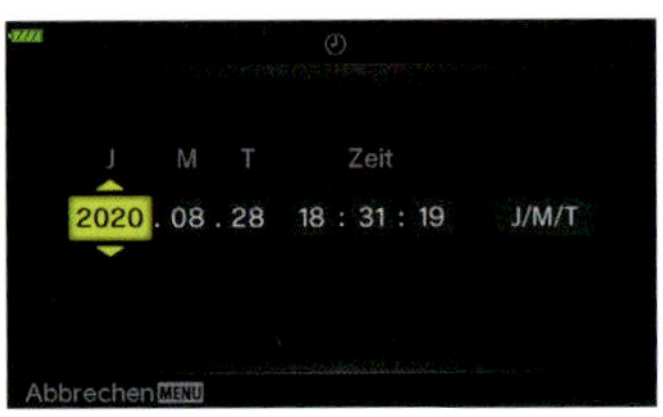

3 Uhrzeit einstellen

Mit den Tasten ▲▼ nehmen Sie Änderungen vor. Mit den Tasten ◀ ▶ wechseln Sie zum nächsten Feld. Im letzten Feld können Sie die Anzeige-Reihenfolgen von Tag, Monat und Jahr einstellen. Um die Einstellungen zu speichern, drücken Sie die *OK*-Taste.

4 Das Schnelleinstellungsmenü verwenden

Besonders oft verwendete Einstellungen können Sie über die Taste (Kurzwahl) erreichen. In diesem Schnellmenü, das Olympus *LV-Monitor-Funktionsanzeige* nennt, finden Sie zunächst eine Übersicht diverser Einstellungen. Aber auch ein schnelles Ändern der Einstellwerte ist möglich. Dazu navigieren Sie mit den Tasten ▲▼◀ ▶ beziehungsweise dem hinteren Einstellrad zur gewünschten Funktion. Drücken Sie die *OK*-Taste, um den zu ändernden Wert zu wählen, oder drehen Sie am vorderen Einstellrad, um Werte direkt zu ändern.

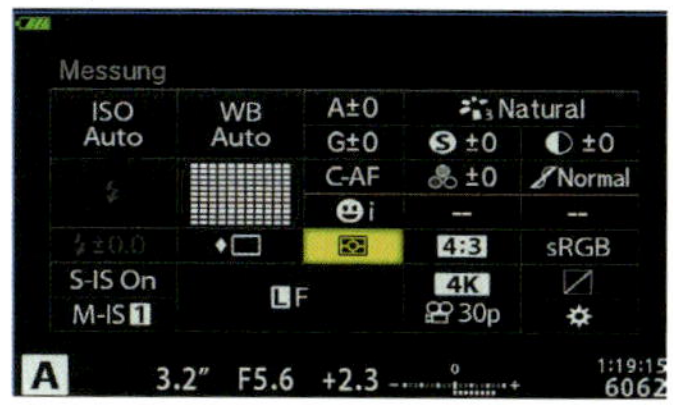

5 Funktion auswählen

Am unteren Displayrand werden Ihnen nun die möglichen Funktionen angezeigt. Mit dem vorderen Einstellrad oder den Tasten ◀ ▶ ändern Sie den Wert, und über die *OK*-Taste speichern Sie Ihre Wahl. Sobald Sie den Auslöser drücken, schließt sich das Menü. Die eingestellten Werte werden dabei übernommen.

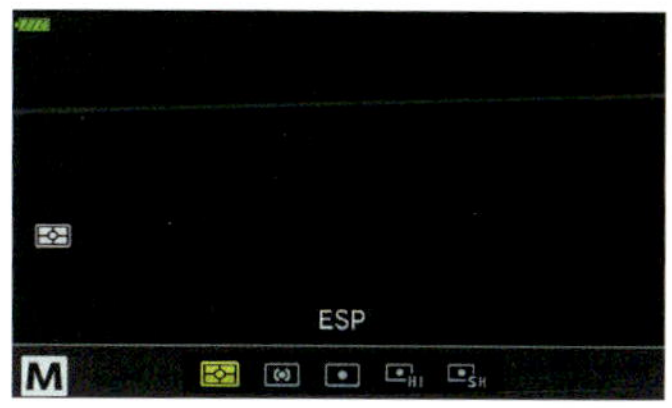

6 Live Kontrolle

Mit *Live Kontrolle* haben Sie eine weitere Möglichkeit, auf ausgewählte Einstellungen zuzugreifen, die abhängig vom gewählten Programm sind. Drücken Sie dazu die *OK*-Taste. Sie können so z. B. während der Änderung von Einstellungen auf dem Monitor die entsprechende optische Wirkung am Aufnahmeobjekt überprüfen. In der rechten Auswahlleiste finden Sie die Funktionen und im unteren Bereich die zugehörigen Optionen. Navigieren und Ändern funktioniert analog zum Schnellmenü.

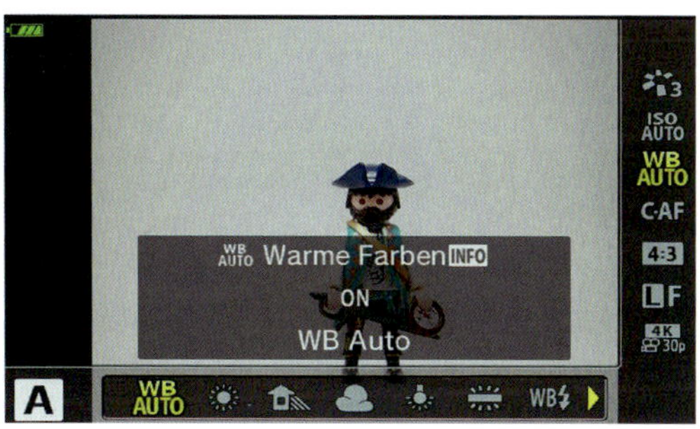

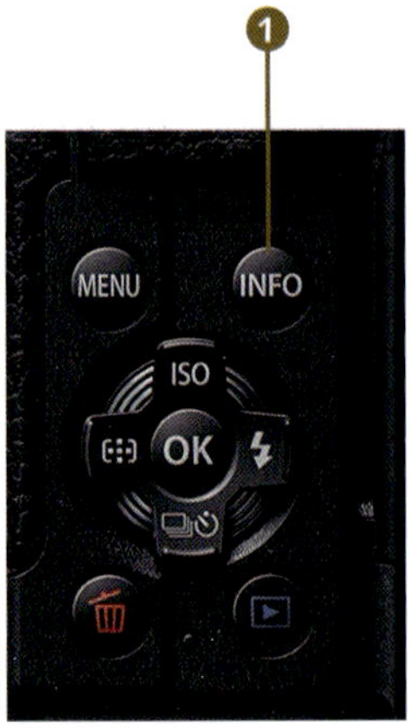

Abbildung 1.9: Mit der »INFO«-Taste wählen Sie den Umfang der Aufnahmeinformationen auf dem Monitor beziehungsweise im Sucher (Bild: Olympus).

Die Anzeigemodi

Am Rand des Monitors oder Suchers lassen sich wichtige Informationen anzeigen. So sind Sie jederzeit z. B. über die Belichtungszeit oder die gewählte Blende im Bilde. Die OM-D E-M10 Mark IV bietet Ihnen hier vier unterschiedliche Anzeigemöglichkeiten an. Die einzelnen Modi schalten Sie mit der *INFO*-Taste ❶ durch:

- **Informationsanzeige:** Hier werden die Blende, die Verschlusszeit und diverse weitere Informationen angezeigt.
- **Nur Bild:** Möchten Sie sich allein auf das Bild konzentrieren, dann wählen Sie diese Anzeige. Hier werden sämtliche Informationen ausgeblendet.
- **Nivellierungsanzeige:** Eine Wasserwaage wird eingeblendet. Dieses Hilfsmittel ist unter anderem sehr nützlich, wenn der Horizont im Bild gerade erscheinen soll.
- **Histogrammanzeige:** Diese Anzeige blendet ein Live-Histogramm ein. Weitere Informationen zum Histogramm erhalten Sie auf Seite 104.

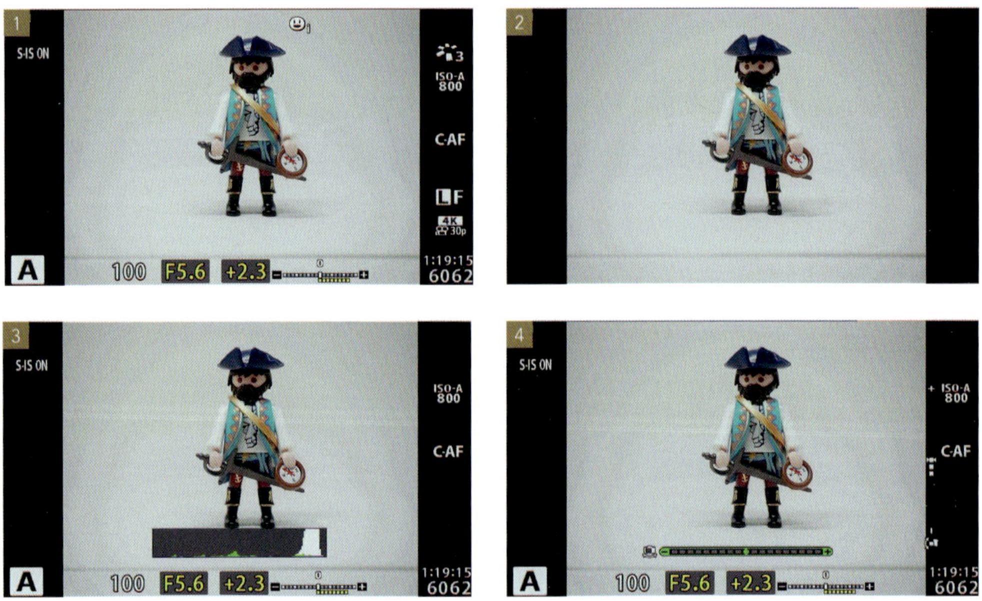

Abbildung 1.10: Die verschiedenen Anzeigen: Informationsanzeige ❶, nur Bild ❷, Histogrammanzeige (»Anwender 1«) ❸, Nivellierungsanzeige (»Anwender 2«) ❹

Wird die Kamera eingeschaltet oder beenden Sie durch Drücken des Auslösers den Ruhezustand, werden kurz erweiterte Informationen eingeblendet. Drücken Sie den Auslöser, wird zusätzlich die gewählte Brennweite am Objektiv angezeigt.

Benötigen Sie nicht alle eingeblendeten Informationen oder möchten Sie z. B. neben der Histogramm- auch die Nivellierungsanzeige eingeblendet bekommen, dann passen Sie die Darstellung an Ihre Bedürfnisse an. Lesen Sie dazu die nachfolgende Anleitung.

Die Displayansichten anpassen

1 Menü wählen

Drücken Sie die *MENU*-Taste und wählen Sie das Menü ✲ • *▣/Info-Einstellungen*.

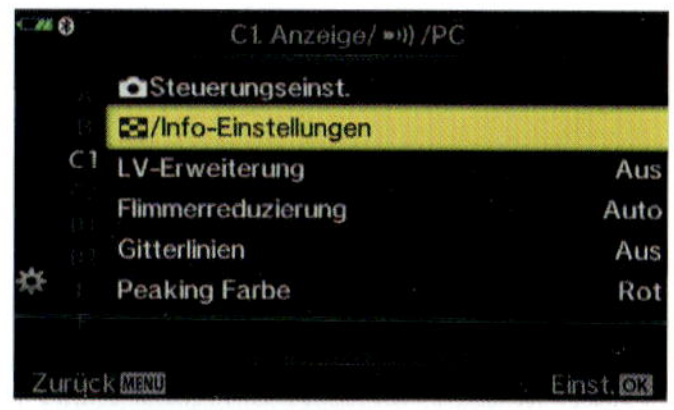

2 LV-Info wählen

Drücken Sie die *OK*-Taste und wählen Sie den Eintrag *LV-Info* mit den Tasten ▲▼ aus. Drücken Sie dann die *OK*-Taste.

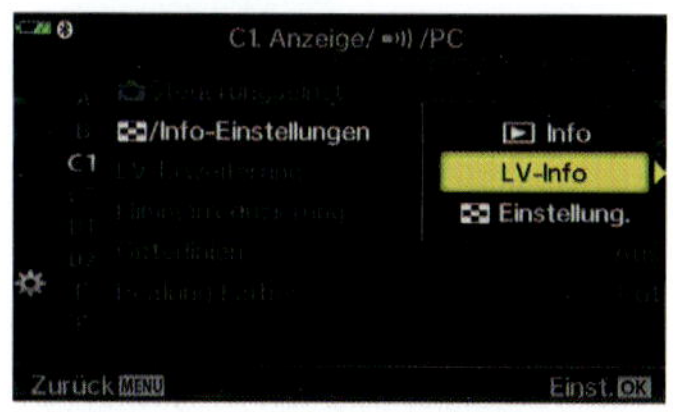

3 Anzeigemodi wählen

Wählen Sie nun mit den Tasten ▲▼ beziehungsweise *OK*, welche Anzeigeinformationen zu sehen sein sollen, wenn Sie die *INFO*-Taste im Aufnahmemodus mehrmals drücken.

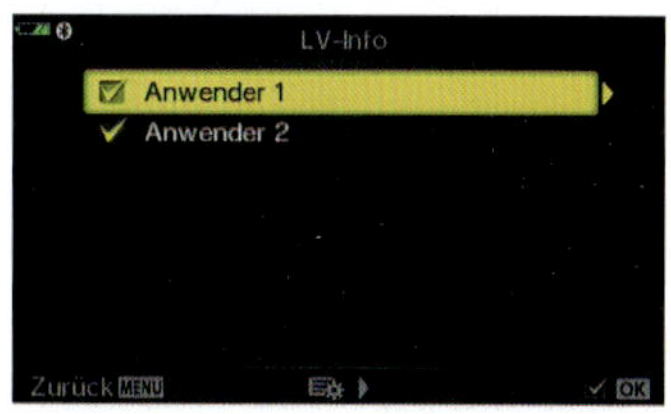

4 Anwendermodi einstellen

Navigieren Sie zum Menüpunkt *Anwender 1* und drücken Sie die Taste ▶. Hier können Sie neben dem Histogramm den Licht- und Schattenwarner (*Lichter & Schatten)* sowie die *Wasserwaage* wählen. Diese erscheinen dann in der jeweiligen Info-Anzeige.

Standardmäßig ist bei *Anwender 1* die Histogrammanzeige und bei *Anwender 2* die Wasserwaage eingestellt.

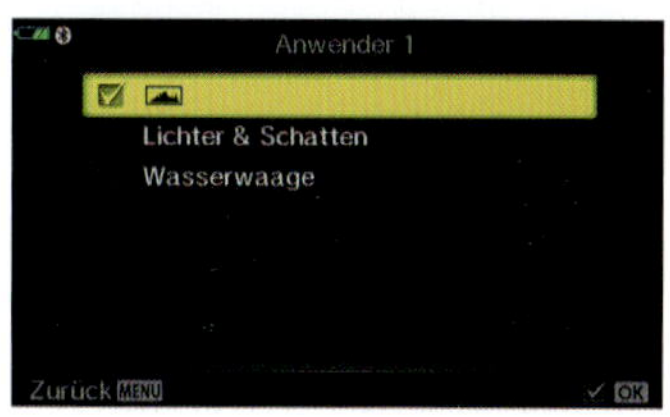

Anzeige der Aufnahmeeinstellungen

Ihre OM-D E-M10 Mark IV bietet im Aufnahmemodus alle relevanten Informationen direkt auf dem Monitor an. Im Folgenden finden Sie die entsprechenden Erklärungen zu den dargestellten Piktogrammen. Im Fotoalltag werden Sie diese Ansicht sicher nicht immer eingeschaltet haben, weil dadurch der Blick auf das eigentliche Motiv eingeschränkt ist. Doch ab und zu lohnt es sich, auf die Einstellungen zu schauen und zu prüfen, ob alles noch Ihren Vorstellungen entspricht.

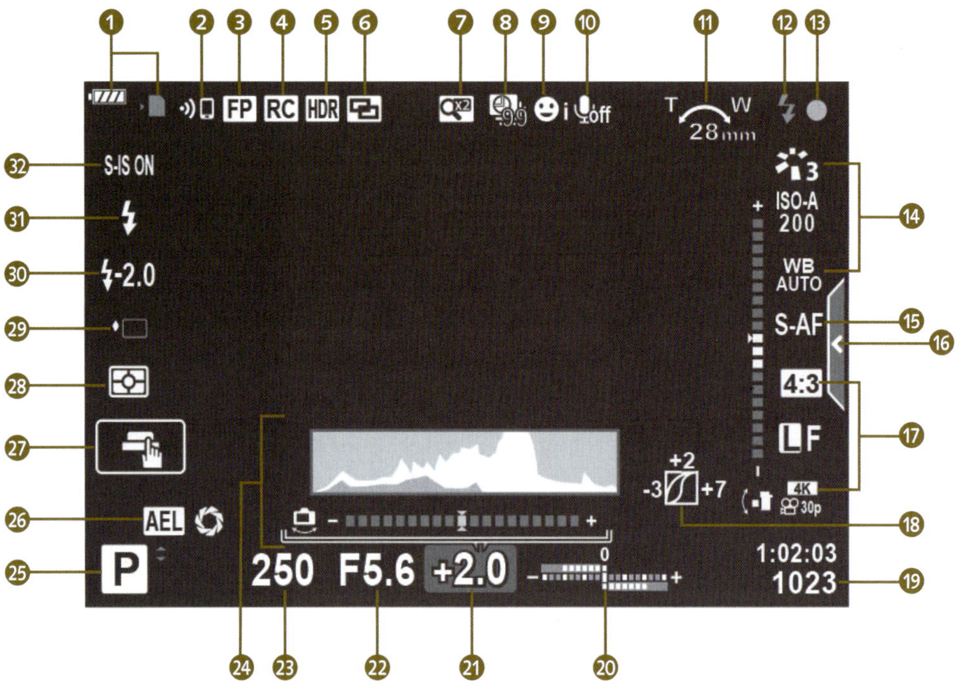

Abbildung 1.11: Mögliche Monitoranzeigen der OM-D E-M10 Mark IV

1. Akkuladezustand und Kartenzugriffsanzeige (wird angezeigt, wenn ein Schreibvorgang auf die Speicherkarte erfolgt)
2. WLAN-Verbindung Wi-Fi
3. Super-FP-Blitzmodus
4. RC-Modus (drahtlos Blitzen)
5. Automatische Belichtungsreihe/HDR-Funktion
6. Mehrfachbelichtung
7. Telekonverter-Funktion
8. Intervallaufnahme
9. Gesichts-/Augenerkennung
10. Videoton
11. Gewählte Brennweite/ Zoombetriebsrichtung, Temperaturwarnung
12. Blitz (blinkt, wenn der Blitz geladen wird)
13. Autofokusbestätigung
14. Effektfilter/Motivprogramm/ Bildmodus (oben), ISO-Empfindlichkeit (Mitte), Weißabgleich (unten)
15. Autofokusmodus
16. Live-Info
17. Bildseitenverhältnis (oben), Bildqualität (Mitte), Filmqualität (unten)
18. Korrektur der Gradationskurve
19. Geschätzte verfügbare Aufnahmezeit (oben) und geschätzte Anzahl von Fotos, die noch auf die Speicherkarte passen (unten)
20. Oben: Blitzstärkensteuerung, unten: Belichtungskorrektur-Anzeige
21. Belichtungskorrekturwert
22. Blendenwert
23. Verschlusszeit
24. Histogramm (oben), Wasserwaage (unten)
25. Aufnahmemodus
26. Vorschau (bei gedrückter Abblendtaste; rechts), AE-Speicher (Mitte)
27. Touchscreen-Funktion
28. Belichtungsmessmodus
29. Serienaufnahme /Selbstauslöser / Anti-Schock, Lautlose Aufnahme
30. Blitzstärkensteuerung (Blitzbelichtungskorrektur)
31. Blitzmodus
32. Bildstabilisator

Anzeigeinformationen im Wiedergabemodus

Die OM-D E-M10 Mark IV verfügt über drei unterschiedliche Informationsanzeigen, die sich im Wiedergabemodus einblenden lassen. Nachdem Sie die Taste ▶ gedrückt haben, können Sie per *INFO*-Taste auch hier, wie im Aufnahmemodus, durch die einzelnen Modi manövrieren. Sie können zwischen einer Anzeigevariante ohne Informationen, einer mit geringem Anzeigeinhalt und einer mit umfangreichen Informationen inklusive Histogrammdarstellung wählen. Neben dem Gesamthelligkeitshistogramm werden auch die Histogramme für die roten, grünen und blauen Tonwerte im Bild angezeigt.

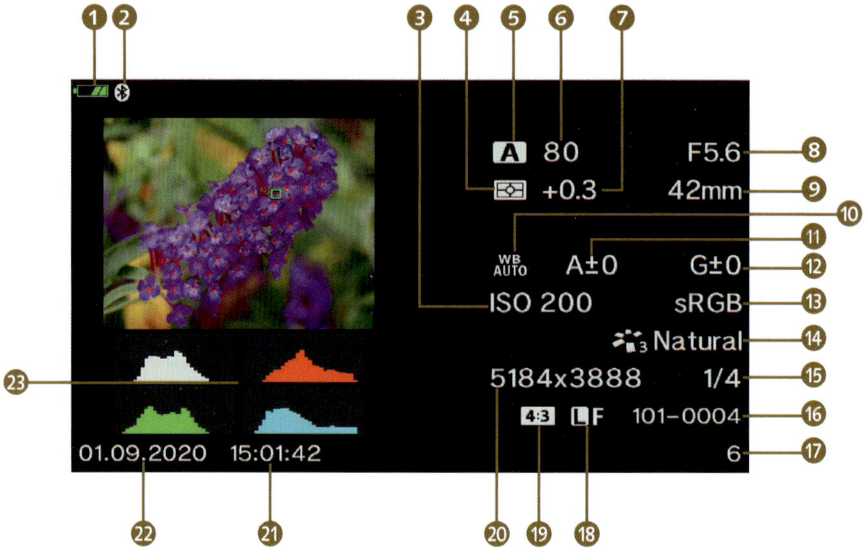

Abbildung 1.12: Monitoranzeige mit Histogrammansicht: Hier werden neben den allgemeinen Informationen zum aufgenommenen Bild auch verschiedene Histogramme angezeigt.

1. Akku-Ladung
2. Status der Bluetooth-Verbindung
3. ISO-Empfindlichkeit
4. Belichtungsmessmodus
5. Aufnahmemodus
6. Belichtungszeit (hier 1/80 s)
7. Belichtungskorrektur
8. Blende
9. Brennweite
10. Weißabgleich
11. Weißabgleich-Kompensation (Rot – Blau)
12. Weißabgleich-Kompensation (Grün – Magenta)
13. Farbraum
14. Bildmodus
15. Kompressionsrate (Bildqualität)
16. Dateinummer
17. Bildnummer
18. Aufzeichnungsmodus (Bildqualität)
19. Bildseitenverhältnis
20. Pixelanzahl (Bildqualität)
21. Uhrzeit
22. Datum
23. Histogramme (Helligkeitshistogramm und Verteilung der roten, grünen und blauen Tonwerte)

Monitoranzeige im Video-Modus

Im *Video*-Modus weicht die Darstellung der Monitoranzeige leicht von der in anderen Aufnahmemodi ab. Zusätzlich wird Ihnen beispielsweise der Aufnahmepegel der beiden Mikrofone (links und rechts) oben links auf dem Monitor dargestellt. So können Sie gut überprüfen, ob die Tonaufnahme etwa zu leise oder übersteuert erfolgt, und entsprechende Gegenmaßnahmen ergreifen – also etwa dichter an das Geschehen herangehen oder sich weiter entfernen oder auch die Empfindlichkeit der Mikrofone per Menü ✲ • *I* • *Aufnahmelautstärke* steuern. Darüber hinaus sehen Sie unten rechts auf dem Monitor, ob die Aufnahme läuft (•*REC*) und wie lange die Kamera bereits aufnimmt.

Abbildung 1.13: Monitoranzeige im »Video«-Modus während der Aufnahme

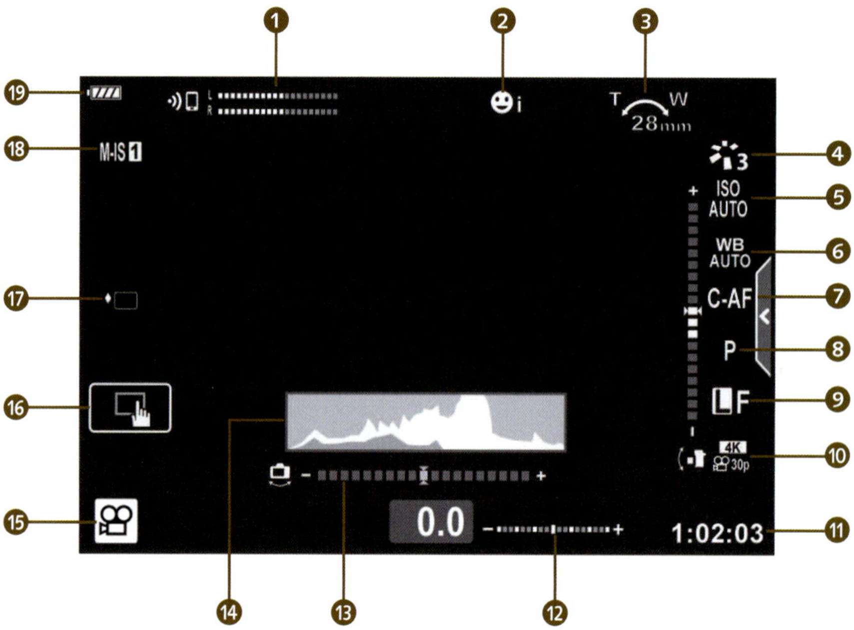

1. Lautstärke-Aufnahmepegelanzeige
2. Gesichts-/Augenerkennung
3. Gewählte Brennweite
4. Effektfilter/Motivprogramm/Bildmodus
5. ISO-Empfindlichkeit
6. Weißabgleich
7. Autofokuseinstellung
8. Aufnahmemodus
9. Bildqualität (Fotos)
10. Filmqualität
11. geschätzte Aufnahmezeit
12. Belichtungskorrektur
13. Nivellierungsanzeige (Wasserwaage)
14. Histogramm
15. Aufnahmemodus
16. Touchscreen-Funktion
17. Serienaufn./Selbstauslöser/Lautl. Aufn.
18. Bildstabilisator
19. Akkuladestand

1.3 Die OM-D E-M10 Mark IV für den Fotoalltag vorbereiten

Sicher können Ihnen auch mit der Automatikfunktion vorzeigbare Ergebnisse gelingen. Je tiefer Sie aber in die Fotografie einsteigen, desto mehr werden Sie feststellen, dass die Kamera nicht alles vorausahnen kann. Viele Bilder werden daher vermutlich nicht Ihren Vorstellungen entsprechen. Denn nicht nur die Kamera macht das Bild, sondern auch (oder gerade) die Person hinter der Kamera. Also trauen Sie sich ruhig, manuelle Einstellungen an Ihrer OM-D E-M10 Mark IV vorzunehmen und selbst kreativen Einfluss auf das Bildergebnis auszuüben. Ganz am Anfang steht natürlich die Vorbereitung Ihrer OM-D E-M10 Mark IV.

Den Akku laden und einlegen

Im Lieferumfang der Kamera befindet sich ein leistungsstarker Lithium-Ionen-Akku. Er liefert 8,5 Wh Energie und sollte vor dem ersten Gebrauch komplett geladen werden. Der Akku ist im Auslieferungszustand bereits vorgeladen, sodass Sie nicht die sonst für eine Gesamtlanotwenigen etwa vier Stunden benötigen. Mit ihm sind ca. 300 Bilder oder 80–120 Minuten Video (je nach Einsatzzweck) möglich, bevor der Akku wieder in die Ladestation muss.

Sollten Sie Ihre Kamera oder einen Ersatzakku über längere Zeit nicht nutzen, kann es zu sogenannten *Tiefenentladungen* kommen, die den Akku schädigen können. Aus diesem Grund sollte der Akku regelmäßig, spätestens alle vier bis sechs Monate auf ca. 60 % seiner Ladekapazität aufgeladen werden.

Zu tiefe und zu hohe Temperaturen können den Akku ebenfalls schädigen und die Kapazität beeinträchtigen. Im Winter, bei Minustemperaturen, sollten Sie den Akku möglichst am Körper transportieren, da die Kapazität sonst sinken kann. Liegt der Akku beziehungsweise die OM-D E-M10 Mark IV in der prallen Sonne, können Temperaturen entstehen, die im Akku chemische Reaktionen auslösen, was zu dauerhaften Schäden führen kann.

Ist die Kamera ausgeschaltet, dann können Sie den Akku per mitgeliefertem USB-Kabel laden. Eine LED zwischen den Tasten *Löschen* und *Wiedergabe* zeigt den Ladevorgang an. Soll ein Zweitakku zur selben Zeit geladen werden, dann benötigen Sie ein Ladegerät (als Beispiel das BCS-5). Dieses ist nicht im Lieferumfang der Kamera enthalten.

Akkus von Drittanbietern

Immer wieder hört man von Billigakkus oder günstigen Plagiaten, die u. a. im Internet angeboten werden. Bei diesen wird häufig aus Kostengründen auf bestimmte Schutzmechanismen wie den Überspannungs- und den Kurzschlussschutz verzichtet. Überhitzungen und sogar das Austreten von Säure – mit entsprechenden Folgeschäden – können die Konsequenz sein. Nicht wenige dieser Akkus sind gefährlich, hier ist also höchste Vorsicht geboten. Außerdem stellt sich die Frage, ob die Kapazitätsangaben, die meist höhere Werte als die Originalkapazität ausweisen, wirklich realistisch sind. Auch stellt man des Öfteren fest, dass Akkus von Fremdanbietern nach wenigen Lade- und Entladezyklen deutlich weniger Energie lieferten oder gar ganz den Dienst quittierten, was auf eine sehr schlechte Zyklenfestigkeit schließen lässt. Zudem schwankt die Passgenauigkeit bei Billigakkus. Ist der Akku nur minimal größer als das Original, bekommen Sie ihn entweder gar nicht erst ins Akkufach hinein oder später nur schwer wieder heraus.

Es gibt aber auch kompatible Akkus von seriösen Herstellern, die mit dem Original zumindest mithalten können. In diesem Zusammenhang können z. B. die Firmen Duracell und Pantona genannt werden. Erkundigen Sie sich aber in jedem Fall vor dem Kauf, ob der Akku in der OM-D E-M10 Mark IV funktioniert.

Die richtigen Speicherkarten für Ihre OM-D E-M10 Mark IV

Zur Speicherung Ihrer Bilder verwendet die OM-D E-M10 Mark IV sogenannte *Secure-Digital*-Karten (SD, SDHC, SDXC). Empfehlenswert für dieses Modell sind SDXC-Karten mit 64 bzw. 128 GByte und der Geschwindigkeitsklasse U1 oder höher. Wenn Sie 4K- oder High-Speed-Videos aufnehmen wollen, benötigen Sie allerdings eine Speicherkarte der Geschwindigkeitsklasse U3 (UHS I oder UHS II). Gute Werte für die Schreib- und Lesegeschwindigkeiten der Speicherkarte liegen zwischen 80 und 100 MB/s.

Das Fach für die Speicherkarten finden Sie an der rechten Seite der Kamera. Schieben Sie die Speicherkarte, wie in Abbildung 1.14 gezeigt, in den entsprechenden Schacht, bis sie einrastet.

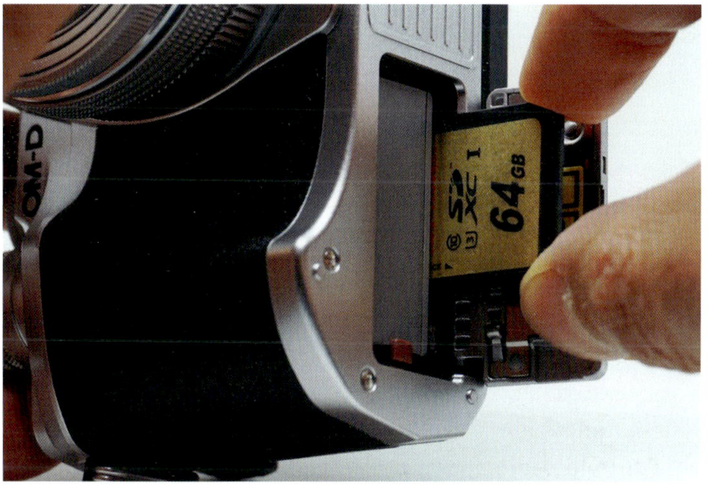

Abbildung 1.14: Das Fach für die Speicherkarten ist von unten zugänglich.

Möchten Sie die Speicherkarte wieder entnehmen, drücken Sie auf diese, bis ein Klicken ertönt. Danach ist die Karte freigegeben und kann entnommen werden. Wichtig ist, dass Sie Speicherkarten nur entnehmen, wenn gerade kein Kopiervorgang der Bilddateien auf die Karte erfolgt. Andernfalls könnten Ihre Bilddateien verloren gehen.

Wenn Sie den Schiebeschalter an der Seite der Speicherkarte ❶ herunterdrücken, können keine Daten von der Speicherkarte gelöscht werden. Allerdings lässt sich die Karte so auch nicht mit neuen Bildern beschreiben. Das Auslesen des Karteninhalts ist hingegen möglich. Die Normalstellung zum Fotografieren mit der OM-D E-M10 Mark IV sehen Sie in Abbildung 1.15.

Um sicherzugehen, dass Ihre Bilder korrekt auf der Speicherkarte landen, sollte diese auf Ihre OM-D E-M10 Mark IV abgestimmt werden. Dazu formatieren Sie die Speicherkarte vor der ersten Verwendung mit der Kamera.

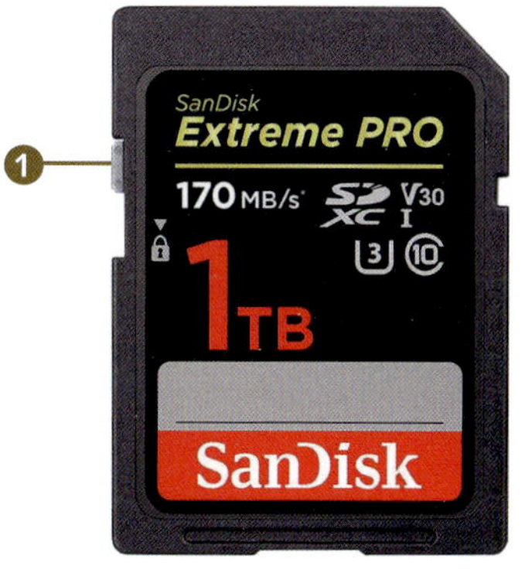

Abbildung 1.15: Die Speicherkarte können Sie gegen zufälliges Löschen schützen (Bild: SanDisk).

Die Speicherkarte formatieren

1 Menü Formatieren aufrufen

Drücken Sie dazu die *MENU*-Taste und wechseln Sie mit den Tasten ▼▲ zum Menü 🔧. Mit der *OK*-Taste gelangen Sie zum Menüpunkt *Karte einrichten*. Drücken Sie die *OK*-Taste und wählen Sie *Karte formatieren* aus.

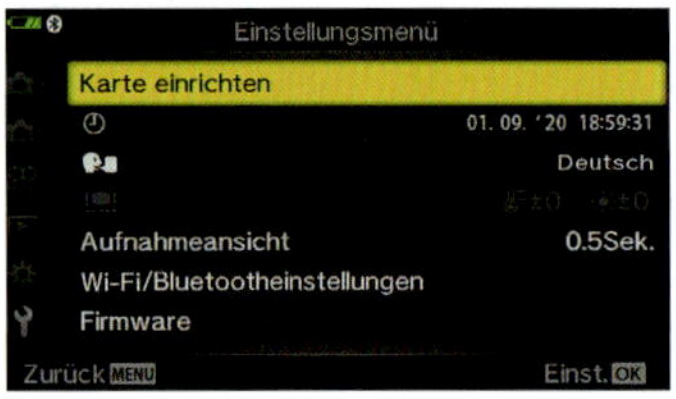

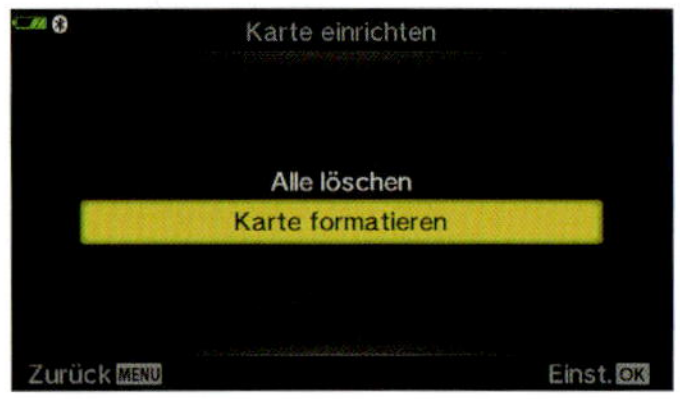

2 Formatieren der Speicherkarte

Mit der Taste ▲ wechseln Sie zu *Ja*. Drücken Sie die Taste *OK*. Nun wird die Speicherkarte formatiert und während des Vorgangs ein Fortschrittsbalken angezeigt. Schalten Sie die Kamera jetzt nicht aus. Nach Abschluss steht Ihnen die Speicherkarte für Aufnahmen zur Verfügung.

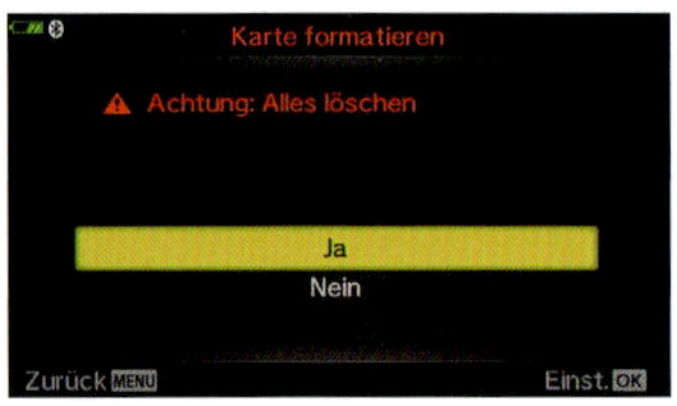

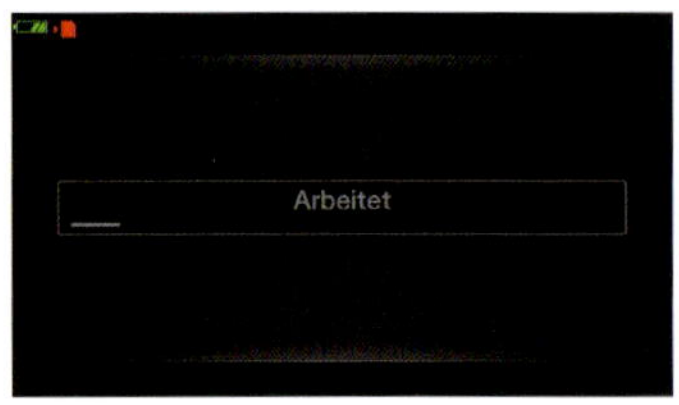

> **Achtung**
>
> Bedenken Sie, bevor Sie die Formatierung durchführen, dass sämtliche Daten auf der Speicherkarte unwiederbringlich gelöscht werden!

Die Sprache in den Menüs ändern

Es kann notwendig werden, die Menüsprache einzustellen, etwa wenn Ihre OM-D E-M10 Mark IV mit einer anderen Spracheinstellung als Deutsch ausgeliefert wurde. Gehen Sie dann wie folgt vor: Drücken Sie die *MENU*-Taste und wechseln Sie mit den Tasten ▼▲ zum Menü 🔧. Drücken Sie die *OK*-Taste und wechseln Sie mit der Taste ▼ zum Menüpunkt 🗣. Drücken Sie erneut die *OK*-Taste. Wählen Sie unter den angezeigten Sprachen mit den Tasten ▼▲◀ ▶ *Deutsch* aus und bestätigen Sie Ihre Auswahl mit der *OK*-Taste.

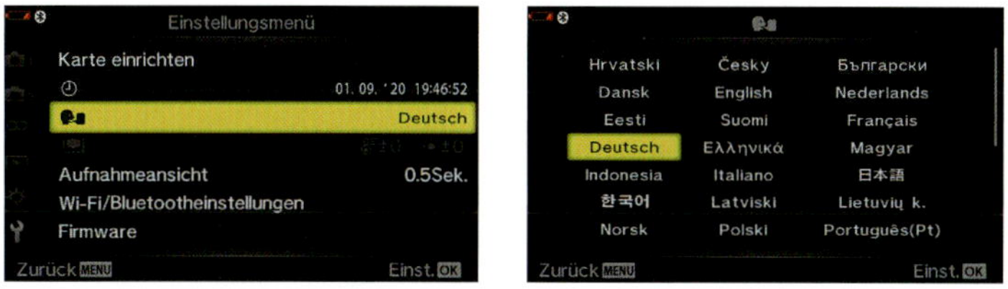

Abbildung 1.16: Wird Ihre OM-D E-M10 Mark IV in einer anderen Spracheinstellung als Deutsch ausgeliefert, so können Sie die Sprache umstellen.

Den Stromverbrauch optimieren

Die OM-D E-M10 Mark IV verfügt über eine sehr effiziente Stromsparfunktion. Diese schaltet die Kamera in den Ruhemodus, sobald die eingestellte Zeit abgelaufen ist, ohne dass die Kamera benutzt worden wäre. Nach vier Stunden schaltet sich die OM-D E-M10 Mark IV dann komplett ab. Vergessen Sie etwa, die Kamera über Nacht auszuschalten, wird sich durch die automatische Abschaltung der Akku über Nacht so gut wie nicht weiter entladen. Da die OM-D E-M10 Mark IV im Ruhemodus recht schnell wieder betriebsbereit ist, kann der Standardwert von einer Minute ruhig eingestellt bleiben. Zu beachten ist, dass die OM-D E-M10 Mark IV allerdings während einer Aufnahme im Programm *FOTOSTORY* und während Mehrfachbelichtungen nicht in den Ruhemodus wechselt. Auch wenn Sie die Kamera mit einem externen Monitor per HDMI-Kabel verbinden, ist die Abschaltautomatik deaktiviert.

Möchten Sie Strom sparen und so die Akkulaufzeit verlängern, bietet Ihnen die OM-D E-M10 Mark IV zwei Möglichkeiten. Zum einen können Sie die Rückschauzeit (*Aufnahme Ansicht*) und zum anderen die automatische Abschaltung anpassen. Außerdem können Sie mit der Helligkeitseinstellung des Monitors und des elektronischen Suchers nochmals Sparpotenzial aktivieren. Bedenken Sie, dass der elektronische Sucher ähnlich viel Strom verbraucht wie der Monitor.

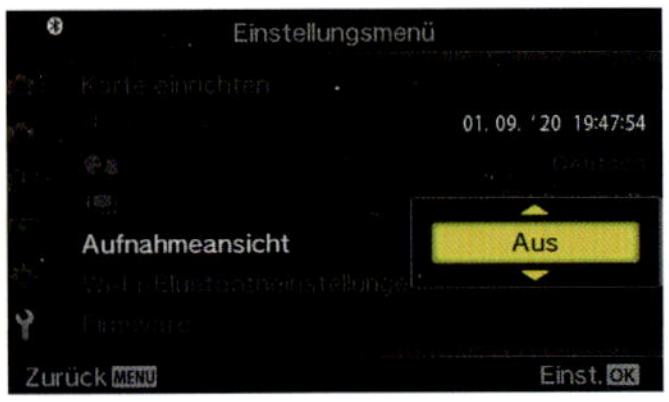

Abbildung 1.17: Schonen Sie den Akku, indem Sie die Bildwiedergabe nach der Aufnahme abschalten.

Drücken Sie die *MENU*-Taste und wechseln Sie mit den Tasten ▼▲ zum Menü 🔧. Drücken Sie die *OK*-Taste und wechseln Sie mit der Taste ▼ zum Menüpunkt *Aufnahme Ansicht*. Drücken Sie die Taste *OK* und wählen Sie hier, wenn Sie Strom sparen wollen, *Aus* oder *2Sek*. Ansonsten empfiehlt sich die Einstellung *10Sek*. So haben Sie genügend Zeit, um Ihr aufgenommenes Bild zu betrachten. Andererseits können Sie jederzeit die Bildvorschau durch Antippen des Auslösers unterbrechen.

Wird die OM-D E-M10 Mark IV nicht verwendet, schaltet sie sich, wie eingangs erwähnt, in den Ruhemodus, um Strom zu sparen. Unter dem Menüpunkt ⚙ • *I* • *Ruhemodus* können Sie die Zeit, nach der in den Ruhemodus geschaltet wird, einstellen. Als guter Kompromiss hat sich die Wahl von *3 Minuten* erwiesen. Stromsparen und schnelle Einsetzbarkeit halten sich hier die Waage.

Bedenken Sie auch, dass die Kamera im WLAN-Betrieb ordentlich Akkukapazität verbraucht.

> **Tipp**
> Sie brauchen keine Sorge zu haben, dass sich die Kamera während der Wiedergabe einer »Diaschau« abschaltet. In diesem Modus wird die Stromsparfunktion deaktiviert. Das Gleiche gilt für die Wiedergabe von Filmen oder wenn die Kamera mit einem Computer bzw. Smartphone verbunden ist.

Den Monitor stromsparend einstellen

Durch die Einstellung der Monitorhelligkeit kann der Stromverbrauch deutlich beeinflusst werden. Stellen Sie hier den höchsten Wert *+7* ein, müssen Sie mit einem sich recht schnell leerenden Akku rechnen. Andererseits kann es notwendig sein, den Maximalwert zu verwenden, wenn Sie zum Beispiel bei starkem Sonnenschein fotografieren. Für Aufnahmen in Innenräumen ist die Einstellung *+7* aber nicht zu empfehlen, da der Monitor dann zu stark blenden kann.

Zum Verändern der Monitorhelligkeit navigieren Sie zum Menüpunkt 🔧 • 🖵. Hier ist zudem die Einstellung der Farbtemperatur des Monitors möglich. Mehr zum Thema Farbtemperatur erfahren Sie in Kapitel 5, »Korrekte Farben und ein reines Weiß erzielen«, ab Seite 161. Über die *INFO*-Taste wechseln Sie hier zwischen einer natürlichen Anzeige (*Natürlich*) und einer stärker gesättigten (*Lebhaft*).

Geräuschlos fotografieren

In der Standardeinstellung quittiert die OM-D E-M10 Mark IV die erfolgreiche Scharfstellung mit einem Signalton. Dies kann in einigen Situationen, etwa bei der Konzert- oder Tierfotografie, stören. Über das Menü lässt sich der Signalton daher leicht abschalten. Eine Bestätigung, dass der Autofokus die Schärfe gefunden hat, erhalten Sie weiterhin durch kurzes Aufleuchten des entsprechenden Messfeldes und über die leuchtende Fokusanzeige im Sucher beziehungsweise auf dem Monitor.

Drücken Sie die *MENU*-Taste und wechseln Sie zum Menüpunkt ✲ • *C2* ■))). Wählen Sie hier die Option *Aus*. Danach bestätigen Sie die Eingabe mit der *OK*-Taste. Der Signalton ist nun deaktiviert.

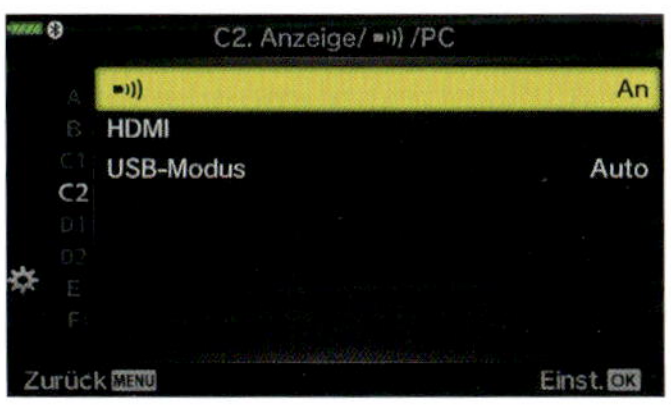

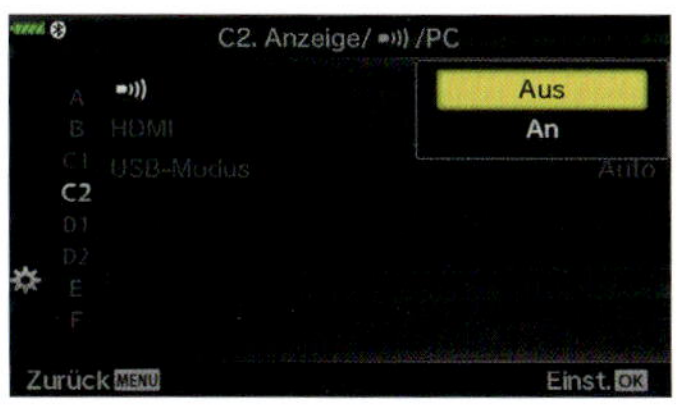

Abbildung 1.18: Stören Sie die Signaltöne der Kamera, dann schalten Sie diese einfach ab.

Stört Sie zudem das recht laute Verschlussgeräusch des mechanischen Verschlusses, können Sie die Aufnahmen auch nur mit dem elektronischen Verschluss der OM-D E-M10 Mark IV durchführen. Bedenken Sie aber, dass es dann bei bewegten Motiven unter Umständen zu verzerrten Bildern kommt. Das liegt am Ausleseverfahren des Bildsensors der OM-D E-M10 Mark IV. Olympus kombiniert deshalb im Normalfall, wie auch die anderen Kamerahersteller bei dieser Art Systemkameras, einen mechanischen und einen elektronischen Verschluss. Mit der Taste ▼ öffnen Sie das Optionsmenü für die Bildfolgeeinstellungen. Wählen Sie hier eine Option mit dem Symbol ♥◘ aus und bestätigen Sie Ihre Auswahl mit der

OK-Taste. Ohne den mechanischen Verschluss ist zudem eine Belichtungszeit bis zu 1/16.000s möglich. Die Elektronik ist auch hier weit schneller als die Mechanik. Der mechanische Verschluss erreicht minimal 1/4000s. Das wirkt sich auch auf die Bildfolgerate aus. Diese steigt im Serienbildmodus auf 15 Bilder/s.

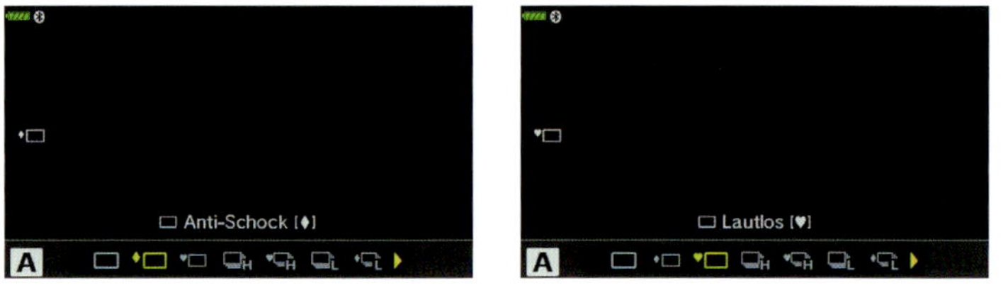

Abbildung 1.19: Ob Sie ein stärkeres Verschlussgeräusch wünschen oder nicht, ist Geschmackssache. Bedenken Sie aber, dass es bei abgeschaltetem mechanischem Verschluss bei bewegten Motiven zu Verzerrungen auf dem Bild kommen kann.

Der Lautlos-Modus zielt auf geräuscharmes Arbeiten ab. Kommt es Ihnen aber z.B. mehr auf die höhere Serienbildgeschwindigkeit als auf einen lautlosen Betrieb an, dann können Sie z.B. die abgeschaltete Rauschminderung und die Signaltöne wieder zuschalten. Auch das AF-Hilfslicht und der Blitzmodus lassen sich wieder aktivieren. Navigieren Sie hierfür zum Menüpunkt 2 • *Lautlos[♥]Einstellung*.

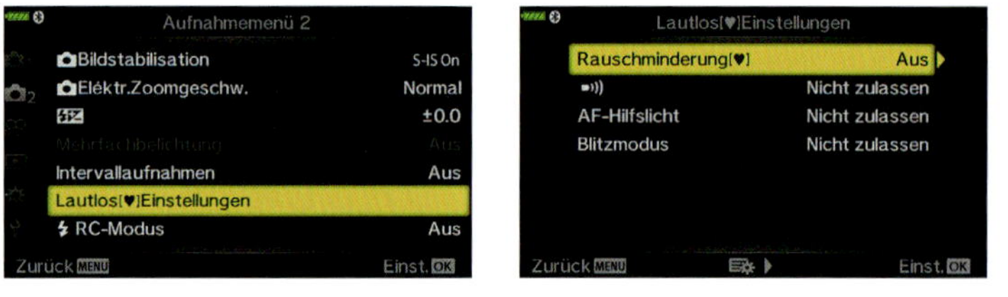

Abbildung 1.20: Im Lautlos-Modus gibt es einige Einschränkungen. Diese können Sie zum Teil aufheben.

ISO-Einstellung optimieren

Standardmäßig ist die OM-D E-M10 Mark IV auf *ISO Auto* eingestellt, d.h., sie wählt je nach eingestelltem Programm ISO-Werte zwischen 200 und 6400. Da das Rauschen mit dem ISO-Wert steigt, sollten Sie die Einstellung nicht unbedingt der Kamera überlassen. Die Kamera tendiert zwar zur Wahl eines möglichst geringen ISO-Wertes, kann jedoch nicht jede Situation vorausahnen und so den ISO-Wert optimieren. Das sollten Sie als Fotograf besser selbst vornehmen.

Den ISO-Wert wählen Sie über die Taste *ISO*. Stellen Sie zunächst einen Wert von ISO 200 ein und passen ihn, falls nötig, den Lichtbedingungen an. Die OM-D E-M10 Mark IV erreicht bei ISO 200 ihr Maximum an Dynamikumfang und Rauscharmut. Mehr zum ISO-Wert erfahren Sie im Abschnitt »Den optimalen ISO-Wert finden« auf Seite 95.

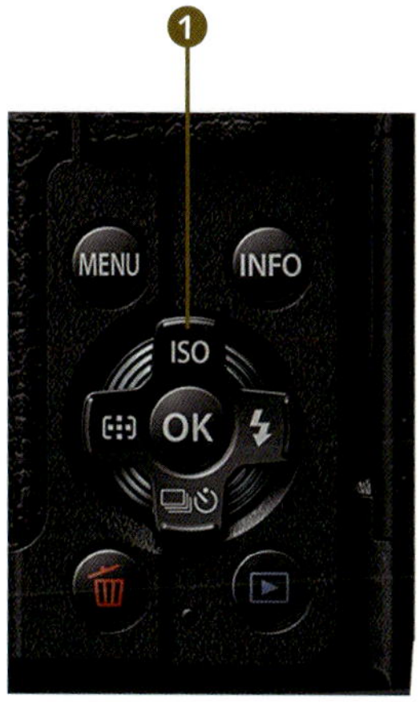

Abbildung 1.21: Im Schnellzugriff: Drücken Sie die Taste ISO ❶*, um den ISO-Wert zu ändern oder die ISO-Automatik zu wählen (Bild: Olympus).*

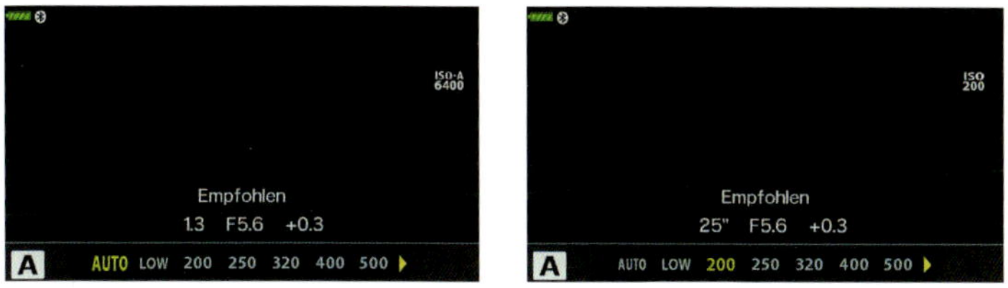

Abbildung 1.22: Standardmäßig ist »ISO Auto« eingestellt. Passen Sie den ISO-Wert aber besser selbst manuell an.

ISO-Wert stets überprüfen

Vor jeder Verwendung der Kamera empfiehlt sich die Überprüfung des eingestellten ISO-Wertes. Haben Sie bei der letzten Fototour einen sehr hohen ISO-Wert eingestellt, weil die Lichtbedingungen keine niedrigen Werte zuließen, würden Sie sich wahrscheinlich in anderen Aufnahmesituationen ärgern. Denn falls mehr Licht zur Verfügung steht, reichen kleine ISO-Werte aus. Dadurch wird das Bildrauschen verringert.

Strukturiert arbeiten mit Dateinamen und Ordnern

Die OM-D E-M10 Mark IV bieten zwei Optionen zum Speichern der Aufnahmen. Zunächst kann im Menü ✲ • *G* • *Dateiname* gewählt werden, ob der Dateiname fortlaufend nummeriert werden soll, auch wenn die Speicherkarte oder der Speicherordner gewechselt wurde (*Auto*), oder ob jeweils die Nummerierung neu beginnen soll (*Zurücksetzen*).

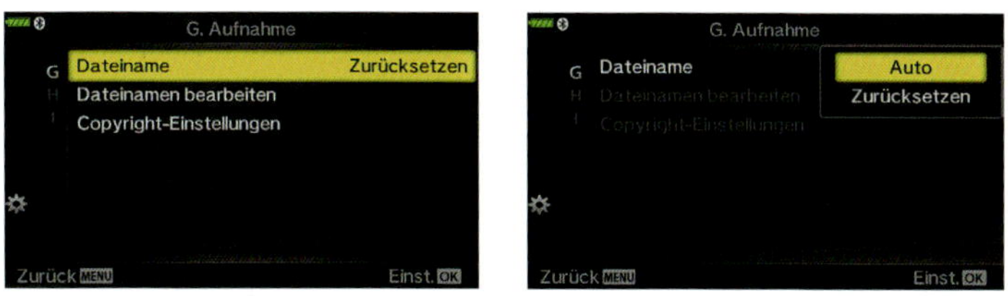

Abbildung 1.22: Wählen Sie zur Speicherung die Option »Auto«, werden Ihre Bilder durchnummeriert gespeichert, auch wenn Sie mehrere Speicherkarten verwenden.

Im Normalfall ist eine Neunummerierung wenig sinnvoll, da es sonst zu Speicherkonflikten beim Übertragen der Dateien auf den Computer kommen kann, wenn der Dateiname bereits vorhanden ist. Auf jeden Fall überschreibt aber die OM-D E-M10 Mark IV auch bei der Einstellung *Zurücksetzen* keine vorhandenen Bilder und setzt die Nummerierung fort, falls Bilder bereits vorhanden sind.

Im Menü ✲ • *G* • *Dateiname bearbeiten* können Sie die ersten vier Buchstaben des Dateinamens selbst bestimmen. Die letzten vier Stellen werden nach jedem Auslösen hochgezählt. Belassen Sie die Einstellung bei den ersten vier Stellen auf *Off*, dann beinhaltet der Dateiname an der ersten Stelle ein *P* (im Adobe-RGB-Format ist es ein Unterstrich _), gefolgt von der Monatscodierung (für Oktober: *A*, für November: *B*, für Dezember: *C*). Die Stellen drei und vier beinhalten den Tag. Ein Bild, das am 12.11. aufgenommen wurde, hätte also den Dateinamen *PB12xxxx*. Ihre Bilder befinden sich auf der Speicherkarte im Ordner */DCIM/100OLYMP/*.

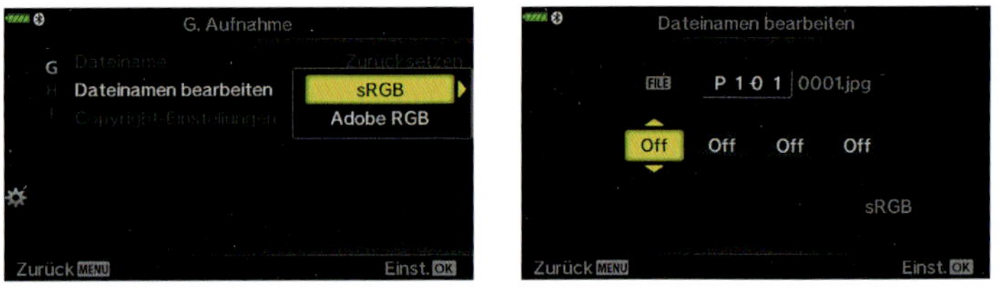

Abbildung 1.23: Passen Sie unter »Dateinamen bearbeiten« den Dateinamen an.

Copyright-Daten verwenden

Die OM-D E-M10 Mark IV bietet Ihnen die Möglichkeit, bereits direkt in der Kamera einen Copyright-Vermerk in den Bildern mitzuspeichern. Das geht zwar später auch leicht per Software, aber falls Sie Ihre Bilder direkt von der Speicherkarte weitergeben, ist diese Möglichkeit von Vorteil. Tragen Sie am besten gleich am Anfang der Kamerabenutzung Ihren Namen und weitere gewünschte Daten ein.

Rufen Sie dazu den Menüpunkt ✲ • *G* • *Copyright Einstellung* auf. Drücken Sie die *OK*-Taste und wählen Sie unter *Copyright Info.* über die Taste ▶ die Option *An*. Drücken Sie zum Bestätigen die *OK*-Taste. Navigieren Sie mit der Taste ▼ zum Eintrag *Künstlername* und drücken Sie die Taste ▶. Mit den Tasten ▼▲◀ ▶ wählen Sie die Buchstaben Ihres Namens aus und bestätigen diese jeweils mit der *OK*-Taste. Haben Sie Ihren Namen und weitere gewünschte Daten eingegeben (Ihnen stehen insgesamt 63 Zeichen zur Verfügung.), dann navigieren Sie zur Schaltfläche *END* unten rechts und drücken die *OK*-Taste. Die Daten sind nun gespeichert und werden in den Exif-Daten der Bilder gespeichert. Mehr zu Exif-Daten erfahren Sie im Abschnitt »Die Olympus-Software sinnvoll nutzen« auf Seite 312.

Unter *Copyright Name* können Sie noch den Namen eines Rechteinhabers auf die gleiche Weise eintragen. In den meisten Fällen wird das sicher der Fotograf selbst sein.

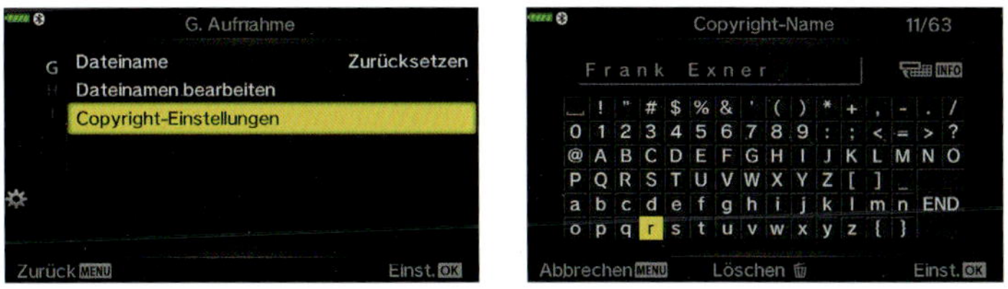

Abbildung 1.24: Die OM-D E-M10 Mark IV erlaubt die Eingabe von Copyright-Informationen. Diese werden auf Wunsch direkt in die Exif-Daten der Bilder übernommen.

1.4 Dateiformate und Datenspeicherung

Die Datenspeicherung ist neben der Aufnahme der Fotos ein wichtiger Aspekt in der digitalen Fotografie. Auf der einen Seite steigt von einer Kamerageneration zur nächsten die Pixelanzahl und somit das Datenvolumen an. Auf der anderen Seite fallen glücklicherweise die Preise für Speicherplatz kontinuierlich. Das betrifft sowohl die Speicherkarten als auch die Speichermedien der PCs.

Der Nachteil großer Bilddateien ist, dass sie zum einen relativ viel Speicherplatz in Anspruch nehmen und es zum anderen länger dauert, sie zum Beispiel auf die Festplatte des PCs zu kopieren. Auch die Datensicherung ist entsprechend aufwendig. Sie sollten sich deshalb immer bewusst überlegen, ob für den jeweiligen Einsatzzweck vielleicht nicht auch ein kleines Format ausreicht, etwa bei Fotos für Online-Auktionen, bei denen die Bilder nur auf dem Bildschirm betrachtet werden.

Das JPEG-Format nutzen

JPEG-Bilder sind sofort fix und fertig entwickelt, das heißt, Schärfe, Kontrast, Sättigung und viele weitere Einstellungen werden durch die Kamera optimiert und Sie können die Dateien sofort am Bildschirm betrachten, ins Internet stellen oder ausdrucken. All diese Medien können das Bildformat JPEG ohne Weiteres interpretieren, und dieses ist wohl das am weitesten verbreitete Grafikformat überhaupt. Es stellt ein Verfahren zur verlustbehafteten beziehungsweise fast verlustfreien Speicherung von Bilddateien dar, das diese komprimiert speichert. Das spart Speicherplatz, und so passen weit mehr Bilder auf eine Speicherkarte als etwa im RAW-Format. In allen Aufnahmeprogrammen der OM-D E-M10 Mark IV steht Ihnen dieses leicht einsetzbare Format zu Verfügung.

Halten Sie den Auslöser im Serienbild-Modus im JPEG-Format gedrückt, können Sie – im Vergleich zum RAW-Format – weit mehr Bilder am Stück aufnehmen. Das hängt damit zusammen, dass der Pufferspeicher der Kamera eine begrenzte Größe besitzt und hier eben viel mehr Daten der

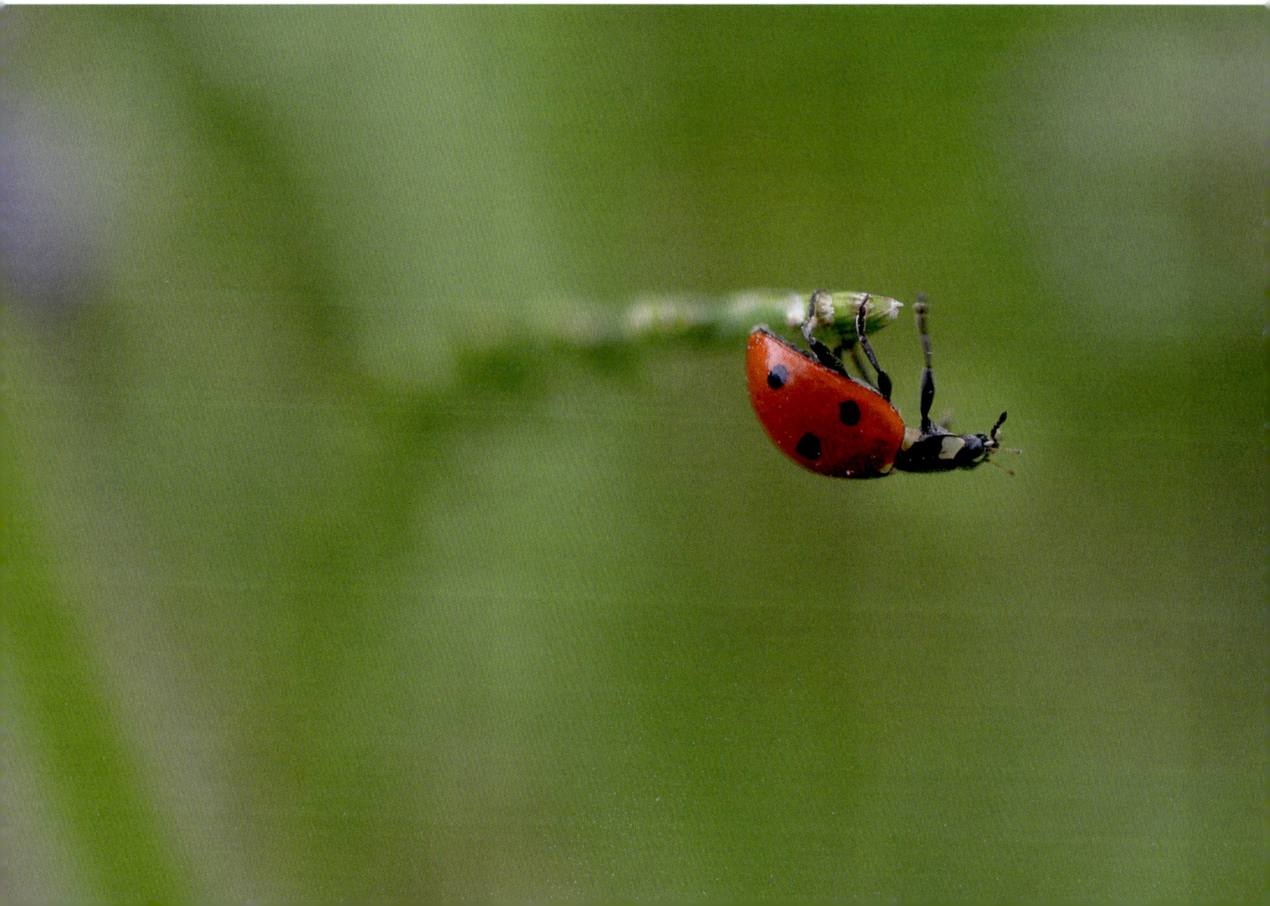

Abbildung 1.25: Sind zum Beispiel bei bedecktem Himmel nur mäßige Kontraste vorhanden, müssen Sie kaum mit Überstrahlungen rechnen, und so ist das JPEG-Format problemlos einsetzbar. 90 mm | f4 | 1/90 s | ISO 320

kleineren JPEG-Dateien zwischengespeichert werden können als von den weitaus größeren RAW-Dateien. Erst nachdem die Bilddateien aus diesem Pufferspeicher auf die Speicherkarte übertragen wurden, kann mit normaler Geschwindigkeit weiterfotografiert werden.

Das JPEG-Format ist, wie bereits erwähnt, auch das richtige Format neben GIF und PNG, wenn es darum geht, Bilder für das Internet zu speichern. Dazu sollte allerdings die Bildgröße entsprechend verkleinert und eine recht starke Komprimierungsstufe im Bildbearbeitungsprogramm eingestellt werden, um lange Download-Zeiten zu verhindern. Alternativ können Sie dies auch gleich an der Kamera einstellen. Im nächsten Abschnitt erfahren Sie, wie das geht.

Ein Nachteil des JPEG-Formats ist, dass mit jedem Speichervorgang Bildinformationen verloren gehen, da der Komprimierungsvorgang jedes Mal von Neuem gestartet wird. Sie müssen bei diesem Format also unter Umständen Qualitätsverluste bei der Bildbearbeitung in Kauf nehmen. Umgehen können Sie dieses Problem teilweise, indem Sie das Bild im Bildbearbeitungsprogramm zunächst in einem verlustfreien Format wie TIFF oder PSD (Adobe Photoshop) abspeichern und dann bearbeiten. Erst im letzten Schritt speichern Sie dann das Bild erneut als JPEG-Datei ab.

Was zum einen ein großer Vorteil des JPEG-Formats ist, dass Sie nämlich fertige Bilder direkt aus der Kamera erhalten, kann auch als Nachteil gesehen werden. Denn die Bilddateien lassen sich nur noch in einem relativ geringen Umfang verbessern oder verändern. Das RAW-Format bietet Ihnen hingegen nahezu unbegrenzte Bearbeitungsmöglichkeiten. Mehr dazu erfahren Sie im Exkurs »Die Vorteile des RAW-Formats« ab Seite 46 in diesem Kapitel.

Für jeden Zweck die richtige Bildgröße

Die OM-D E-M10 Mark IV bietet die Möglichkeit, Aufnahmen im JPEG-Format auf acht unterschiedliche Bildgrößen zu skalieren. Dabei können Sie pro Bildgröße vier unterschiedliche Komprimierungsstufen wählen.

Olympus ordnet dem Speichermodus dabei zwei beziehungsweise drei Buchstaben zu. So steht der erste Buchstabe für Large (*L*, groß), Medium (*M*, mittelgroß) oder Small (*S*, klein). Die Bilddateien werden darüber also bereits in drei Gruppen aufgeteilt. Die folgende Buchstabenkombination gibt den Komprimierungsgrad an: *SF* (Superfein) – 1/2,7-Komprimierung, *F* (Fein) – 1/4-Komprimierung, *N* (Normal) – 1/8-Komprimierung und *B* (Einfach) – 1/12-Komprimierung. Dabei gilt: Je stärker die Komprimierung der Bilddatei, desto mehr Bilddetails und feine Farbübergänge gehen verloren. Andererseits benötigen die Bilddateien weniger Speicherplatz, je stärker die Komprimierung ausfällt.

Zur Auswahl gelangen Sie, wenn Sie die *OK*-Taste drücken und im rechten Register mit den Tasten ▲▼ die vorletzte Option wählen. Mit den Tasten ◀▶ wählen Sie die gewünschte Bildqualität aus und bestätigen Ihre Auswahl mit der *OK*-Taste.

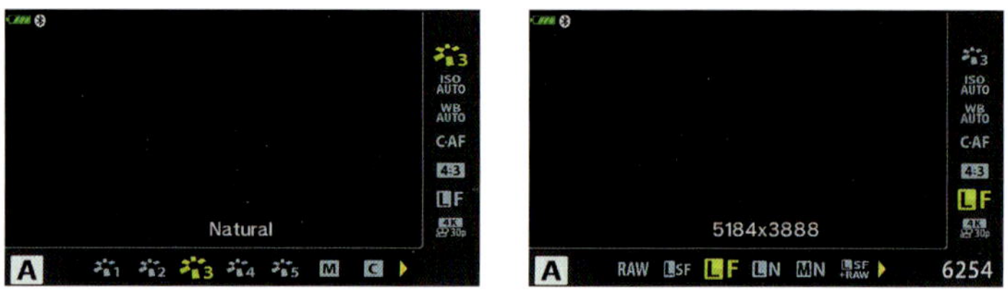

Abbildung 1.26: Die Bildgrößenwahl steht Ihnen in allen Programmen zur Verfügung (allerdings mit Einschränkungen bei »RAW«).

Die hier wählbaren Bildqualitäten können Sie an der OM-D E-M10 Mark IV im Menü ✲ • *F* • ◀ *Einstellen* festlegen. In diesem Menü lassen sich die Bildgröße und die Komprimierung nach Ihren Wünschen kombinieren.

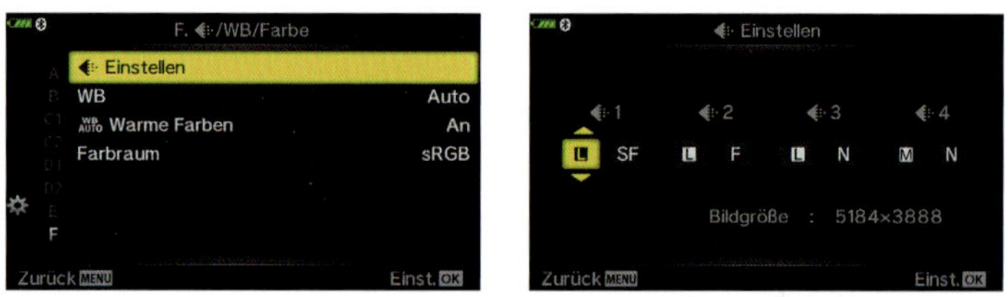

Abbildung 1.27: Bildgröße und Komprimierung lassen sich unterschiedlich kombinieren.

Bildgröße	L	M	S
Pixelzahl	5184 × 3888	3200 × 2400	1280 × 960
Empfohlen für Druckgröße	DIN A3 bis A2	DIN A4 bis A3	bis DIN A6

Tabelle 1.1: Die Bildgrößen der OM-D E-M10 Mark IV und empfohlene Ausgabegrößen

Olympus bietet an der OM-D E-M10 Mark IV, wie zu Beginn des Abschnitts beschrieben, sehr detaillierte Kombinationsmöglichkeiten mit der Auswahl an Bildgrößen mit jeweils vier Komprimierungsstufen plus das RAW-Format an. Das ist zunächst vielleicht etwas verwirrend und man könnte sich fragen, wozu das Ganze gut sein soll. Sie können ohnehin in jedem beliebigen Bildbearbeitungsprogramm die Bildgröße und den Komprimierungsgrad noch nachträglich verändern. Warum sollten Sie also nicht gleich mit dem größten Bildformat und der kleinsten Packungsdichte arbeiten, was Sie mit der Einstellung *LSF* erreichen würden?

Wie schon erläutert, nimmt diese Einstellung auch den meisten Speicherplatz in Anspruch. Stellen Sie nun zum Beispiel auf einer Veranstaltung fest, dass die Speicherkarte langsam an ihr Speicherlimit gerät, Sie aber gern weiterfotografieren würden, dann können Sie zum Beispiel von *LSF* auf *LN* umschalten und so noch einige Fotos mehr auf der Speicherkarte unterbringen. Diese Lösung ist weit besser, als eventuell auf ein paar schöne Fotoszenen verzichten zu müssen.

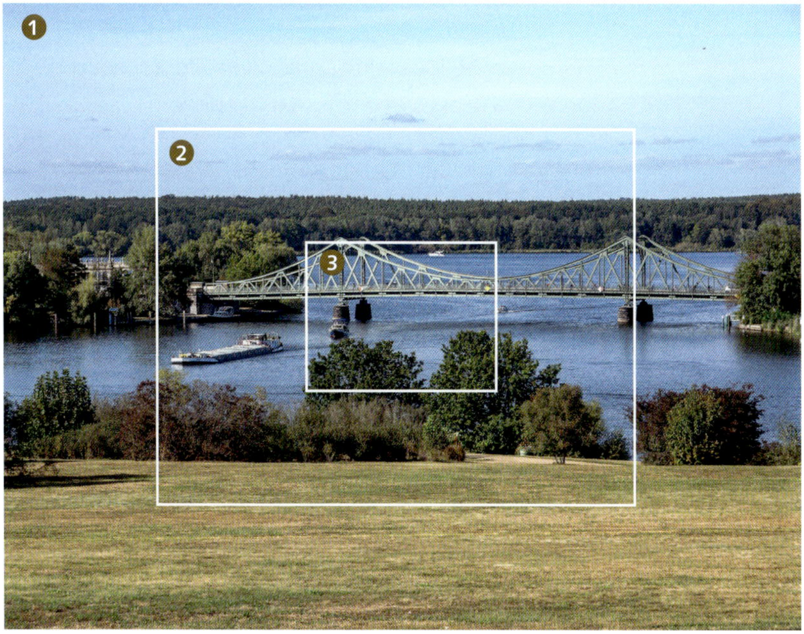

Abbildung 1.28: Die unterschiedlichen Bildgrößen im Vergleich:
❶ 5184 × 3888 Pixel, ❷ 3200 × 2400 Pixel, ❸ 1280 × 960 Pixel

Außerdem gibt es Situationen, in denen eine hohe Auflösung der Bilder überhaupt nicht notwendig ist. Für Bilder zu Ihren Internetauktionen benötigen Sie beispielsweise maximal die Bildgröße *S*, und auch die Komprimierung *B* ist hier mehr als ausreichend. Die Bilddateien fallen so recht klein aus, lassen sich, falls nötig, rasch in einem Bildbearbeitungsprogramm bearbeiten und landen dann schnell auf dem Server des Internetauktionshauses. Das erspart Ihnen unnötige Wartezeiten während des Hochladens.

Für die Darstellung der Bilder auf einem 4K-Ultra-HD-Bildschirm verwenden Sie *L*, während bei einem Full-HD-Bildschirm schon die Bildgröße *M* ausreicht. Das gilt natürlich erst recht für die kleinen digitalen Bilderrahmen mit geringerer Auflösung.

Sind Sie sich hingegen noch nicht sicher, für welche Einsatzzwecke Sie die Bilder benötigen, ist es sinnvoll, immer mit der Bildgröße *L* und Komprimierung *SF* oder *F* zu arbeiten. Damit sind Ausdrucke in hoher Qualität bis zur Größe DIN A2 möglich; verkleinern können Sie diese Bilder natürlich auch im Nachhinein in einem Bildbearbeitungsprogramm.

1.5 Die Vorteile des RAW-Formats

Komplizierte Mischlichtsituationen, starkes Gegenlicht oder auch generell hohe Kontraste können der Kamera zu schaffen machen und Ihr Eingreifen erfordern. Oft sind hier viele Einstellungen und Messungen nötig, um ein optimales Bildergebnis zu erreichen. Das kann eine Menge Zeit kosten, die in vielen Situationen einfach nicht vorhanden ist. Abhilfe schafft hier das RAW-Format.

Das RAW-Format ist, kurz gesagt, das Rohdatenformat der Bildinformationen, die der Bildsensor über den Analog-Digital-Wandler der Kamera zur Verfügung stellt. Das heißt, dass hier noch so gut wie keine Bearbeitung durch die Kamera erfolgt. Alle Einstellungen wie Schärfegrad, Farbsättigung, Weißabgleich etc. werden nachträglich am PC im RAW-Konverter vorgenommen.

Das RAW-Format der OM-D E-M10 Mark IV ist zwar ebenso wie das JPEG-Format komprimiert, dies aber nach einem Algorithmus, der Qualitätsverluste zu fast 100% ausschließt. Entsprechend groß sind allerdings die Bilddateien im Vergleich zum JPEG-Format. Sicherlich ist es etwas aufwendig, jedes Bild im RAW-Konverter am PC zu entwickeln. Bei wichtigen Bildern sollten Sie aber kein Bildqualitätspotenzial verschenken.

Um das *RAW*-Format einzustellen, drücken Sie die *OK*-Taste, wählen im Menü *RAW* und bestätigen die Einstellung mit der *OK*-Taste.

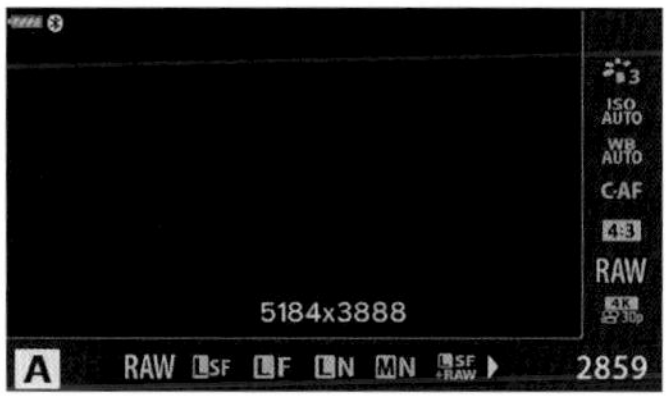

Abbildung 1.29: Wählen Sie »RAW«, wenn Sie die Bilder später am PC selbst entwickeln wollen.

Bei Aufnahmen mit hohen Kontrasten kann es im JPEG-Format schon mal in den Schattenbereichen oder in den sehr hellen Bereichen dazu kommen, dass keine Bilddetails (Zeichnung) mehr erkennbar sind. Wurde dann vielleicht noch das Bild unter- oder überbelichtet, ist meist keine Rettung mehr möglich. Anders sieht es beim RAW-Format aus: Im RAW-Konverter können Sie, falls die Belichtung nicht zu stark danebenlag, meist noch alles geraderücken. Auch wenn der automatische Weißabgleich der Kamera nicht Ihren Vorstellungen entspricht, können Sie diesen noch anpassen, ohne Qualität zu verlieren. Mit dem RAW-Format lassen sich so zum Beispiel Lichtstimmungen, wie Sie sie am Aufnahmeort angetroffen haben, verlustfrei in die Bilder übertragen.

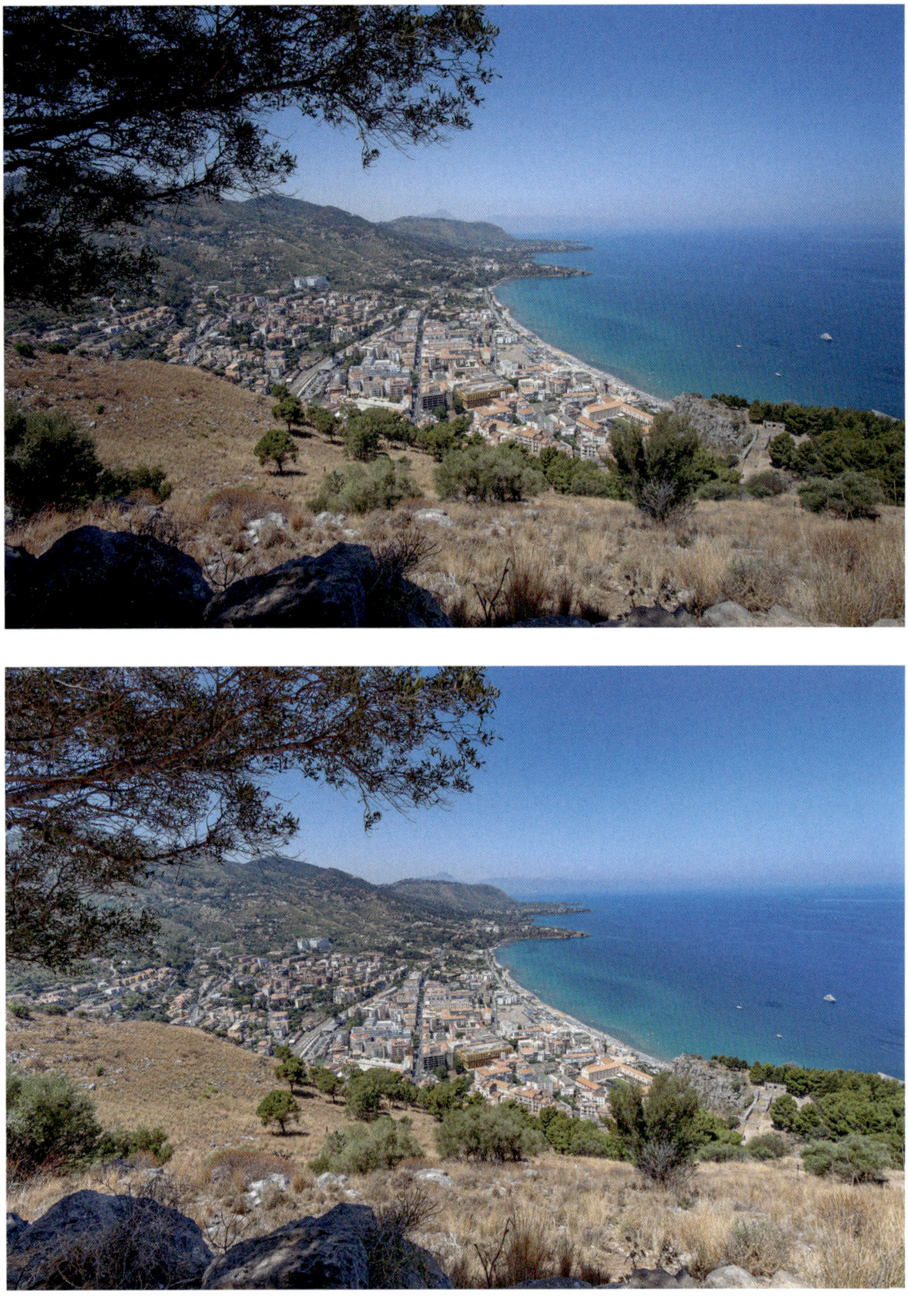

Abbildung 1.30: Oben: Die JPEG-Aufnahme wirkt flau und im Vordergrund finden sich dunkle Stellen ohne Zeichnung. Unten: Bei der RAW-Datei der Aufnahme konnten der Dunst entfernt, die Klarheit erhöht und die Zeichnung wiederhergestellt werden. Außerdem wurde mit einer Objektivkorrektur die Randabdunkelung reduziert.
12 mm | f8 | 1/320 s | ISO 100

RAW und JPEG gleichzeitig nutzen

Auch für jene, die RAW und JPEG gleichzeitig nutzen möchte, stellt die OM-D E-M10 Mark IV eine entsprechende Option zur Verfügung. Drücken Sie hierzu die *OK*-Taste und wählen Sie *LSF+RAW*, *LF+RAW*, *LN+RAW* oder *MN+RAW* aus. Leider wird damit der Speicherbedarf weiter erhöht. Die doppelte Speicherung ist vor allem dann sinnvoll, wenn Sie schnell fertige Bilder benötigen, um sie etwa auf einer Veranstaltung sofort auf einem Monitor zeigen zu können. Wenn Sie dann später noch einige Aufnahmen nachbearbeiten möchten, um ein Maximum an Bildqualität zu erhalten, steht dem mit der RAW-Datei nichts im Wege.

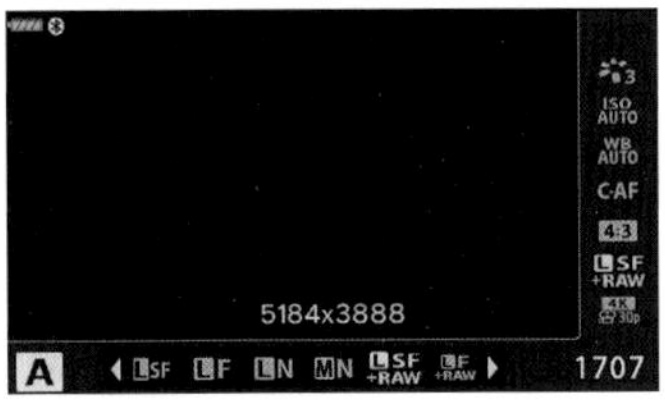

Abbildung 1.31: Wählen Sie die Option »LSF+RAW«, »LF+RAW«, »LN+RAW« oder »MN+RAW«, speichert die OM-D E-M10 Mark IV das Rohdatenformat und eine weitere Datei im JPEG-Format ab.

8 oder 12 Bit?

Warum sind 12 Bit Farbtiefe (Anzahl der möglichen Farbabstufungen, $(2^{12})^3$ = 68.719.476.736 Farben) im RAW-Format besser als die 8 Bit ($(2^8)^3$ = 16.777.216 Farben) des JPEG-Formats? Durch die Reduzierung der Farbtiefe von 12 auf 8 Bit gehen Informationen verloren. Möchte man die Dateien nachträglich bearbeiten, ist es aber wichtig, möglichst viele Informationen zur Verfügung zu haben, da bei jeder Bildoperation durch Rundungsfehler Verluste entstehen, die sich addieren. Das heißt, die Datei sollte zunächst mit den maximal verfügbaren Informationen bearbeitet werden. Erst im letzten Schritt wird dann auf die 8 Bit des JPEG-Formats heruntergerechnet (beziehungsweise abgerundet).

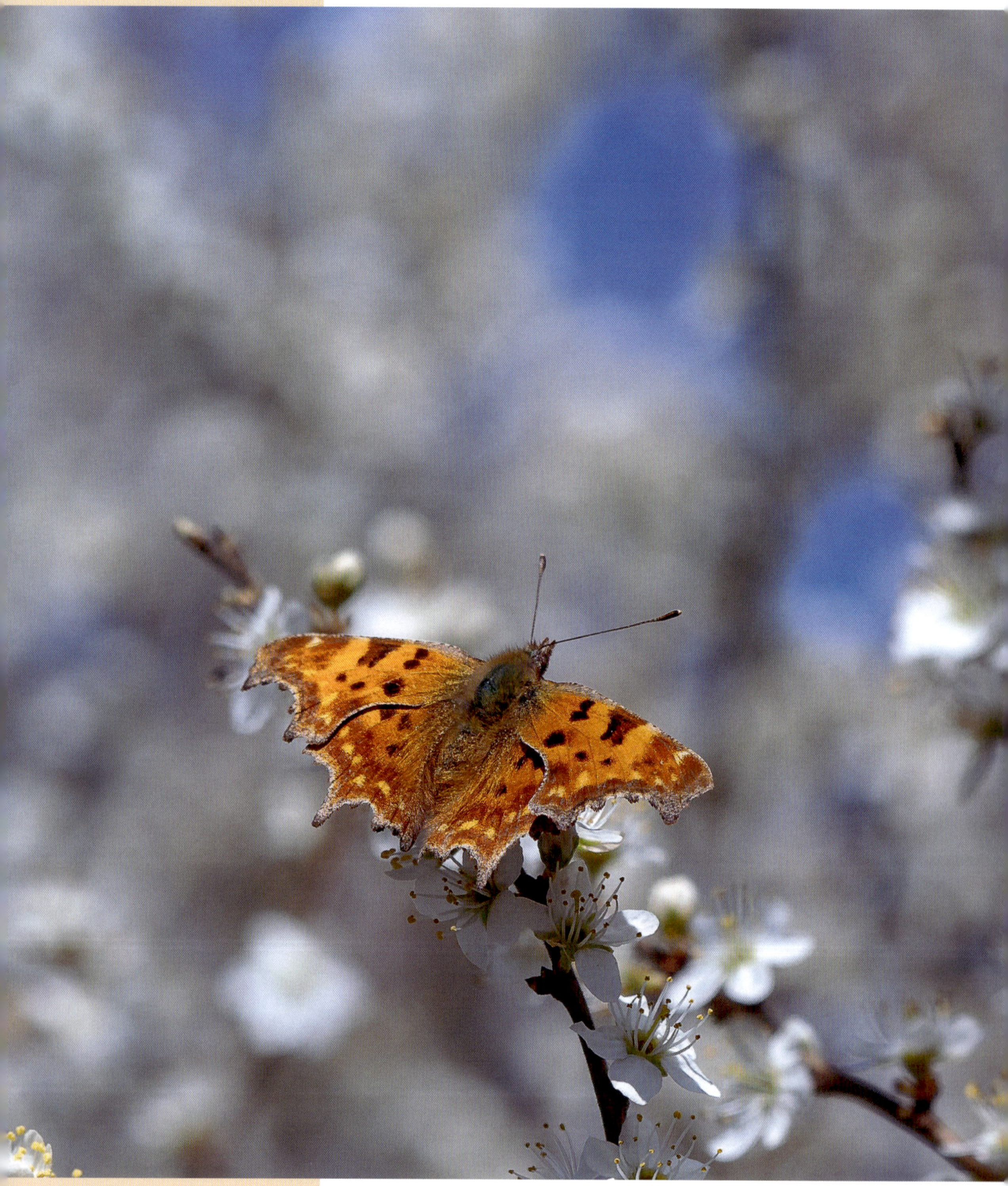

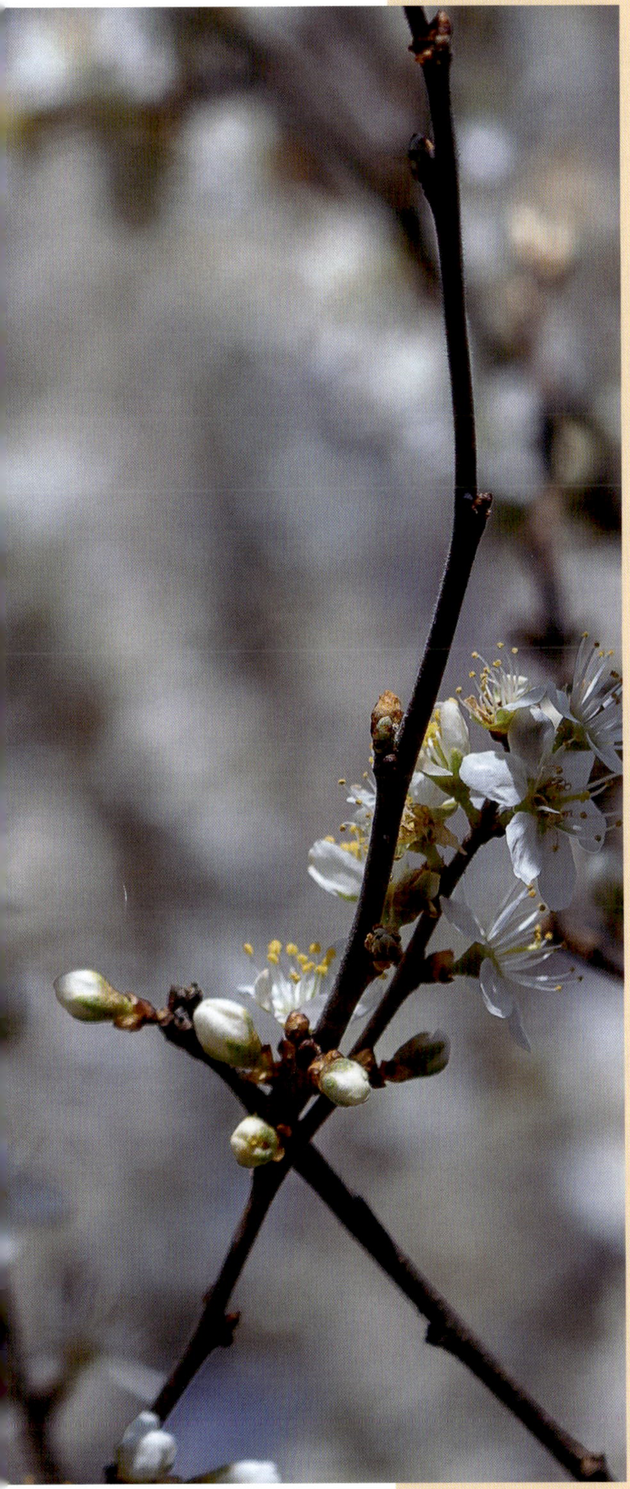

2

Immer perfekt scharfstellen

Gezielt mit der Schärfe umzugehen, ist der Fokus in diesem Kapitel. Die OM-D E-M10 Mark IV unterstützt Sie hierbei mit verschiedenen Techniken. Diese werden im Folgenden genau beleuchtet und deren Vor- und Nachteile herausgestellt. Außerdem erfahren Sie, was der Bildstabilisator zu leisten vermag und wie man die Schärfentiefe gezielt einsetzt. Selfies sind in aller Munde: Wie Ihnen die OM-D E-M10 Mark IV dabei hilft, perfekte Fotos von sich selbst zu machen, wird am Ende des Kapitels in den Blick genommen.

90 mm | f5 | 1/500 s | ISO 100

2.1 Automatisch scharfstellen

In diesem Kapitel erfahren Sie alles, um gezielt mit der Schärfe im Bild umzugehen. Die OM-D E-M10 Mark IV unterstützt Sie dabei mit verschiedenen Techniken, die im Folgenden genau betrachtet und deren Vor- und Nachteile beleuchtet werden. Sie werden außerdem sehen, wie die Funktion *Live View* für noch mehr Schärfe sorgt oder wie Sie selbst ins Bild kommen.

Die OM-D E-M10 Mark IV verwendet zum Scharfstellen den sogenannten *Kontrast-Autofokus*. Dieser ändert permanent die Abstandseinstellung der Linsen des Objektivs in kleinen Schritten, bis der maximale Kontrast und damit die Schärfe erreicht sind. Diese Variante des Scharfstellens ist sehr genau, benötigt aber ihre Zeit. So ist die Scharfstellgeschwindigkeit nicht ganz so schnell wie etwa bei einer Kamera mit Phasen-Autofokus, aber trotzdem auf sehr hohem Niveau.

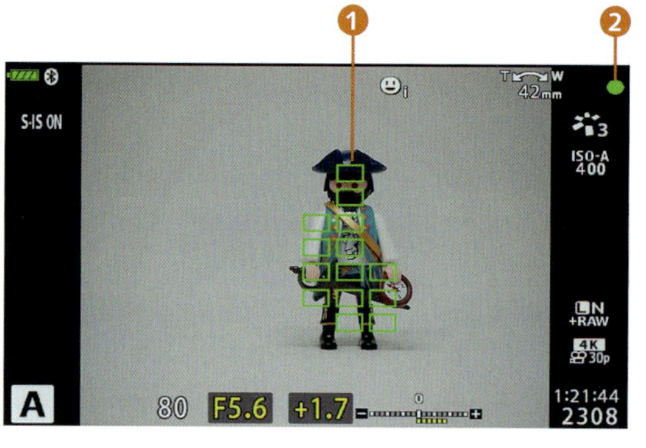

Abbildung 2.1: Die OM-D E-M10 Mark IV zeigt Ihnen auf dem Monitor die Scharfstellung an.

Sobald die OM-D E-M10 Mark IV den Fokus bestätigen kann, leuchtet die AF-Bestätigung ❶ grün auf. Zusätzlich wird signalisiert, welches beziehungsweise welche Fokusfelder ❷ die Schärfe erkannt haben. Sind die akustischen Signale aktiviert (Standardeinstellung), hören Sie auch einen Piepton.

Fokusprobleme erkennen

Erhalten Sie von der Kamera kein Signal, dass die Schärfe gefunden wurde, wenn Sie den Auslöser halb drücken, oder fährt der Autofokusantrieb permanent hin und her, kann das mehrere Ursachen haben. Eventuell sind Sie zu dicht am

Motiv oder dieses ist relativ kontrastlos. Abhilfe schafft hier das leichte Entfernen vom Motiv oder das Anvisieren einer kontrastreicheren Stelle in unmittelbarer Nähe des Motivs.

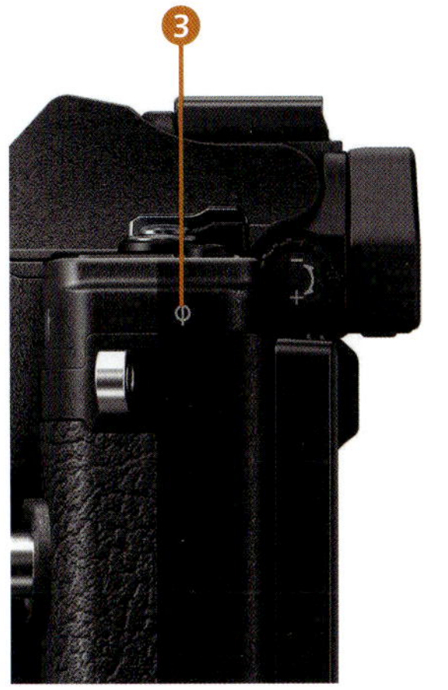

Abbildung 2.2: Sensorebene 3 der OM-D E-M10 Mark IV zur Bestimmung der Aufnahmeentfernung (Bild: Olympus)

Mindestabstand zum Motiv

Je nach gewählter Brennweite schwankt der Mindestabstand zum Motiv. Bei den beiden Kit-Objektiven *M.ZUIKO DIGITAL ED 14–42 mm 1:3,5–6,3 EZ Pancake* und *M.ZUIKO DIGITAL ED 4–150 mm 1:4,0–5,6 II* beträgt der Mindestabstand zum Beispiel 20 bzw. 50 cm ab Sensorebene. Sind Sie dichter am Motiv dran, dann kann die Kamera darauf nicht mehr scharfstellen.

Auch im Dunkeln schafft es der Autofokus teilweise nicht, immer scharfzustellen. Hier kommt die Rolle des AF-Hilfslichts (AF-LED) ins Spiel. Dieses projiziert in nächster Nähe ein kontrasterhöhendes rotes Licht auf das Motiv und erhöht so die Chance auf ein scharfes Ergebnis. Stört Sie dieses zusätzliche Leuchten und möchten Sie, dass das AF-Hilfslicht ausgeschaltet bleibt, dann wählen Sie im Menü 📷2 bei *AF-Hilfslicht* die Option *Aus*.

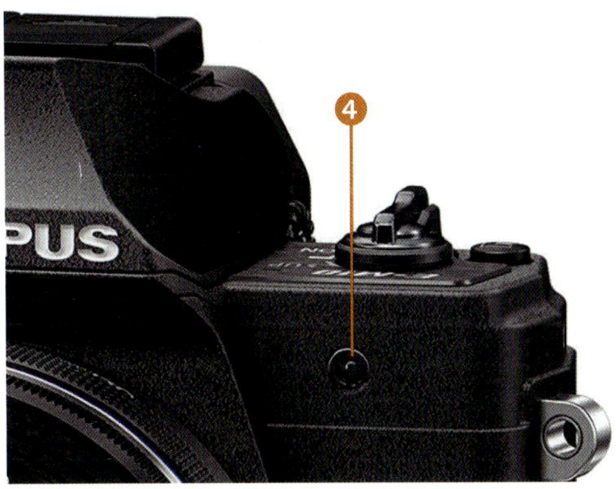

Abbildung 2.3: Das AF-Hilfslicht 4 (Bild: Olympus)

Auch schnell bewegte Motive, die permanent die Entfernung zur Kamera ändern, machen es der OM-D E-M10 Mark IV teilweise schwer, richtig scharfzustellen. Der Kontrast-AF ist dann permanent damit beschäftigt, den Fokus zu berechnen und das Objektiv entsprechend scharfzustellen. Drücken Sie den Auslöser, bevor die Schärfe gefunden wurde, ist die Auf-

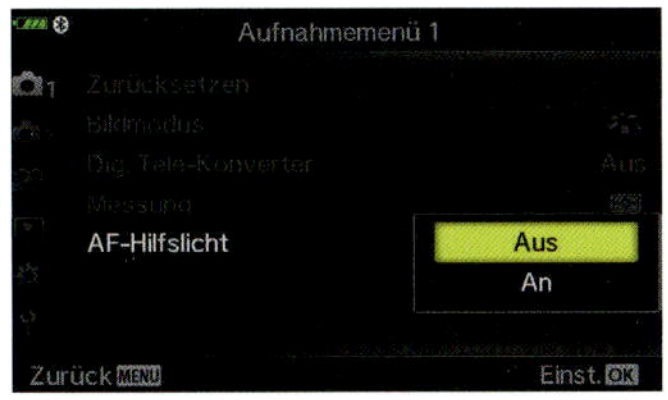

Abbildung 2.4: Stört Sie das AF-Hilfslicht im Dunkeln beim Fokussieren, dann schalten Sie es ab.

nahme natürlich dann nicht dort scharf, wo Sie es sich gewünscht hätten.

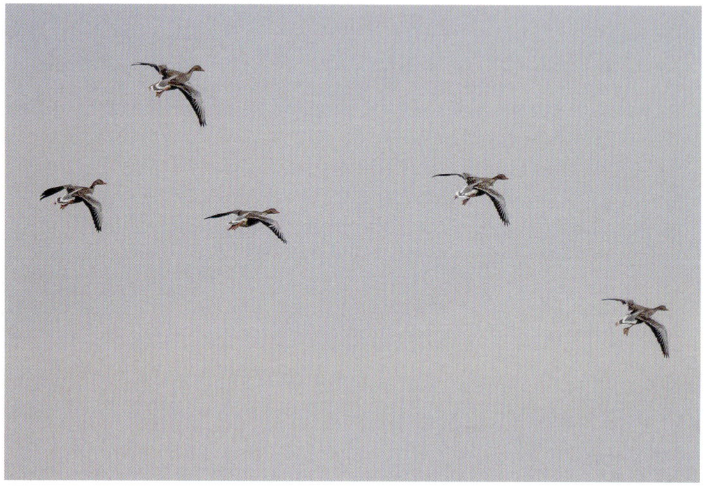

Abbildung 2.5: Sich schnell auf die Kamera zu- oder wegbewegende Motive machen es der OM-D E-M10 Mark IV schwer, korrekt scharfzustellen.
300 mm | f5,6 | 1/640 s | ISO 100

Ebenso hat es die OM-D E-M10 Mark IV schwer scharfzustellen, wenn sich Objekte zwischen der Kamera und dem eigentlichen Motiv befinden. Das können zum Beispiel Äste sein, wie im Beispielbild 2.6. In solchen Aufnahmesituationen ist es sinnvoll, die Feinarbeit von Hand zu leisten. Alles zum manuellen Scharfstellen erfahren Sie im Abschnitt »Manuelles Scharfstellen« ab Seite 63.

Abbildung 2.6: Da das Boot von Ästen verdeckt wird, ist es hier sinnvoller, manuell scharfzustellen.
58 mm | f5,6 | 1/640 s | ISO 100

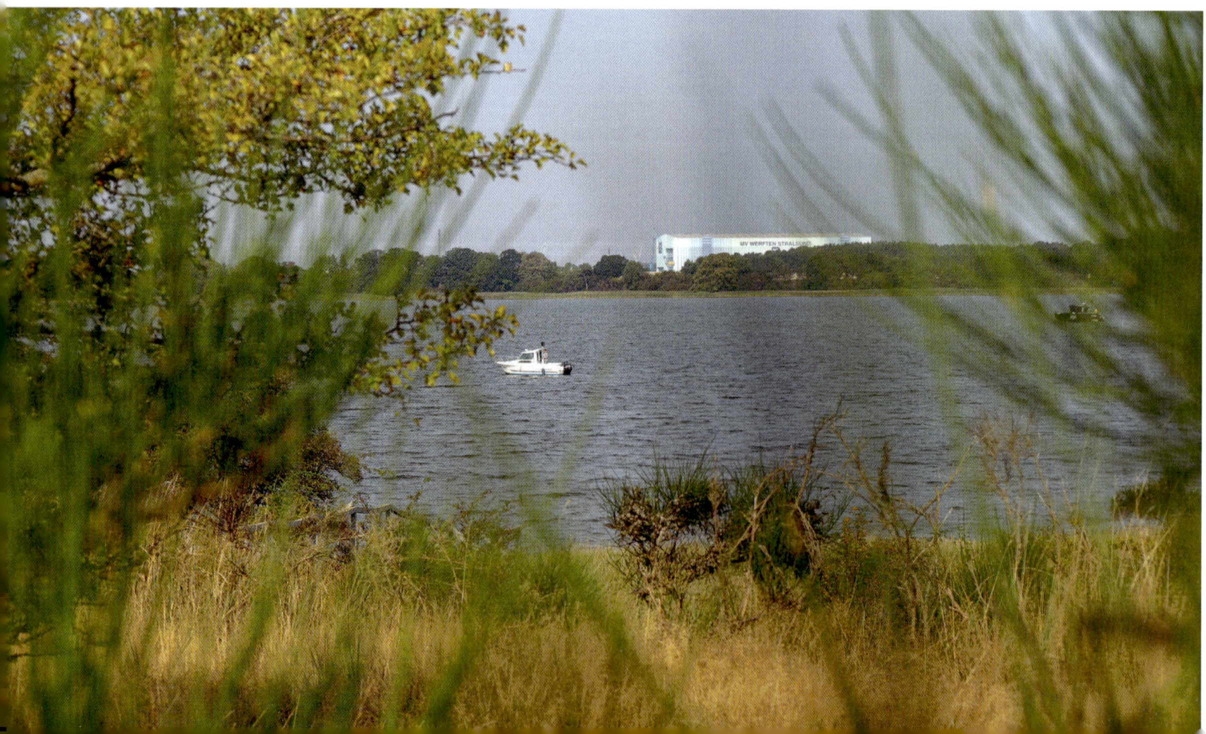

2.2 Unbewegte Motive fokussieren

Für den Fotografen sind sich nicht bewegende Objekte genügsame Fotomotive. Hier haben Sie Zeit, das Bild in Ruhe zu komponieren und den gewünschten Schärfepunkt zu finden.

Statische Objekte mit dem S-AF-Modus aufnehmen

Der sogenannte *Einfach-Autofokus* (*S-AF*, Single-AF) ist ideal für unbewegte Motive. Ist also die Nachführung der Schärfe nicht notwendig oder nicht gewünscht, drücken Sie die *OK*-Taste und wählen *S-AF*.

Ideal ist der Modus des Einfach-Autofokus beispielsweise für Architekturaufnahmen. Wurde der Schärfepunkt durch die O-MD E-M 10 Mark IV gefunden, wird er gespeichert. Erst wenn der Auslöser wieder losgelassen wird, beginnt die Suche nach der Schärfe von Neuem.

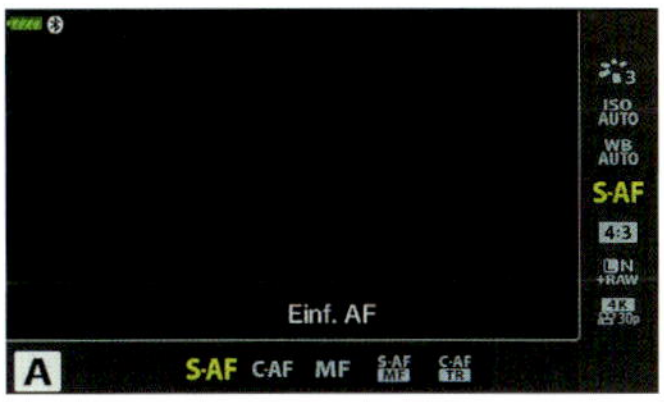

Abbildung 2.7: Den Einzel-Autofokus wählen Sie im Schnellmenü per OK-Taste.

AF-Einstellungen nicht möglich?

Können Sie keine Autofokuseinstellung im Menü wählen, dann prüfen Sie, ob am Objektiv eventuell die MF-Fokussperre auf den manuellen Fokus *MF* gestellt wurde.

Abbildung 2.8: Unbewegte Objekte nehmen Sie am besten mit dem S-AF auf.
17 mm | f8 | 1/400 s | ISO 100

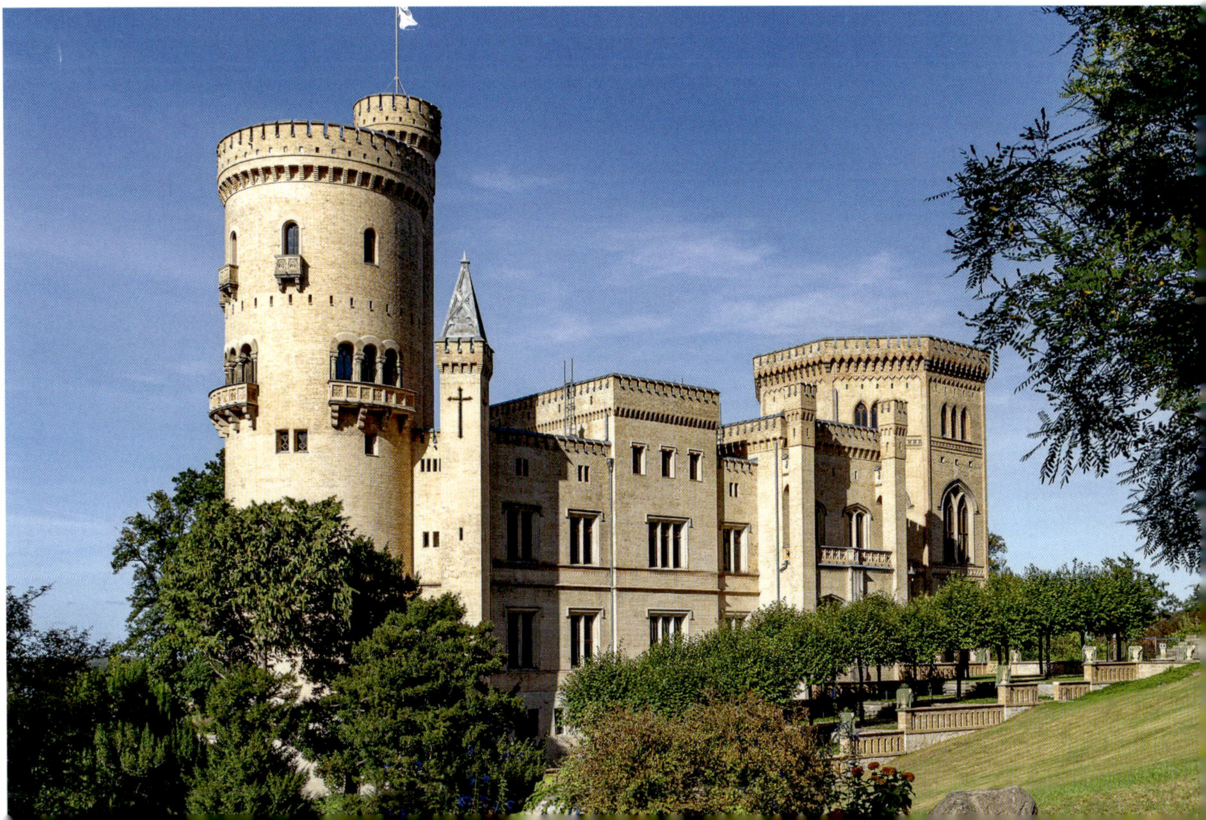

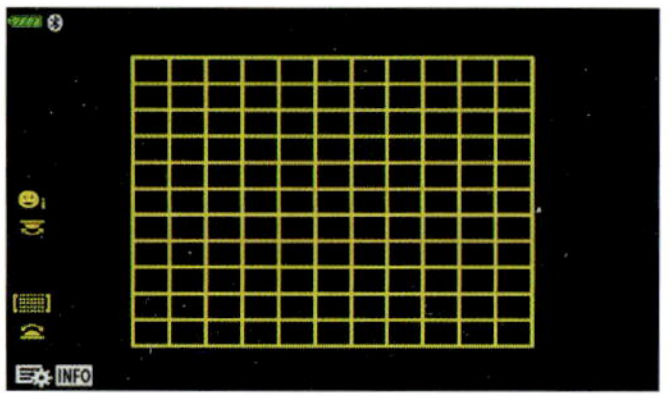

Abbildung 2.9: In der Standardeinstellung Alle Felder bestimmt die Kamera selbst den Schärfepunkt im Bild.

Automatische oder manuelle Messfeldauswahl

Im Automatikmodus *Alle Felder* [▦] überlassen Sie der Kamera die Wahl des Fokusfeldes. Sie wird dabei vorrangig das Fokusfeld für die Erkennung des Hauptmotivs benutzen, das im Bereich des dichtesten Objekts liegt. Das ist auch der Normalfall, da sich das Hauptobjekt meist im Vordergrund befindet. Dabei sind die Fokusfelder so angeordnet, dass sich das Hauptobjekt nicht zwangsläufig im mittleren Bereich befinden muss, was der Bildgestaltung entgegenkommt. Bei eingestellter *ESP*-Belichtungsmessung fließt der Bereich um das oder die aktiven Felder, die besonders hoch bewertet werden, in die Belichtungsmessung ein. Das garantiert eine optimale Belichtung des Hauptobjekts.

Für durchschnittliche Anwendungen, zum Beispiel wenn sich eine zu fotografierende Person im Vordergrund befindet oder eine Landschaft aufgenommen werden soll, ist die automatische Fokusfeldwahl *Alle Felder* sehr gut geeignet. Natürlich gibt es aber auch Situationen, in denen Sie diese Entscheidung gern selbst treffen möchten – eben wenn sich beispielsweise das Hauptobjekt nicht im Vordergrund, sondern im Hintergrund befindet.

Dazu bietet Ihnen die OM-D E-M10 Mark IV zwei Möglichkeiten: zum einen die Option **[▪]** *Einzelnes Feld*. Die OM-D E-M10 Mark IV blendet hier auf dem Monitor und im Sucher einen AF-Fokusfeldrahmen in der Mitte des Bildes ein. Nur dieser Bereich wird scharfgestellt. Drücken Sie den Auslöser der OM-D E-M10 Mark IV halb, versucht sie scharfzustellen. Färbt sich der Rahmen grün, konnte erfolgreich scharfgestellt werden. Solange Sie den Auslöser gedrückt halten, wird der Schärfepunkt gespeichert (im *S-AF*-Modus). Das gibt Ihnen die Möglichkeit, die Kamera für die Bildkomposition zu schwenken. In dieser Einstellung können Sie natürlich auch wählen, welches AF-Fokusfeld zur Schärfebestimmung verwendet werden soll. Das bietet sich beispielsweise an, wenn Sie die Schärfe auf einen Punkt im Goldenen Schnitt legen wollen.

Zur Wahl des AF-Fokusfeldes gehen Sie wie folgt vor: Drücken Sie die Taste ◀ und drehen Sie am vorderen Einstellrad, bis Sie die Option **[▪]** *Einzelnes Feld* erreicht haben. Sie können nun eines der insgesamt 81 Autofokusfelder mit den Tasten ◀ ▶▲▼ wählen. Alternativ können Sie das Feld Ihrer Wahl auch über den Monitor bei Fingertipp (Touch) wählen. Die Auswahl ist auch ohne Bestätigung per *OK*-Taste sofort wirksam. Sie können also sofort weiterfotografieren. Verwenden Sie die Funktion *Digitaler Tele-Konverter* oder haben Sie ein alternatives Bildseitenverhältnis gewählt, stehen Ihnen weniger Felder für die Auswahl zur Verfügung.

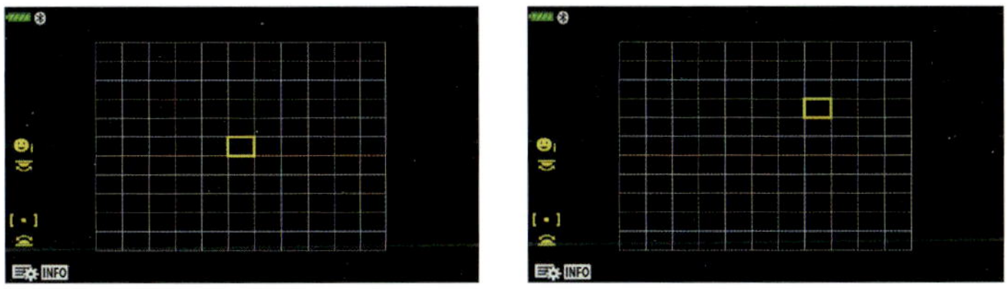

Abbildung 2.10: Mit den Tasten ◀ ▶▼▲ können Sie das gewünschte AF-Feld auswählen. Hier entscheiden Sie, in welchem Bildbereich scharfgestellt werden soll.

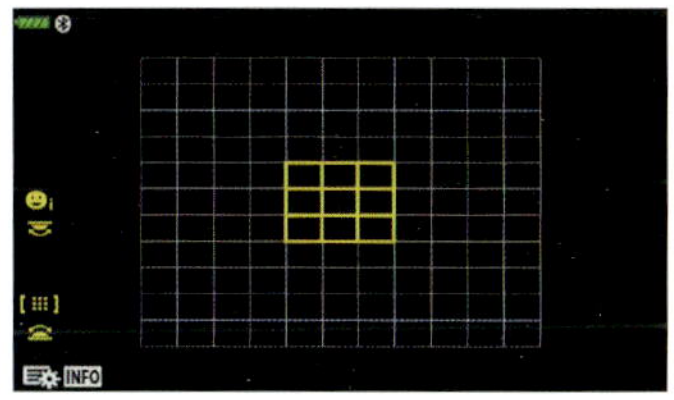

Abbildung 2.11: Auch eine 9-Feld-Variante steht Ihnen zur Verfügung, um auf einen größeren Bildbereich als bei Einzelnes Feld scharfstellen zu können. Dieser 9-Feld-Bereich lässt sich ebenfalls wie gewünscht verschieben.

Optional zu *Alle Felder* ist es auch möglich, neun AF-Felder zu gruppieren. Diese Gruppierung können Sie nach Wunsch in der AF-Feldmatrix verschieben. Auch hier wählt die Kamera wie bei *Alle Felder* ein AF-Feld der Gruppierung zum Scharfstellen aus. Sie können hier also eine Eingrenzung auf den von Ihnen bevorzugten Motivbereich vornehmen. Die Verschiebung der Gruppierung geschieht analog wie zuvor bei *Einzelnes Feld* beschrieben.

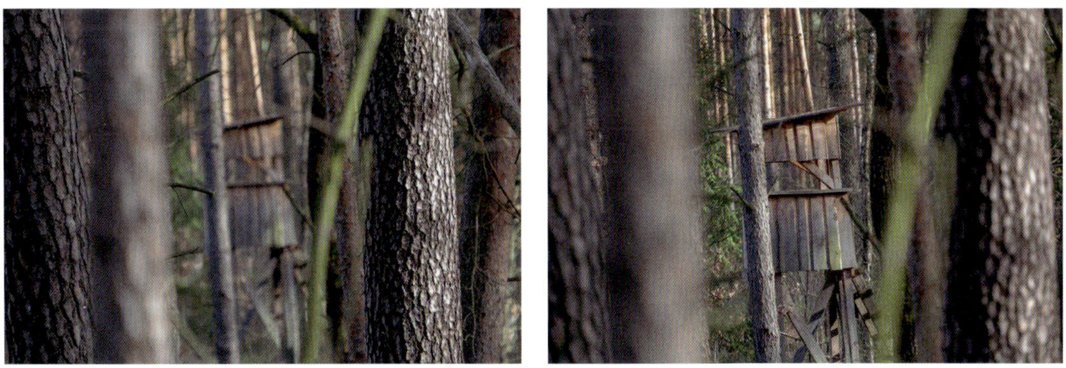

Abbildung 2.12: Die Automatik der Kamera hätte vermutlich wie links im Bild scharfgestellt. Nach Wahl eines Fokusfeldes entscheiden Sie selbst, worauf scharfgestellt wird – hier ist es der Hochstand.

Das Fokusfeld gezielt ausrichten

1 Feldauswahlvariante auswählen

Drücken Sie die Taste ▼ und wählen Sie die Option *Einzelnes Feld* mit dem vorderen Einstellrad.

2 Einzelfeld platzieren

Das Fokusfeld leuchtet nun in Grün. Mit den Tasten ◀ ▶▲▼ können Sie das Fokusfeld nun entsprechend Ihren Wünschen verschieben. Drücken Sie den Auslöser halb, um den Vorgang abzuschließen.

3 Optional die Gitternetzlinien einblenden

Im Menü ✲ • *C1* unter *Gitterlinien* wählen Sie ein Raster Ihrer Wahl, um die Gitternetzlinien einzublenden. Mehr zur Bildgestaltung nach dem Goldenen Schnitt erfahren Sie im Abschnitt »Den Horizont gerade ausrichten« ab Seite 265.

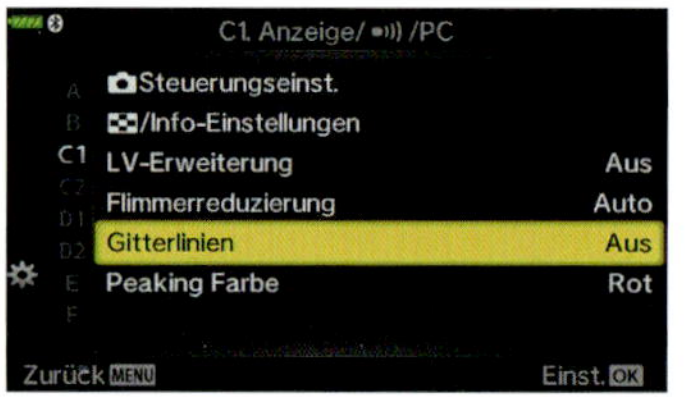

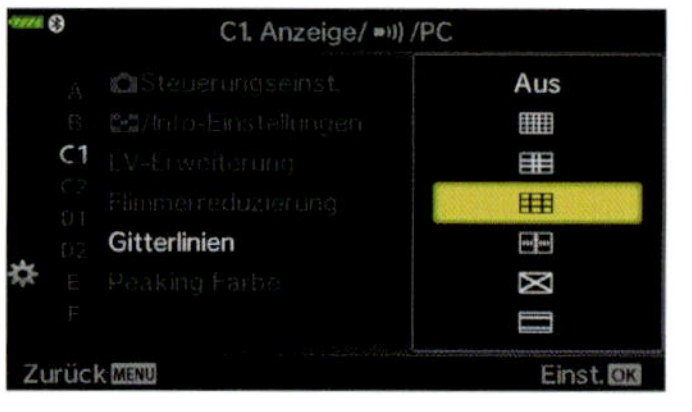

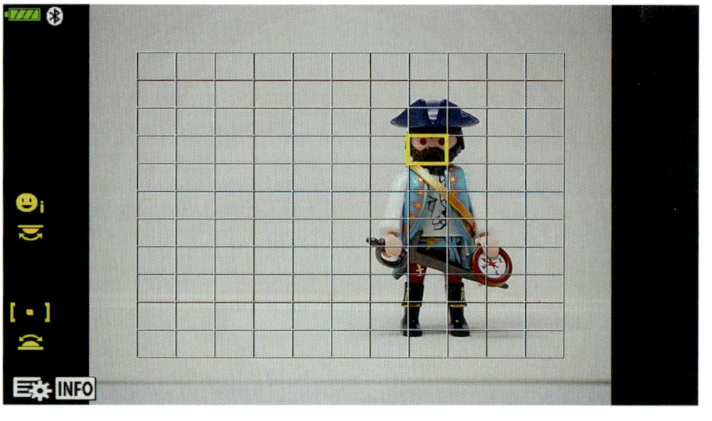

2.3 Bewegte Motive scharfstellen

Bewegte Objekte in der gewünschten Form auf den Sensor zu bannen, fordert Fotograf und Kamera in gleicher Weise recht stark. Ihre OM-D E-M10 Mark IV bietet zum Glück auch dafür einen entsprechenden AF-Modus, der dabei hilft, diese Situationen zu meistern: Im kontinuierlichen *AF*-Modus (*C-AF*) folgt der Autofokus der Objektbewegung oder auch der Abstandsänderung, falls Sie sich selbst bewegen.

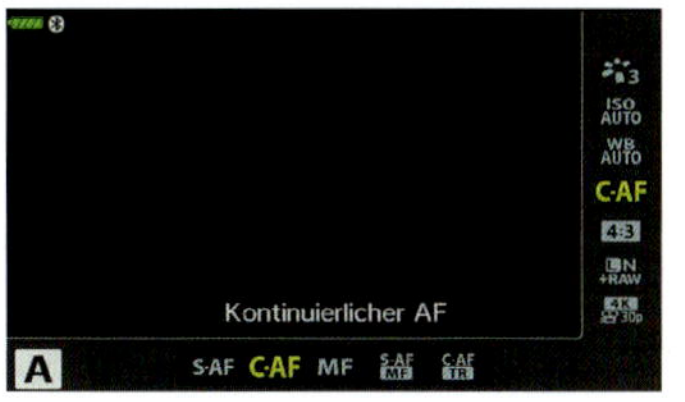

Abbildung 2.13: Im Schnellmenü, das Sie über die OK-Taste erreichen, können Sie den C-AF wählen.

Display pumpt im C-AF-Modus

Wundern Sie sich nicht, wenn im *C-AF*-Modus das Display »pumpt«, also das Bild abwechselnd größer und kleiner wird. Das hängt damit zusammen, dass die OM-D E-M10 Mark IV den Fokuspunkt schneller aktualisiert, als sie das Bild auf dem Display darstellen kann. Das ist also keine Fehlfunktion und hat keinen Einfluss auf die Aufnahmen.

Dieser Modus wurde speziell für sich schnell bewegende Objekte entwickelt. Die Schärfe wird permanent nachgeregelt und sogar vorausberechnet, solange der Auslöser angedrückt ist. Vorausberechnet deshalb, weil doch einige Zeit vom Auslösen bis zum Öffnen des Verschlusses vergeht. Währenddessen könnte sich das Objekt weiterbewegt haben. Gerade bei Objekten, die sich auf den Fotografen zu- bzw. wegbewegen, macht sich dies bemerkbar.

Die OM-D E-M10 Mark IV weist zwar durch Aufleuchten des Fokuspunktes auf eine durch sie bestätigte Schärfe hin, allerdings wird dies in solchen Situationen immer nur kurz der Fall sein. Das akustische Schärfebestätigungssignal ertönt nur einmal und ist in diesem Modus abgeschaltet, bis Sie den Auslöser loslassen und erneut drücken. Ebenso leuchtet das betreffende Fokusfeld hier nur am Anfang einmalig auf, wenn die Schärfe gefunden wurde.

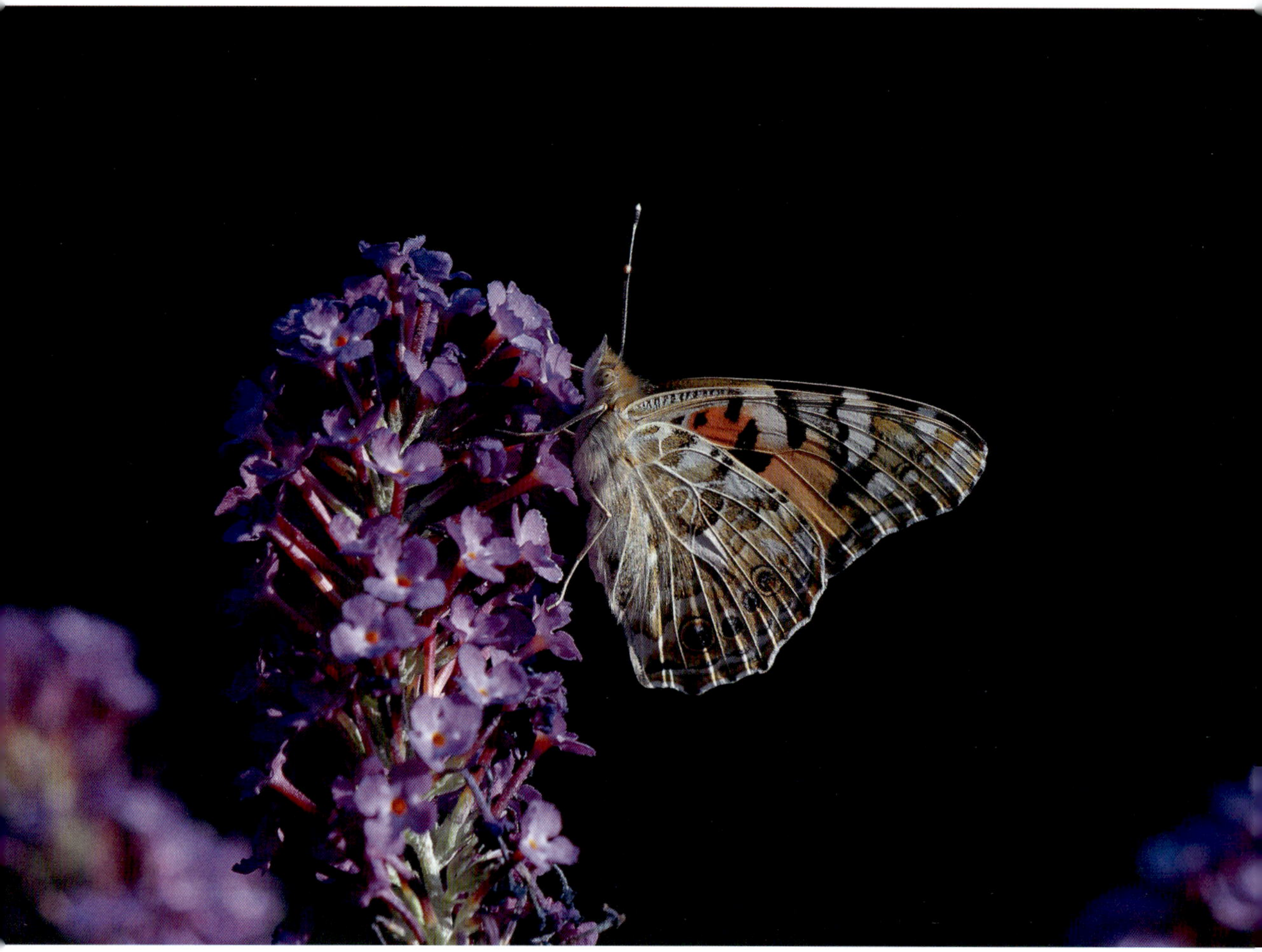

Abbildung 2.14: Der C-AF-Modus und die Serienbildfunktion waren hier Voraussetzung, um diesen sich schnell bewegenden Distelfalter scharf in einer kurzen Bildersequenz einzufangen.
90 mm | f4 | 1/320 s | ISO 100

Ohnehin hat man in solchen Situationen mehr mit dem Objekt selbst zu tun, um es wie gewünscht im Sucher einzufangen. Sie können sich hier daher ruhig auf Ihre OM-D E-M10 Mark IV verlassen. Es empfiehlt sich zudem, den Serienbildmodus einzuschalten. Sie erhalten so sicher eine gute Auswahl an scharfen Bildern.

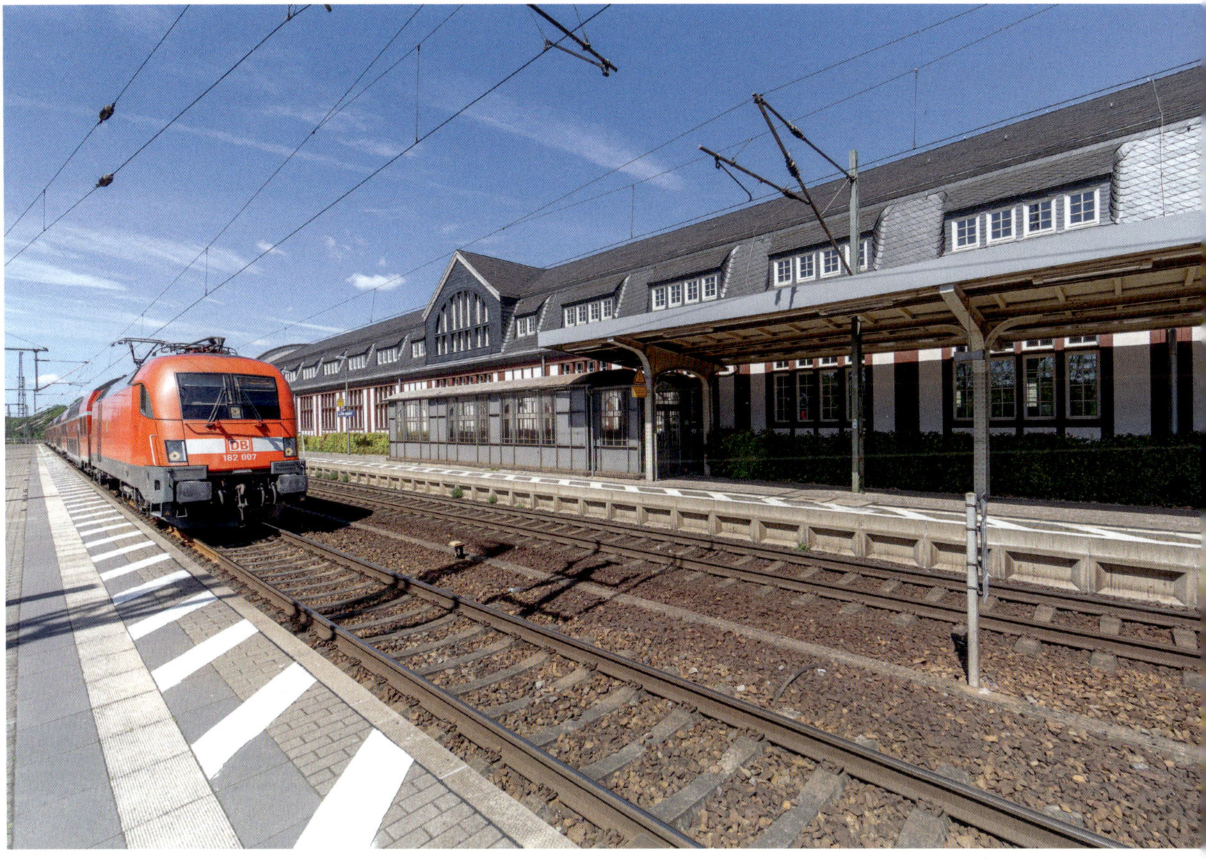

Abbildung 2.15: Objekte, die sich schnell vom Fotografen weg- beziehungsweise – wie hier die Lok – auf ihn zubewegen, fordern den Autofokus besonders.
10 mm | f8,0 | 1/250 s | ISO 100

Erhöhter Strombedarf

Das ständige Nachführen der Schärfe kostet recht viel Strom. Haben Sie geplant, die Tagesfototour mit dem Fotografieren von bewegten Motiven zu verbringen, kann es nicht schaden, einen Ersatzakku mit in die Fototasche zu packen.

Es kommt auch vor, dass sich Fotoobjekte sehr schnell und in alle möglichen Richtungen bewegen. Zum Beispiel sind die Bewegungen herumschwirrender Bienen schwer vorauszuberechnen, und da wäre es doch schön, wenn die OM-D E-M10 Mark IV Sie auch hier unterstützen könnte. Dafür bietet sich die Option *C-AF+TR* an. Das ist im Prinzip die Option zur Objektverfolgung. Die folgende Anleitung soll Ihnen bei dieser nicht ganz einfachen Aufgabe helfen.

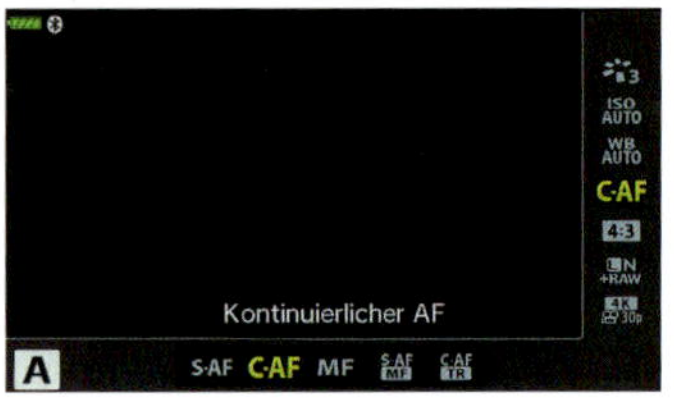

Objekte permanent fokussiert verfolgen

1 Die Voraussetzungen schaffen
Drücken Sie die *OK*-Taste und wählen Sie bei den Fokusoptionen die Option *C-AF+TR*.

2 Fokusfeld wählen
Es ist sinnvoll, das mittlere Fokusfeld zur Schärfemessung zu aktivieren. Drücken Sie die Taste ◀. Mit dem vorderen Einstellrad wählen Sie die Option *Einzelnes Feld*. Das Fokusfeld leuchtet nun in Grün. Mit den Tasten ◀▶▲▼ bestimmen Sie jetzt das Fokusfeld in der Mitte. Drücken Sie den Auslöser halb, um den Vorgang abzuschließen.

3 Kamera ausrichten
Richten Sie die OM-D E-M10 Mark IV so aus, dass sich das zu verfolgende Objekt in der Bildmitte im eingeblendeten Rahmen befindet, und drücken Sie den Auslöser halb. Das Objekt wird nun im Rahmen der Möglichkeiten verfolgt.

4 Auslösen
Sobald der Rahmen in Grün erscheint, ist der Fokus gefunden und Sie können auslösen. Kann die OM-D E-M10 Mark IV dem Objekt nicht mehr folgen, leuchtet der Rahmen rot. Lassen Sie in diesem Fall den Auslöser kurz los und richten Sie die Kamera neu aus.

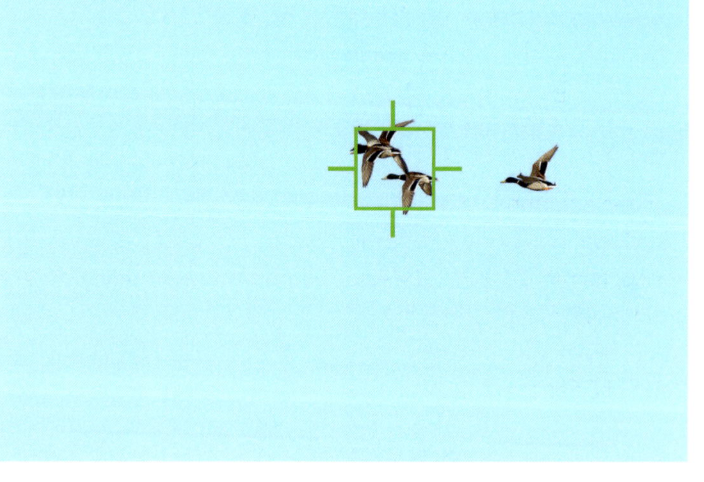

Tipps zur Objektverfolgung

Sinnvoll einsetzbar wird die Funktion erst, wenn sich das sich bewegende Motiv recht deutlich vom Hintergrund abhebt. Bewegt sich ein Objekt auf Sie zu oder von Ihnen weg, dann funktioniert die Objektverfolgung nicht so gut. Besser ist es, wenn sich das Objekt parallel zur Sensorebene bewegt. Verlässt das Motiv den verfügbaren Bildbereich, bleibt die Objektverfolgung aktiv. Sobald das Motiv an der gleichen Stelle erneut in den Bildbereich gelangt, wird die Objektverfolgung weitergeführt. Verwenden Sie ein Four-Thirds-Systemobjektiv an der OM-D E-M10 Mark IV, steht die Funktion nicht zur Verfügung. Die Kamera verwendet dann zum Fokussieren *S-AF*.

2.4 Manuelles Scharfstellen

Stellen Sie fest, dass der Autofokusmotor hin- und herfährt und keinen Schärfepunkt findet, dann ist dies ein Fall für den manuellen Scharfstellmodus, der bei der OM-D E-M10 Mark IV *MF* (manueller Fokus) genannt wird.

Es gibt immer wieder genügend Situationen, in denen Sie – trotz des sehr guten Autofokussystems der OM-D E-M10 Mark IV – manuell ins Geschehen eingreifen sollten, um den Fokuspunkt optimal zu finden. Es kommt sogar vor, dass das Scharfstellen überhaupt nur manuell möglich ist. Denken Sie dabei zum Beispiel an kontrastlose Motive. Am Anfang dieses Kapitels wurden dazu bereits Szenarien besprochen (siehe den Abschnitt »Fokusprobleme erkennen« auf Seite 52). Aber auch gerade im Bereich der Makrofotografie ist es oft vorteilhafter, manuell zu fokussieren. Die Schärfentiefe ist hier teilweise so gering, dass es auf eine sehr genaue Einstellung des Fokuspunktes ankommt, die Sie nur von Hand leisten können.

In diesen Fällen ist die feinfühlige Hand des Fotografen gefragt, um die Schärfe treffsicherer und schneller als jede Automatik zu finden. Der Fokussierweg ist hier minimal. Kleinste Veränderungen am Fokusring des Objektivs reichen aus, um den Schärfebereich zu verlassen.

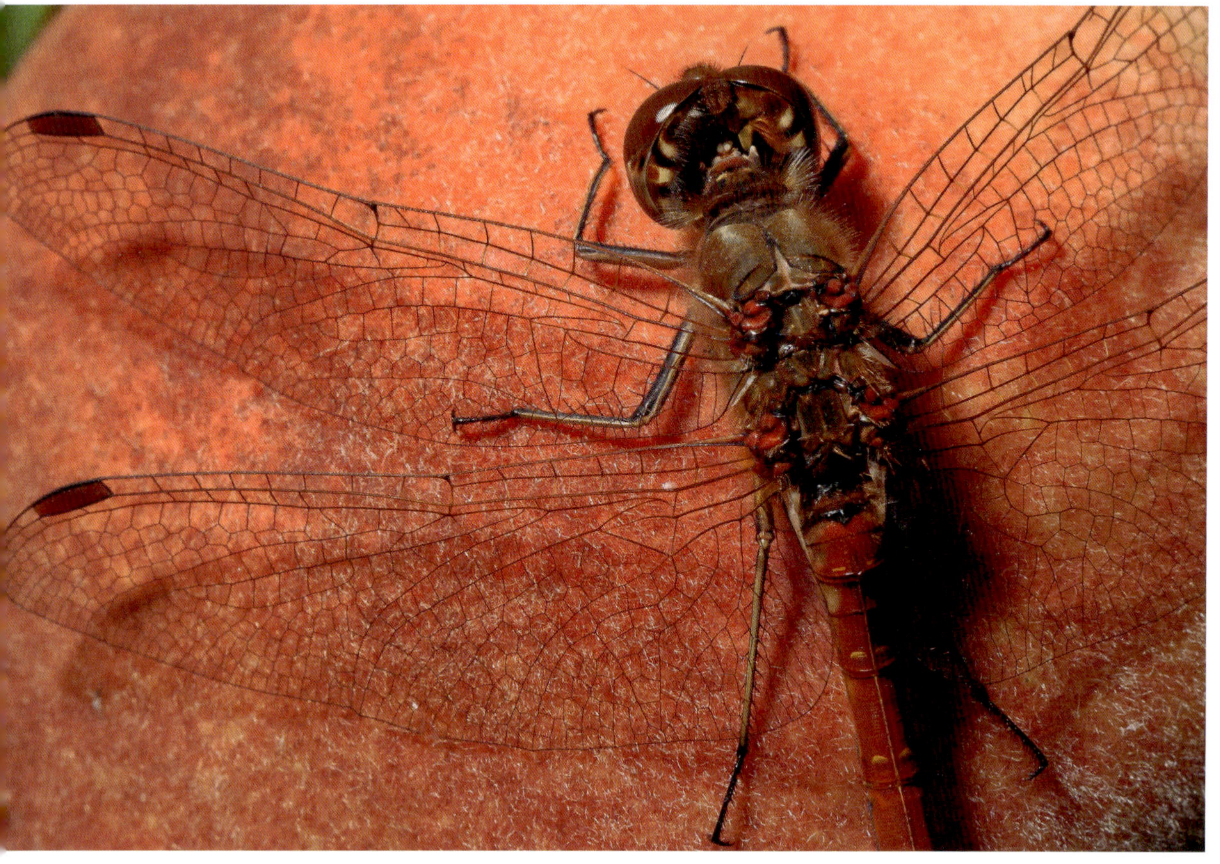

Abbildung 2.16: Für Makroaufnahmen ist der manuelle Fokus MF meist die erste Wahl. Die Schärfe lässt sich so sehr genau auf die gewünschte Motivpartie, hier den Kopf, legen.
100 mm | f16 | 1/100 s | ISO 400

Manuell gekonnt scharfstellen

1 Den manuellen Fokus wählen

Drücken Sie die OK-Taste und wählen Sie die Option *MF*.

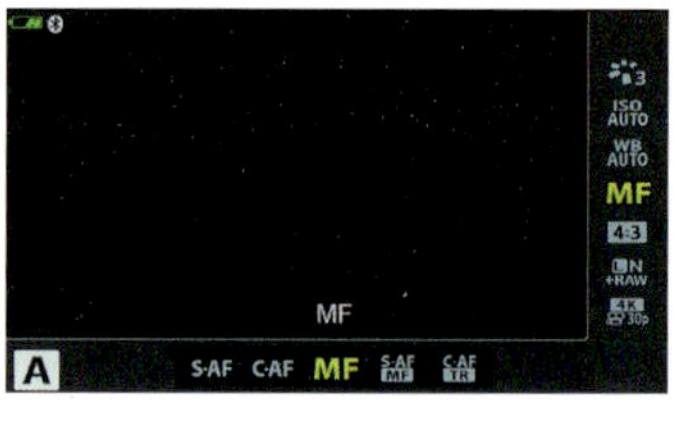

2 Auf das Motiv scharfstellen

Die Macht des Scharfstellens liegt nun in Ihrer Hand. Drehen Sie den Fokusring ❶ am Objektiv nach links (entgegen dem

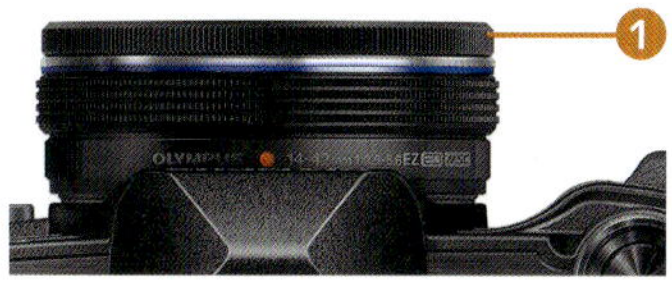

Uhrzeigersinn), vergrößern Sie dadurch die Entfernung zum Scharfstellpunkt. Drehen Sie nach rechts (mit dem Uhrzeigersinn), erreichen Sie das Gegenteil.

3 Auslösen

Haben Sie den Schärfepunkt wie gewünscht getroffen, dann drücken Sie den Auslöser gefühlvoll durch.

Unterstützung im manuellen Modus

Die OM-D E-M10 Mark IV bietet Ihnen eine hilfreiche Funktion zum leichten Auffinden des Schärfepunktes. Die sogenannte *Kantenanhebung* (auch *Peaking* genannt) verstärkt die Umrisse an den Stellen, wo der Fokus festgestellt wurde. So können Sie leichter herausfinden, ob Sie richtig fokussiert haben und die Schärfe dort sitzt, wo sie sein soll.

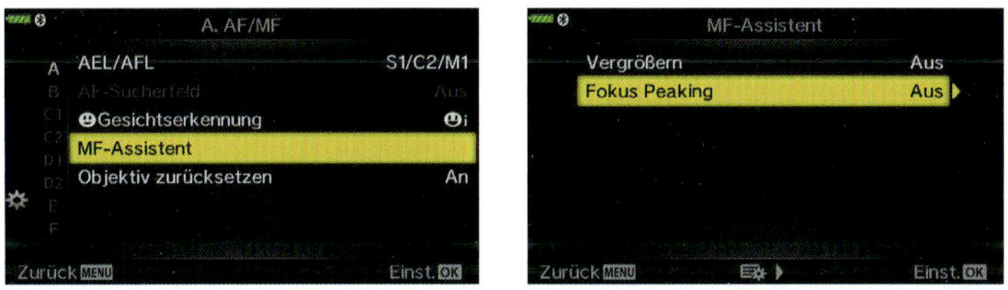

Abbildung 2.17: Im Menü ✲ • A • MF-Assistent • Focus Peaking können Sie die farbige Kantenanhebung einschalten.

Zum Aktivieren der Funktion wechseln Sie in das Menü ✲ • *A* • *MF Assistent* • *Focus Peaking* und wählen *An*. Im Menü unter ✲ • *C1* lässt sich die Farbe (*Rot*, *Gelb*, *Weiß*, *Schwarz*) der Kantenanhebung wählen. Wählen Sie möglichst eine Farbe aus, die sich gut von den sonstigen Farben im Bild abhebt. Ansonsten ist die Funktion weniger hilfreich. Die Stärke der Kantenanhebung ist leider nicht änderbar.

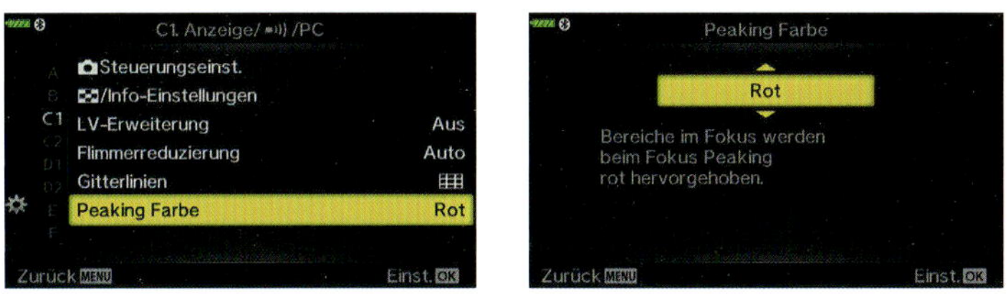

Abbildung 2.18: Als Farbe für die Kantenanhebung können Sie Rot, Gelb, Weiß oder Schwarz auswählen.

Weitere Unterstützung beim manuellen Scharfstellen nutzen: die Lupe

Standmäßig ist die Bildvergrößerung im manuellen Fokus-Modus (*MF*) deaktiviert. Diese recht sinnvolle Hilfe schalten Sie im Menü ✲ • *A* • *MF Assistent* • *Vergrößern* ein. Sobald Sie nun am Fokusring drehen, um die Schärfe einzustellen, vergrößert die OM-D E-M10 Mark IV das Bild. Sie können so noch besser einschätzen, ob der Fokus sitzt. Mit dem hinteren bzw. vorderen Einstellrad können Sie, während Sie am Fokusring drehen, die Vergrößerung in den Stufen 3-, 5-, 7-, 10- und 14-fach verändern und so ins Bild hinein- und herauszoomen. Haben Sie zuvor ein AF-Feld vorausgewählt, dann zoomt die OM-D E-M10 Mark IV an diesem AF-Feld ins Bild. Das kann Ihnen das »Herumwandern« auf dem Monitor ersparen, um die bevorzugte Stelle zu finden, an der scharfgestellt werden soll.

Mit den Tasten ◀ ▶▲▼ können Sie aber auch im Bild navigieren, um die für Sie interessante Motivstelle exakt scharfzustellen. Wenn Sie nicht mehr am Fokusring drehen, schaltet die OM-D E-M10 Mark IV wieder zurück in den normalen Ansichtsmodus.

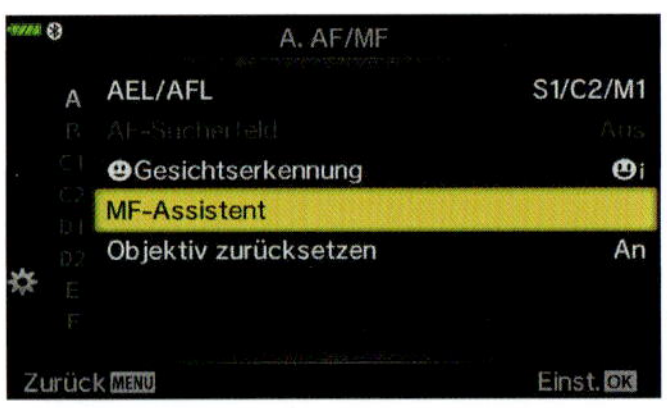

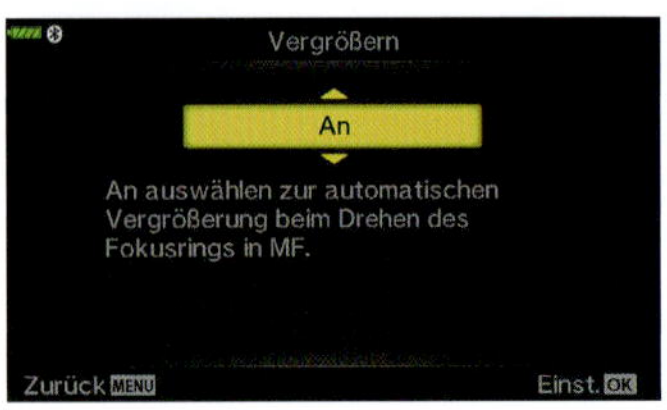

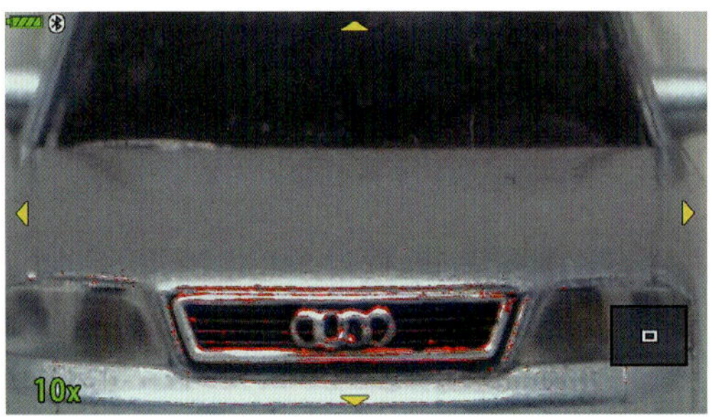

Abbildung 2.19: Ist im Menü der MF-Assistent Vergrößern eingeschaltet, zoomt die OM-D E-M10 Mark IV ins Bild hinein und blendet unten rechts einen Navigationsüberblick ein. Als Peaking-Farbe wurde hier Rot gewählt.

2.5 S-AF+MF: Automatik und manuelle Einstellung kombinieren

Die OM-D E-M10 Mark IV besitzt neben den bisher beschriebenen Autofokusmodi noch eine weitere Möglichkeit, den Schärfepunkt treffsicher festzulegen. Dieser nennt sich *S-AF+MF*-Modus. Drücken Sie hier den Auslöser halb, beginnt die OM-D E-M10 Mark IV zu fokussieren. Kann sie den Schärfepunkt bestätigen, schaltet sie automatisch in den manuellen Modus um. Bei immer noch halb gedrücktem Auslöser können Sie nun die Schärfe manuell am Objektiv nachstellen. Das macht Sinn, wenn Sie die OM-D E-M10 Mark IV auf einen Bereich vorfokussieren lassen und final selbst den Schärfepunkt wählen wollen. Denken Sie zum Beispiel an Porträtaufnahmen. Hier fokussieren Sie zunächst per Autofokus auf das Gesicht und legen dann manuell die Schärfe genau auf das Auge des Porträtierten. Drücken Sie die *OK*-Taste und wählen Sie *S-AF+MF*, falls diese Kombination aus Autofokus und manuellem Scharfstellen genutzt werden soll.

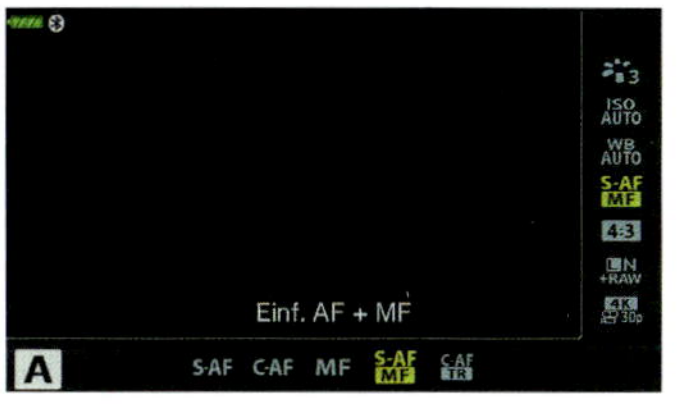

Abbildung 2.20: Der S-AF+MF-Modus stellt zunächst automatisch scharf und lässt Ihnen dann sofort die Möglichkeit für manuelle Feinarbeit.

2.6 Immer die richtige Belichtungszeit

Entscheidend für perfekte Fotos ist vor allem die Belichtungszeit. Nur durch die Wahl der richtigen Belichtungszeit erhalten Sie ein korrekt belichtetes Bild; andererseits deutet ein verwackeltes Bild auf eine für die Aufnahmesituation ungeeignete Belichtungszeit hin. Aber auch kreative Möglichkeiten stecken in der Wahl der Belichtungszeit. So lassen sich sehr schöne Bildeffekte wie zum Beispiel Dynamik in den Bildern gezielt umsetzen.

Verwackelte Bilder vermeiden

Verwacklungen gehören wohl zu den häufigsten Gründen für misslungene Fotos. Selbst Profis unter den Fotografen passiert es, dass durch zu lange Belichtungszeiten Verwacklungen auftreten. Schwierige Lichtbedingungen wie etwa wenig Licht provozieren geradezu solche Fehler.

Sehen diese verwackelten Bilder in der Voransicht auf dem Monitor eventuell sogar noch scharf aus, entpuppt sich spätestens beim Hereinzoomen das Malheur. Wie auf dem Bild im Bergwerk (siehe Abbildung 2.21), bei dem die Belichtungszeit einfach zu lang war, sieht man in der Vergrößerung, dass es hier zu leichten Kameraverschiebungen während der Belichtung gekommen ist. Das Bild wirkt deshalb verschwommen und ist damit unscharf.

Die Szene (siehe Abbildung 2.22) hingegen konnte scharf auf den Sensor gebannt werden. Hier war die Belichtungszeit für eine Freihandaufnahme ausreichend kurz.

Abbildung 2.21: Diese Aufnahme wurde aufgrund einer zu langen Belichtungszeit verwackelt.
12 mm | f5,6 | 0,6 s | ISO 3200

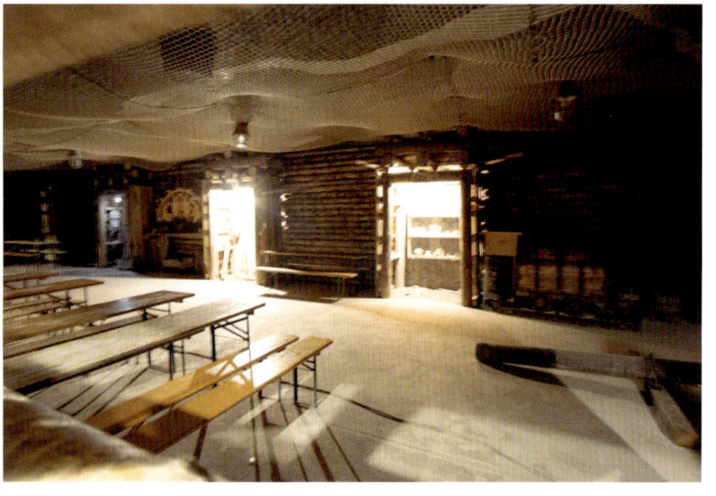

Einfache Faustregel für die Belichtungszeit

Wenn die Belichtungszeit so entscheidend für scharfe Fotos ist, dann ist die Frage, welche Belichtungszeit denn die richtige ist. Pauschal lässt sich das nicht sagen, aber es gibt eine einfache Faustregel, an die Sie sich halten können. Dafür benötigen Sie nur die Brennweite, mit der Sie fotografieren wollen. Die OM-D E-M10 Mark IV blendet die gewählte Brennweite auf dem Monitor und im Sucher während des Zoomens ein.

Die Faustregel besagt, dass der Kehrwert der Objektivbrennweite multipliziert mit dem sogenannten *Cropfaktor* kürzer sein soll als die gewählte Belichtungszeit. Der Cropfaktor liegt bei der OM-D E-M10 Mark IV bei 2. Diesen berücksichtigt die OM-D E-M10 Mark IV bei der Anzeige der Brennweite im Sucher oder auf dem Monitor allerdings nicht.

Der Cropfaktor – und was er bewirkt

Die Abmessungen des Bildsensors von 17,3 x 13 mm sind deutlich kleiner als die des Kleinbildformats. Dessen Größe beträgt 36 x 24 mm und ist etwa um den Faktor 2 größer als das Format des Bildsensors der OM-D E-M10 Mark IV. Dieser Faktor wird Cropfaktor genannt. Dadurch hat etwa die Brennweite von 150 mm an der OM-D E-M10 Mark IV die gleiche Bildwirkung wie ein Objektiv von 300 mm an einer Kleinbildkamera.

Das heißt, fotografieren Sie etwa mit einer Brennweite von 150 mm, darf die Belichtungszeit für eine verwacklungsfreie Aufnahme maximal 1/300 s betragen. Voraussetzung ist dabei, dass Sie die Kamera ruhig halten und den Auslöser nicht zu schwungvoll, sondern langsam und gleichmäßig drücken.

Brennweite des Objektivs der OM-D E-M10 Mark IV*	Brennweite auf Kleinbildformat umgerechnet
12 mm	24 mm
14 mm	28 mm
25 mm	50 mm
75 mm	150 mm
150 mm	300 mm

*Tabelle 2.1: Umrechnung von der tatsächlichen Brennweite auf die äquivalente Brennweite im Kleinbildformat (*wird von der OM-D E-M10 Mark IV im Sucher angezeigt)*

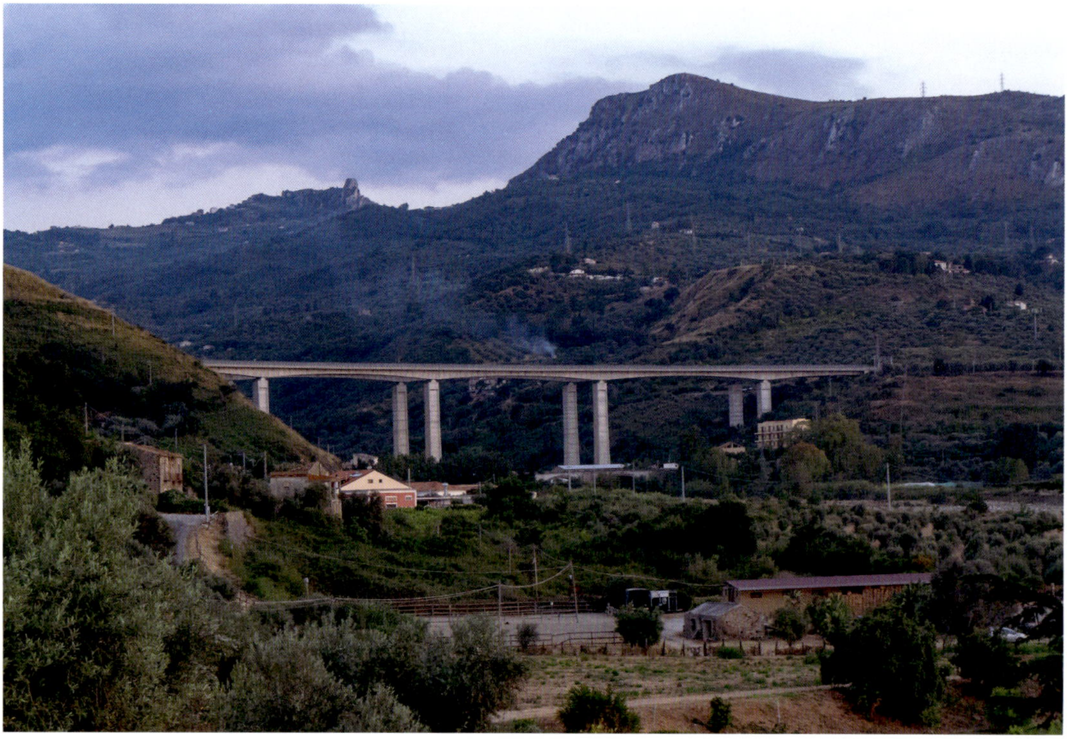

Abbildung 2.22: Bei 54 mm Brennweite entsprach die Belichtungszeit von 1/50 s nahezu der Faustregel.
54 mm | f10 | 1/50 s | ISO 3200

Faustregel mit Bildstabilisator

Im Prinzip können Sie die zuvor genannte Faustregel auch schon wieder fast vergessen. Denn die OM-D E-M10 Mark IV hat hier ja noch einen Trumpf im Ärmel – und zwar den Bildstabilisator. Die Formel kann durch den »Verwacklungsvorteil« wie folgt geändert werden:

$$\text{Belichtungszeit} < \frac{1}{\text{Brennweite} \cdot 2} \cdot 8\ [\text{s}]$$

Das bedeutet: Mit der oben genannten 150-mm-Brennweite wären nun durch den Bildstabilisator Belichtungszeiten von etwa 1/40 s möglich. Die Belichtungszeit kann dadurch also etwa achtmal länger sein, ohne dass es bei den Aufnahmen zu Verwacklungen kommt. In vielen Situationen, zum Beispiel bei Aufnahmen in der Dämmerung oder in Gebäuden, ist das ein echter Vorteil.

Brennweite	24 mm	28 mm	35 mm	55 mm	70 mm	100 mm	150 mm	300 mm
Belichtungszeit laut Faustregel	1/6 s	1/8 s	1/10 s	1/15 s	1/20 s	1/25 s	1/40 s	1/100 s

Tabelle 2.2: Noch verwendbare Belichtungszeiten bei den einzelnen Brennweiten mit Bildstabilisator (Circa-Werte)

Wann Sie besonders auf die Faustregel achten sollten

Nicht immer ist es nötig, sich Gedanken um die Faustregel zu machen. Sehr gute Lichtverhältnisse wie starker Sonnenschein lassen die Belichtungszeiten meist automatisch kurz genug ausfallen.

Wichtig wird die Faustregel, wenn wenig Licht zur Verfügung steht – also zum Beispiel in Innenräumen oder in der Dämmerung und zum Teil auch schon bei bewölktem Himmel. Auch wenn Sie zu den Fortgeschrittenen gehören, die im Programm *A* (Blendenpriorität) die Blende selbst einstellen, kann es nicht schaden, an die Faustformel zu denken, gerade wenn Sie stark abblenden.

2.7 Schärfere Bilder dank Bildstabilisator

Glücklicherweise verfügt die OM-D E-M10 Mark IV über einen Verwacklungsschutz, den Bildstabilisator. Die OM-D E-M10 Mark IV gleicht Verwacklungen mit dem beweglichen Bildsensor aus. Sensoren erkennen die Bewegungsrichtung und Beschleunigung beim Verwackeln. Der Mikrocomputer der OM-D E-M10 Mark IV errechnet die notwendige Gegenbewegung und veranlasst eine entsprechende Verschiebung des Sensors, der frei in einem Magnetfeld gehalten wird. Auf diese Weise werden Verwacklungen ausgeglichen, die beim üblichen Fotografieren aus der freien Hand auftreten. Bis zu vier EV-Stufen Verwacklungsvorteil sind mit der OM-D E-M10 möglich. Dabei wirkt der Bildstabilisator in fünf Richtungen, wie auf Seite 14 dargestellt.

Haben Sie erst einmal mit dem »Antiverwacklungssystem« Bekanntschaft gemacht, möchten Sie es nicht mehr missen. Denken Sie nur an Aufnahmen in Gebäuden, in denen Blitzlicht verboten ist. Bei Situationen, in denen Sie sonst eventuell schon die ISO-Zahl erhöhen und damit auch stärkeres Rauschen in Kauf nehmen müssten, können Sie problemlos noch ohne Veränderung des ISO-Wertes aus der freien Hand fotografieren.

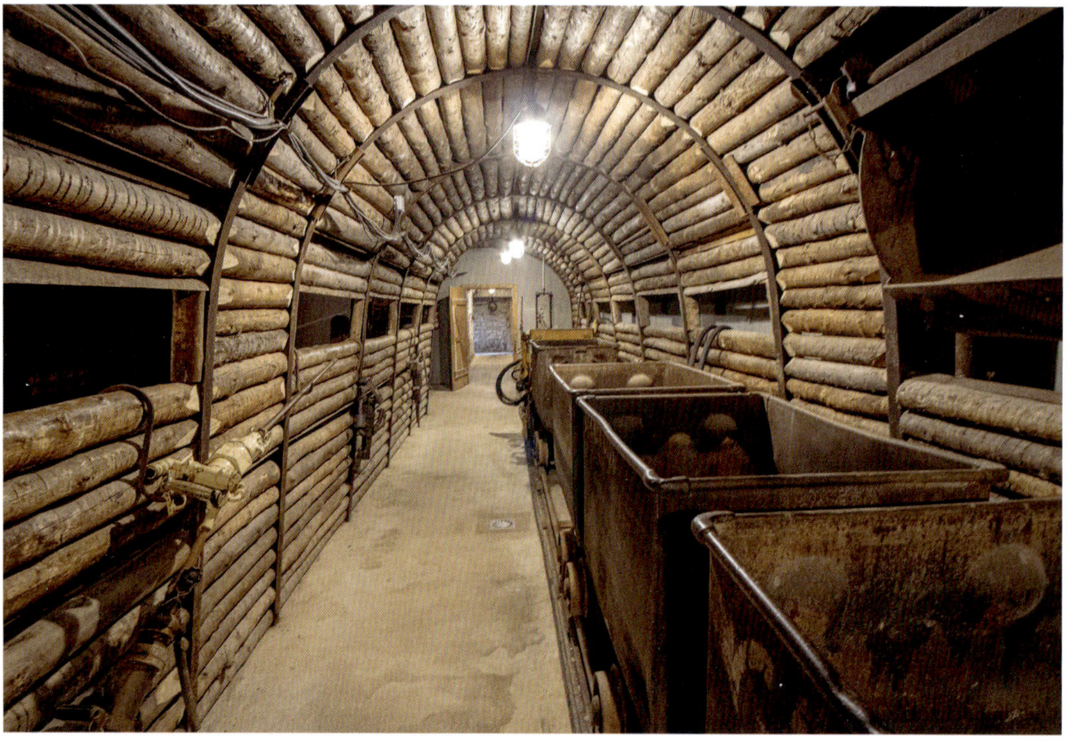

Abbildung 2.23: Aufnahmen bei wenig Licht gelingen leichter mit Bildstabilisator. 18 mm | f8 | 1/10 s | ISO 3200

Durch den Bildstabilisator sind beispielsweise auch Makroaufnahmen ohne störendes Stativ möglich. Die ständig den Platz wechselnde Libelle etwa lässt sich dann viel besser verfolgen, und auch ohne Stativ gelingen scharfe Aufnahmen, sollte sie sich doch einmal für einen Augenblick niederlassen.

Für optimale Ergebnisse braucht Bildstabilisator etwas Zeit. Halten Sie also den halb gedrückten Auslöser einen Augenblick, bevor Sie ihn vorsichtig ganz durchdrücken. Sie vernehmen hier auch ein deutliches Rauschen, verursacht durch den

Bildstabilisator, und das Sucherbild wird stabilisiert – ein Zeichen, dass der Bildstabilisator seinen Dienst verrichtet.

Es steht für Fotoaufnahmen eine Einstellungsmöglichkeit des Bildstabilisators zur Verfügung. Das heißt, Sie können ihn ein- und ausschalten. Optionen für Schwenkaufnahmen sind nicht vorhanden.

Standardmäßig ist der Bildstabilisator eingeschaltet und kann im Menü 2 • *Bildstabilisation* ausgeschaltet werden.

Für Filmaufnahmen kann der Bildstabilisator separat ein- beziehungsweise ausgeschaltet werden. Mehr dazu erfahren Sie im Abschnitt »Einfache Videos aufnehmen« ab Seite 334.

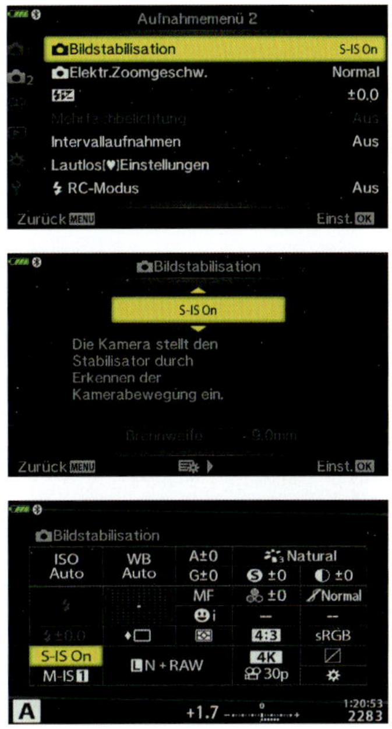

Abbildung 2.24: Menü zur Wahl der Einstelloptionen für den Bildstabilisator. Schneller geht es per Kurzwahl-Taste, über die LV-Monitor-Funktionsanzeige (Bild unten).

Situationen, in denen Sie den Stabilisator abschalten sollten

Grundsätzlich sollten Sie den Bildstabilisator eingeschaltet lassen, um optimale Bildergebnisse zu erzielen. Benutzen Sie allerdings ein Dreibeinstativ, um zum Beispiel eine ideale Bildgestaltung oder Ähnliches durchzuführen, sollten Sie den Bildstabilisator abschalten. Hier kann es unter Umständen sogar zu Verschlechterungen der Abbildungen kommen, da die Elektronik für Freihandaufnahmen optimiert wurde. Eventuelle Erschütterungen oder Bewegungen am Stativ wertet die Kamera daher nicht im richtigen Maße aus, was zu Überreaktionen des Systems führen kann. Abhängig vom verwendeten Stativ, vom eingesetzten Objektiv, von den Verschlusszeiten etc. kann es dann sogar erst recht zu verwackelten Aufnahmen kommen.

Auch für den Fall, dass Sie auf eine extrem stromsparende Arbeitsweise der Kamera angewiesen sind, sollten Sie den Bildstabilisator abschalten, um eine Verlängerung der Akkulaufzeit zu erreichen.

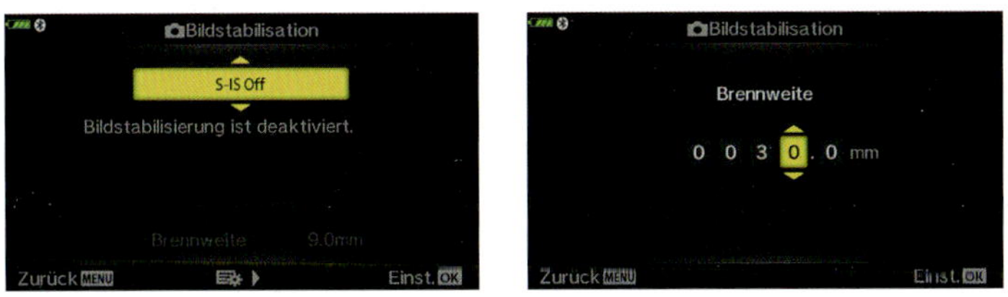

Abbildung 2.25: Schalten Sie den Bildstabilisator ab, wenn Sie ein Dreibeinstativ verwenden (links). Nutzen Sie keine Micro-Four-Thirds- oder Four-Thirds-Systemobjektive, dann stellen Sie die genutzte Brennweite manuell ein (rechts).

Verwenden Sie Objektive mit eigenem Bildstabilisator, dann schalten Sie diesen im Objektiv ab. Beide Stabilisatoren gemeinsam zu nutzen bringt eher schlechtere Ergebnisse, da hier zwei Steuerungen gegeneinander arbeiten und Olympus Sync-IS an der OM-D E-M10 Mark IV nicht unterstützt wird. Das System des Bildstabilisators der OM-D E-M10 Mark IV ist in vielen Fällen dem optischen System eines Objektivs überlegen. Bei Brennweiten ab ca. 200 mm kann das anders aussehen, hier ist meist der Stabilisator im Objektiv effektiver.

Bei der Nutzung von Nicht-Micro-Four-Thirds- oder -Four-Thirds-Systemobjektiven stellen Sie die verwendete Brennweite manuell ein, da hier keine Übertragung der Daten zur OM-D E-M10 Mark IV erfolgen kann. Im Menü 2 • *Bildstabilisation* drücken Sie die Taste ▶ für die Auswahl der Brennweite im Bereich von 0,1 und 1000 mm.

Wo liegen die Grenzen des Antiverwacklungssystems?

Wie bereits beschrieben wurde, ist der Bildstabilisator für typische Verwacklungen bei Freihandaufnahmen optimiert worden. Hier liegen dann auch seine Grenzen. Kommt man zudem mit den Belichtungszeiten in Richtung 1/4 s und länger, wird die Wirkung des Bildstabilisators geringer. Das hängt damit zusammen, dass die verwendeten Bewegungssensoren über eine längere Zeit zu ungenau sind und sich zudem Fehlermessungen aufschaukeln können. Erzielen Sie hier nicht die gewünschte Bildschärfe, sollten Sie ein Stativ benutzen.

2.8 Die Wirkung der Schärfentiefe

Theoretisch ist nur genau die Ebene im Bild scharf, in der auch der Fokus liegt. Praktisch ergibt sich aber eine Schärfentiefe. Sie gibt den Bereich im Bild an, den wir um den scharfgestellten Bereich herum ebenfalls noch als scharf wahrnehmen.

Bei einer geringen Schärfentiefe ist also fast nur die Ebene scharf, auf die Sie scharfgestellt haben. Alles davor und dahinter verläuft in Unschärfe. Umgekehrt bedeutet eine hohe Schärfentiefe, dass ein weiter Bereich vor und hinter dem scharfgestellten Objekt scharf erscheint. Das heißt, möchten

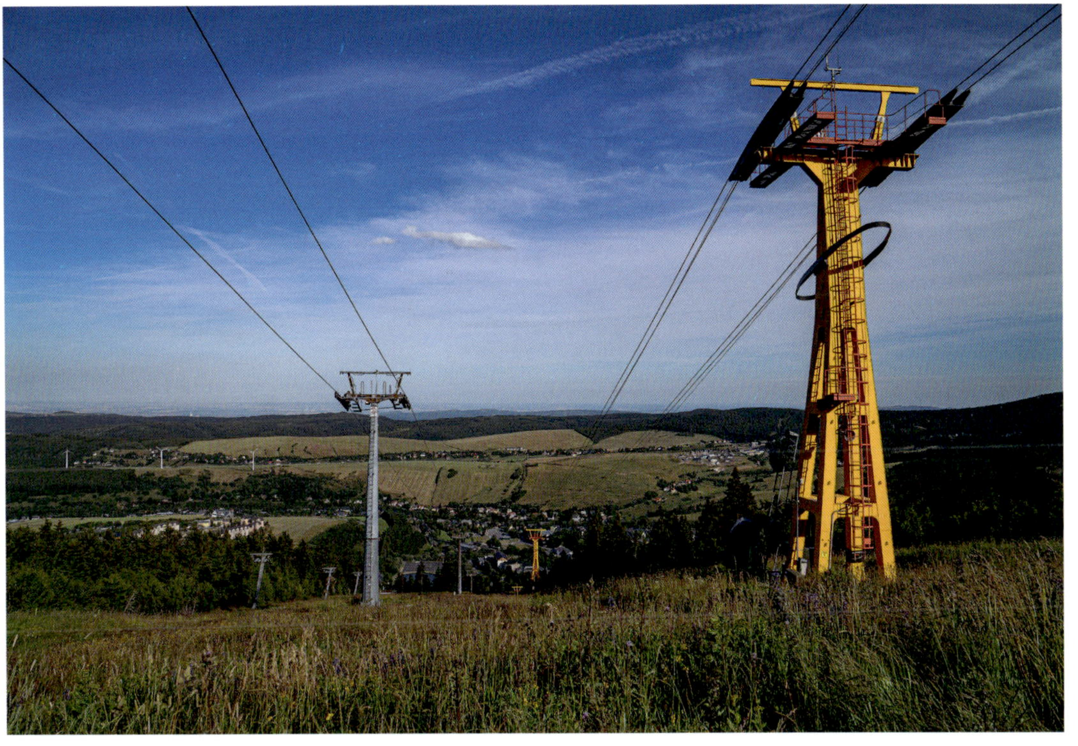

Abbildung 2.26: Um von vorn bis hinten alles scharf aufzunehmen, wurde hier ein Blendenwert von f7,1 gewählt. So wird die notwendige Schärfentiefe erreicht.
16 mm | f7,1 | 1/500 s | ISO 200

Sie zum Beispiel Personen auf Porträts vom Hintergrund abheben, dann benötigen Sie eine geringe Schärfentiefe. Das trifft also auf alle Bereiche der Fotografie zu, in denen Details vom Umfeld herausgelöst werden sollen. Voraussetzung für eine geringe Schärfentiefe ist eine möglichst große Blendenöffnung, also ein kleiner Blendenwert (wie Blende f2,8 oder geringer). Eine größere Schärfentiefe erhalten Sie durch Abblenden, beispielsweise auf Werte wie Blende f11 oder Blende f22. Damit Sie die Blende auch selbst bestimmen können, müssen Sie in den Kreativprogrammen *A* und *M* fotografieren. Ausführlicher wird das Zusammenspiel von Blendenwert und Bildwirkung im Abschnitt »Die Auswirkungen der Blende auf das Bild« auf Seite 88 dargestellt.

Abbildung 2.27: Die Balken verdeutlichen die unterschiedliche Schärfentiefe in Abhängigkeit von der gewählten Blende (Grafik: Michael Oreal).

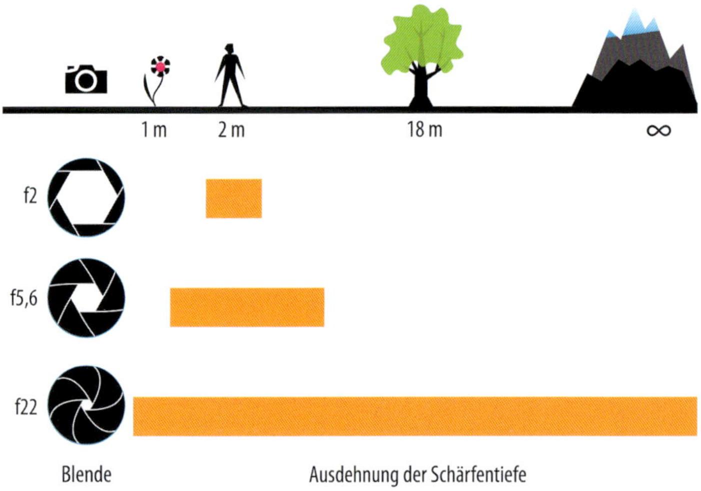

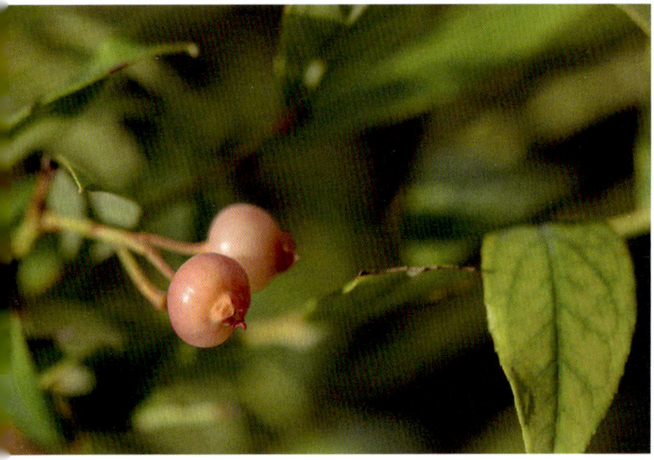

150 mm | f2,8 | 1/2000 s | ISO 200

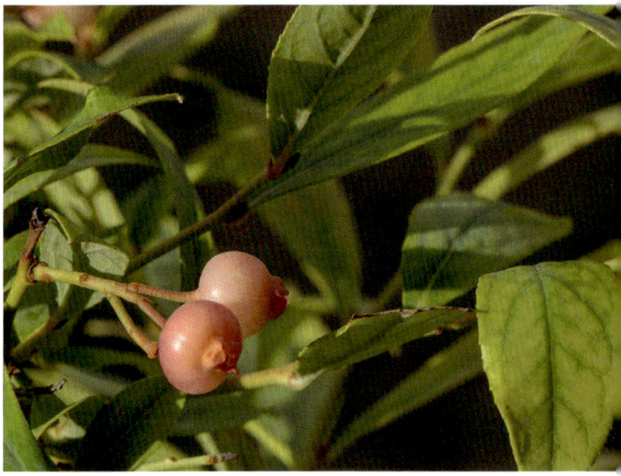

150 mm | f11 | 1/160 s | ISO 400

Abbildung 2.28: Links wurde mit offener Blende (f2,8) fotografiert. Die Schärfentiefe ist dadurch begrenzt. Rechts hingegen wurde durch die recht stark geschlossene Blende (f11) ein deutlich größerer Schärfentiefebereich erreicht.

2.9 Auf sich selbst scharfstellen

Wenn Sie viel fotografieren, ist es meistens so, dass Sie selbst kaum auf Ihren Bildern zu sehen sind. Die Selbstauslöserfunktion der OM-D E-M10 Mark IV bietet Ihnen hier die Möglichkeit, auch einmal allein oder in der Gruppe mit aufs Bild zu kommen. Zwischen dem Auslösen und der eigentlichen Aufnahme stehen Ihnen zwei Zeitfenster zur Verfügung. So haben Sie 2 s oder 12 s Zeit, um sich in Aufnahmeposition zu bringen. Außerdem können Sie sich einen Selbstauslöser selbst definieren.

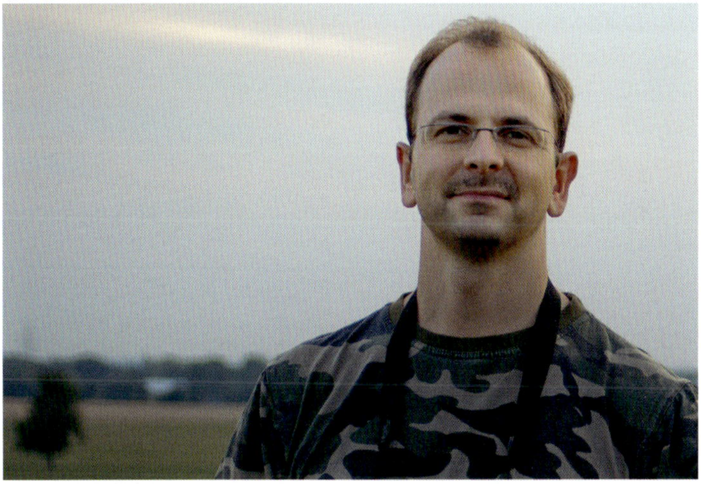

Abbildung 2.29: Bei diesem Selbstauslöserbild wurde die Schärfe manuell eingestellt, die Kamera stand auf einem Stativ. Nach dem Auslösen blieben 12 s, um den richtigen Standpunkt aufzusuchen. 60 mm | f4 | 1/100 s | ISO 200

Sie sollten bei der Verwendung des Selbstauslösers darauf achten, dass Sie Ihre OM-D E-M10 Mark IV auf einen passenden Untergrund wie etwa eine Mauer einen Tisch oder Ähnliches legen. Haben Sie ein Dreibeinstativ dabei, ist das natürlich die beste Wahl. Richten Sie die Kamera entsprechend auf die Stelle aus, an der Sie stehen werden.

Drücken Sie die Taste ▭ ⏱ (▼) und wählen Sie die Option ♦ ⏱12s. Damit stehen Ihnen 12 s zur Verfügung, um sich vor der Kamera in Pose zu bringen. Der Selbstauslöser mit 2 s Vorlaufzeit wird in den meisten Fällen zu kurz sein. Die beiden Selbstauslöser arbeiten mit *Anti-Shock*, zu erkennen am Symbol ♦. Hierdurch soll das (geringfügige) Verwackeln durch den Verschluss vermindert werden.

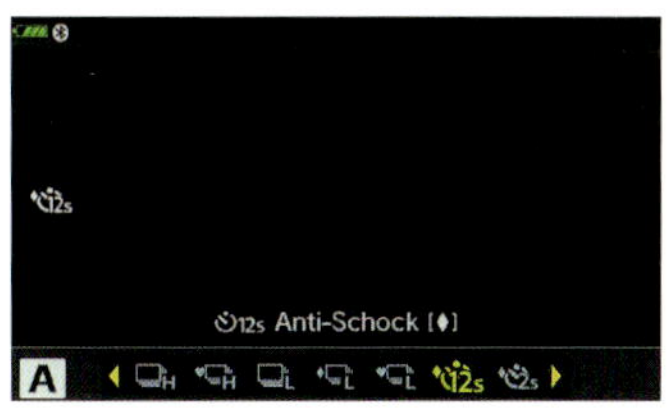

Abbildung 2.30: Im Kameramenü können Sie für den Selbstauslöser zwischen einer Vorlaufzeit von 2 s oder 12 s wählen.

Wenn noch weitere Personen mit auf das Bild sollen, dann stellen Sie auf diese per Autofokus scharf. Möchten Sie sich nur allein porträtieren, dann schalten Sie in den manuellen Fokusmodus *MF*, um die Entfernung einzustellen. Befindet sich ein Gegenstand in der gleichen Ebene wie Sie, können Sie auch auf diesen per Autofokus scharfstellen. Wenn Sie nun den Auslöser durchdrücken, läuft die eingestellte Zeit ab. Begeben Sie sich zu Ihrem gewählten Standpunkt. Während die Zeit abläuft, leuchtet die Selbstauslöserlampe. Zwei Sekunden vor der Aufnahme blinkt die Lampe, bis die Aufnahme erfolgt.

Komfortabler ist dagegen das Auslösen per Smartphone, das Sie unbemerkt in der Hand halten können. Mehr dazu erfahren Sie im Abschnitt »Die OM-D E-M10 Mark IV per Smartphone bedienen« auf Seite 239.

Meist ist es nicht mit einem Bild getan, um eine schöne Aufnahme auf dem Sensor zu haben. Die OM-D E-M10 Mark IV hat dafür eine erweiterte Funktion in petto: Sie können mit ihr Selbstauslöserfotos in Kombination mit Reihenaufnahmen machen.

Drücken Sie die Taste und wählen Sie C. Nach dem Drücken der Taste *Info* können Sie mit den Tasten ◀ ▶ zwischen den drei Optionen wählen. Mit den Tasten ▲▼ verstellen Sie die Optionen.

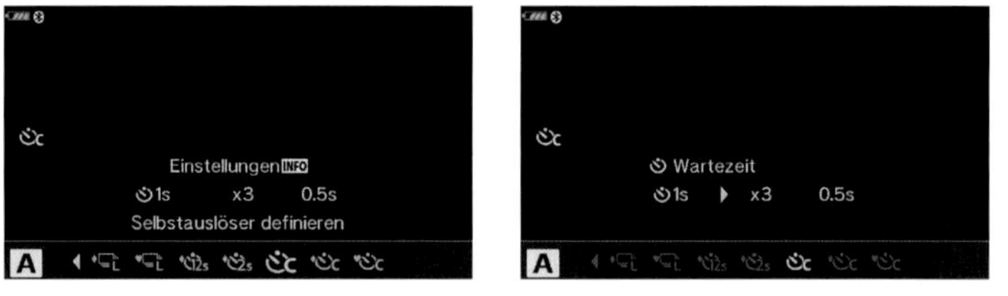

Abbildung 2.31: Sie können sich einen Selbstauslöser nach Ihren Wünschen definieren.

Mit der Option *Wartezeit* wählen Sie die Vorlaufzeit bis zur Aufnahme mit bis zu 30 s aus. Benötigen Sie also mehr Zeit, um sich vor der OM-D E-M10 Mark IV zu positionieren, weil etwa die Entfernung von der gewünschten Position bis zur Kamera größer ist, dann nutzen Sie diese Option.

Mit *Anzahl Einzelbilder* legen Sie fest, wie viele Aufnahmen die Kamera insgesamt anfertigen soll. Bis zu zehn Bilder sind möglich.

Intervallzeit bietet die Möglichkeit, den Abstand zwischen den einzelnen Aufnahmen einzustellen. Dabei haben Sie die Wahl zwischen 1/2 s, 1 s, 2 s und 3 s.

Möchten Sie den Selbstauslöser nach dem Auslösen vorzeitig stoppen, dann drücken Sie einfach die Taste ▼.

Der Selbstauslöser in Kombination mit Reihenaufnahmen ist auch mit den Optionen *Anti-Schock* ♦ und *Lautlos* verfügbar. Verwenden Sie *Anti-Schock*, wenn sich die Kamera auf einem Stativ oder einer anderen stabilen Unterlage befindet, und *Lautlos*, wenn Sie Geräusche durch den mechanischen Verschluss ausschließen möchten.

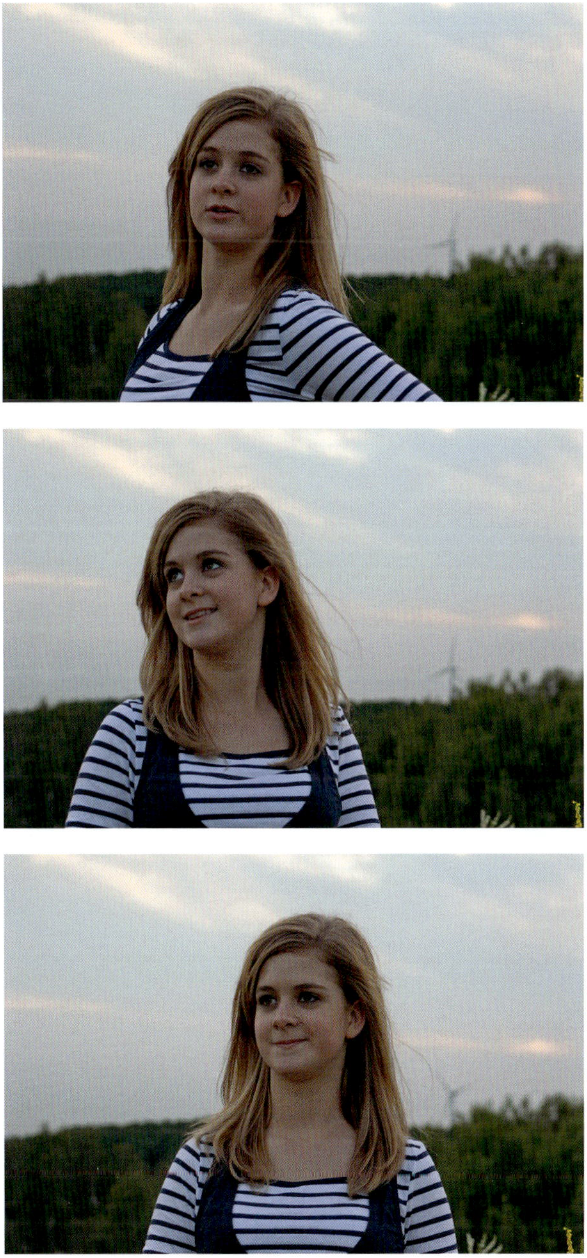

Abbildung 2.32: Die drei Selbstporträts der Fotografin entstanden mit der Selbstauslöserfunktion für Reihenaufnahmen.
60 mm | f5,6 | 1/125 s | ISO 400

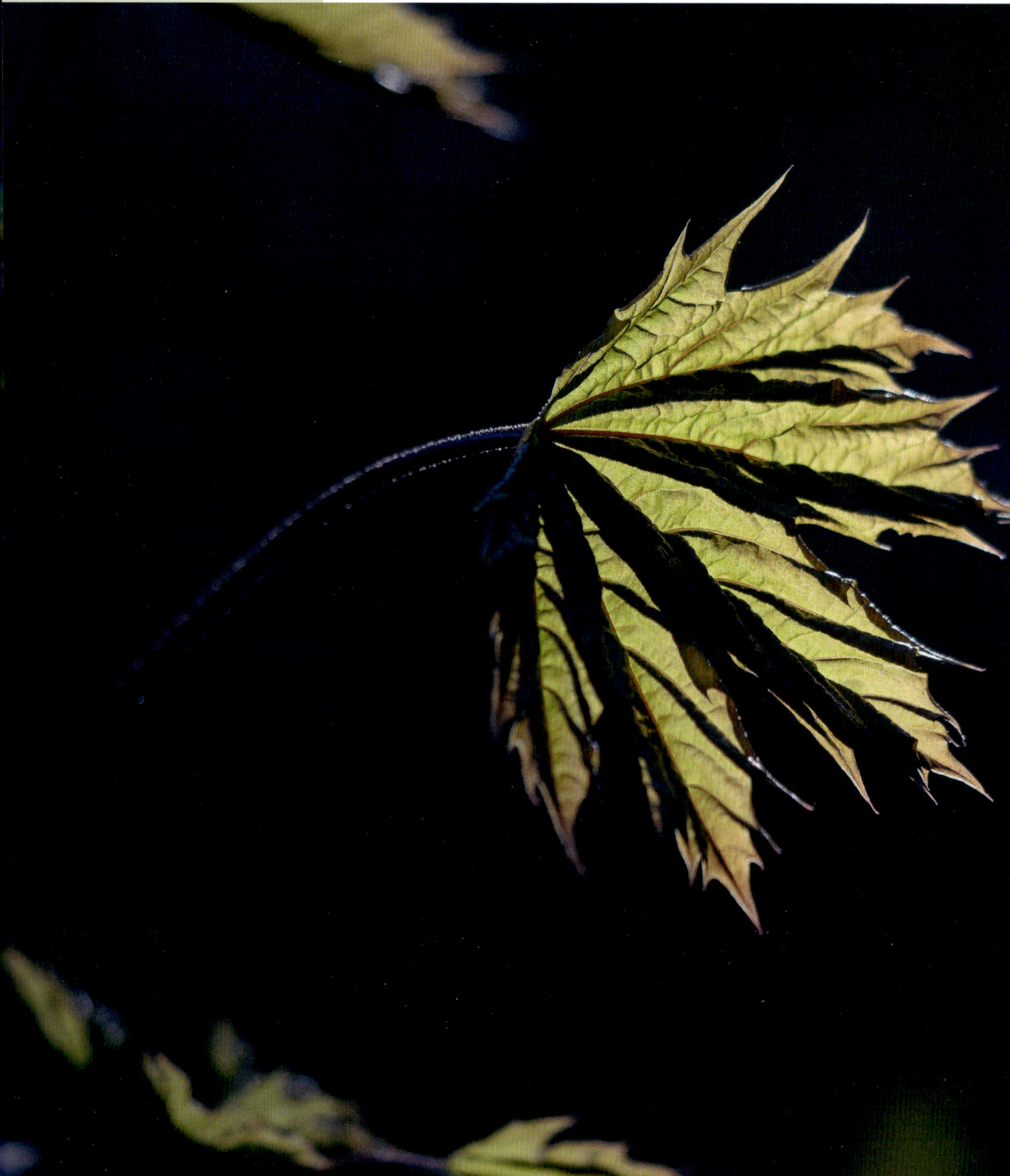

3

Die Belichtung perfekt im Griff

Die OM-D E-M10 Mark IV kann Sie mit verschiedenen Techniken dabei unterstützen, unabsichtlich über- bzw. unterbelichtete Fotos zu vermeiden. In welcher Lichtsituation welcher Modus der passende ist, bringt Ihnen dieses Kapitel näher. Zudem erfahren Sie Wissenswertes über Blende, ISO-Wert und Histogramm. Wie Sie problematische Belichtungssituationen bewältigen, zeigt dieses Kapitel ebenfalls auf. Dem perfekten und kreativen Umgang mit Licht steht für Sie somit nichts mehr im Wege.

90 mm | f2,8 | 1/200 s | ISO 100

3.1 Die richtige Messmethode für jedes Motiv

Ungewollt über- beziehungsweise unterbelichtete Bilder können Ihnen den Spaß an der Fotografie verderben. Deshalb unterstützt Sie Ihre OM-D E-M10 Mark IV mit verschiedenen Methoden der Belichtungsmessung. In welcher Lichtsituation welcher Modus der passende ist, lernen Sie in diesem Kapitel. Zudem erfahren Sie, wie Blende und Belichtungszeit zusammenhängen und wann welcher ISO-Wert sinnvoll ist. Dieses Wissen bringt Sie auf dem Weg, Licht in Ihren Aufnahmen kreativ einzusetzen, schon ein ganzes Stück weiter.

Aufgabe der Belichtungsmessung ist es, die richtige Belichtungszeit anhand der Reflexionseigenschaften des Motivs und der zur Verfügung stehenden Lichtmenge so zu ermitteln, dass alle bildwichtigen Details optimal auf dem Sensor abgebildet werden.

Abbildung 3.1: Gerade mit Landschaftsaufnahmen wie dieser kommt die digitale ESP-Messung sehr gut klar. Das gesamte Sucherbild wird zur Belichtungsmessung herangezogen und ein Mittelwert berechnet.
12mm | f8 | 1/160s | ISO 100

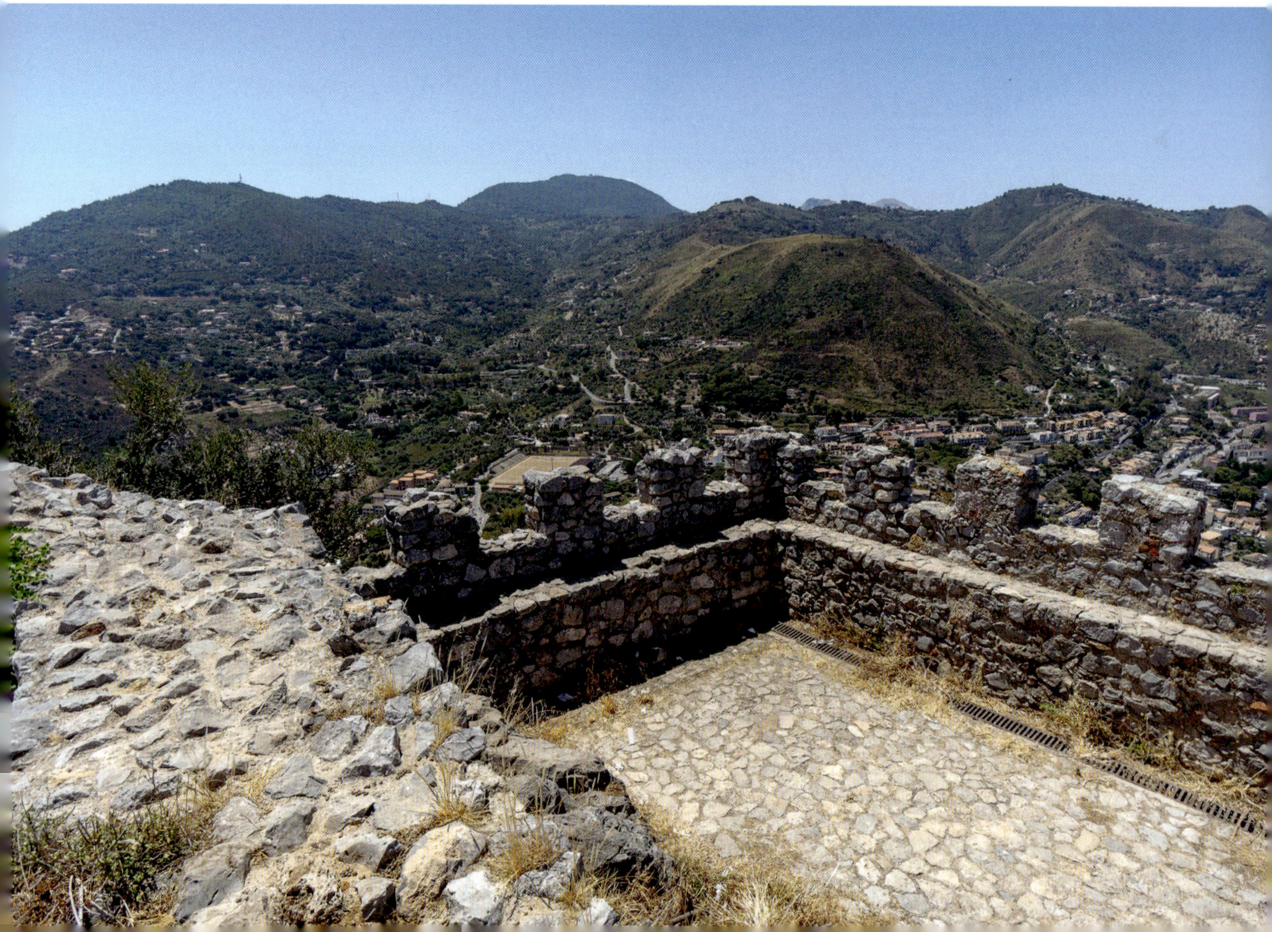

Befindet sich die OM-D E-M10 Mark IV im Belichtungsautomatikmodus, verwendet sie automatisch die *digitale ESP-Messung*, auch *Mehrfeldmessung* genannt. Mit ihr werden Sie vor allem arbeiten, wenn Sie erst seit Kurzem fotografieren, da sie für die meisten allgemeinen Anwendungsfälle die ideale Belichtungsmessung bietet. Haben Sie dann schon etwas Erfahrung gesammelt, werden Sie bald merken, dass es Situationen gibt, die andere Wege, wie etwa den Einsatz der Spotmessung, zur optimalen Belichtung erfordern. Vor allem bei starken Unterschieden zwischen den hellsten und dunkelsten Bildinhalten kann es zu Informationsverlusten kommen, die sich in Schatten und Lichtern ohne Zeichnung bemerkbar machen.

Die Messmethode ändern

Die Belichtungsmessmethode ändern Sie im Menü 1 • *Messung*. Hier stehen Ihnen fünf Optionen zur Verfügung: digitale *ESP*-Messung ❶, *Mittenbetont* (mittengewichtete Integralmessung) ❷, *Spot* (Spotmessung) ❸, *Spot Spitzlichter* HI ❹ und *Spot Schatten* SH ❺.

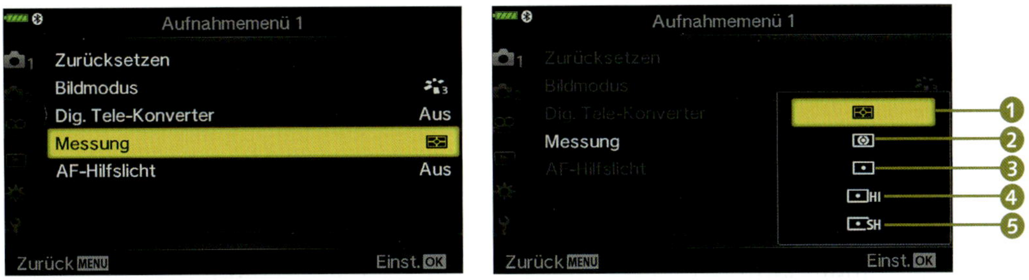

Abbildung 3.2: Menü zur Einstellung der Belichtungsmessung

Für die Standardsituation: die digitale ESP-Messung

Bei der digitalen ESP-Messung bedient sich die OM-D E-M10 Mark IV einer 324-Zonen-Messung. Das heißt, aus 324 Belichtungsinformationen errechnet die Kamera die passenden Belichtungsparameter. Die digitale ESP-Messung ist zudem an das Autofokussystem gekoppelt. Die Zonen, die im Bereich des AF-Messfeldes liegen, mit dem scharfgestellt wurde, fließen bei der Berechnung der optimalen Belichtung mit einer höheren Priorität ein.

Für Schnappschüsse ideal

Haben Sie wenig Zeit, sich auf die Situation oder auf die Kamera zu konzentrieren, bietet sich auch hier die digitale ESP-Messung an. Wählen Sie nun noch das Programm *P*, sind Sie für spontane Gelegenheiten gut gerüstet und können mit einer hohen Wahrscheinlichkeit auf ausreichend gut verwertbare Bildergebnisse vertrauen.

Typische Situationen, also zum Beispiel Aufnahmen bei Tag ohne grellen Sonnenschein, können so mit der von der Kamera vorgeschlagenen Belichtungszeit und Blende in den meisten Fällen auch durch den Anfänger gut gemeistert werden. Selbst wenn Sie manuell scharfstellen, werden die Entfernungsdaten mit ausgewertet, da die Daten vom Objektiv bereitgestellt und ausgewertet werden können. Die Kamera zeigt Ihnen auch hier mit einer Grünfärbung des Fokusfeldes, ob sie den Fokus bestätigen kann.

Die digitale ESP-Messung kann als Standardeinstellung voreingestellt bleiben. Solange Sie also Szenen fotografieren, die keine übermäßigen Kontraste wie Spitzlichter oder starke Schatten aufweisen, ist diese Messmethode ideal. Da aber die Fotografie auch ein kreatives Arbeitsfeld ist und bestimmte Situationen von der Belichtungsautomatik nicht erkannt werden können, gibt es hier natürlich auch Grenzen. Zudem kann kein noch so gutes Firmwareprogramm erahnen, wie Sie das Foto letztlich gestalten wollen beziehungsweise wo Ihre Prioritäten liegen.

Abbildung 3.3: Der Hintergrund, auf den fokussiert wurde, wurde durch die digitale ESP-Messung ausgeglichener belichtet als der Vordergrund.
20 mm | f8 | 1/160 s | ISO 100

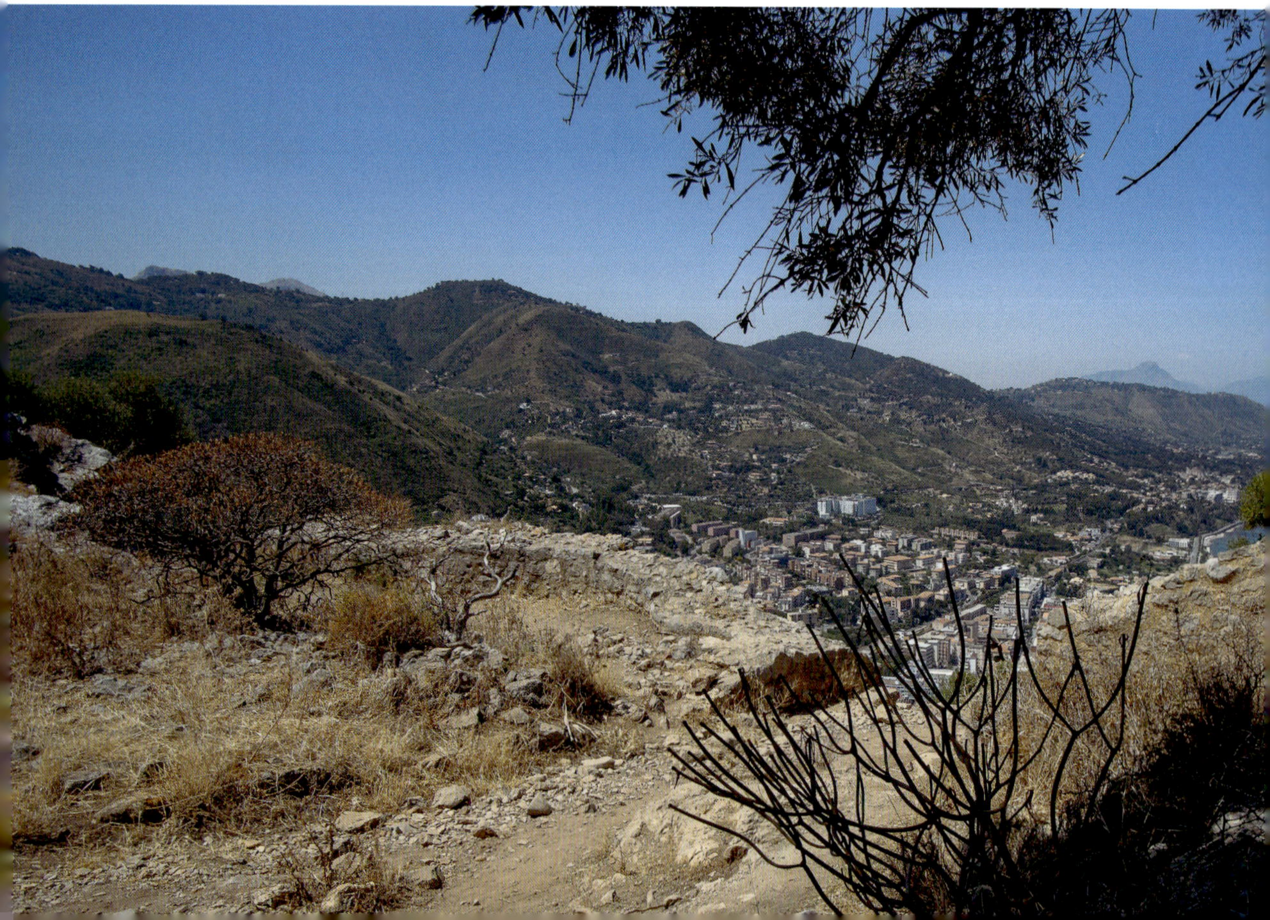

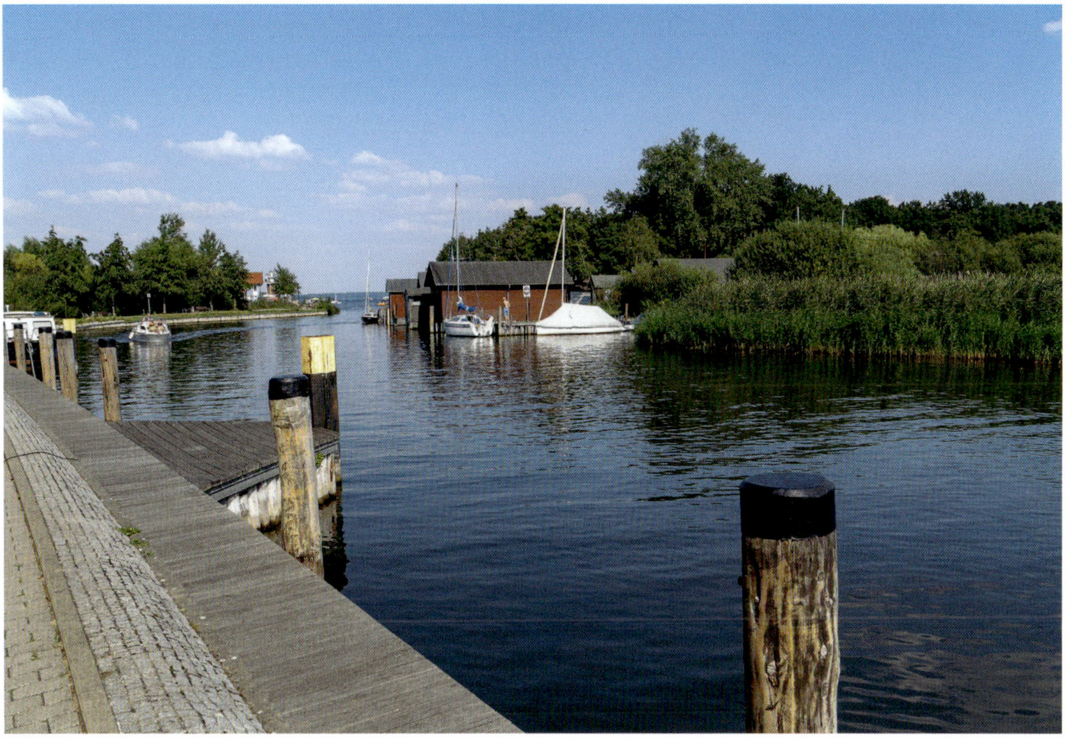

Abbildung 3.4: Auch für Schnappschüsse lässt sich die digitale ESP-Messung in vielen Fällen sehr gut einsetzen.
20 mm | f5,6 | 1/1000 s | ISO 200

In der Standardeinstellung der OM-D E-M10 Mark IV misst und speichert die Kamera die Belichtungswerte, sobald Sie den Auslöser halb drücken.

Wenn die Bildmitte zählt: die mittenbetonte Integralmessung

Es kann vorkommen, dass Sie eine andere Vorstellung von dem Bild haben als die Kameraelektronik und auf die hoch entwickelten Computervorschläge der digitalen ESP-Messung verzichten möchten. Dazu bietet sich dann unter anderem die mittengewichtete Integralmessung (*Mittenbetont*) [(•)] an. Auch verfügen viele ältere Kameras über diese Messmethode, sodass Umsteiger mit Erfahrung in der Integralmessung hier einen leichten Einstieg finden.

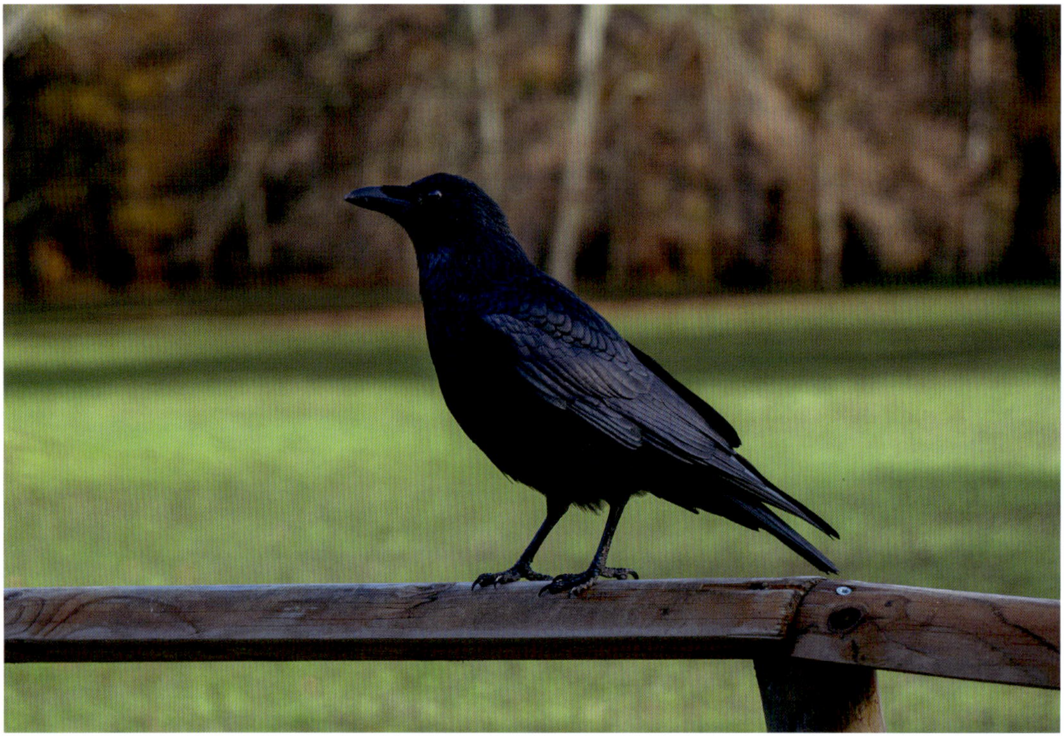

Abbildung 3.5: Der im Bildzentrum befindliche Rabe ist ein typisches Einsatzgebiet für die mittenbetonte Integralmessung. Die Außenbereiche gehen weniger stark in die Belichtungsmessung ein. 75 mm | f4 | 1/125 s | ISO 200

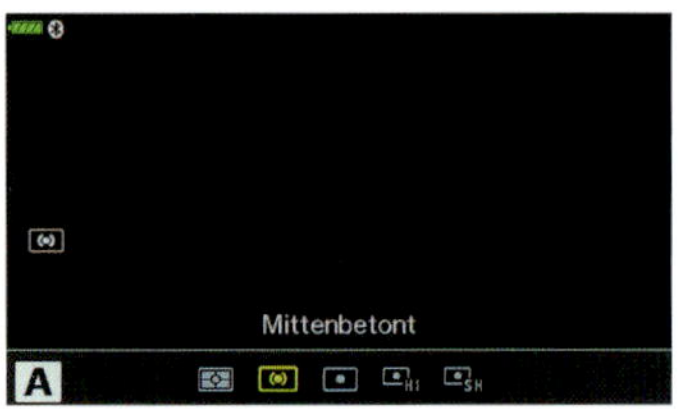

Abbildung 3.6: Bei eingestellter mittenbetonter Integralmessung fließen hauptsächlich die Belichtungswerte des mittleren Bereichs der Bildfläche in die Berechnung der Belichtungswerte ein.

Die Messfelder in der Mitte gehen dabei zu ca. 80 % in die Messung mit ein. Man erhält so in den meisten Fällen eine auf das Hauptobjekt bezogene korrekte Belichtung. Wichtig ist dabei, dass sich das Hauptobjekt auch in der Bildmitte befindet.

Punktgenau messen mit der Spotmessung

Die Spotmessung (*Spot*) ist recht speziell, denn hier wird nur ein zentraler Messfeldbereich zur Belichtungsmessung genutzt. Im Sucher beziehungsweise auf dem Monitor wird dazu zentral ein kleiner Messkreis eingeblendet. Für die Belichtungsmessung wird nur dieser kleine Kreisinhalt (etwa 2 % der Messfläche) herangezogen. Der Fotograf muss entscheiden, welcher Bildbestandteil wichtig für die Belichtungsmessung ist.

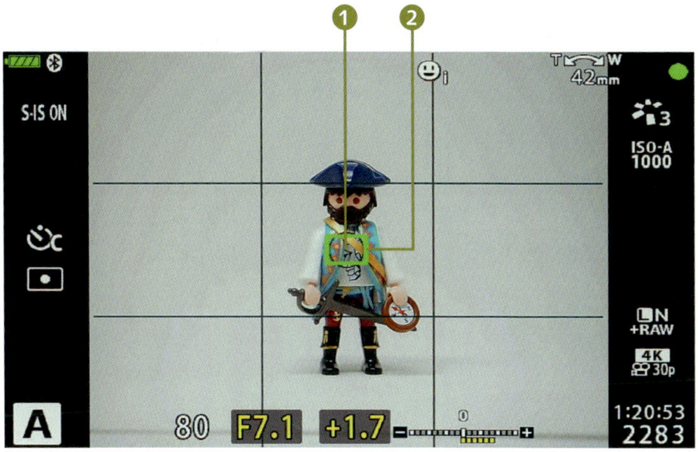

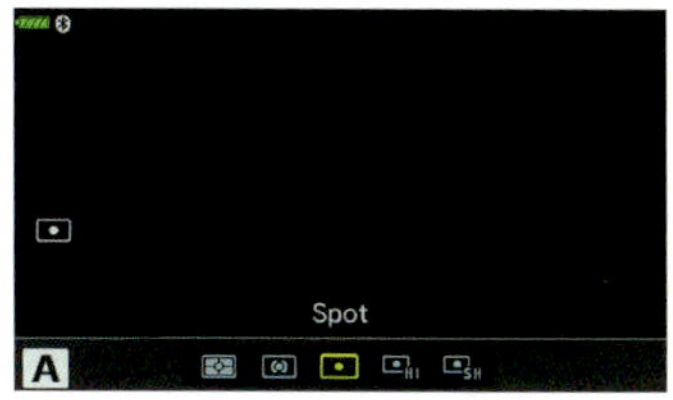

Abbildung 3.7: Wählen Sie im Menü die Spotmessung (oben), wird für die Belichtungsmessung nur der Spotmessbereich ❶ herangezogen (links).

Starke Motivkontraste wie beispielsweise bei Gegenlichtaufnahmen lassen sich am besten mit der Spotmessung meistern. Es bietet sich an, gleich noch ein *AF-Feld* ❷ so zu platzieren, dass es genau den Spotmessbereich abdeckt.

Für die Bildgestaltung ist der in der Mitte sitzende Messfeldbereich meist nicht ideal. Die OM-D E-M10 Mark IV kann aber die Belichtung und den Fokus speichern und Sie können dann die Position der Kamera entsprechend verändern, um einen günstigeren Bildausschnitt zu erhalten.

Abbildung 3.8: In diesem Fall wurde die Spinne per Spotmessung angemessen und die Kamera stimmte so die Belichtung auf sie ab. Wäre die digitale ESP-Messung gewählt worden, wäre sie mit hoher Wahrscheinlichkeit unterbelichtet worden.
290 mm | f5,6 | 1/500 s | ISO 500

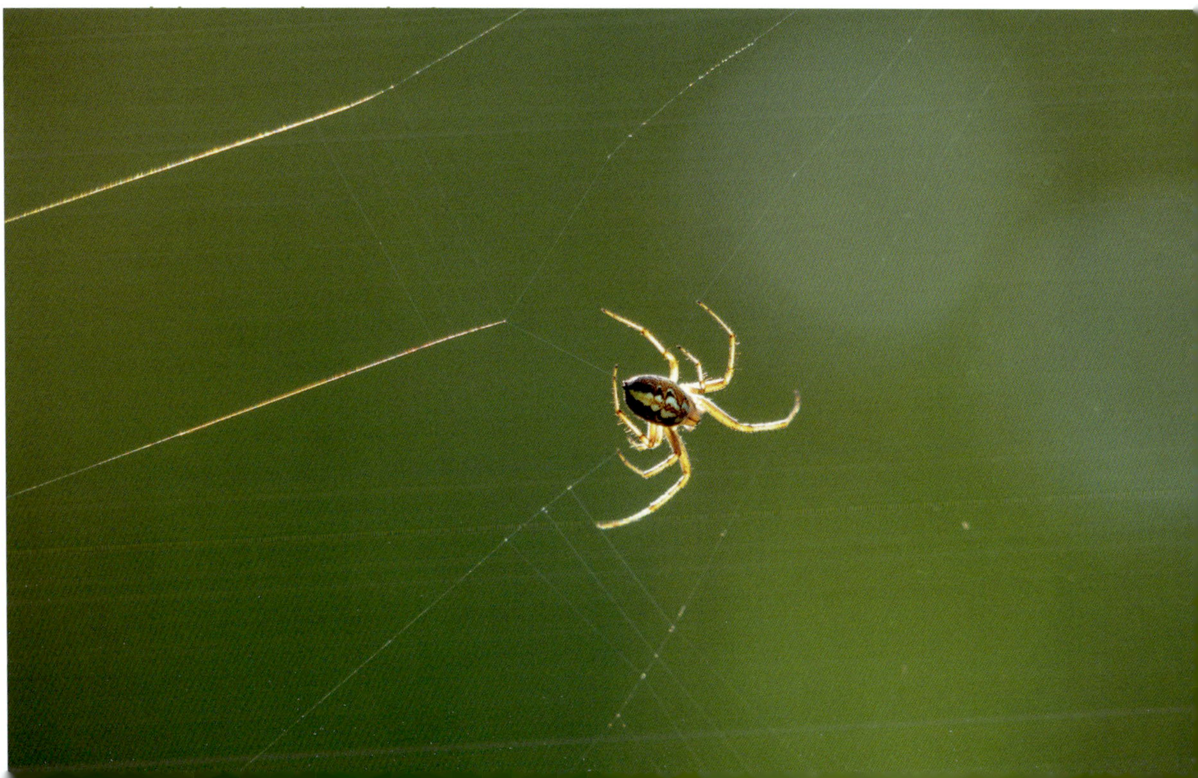

Abbildung 3.9: Beide Spotmesstypen sind für spezielle Motive gedacht – [•]HI eher für helle und [•]SH eher für dunklere Motive.

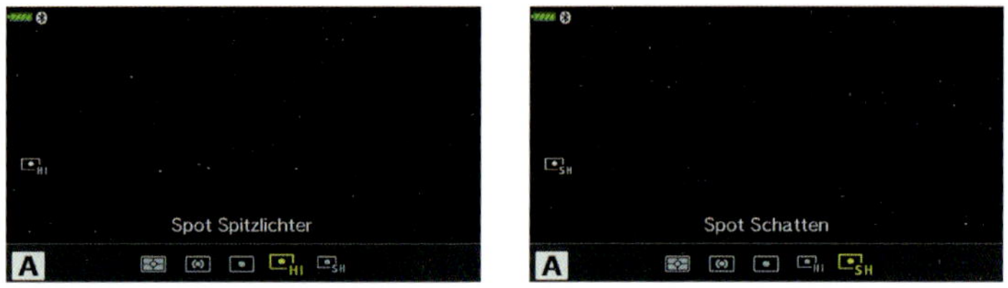

Das hängt damit zusammen, dass das Belichtungssystem auf eine durchschnittliche Helligkeit von 18 % eingestellt ist. Weicht das Motiv wie in den beiden vorab geschilderten Fällen zu stark davon ab, kommt es zu Fehlbelichtungen.

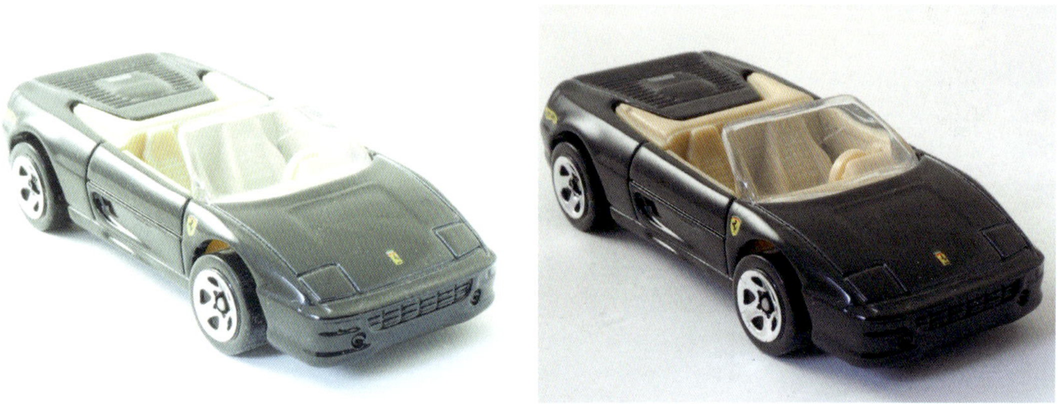

42 mm | f22 | 1/2 s | ISO 1600 | Spotmessung

42 mm | f22 | 1/15 s | ISO 1600 | Spot Schatten

Abbildung 3.10: Links: Der Spotmesskreis wurde hier auf die Motorhaube des Autos gelegt. Die Aufnahme wurde durch die Spotmessung überbelichtet. Rechts: Mit »Spot Schatten« wurde die Aufnahme richtig belichtet.

3.2 Die Auswirkungen der Blende auf das Bild

Die Blende an einem Fotoapparat arbeitet ähnlich wie das menschliche Auge. Auch unsere Pupille steuert den Lichteinfall. Sie verengt sich bei zu viel Licht etwas und weitet sich, wenn weniger Licht zur Verfügung steht.

In einem Objektiv verkleinert beziehungsweise vergrößert eine unterschiedliche Anzahl von Lamellen – die Blende – eine nahezu kreisrunde Öffnung, die das Licht zum Sensor durchlässt. Neben der Regulierung der Lichtmenge hat die Blendenöffnung einen weiteren entscheidenden Einfluss auf die Aufnahme. Mit ihr können Sie die Schärfentiefe beeinflussen. Und hier liegt sicher einer der Grundsteine für kreative Fotografie. Sie können mit der richtigen Blende zum Beispiel dafür sorgen, dass das Motiv schön vom Hintergrund freigestellt wird.

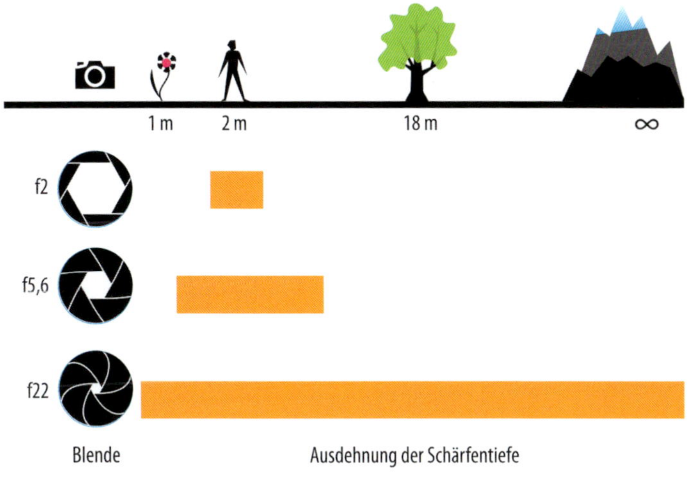

Abbildung 3.11: Die Schärfentiefe in Abhängigkeit von der gewählten Blende (Grafik: Michael Oreal)

Wie Blendenöffnung und Blendenzahl zusammenhängen

Die Größe der Blendenöffnung wird mit einer Zahl angegeben. Diese Blendenzahl ergibt sich aus dem Verhältnis der wirksamen Blendenöffnung zur Objektivbrennweite. Die wirksame Blendenöffnung ist dabei der Durchmesser, den die Blendenöffnung hat, wenn man von vorn in das Objektiv schaut. Die Formel zur Berechnung der Blende (auch Öffnungsverhältnis genannt) lautet:

$$\frac{\text{wirksame Blendenöffnung}}{\text{Brennweite}} = \frac{1}{\text{Blendenzahl}}$$

Ein Beispiel soll diese Berechnungsformel veranschaulichen: Bei einem Objektiv mit 50 mm Brennweite und einer Blende von f1,7 ergibt sich ein wirksamer Blendendurchmesser von ca. 30 mm. Bei einem 300-mm-Objektiv mit einer Blende von f2,8 beträgt die Größe der wirksamen Blende immerhin schon ca. 107 mm. Daran sieht man, dass Objektive mit einer großen Anfangsöffnung entsprechend große und teure Linsenkonstruktionen benötigen. Günstigere Objektive haben meist eine Anfangsöffnung von f3,5 bis f5,6. Hier wird Material zuungunsten der Lichtstärke eingespart, was sich besonders in Situationen mit wenig Umgebungslicht negativ bemerkbar macht.

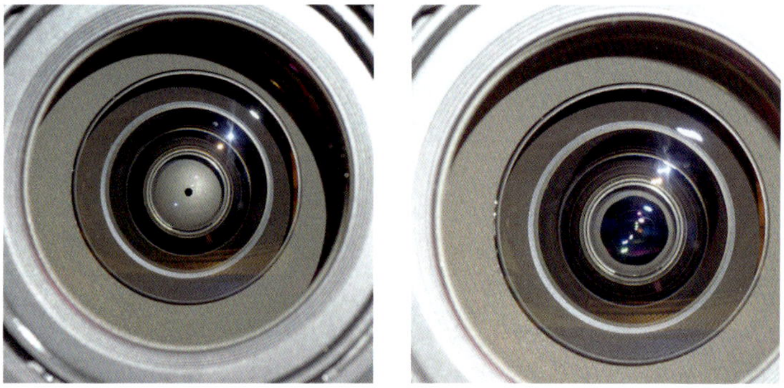

Abbildung 3.12: Links ist hier die geschlossene Blende des Objektivs und rechts die offene Blende zu sehen.

Als *Lichtstärke* eines Objektivs wird die maximal mögliche Blendenöffnung beziehungsweise das größtmögliche Öffnungsverhältnis bezeichnet. Die Kamera kann die Blende weiter schließen und öffnen. Dabei werden feste Werte benutzt, die sogenannte *Blendenreihe* mit entsprechenden Blendenstufen.

f1	f1,4	f2	f2,8	f4	f5,6	f8	f11	f16	f22	f32

Abbildung 3.13: Blendenreihe für ganze Blendenwerte

Der Übergang von einer Blendenstufe zur nächsten bedeutet die Verdopplung beziehungsweise Halbierung der Lichtmenge, die zum Sensor gelangt. Zwischenwerte der Blendenwerte wie zum Beispiel halbe oder Drittel-Blendenstufen sind ebenfalls möglich.

Schreibweise des Blendenwertes

In diesem Buch wird die allgemein übliche Syntax f»Blendenwert«, zum Beispiel f2,8, verwendet. Dies entspricht einer Blendenzahl von 1:2,8.

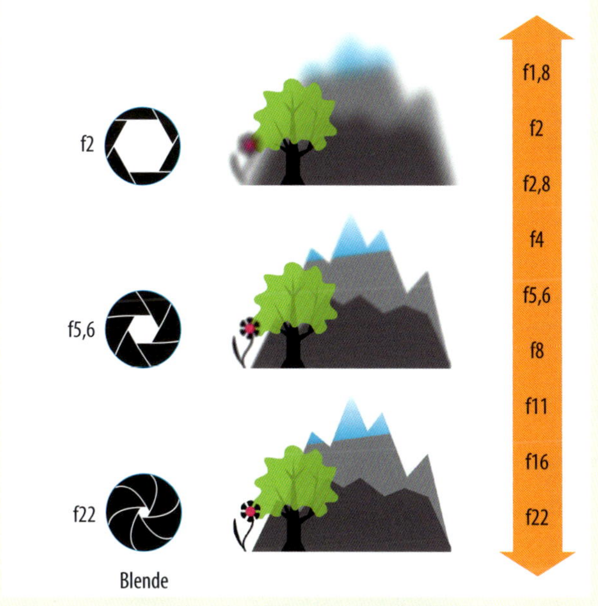

Abbildung 3.14: Eine kleine Blendenzahl bewirkt eine geringe Schärfentiefe (aufblenden), eine große Blendenzahl eine große Schärfentiefe (abblenden) (Grafik: Michael Oreal).

Immer die richtige Blende für die gewünschte Bildwirkung

Wenn Sie die Bilder auf der Seite 92 genauer betrachten, stellen Sie fest, dass der Bereich der Schärfe unterschiedlich ausfällt. Bei Blende 2,8 (oben) ist die Schärfentiefe am geringsten. Die Schärfentiefe steigt an, je mehr Sie abblenden, also je höher Sie den Blendenwert wählen und damit die Blende schließen.

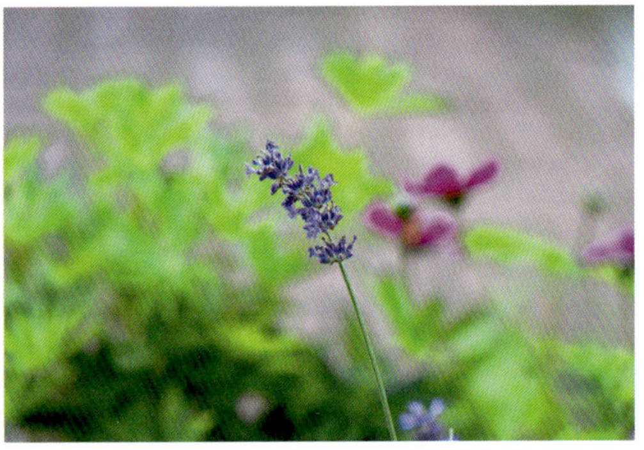

90 mm | f2,8 | 1/320 s | ISO 200

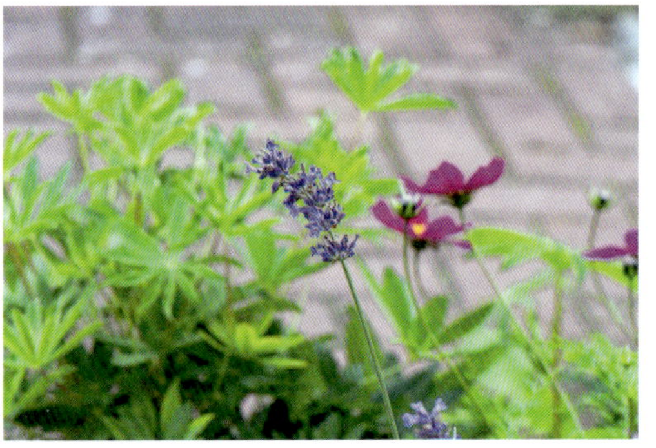

90 mm | f8 | 1/40 s | ISO 200

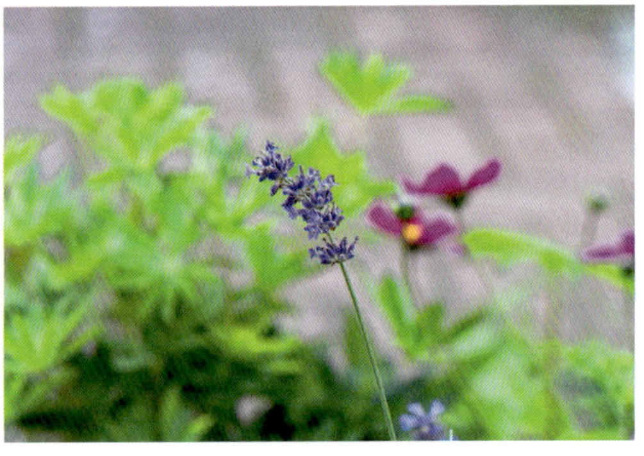

90 mm | f4 | 1/160 s | ISO 200

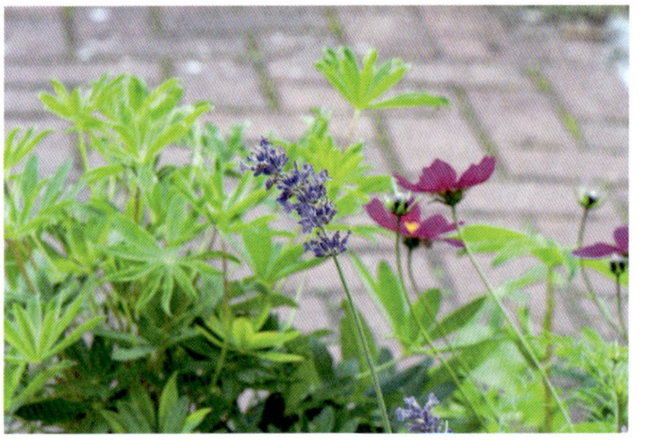

90 mm | f11 | 1/15 s | ISO 200

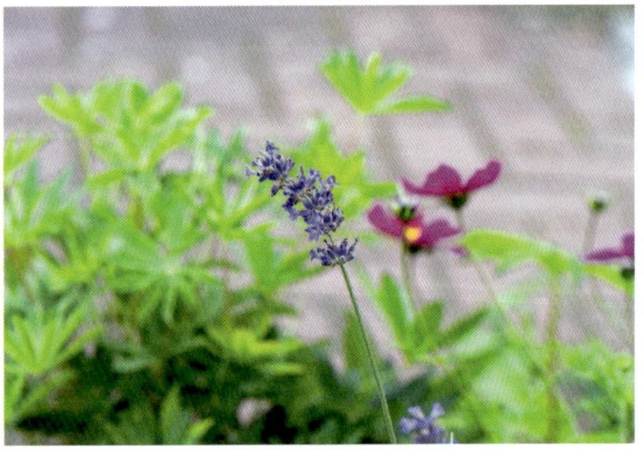

90 mm | f5,6 | 1/80 s | ISO 200

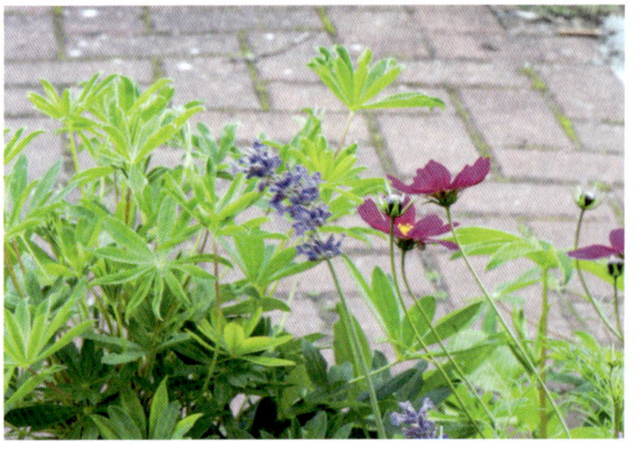

90 mm | f22 | 1/4 s | ISO 200

Abbildung 3.15: Der Hintergrund »verschwimmt«, während die Pflanzen im Vordergrund scharf abgebildet sind, je weiter die Blende geöffnet ist.

Anhand der Aufnahmedaten haben Sie sicher bereits gesehen, dass nicht nur die Blende geändert wurde. Auch die Belichtungszeit wurde bei den Aufnahmen angepasst – und zwar so, dass in allen fünf Fällen die gleiche Menge Licht auf den Sensor gelangt. Wird die Blende dabei um eine ganze Blendenstufe verkleinert, verdoppelt sich die benötigte Belichtungszeit. Achten Sie hier auf den Hintergrund in den Beispielbildern. Je größer die Blendenöffnung (kleiner Blendenwert), desto mehr »verschwimmt« dieser.

Den Blendenwert manuell einstellen

Wenn es für die Bildwirkung so wichtig ist, welche Blende gewählt wird, dann ist es für kreatives Arbeiten unabdingbar, dass Sie die Blende selbst einstellen können.

Ihre OM-D E-M10 Mark IV bietet Ihnen dazu die Kreativprogramme *A* und *M* an. Im Blendenvorwahl-Modus *A* können Sie direkt über das hintere Einstellrad die gewünschte Blende wählen. Im manuellen Modus *M* dient hingegen das hintere Einstellrad zur Verstellung der Verschlusszeit und das vordere zur Einstellung der Blende. Die eingestellte Blende wird Ihnen am unteren Rand des Monitors beziehungsweise im Sucher angezeigt.

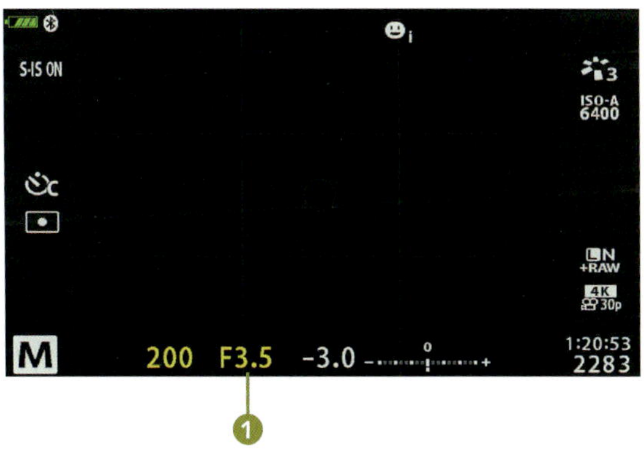

Abbildung 3.16: Auf dem Monitor beziehungsweise im Sucher können Sie jederzeit die aktuell eingestellte Blende ❶ ablesen.

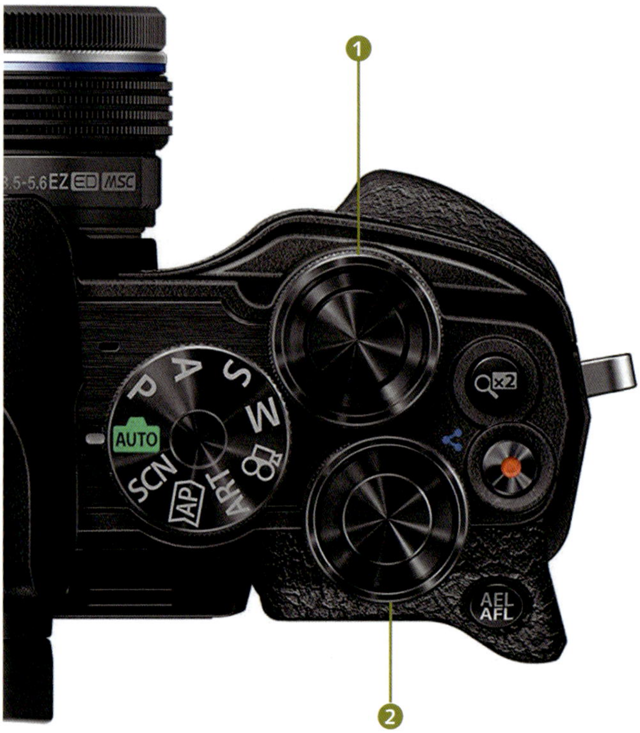

Abbildung 3.17: Im manuellen Modus M stellen Sie mit dem vorderen Einstellrad ❶ die Blende und mit dem hinteren Einstellrad ❷ die Belichtungszeit ein (Bild: Olympus).

Optimale Schärfe mit der richtigen Blende

Wenn Sie maximale Schärfe in Ihren Bildern wünschen, dann sollten Sie noch ein physikalisches Phänomen bedenken.

Sicherlich erreicht man mit starkem Abblenden eine möglichst große Schärfentiefe. Dem steht aber die Beugung des Lichts an der Blendenkante gegenüber. Dies führt zu stärker werdender Unschärfe ab einer bestimmten Blende. Man spricht hier auch von der *Beugungsunschärfe*.

Der Strahlengang des Lichts ist nicht mehr gradlinig, sondern wird gebeugt beziehungsweise abgelenkt, weil die Blendenöffnung nur noch sehr klein ist. Wenn Sie also zum Beispiel mit einem Objektiv mit der kleinsten Blende von f22 fotografieren und die maximale Schärfentiefe erreichen möchten, ist zwar f22 die richtige Wahl, die Abbildungsleistung aber nicht mehr optimal. Eine bessere Abbildungsleistung erzielen Sie hier im Bereich von f11.

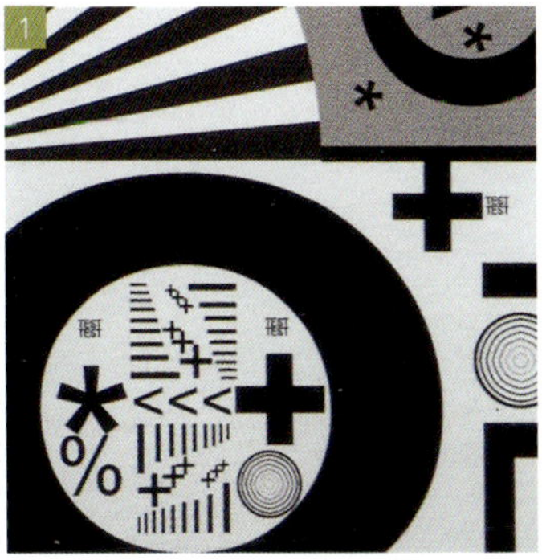

42 mm | f8 | 1/30 s | ISO 200

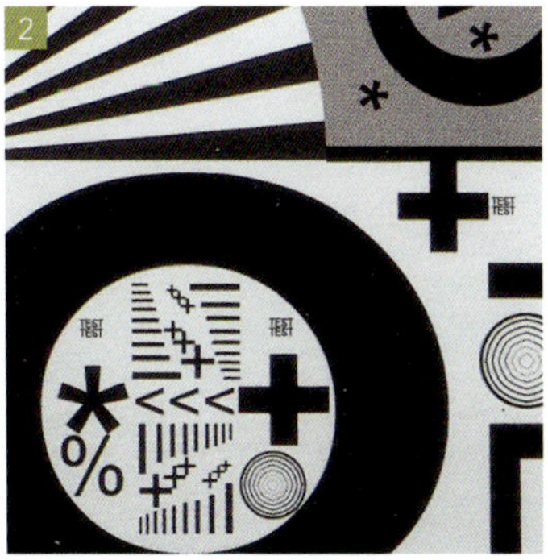

42 mm | f11 | 1/15 s | ISO 200

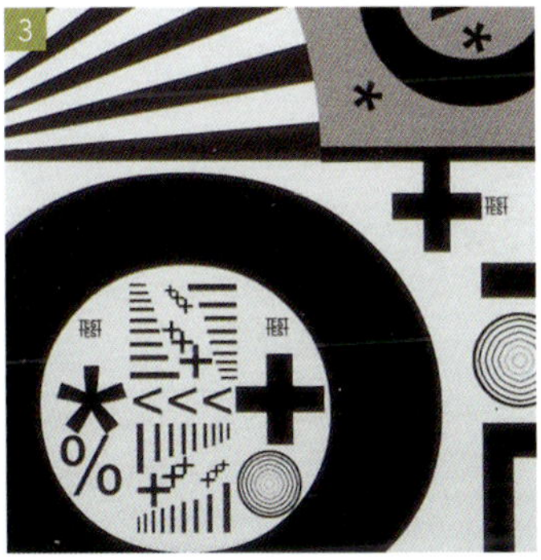

42 mm | f16 | 1/8 s | ISO 200

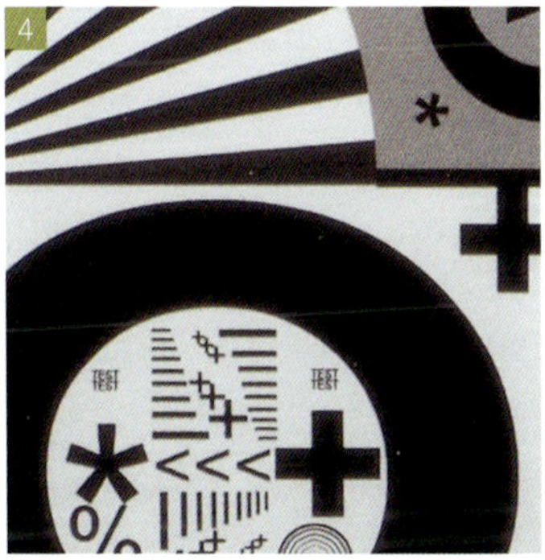

42 mm | f22 | 1/4 s | ISO 200

Abbildung 3.18: Die Blendenreihe, aufgenommen mit dem Olympus-Kit-Objektiv M.ZUIKO DIGITAL 14–42 mm 1:3,5–5,6, zeigt, dass die Schärfe mit dem Abblenden abnimmt. Versuchen Sie möglichst nicht weiter als bis Blende 16 abzublenden, wenn Sie maximale Schärfe wünschen. Bild ❶: f8, Bild ❷: f11, Bild ❸: f16, Bild ❹: f22

3.3 Den optimalen ISO-Wert finden

Je nach Motivhelligkeit gelangt mehr oder weniger Licht zum Bildsensor der Kamera. Diese ist flexibel und lässt sich darauf abstimmen. Dafür ist der ISO-Wert wichtig. ISO-Werte geben die Sensorempfindlichkeiten an. Übliche Werte sind ISO 100, 200, 400, 800, 1600, 3200, 6400, 12.800 und 25.600. Kleine Werte stehen für eine geringe Empfindlichkeit, größere für eine höhere Empfindlichkeit in Bezug auf das Signal, das beim Sensor ankommt. Ein Schritt zum nächsten Wert entspricht der Verdopplung beziehungsweise Halbierung der Empfindlichkeit. ISO 100 ist also halb so empfindlich wie ISO 200 etc.

Ist in der analogen Fotografie für jede ISO-Empfindlichkeit ein separater Film notwendig, wird im Gegensatz dazu im digitalen Bereich der nächste ISO-Wert durch die Signalverstärkung erreicht.

Dank der Einstellbarkeit des ISO-Wertes sind Sie wesentlich flexibler gegenüber der analogen Fotografie, bei der man stets von einem vordefinierten ISO-Wert bis zum nächsten Filmwechsel abhängig war.

Verwacklungen mit dem richtigen ISO-Wert vermeiden

Der Bildstabilisator der OM-D E-M10 Mark IV unterstützt Sie bereits sehr gut, um verwackelte Aufnahmen zu vermeiden. Trotzdem kann es bei wenig Licht, zum Beispiel bei bedecktem Himmel, in der Dämmerung oder in Innenräumen zu Belichtungszeiten kommen, die eine verwacklungsfreie Aufnahme nicht mehr garantieren. In Kapitel 2, »Immer perfekt scharfstellen«, auf Seite 51, wurde dazu eine Faustregel beschrieben.

Sicherlich könnten Sie nun die Blende weiter öffnen, falls Sie nicht ohnehin schon mit komplett geöffneter Blende fotografieren. Allerdings müssen Sie so Abstriche bei der zu erzielenden Schärfentiefe machen. Dies ist aber oft nicht gewünscht. Auch ein Stativ wäre natürlich eine Lösung, aber das werden Sie sicherlich nicht immer dabeihaben. Hier kommt Ihr zusätzlicher Trumpf, die Anhebung des ISO-Wertes, ins Spiel. Erhöhen Sie den ISO-Wert einfach so weit, bis Sie bei der Belichtungszeit in den Bereich für eine verwacklungsfreie Aufnahme kommen.

Sinnvoll ist die ISO-Wertanhebung auch in anderen Situationen. Denken Sie etwa an die Wildtierfotografie. Hier sind oft kurze Belichtungszeiten notwendig, um die Szene scharf aufnehmen zu können. Hilfreich ist dabei der Einsatz der Funktion *ISO Auto*. Die OM-D E-M10 Mark IV erhöht nun selbstständig den ISO-Wert in einem gewissen Bereich und strebt eine Belichtungszeit an, die eine möglichst verwacklungsfreie Aufnahme erlaubt.

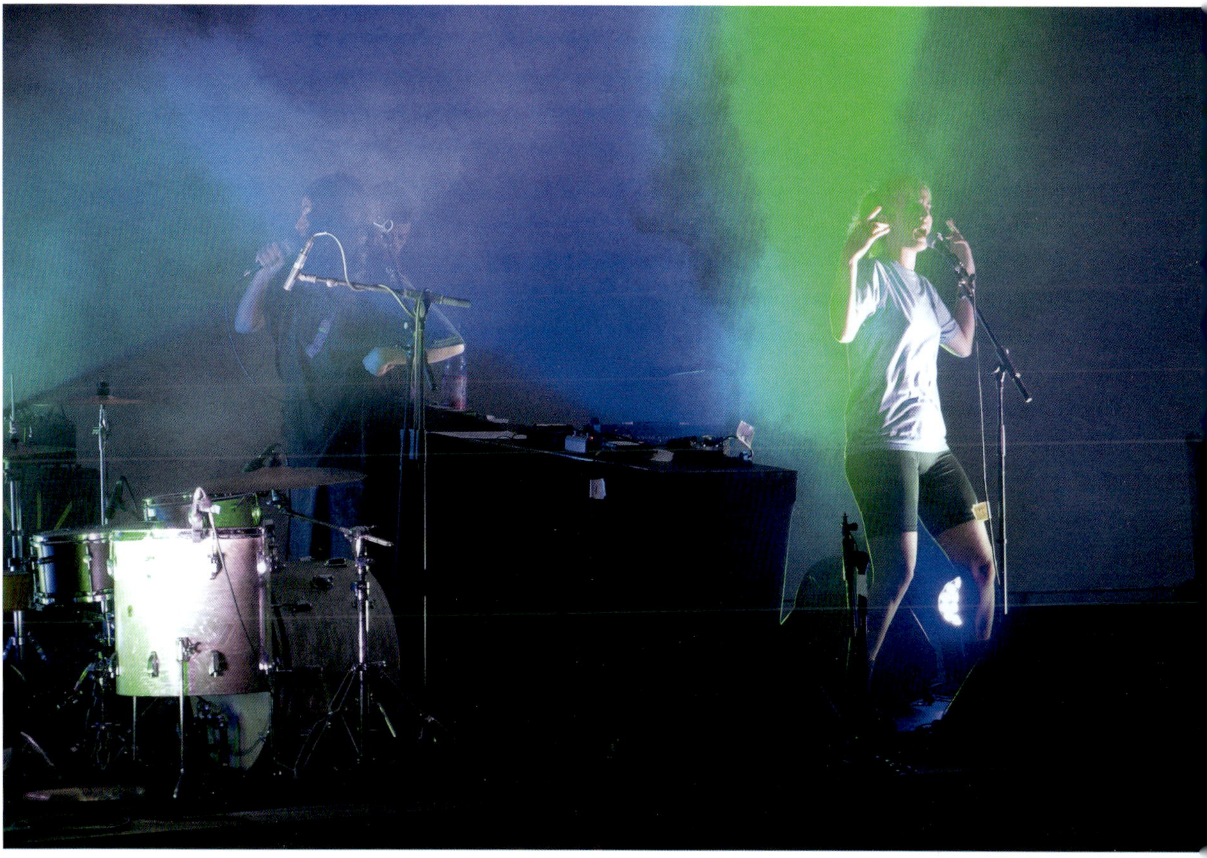

Abbildung 3.19: Sicherlich erhöhen Sie mit der Anhebung des ISO-Wertes das Rauschen. Sind relativ kurze Belichtungszeiten notwendig wie bei dieser Freihandaufnahme, ist es sinnvoll, den Kompromiss einzugehen und zu dieser Maßnahme zu greifen. 70 mm | f4 | 1/125 s | ISO 3200

Niedrige ISO-Werte für geringes Rauschen und maximale Schärfe

Zwar lassen sich durch die Anhebung des ISO-Wertes verwackelte Aufnahmen vermeiden, leider führen jedoch hohe ISO-Werte zu mehr Rauschen auf den Bildern.

Das einfallende Licht wird in elektrische Signale umgewandelt, die dann entsprechend der gewählten ISO-Einstellung verstärkt werden. Je geringer das Signal beziehungsweise je höher die gewählte ISO-Empfindlichkeit, desto stärker wird das Signal verstärkt und das Rauschen nimmt zu.

Sie erhalten dann auf Ihren Bildern unzählige Pixel mit der falschen Farbe und Helligkeit, wie es auf den Beispielbildern (siehe Abbildung 3.21) gut zu erkennen ist. Dies wirkt sich ebenfalls auf die Schärfe der Bilder aus, die bei hohen ISO-Werten deutlich geringer ausfällt.

ISO-Werte vorwählen

Bis ISO 3200 hält sich das ISO-Rauschen der OM-D E-M10 Mark IV in Grenzen. Höhere Werte sollten Sie nach Möglichkeit vermeiden. Auch hier gibt es allerdings Ausnahmen. Es ist durchaus möglich, dass sich bei bestimmten Motiven das Rauschen weniger bemerkbar macht. Auch auf Ausdrucken kann es weniger störend sein als auf dem Computerbildschirm. Andererseits kann bei geringen Kontrasten und aufgehellten Motiven bereits bei ISO 200 beziehungsweise ISO 400 Rauschen sichtbar werden.

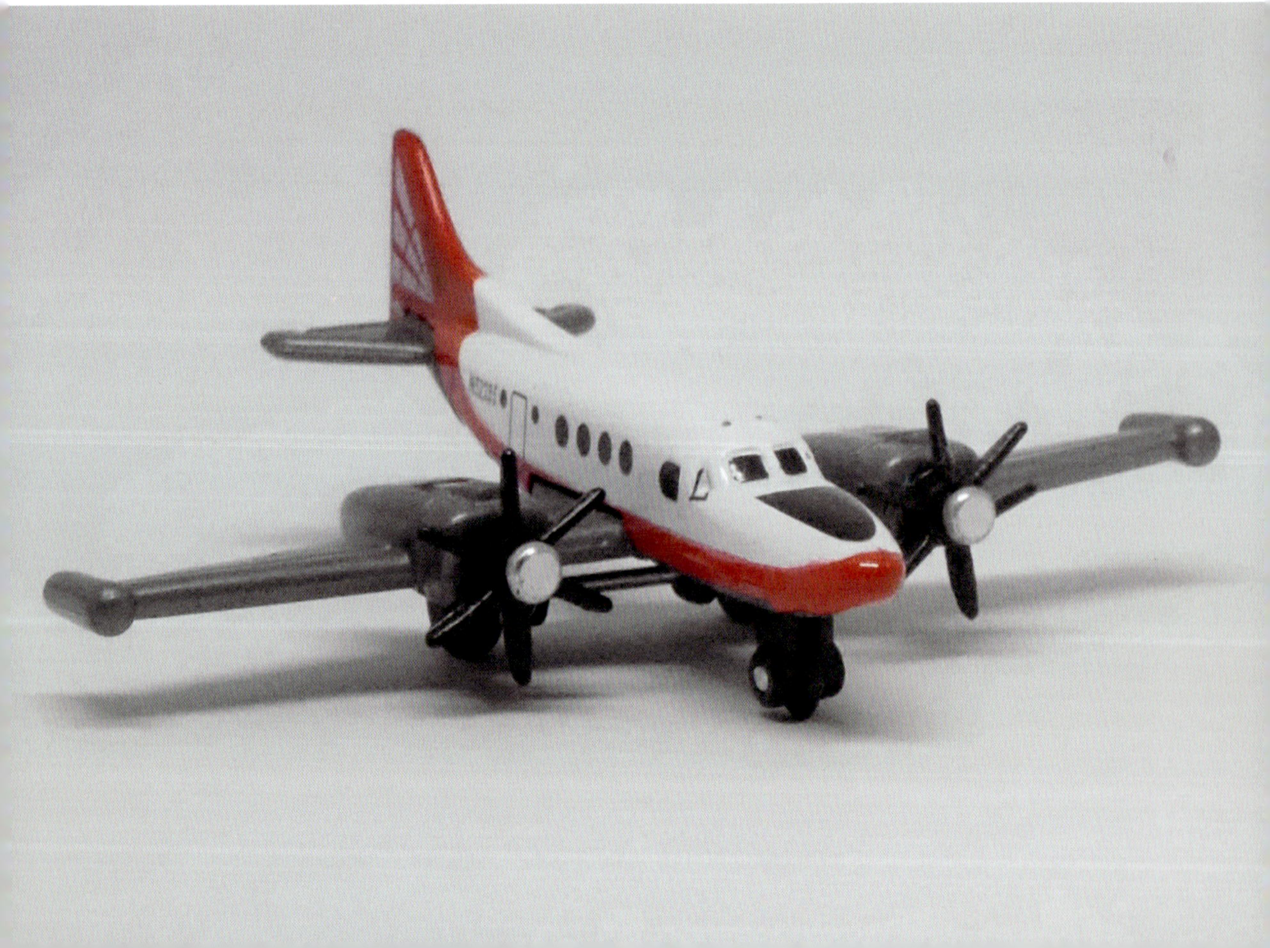

Abbildung 3.20: Auch mit ISO 25.600 hält sich das Rauschen bei dieser Aufnahme noch in Grenzen.
34 mm | f16 | 1/400 s | ISO 25.600

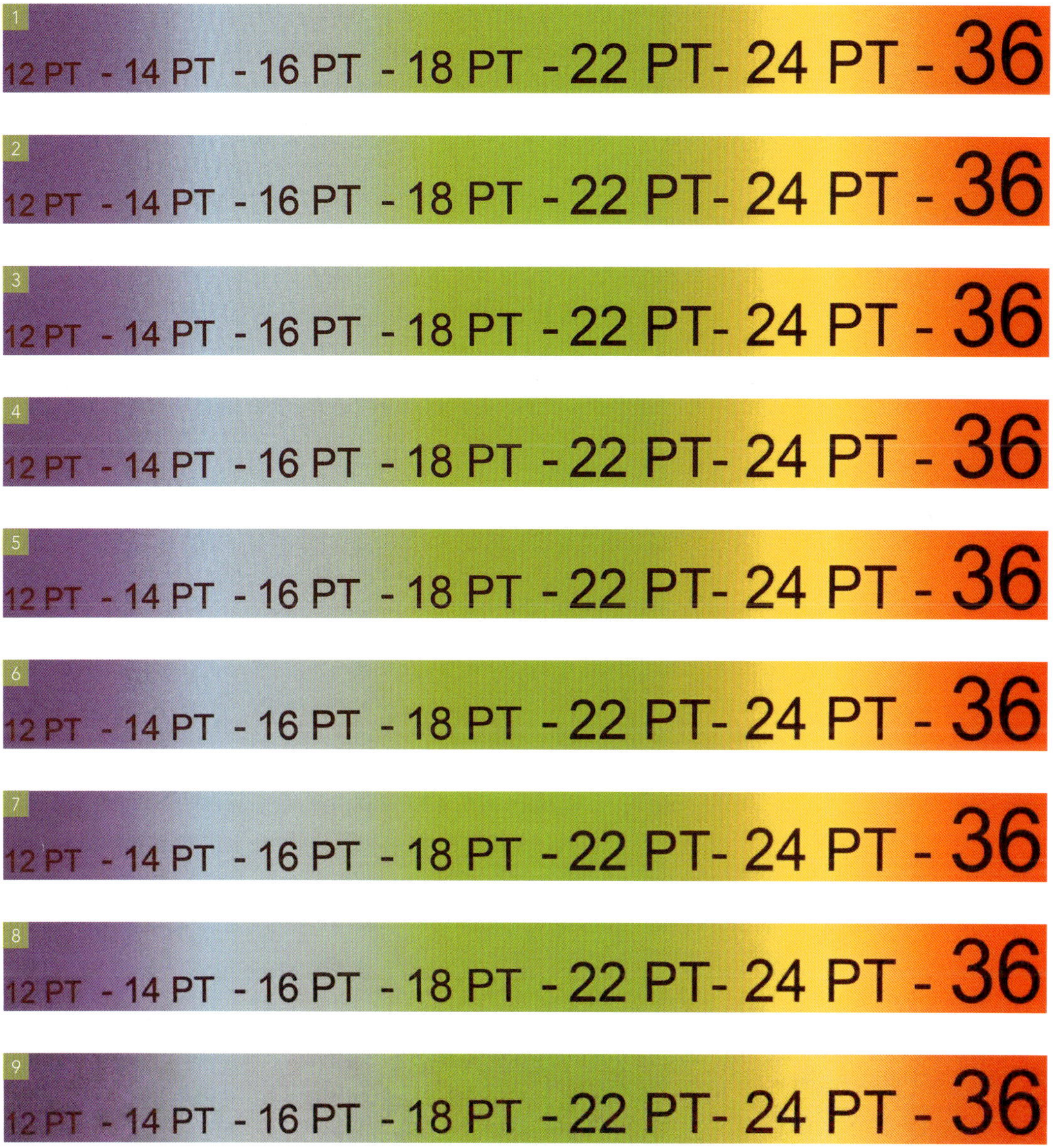

Abbildung 3.21: ISO-Vergleich: ❶ ISO 100 (LOW), ❷ ISO 200, ❸ ISO 1 400, ❹ ISO 800, ❺ ISO 1600, ❻ ISO 3200, ❼ ISO 6400, ❽ ISO 12.800, ❾ ISO 25.600. Ab ISO 1600 ist das Rauschen hier schon zu erkennen. Dadurch lässt auch die Schärfe ab diesem Wert nach.

Sie sollten daher abwägen, ob eine hohe Empfindlichkeit, die mit höherem Rauschen einhergeht, tatsächlich benötigt wird. Dies kann etwa der Fall sein, wenn Sie eine kürzere Belichtungszeit wünschen, um Verwacklungen zu vermeiden. Andererseits nützt es Ihnen wenig, eine Aufnahme ohne Bewegungsunschärfe, dafür aber mit zu starkem Rauschen zu besitzen.

ISO Niedrig

Die OM-D E-M10 Mark IV bietet Ihnen noch einen zusätzlichen ISO-Wert mit der Bezeichnung *ISOLOW* an. Dieser Wert entspricht ISO 100. Der Sensor der OM-D E-M10 Mark IV wurde für ISO 200 optimiert. Bei diesem Wert erreicht sie also ihren besten Dynamikumfang. Wählen Sie hier *ISOLOW*, erhalten Sie sehr gute Rauschwerte, allerdings reduziert sich der Dynamikumfang. Das heißt, besonders bei kontrastreichen Motiven werden feine Abstufungen nicht mehr so gut wiedergegeben. In der Praxis sind die Qualitätsverluste allerdings relativ gering.

Wann immer möglich, sollten Sie mit ISO 100 bis ISO 800 fotografieren, wenn es Ihnen auf möglichst geringes Rauschen ankommt. Lassen Sie die Entscheidung, welcher ISO-Wert gewählt wird, in diesen Fällen nicht von der Kamera treffen. Ab ISO 1600 ist das Rauschen schon zu erkennen. Dadurch lässt auch die Schärfe ab diesem Wert erheblich nach. Auf gedruckten Bildern ist das nicht so deutlich zu erkennen, auf einem Computer-Monitor wird es dagegen schon offensichtlicher.

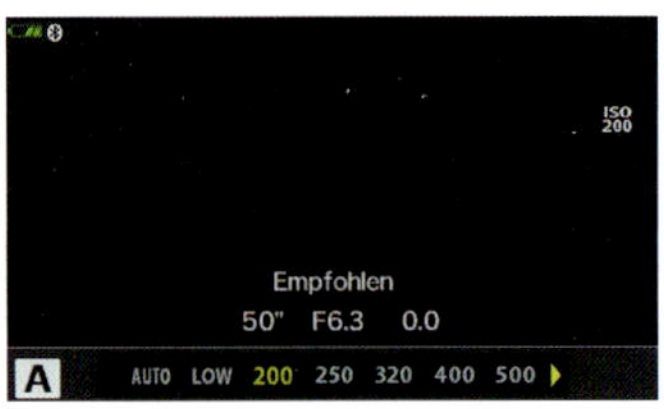

Abbildung 3.22: Das Menü zur Auswahl des ISO-Wertes erreichen Sie per Taste ▲ (ISO).

Den ISO-Wert einstellen

Sie können den ISO-Wert nicht in allen Programm-Modi der OM-D E-M10 Mark IV einstellen. Dies ist nur in den Modi *M*, *S*, *A*, *P* und im *ART*-Modus möglich.

Wählen Sie also einen dieser Modi und drücken Sie die Taste ▲. Mit den Tasten ◀ und ▶ navigieren Sie in der Auswahl. Mit der *OK*-Taste bestätigen Sie diese.

Der Einsatz der ISO-Automatik

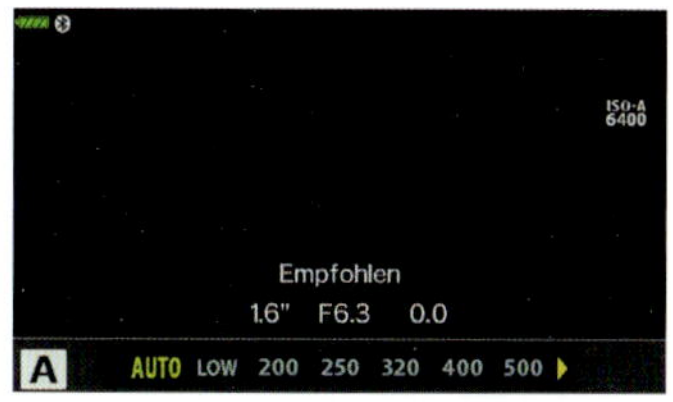

Abbildung 3.23: Hinter der Optionsauswahl AUTO versteckt sich die Option ISO AUTO.

Ist es Ihnen zu mühselig, jedes Mal den ISO-Wert selbst einzustellen, dann überlassen Sie diese Arbeit einfach auch mal Ihrer OM-D E-M10 Mark IV. Dazu bietet Ihnen die Kamera eine Automatikfunktion (*ISO AUTO*).

Aufgrund des Rauschens bei höheren ISO-Werten hat Olympus diese Automatik etwas eingeschränkt, um auch im Automatikmodus akzeptable Ergebnisse zu erzielen. Standardmäßig wählt Ihre OM-D E-M10 Mark IV deshalb ISO-Werte nur im Bereich von ISO 200 bis ISO 6400 aus. Diese Werte lassen sich gut vertreten. Ein Ratschlag wäre die ISO 6400 auf ISO 3200 oder sogar auf ISO 1600 zu reduzieren. Aber das ist sicherlich Geschmackssache.

Sobald die Gefahr besteht, eine Aufnahme zu verwackeln, wird die Kamera den ISO-Wert anheben, um eine kürzere Belichtungszeit zu erreichen. Ebenfalls erhöht die OM-D E-M10 Mark IV den ISO-Wert im Blendenvorwahl-Modus *A*, wenn keine passende, also keine schnellere Belichtungszeit mehr möglich ist. Dies trifft auch auf den Verschlusszeitvorwahl-Modus *S* zu. Hier erhöht die OM-D E-M10 Mark IV den ISO-Wert, wenn keine größere Blendenöffnung am Objektiv eingestellt werden kann, die eigentlich für die richtige Belichtung notwendig wäre.

Im manuellen Modus *M* versucht die OM-D E-M10 Mark IV eine korrekte Belichtung über den ISO-Wert zu steuern. Dabei nutzt Sie alle ISO-Werte von *LOW* (ISO 100) bis zum eingestellten Maximum. Der untere eingestellte Wert hat hier also keine Bedeutung. Kann keine korrekte Belichtung eingestellt werden, wird die Abweichung von einer korrekten Belichtung im Sucher bzw. auf dem Monitor als EV-Wert angezeigt.

In den Automatik- und Motivprogrammen verwendet die Kamera generell die ISO-Automatik.

In der Anleitung auf Seite 102 wird erklärt, wie Sie den ISO-Bereich der Option *ISO Auto* auf maximal ISO 1600 beschränken.

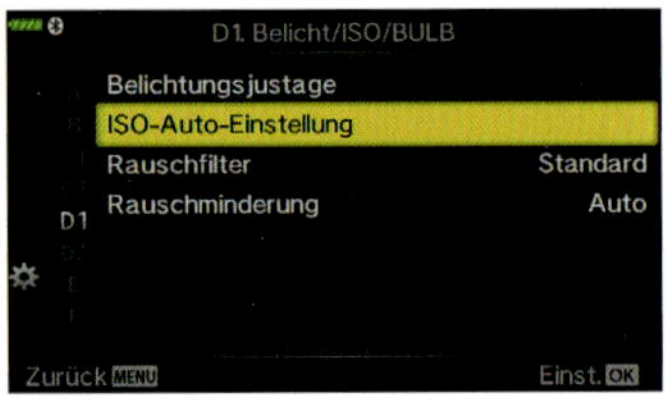

ISO Auto anpassen

1 Menü auswählen

Wechseln Sie ins Menü ✲ • *D1* • *ISO-Auto-Einstellung.*

2 ISO-Werte anpassen

ISO-Auto-Einstellung Maximalwert steht standardmäßig auf dem ISO-Wert 6400. Wählen Sie mit den Tasten ▼ und ▲ den ISO-Wert, hier also 1600. Mit der Taste ▶ navigieren Sie zu *ISO-Auto-Einstellung Standard*, falls das Feld nicht bereits hervorgehoben ist. Dieser Wert soll hier nicht geändert werden. Bestätigen Sie Ihre Auswahl durch Drücken der *OK*-Taste. Zukünftig wählt die OM-D E-M10 Mark IV Werte im Bereich von ISO 200 bis ISO 1600, sobald *ISO-Auto* gewählt wurde.

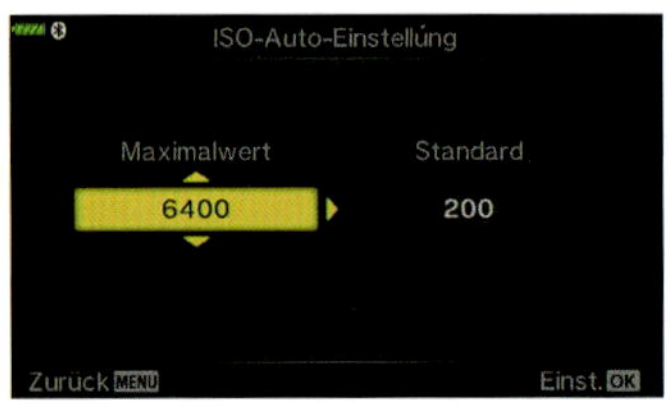

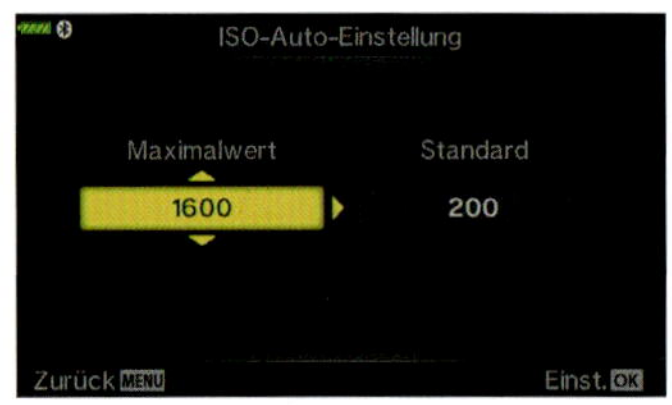

ISO-Wert vor der Aufnahme überprüfen

Verwenden Sie die ISO-Automatik, dann blendet die OM-D E-M10 Mark IV nach dem Einschalten rechts im Sucher beziehungsweise auf dem Monitor *ISO-A, gefolgt von dem als Maximum eingestellten ISO-Wert* ❶ ein. Sobald sich die Kamera in Aktion befindet, erscheint dort der ISO-Wert, den die Kamera automatisch wählt und bei der Aufnahme verwenden wird.

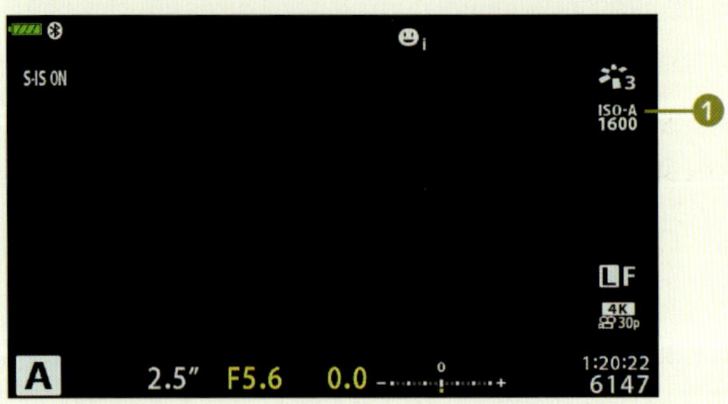

Der Einfluss des ISO-Wertes auf die Belichtungszeit

Verändern Sie den ISO-Wert, hat dies Einfluss auf den Blendenwert beziehungsweise die Belichtungszeit. Das heißt, verwenden Sie unterschiedliche ISO-Werte, möchten aber eine identisch belichtete Aufnahme erhalten, müssen Sie entweder die Blende oder die Belichtungszeit anpassen. Haben Sie den Blendenvorwahl-Modus *A* gewählt und verändern den ISO-Wert, wird die Belichtungszeit angepasst. Im Verschlusszeitvorwahl-Modus *S* würde hingegen die Blende verändert werden.

Bei Verwendung der Option *ISO-Auto* werden mit Ausnahme der Programme *A*, *S* und *M* die Blende und die Belichtungszeit je nach Erfordernis verändert. Die OM-D E-M10 Mark IV entscheidet hier selbstständig, welche Einstellung die richtige ist, und lässt Sie ganz entspannt fotografieren.

ISO-Wert	Blende	Zeit
100	4	1/100 s
200	4	1/200 s
400	4	1/400 s

Tabelle 3.1: Einfluss des ISO-Wertes als Beispiel im Blendenvorwahl-Modus A

ISO-Wert	Zeit	Blende
100	1/100 s	4
200	1/100 s	5,6
400	1/100 s	8

Tabelle 3.2: Einfluss des ISO-Wertes als Beispiel im Verschlusszeitvorwahl-Modus S

Funktion zur Reduzierung von Bildrauschen

Die OM-D E-M10 Mark IV verfügt über eine Rauschminderungsfunktion (*Rauschfilter*), die bei der Entwicklung der JPEG-Bilder in der Kamera aktiv wird. Sie haben hier die Wahl zwischen den Einstellungen *Aus*, *Niedrig*, *Standard* und *Hoch*. Bereits Bilder ab einem ISO-Wert von 200 (auch bei *LOW*) werden hier softwareseitig bearbeitet und man erkennt deutlich eine Rauschminderung auf den Bildern.

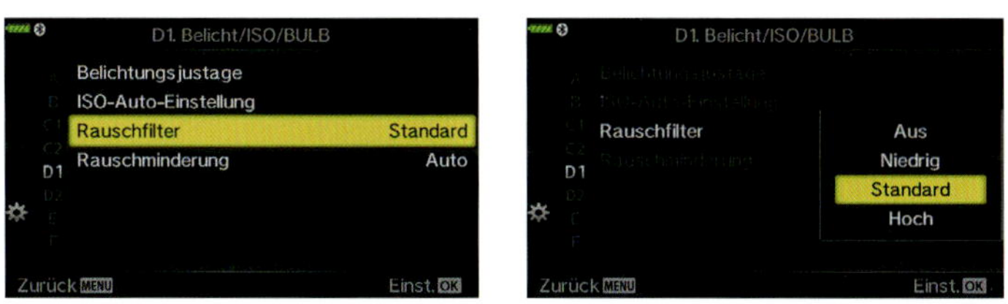

Abbildung 3.24: Menü zur Auswahl der Rauschminderungsfunktion Rauschfilter

Im Modus *Standard* verwendet die OM-D E-M10 Mark IV einen recht starken Algorithmus zum Herausrechnen des Rauschens. In der Praxis wirkt sich der Unterschied allerdings hier weniger stark aus. Verwenden Sie die Modi *SCN oder AP*, dann können Sie hier keine Änderungen vornehmen. Auf Aufnahmen im RAW-Format hat die Funktion keinen Einfluss. Es empfiehlt sich, die Einstellung *Standard* ruhig eingeschaltet zu lassen, wenn Sie nicht nachträglich mit einem Softwareprogramm das Rauschen selbst reduzieren wollen.

Hotpixel vermeiden

Bei längeren Verschlusszeiten kann es zu sogenannten *Hotpixeln* auf den Aufnahmen kommen. Die OM-D E-M10 Mark IV versucht, durch die zusätzliche Aufnahme eines Dunkelbildes diese Pixelstörungen herauszurechnen. Wählen Sie bei *Rauschminderung* die Option *Auto*, dann aktiviert die Kamera ab einer bestimmten Belichtungszeit (abhängig vom eingestellten ISO-Wert) diese Funktion, zum Beispiel bei ISO 200 ab 4s. Wählen Sie *Aus*, wenn Sie nicht warten wollen, bis die nochmalige Belichtungszeit für das Dunkelbild abläuft und Sie die Hotpixelkorrektur selbst vornehmen möchten. Mit *An* nimmt die Kamera zu jedem Bild zusätzlich ein Dunkelbild auf und verrechnet es mit der ersten Aufnahme.

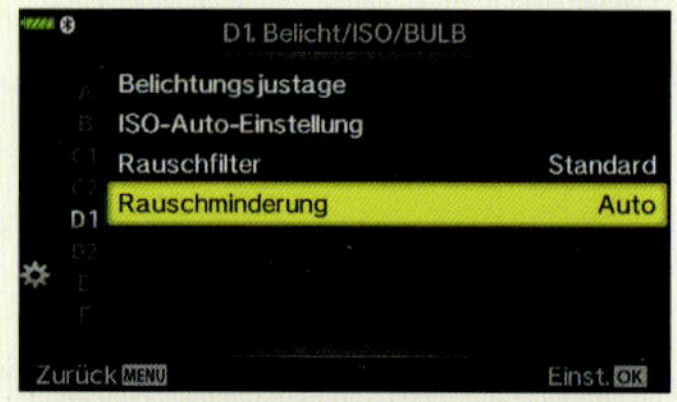

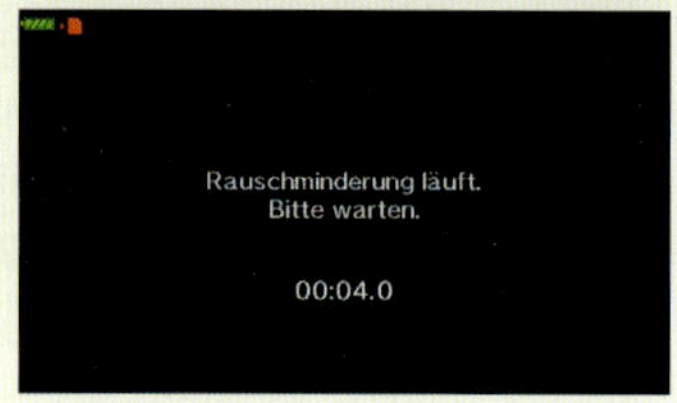

3.4 Eine wertvolle Belichtungshilfe: das Histogramm

Sicherlich ist es möglich, das gerade aufgenommene Bild im Wiedergabemodus am Monitor der OM-D E-M10 Mark IV zu prüfen. Genauer wird es aber mit dem Histogramm. Diese Ansicht steht Ihnen nicht nur im Aufnahme-, sondern auch im Wiedergabemodus zur Verfügung. Über- beziehungsweise unterbelichtete Bilder lassen sich so viel leichter entlarven.

Abbildung 3.25: Das Helligkeitshistogramm

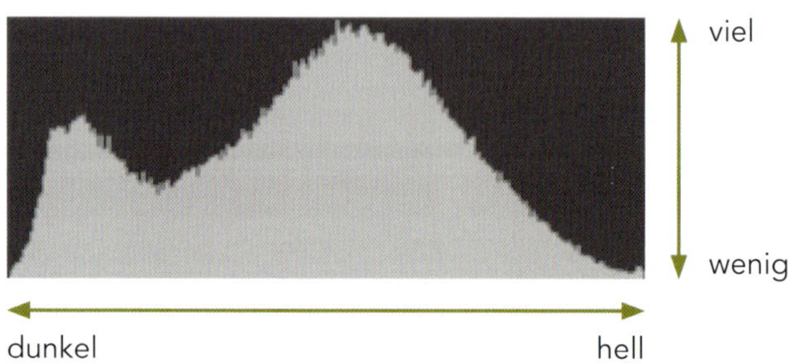

In der digitalen Fotografie versteht man unter einem *Histogramm* die Darstellung der Häufigkeits- und Intensitätswerte der Farben eines Bildes. Kontrastumfang und Helligkeit eines Bildes können so abgelesen werden. In Farbbildern werden meist drei Histogramme (eines pro Farbkanal für Rot, Grün und Blau) dargestellt.

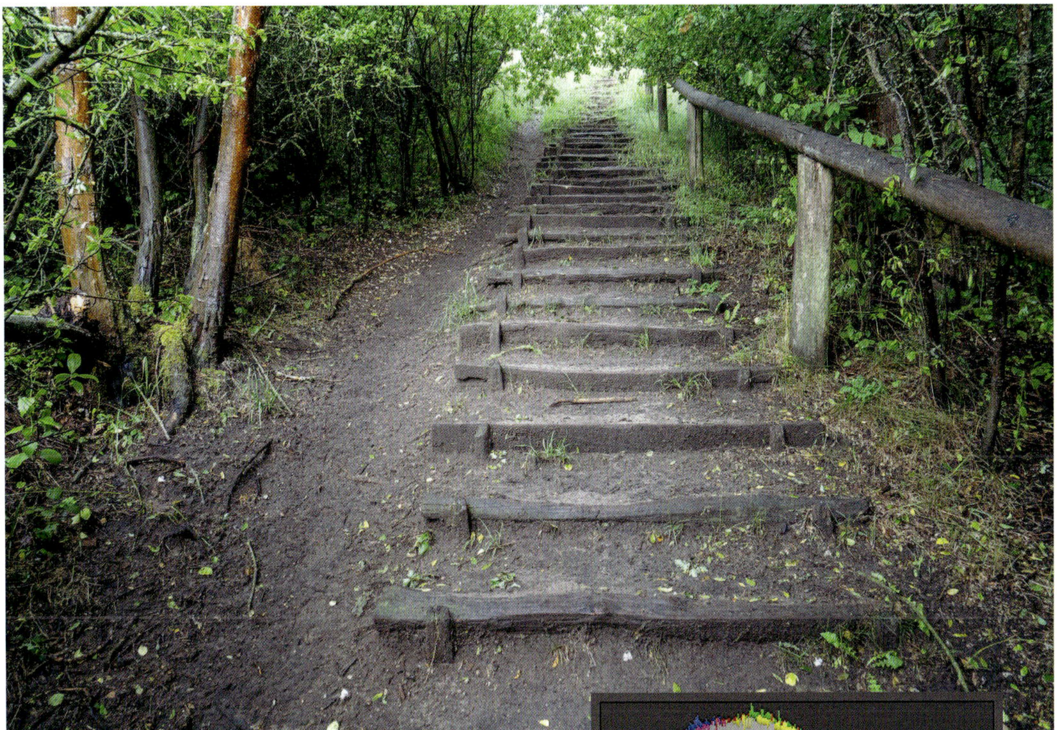

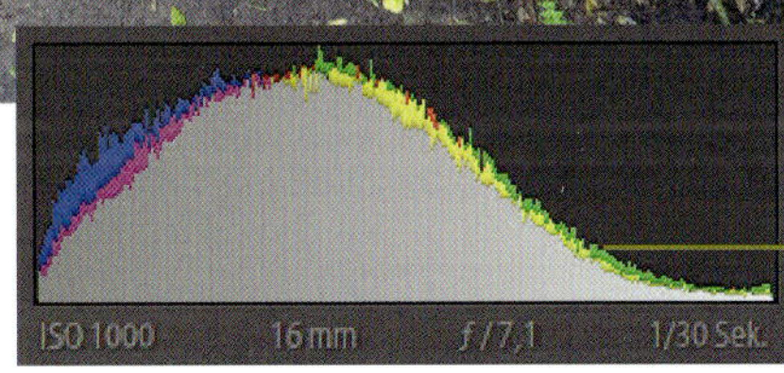

Abbildung 3.26: Dieses Motiv wurde korrekt belichtet, was auch an der gleichmäßigen Verteilung der Histogrammwerte **1** *im mittleren Bereich zu erkennen ist. 16 mm | f7,1 | 1/30 s | ISO 1000*

Informationen, die das Histogramm bietet

Die OM-D E-M10 Mark IV stellt die Gesamthelligkeit aller drei Farbkanäle Rot, Grün und Blau im Bildwiedergabemodus einzeln sowie auch in einer Gesamtsicht dar. Links im Histogramm beginnt der Schwarzanteil bei 0. Die Helligkeitswerte erstrecken sich dann abgestuft bis Weiß (255) rechts im Histogramm.

Die Histogrammanzeige wählen

Zum Histogramm zeigt die OM-D E-M10 Mark IV zusätzlich noch ein Miniaturbild der erstellten Aufnahme an. Überbelichtete beziehungsweise unterbelichtete Bereiche werden dabei durch Blinken angezeigt.

Im Einzelbild-Wiedergabemodus drücken Sie die Taste *INFO* zweimal, um das Histogramm darzustellen. Ein weiteres Drücken der Taste *INFO* zeigt ein Bild ohne Informationen. Durch erneutes Drücken gelangen Sie zur Anzeige von Aufnahmeinformationen der Bilder. Danach gelangen Sie wieder zur Histogrammanzeige.

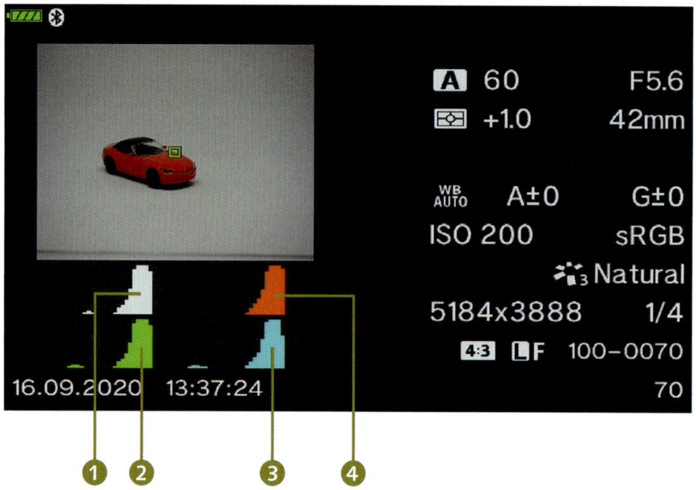

Abbildung 3.27: Im Bildwiedergabemodus können Sie durch Drücken der Taste INFO die Histogramme und weitere Informationen aufrufen. Angezeigt werden das Gesamthelligkeitshistogramm ❶ *und das Histogramm für die einzelnen Farbkanäle Grün* ❷*, Blau* ❸ *und Rot* ❹*.*

Das ideale Histogramm

Bei einer korrekten Belichtung verteilen sich die Histogrammhügel gleichmäßig über das Histogramm. Links und rechts laufen die Hügel aus und in der Mitte liegen die höchsten Werte. Allerdings ist das mehr Theorie als Praxis und trifft nicht für alle Bilder zu. Zum Beispiel hat das Histogramm bei gelungenen Nachtaufnahmen meist deutlich mehr dunkle Werte als helle.

Über- und Unterbelichtungen sofort erkennen

Eine Überbelichtung erhält man, wenn die empfangene Lichtmenge größer ist als die Lichtmenge, die das Sensorpixel verarbeiten kann. Sie erkennen dies in Bildern an Stellen, wo keine Zeichnung beziehungsweise Informationen mehr vorhanden sind. Farbtöne gehen verloren, diese Stellen werden einfach weiß dargestellt. Da der Informationsinhalt praktisch null ist, ist auch durch eine Bildbearbeitung keine Rettung derartiger Bilder mehr möglich.

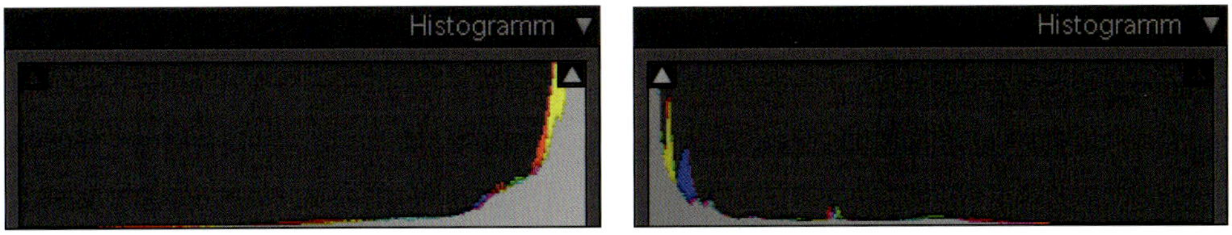

Abbildung 3.28: Links: Die Überbelichtung erkennt man an einer starken Anhäufung der hellsten Tonwerte auf der rechten Seite. Überbelichtete Bereiche können nicht wiederhergestellt werden. Rechts: Eine Unterbelichtung des Bildes zeigt sich durch eine starke Anhäufung der Tonwerte im linken Bereich. Unterbelichtete Bereiche können unter Inkaufnahme von stärkerem Rauschen meist wiederhergestellt werden.

Unterbelichtungen entstehen durch zu geringen Lichteinfall. Im Gegensatz zur Überbelichtung kann man hier aber dem Pixel beziehungsweise Pixelbereich noch Informationen entlocken. Da der Signal-Rausch-Abstand in diesem Fall allerdings sehr gering ist, wird mit dem Aufhellen auch das Rauschen verstärkt und sichtbar.

Signal-Rausch-Abstand

Neben dem Nutzsignal, das als Pixel auf den Bildern erscheinen soll, treten in der digitalen Fotografie immer auch (unerwünschte) »Störsignale« auf. Diese machen sich später als Rauschen auf den Bildern bemerkbar. Je weiter das Nutzsignal vom Störsignal entfernt ist, desto weniger tritt Rauschen auf den Bildern in Erscheinung.

Sowohl Über- als auch Unterbelichtung sollten Sie also möglichst vermeiden. Wie Sie das erreichen, erfahren Sie zum Beispiel im Abschnitt »Eine wertvolle Belichtungshilfe: das Histogramm« ab Seite 104.

Schon vor der Aufnahme die volle Kontrolle per Live-Histogramm

Die OM-D E-M10 Mark IV bietet Ihnen zusätzlich noch ein weiteres Hilfsmittel an. Sie können die richtige Belichtung bereits während der Aufnahme mithilfe eines Echtzeithistogramms beurteilen. Drücken Sie dazu die Taste *INFO*, bis unten auf dem Monitor beziehungsweise im Sucher das Histogramm erscheint. Sie können nun sofort sehen, ob es zu Über- beziehungsweise Unterbelichtungen kommen wird und ob eine

Belichtungskorrektur notwendig ist. Das Bild des Autos auf dieser Seite konnte vorab mit einer Belichtungskorrektur richtig aufgenommen werden. Die drohende Überbelichtung, die an der Anhäufung der hellsten Tonwerte auf der rechten Seite des Histogramms zu erkennen ist, konnte so abgewendet werden. Im umgekehrten Fall, wenn das Histogramm auf der linken Seite anstößt, nehmen Sie eine positive Korrektur vor. Informationen zur Belichtungskorrektur finden Sie im Abschnitt »Problemsituationen meistern mit der Belichtungskorrektur« ab Seite 110. Das Live-Histogramm erspart Ihnen bei richtiger Anwendung das Anlegen einer Testreihe beziehungsweise mehrere Probeaufnahmen.

Abbildung 3.29: Bereits durch das Histogramm lässt sich vorab die Überbelichtung erkennen. Im rechten Bereich des Histogramms wird der Tonwertberg ❶ abgeschnitten.

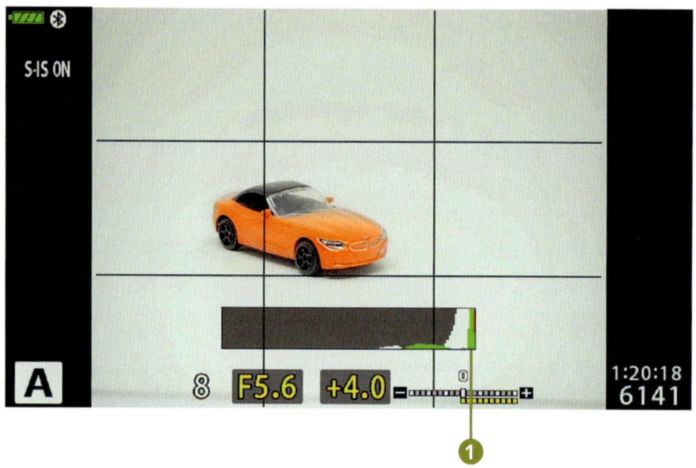

Abbildung 3.30: Eine Korrektur in Minusrichtung von zwei Belichtungsstufen wurde vorgenommen. Sie erkennen die Änderung sofort auf dem Monitor beziehungsweise im Sucher.

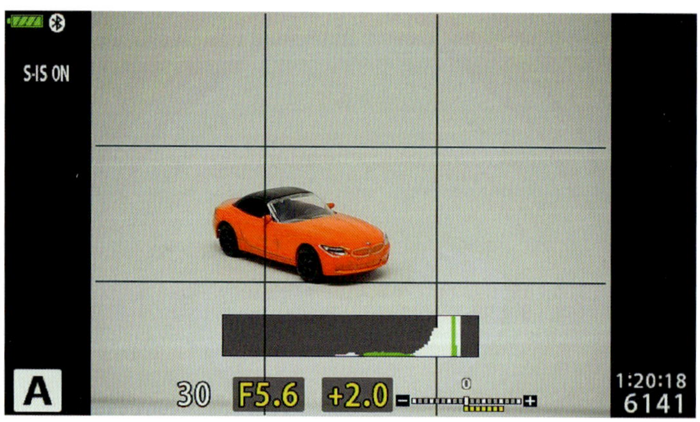

Den Über- und Unterbelichtungswarner der OM-D E-M10 Mark IV nutzen

Die OM-D E-M10 Mark IV ist mit einem sogenannten *Lichter- und Schattenwarner* ausgestattet. Sie können so direkt nach der Aufnahme feststellen, an welchen Stellen es im Bild zu strukturlosen Lichtern beziehungsweise tiefschwarzen Schatten gekommen ist. Dazu müssen Sie im Menü • *C1. Anzeige/)))/PC* • */Info Einstellungen* • *Info* die Option *Lichter & Schatten* aktivieren. Die Anzeige unmittelbar nach der Aufnahme blinkt dann in den betreffenden Bereichen. In diesen Fällen passen Sie die Belichtung per Belichtungskorrektur entsprechend an und nehmen gleich vor Ort eine neues Foto mit den richtigen Einstellungen auf. Bei Überbelichtungen (orangefarbene Bereiche) korrigieren Sie in den negativen Bereich und bei Unterbelichtungen (blaue Bereiche) in den positiven Bereich. Treten Über- und Unterbelichtungen gleichzeitig auf, ist der Kontrastumfang des Motivs so hoch, dass er nicht von der Kamera bewältigt werden kann. Lösungsansätze dafür wären zum einen, dass Sie das Motiv beziehungsweise die betreffenden Bereiche – wenn möglich – entsprechend abschatten oder aufhellen. Zum anderen können Sie die HDR-Funktion nutzen beziehungsweise das nachträgliche Zusammenrechnen mehrerer Bilder unterschiedlicher Belichtungen vornehmen. Lesen Sie dazu auch den Abschnitt »Hohe Kontraste beherrschen« auf Seite 115.

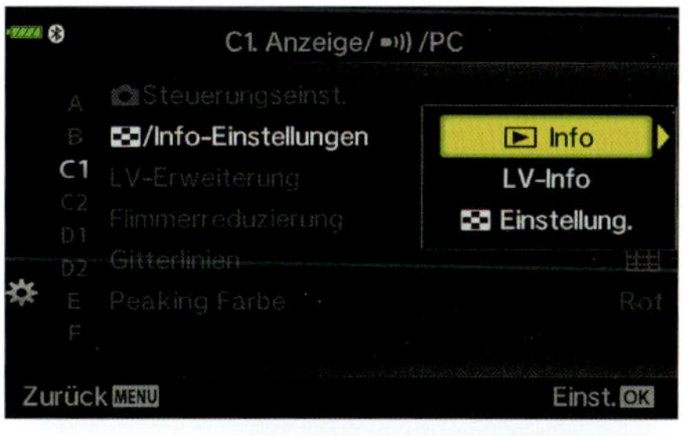

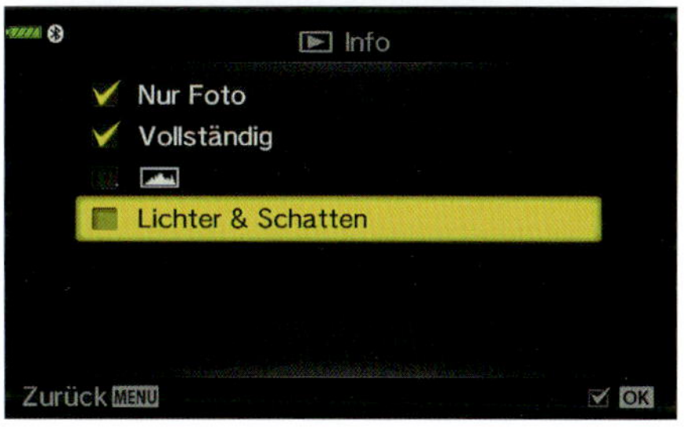

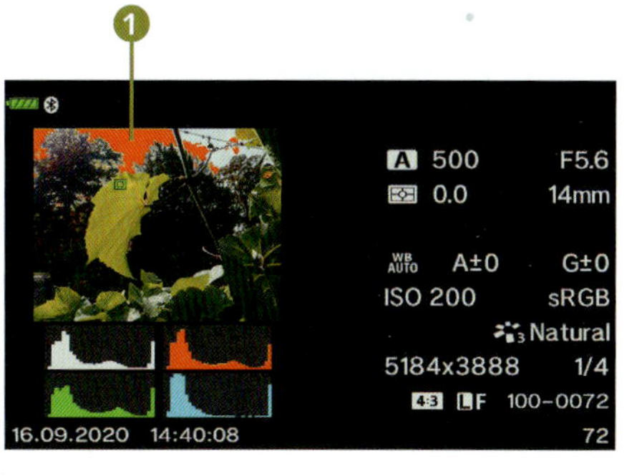

Abbildung 3.31: Der Lichter- und Schattenwarner zeigt Ihnen direkt nach der Aufnahme blinkend an **1**, ob es zu über- beziehungsweise unterbelichteten Bereichen im Bild gekommen ist.

3.5 Problemsituationen meistern mit der Belichtungskorrektur

Die Belichtungsmessung und -berechnung der OM-D E-M10 Mark IV wurde so optimiert, dass Standardmotive, wie sie ein Großteil der Fotografen im Allgemeinen aufnimmt, richtig belichtet werden. Dabei orientiert sie sich an einem Mittelwert. So traf die automatische Messung der OM-D E-M10 Mark IV zum Beispiel bei dem folgenden Landschaftsfoto genau die richtige Belichtung.

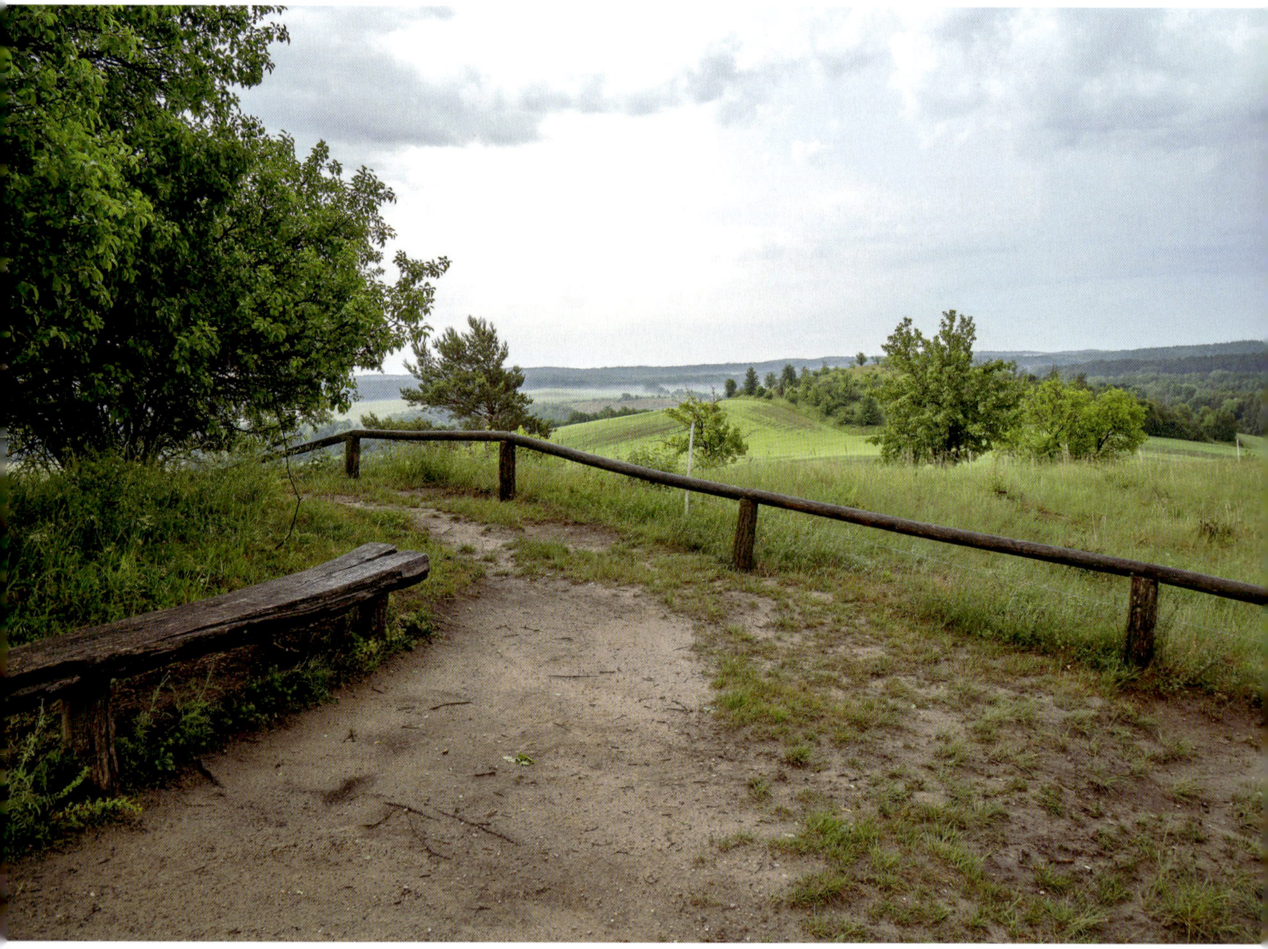

Abbildung 3.32: Dieses Motiv ist eines der vielen, bei denen die Belichtungsmessung zu einwandfreien Ergebnissen führt. Harmonische Lichtverhältnisse ohne starke Kontraste erlauben meist Aufnahmen, ohne dass in die Belichtungsautomatik eingegriffen werden muss.
16 mm | f7,1 | 1/30 s | ISO 200

Die Belichtungskorrektur mit Ihrer OM-D E-M10 Mark IV einstellen

Weicht die mittlere Helligkeit im Motiv aber vom Normwert (18 % Grauwert) ab, wird eine manuelle Belichtungskorrektur notwendig. Dies trifft auf großflächige weiße oder schwarze Bereiche wie Schnee oder Schatten im Motiv zu. Hier muss korrigierend eingegriffen werden, sonst erscheint beispielsweise der Schnee auf dem Foto nicht weiß, sondern grau.

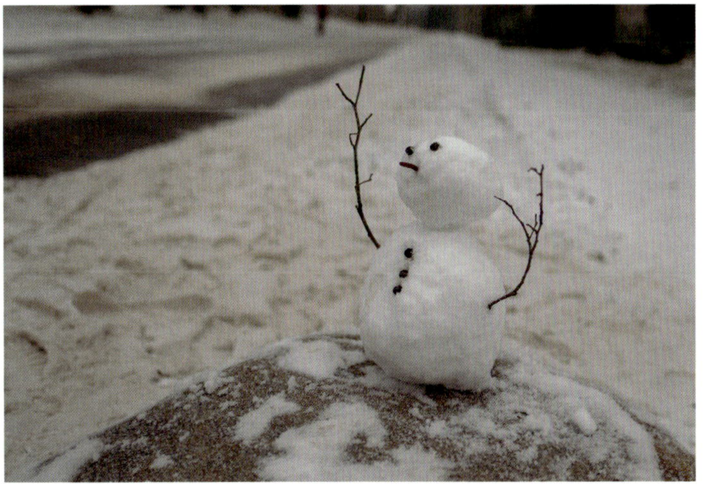

24 mm | f2 | 1/250 s | ISO 100

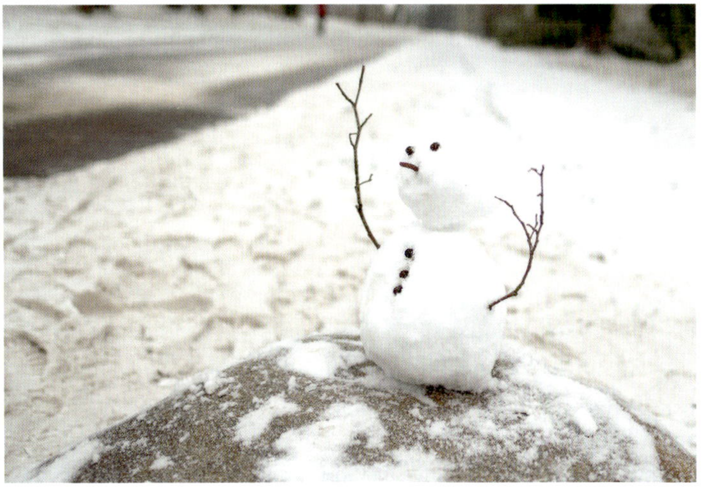

24 mm | f2 | 1/100 s | ISO 100 | +1,5 EV

Abbildung 3.33: Oben: Die Belichtungsautomatik hat sich von dem großen Weißanteil im Motiv täuschen lassen. Das Weiß erscheint grau. Unten: Korrigiert man die Belichtung um ca. +1,5 EV, erscheint der Schnee weiß.

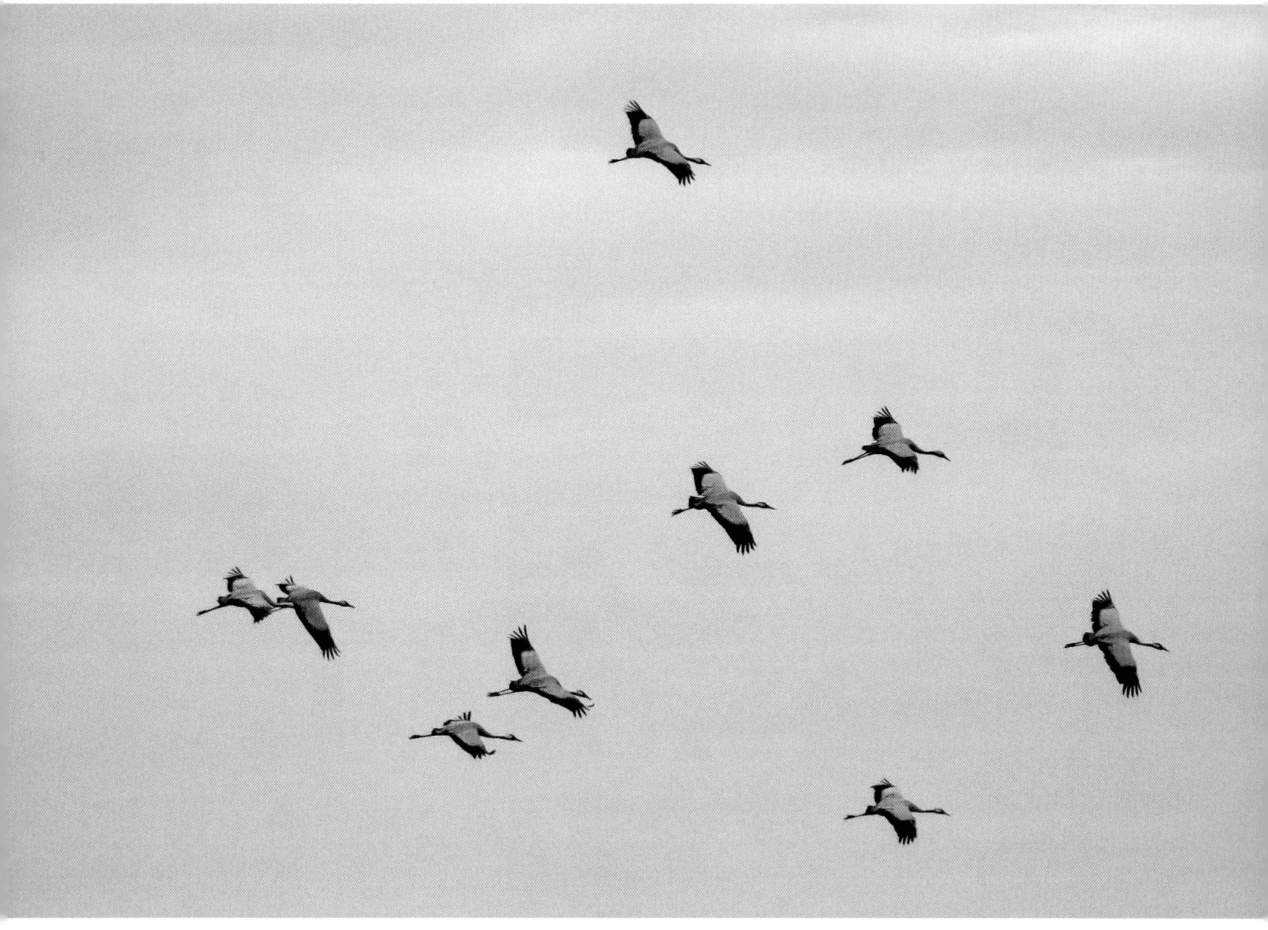

Abbildung 3.34: Auch wenn Sie beispielsweise Objekte am Himmel fotografieren wollen, ist meist eine manuelle Belichtungskorrektur notwendig. Die Gesamthelligkeit ist hier am Tage höher als der von der Kamera erwartete Mittelwert. Um die tatsächlich vorhandene Helligkeit auf den Sensor zu bringen, müssen Sie in diesen Fällen also eingreifen. Bei dieser Aufnahme wurde mit +3 EV korrigiert.
350 mm | f5,6 | 1/500 s | ISO 1250 | +3 EV]

Deshalb bietet die OM-D E-M10 Mark IV die Möglichkeit, die Belichtung manuell anzupassen – und zwar im Bereich von +/–5 EV in Drittelschritten (bei Videoaufnahmen +/– 3 EV).

Um die Belichtungskorrektur einzustellen, drehen Sie das vordere Einstellrad und wählen den gewünschten Korrekturwert aus. Diese Einstellung bleibt bei einem Wechsel zwischen den Programmen bestehen. In den Modi *AUTO*, *M* und *SCN* der OM-D E-M10 Mark IV sowie bei *Live Time* und *Panorama* im *AP*-Modus können Sie hingegen keine Belichtungskorrekturen vornehmen. Drehen Sie das vordere Einstellrad entgegen dem Uhrzeigersinn, wenn Sie negative Werte erreichen wollen und das Bild zu hell erscheint. Falls das Bild zu dunkel erscheint, drehen Sie im Uhrzeigersinn.

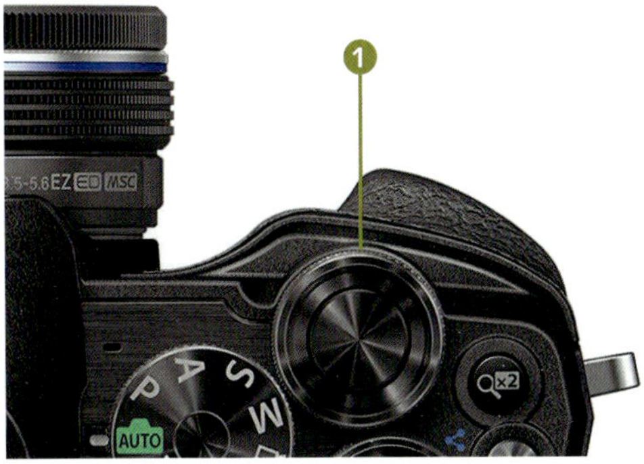

Abbildung 3.35: Das vordere Einstellrad ❶ dient der Belichtungskorrektureinstellung (Bild: Olympus).

Mit Belichtungsreihen Fehlbelichtungen vermeiden

In kritischen Situationen können Belichtungsreihen, also mehrere Aufnahmen mit unterschiedlichen Belichtungseinstellungen, nützlich sein. Auf diese Weise steigt die Wahrscheinlichkeit, brauchbare Bildergebnisse zu erhalten. Die OM-D E-M10 Mark IV kann drei Aufnahmen (0,0 EV, –1,0 EV und +1 EV) oder fünf Aufnahmen (0,0 EV, –1,3 EV, –0,7 EV, +0,7 EV und +1,3 EV) hintereinander belichten. Später können Sie sich dann im Bildbearbeitungsprogramm die Aufnahme aussuchen, die Ihrem persönlichen Geschmack am nächsten kommt.

Dazu wählen Sie mit der Programmwählscheibe das Programm *AP*. Drücken Sie die Kurzwahltaste und navigieren Sie zur Option *AE-Belichtungsreihe*. Hier stehen Ihnen zwei Optionen zur Verfügung. Wählen Sie *3f*, um drei Bilder mit einem Belichtungsunterschied von 1 EV anzufertigen. Nach dem Drücken des Auslösers nimmt die Kamera automatisch diese drei Bilder auf. Wählen Sie *5f*, um fünf Aufnahmen mit 0,7 EV Belichtungsunterschied aufzunehmen. Diese Option empfiehlt sich bei höheren Kontrasten. Im Display erscheint nun das Symbol *AE BKT*.

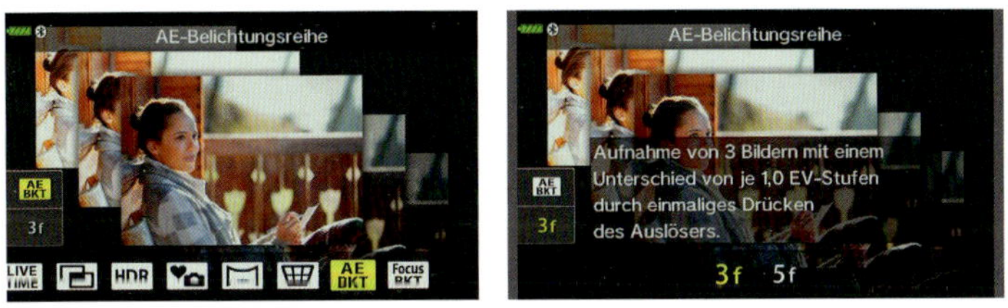

Abbildung 3.36: Das Menü zur Auswahl an Belichtungsreihen finden Sie im Programmpunkt AP.

Die OM-D E-M10 Mark IV verwendet für alle Aufnahmen der Reihe die gleichen Belichtungsausgangswerte, auch wenn sich zwischenzeitlich die Belichtungssituation geändert hat. Die Reihenfolge der Aufnahmen ist dabei immer: normal, unterbelichtet und zuletzt überbelichtet. Die Kamera verwendet unterschiedliche Belichtungswerte bei der Belichtungszeit und beim ISO-Wert für die einzelnen Aufnahmen. Zu beachten ist, dass auch die Blendenwerte von Aufnahme zu Aufnahme variieren können. Ist das nicht gewünscht, möchten Sie also eine gleich bleibende Schärfentiefe erreichen, dann verwenden Sie das Programm A und ändern die Belichtungskorrektur bei jeder Aufnahme nach Ihren Wünschen.

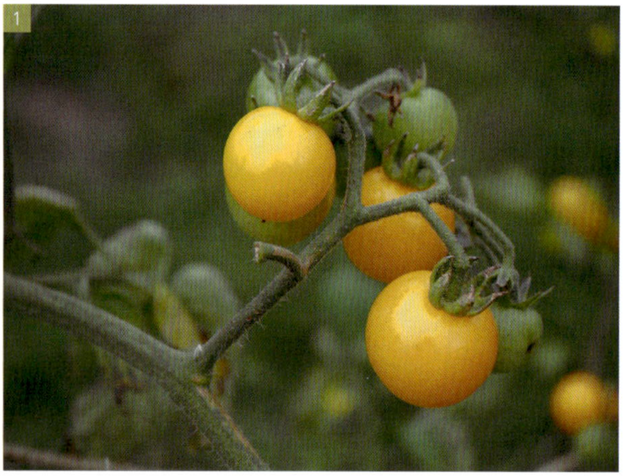

42 mm | f5,6 | 1/80 s | ISO 320

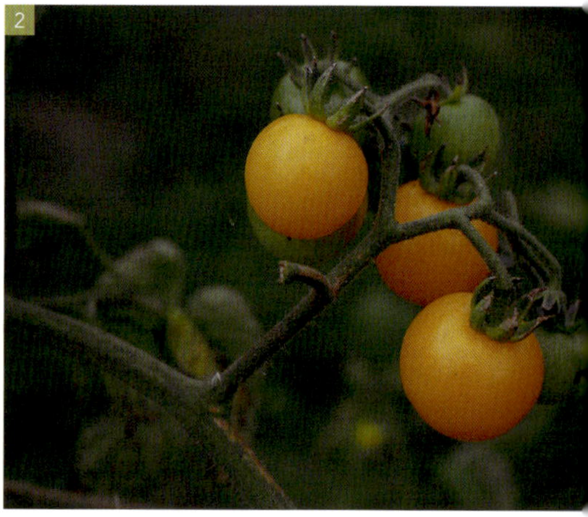

42 mm | f6,3 | 1/100 s | ISO 200

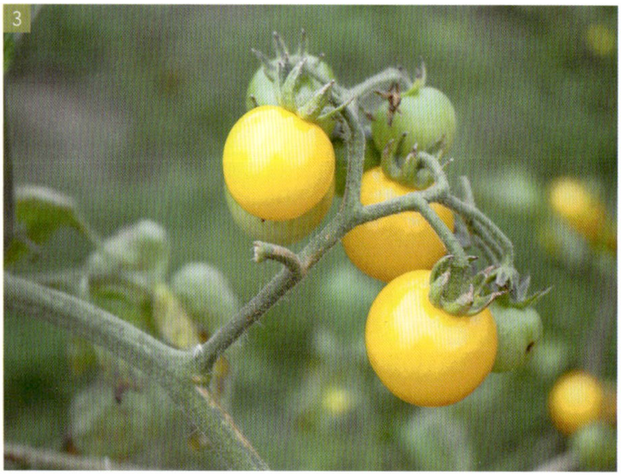

42 mm | f5,6 | 1/80 s | ISO 640

Abbildung 3.37: Belichtungsreihe aus drei Aufnahmen: normal belichtet ❶, unterbelichtet (–1,0 EV) ❷ und überbelichtet (+1,0 EV) ❸.

3.6 Hohe Kontraste beherrschen

Der Kontrastumfang, den unsere Augen und unser Gehirn verarbeiten können, ist beachtlich hoch. Für uns ist es kein Problem, etwa die verschiedenen Helligkeiten zu unterscheiden, die zum Beispiel mitten im Wald vorherrschen, wenn die Sonne zwischen den sonst dunklen Bäumen hervorblitzt. Im Schatten- und im Schneebereich sehen wir feinste Details. Kamerasensoren schaffen diesen Spagat zwischen extremer Helligkeit und extremer Dunkelheit leider weniger gut. Diese kontrastreichen Szenen führen meist dazu, dass in den dunklen oder hellen Bereichen keine Zeichnung mehr vorhanden ist. Das heißt, in den dunkleren Bereichen ist nur noch reines Schwarz und in den hellen Bereichen nur noch reines Weiß zu sehen.

Prüfen Sie am besten, sobald Sie kontrastreiche Motive wie etwa Landschaften mit hellem Himmel und dunklem Vordergrund, Gegenlicht- oder Nachtfotos aufnehmen, das Bild am Monitor.

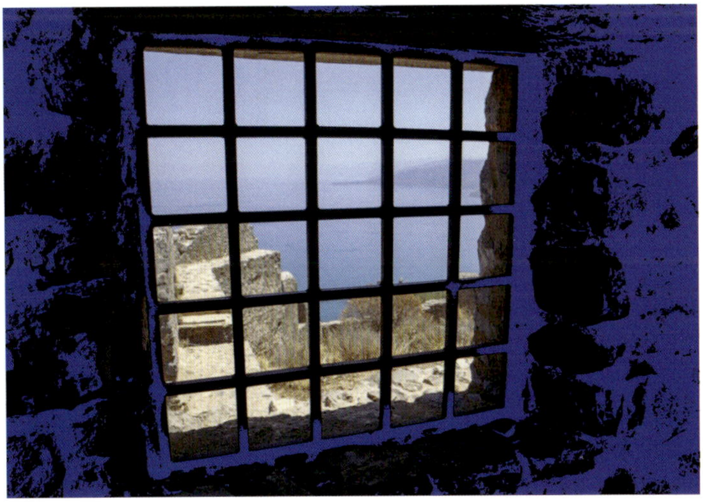

Abbildung 3.38: Diese Aufnahme weist starke Kontraste auf. Der Unterbelichtungswarner zeigt Ihnen Bereiche an (hier blau dargestellt), in denen keine Zeichnung mehr vorhanden ist.
16 mm | f9 | 1/160 s | ISO 100

Schalten Sie im Wiedergabemodus über die *INFO*-Taste die Histogrammanzeige ein. Der Über- und Unterbelichtungswarner der OM-D E-M10 Mark IV zeigt Ihnen durch blinkende Bereiche im Bild, an welchen Stellen es zu Fehlbelichtungen gekommen ist. Die Anzeige bezieht sich allerdings auf das

JPEG-Format. In diesem Fall wird schon durch das Format die Dynamik etwas eingeschränkt.

Möchten Sie das letzte Quäntchen an Dynamik aus Ihrer OM-D E-M10 Mark IV herausholen, sollten Sie im RAW-Format arbeiten. Über den RAW-Konverter sind hier noch einige Kontraststufen mehr möglich. Lesen Sie dazu mehr im Abschnitt »RAW-Bilder entwickeln mit Olympus Workspace« ab Seite 317.

Zunächst sollten Sie sich aber darüber im Klaren sein, dass nicht der Sensor beziehungsweise das Dateiformat die Grenzen setzt, sondern das Ausgabegerät letztlich über den Dynamikumfang entscheidet. Ein TFT-Monitor liefert je nach Modell zwischen acht und elf Blenden. Bei der Auswahl eines solchen Monitors sollten Sie auf einen möglichst hohen statischen Kontrastwert achten. Sehr gut sind Werte ab 1 : 1000. Eingeschränkt wird man allerdings im Dynamikumfang bei Ausdrucken und Ausbelichtungen. Fotopapier zum Beispiel liefert gerade mal fünf bis sechs Blenden, womit das JPEG-Format mit seinen acht Blenden sicher einen ausreichend großen Dynamikumfang zur Verfügung stellt. Beamer können je nach Gerät fünf bis acht Blenden darstellen.

Für Darstellungen im Internet sind 8-Bit-Formate ausreichend, da die gängigen Browser nur 8-Bit-Grafikformate wie JPEG und PNG anzeigen können.

Tools für faszinierende HDR-Fotos

Ihre OM-D E-M10 Mark IV bietet eine Möglichkeit, mit hohen Kontrasten umzugehen, nämlich die HDR-Funktion. Dabei wird ein Verfahren eingesetzt, mit dem mehrere Bilder zu einem dynamikoptimierten Foto, einem sogenannten *High-Dynamic-Range-Bild*, zusammengerechnet werden.

Softwaretechnisch ist es ebenfalls möglich, mehrere Bilder per Bildbearbeitung zu einem optimierten Bild zusammenzurechnen. Dies ist aber zum Teil mit erheblichem Aufwand verbunden.

Diese zeitintensive Bearbeitung kann Ihnen die OM-D E-M10 Mark IV in einem gewissen Rahmen abnehmen. Mit der HDR-Funktion erhalten Sie praktisch direkt nach der Aufnahme ein aus vier Bildern zusammengerechnetes Bild. Dafür werden automatisch sofort hintereinander die Bilder mit unterschiedlicher Belichtung aufgenommen. Beachten Sie, dass die OM-D E-M10 Mark IV zu der zusammengerechneten Aufnahme nicht noch zusätzlich die Aufnahme mit den unveränderten Belichtungswerten speichert.

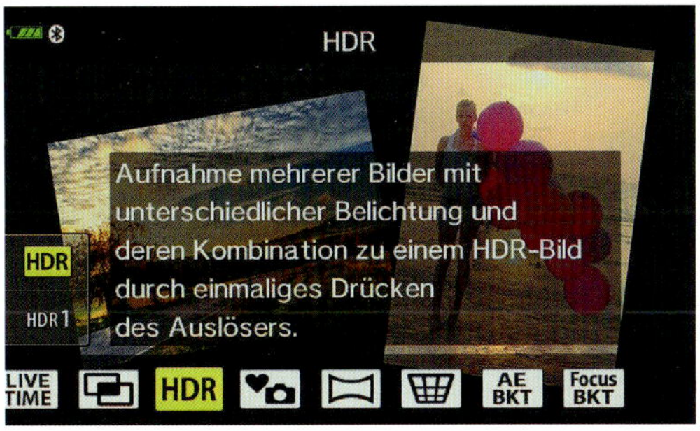

Abbildung 3.39: Zum Menü für die Auswahl der HDR-Funktionen gelangen Sie über das Programm AP.

Zur Wahl der HDR-Option gelangen Sie nach Wahl des Programms *AP*. Ihnen stehen hier zwei Optionen zur Verfügung. Die HDR-Funktion *HDR1* versucht den Kontrastumfang des Motivs zu ermitteln und wählt dann selbstständig den Belichtungsabstand der Aufnahmen. Die OM-D E-M10 Mark IV errechnet im Anschluss eine optimierte Aufnahme. Hier wird der ISO-Wert auf ISO 200 festgesetzt und ist nicht änderbar. Das Gleiche gilt für *HDR2*. Hier werden aber größere EV-Abstände als bei *HDR1* verwendet, was diese Funktion für sehr kontrastreiche Motive empfehlenswert macht.

Auch der Direktzugriff über eine entsprechend programmierte Funktionstaste ist natürlich möglich. Damit wird zwischen der im Menü gewählten HDR-Funktion und *HDR Aus* gewechselt. Das Symbol *HDR* wird auf dem Monitor beziehungsweise im Sucher eingeblendet, wenn eine HDR-Funktion eingestellt wurde. Wichtig ist, dass Sie die Kamera während der Aufnahme sehr ruhig halten beziehungsweise auf ein Stativ montieren. Kommt es nämlich zu Verwacklungen, verwendet die OM-D E-M10 Mark IV nur die nichtverwackelten beziehungsweise die erste(n) Aufnahme(n) für die Berechnung des finalen Bildes.

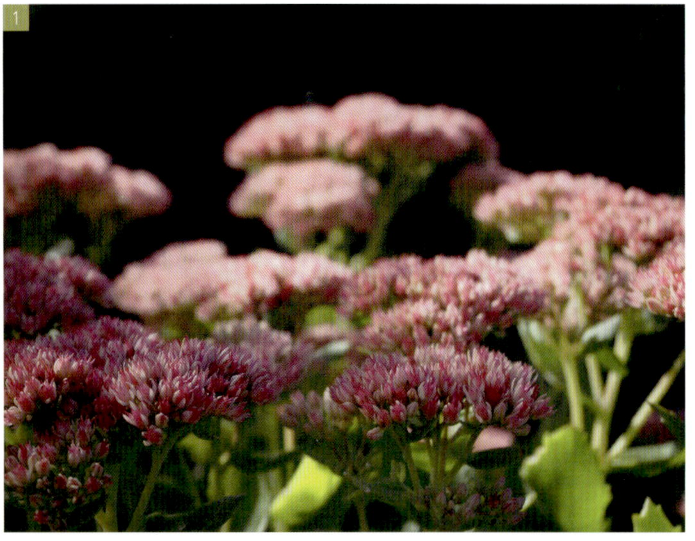

42 mm | f5,6 | 1/400 s | ISO 200

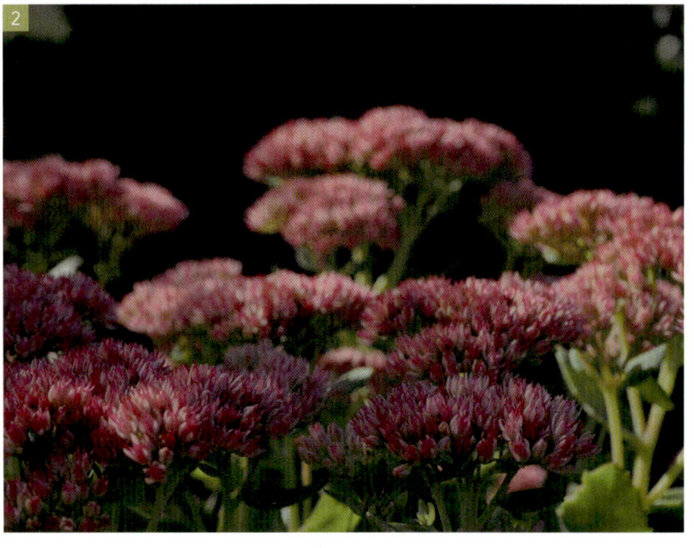

42 mm | f8 | 1/160 s | ISO 200

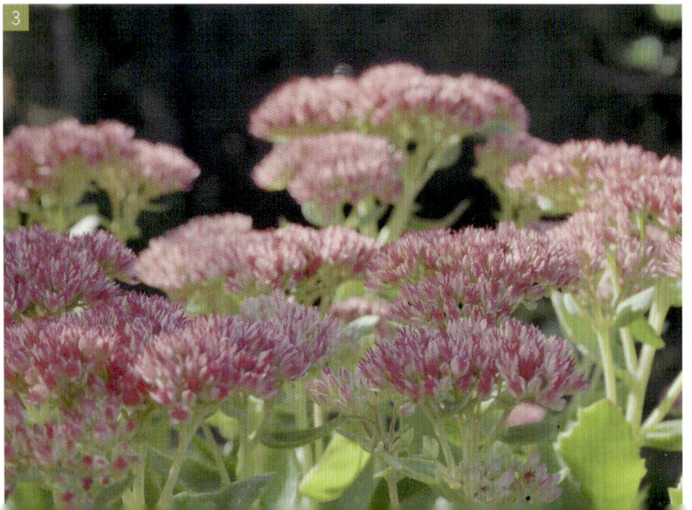

42 mm | f8 | 1/160 s | ISO 200

Abbildung 3.40: Bild 1 wurde ohne HDR-Funktion, Bild 2 mit HDR1 und Bild 3 mit HDR2 aufgenommen.

Die HDR-Funktion kann ihre Stärken bei hohen Kontrasten ausspielen. Handelt es sich um ein Motiv mit geringem Kontrastumfang, macht es weniger Sinn, diese Funktionen zu verwenden. Allerdings ist sie auch kein Allheilmittel. Falsch eingesetzt, erhalten Sie langweilige kontrastlose Bilder – wo hier die Grenze verläuft, ist aber sicherlich Geschmackssache.

Im RAW-Modus ist die Funktion ebenfalls verfügbar. Die OM-D E-M10 Mark IV schaltet dann auf den Modus *RAW + JPEG* um. Das RAW-Bild ist dabei unbearbeitet und wird mit der von der Kamera ermittelten Belichtung aufgenommen. Nicht verwenden können Sie die HDR-Funktion bei Blitzeinsatz, Belichtungsreihen, Mehrfachaufnahmen und Intervallaufnahmen. Der Bildmodus wird auf *Neutral* und der Farbraum auf *sRGB* eingestellt.

3.7 Mehrfachbelichtungen mit Live Composite

Die Funktion *Live Composite* der OM-D E-M10 Mark IV unterstützt Sie vor allem bei Nachtaufnahmen. Hier werden mehrere Aufnahmen hintereinander erstellt und nach jeder Aufnahme zusammengerechnet. Dabei werden nur Elemente, die vorher dunkler waren, zum Ausgangsbild dazugerechnet. So kommt es in den bereits hellen Bereichen des Ausgangsbildes weniger schnell zu Überstrahlungen. Diese Wandlung, wenn beispielsweise langsam die Sterne am Himmel auf dem Foto sichtbar werden, können Sie direkt auf dem Monitor mitverfolgen. Sind Sie mit dem Ergebnis zufrieden, dann stoppen Sie einfach die Aufnahme. Sternspuraufnahmen oder Feuerwerke ohne überstrahlten Vordergrund werden so extrem vereinfacht.

Natürlich ist dafür ein stabiles Dreibeinstativ notwendig. Darüber hinaus ist dazu auch die Verwendung eines Fernauslösers oder die Kopplung per Smartphone (mit der App OI.Share) zum Auslösen sinnvoll, um Verwacklungen bei den Aufnahmen durch das Drücken des Auslösers an der OM-D E-M10 Mark IV zu vermeiden. Der Bildstabilisator wird automatisch deaktiviert.

Live Composite für Einsteiger

Im Programm *AP* macht es Ihnen Olympus leicht, Live-Composite-Aufnahmen anzufertigen. Wählen Sie hier die Option *LIVECOMP*. Drücken Sie den Auslöser halb herunter, um scharfzustellen, bzw. verwenden Sie hierzu die Fernbedienung oder die Smartphone-App. Haben Sie auf das Motiv scharfgestellt, lösen Sie aus. Die Kamera löst nun permanent aus. Sie können mitverfolgen, wie sich das Bild verändert. Um die Aufnahme zu beenden, lösen Sie erneut aus.

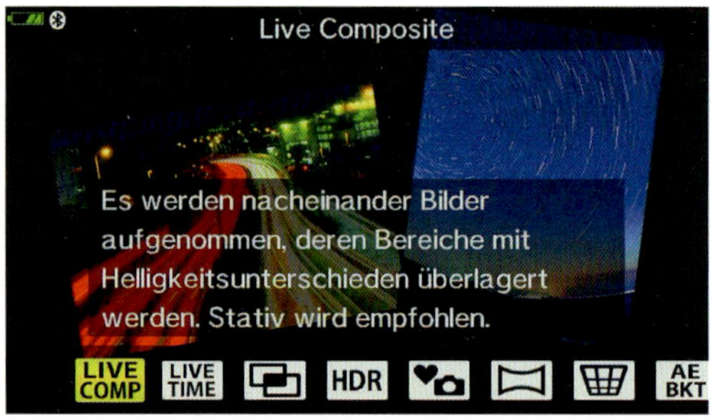

Abbildung 3.41: Die Live-Composite-Funktion für Einsteiger finden Sie im Programm AP.

Live Composite für Fortgeschrittene

Mehr Möglichkeiten haben Sie im manuellen Modus *M*. Stellen Sie zunächst die Grundbelichtung ein. Wählen Sie also Blende, Belichtungszeit (mindestens ½s, maximal 60s) und einen möglichst kleinen ISO-Wert aus. Merken Sie sich die Belichtungszeit. Auch den Schärfepunkt stellen Sie am besten manuell ein, da der Autofokus nachts leicht an seine Grenzen stößt. Nun wählen Sie mit dem hinteren Einstellrad die Option *LIVECOMP* (diese erscheint nach *...60", BULB, LIVETIME*). Das Einstellen der Belichtungszeit ist jetzt nur noch nach Drücken der Taste *MENU* möglich. Stellen Sie hier den Wert ein, den Sie sich zuvor gemerkt haben. Die Blende können Sie weiterhin über das vordere Einstellrad verändern.

Da die Kamera noch ein Referenzbild benötigt, lösen Sie als Vorbereitung einmal aus. Dieses Dunkelbild geht mit in die spätere Berechnung des finalen zusammengesetzten Bildes ein und soll das Rauschen reduzieren (*Dark-Frame-Subtraktion*).

Nun ist alles vorbereitet und Sie können mit der Aufnahme beginnen und auslösen. Nach jeder Aufnahme wird das Bild neu berechnet und entsprechend angezeigt. Sobald Sie zufrieden sind, drücken Sie den Auslöser nochmals, um den Vorgang zu beenden.

Maximal sind so Aufnahmen bis zu drei Stunden möglich, was allerdings nicht zuletzt auch abhängig von der Akkuladung und den Aufnahmebedingungen ist.

Die ISO-Werte können nur im Bereich von *LOW* bis ISO 1600 gewählt werden. Darüber wäre das Rauschen bei derart langen Aufnahmezeiten einfach zu stark.

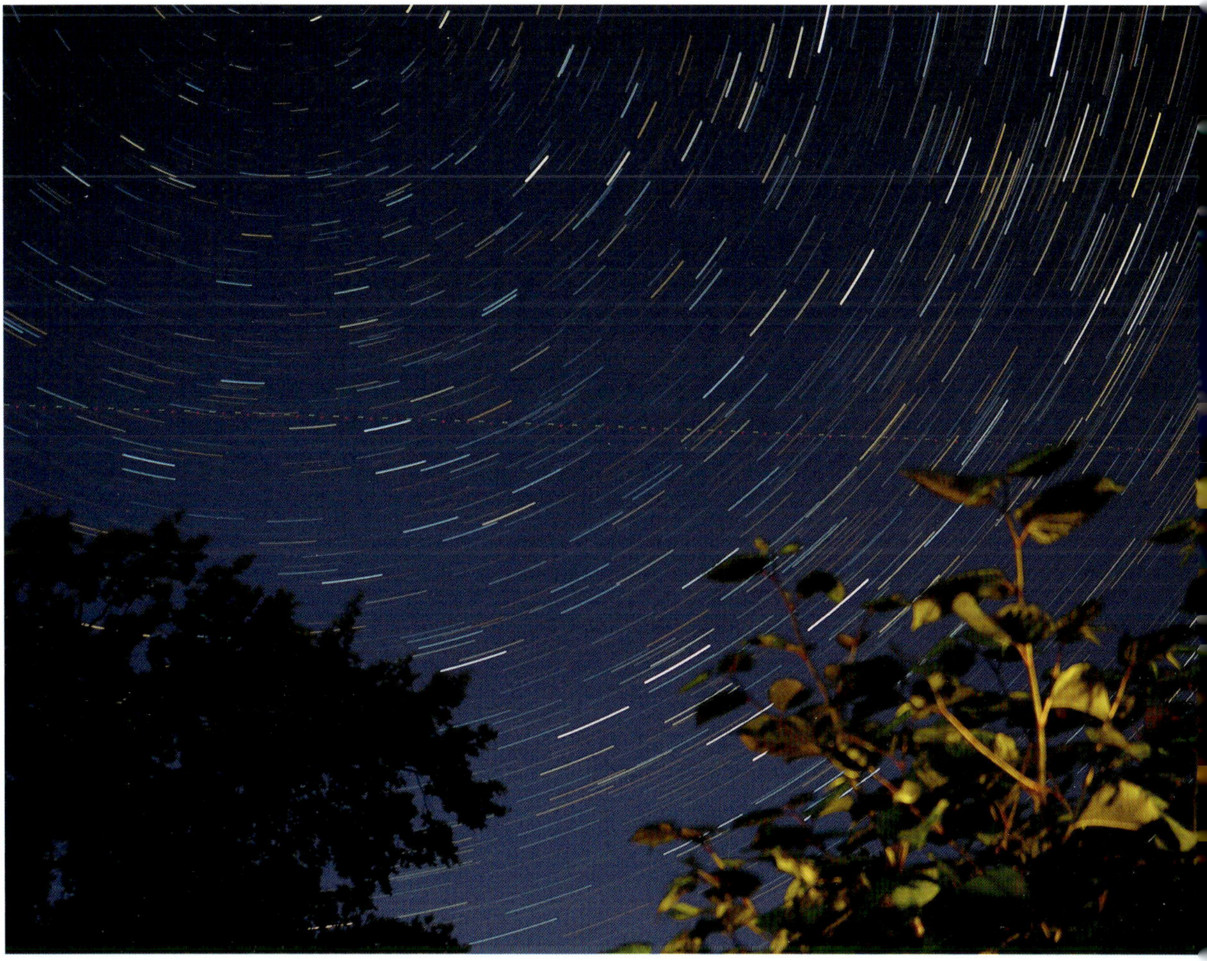

Abbildung 3.42: Per LIVECOMP zusammengesetztes Bild aus 100 Einzelaufnahmen
21 mm | f2,8 | 13 s | ISO 1000

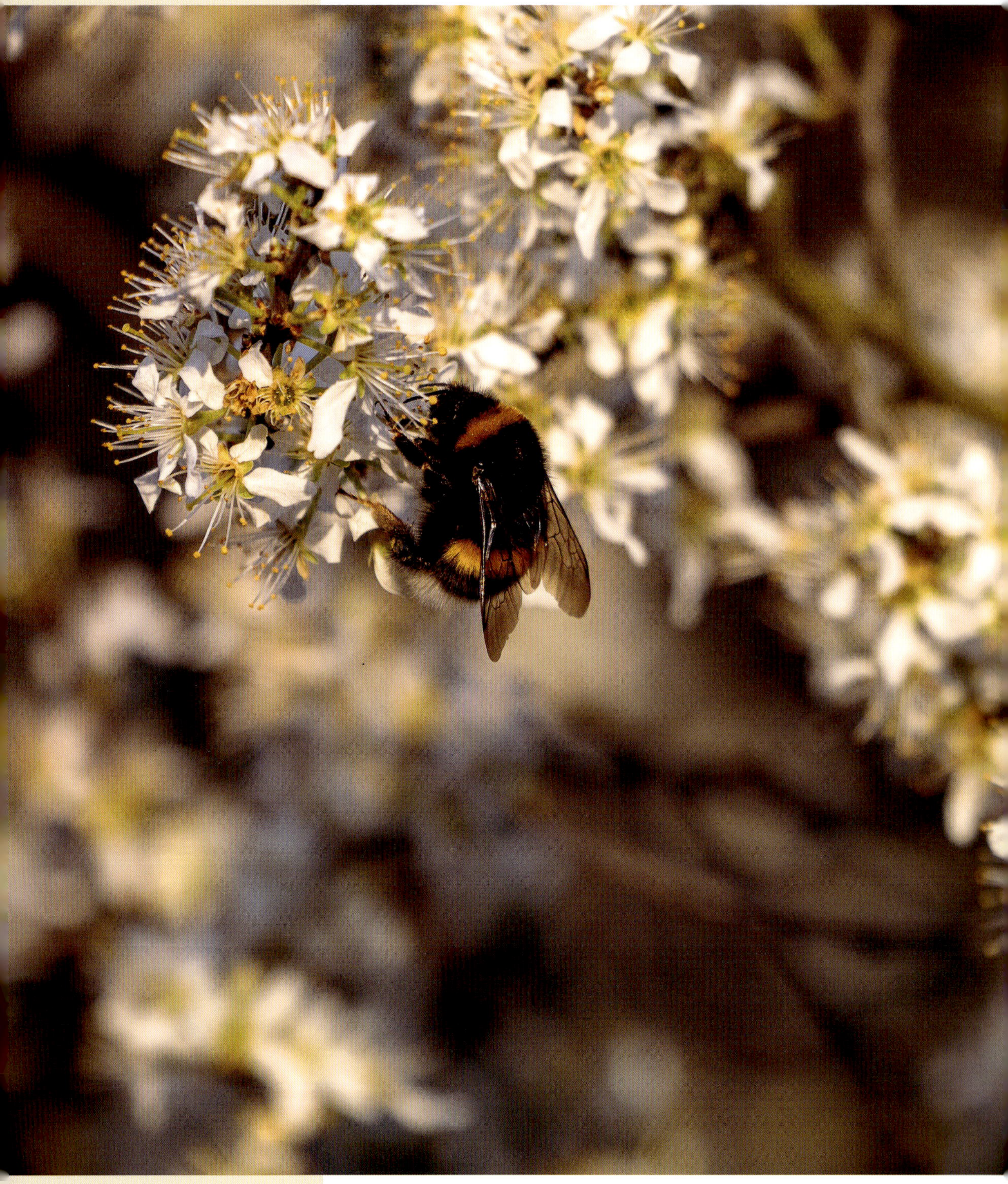

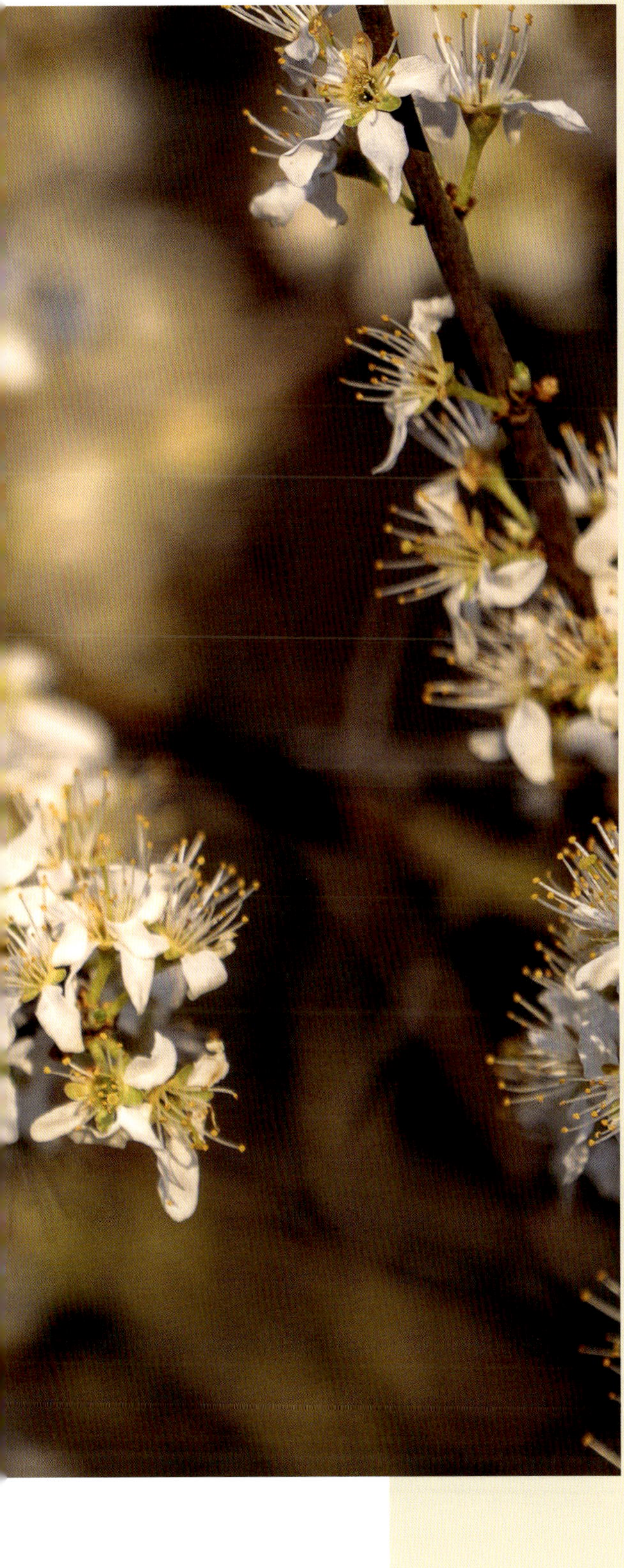

4

Kreative Belichtungsprogramme für bessere Fotos

Dieses Kapitel bringt Ihnen die Automatikmodi und Motivprogramme der OM-D E-M10 Mark IV näher. Außerdem wird erläutert, wie Sie die Belichtungsprogramme P, A, S und M für spezifische kreative Zwecke einsetzen und anspruchsvolle Belichtungssituationen meistern. Die Verwendung von Effektfiltern rundet das Kapitel ab.

300 mm | f5,6 | 1/500 s | ISO 250

4.1 Für viele Situationen: der Automatikmodus

Benötigen Sie eine »Point & Shoot«-Kamera – wollen also nicht lange nachdenken und einfach drauflosknipsen –, können Sie die OM-D E-M10 Mark IV im Vollautomatikmodus *AUTO* nutzen. Gerade für Einsteiger ist diese Möglichkeit interessant, da man sich hier keine Gedanken über Kameraeinstellungen machen muss. Kommt es nicht auf eine gezielte Beeinflussung beispielsweise von Blende oder Belichtungszeit an und werden vorrangig Schnappschüsse eingefangen, können Sie hier durchaus brauchbare Ergebnisse erzielen. Auch wenn Sie Ihre Kamera zum Beispiel einmal an Kinder weitergeben, kann dieser Modus nützlich sein. Gelangen diese dann zufällig an einen der Einstellknöpfe, können sie hier nichts verstellen, gleichzeitig aber ihre ersten Schritte mit einer Kamera machen, ohne dabei die gesamte Technik verinnerlicht zu haben. Das Ergebnis wird sicherlich der eine oder andere lustige Schnappschuss sein.

Die Vollautomatik (AUTO)

Die Kamera versucht im Modus *AUTO* eine der Szenen, die sie abgespeichert hat, zu erkennen. Gelingt dies, dann nimmt sie automatisch die entsprechenden Einstellungen für die ermittelte Szene vor. Die erkannte Szene wird Ihnen im Sucher beziehungsweise auf dem Monitor unten links anstelle des Programmsymbols angezeigt.

Im Vollautomatikmodus sind die Einstellungsmöglichkeiten recht stark eingeschränkt. Den ISO-Wert können Sie zum Beispiel nicht verändern. Die Vollautomatik verwendet standardmäßig die Einstellung *ISO Auto*. Die Bildqualität, die Bildfolge- und verschiedene Blitzmodi können Sie hingegen noch einrichten.

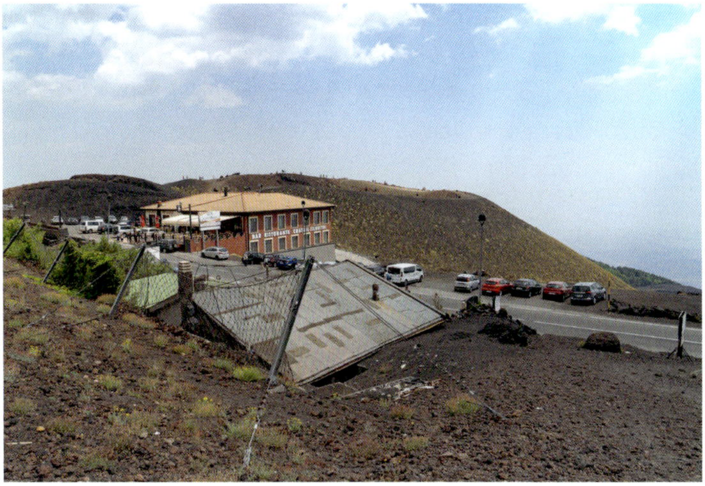

Abbildung 4.1: Viele Schnappschüsse gelingen auch mit der Vollautomatik zufriedenstellend. 16 mm | f8 | 1/200 s | ISO 100

Drücken Sie im *AUTO*-Modus die Kurzwahl-Taste, werden Ihnen am rechten Rand des Monitors Registerkarten angezeigt. Hier stehen Ihnen einige intuitive Einstellungsmöglichkeiten zur Verfügung, mit denen Sie einen gewissen Einfluss auf das Bildergebnis haben, ohne sich mit Blenden, Verschlusszeiten und Ähnlichem herumschlagen zu müssen. Konkret können Sie hier Farbsättigung 1, Farbtemperatur 2, Helligkeit 3, Schärfentiefe 4 und Belichtungszeit 5 anpassen. Auf der letzten Registerkarte 6 stehen Ihnen Aufnahmetipps zur Verfügung.

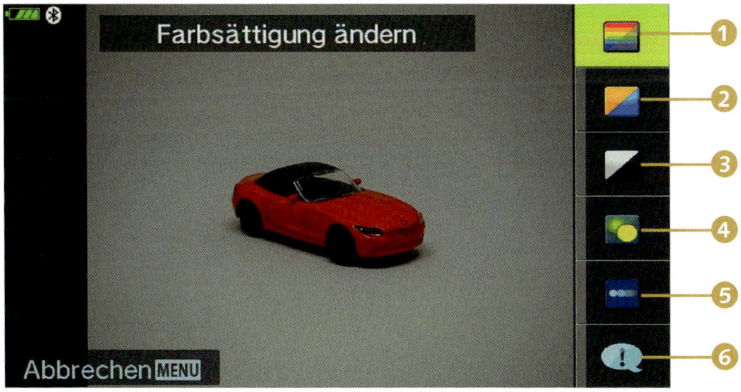

Abbildung 4.2: Drücken Sie im AUTO-Modus die Kurzwahl-Taste, stehen Ihnen weitere Optionen zur Bildbeeinflussung zur Verfügung.

Olympus nennt diese Bearbeitungsmöglichkeiten *Live Guide*. Wurde eine Live Guide auf die gewünschte Funktion eingestellt, dann erscheint ein Häkchen hinter dem Symbol. Bestätigen Sie die Wahl mit der Taste *OK*. Über den Regler an der rechten Seite können Sie nun die entsprechende Einstellung entweder mit den Tasten ▼▲ oder dem hinteren Einstellrad erhöhen oder verringern. Drücken die *OK*-Taste, um die Einstellung zu speichern.

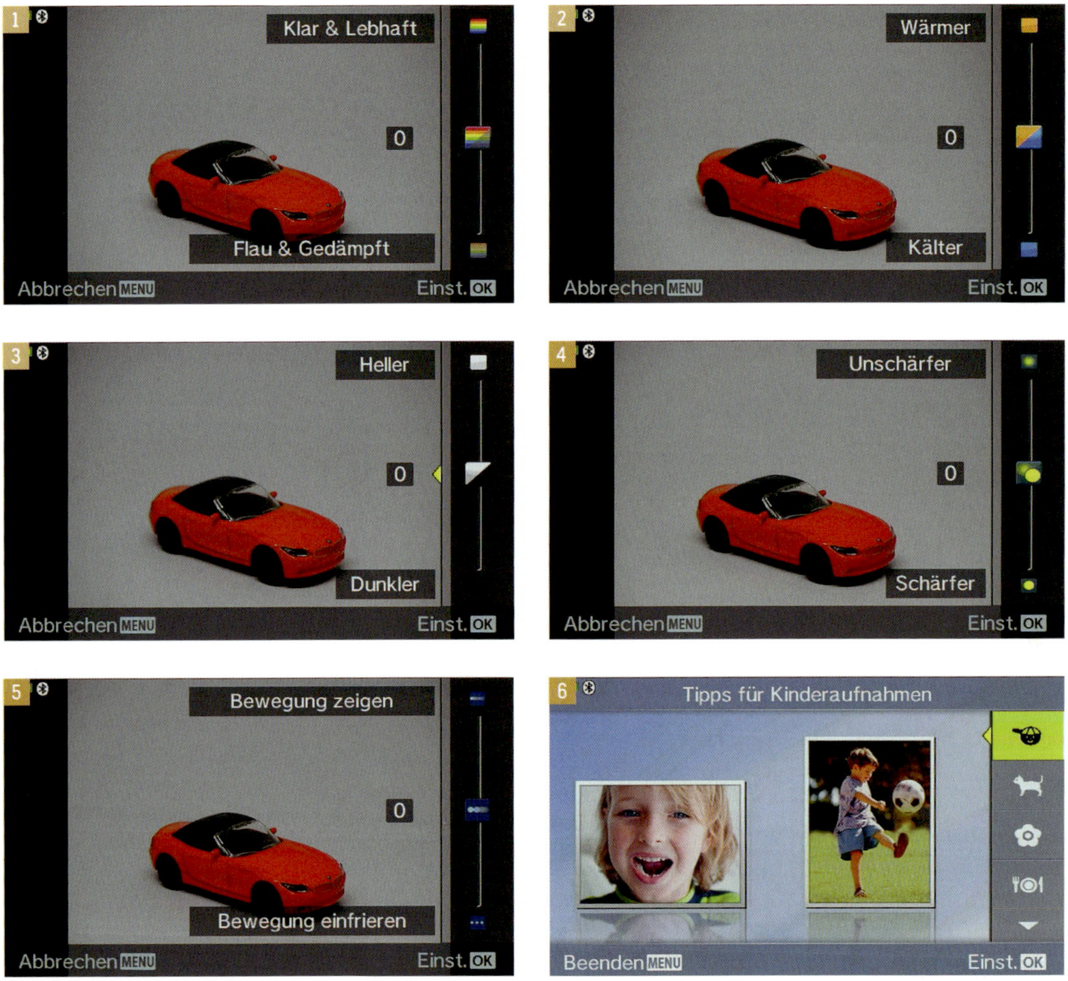

Abbildung 4.3: Über die Einstellungen im Bereich Live Guide passen Sie Farbsättigung ❶, Farbtemperatur ❷, Helligkeit ❸, Schärfentiefe ❹ und Belichtungszeit ❺ schon vor der Aufnahme an. Auf der letzten Registerkarte ❻ erhalten Sie Tipps, um Ihre Motive besser in Szene zu setzen.

4.2 Mit den Motivprogrammen schnell zu besseren Fotos

Die OM-D E-M10 Mark IV stellt Ihnen eine Reihe unterstützender Voll- und Halbautomatiken zur Verfügung, um Ihrer Kreativität freien Raum zu lassen. So gelingen zum Beispiel ohne mühsames Einstellen überzeugende Porträts im Motivprogramm *Porträt*. Wenn Sie im Laufe der Zeit etwas Erfahrung mit Ihrer OM-D E-M10 Mark IV gesammelt haben, können Sie sich an die Programme *P*, *A*, *S* und *M* wagen. Hier wird Ihr Einfluss auf das Bildergebnis weitaus größer und lässt sich so ganz individuell an Ihren Geschmack anpassen.

Die OM-D E-M10 Mark IV wartet mit einer großen Auswahl an Motivprogrammen auf, mit denen Sie häufiger vorkommende Situationen vollautomatisch aufnehmen können. Dabei stehen Ihnen die sechs Kategorien *Personen*, *Nachtlandschaften*, *Bewegung*, *Landschaft*, *Indoor-Aufnahmen* und *Nahaufnahmen* zur Verfügung. In den einzelnen Kategorien finden Sie eine Reihe von spezialisierten Motivprogrammen.

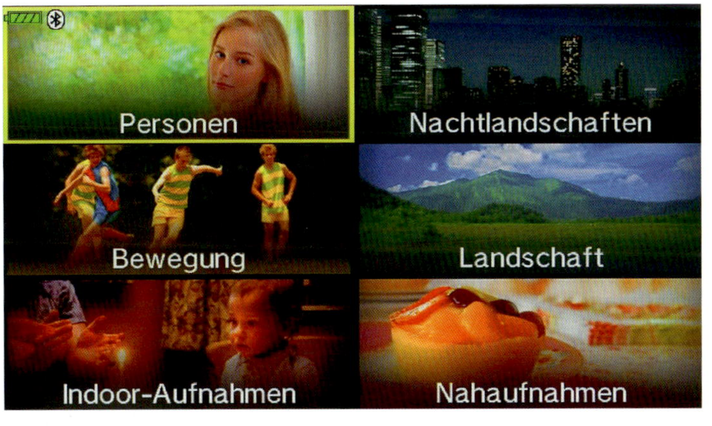

Abbildung 4.4: Die Motivprogramme (SCN) sind in Kategorien unterteilt. Die einzelnen Kategorien enthalten weitere Verfeinerungen, so finden Sie z. B. in der Kategorie Personen ein spezielles Programm für Kinderaufnahmen (Kinder).

Auf die folgenden Motivprogramme können Sie dabei zurückgreifen: *Porträt*, *e-Porträt*, *Landschaft/Porträt*, *Nacht+Porträt*, *Kinder*, *Nachtaufnahme*, *Freihand Sternenlicht*, *Feuerwerk*, *Lichtspuren*, *Sport*, *Schwenken*, *Landschaft*, *Sonnenuntergang*, *Sand+Schnee*, *Panorama*, *Gegenlicht HDR*, *Kerzenlicht*, *Lautlos*, *Makro*, *Natur-Makro*, *Dokumente*, *Multi-Fokus-Aufnahme*.

Die Kamera wird in diesen Programmen anhand von Erfahrungswerten voreingestellt. Beeinflusst wird dabei die Wahl der Zeit-Blenden-Kombination, des Autofokus, des ISO-Bereichs und weiterer Parameter. Die Wahl der Bildqualität bleibt weiterhin Ihnen als Fotograf überlassen. Haben Sie als Bildqualität *RAW* eingestellt, dann speichert die Kamera die Bilder im *RAW- und im JPEG*-Format ab. Zudem können Sie in den einzelnen Programmen (mit einigen Einschränkungen) die Bildfolge ändern. Wenn Sie also zum Beispiel anstelle der Einzelbildaufnahme den Modus *Sequentiell* (Serienbildaufnahme) verwenden wollen, ist das kein Problem. So sind die Motivprogramme durchaus auch von erfahrenen Fotografen sinnvoll einsetzbar. Haben Sie hier Veränderungen vorgenommen, werden diese gespeichert und stehen Ihnen nach der Wahl eines anderen Programms weiterhin zur Verfügung. Wichtige Parameter wie die Belichtungszeit und Blende können nicht direkt verändert werden.

Stellen Sie die Programmwählscheibe auf *SCN*, um eine Motivkategorie auszuwählen. Mit den Tasten ▼▲◀ ▶ nehmen Sie die Auswahl vor und drücken die *OK*-Taste. Mit den Tasten ◀ ▶ wählen Sie das gewünschte Motivprogramm aus. Zum Abschluss drücken Sie die *OK*-Taste.

Um das Motivprogramm zu ändern, drücken Sie die Kurzwahl-Taste und wählen das gewünschte Programm aus.

Motivprogramm schnell wählen

Ist *SCN* auf der Programmwählscheibe eingestellt, dann können Sie nach Drücken der der Kurzwahl-Taste mit dem vorderen und hinteren Einstellrad die unterschiedlichen Motivkategorien schnell anwählen.

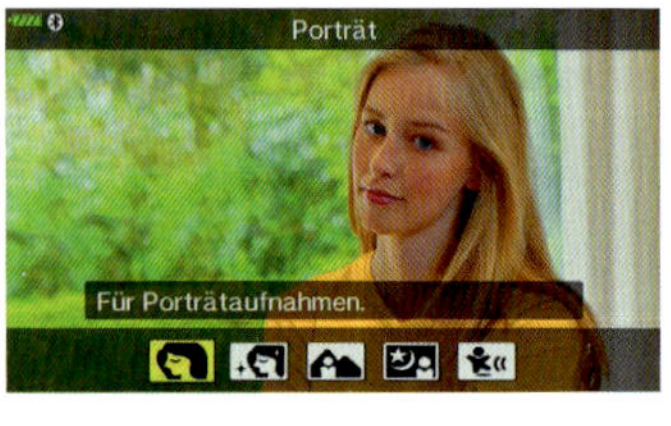

Abbildung 4.5: Die SCN-Kategorie »Personen« enthält eine Auswahl an Porträt-Programmen.

SCN-Kategorie Personen

In der SCN-Kategorie *Personen* stehen Ihnen folgende Programme zur Verfügung: *Porträt*, *e-Porträt*, *Landschaft/Porträt*, *Nacht+Porträt* und *Kinder*.

Das SCN-Programm Porträt

Das *SCN*-Programm *Porträt* versucht die Blendeneinstellung speziell für Porträts optimal vorzunehmen. Bei Porträts ist meist eine möglichst geringe Schärfentiefe gewünscht, die aber das gesamte Gesicht und nicht nur die Augen erfassen sollte. Der Hintergrund verschwimmt in Unschärfe und die porträtierte Person wird optisch freigestellt. Dazu öffnet die OM-D E-M10 Mark IV die Blende in den meisten Fällen komplett. Es bietet sich an, im Telebereich zu arbeiten, wenn der Hintergrund möglichst unscharf erscheinen soll. Ein Objektiv mit einem Brennweitenbereich von 50 bis 135 mm ist dafür gut geeignet.

Wenn die Helligkeit zu groß ist, schließt die OM-D E-M10 Mark IV die Blende weiter, um eine korrekte Belichtung zu garantieren. Die Kamera verwendet *ISO Auto*.

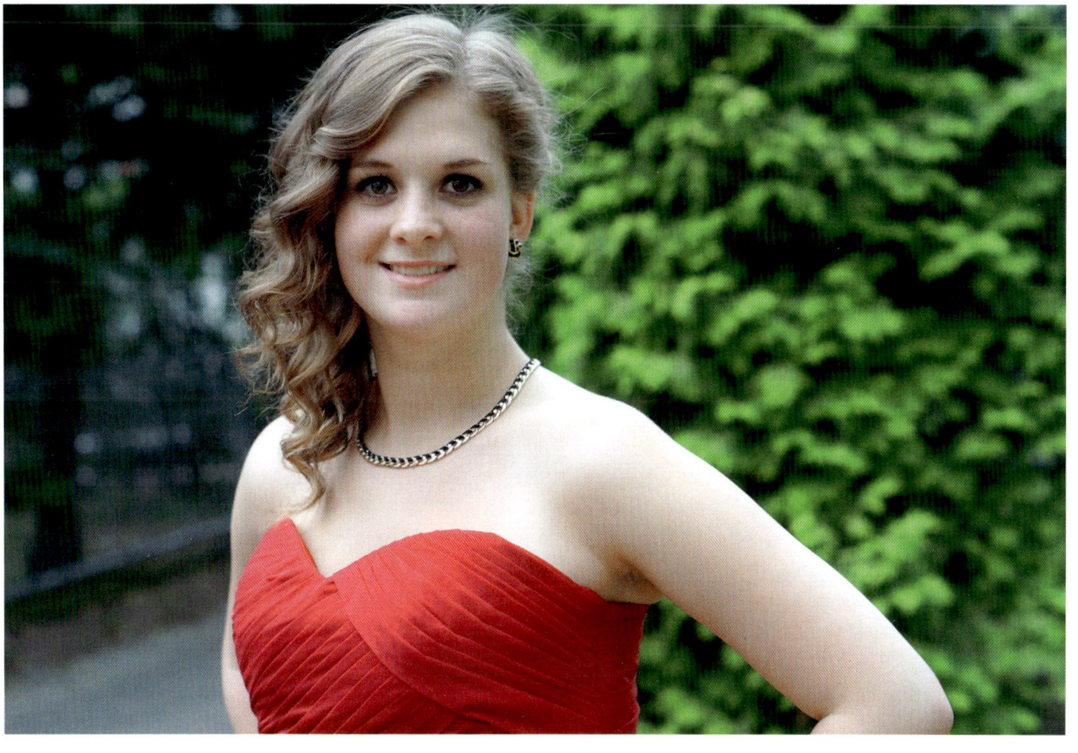

Abbildung 4.6: Im Porträtprogramm wird die Blende so weit geöffnet, dass der Hintergrund unscharf dargestellt und so der oder die Porträtierte freigestellt wird.
50 mm | f2,8 | 1/45 s | ISO 400

Das Programm reduziert automatisch leicht die Schärfe und liefert dadurch relativ weiche Hauttöne. Die digitale ESP-Messung und der Autofokusmodus *AF-S* sind ebenfalls voreingestellt. Das interne Blitzgerät ist freigegeben. Klappen Sie es hoch, in dem Sie den *ON/OFF*-Hebel kurz auf die Position ⚡ *UP* drücken. Sie können das Blitzlicht permanent zuschalten, um zum Beispiel Spitzlichter in die Augen des oder der Porträtierten zu zaubern. (Mehr dazu erfahren Sie im Kapitel 9, »Menschen fotografieren«, ab Seite 249.)

Das SCN-Programm e-Porträt

Das Programm *e-Porträt* arbeitet ähnlich wie das Programm *Porträt*. Hier werden aber zwei Aufnahmen angefertigt. Eine davon wird per Software in Haar- und Gesichtspartien weichgezeichnet. Die Augen bleiben davon unberührt. Diese möchte man im Allgemeinen auch scharf sehen, während zum Beispiel Hautunreinheiten gern zum Vorteil des Motivs kaschiert werden. Die zweite Aufnahme bleibt von dieser zusätzlichen Bearbeitung unberührt. Planen Sie hier mehr Zeit für die Porträts ein, da die Bearbeitung in der Kamera etwas Zeit in Anspruch nimmt. Konnte kein Gesicht von der Gesichtserkennung erkannt werden, dann gibt die OM-D E-M10 Mark IV eine entsprechende Fehlermeldung aus. Am Ende der Aufnahme und der Berechnung des finalen Bildes erhalten Sie zum Vergleich eine Gegenüberstellung des Bildes ohne Effekt und mit Bearbeitung.

War vor der Verwendung des Motivprogramms der Speichermodus *RAW* eingestellt, schaltet die OM-D E-M10 Mark IV nun auf den Modus *LN+RAW* um.

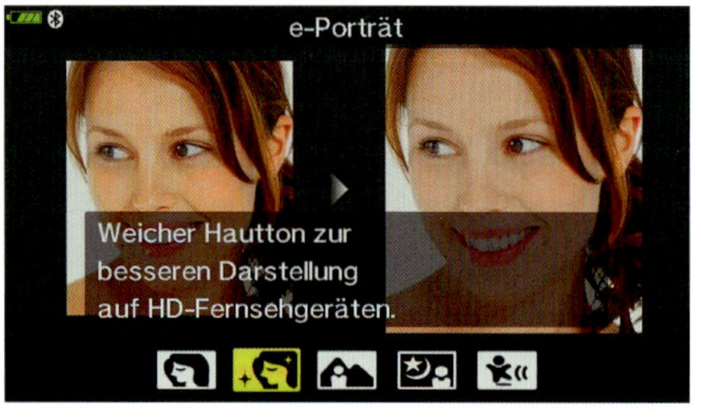

Abbildung 4.7: Im Motivprogramm »e-Porträt« versucht sich die OM-D E-M10 Mark IV an der softwareseitigen Bearbeitung Ihrer Porträtaufnahmen.

Das SCN-Programm Landschaft/Porträt

Das *SCN*-Programm *Land./Porträt* kombiniert die Programme *Porträt* und *Landschaft*. Hier wird aber noch stärker als im Programm *Landschaft* abgeblendet, um zum Beispiel auch Personen im Vordergrund mit der Hintergrundlandschaft scharf auf das Bild zu bekommen. Die Kamera analysiert hier die Situation vor der Kamera und versucht den notwendigen Schärfentiefebereich von im Vordergrund befindlichen Personen bis zum Hintergrund einzustellen. Damit eignet es sich sicher auch für Architekturfotografie mit Menschen oder weiteren Bauwerken im Vordergrund.

Das SCN-Programm Nacht+Porträt

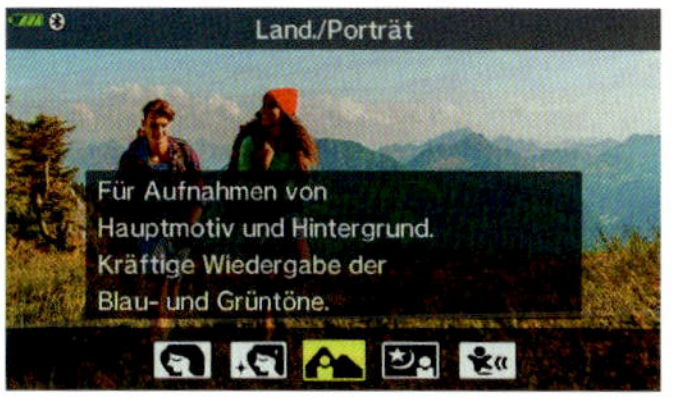

Abbildung 4.8: Möchten Sie Personen im Vordergrund und den Hintergrund scharf festhalten, dann verwenden Sie das Motivprogramm »Land./Porträt«.

Das *SCN*-Programm *Nacht+Porträt* wurde speziell dafür entwickelt, Personen nachts unter Einbeziehung des Umfelds zu fotografieren. Im Normalfall würde die Kamera in einer solchen Situation den Blitz zünden und die Belichtungszeit auf mindestens 1/30s stellen. Damit würde der Hintergrund aber zu dunkel erscheinen.

Um nun den Hintergrund mit einzubeziehen und korrekt zu belichten, schaltet die Kamera in diesem Programm auf Langzeitblitzsynchronisation um. Das heißt, nach dem Blitzen bleibt die Blende weiter geöffnet und bringt das Restlicht mit auf die Abbildung. Da hier Belichtungszeiten von mehreren Sekunden erreicht werden können, sollte sich das Motiv möglichst nicht bewegen, um keine Unschärfe ins Bild zu bringen. Es bietet sich deshalb auch ein Stativ an, damit die Kamera nicht wackeln kann.

Der Blitz sollte in diesem Programm immer hochgeklappt sein. Das Abschalten des Blitzes kann unter Umständen sinnvoll sein, wenn sich im Vordergrund oder in Reichweite des Blitzes kein Motiv befindet. Die Belichtung wird auch hier um 0,3 EV reduziert. Der ISO-Wert ist auf ISO 200 fixiert.

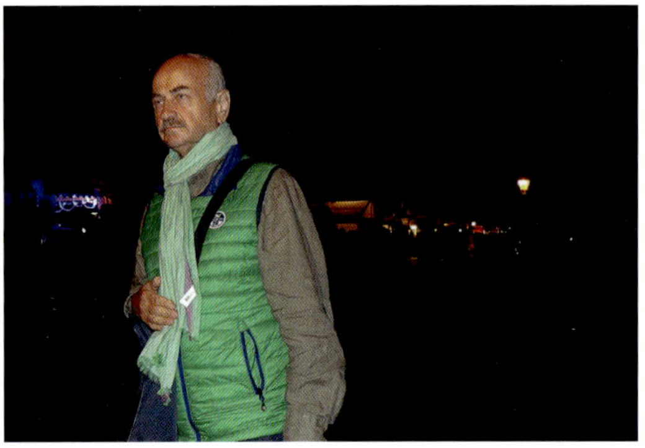

Abbildung 4.9: Hier wurde im Blendenvorwahl-Modus s geblitzt. Das Gesicht ist richtig belichtet, aber der Hintergrund erscheint zu dunkel. Soll der Hintergrund ebenfalls gut zu sehen sein, wählen Sie das Nachtporträtprogramm.
24 mm | f3,2 | 1/60 s | ISO 500

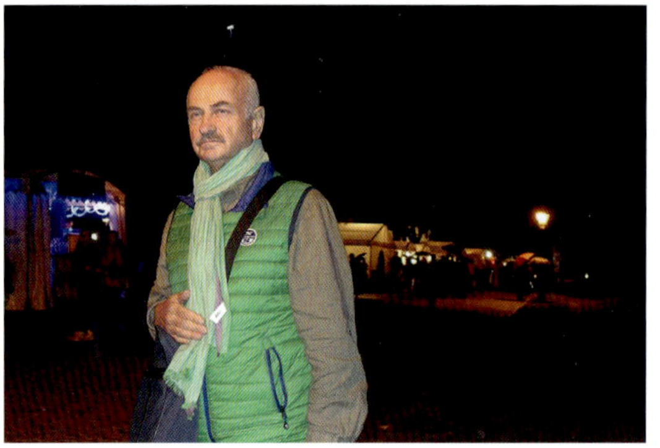

Abbildung 4.10: Dieses Bild wurde im SCN-Programm »Nacht+Porträt« aufgenommen. Das Restlicht des Hintergrunds wurde mit eingefangen.
24 mm | f1,8 | 1/20 s | ISO 200

Im Dunkeln gelangt der Autofokus an seine Grenzen und die *AF-LED* kann den Autofokus nur bis zu wenigen Metern Entfernung unterstützen. Es bietet sich daher an, Nachtaufnahmen manuell scharfzustellen. Es ist auch möglich, eine in der Nähe des Motivs befindliche Lichtquelle anzumessen, den Fokus zu speichern und die Kamera entsprechend zum eigentlichen Motiv zurückzuschwenken. In diesem Fall muss die Belichtungsmessung aber dann am eigentlichen Motiv durchgeführt werden. Schwierig ist die Situation auch meist für die Belichtungsmessung, wenn zum Beispiel vereinzelt helle Lichter im ansonsten dunklen Motiv auftreten. Der Dynamikumfang, also der Bereich zwischen dem dunkelsten und dem hellsten darstellbaren Helligkeitswert, ist für eine Kamera in solchen Fällen schwer abzubilden. Verwenden Sie dann zusätzlich das RAW-Format, um ein Maximum an Möglichkeiten bei der späteren Bildbearbeitung zur Verfügung zu haben.

Das SCN-Programm Kinder

Kinder zu fotografieren, ist sicher eine besondere Herausforderung. Das *SCN*-Programm *Kinder* [Symbol] möchte Sie dabei unterstützen. Vor allem wenn es einmal schnell gehen muss und Sie keine Zeit haben, besondere Einstellungen vorzunehmen, sollten Sie doch einmal dieses Programm ausprobieren.

Die OM-D E-M10 Mark IV wechselt in den Autofokusmodus *S-AF*, was nicht so optimal ist. Meist halten besonders die Kleinen nicht gerne still und sind permanent in Bewegung, wenn es ums Fotografieren geht. Die Gesichtserkennung ist aktiv. Es empfiehlt sich die Funktion *Serienaufnahme* mit der Option *Sequentiell L* einzuschalten. Halten Sie dann bei der Aufnahme den Auslöser gedrückt, um später über eine gute Auswahl an schönen Fotos zu verfügen. Wird das Umgebungslicht knapp, schaltet die OM-D E-M10 Mark IV den hochgeklappten internen Blitz dazu. Achten Sie in diesem Fall auf genügend Abstand zum Kind. Direktes Blitzen in die Augen von Nahem sollten Sie unbedingt vermeiden, um keine Schäden an den Augen zu riskieren.

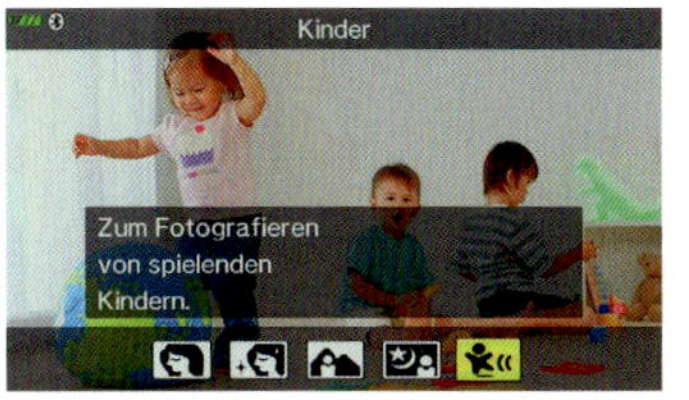

Abbildung 4.11: Spielende Kinder nehmen Sie am besten mit dem SCN-Programm »Kinder« auf.

SCN-Kategorie Nachtlandschaften

Im der *SCN*-Kategorie *Nachtlandschaften* stehen Ihnen folgende Programme zur Verfügung: *Nachtaufnahme*, *Nacht+Porträt*, *Freihand Sternenlicht*, *Feuerwerk*, *Lichtspuren*.

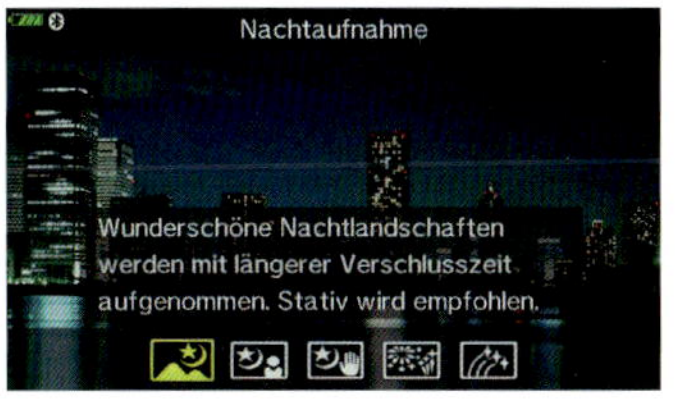

Abbildung 4.12: Für Fotografie am Abend und in der Nacht hält die Kategorie »Nachtaufnahmen« interessante Programme bereit.

Das SCN-Programm Nachtaufnahme

Wenn Sie im *SCN*-Programm *Nachtaufnahme* fotografieren, verwenden Sie am besten ein stabiles Dreibeinstativ. Denn die Kamera wählt in den meisten Fällen eine längere Belichtungszeit, um auch das dunkle Umfeld um das Hauptobjekt herum detailreich einfangen zu können. Der interne Blitz ist hier deaktiviert, um die Atmosphäre vor Ort zu erhalten. Verwenden Sie den Selbstauslöser oder einen Fernauslöser, damit es nicht zu Verwacklungen durch das Durchdrücken des Auslösers kommt. Die Belichtung wird auch hier um 0,3 EV reduziert. Der ISO-Wert ist auf ISO 200 fixiert, um das Rauschen in Grenzen zu halten.

Wischeffekte

Achten Sie darauf, dass keine Personen oder Fahrzeuge vor der Kamera durch das Bild laufen, weil es dadurch zu unerwünschten Wischeffekten kommen kann. Andererseits können Lichtspuren, die zum Beispiel durch die Lichter der Autos entstehen, auch sehr interessant sein.

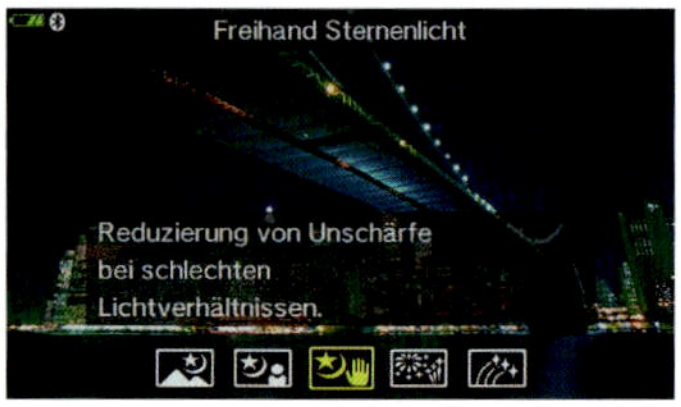

Abbildung 4.13: Das SCN-Programm »Freihand Sternenlicht« unterstützt Sie bei Nachtaufnahmen ohne Stativ.

Das SCN-Programm Freihand Sternenlicht

Nicht immer hat man ein Stativ dabei, obwohl es die Lichtverhältnisse notwendig machen würden. Dazu haben sich die Ingenieure von Olympus eine weitere Funktion einfallen lassen: Im *SCN*-Programm *Freihand Sternenlicht* nimmt die Kamera mehrere Aufnahmen schnell hintereinander auf. Diese werden sofort miteinander verglichen und verarbeitet. Das Ergebnis ist eine optimierte Aufnahme. Rauschen und kleine Verwacklungen werden so zum Teil herausgerechnet beziehungsweise reduziert. Die ISO-Werte können hier bis zu ISO 12.800 betragen. Ab ISO 6400 blinkt der ISO-Wert im Monitor beziehungsweise im Sucher, um vor stärkerem Rauschen zu warnen. Blitzen ist nicht möglich und würde auch keinen Sinn machen, da die Lichtsituation vor Ort sicher verloren gehen würde. Die Bildqualität *RAW* können Sie hier allein nicht wählen. *RAW+JPEG* ist aber möglich. Die Belichtung wird um 0,3 EV reduziert, um die Lichtstimmung zu erhalten.

Das SCN-Programm Feuerwerk

Eine Feuerwerksfigur hält sich etwa 2–5 s am Himmel, bevor sie erlischt. Das *SCN*-Programm *Feuerwerk* ist auf diese sehr kurzlebigen Lichteffekte vor dunklem Himmel abgestimmt. Die Kamera stellt eine Belichtungszeit von 4 s ein und wählt eine mittlere Blende (f11). Sie brauchen hier also auf jeden Fall ein Stativ. Der ISO-Wert wird auf ISO 200 festgelegt. Die Kamera wählt eine Belichtungskorrektur von –1 EV. Rechnen Sie für die Aufnahme mindestens 8 s ein, da nach der eigentlichen Aufnahme noch ein sogenanntes *Dunkelbild* erstellt wird, das zur Rauschreduzierung dient und noch einmal die gleiche Zeit in Anspruch nimmt wie die eigentliche Belichtungszeit. Scharfstellen ist hier per Autofokus nicht möglich. Es wird der manuelle Fokus eingestellt, sodass Sie von Hand scharfstellen müssen.

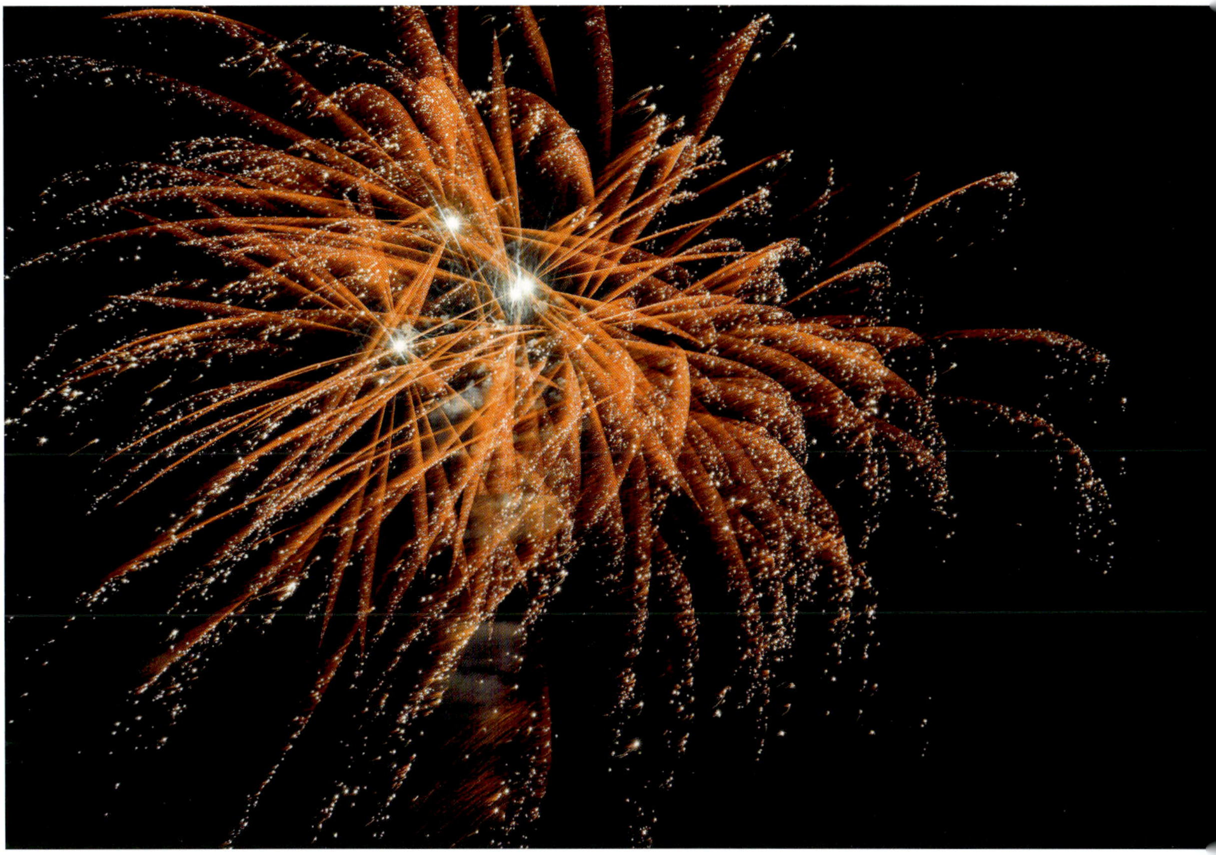

Abbildung 4.14: Mit dem Programm »Feuerwerk« gelingen eindrucksvolle Aufnahmen.
35 mm | f11 | 4 s | ISO 200 | Stativ

Der richtige Zeitpunkt

Schöne Aufnahmen gelingen Ihnen, wenn Sie direkt nach dem Zünden des Feuerwerkskörpers am Himmel den Auslöser drücken.

Das SCN-Programm Lichtspuren

Alles zum Thema Lichtspuren erfahren Sie im Abschnitt »Mehrfachbelichtungen mit Live Composite« ab Seite 119.

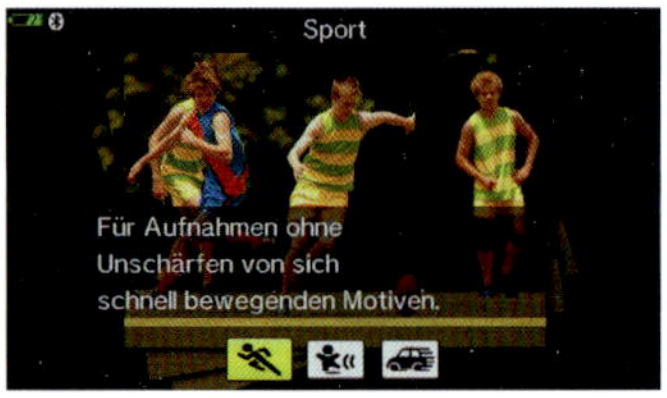

Abbildung 4.15: Für schnelle Bewegungen stehen Ihnen drei Programme zur Verfügung.

SCN-Kategorie Bewegung

In der *SCN*-Kategorie *Bewegung* stehen Ihnen folgende Programme zur Verfügung: *Sport*, *Kinder* und *Schwenken*.

Das SCN-Programm Sport

Das *SCN*-Programm *Sport* ist der Spezialist für sich schnell bewegende Motive. Ein Objekt, das sich schnell bewegt, muss mit einer möglichst geringen Belichtungszeit aufgenommen werden, um scharf dargestellt zu werden. Die Kamera versucht hier minimale Belichtungszeiten zu erreichen und setzt dafür, wenn es nötig wird, hohe ISO-Werte bei der ISO-Automatik sowie weit geöffnete Blenden ein. Der Autofokus arbeitet automatisch im Nachführmodus *C-AF* und verfolgt so bei halb gedrücktem Auslöser das Motiv. Die Belichtungsdaten werden ebenfalls permanent angepasst. Die Serienaufnahmefunktion stellen Sie am besten nach Drücken der Taste ▼ auf *Sequentiell L* oder *Sequentiell H* ein. Bei der Option *Sequentiell L* löst die OM-D E-M10 Mark IV mit ca. fünf Bildern pro Sekunde aus, während Sie den Auslöser durchgedrückt halten. Ist die Bewegung des Motivs zum Beispiel sehr schnell, kann es notwendig werden, auf *Sequentiell H* umzuschalten. Dabei werden von der Kamera bis zu acht Bilder pro Sekunde aufgenommen. Allerdings speichert die OM-D E-M10 Mark IV die Belichtung, den Weißabgleich und den Fokus mit dem ersten Bild. Das Motiv muss sich also in dem zuvor anvisierten Bereich bewegen, um scharf abgebildet werden zu können, und damit die Belichtung stimmt.

Die Belichtungszeit können Sie im Sportprogramm nicht anpassen. Sie sind auf die durch die Kamera berechnete Belichtungszeit festgelegt. Flexibler sind Sie im Verschlusszeitvorwahl-Modus *S* (siehe auch Abschnitt »Der Verschlusszeitvorwahl-Modus *S* für das Spiel mit der Zeit« ab Seite 151). In diesem Modus können Sie die Belichtungszeit frei wählen und so der Situation anpassen. Tritt also im Bild eine ungewollte Bewegungsunschärfe auf, können Sie die Belichtungszeit hier weiter verkürzen. Um dynamische Effekte durch Bewegungsunschärfe zu erzielen, können Sie die Belichtungszeit aber natürlich auch verlängern.

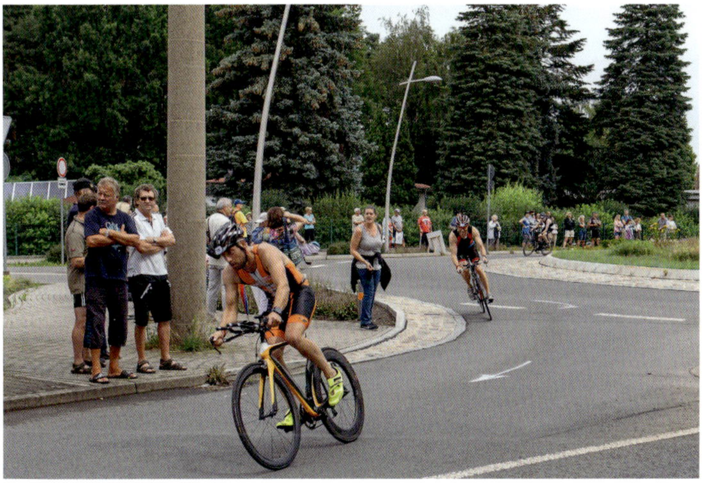

Abbildung 4.16: Im Programm »Sport« wählte die Kamera, in dieser Situation völlig richtig, eine möglichst große Blendenöffnung, um die Belichtungszeit so kurz wie möglich zu halten.
55 mm | f4 | 1/2000 s | ISO 500

Das SCN-Programm Schwenken

Eine besondere Herausforderung stellen für den Fotografen auch Schwenk- beziehungsweise Mitziehaufnahmen dar. Hier soll der Hintergrund unscharf und das sich im Vordergrund bewegende Motiv scharf dargestellt werden, was in der Aufnahme einen dynamischen Effekt erzeugt. Mit dem *SCN*-Programm *Schwenken* aktiviert die OM-D E-M10 Mark IV alle notwendigen Einstellungen. Die Kamera schaltet den Nachführautofokus *C-AF* und die Serienaufnahmefunktion *Sequentiell L* ein. Das Motiv wird also im Fokus gehalten und es werden mehrere Aufnahmen hintereinander aufgenommen, wenn Sie den Auslöser durchgedrückt lassen. Die Kamera verwendet ISO-Werte von ISO 200 bis ISO 6400. Bei wenig Licht sind so auch relativ kurze Belichtungszeiten möglich, was wichtig für die Schwenkaufnahme ist. Allerdings dürfen die Belichtungszeiten auch nicht zu kurz werden. Hier würde sonst der Hintergrund nicht verwischt erscheinen. Die OM-D E-M10 Mark IV untersucht das sich bewegende Motiv, während Sie schwenken, und versucht ein Optimum aus den Parametern Belichtungszeit, Blende und ISO-Wert einzustellen.

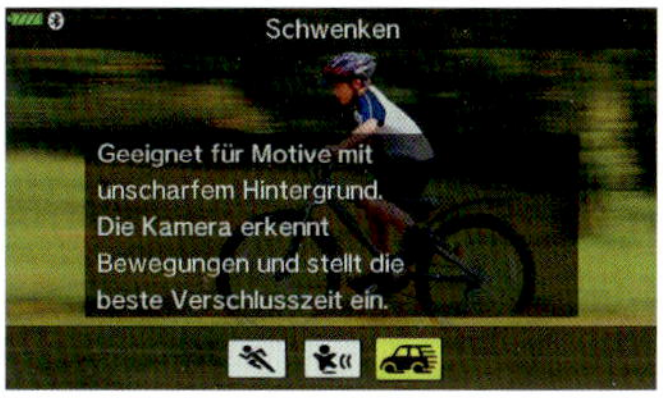

Abbildung 4.17: Schwenkaufnahmen wirken, wenn sie richtig umgesetzt werden, dynamisch. Das SCN-Programm »Schwenken« unterstützt Sie bei dieser nicht ganz einfachen Fotoaufgabe.

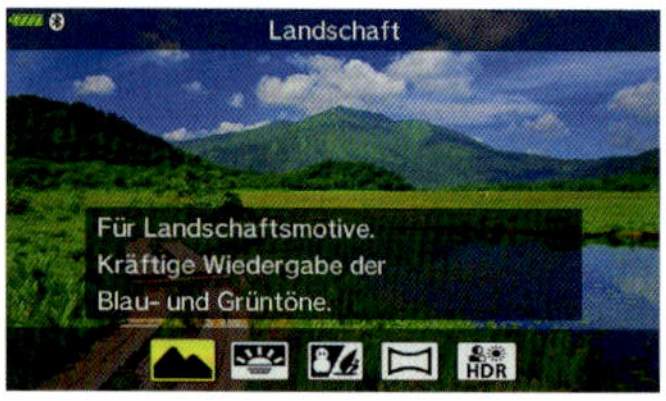

Abbildung 4.18: Für Landschaftsaufnahmen stehen unterschiedliche Programme zur Wahl.

SCN-Kategorie Landschaft

In der *SCN*-Kategorie *Landschaft* stehen Ihnen folgende Programme zur Verfügung: *Landschaft*, *Sonnenuntergang*, *Sand+Schnee*, *Panorama* und *Gegenlicht HDR*.

Das SCN-Programm Landschaft

Bei Landschaftsaufnahmen ist meist eine möglichst große Schärfentiefe gewünscht. Das *SCN*-Programm *Landschaft* versucht deshalb die Schärfentiefe zu maximieren. Dabei werden Objektivbrennweite, Objekthelligkeit und Entfernung zum Motiv ausgewertet und es wird eine kleine Blende angesteuert, um möglichst viel Schärfentiefe zu erreichen. Die OM-D E-M10 Mark IV geht dabei nur so weit, dass ein Verwackeln durch eine zu lange Belichtungszeit verhindert wird. Ob der Bildstabilisator eingeschaltet ist oder nicht, spielt dabei für die Kamera keine Rolle. Sie geht bei der Entscheidung, welche Belichtungszeit verwendet wird, von einem nicht aktivierten Bildstabilisator aus. Haben Sie den Bildstabilisator aktiviert, sollten Sie damit eigentlich immer zu unverwackelten Aufnahmen gelangen. Leider ist keine Verschiebung der Zeit-Blenden-Kombination möglich, um eventuell selbst die Blende für eine Schärfentiefevergrößerung zu verändern.

Die Kamera sorgt in diesem Programm für kräftige Farben und erhöht den Kontrast etwas. Dies sorgt unter anderem für angenehme Grün- und Blautöne, wie sie in Landschaftsaufnahmen meist vorkommen.

Testen Sie ruhig das Landschaftsprogramm auch einmal im Architekturbereich, wenn Sie sich beispielsweise auf einer Städtereise befinden. Bei Architekturaufnahmen ist ebenfalls meist eine große Schärfentiefe gewünscht – etwa wenn sich im Vordergrund eine Person vor einem im Hintergrund befindlichen Gebäude positioniert hat, um eine schöne Fotoerinnerung mit nach Hause zu nehmen.

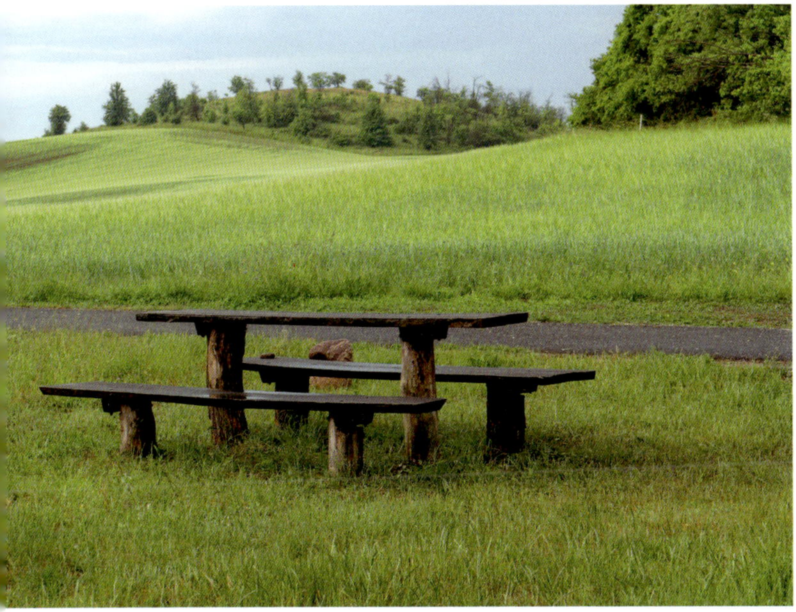

Abbildung 4.19: Im Programm »Landschaft« versucht die Kamera die Blende möglichst weit zu schließen, ohne jedoch ein verwackeltes Bild zu riskieren.
46 mm | f8 | 1/80 s | ISO 320

Abbildung 4.20: Wenn bei Architekturaufnahmen die Schärfentiefe von vorn bis möglichst weit nach hinten reichen soll, bietet sich ebenfalls das Landschaftsprogramm an.
12 mm | f8 | 1/1600 s | ISO 200

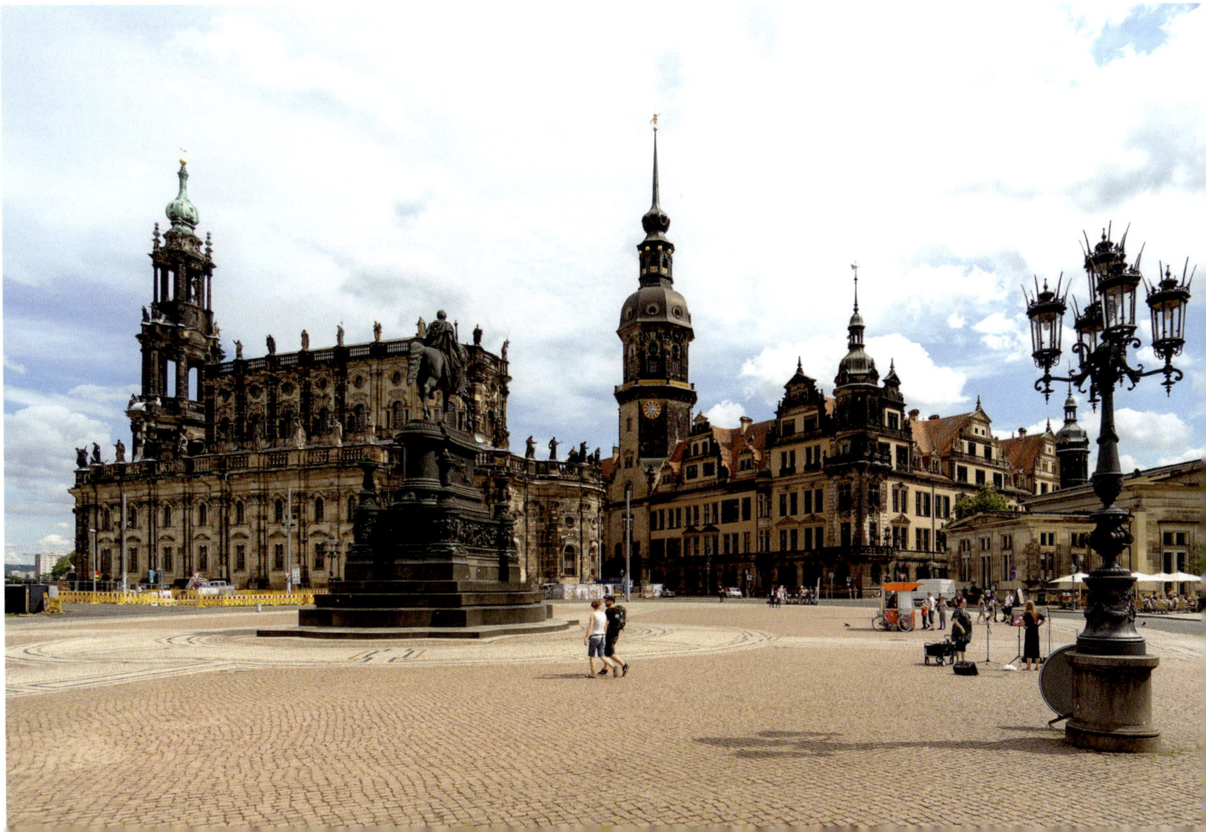

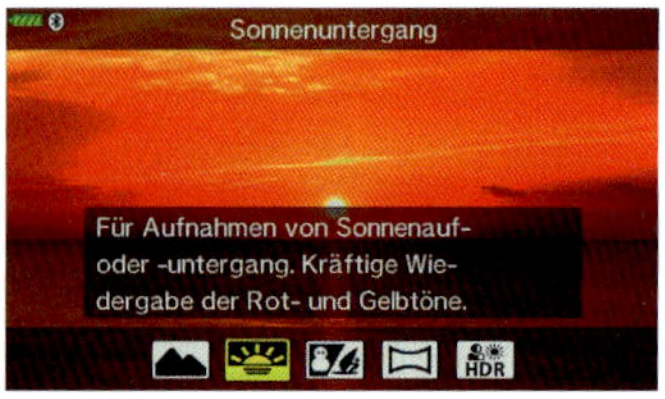

Abbildung 4.21: Der Kontrast und die Farbsättigung werden durch das SCN-Programm »Sonnenuntergang« erhöht.

Das SCN-Programm Sonnenuntergang

Das *SCN*-Programm *Sonnenuntergang* ist abgestimmt auf die warme Farbwiedergabe von Sonnenuntergängen. Der Weißabgleich tendiert stark zu einer wärmeren Farbdarstellung und steht auf *Sonnenlicht*. Kontrast und Farbsättigung werden erhöht. Die Aufnahme wird mit 0,7 EV unterbelichtet. Der Blitz wird deaktiviert und der Autofokus auf *S-AF* eingestellt.

In die Sonne fotografieren

Vorsicht! Nur bei sehr tiefem Sonnenstand sollten Sie direkt in die Sonne fotografieren, sonst können Schäden an der Kamera und vor allem auch an Ihren Augen auftreten!

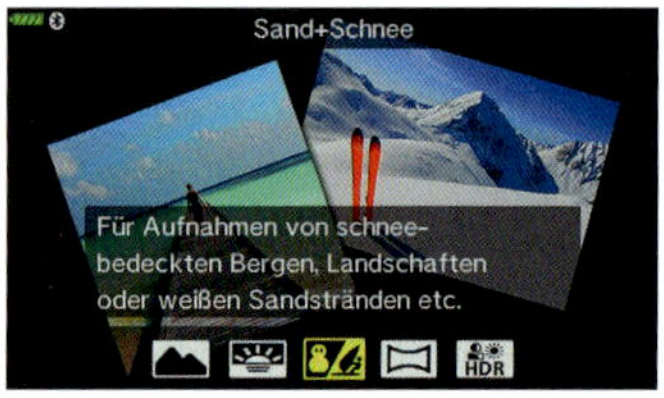

Abbildung 4.22: Testen Sie das SCN-Programm »Sand+Schnee«, wenn Sie vor allem helle Bereiche im Motiv haben.

Das SCN-Programm Sand+Schnee

Wenn im Motiv viele helle Tonwerte vorkommen, wie zum Beispiel bei einer Schneelandschaft, dann kommt es meist zu einer Unterbelichtung des Bildes. Schnee etwa sieht dann nicht wirklich weiß aus, sondern eher grau. Das *SCN*-Programm *Sand+Schnee* will hier entgegenwirken. Das Programm belichtet das Bild mit 0,3 EV leicht über. Die Blende wird recht weit geöffnet und die ISO-Werte variieren je nach Motivhelligkeit zwischen ISO 200 und 800. Die Kamera verwendet den S-AF, womit das Programm eher für statische Motive geeignet ist. Sie stellt zunächst den Einzelbildmodus ein. Hier können Sie aber im Menü (per Taste ▼) auch einen der beiden Serienaufnahmemodi wählen. Als Weißabgleich wird die Option *Bewölkt* eingestellt.

Das SCN-Programm Panorama

Die OM-D E-M10 Mark IV stellt auch ein Programm für Panoramen bereit: das *SCN*-Programm *Panorama*. Im Abschnitt »Panorama: das besondere Bildformat« ab Seite 269 erfahren Sie mehr darüber.

Das SCN-Programm Gegenlicht HDR

Das *SCN*-Programm *Gegenlicht HDR* kann Sie bei kontrastreichen Motiven unterstützen, indem es vier Bilder aufnimmt und anschließend zu einem finalen Bild zusammenrechnet. Hierbei sollen überstrahlte und komplett schwarze Bereiche vermieden werden. Die Kamera stellt ISO 200 und *S-AF* ein.

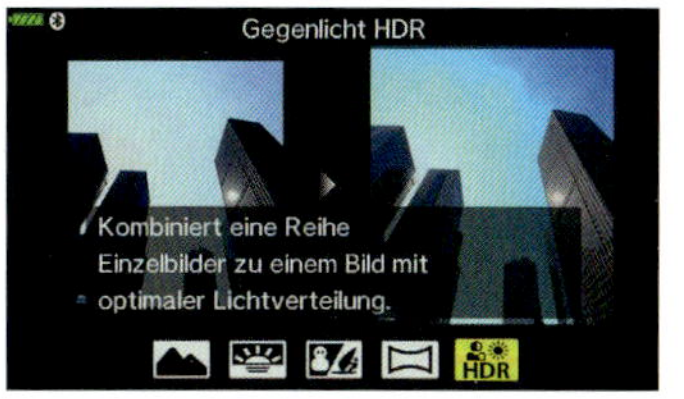

Abbildung 4.23: Das SCN-Programm »Gegenlicht HDR« kann Sie bei kontrastreichen Motiven unterstützen.

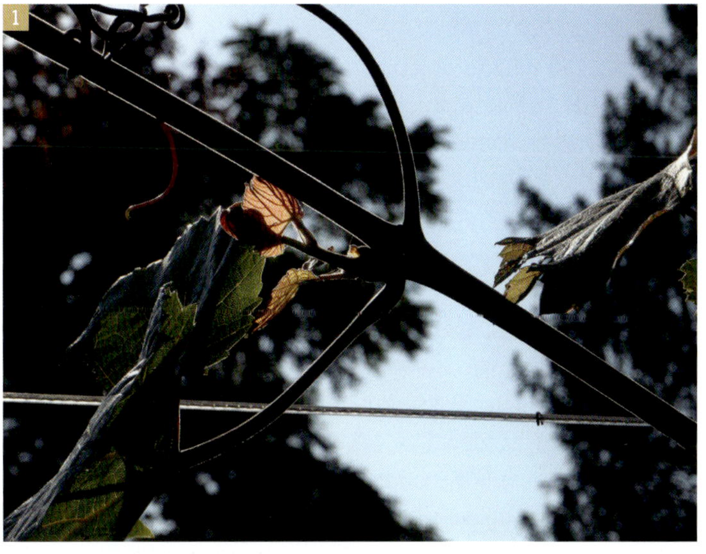

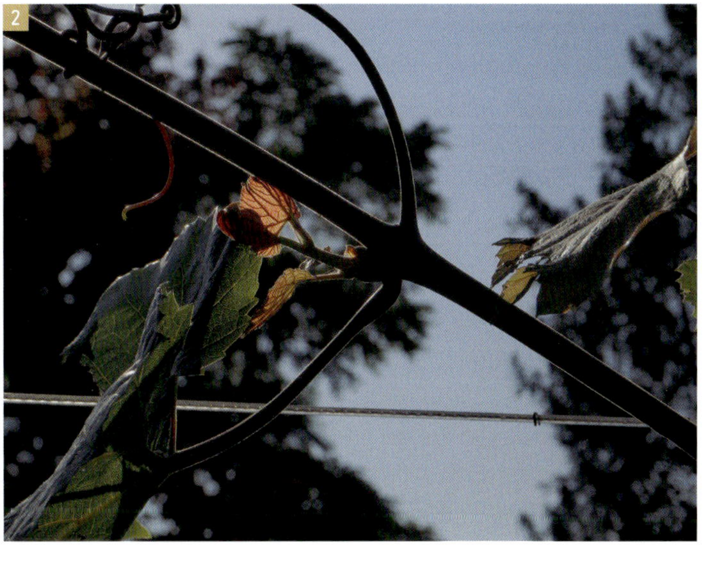

Abbildung 4.24: Oben ❶ erfolgte die Aufnahme im Programm A und unten ❷ im SCN-Programm »Gegenlicht HDR«. Es lässt sich gut erkennen, dass unten die Kontraste gemindert wurden. Allerdings sind aufgrund der recht starken Kontraste im Motiv noch komplett schwarze Bereiche verblieben.
41 mm | f11 | 1/500 s | ISO 200

SCN-Kategorie Indoor-Aufnahmen

In der *SCN*-Kategorie *Indoor-Aufnahmen* stehen Ihnen folgende Programme zur Verfügung: *Kerzenlicht* , *Lautlos* , *Porträt* , *e-Porträt* , *Kinder* und *Gegenlicht* HDR .

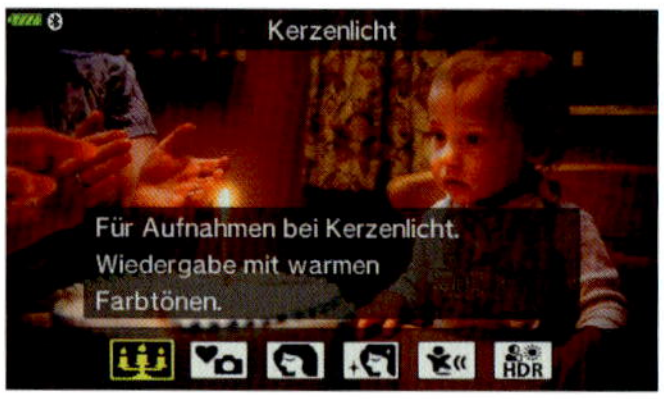

Abbildung 4.25: Für schöne Kerzenlichtaufnahmen verwenden Sie das SCN-Programm »Kerzenlicht«.

Das SCN-Programm Kerzenlicht

Wie der Name schon andeutet, ist das *SCN*-Programm *Kerzenlicht* vor allem für Abende mit Kerzenlicht geeignet. Die OM-D E-M10 Mark IV schaltet das aufgeklappte bzw. aufgesteckte Blitzgerät ab, um die Lichtstimmung beizubehalten. Dazu trägt auch die Überbelichtung von 0,3 EV bei, die die Kamera voreinstellt. Der ISO-Wert wird im Bereich von ISO 200 bis ISO 6400 geregelt. Der Weißabgleich steht auf *Sonnenlicht*, was der Aufnahme eine warme Lichtstimmung verleiht.

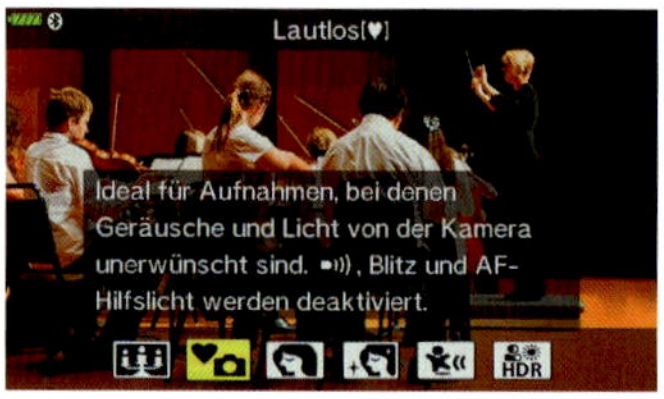

Abbildung 4.26: Ist unauffälliges Fotografieren gewünscht, dann verwenden Sie am besten das SCN-Programm »Lautlos« [ ].

Das SCN-Programm Lautlos

In akustisch sensiblen Bereichen wie z. B. Kirchen bietet es sich an, die OM-D E-M10 Mark IV in den Lautlos-Modus zu versetzen. Hierzu wählen Sie das *SCN*-Programm *Lautlos* [ ]. Die Kamera verwendet dann nun noch den elektronischen Verschluss. Verschlussgeräusche sind somit passé. Ebenso werden Signalgeräusche, das AF-Hilfslicht und der Blitz deaktiviert. Die Rauschminderung wird abgeschaltet.

SCN-Kategorie Nahaufnahmen

In der *SCN*-Kategorie *Nahaufnahmen* stehen Ihnen folgende Programme zur Verfügung: *Makro* , *Natur-Makro* , *Dokumente* , *Multi-Fokus-Aufnahme* .

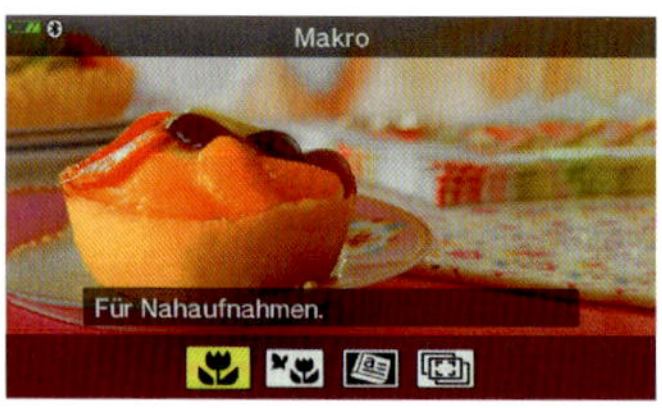

Abbildung 4.27: Vier SCN-Programme stehen Ihnen im Bereich »Nahaufnahmen« zur Verfügung.

Das SCN-Programm Makro

Im *SCN*-Programm *Makro* wählt die OM-D E-M10 Mark IV die einzustellenden Parameter so, dass Aufnahmen im Nahbereich, etwa die Blüte einer Blume, nach Möglichkeit gut gelingen. Dazu wählt sie eine Blende ab f4, um einen ausreichenden Schärfentiefebereich zu erhalten. Leider haben Sie keinen Einfluss auf die Blendenwahl. In manchen Fällen, wie beispielsweise in Abbildung 4.28 zu sehen, wäre es sinnvoll, die Blende weiter zu öffnen, um den Hintergrund noch besser in Unschärfe zerfließen lassen zu können. Der ISO-Bereich, den die Kamera wählt, liegt zwischen ISO 200 und 800. Das Motiv sollte sich bei diesem Programm möglichst nicht bewegen (etwa durch Wind), da der Autofokus auf *S-AF* eingestellt ist und die OM-D E-M10 Mark IV somit die Schärfe nicht nachführt. Sie können in diesem Programm auch keine Serienbildaufnahmen anfertigen.

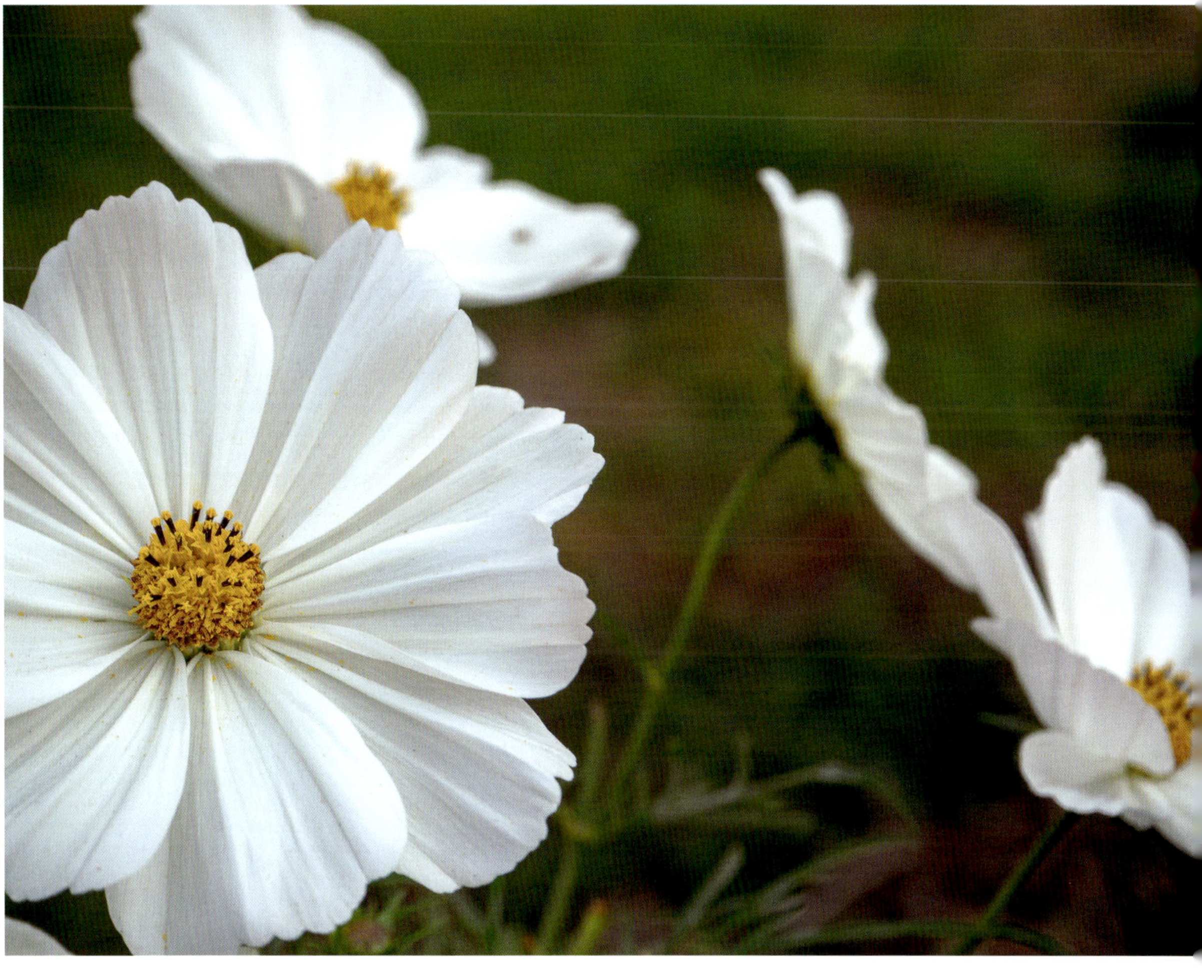

Abbildung 4.28: Das SCN-Programm »Nahaufnahmen« ist zum Beispiel für Pflanzen und Blüten im Nahbereich gut geeignet. 42mm | f7,1 | 1/125s | ISO 200

Das SCN-Programm Natur-Makro

Die OM-D E-M10 Mark IV stellt ein Programm zur Erleichterung von Aufnahmen im Makrobereich zur Verfügung, das *SCN*-Programm *Natur-Makro*. Gerade wenn Sie sich hier auf fotografisches Neuland begeben, kann dieses Motivprogramm hilfreich für Sie sein. Die Kamera wählt den Autofokusmodus *S-AF* und den Einzelbildmodus vor. Einen Serienbildmodus können Sie in diesem Programm nicht verwenden. Die Kamera versucht zunächst eine Belichtungszeit einzustellen, mit der ein Verwackeln vermieden werden soll. Reicht das Licht dazu nicht aus, ist ein Stativ von Vorteil. Da alle AF-Sensoren das Motiv analysieren, kann die Kamera die nötige Schärfentiefe berechnen und weiter abblenden, um die Schärfentiefe zu maximieren. Das macht sie allerdings nur, wenn genügend Licht zur Verfügung steht. Leider lässt sich auch hier nicht der Autofokus auf *C-AF* einstellen. Somit können Sie dieses Programm ebenso wie das Programm *Makro* nur bei statischen Motiven einsetzen. Wenn Sie mehr Einstellungen selbst übernehmen wollen, bietet sich der Blendenvorwahl-Modus *A* an. Hier können Sie die Blende frei wählen und so die Schärfentiefe gezielt beeinflussen.

Ein Stativ sollten Sie dabei aber möglichst immer verwenden. Wenn möglich, setzen Sie den Blitz nicht ein. Sie vermeiden so Abschattungen und Schlagschatten. Wählen Sie am besten die längste Brennweite an einem Zoomobjektiv. Sie erreichen so den größten Abbildungsmaßstab und stellen zudem den Hintergrund am besten frei.

Mehr zum Thema Makro erfahren Sie in Kapitel 11, »Nah- und Makrofotografie«, ab Seite 275.

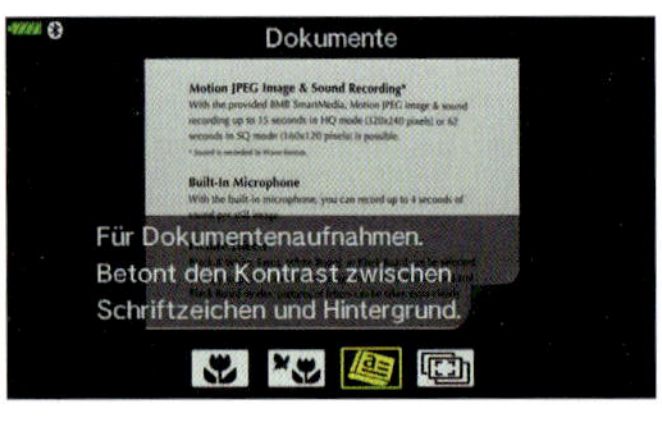

Abbildung 4.29: Möchten Sie Bücherseiten, Handgeschriebenes oder Textdokumente und Ähnliches abfotografieren, dann verwenden Sie das SCN-Programm »Dokumente«.

Das SCN-Programm Dokumente

Olympus hat der OM-D E-M10 Mark IV ein Programm mitgegeben, das speziell zum Abfotografieren von Textdokumenten optimiert wurde. Das *SCN*-Programm *Dokumente* stellt eine Überbelichtung von 0,7 EV ein, um das Papier möglichst weiß erscheinen zu lassen. Der ISO-Bereich wird zwischen ISO 200 und 1600 geregelt. Für eine bessere Lesbarkeit wird der Kontrast stark erhöht.

SCN-Programm Multi-Fokus-Aufnahme

Das Erreichen einer ordentlichen Schärfentiefe ist im Makrobereich ein ständiges Thema. Blenden Sie zu stark ab, um einen möglichst großen Schärfentiefenbereich zu erhalten, ist die Schärfe (Beugung an den Kanten der Blende) nicht ideal und unter Umständen reicht die erlangte Schärfentiefe immer noch nicht aus, um das Objekt der Begierde komplett scharf zu bekommen. Außerdem ist meist der Hintergrund dann nicht mehr so schön unscharf, wie man es sich eventuell zum Freistellen wünschen würde. Hier kommt das *SCN*-Programm *Multi-Fokus-Aufnahme* ins Spiel. Die OM-D E-M10 Mark IV nimmt dabei acht Bilder mit unterschiedlichem Fokus auf. Diese Bilder können am Computer zusammengesetzt werden. Hierfür ist eine separate Software notwendig. Verwenden Sie dazu beispielsweise Helicon Focus (*https://www.heliconsoft.com/*). Hiermit gelingt das Zusammensetzen der Bilder sehr flott.

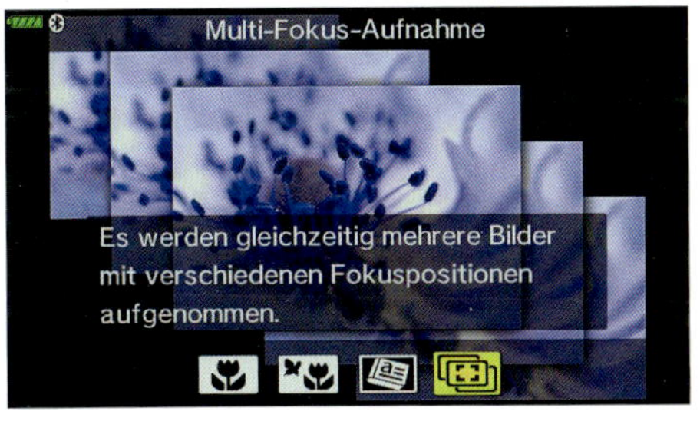

Abbildung 4.30: Das SCN-Programm »Multi-Fokus-Aufnahme« liefert acht Bilder mit unterschiedlichen Fokuseinstellungen, die später am Computer zusammengesetzt werden können.

4.3 Die Kreativprogramme richtig nutzen

Die Kreativprogramme der OM-D E-M10 Mark IV erlauben Ihnen eine freie Entfaltung und volle Kontrolle über alle relevanten Kamerafunktionen. Funktionen wie die Wahl des Bildmodus, die ISO-Einstellung sowie die Blenden- und Belichtungszeitenverschiebung sind hier ohne Einschränkungen möglich.

Mehr über die vielen Möglichkeiten dieser vier Belichtungsprogramme *P*, *A*, *S* und *M* erfahren Sie in den folgenden Abschnitten. Sie erreichen die Kreativprogramme direkt über die Programmwählscheibe.

Abbildung 4.31: Die vier Kreativprogramme sind über die Programmwählscheibe anwählbar: Programm-Modus P ❶, Blendenvorwahl-Modus A ❷, Verschlusszeitvorwahl-Modus S ❸, Manueller Modus M ❹ (Bild: Olympus)

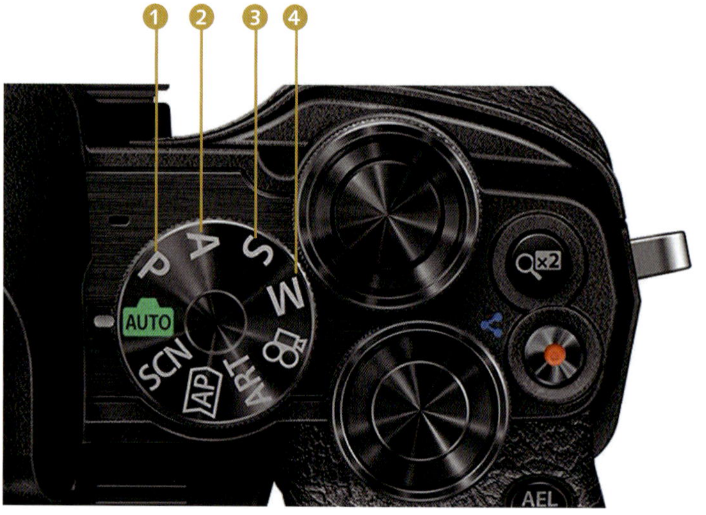

Spontan fotografieren mit dem Programm-Modus (P)

Die Programmautomatik *P* ist neben der Vollautomatik gut für Schnappschüsse geeignet. Denken Sie zum Beispiel an Kindergeburtstage oder andere Familienfeiern. Hier bleibt meist keine Zeit für eine aufwendige Bildgestaltung und das Einstellen vieler Parameter. Auch ändern sich bei solchen Anlässen ständig die Motive – alles in allem ist das ein Fall für den Programm-Modus *P*.

Nach welchem Schema stellt nun die OM-D E-M10 Mark IV die Blende und die Belichtungszeit in diesem Programm ein? Zunächst versucht die Kamera abhängig vom Umgebungslicht und dem verwendeten Objektiv eine Belichtungszeit einzustellen, die ein Verwackeln bei Aufnahmen aus freier Hand verhindert. Der eingeschaltete Bildstabilisator hat darauf keinen Einfluss, obwohl dadurch weit längere Belichtungszeiten verwacklungsfrei möglich wären. Priorität hat, um ein Bildrauschen möglichst zu verhindern, ein geringer ISO-Wert im Modus *ISO Auto*. Reicht das Umgebungslicht hingegen nicht aus, wird der ISO-Wert bis zum Maximalwert der ISO-Automatik (Standard: ISO 6400) erhöht.

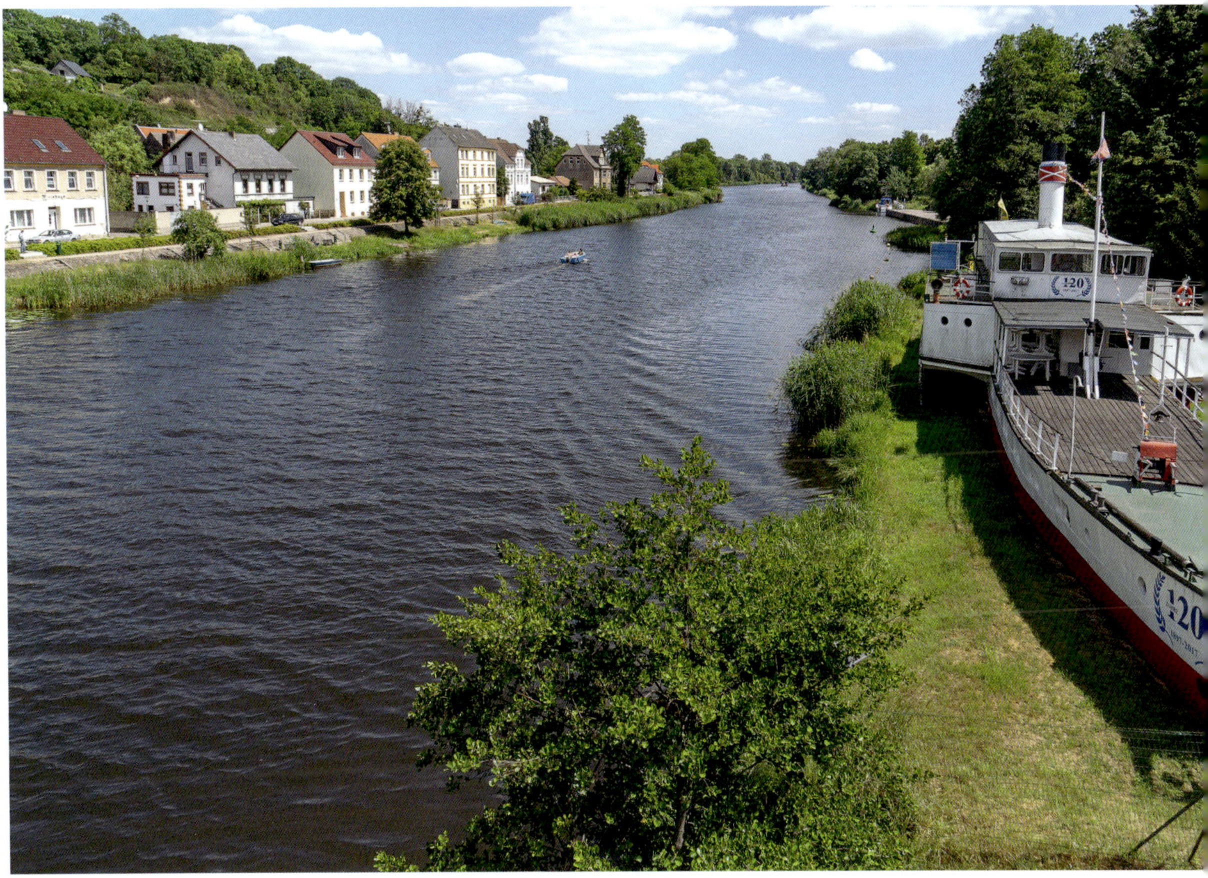

Abbildung 4.32: Der Programm-Modus P meisterte diese belichtungstechnisch relativ einfache Situation gut.
16 mm | f5,6 | 1/400 s | ISO 200

Außerdem steht Ihnen die Programm-Shift-Funktion *Ps* zur Verfügung, die Folgendes bewirkt: Mithilfe des hinteren Einstellrads können Sie die vom Programm-Modus ermittelte Blende beziehungsweise Belichtungszeit verändern. Die daran gekoppelte Belichtungszeit beziehungsweise Blende wird durch die Kamera eingestellt, sodass jederzeit eine korrekte Belichtung möglich ist. Gekennzeichnet wird der Shift-Modus durch ein *S* neben dem Programmsymbol *P* unten links im Sucher beziehungsweise auf dem Monitor. Im Zusammenspiel mit dem Blitz können Sie die Shift-Funktion nicht verwenden. Wie sich die Blitzbelichtung beeinflussen lässt, erfahren Sie im Abschnitt »Die perfekte Blitzsteuerung in den Kreativprogrammen« auf Seite 190.

Das Erreichen der kürzesten Belichtungszeit bei extremer Helligkeit signalisiert die Kamera mit dem Blinken der 1/4000 s bzw. 1/16.000 s und der kleinsten Blendenöffnung im Sucher beziehungsweise auf dem Monitor. Die Kamera hat zunächst die Blende immer weiter verringert, bis sie die Blende auf den kleinstmöglichen Wert eingestellt hat. Im Normalfall sollte diese Grenze nicht erreicht werden, es sei denn, Sie haben manuell höhere Werte als ISO 1600 gewählt. Ist das Motiv zu dunkel, blinken in diesem Fall *die Belichtungszeit* und der Blendenwert Ihres Objektivs auf. Hier hilft dann nur noch ein Blitz beziehungsweise eine manuelle Erhöhung des ISO-Wertes.

Schärfentiefe mit dem Blendenvorwahl-Modus A beeinflussen

Bei dem Blendenvorwahl-Modus *A* (= *Aperture Priority*) haben Sie die Möglichkeit, die Blende (hohe Zahl = höhere Schärfentiefe und längere Belichtungszeit, niedrige Zahl = geringere Schärfentiefe und kürzere Belichtungszeit) über das hintere Einstellrad zu wählen. Dabei stellen das verwendete Objektiv und die damit verfügbaren Blenden den Grenzbereich dar. Blinkt die 1/4000 s oder die 60 s im Sucher beziehungsweise Monitor, sollten Sie die Blende verändern, um in den Steuerungsbereich der Kamera zu gelangen.

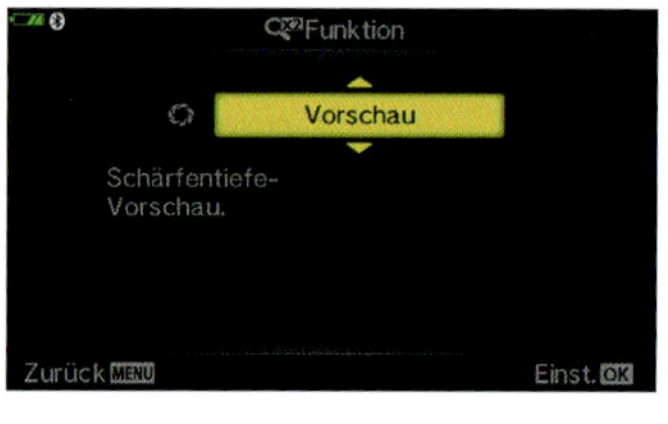

Abbildung 4.33: Belegen Sie doch die Taste mit der Option Vorschau.

Viele Fotografen verwenden den Blendenvorwahl-Modus, auch *Zeitautomatik* genannt, als Standardeinstellung an ihrer Kamera. Mit viel Erfahrung können Sie meist ganz gut abschätzen, wie weit sich die Schärfentiefe im Bild erstrecken wird. Je nach gewünschtem Effekt wird die Blende vorgewählt und die Schärfentiefe eventuell noch über eine entsprechende Taste (*Abblendtaste*) kontrolliert, über die viele Kameras – leider aber nicht die OM-D E-M10 Mark IV – verfügen. Sie können jedoch eine der Funktionstasten mit der Option *Vorschau* belegen. Dann steht Ihnen auch an der OM-D E-M10 Mark IV eine Abblendtaste zur Verfügung. Auf den digitalen Zoom (Taste) können Sie eventuell verzichten.

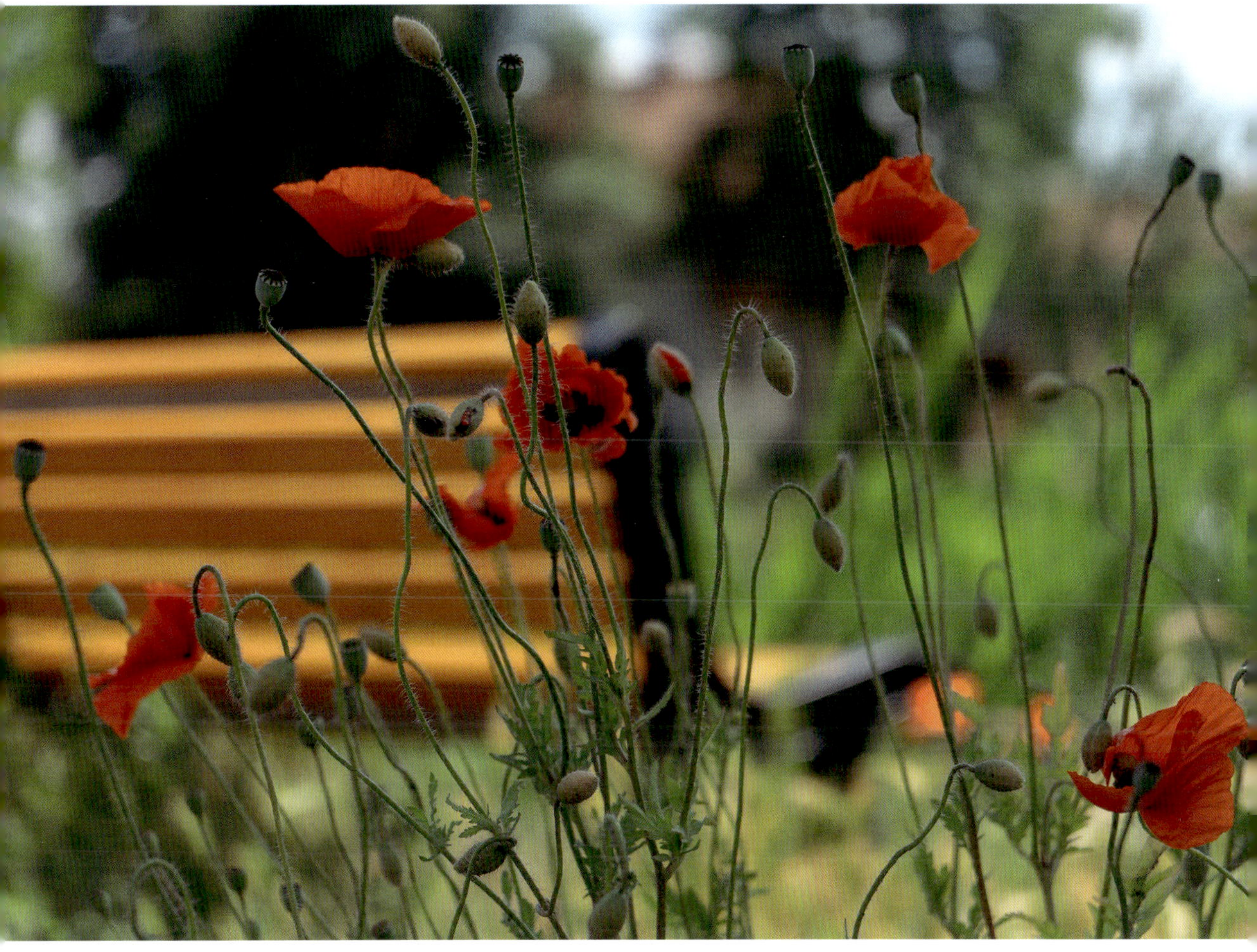

Die Möglichkeit, die Blende steuern zu können, ist unter anderem im Bereich der Makrofotografie, bei Produktaufnahmen oder auch im Porträtbereich wichtig. Hier kommt es darauf an, die Blende bei einem bestimmten Wert fest einstellen zu können, um mit einer konstanten Schärfentiefe zu arbeiten.

Abbildung 4.34: Beabsichtigt war bei diesem Motiv eine möglichst geringe Schärfentiefe. Daher wurde die Blende f4 (Offenblende) gewählt, was zum gewünschten Ergebnis führte.
70 mm | f4 | 1/400 s | ISO 200

Blendenvorwahl-Modus verwenden

1 Programm wählen

Drehen Sie die Programmwählscheibe auf Stellung *A*. Auf dem Monitor und im Sucher erscheint dann die Mitteilung *Blende manuell einstellen*, um zu verdeutlichen, dass dieser Wert nun verändert werden kann.

2 Blende einstellen

Stellen Sie nun die Blende mittels des hinteren Einstellrads ein. Das Drehen nach links verringert den Blendenwert, Drehen nach rechts erhöht ihn. Wenn Sie also die Schärfentiefe vergrößern wollen, dann erhöhen Sie den Blendenwert; dagegen verringern Sie ihn, wenn die Schärfentiefe möglichst gering gehalten werden soll.

3 Weitere Parameter einstellen

Stellen Sie eventuell noch weitere Parameter wie die Belichtungskorrektur oder den Weißabgleich an der Kamera ein. In diesem Programm haben Sie die freie Wahl. Anschließend stellen Sie wie gewohnt scharf und lösen aus.

Abbildung 4.35: Wenn Sie die Schärfentiefe maximieren wollen, wählen Sie einen möglichst großen Blendenwert. Hier reichte f11 für Schärfe von vorn bis nach hinten im Bild.
16 mm | f11 | 1/100 s | ISO 200

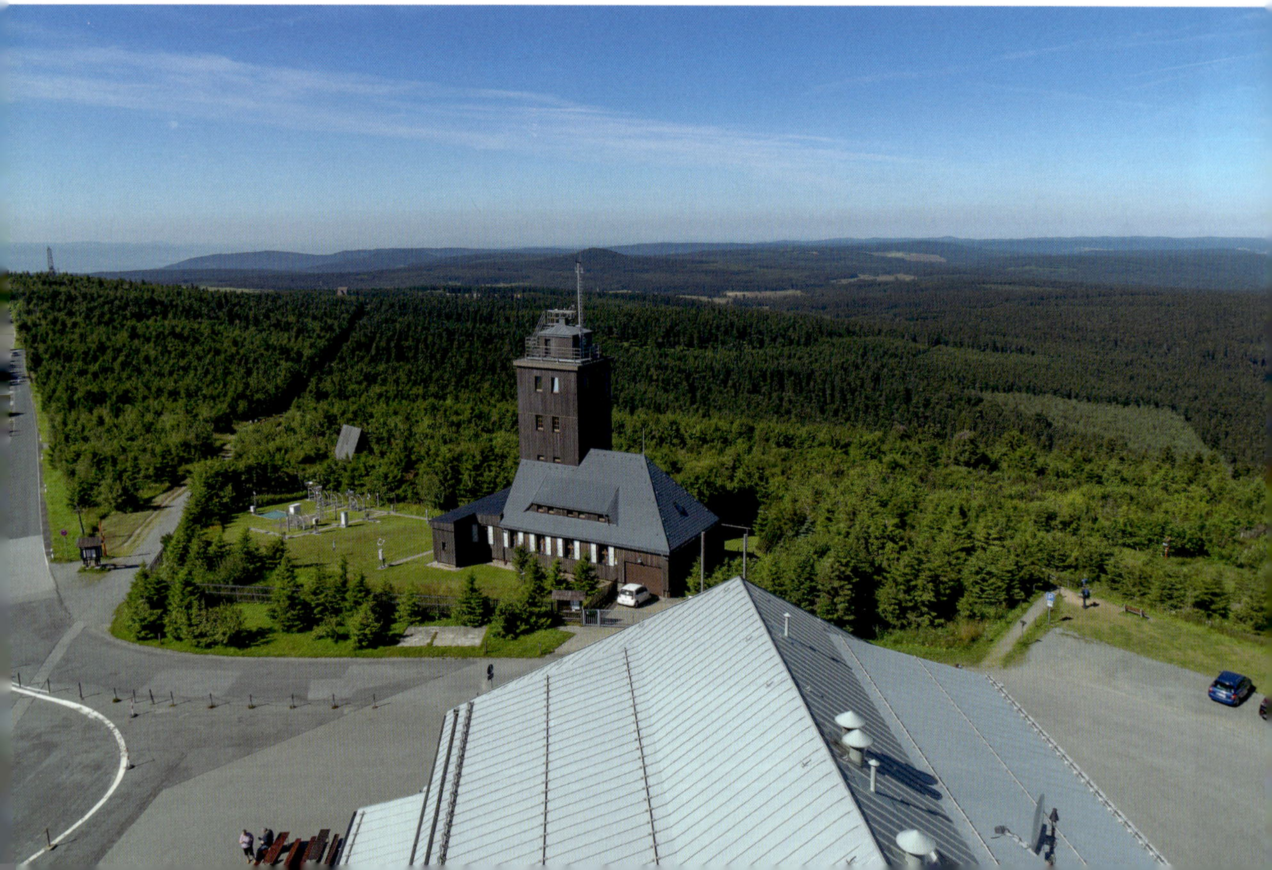

Der Verschlusszeitvorwahl-Modus S für das Spiel mit der Zeit

Im Verschlusszeitvorwahl-Modus *S (= Shutter Priority)*, auch *Blendenautomatik* genannt, wird die gewünschte Belichtungszeit voreingestellt. Die passende Blende stellt die Kamera automatisch ein. Zu empfehlen ist dieser Modus, wenn es wichtig ist, eine bestimmte Belichtungszeit einzuhalten.

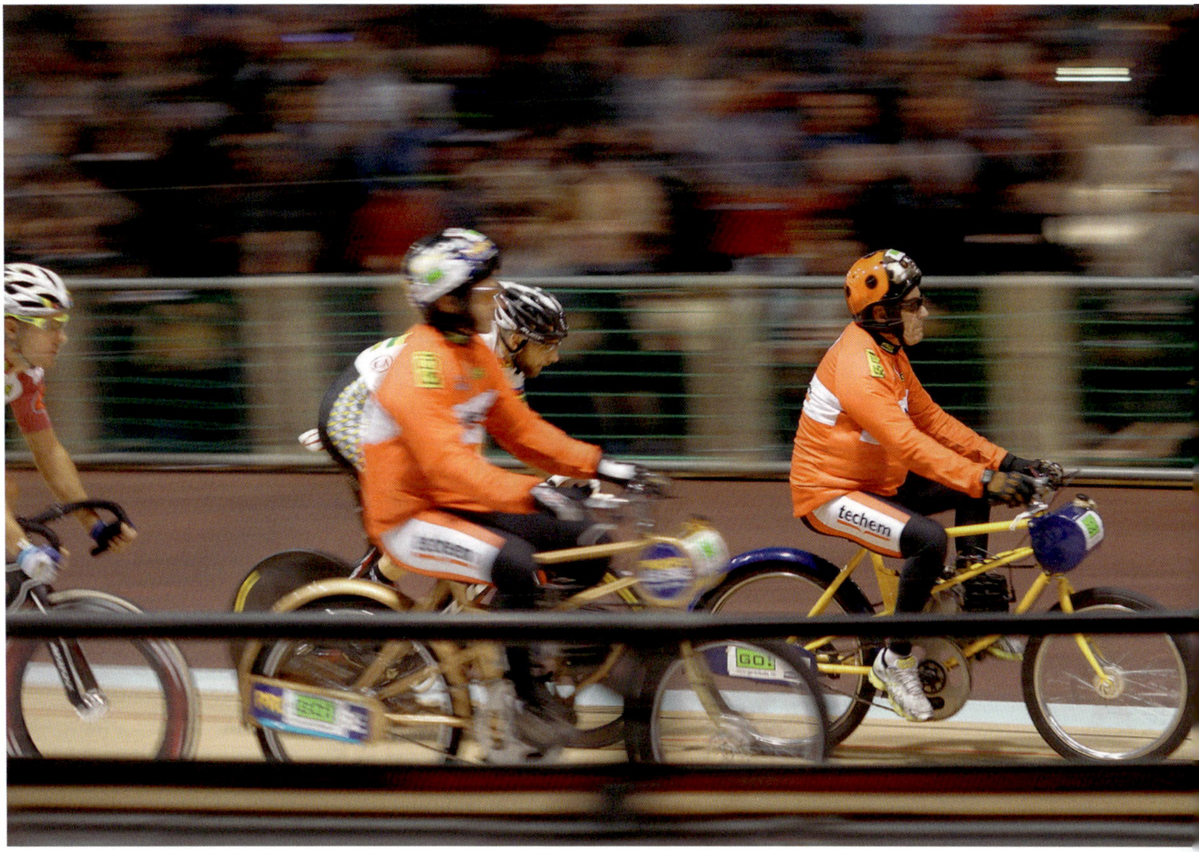

Abbildung 4.36: Das Programm S eignet sich auch hervorragend, wenn es darum geht, Mitziehaufnahmen anzufertigen. Die Dynamik des Motivs wird so besonders gut dargestellt. Stellen Sie hier die Belichtungszeit auf ca. 1/60 s und schwenken Sie die Kamera mit dem Motiv mit. Möchten Sie das sich schnell bewegende Motiv jedoch scharf haben, dann stellen Sie, wie hier, eine sehr kurze Belichtungszeit ein.
50 mm | f2,8 | 1/60 s | ISO 640

Möchten Sie zum Beispiel die Bewegung eines Sportwagens einfrieren, sind Belichtungszeiten von etwa 1/1000s nötig. Nachdem Sie diese Belichtungszeit über das hintere Einstellrad gewählt haben, ermittelt die OM-D E-M10 Mark IV selbstständig die zugehörige Blende. Verändern sich die Lichtverhältnisse, passt die Kamera automatisch die Blende an, um jeweils korrekt zu belichten.

Wie Sie den Verschlusszeitvorwahl-Modus *S* verwenden, lesen Sie in der folgenden Schritt-für-Schritt-Anleitung.

Die Belichtungszeit vorgeben

1 Zeitpriorität wählen

Wählen Sie mit der Programmwählscheibe den Verschlusszeitvorwahl-Modus *S* aus. Im Sucher beziehungsweise im Monitor erscheint die Meldung *Verschlusszeit manuell einstellen*.

2 Belichtungszeit einstellen

Drehen Sie nun mit dem hinteren Einstellrad nach links, um die Belichtungszeit zu verlängern, beziehungsweise nach rechts, um sie zu verkürzen.

3 Weitere Parameter einstellen

Stellen Sie weitere Parameter (wie zum Beispiel den ISO-Wert oder die Bildfolge) ein. Stellen Sie dann wie üblich scharf und lösen Sie aus, um das Bild zu speichern.

Manueller Modus (M) für die schwierigen Fälle

Völlige Freiheit erhält der Fotograf im manuellen Belichtungsmodus *M*. Über das hintere Einstellrad wählen Sie die Belichtungszeit und über das vordere die Blende.

Sinnvoll ist dieser Modus vor allem bei Nachtaufnahmen, in der Astrofotografie und auch für Panoramafotos, bei denen Blende und Belichtungszeit gleich bleiben sollten, damit das zusammengesetzte Bild einheitlich ist.

Die Kamera bietet Ihnen aber selbst in diesem vollständig manuellen Modus eine Hilfestellung an. Über die Belichtungswertskala auf dem Monitor beziehungsweise im Sucher können Sie feststellen, ob Ihre aktuelle Einstellung mit dem Ergebnis

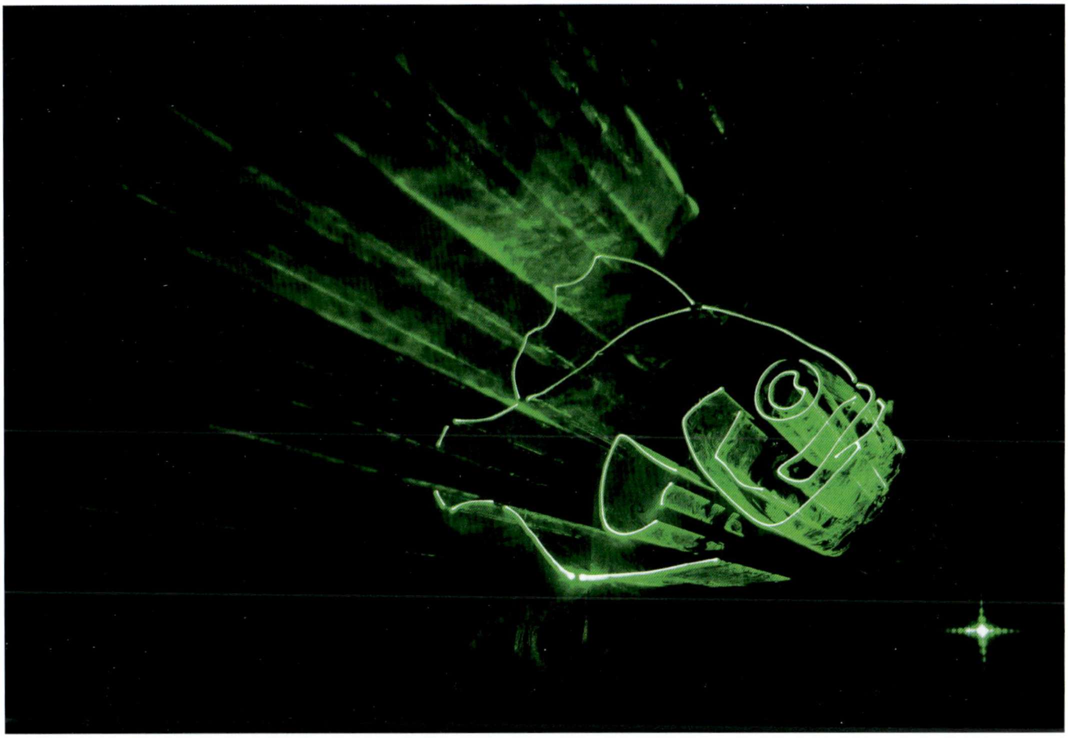

Abbildung 4.37: Spezielle Situationen, wie hier bei einer Lasershow, erfordern den manuellen Modus. Die extrem schnell wechselnden Lichtverhältnisse überfordern jegliche Automatik.
50mm | f1,7 | 1/30s | ISO 800

des Messsystems der OM-D E-M10 Mark IV übereinstimmt oder wie stark sie davon abweicht.

Bis zu einem Belichtungskorrekturwert von ±3 EV kann die Abweichung dabei angezeigt werden. Liegt die Messung außerhalb dieses Bereichs, blinken Belichtungskorrekturwert und -skala auf der entsprechenden Seite – entweder links für Unterbelichtung oder rechts für Überbelichtung. Treffen Sie mit Ihrer Einstellung genau die Null, entspricht sie der ermittelten Belichtungsmessung der Kamera.

Die ISO-Automatik können Sie in diesem Modus verwenden.

Nur über den manuellen Modus *M* erreichbar ist die Option, Langzeitbelichtungen über 60 Sekunden durchzuführen. Dazu erhöhen Sie mit dem hinteren Einstellrad so lange die Belichtungszeit, bis in der Anzeige *BULB* erscheint. Das passiert direkt nach den noch wählbaren 60s. In diesem Modus bleibt der Verschluss so lange geöffnet, wie der Auslöser gedrückt gehalten wird. Drehen Sie das hintere Einstellrad noch weiter, gelangen Sie zu den Modi *LIVE TIME* und *LIVECOMP*.

Im manuellen Modus sehen Sie in der Standardeinstellung vorab auf dem Monitor beziehungsweise im Sucher eine Vorschau der Aufnahme. Das heißt: Ergibt zum Beispiel die eingestellte Kombination aus Belichtungszeit und Blende eine Unterbelichtung, wird das Monitor- beziehungsweise Sucherbild ebenfalls dunkel.

Die OM-D E-M10 Mark IV hat aber noch zwei weitere Einstellmöglichkeit parat. Mit den Optionen *An1* und *An2* gleicht die Kamera diese Unterbelichtung für die Vorschau aus, sodass Sie sich auf das Motiv konzentrieren können. *An2* hebt die Helligkeit stärker an als *An1*. Interessant sind beide Einstellungen z. B. für Nachtaufnahmen, bei denen Sie vor der Aufnahme sonst nur ein dunkles Bild sehen würden.

Zu Auswahl der Optionen gelangen Sie im Menü *C1.Anzeige/ ■))) /PC • LV-Erweiterung*.

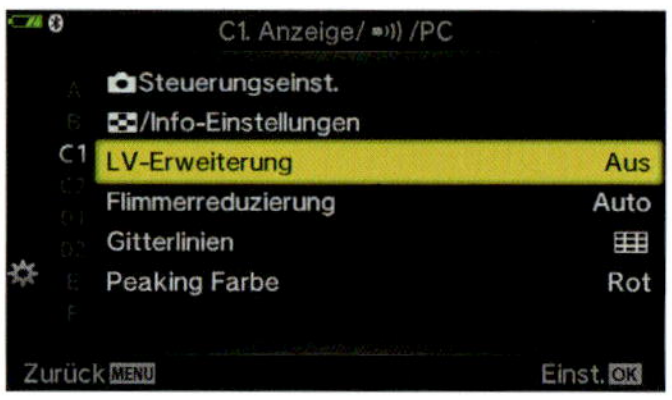

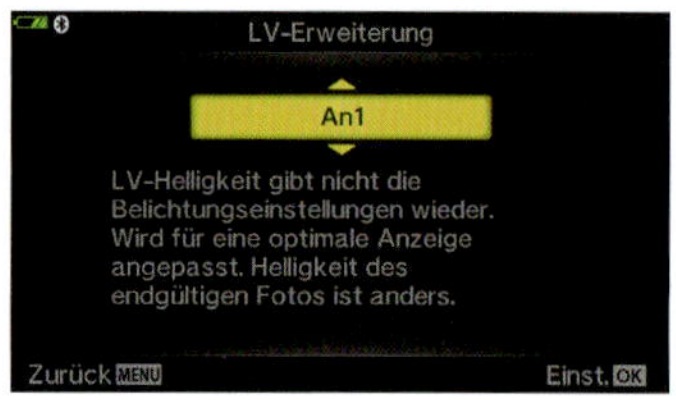

Abbildung 4.38: Mit der Standardeinstellung »Aus« sehen Sie das Bild auf dem Monitor so, wie es nach der Aufnahme auf der Speicherkarte landet. Mit »An1« und »An2« wird die Anzeigehelligkeit erhöht.

Manuell fotografieren

1 Programm wählen

Stellen Sie die Programmwählscheibe auf den manuellen Modus *M* ein.

2 Parameter einstellen

Stellen Sie mit dem hinteren Einstellrad die gewünschte Belichtungszeit ein. Die Blende verändern Sie mit dem vorderen Einstellrad. Verändern Sie gegebenenfalls den ISO-Wert, nachdem Sie die Taste *ISO* (▲) gedrückt haben. Achten Sie auf eine eventuelle Abweichung von der korrekten Belichtung. Möchten Sie den Blitz verwenden, dann können Sie diesen natürlich dazuschalten.

3 Auslösen

Stellen Sie auf das Motiv scharf und lösen Sie aus.

4.4 Einsatz von Effektfiltern

Die Bildprozessoren der Kameras sind mittlerweile so leistungsfähig geworden, dass sie Ihnen auch bei der Bildbearbeitung unter die Arme greifen können – und das gilt natürlich auch für Ihre OM-D E-M10 Mark IV.

Sie wählen diese Effektfilter über die Programmwählscheibe aus. Stellen Sie Letztere auf den Modus *ART* ein. Alle dort wählbaren Effektfilter werden nur auf Aufnahmen im JPEG-Format angewendet. Wenn Sie zuvor *RAW* bei *Bildqualität* eingestellt haben, stellt die OM-D E-M10 Mark IV automatisch auf das Format *RAW+JPEG* um. So erzeugen Sie eine bearbeitete und eine unbearbeitete Version des Bildes. Auf dem Monitor bzw. im Sucher sind nicht alle Effekte vor der Aufnahme sichtbar.

Ihre OM-D E-M10 Mark IV liefert Ihnen eine Auswahl an Effektfiltern, ohne dass dazu eine Bearbeitung am Computer notwendig ist. Einige Effekte bieten noch weitere Einstellungsmöglichkeiten, die Sie im jeweiligen Effekt mit der Taste ▶ erreichen. Die verschiedenen Effektfilter lassen sich aber auch am Computer mit dem Programm Olympus Workspace nachträglich hinzufügen. Wie das geht, erfahren Sie im Abschnitt »Effektfilter einsetzen« auf der Seite 319.

Effektfilter können nicht rückgängig gemacht werden

Bedenken Sie, dass die Kamera bei Verwendung der Effektfilter kein unbearbeitetes Bild speichert (sofern nicht auch *RAW* als Speicherformat gewählt wurde). Wenn Sie sich also für einen Effekt entschieden haben, diesen aber später doch nicht so gut finden, dann kommen Sie an die ursprüngliche Bildversion nicht mehr heran. Verwenden Sie die Effekte also mit Bedacht!

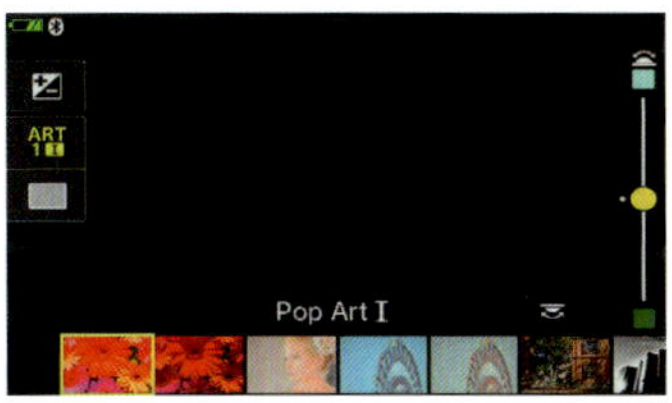

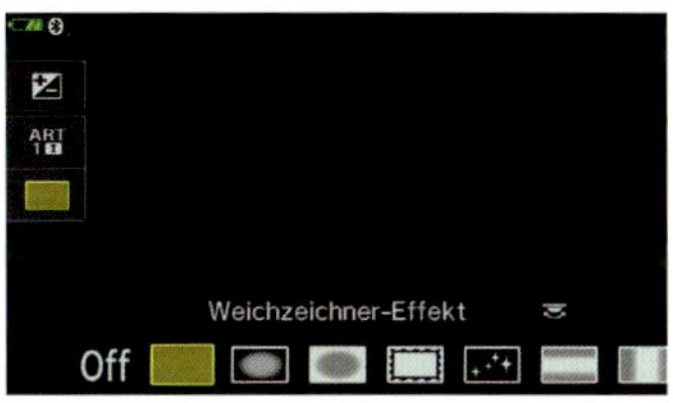

Abbildung 4.39: Die Effektfilter wie hier »Pop Art I« erlauben es Ihnen, eine Anpassung der Farben beziehungsweise der Stärke des Effekts und weitere Optionen, zum Beispiel »Weichzeichner-Effekt«, vorzunehmen.

Auf der folgenden Doppelseite sehen Sie die Effekte, die Sie auswählen können, nachdem Sie die Programmwählscheibe auf das Symbol *ART* eingestellt haben.

Bei den Effektfiltern können Sie mit dem hinteren Einstellrad die Programm-Shift-Funktion nutzen und mit dem vorderen eine Belichtungskorrektur vornehmen.

1 Die Effekte *Pop Art* verstärken die Farben insgesamt. Es lassen sich hier verschiedenen Farbversionen mit Zusatzoptionen, etwa *Rahmen* 2, einstellen.

3 Mit dem Effektfilter *Weichzeichner* erhalten Sie ähnliche Effekte, wie sie sich mit einem Weichzeichnungsfilter, den Sie vor das Objektiv schrauben, erzeugen lassen.

4 Durch den Effektfilter *Blasse & helle Farben* wird das Bild überbelichtet und die Farben erscheinen eher blass, da die Sättigung und der Kontrast verringert werden.

5 Der Effektfilter *Leichte Tönung* belichtet das Bild ebenfalls über. Die Sättigung, der Kontrast und auch die Schärfe werden hier reduziert, sodass Kanten der Schatten weich und diffus erscheinen.

6 Wählen Sie den Effektfilter *Körniger Film*, wird das Original in ein stark kontrastreiches Schwarzweißbild umgewandelt. Die Körnung eines analogen Films soll damit nachempfunden werden.

7 Der Effektfilter *Lochkamera* versucht das Bildergebnis einer Loch- beziehungsweise Spielzeugkamera nachzustellen. Stark abgedunkelte Bildecken erzeugen ein nostalgisches Bildergebnis.

8 Mit dem Effektfilter *Diorama* erzielen Sie einen Miniatureffekt. Hier wird nur ein Streifen des Motivs scharf dargestellt, das restliche Motiv verschwimmt in Unschärfe. Dadurch wird der Anschein einer Miniaturwelt erweckt. Während der Aufnahme können Sie den scharf dazustellenden Bereich anvisieren und zwischen einem horizontalen (*I*) und einem vertikalen Streifen (*II*) wählen. Für eine gelungene Aufnahme sollten Sie nach Möglichkeit von weiter oben in einem spitzen Winkel herabfotografieren. Das Motiv sollte dabei weiter entfernt sein.

9 Der Effektfilter *Cross-Entwicklung* stellt das Ergebnis einer Entwicklung einer analogen Farbnegativentwicklung mit dem Entwicklungsprozess für Diapositivfilm beziehungsweise umgekehrt dar. Dabei entstehen unwirkliche Farben.

10 Der Effektfilter *Zartes Sepia* simuliert das Aussehen alter Aufnahmen, bei denen mit der Zeit der Schwarzanteil bräunlich und der Weißanteil gelblich wurde. Ausgelöst wurde dies durch die Alterung des Papiers und den Anteil an UV-Strahlen im Licht.

11 Durch den Effektfilter *Dramatischer Effekt* sollen dramatische Motivsituation unterstrichen werden. Um dies zu erreichen, werden der Kontrast und die Sättigung erhöht.

12 Der Effektfilter *Gemälde* verwandelt die Aufnahme in eine Art Zeichnung. Sättigung und Kontrast werden bei Verwendung dieses Filters stark erhöht und das Ergebnis ist eine künstliche Bildwirkung.

13 Der Effektfilter *Wasserfarben* verwandelt das Bild in eine Art Aquarellbild. Es werden Wischeffekte ähnlich denen beim Malen mit wasserlöslichen Farben simuliert.

14 Der Effektfilter *Vintage* soll die Aufnahme im nostalgischen Vintage-Look darstellen. Hier werden die Farben des Originals verändert und der Kontrast wird verringert.

15 Der Effektfilter *Partielle Farben* führt eine Tonwerttrennung durch. Hier wird nur noch eine Farbe dargestellt, während der Rest des Bildes schwarzweiß erscheint. Außerdem werden die Tonwerte reduziert. Die zu filternde Farbe können Sie über das hintere oder vordere Einstellrad wählen. Eine Änderung der gewünschten Farbe ist auch noch direkt nach der Aufnahme möglich.

16 Der Effektfilter *Bleach Bypass* mindert die Farbsättigung und erhöht die Kontraste.

17 Der Effektfilter *Sofortfilm* versucht den Look von alten Sofortfilmen nachzustellen.

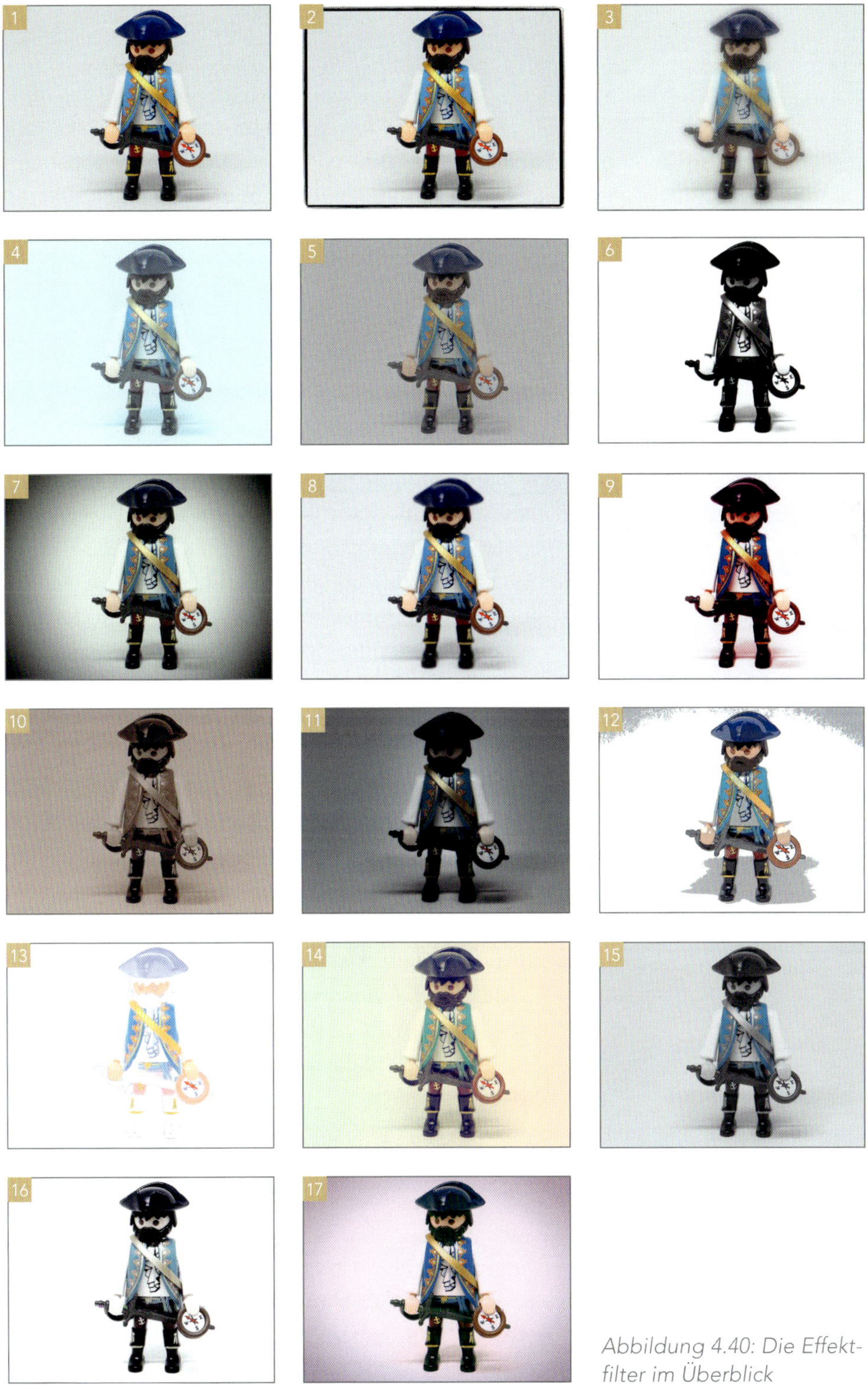

Abbildung 4.40: Die Effektfilter im Überblick

4.5 Die Tastenbelegung individuell anpassen

Die OM-D E-M10 Mark IV lässt sich in einem gewissen Rahmen konfigurieren. Das trifft vor allem auf die Funktionsbelegung dreier Tasten zu. Sie können hier zunächst diese Tasten relativ frei mit Funktionen belegen, aber damit sind die Einstellungsmöglichkeiten längst nicht erschöpft. Die Grundkonfiguration dieser Tasten wurde von Olympus allerdings bereits sehr gut gewählt:

- *AEL/AFL* (AEL: Belichtungsspeicher, AFL: Fokussperre)
- (Digitaler 2-fach-Telekonverter)
- (Video-Aufnahme)

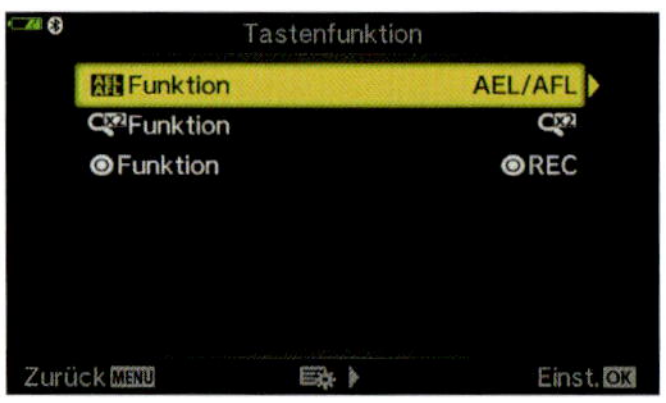

Abbildung 4.41: Standardeinstellung der konfigurierbaren Tasten

Mit der Taste *AEL/AFL* speichern Sie also die Belichtung, und der Autofokus wird gestoppt. Die Funktion *AEL/AFL* ist abhängig von der Einstellung im Menü • *A.AF/MF* • *AEL/AFL*. Hier sind drei unterschiedliche Modi wählbar. Außerdem spielt es eine Rolle, welcher Fokusmodus eingestellt ist, also ob Sie *S-AF*, *C-AF* oder *MF* gewählt haben. In der Grundeinstellung ist für *S-AF* die Option *mode1*, für *C-AF* die Option *mode2* und für *MF* die Option *mode1* eingestellt.

Über die Taste erreichen Sie den digitalen 2-fach-Telekonverter. Hiermit wird das Bild um den Faktor zwei beschnitten. Es handelt sich also nicht um einen optischen Telekonverter. Nicht verwenden können Sie diese Funktion im Panoramaprogramm, bei Mehrfachbelichtungen und der Keystone-Korrektur. Haben Sie *RAW* eingestellt, dann sehen Sie zwar das gezoomte Bild vor der Aufnahme. Die eigentliche Aufnahme wird aber unbeschnitten aufgenommen. Beschneiden können Sie die Aufnahme problemlos später am Computer. Deshalb bietet sich diese Taste sicherlich zur Umkonfigurierung an. Die Empfehlung wäre hier die Option *Vorschau* einzustellen. So können Sie im Handumdrehen die Schärfentiefe überprüfen.

Die Taste dient dem Starten und Stoppen einer Videoaufnahme. Nehmen Sie eher selten Videos auf, dann bietet es sich an, diese Taste mit einer anderen, öfter genutzten Funktion zu belegen – etwa mit *Fokus Peaking*, wenn Sie oft manuell scharfstellen und eine Unterstützung zum Finden des idealen Schärfepunkts wünschen.

Die Möglichkeit zur Einstellung anderer Funktionen finden Sie im Menü unter • *B.Taste/Einstellrad* • *Tastenfunktion*. Wählen Sie mit ▲▼ die Taste aus, deren Belegung Sie ändern möchten, und bestätigen Sie mit der Taste *OK*. Drücken Sie dann die Taste ▶ und wählen Sie mit ▲▼ die gewünschte Funktion aus.

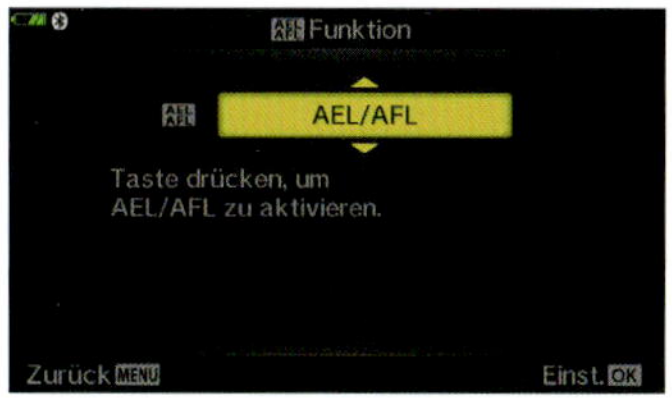

Abbildung 4.42: Menü zum Ändern der Tastenfunktionen

Außerdem stellt Ihnen die OM-D E-M10 Mark IV eine Einstellfunktion zur Verfügung, mit der Sie das Verhalten der beiden Einstellräder steuern können. So können Sie für jedes Programm (*P*, *A*, *S*, *M*) einzeln festlegen, wie sich das Drehen der Einstellräder auswirken soll.

Nehmen Sie diese Änderungen im Menü unter • *B.Taste/Einstellrad* • *Einstellfunktion* vor. In Programm *P* können Sie zum Beispiel zwischen den folgenden Funktionen der Einstellräder wählen:

- Hinteres Einstellrad: *Ps* (Programmshift), vorderes Einstellrad: *Belichtungskorrektur*
- Hinteres Einstellrad: *Blitzbelichtungskorrektur*, vorderes Einstellrad: *Ps* (Programmshift)

Auch das Manövrieren mit den Einstellrädern in den Menüs und im Wiedergabemodus können Sie hier individuell einstellen.

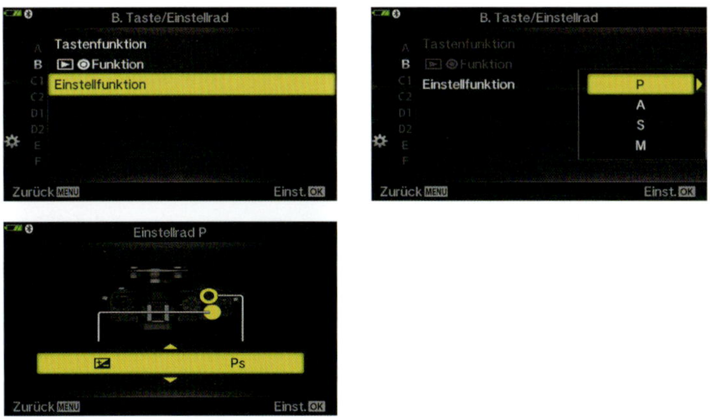

Abbildung 4.43: Die Funktion der Einstellräder können Sie vertauschen.

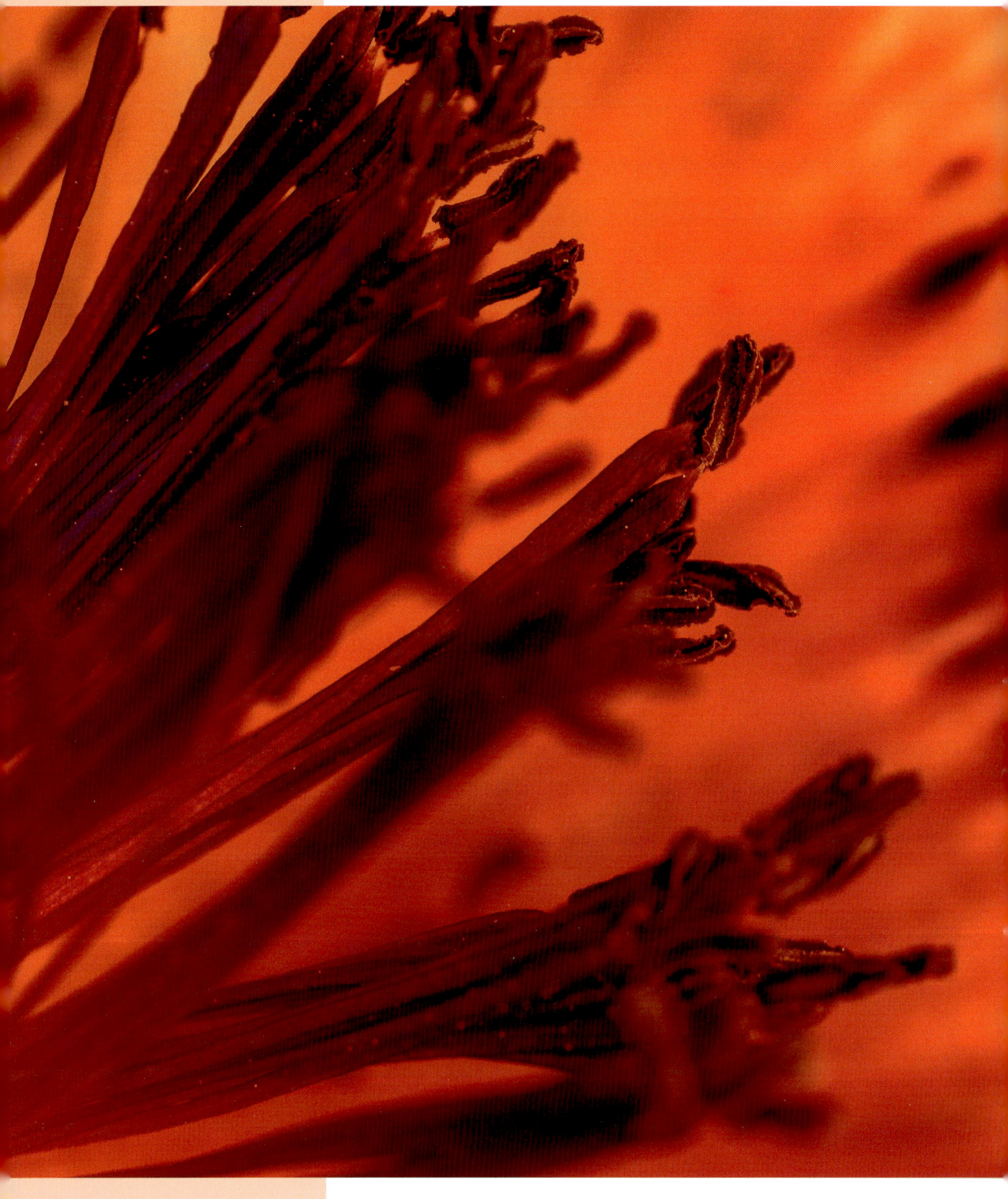

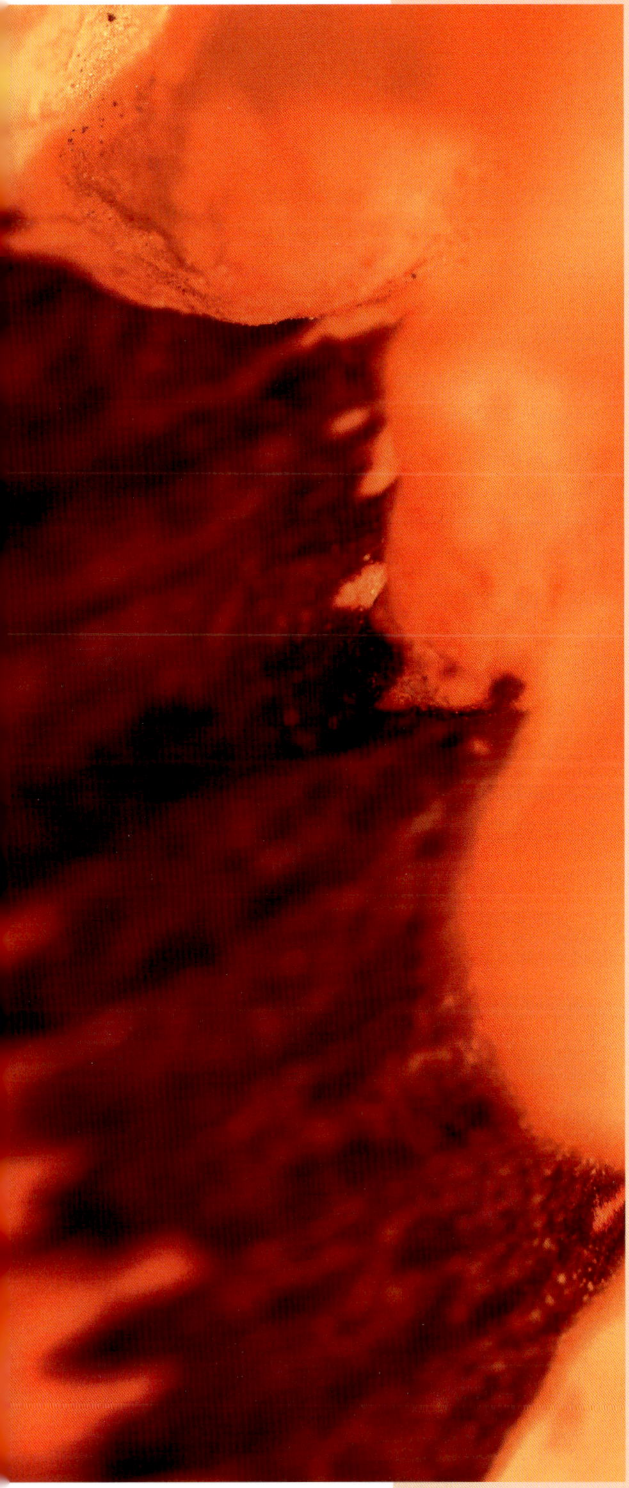

5

Korrekte Farben und ein reines Weiß erzielen

Wenn naturgetreue Farben gewünscht sind, ist der richtige Weißabgleich entscheidend. Dieses Kapitel bringt Ihnen näher, wie Sie mit komplexen Lichtsituationen umgehen können. Dabei kommt z. B. die Graukarte oder die manuelle Einstellung der Farbtemperatur zur Sprache. Hier erfahren Sie auch, welcher Farbraum in welcher Situation der richtige ist. Außerdem wird gezeigt, wie Sie die Bildmodi gezielt einsetzen.

90 mm | f5,6 | 1/160 s | ISO 400

5.1 Die Weißabgleich-Optionen der OM-D E-M10 Mark IV

In den meisten Fällen werden Sie eine Aufnahme nur dann als gelungen empfinden, wenn die Farben so abgebildet werden, wie Sie sie am Aufnahmeort vorgefunden haben. Eine nachträgliche Korrektur ist häufig nur noch bedingt oder mit viel Arbeit in der Bildbearbeitung möglich. Ein korrekter Weißabgleich ist hier ein wichtiger Schlüssel, um falsche Farben zu vermeiden. In diesem Kapitel erfahren Sie, welche Möglichkeiten es gibt, mit dem richtigen Weißabgleich gleich von Anfang an die korrekten Farben zu erhalten. Ihre OM-D E-M10 Mark IV hält dafür zehn Weißabgleich-Modi bereit. Ist das Ziel der korrekten Farben erreicht, können Sie bei Bedarf die Farbgestaltung weiter gezielt beeinflussen. Zu diesem Zweck bietet Ihre OM-D E-M10 Mark IV diverse Kreativprogramme beziehungsweise Bildmodi an. Mit diesen betonen Sie zum Beispiel die Farben eines aufgenommenen Sonnenuntergangs und lassen so die Szene noch interessanter und farbintensiver erscheinen.

Unterschiedliche Lichtsituationen werden mit verschiedenen Farbtemperaturen beschrieben. Eine Glühbirne mit 40 Watt

Abbildung 5.1: Tageslichtszene bei leichter Bewölkung
40 mm | f5,6 | 1/125 s | ISO 100

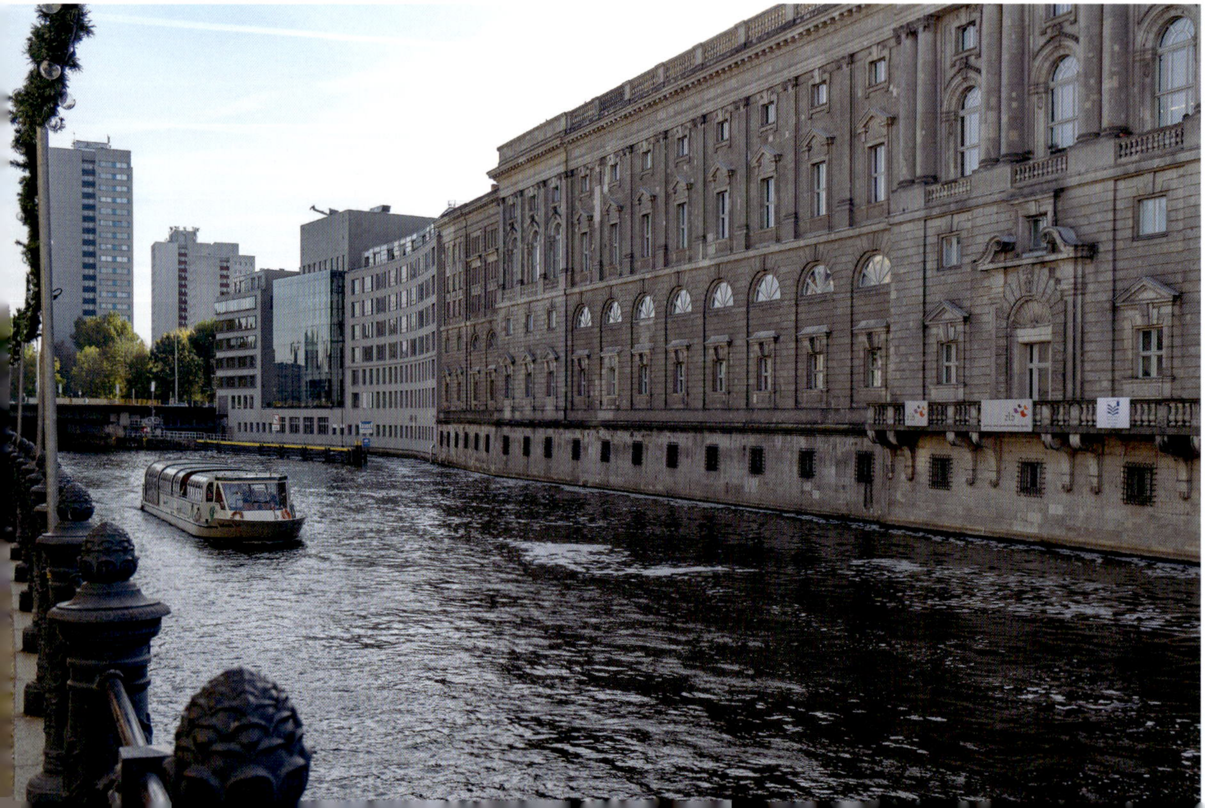

Leistung strahlt zum Beispiel mit einer Farbtemperatur von ca. 2600 Kelvin, während es bei der Abendsonne ca. 5000 Kelvin sind. Da wirkt eine weiße Fläche jeweils unterschiedlich. Während der Mensch völlig unbewusst einen Weißabgleich durchführt, müssen Sie der Digitalkamera einen Referenzwert geben, da sie sonst einen Farbstich aufzeichnen würde.

Entgegen unserer üblichen Anschauung haben wärmere Lichtfarben eine niedrigere Farbtemperatur als kältere Lichtfarben. Das hat damit zu tun, dass unser Farbspektrum aus dem Spektrum eines »schwarzen Körpers« hergeleitet wurde. Wird ein Stück Eisen erhitzt, glüht es zunächst rot. Erhöht man die Hitze weiter, wird die Farbe immer heller (Orange, Gelb, Violett und zum Schluss bis ins Blaue hinein). Je höher also die Temperatur, desto bläulicher und damit kälter wird die Farbe.

In der folgenden Tabelle sehen Sie verschiedene Farbtemperaturen im Vergleich.

Lichtquelle	Farbtemperatur (Kelvin)
Blauer Himmel im Schatten	9000–12.000
Nebel	8000
Bedeckter Himmel	6500–7500
Elektronenblitzgerät	5500–5600
Mittagssonne	5500–5800
Morgen- und Abendsonne	5000
Xenonlampe/-Lichtbogen	4500–5000
Leuchtstofflampe (neutral)	4400–4800
Mondlicht	4100
Sonnenuntergangssonne	3500
Halogenlampe	3200
Glühbirne 200W	3000
Glühbirne 40W	2680
Kerze	1500
Rote Glut	500

Tabelle 5.1: Unterschiedliche Farbtemperaturen im Vergleich

Mithilfe des Weißabgleichs können Sie sicherstellen, dass die vorhandene Lichtstimmung korrekt abgebildet wird und keine Farbstiche entstehen. Der Weißabgleich ist in der Digitalfotografie also unabdingbar, besonders wenn Sie ausschließlich im JPEG-Format fotografieren. Sollten Sie ausschließlich im RAW-Format fotografieren, können Sie den Weißabgleich problemlos auch später im RAW-Konverter anpassen.

Da es jedoch bei größeren Änderungen der Lichttemperatur in der Bildbearbeitung unter Umständen zu einer ungewollten Zunahme des Farbrauschens kommen kann, sollten Sie auch beim Verwenden des RAW-Formats darauf achten, dass der Weißabgleich zumindest annähernd passt.

Um nun die OM-D E-M10 Mark IV auf die jeweilige Lichtsituation einzustellen, gibt es mehrere Möglichkeiten.

Der vollautomatische Weißabgleich

Standardmäßig führt die OM-D E-M10 Mark IV einen automatischen Weißabgleich (*WB AUTO = White Balance Automatic*) durch. Dabei sucht die Kamera nach der hellsten Stelle im Motiv. Sie geht davon aus, dass die hellste Stelle auch wirklich weiß ist. In den meisten alltäglichen Situationen funktioniert diese Art des Abgleichs sehr gut. Ist die hellste Stelle jedoch nicht weiß, kommt es zu einem Farbstich im Bild. Hier hilft dann nur der manuelle Abgleich.

In den Kreativprogrammen der OM-D E-M10 Mark IV können Sie den Weißabgleich ganz unkompliziert einstellen. Fotografieren Sie im RAW-Modus, lässt sich der Weißabgleich auch noch später im RAW-Konverter anpassen.

Der Sensor der OM-D E-M10 Mark IV ist auf Tageslicht abgestimmt. Hier funktioniert der Weißabgleich in den meisten Fällen hervorragend. Verwenden Sie für den Weißabgleich deshalb bei Tageslicht ruhig den automatischen Weißabgleich (*WB AUTO*).

Abbildung 5.2: Menü für den Weißabgleich

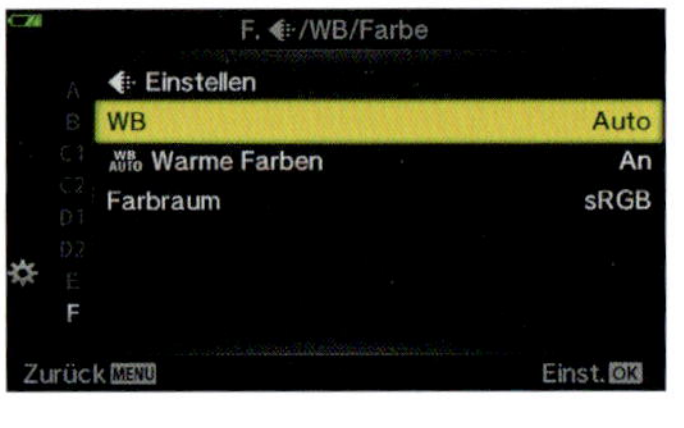

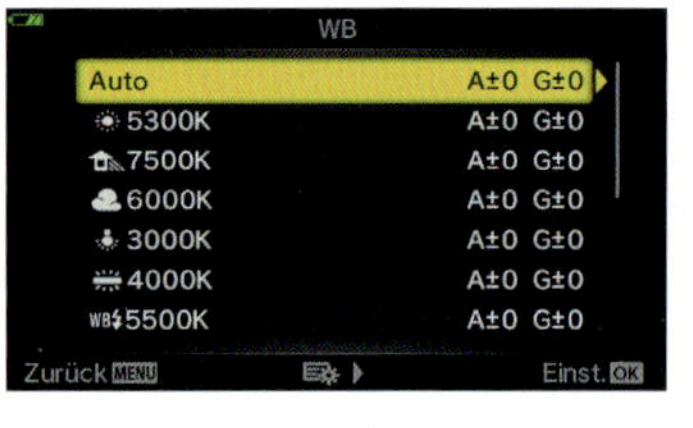

Auch Aufnahmen bei Dämmerung meistert die OM-D E-M10 Mark IV im Modus *WB AUTO* ebenso gut wie Innenaufnahmen mit Kunstlicht.

Weißabgleich wählen

1 Menü aufrufen

Drücken Sie dazu die *MENU*-Taste und wechseln Sie ins Menü ✲ • *F* • *WB*. Hier stehen Ihnen unterschiedliche Weißabgleich-Modi zur Verfügung.

2 Weißabgleich einstellen

Wählen Sie den gewünschten Weißabgleich-Modus aus und bestätigen Sie die Auswahl mit der *OK*-Taste. Der gewählte Weißabgleich wird nun für die nächsten Aufnahmen verwendet.

3 Farbtemperatur einstellen

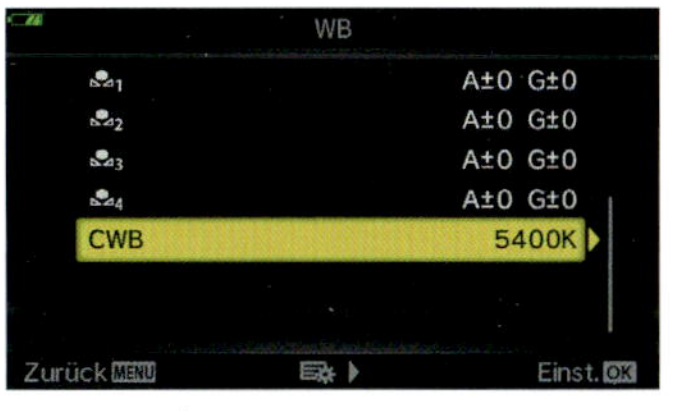

Wollen Sie den Kelvin-Wert selbst bestimmen, wählen Sie mithilfe der Tasten ▼▲ die Funktion *CWB* aus. Mit der Taste ▶ gelangen Sie zur Einstellung des Kelvin-Wertes. Hier können Sie mit den Tasten ▲ und ▼ den Kelvin-Wert für die Farbtemperatur Ihren Wünschen entsprechend anpassen. Zum Bestätigen drücken Sie die *OK*-Taste.

4 Farbverschiebung vornehmen

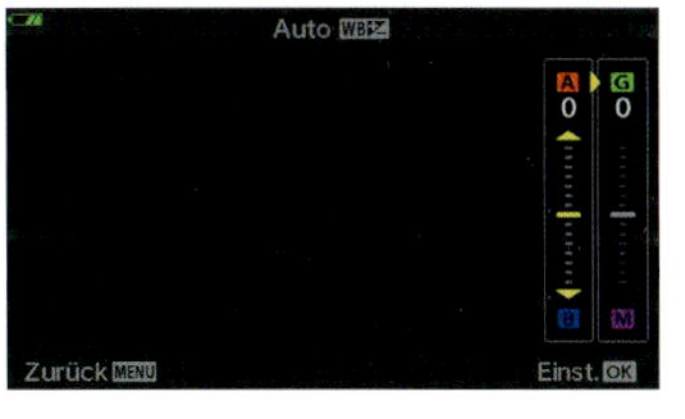

Drücken Sie noch einmal die Taste ▶, während Sie zum Beispiel *Auto* gewählt haben, gelangen Sie zur Feineinstellung des gewählten Weißabgleichs. Hier können Sie nun mit den Tasten ◀▶▲▼ eine Farbverschiebung in den Rot-, Blau-, Magenta- und Grüntönen vornehmen. Möchten Sie den Weißabgleich prüfen, dann drücken Sie die Taste ◉. Eine Aufnahme mit dem aktuellen Weißabgleich steht nun zur Begutachtung bereit.

5 Foto aufnehmen

Nach dem Drücken der *OK*-Taste sind die Werte gespeichert. Der gewählte Weißabgleich wird nun für die folgenden Aufnahmen verwendet.

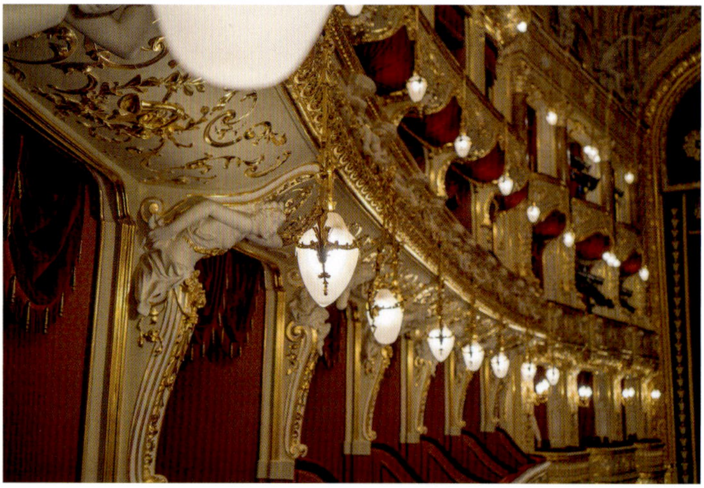

Abbildung 5.3: Hier stand die Weißabgleich-Einstellung auf »Tageslicht«, was einen falschen Weißabgleich ergab. Die Farben erscheinen wesentlich zu warm.
37 mm | f3,2 | 1/60 s | ISO 500

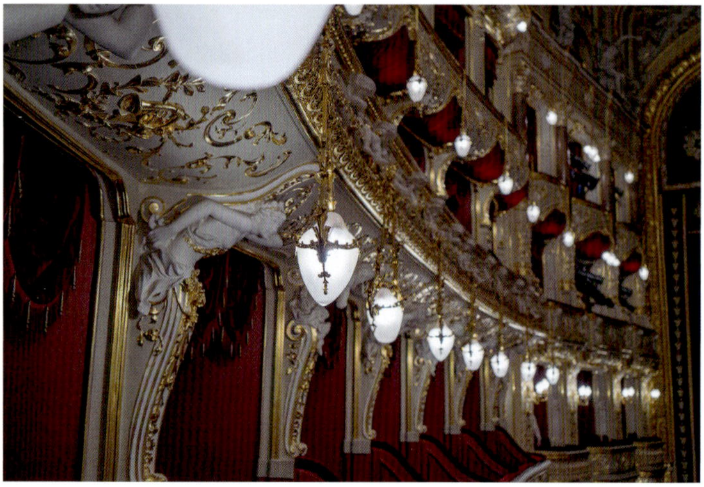

Abbildung 5.4: Zum Vergleich der korrekte Weißabgleich, den die Kamera hier selbstständig im Modus »WB AUTO« richtig gewählt hatte.
37 mm | f3,2 | 1/60 s | ISO 500

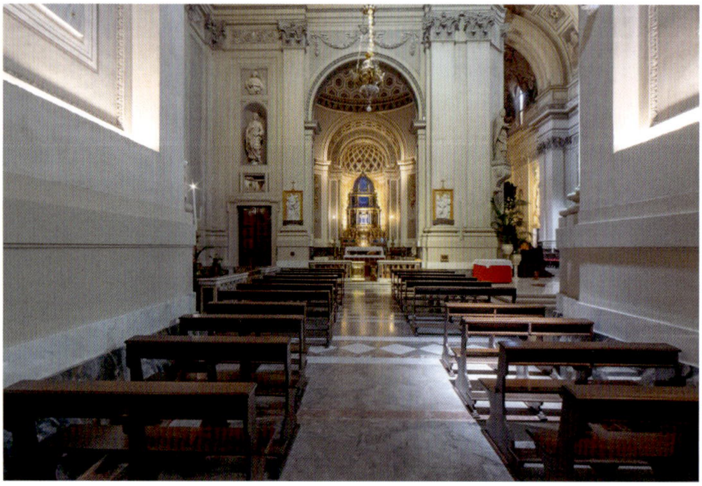

Abbildung 5.5: Auch in Innenräumen können Sie den automatischen Weißabgleich verwenden. Die OM-D E-M10 Mark IV passt die Farben an die Farbtemperatur der Kunstlichtlampen an.
12 mm | f8 | 1/13 s | ISO 3200

Der halbautomatische Weißabgleich für die feinere Abstimmung

Die OM-D E-M10 Mark IV bietet diverse einstellbare Beleuchtungsarten (*Tageslicht*, *Schatten*, *Bewölkt*, *Glühlampe*, *Leuchtstofflampe*, *Unterwasserfotografie*, *Blitz* WB, *Sofortweißabgleich* und direkte Farbtemperatureingabe *CWB*) zur Auswahl.

Diese Farbtemperaturprofile stellen natürlich nur Annäherungen an die jeweilige Farbtemperatur dar. Sollten Sie auch mit diesen Profilen nicht das gewünschte Ergebnis erzielen, ist ein manueller Weißabgleich nötig. Die Vorgehensweise dabei wird im Abschnitt »Die Farbtemperatur manuell bestimmen« ab Seite 168 erklärt. In einigen Fällen kann es auch sinnvoll sein, den Weißabgleich absichtlich falsch einzustellen, zum Beispiel in einer Kerzenlichtsituation die Einstellung auf *Tageslicht* zu ändern, um die Lichtsituation in der Aufnahme noch wärmer zu gestalten.

Symbol	Beleuchtungsart	Farbtemperatur (in Kelvin)	Einsatzbereich
	Tageslicht	ca. 5300	im Freien bei mehr oder weniger starker Sonnenlichteinstrahlung und leichter Bewölkung
	Schatten	ca. 7500	im Freien, im Bereich von Schatten bei starker Sonnenlichteinstrahlung
	Bewölkt	ca. 6000	im Freien bei starker Bewölkung und Nebel
	Glühlampe	ca. 3000	bei künstlicher Beleuchtung, zum Beispiel Glüh- oder Halogenlampen
	Leuchtstofflampe	ca. 4000	bei künstlicher Beleuchtung, zum Beispiel Leuchtstofflampen
WB	*Unterwasserfotografie*	–	für Unterwasseraufnahmen
WB	*Blitz*	ca. 5500	wenn Sie dominierendes Blitzlicht einsetzen
	Sofort-Weißabgleich		vier benutzerdefinierte Weißabgleicheinstellungen
CWB	*Farbtemperatur/Filter*	wird manuell gewählt	manuelle Weißabgleichanpassung

Tabelle 5.2: Weißabgleich-Profile im Vergleich

Testen Sie am besten die gewählten Farbtemperaturprofile, bevor Sie sie bei wichtigen Aufnahmen verwenden. Die Profile sind in manchen Aufnahmesituationen nicht hundertprozentig stimmig. Es gibt etwa bei Leuchtstofflampen unterschiedliche Ausführungen mit voneinander abweichenden Farbtemperaturen. Eventuell passt dann das Profil *Leuchtstofflampe* nicht ganz.

Die Farbtemperatur manuell bestimmen

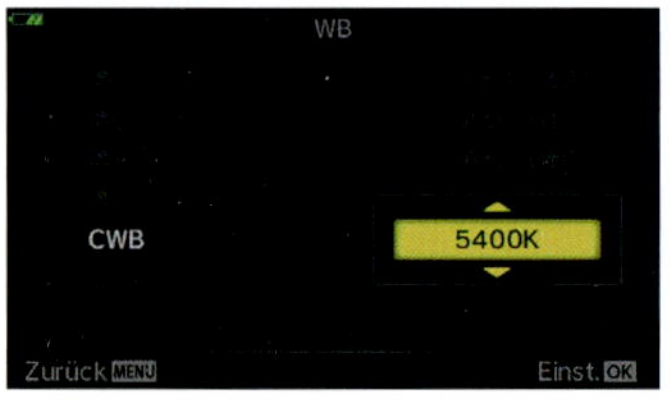

Abbildung 5.6: Unter dem Menüpunkt »CWB« kann die Farbtemperatur manuell eingestellt werden.

An der OM-D E-M10 Mark IV lässt sich zusätzlich über den Menüpunkt *CWB* (Menü ✲ • *F* • *WB*) der Kelvin-Wert zwischen 2000 und 14.000 Kelvin in 100-Kelvin-Schritten direkt einstellen. Sinnvoll ist das zum Beispiel, wenn die Farbtemperatur der Hauptbeleuchtung bekannt ist oder Sie die Farbtemperatur zuvor gemessen haben. Dazu ist zusätzlich ein *Colormeter* (Farbtemperaturmesser) notwendig, um die richtige Farbtemperatur im Vorhinein ermitteln zu können. Für Studioleuchten wird die Farbtemperatur angegeben, die hier direkt eingestellt werden kann.

Automatik- und SCN-Programme

Bei der Vollautomatik und den *SCN*-Programmen können Sie nur auf den automatischen Weißabgleich (*WB AUTO*) zurückgreifen. Den benutzerdefinierten Weißabgleich können Sie nicht verwenden.

Farbtemperatur messen und für die weitere Verwendung speichern

Wenn es darauf ankommt, in Bezug auf die Farbtemperatur sehr genau arbeiten zu müssen, oder wenn Sie einfach experimentieren wollen, können Sie einen gemessenen Weißabgleich für die weitere Verwendung speichern. Dazu messen Sie mit der Kamera ein Objekt an, das Sie als weiß definieren. Sinnvoll ist es, dazu ein weißes Blatt Papier oder eine Graukarte zu verwenden.

Drücken Sie die *OK*-Taste und wählen Sie im rechten Bereich des Monitors bzw. Suchers die Option für den Weißabgleich. Die einzelnen Weißabgleich-Optionen können Sie nun im unteren Bereich einstellen. Wählen Sie hier einen der vier Speicherplätze aus. Drücken Sie dann die *INFO*-Taste. Visieren Sie nun eine Graukarte oder alternativ ein weißes oder graues Blatt Papier an und drücken Sie den Auslöser. Sie erhalten nun eine Vorschau des zu speichernden Weißabgleichs und können diesen über die *OK*-Taste speichern.

5.2 Farbstiche auch in schwierigen Lichtsituationen vermeiden

Die Kamera sucht beim automatischen Weißabgleich nach einer weiß (beziehungsweise grau) erscheinenden Fläche im Motiv. Diese wird als Weiß definiert, und alle anderen Farben werden entsprechend angepasst. Ist nun kein reines Weiß im Motiv enthalten, ist es für die Kamera schwer, den richtigen Weißabgleich zu finden. Es kommt unter Umständen zum Farbstich in der Aufnahme. Ein Hilfsmittel, um Farbstiche zu vermeiden, ist die Graukarte. Diese reflektiert 18 % des Umgebungslichts, was dem Wert entspricht, auf den der Belichtungsmesser der Kamera eingestellt ist. Mithilfe der Graukarte können Sie also die Belichtung kalibrieren und den Weißabgleich sehr genau durchführen. Auch in diesen Fällen ist ein manueller Weißabgleich notwendig.

Graukarte für den feinen Weißabgleich verwenden

Platzieren Sie die Graukarte möglichst dicht am Motiv. Sie dient hier als Referenz für die Kamera und muss vom einfallenden Licht, das auch auf das Motiv trifft, beschienen werden.

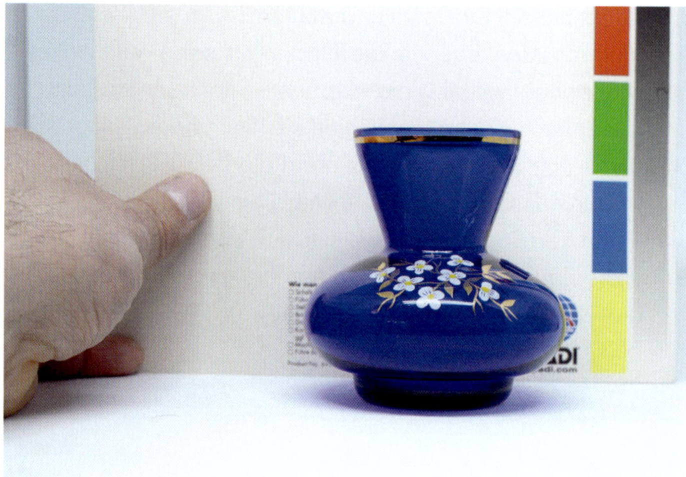

Abbildung 5.7: Eine Graukarte kann sehr gut für den Weißabgleich verwendet werden. Platzieren Sie die Graukarte so, dass diese vom gleichen Licht beschienen wird wie das Motiv.

Nun nehmen Sie eine Messung an der Graukarte vor. Richten Sie die Kamera am besten so aus, dass die Karte vollflächig im Sucher beziehungsweise auf dem Display zu sehen ist. Überprüfen können Sie dies durch ein Testfoto. Nehmen Sie dann, wie in der Schritt-für-Schritt-Anleitung »Weißabgleich wählen« auf Seite 165 beschrieben, den benutzerdefinierten Weißabgleich vor und speichern die gemessenen Werte für die Farbtemperatur.

Nun können Sie die Graukarte vom Motiv entfernen und mit den zuvor gespeicherten Werten für den Weißabgleich wie gewohnt fotografieren. Der Weißabgleich sollte nun stimmen. Beachten Sie, dass Sie den Vorgang wiederholen müssen, sobald sich die Lichtverhältnisse ändern.

Haut als Graukarte nutzen

Unsere Haut (durchschnittlicher Mitteleuropäer) reflektiert ähnlich wie eine Graukarte. Das heißt: Sind Personen das Aufnahmeobjekt, können Sie auch näherungsweise mittels Spotmessung auf Hautpartien den Abgleich vornehmen. Meist müssen Sie dann eine Belichtungskorrektur um +1 EV einstellen.

Die gängigen Bildbearbeitungsprogramme bieten die Möglichkeit, den Weißabgleich nachträglich zu korrigieren. Sie werden so aber nicht immer zum gewünschten Ergebnis gelangen, da zum Beispiel Mischlichtaufnahmen schwer zu korrigieren sind. Farbstiche hingegen sollten in der Regel leicht zu korrigieren sein. Im RAW-Format aufgenommene Motive lassen sich ohnehin sehr gut im RAW-Konverter anpassen. Dennoch kann es sich auch im RAW-Format lohnen, ein paar Referenzaufnahmen vom Motiv mit der Graukarte anzufertigen. Später im RAW-Konverter können Sie dann mit der Pipette auf die Graukarte tippen und so den Weißabgleich einstellen oder auch nach Belieben variieren.

5.3 Die Bildmodi gezielt einsetzen

Die OM-D E-M10 Mark IV stellt Ihnen sechs Bildmodi zur Verfügung, mit denen Sie gezielt die Wirkung Ihrer Aufnahmen beeinflussen können. Sie erreichen diese über das Menü 1 • *Bildmodus* (beziehungsweise per *OK*-Taste in der Funktionsanzeige zur Schnellauswahl).

Jeder Modus hält Einstellungsmöglichkeiten für den Kontrast C, die Schärfe S und die Farbsättigung RGB bereit. Zunächst stehen hier alle Parameter der Bildmodi auf *0*. Diese können jeweils in Einerschritten von –2 bis +2 eingestellt werden. Beachten Sie, dass diese Änderungen nur Auswirkungen auf Bilder im JPEG-Format haben. In den Programmen *AUTO* und *SCN* stehen Ihnen die Einstellungsmöglichkeiten unter dem Menüpunkt *Bildmodus* generell nicht zur Verfügung.

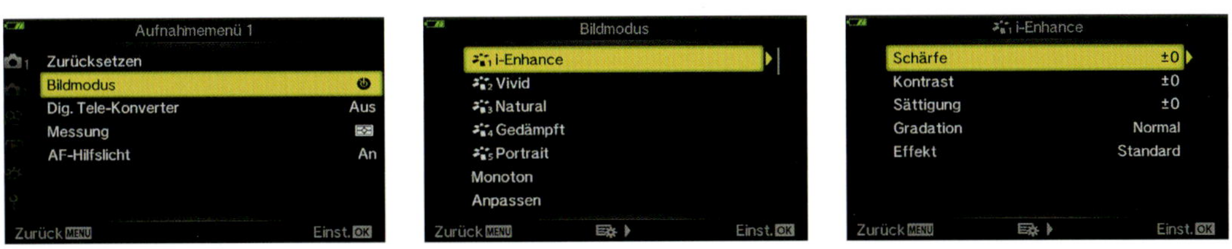

Abbildung 5.8: Im Menü »Bildmodus« finden Sie die einzelnen Bildmodi mit weiteren Einstellungen für Kontrast, Bildschärfe, Sättigung, Gradation und Effekt.

Zusätzlich können Sie noch den frei einstellbaren Modus *Anpassen* nutzen. Hier lässt sich aus den Parametern *Bildmodus, Kontrast, Schärfe, Sättigung und Gradation* Ihr eigener Bildmodus zusammenstellen.

Scrollen Sie im Menü *Bildmodus* nach unten, erreichen Sie die Bildmodi, die Sie im Abschnitt »Einsatz von Effektfiltern« auf Seite 155 kennengelernt haben.

Kontrasteinstellung

Mit dem Parameter *Kontrast* ist es möglich, eine Kontrasteinstellung vorzunehmen. Eine Verringerung des Kontrasts kann sinnvoll sein, wenn Über- beziehungsweise Unterbelichtungen auftreten. Auf diese Weise können Sie verhindern, dass Informationen in hellen beziehungsweise dunklen Bildbereichen verloren gehen. Eine Erhöhung des Kontrasts kann notwendig werden, wenn es sich um kontrastarme Motive handelt.

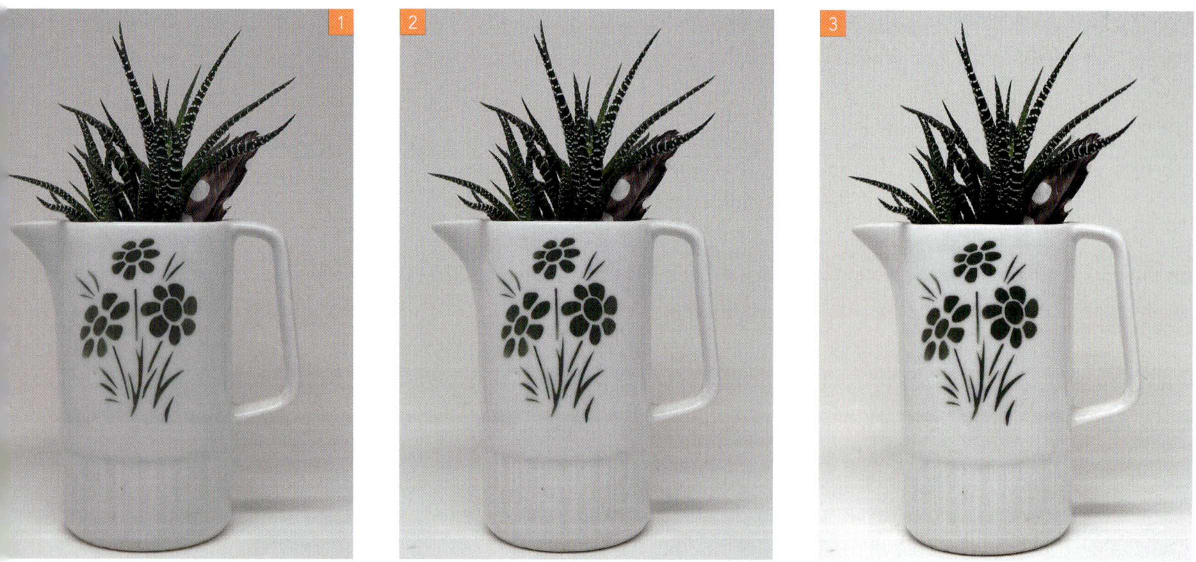

Abbildung 5.9: Kontrast –2 ❶, *Standard* ❷, *Kontrast +2* ❸

Einstellung der Schärfe

Die ohnehin durchgeführte Schärfung kann mit dem zweiten Schieberegler *Schärfe* beeinflusst werden. Die Schärfung wird dabei durch Minderung beziehungsweise Verstärkung der Tonwerte an den Kanten vorgenommen.

1
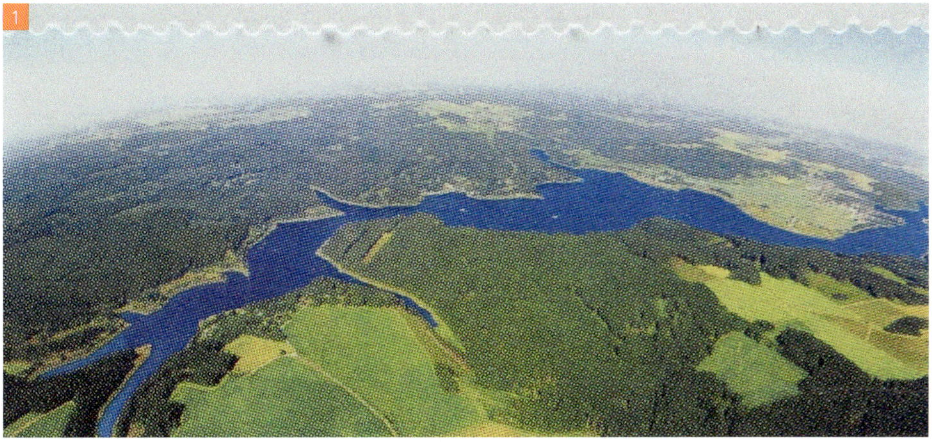

2
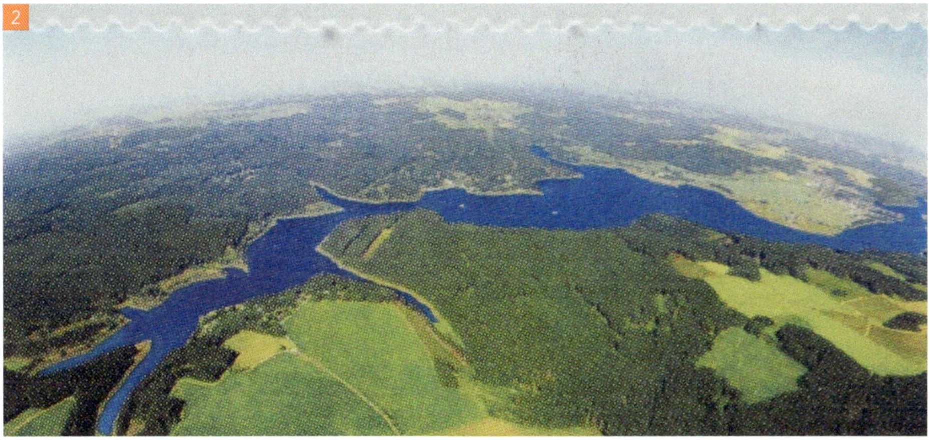

3
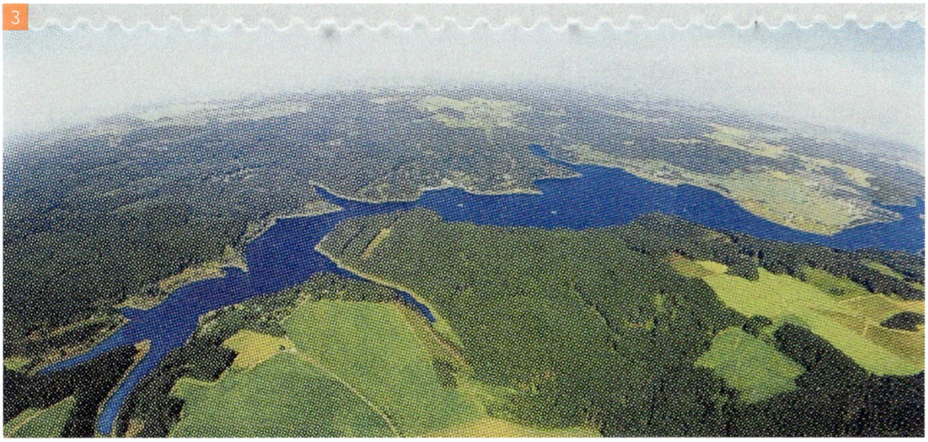

Abbildung 5.10: Schärfe –2 ❶, Standard ❷, Schärfe +2 ❸

Einstellung der Farbsättigung

Die Farbintensität lässt sich ebenfalls einstellen. Negative Werte ergeben abgeschwächte und gedämpft wirkende Farben. Im positiven Bereich erhalten Sie dagegen eine Verstärkung der Farben. Sinnvoll ist hier eine Veränderung meist nur, wenn man die Bilder ohne weitere Bildbearbeitung verwenden möchte.

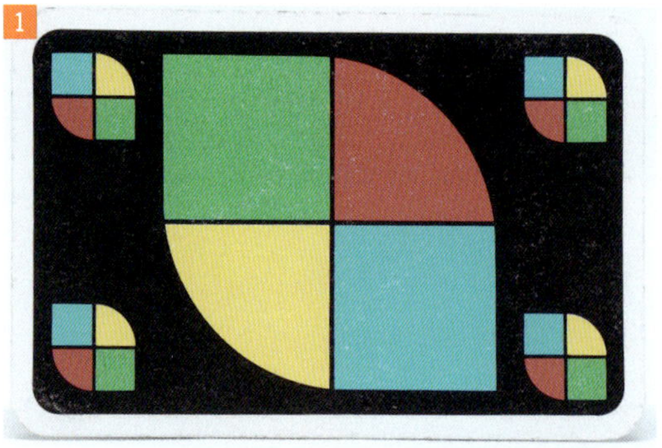

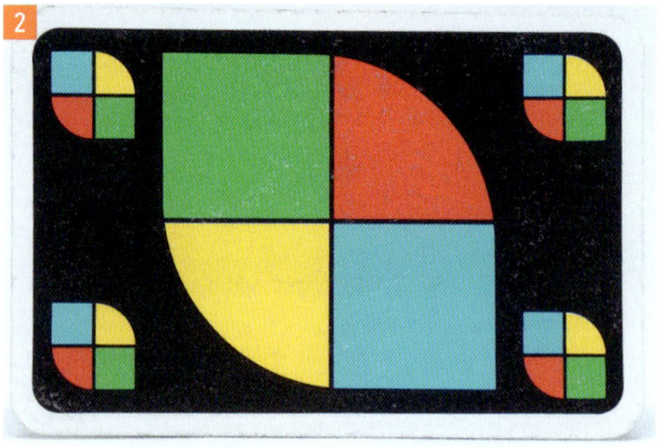

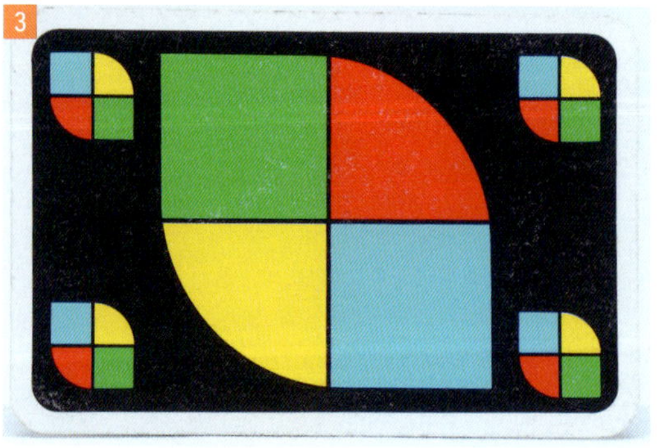

Abbildung 5.11: Farbsättigung –2 ❶, Standard ❷, Farbsättigung +2 ❸

Bildbeeinflussung nur im JPEG-Format

Sämtliche Einstellungen des Kontrasts, der Schärfe und der Sättigung wirken sich nur auf das JPEG-Format aus. Das Rohdatenformat RAW ist von den Änderungen nicht betroffen. Im Gegensatz zum JPEG-Format können diese Einstellungen hier noch nachträglich im Olympus Workspace oder einem anderen RAW-Konverter verändert werden.

Bedenken Sie vor allem, dass Sie die Farbinformationen eines einmal im JPEG-Format im Bildmodus *Monoton* aufgenommenen Bildes nicht mehr zurückerhalten.

Möchten Sie die Bildmodi einsetzen, um möglichst ab Speicherkarte schnell Bildergebnisse präsentieren zu können, bietet es sich an, das Speicherformat *LF+RAW* zu wählen. So steht Ihnen später neben dem fertigen JPEG-Bild noch das »digitale« Negativ im RAW-Format für eventuelle weitere Bearbeitungen zur Verfügung.

Auch eine Tonwertkorrektur lässt sich in den einzelnen Bildmodi unter dem Menüpunkt *Gradation* einstellen. Sie können die Tonwerte in vier Varianten festlegen. Verwenden Sie die Option *Auto*, wenn Sie ein Motiv mit starken Kontrasten aufnehmen. Die OM-D E-M10 Mark IV versucht hier in den hellen und dunklen Bereichen dafür zu sorgen, dass trotz der starken Kontraste keine Zeichnung verloren geht. Für Motive mit normalen Kontrasten, zum Beispiel bei bedecktem Himmel und Tageslicht, verwenden Sie die Standardeinstellung *Normal*. Sind vor allem helle Bildelemente vorhanden, dann verwenden Sie *High Key* und im umgekehrten Fall für hauptsächlich dunkle Bildbereiche *Low Key*, um den High-Key- beziehungsweise Low-Key-Effekt zu betonen.

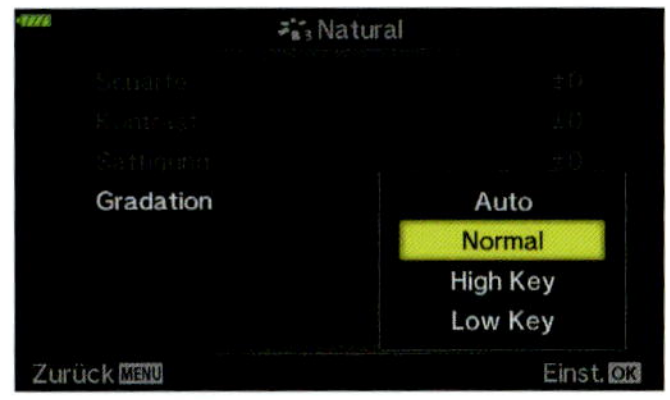

Abbildung 5.12: Auch eine Tonwertkorrektur ist im Menüpunkt »Gradation« in vier Stufen möglich.

Mit den Bildmodi schnell zu guten Bildern

Im Menü *Bildmodus* sind sechs Bildmodi verfügbar. Diese dienen auch der Verwendung in den *SCN*-Programmen. Einstellungen für Kontrast, Farbsättigung (mit Ausnahme von *Monoton*), Schärfe und Gradation können zudem jeweils angepasst werden. Durch Drücken der Tasten ▲▼ können folgende Stile gewählt werden:

					M
i-Enhance	*Lebhaft*	*Natürlich*	*Gedämpft*	*Porträt*	*Monoton (Schwarz/Weiß)*

Tabelle 5.3: Die OM-D E-M10 Mark IV bietet sechs verschiedene Bildmodi.

Der Bildmodus *i-Enhance* wird in der Vollautomatik verwendet. Hier analysiert die OM-D E-M10 Mark IV das Motiv und nimmt abhängig davon unterschiedlich starke Veränderungen an Kontrast und Sättigung vor.

Hinter *Lebhaft* verbirgt sich ein Bildmodus, der die Farben verstärkt. Die Bildwirkung kommt dem in analoger Technik eingesetzten Fuji Velvia beziehungsweise dem Kodak E100VS nahe. Diese beiden Filmsorten sind für lebendige und satte Farben bekannt.

Verwenden Sie den Bildmodus *Natürlich*, wenn Sie Ihre Bilder später lieber selbst am Computer bearbeiten möchten. *Dieser Bildmodus* schärft das Bild kaum nach, und auch die Sättigung der Farben ist hier zurückhaltend.

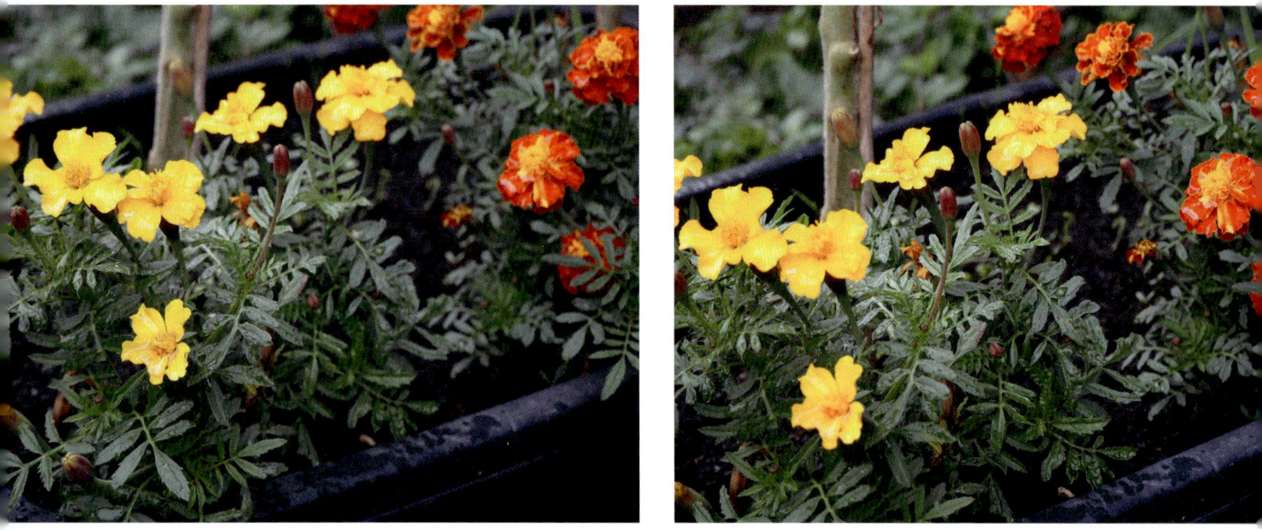

Abbildung 5.13: Bildmodus: »Natürlich« links im Vergleich zu »Lebhaft« rechts. 33 mm | f5,6 | 1/60 s | ISO 800

Wünschen Sie gedeckte Farben, dann verwenden Sie den Bildmodus *Gedämpft*. bei diesem wird der Kontrast reduziert. Der Bildmodus *Porträt* ist abgestimmt auf angenehme Hauttöne.

Besonderer Bildmodus: Graustufenbilder (Monoton)

Sind Sie sicher, dass Sie Ihre Bilder ausschließlich in Schwarzweiß aufnehmen möchten, können Sie den Bildmodus **M** *Monoton* benutzen. Sie sollten sich aber bewusst sein, dass Sie die fehlenden Farbinformationen nicht mehr zurückgewinnen können. Eine nachträgliche Schwarzweißumwandlung eines JPEG- oder besser eines RAW-Bildes bietet Ihnen noch mehr Möglichkeiten als der Bildmodus **M** *Monoton*, denn hier können Sie die Graustufen gezielter steuern und die Intensität des Schwarzweiß-Looks beeinflussen. Die Originaldatei kann aber für die weitere Verwendung separat gespeichert werden.

Der Bildmodus *Monoton* bietet zwei weitere Optionen: zum einen *Farbfilter* und zum anderen *Monochrom-Farbe*. Mit *Farbfilter* können Sie bestimmte Farben bei der Schwarzweiß-

Umwandlung herausfiltern. Wählen Sie zum Beispiel *Ye:Gelb*, dann erhöht das den Kontrast zwischen Himmel und Wolken. Mit *Monochrom-Farbe* können Sie zum Beispiel auch einen Sepiaeffekt einstellen.

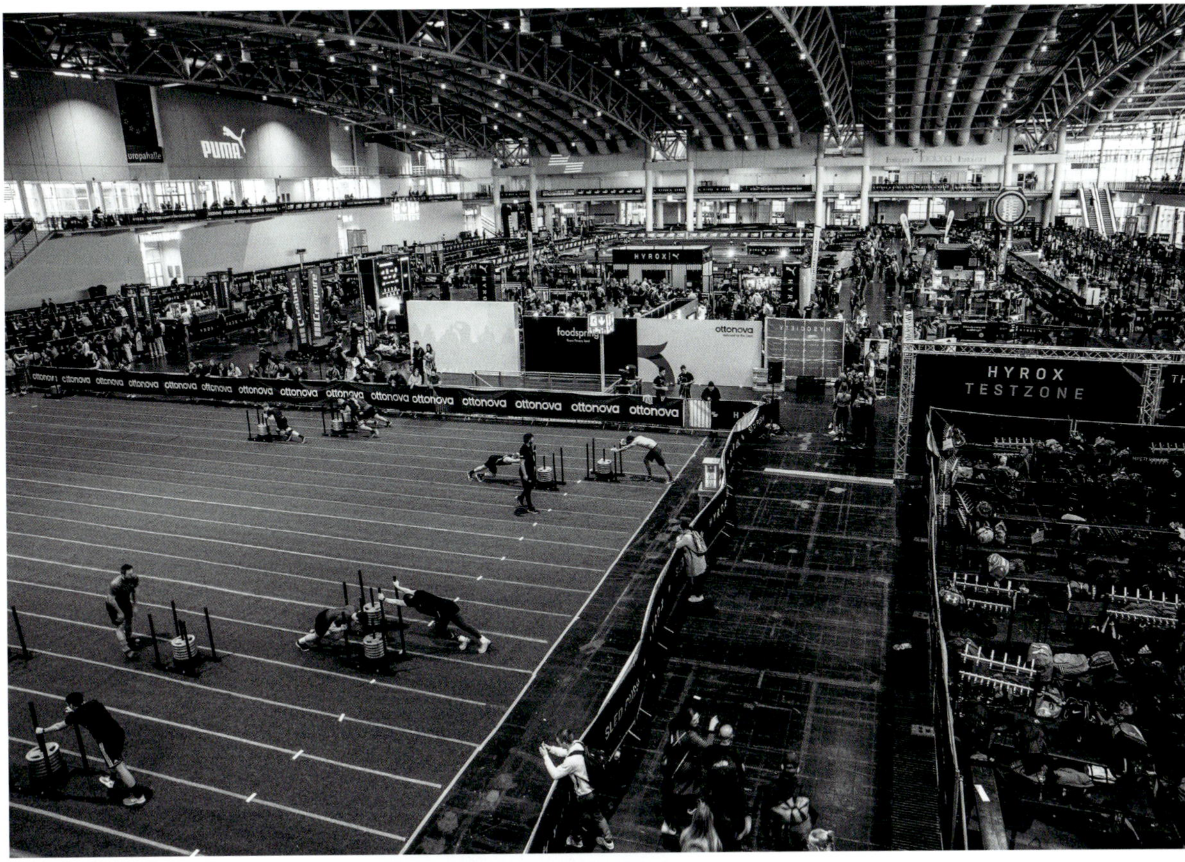

16 mm | f6,3 | 1/30 s | ISO 3200

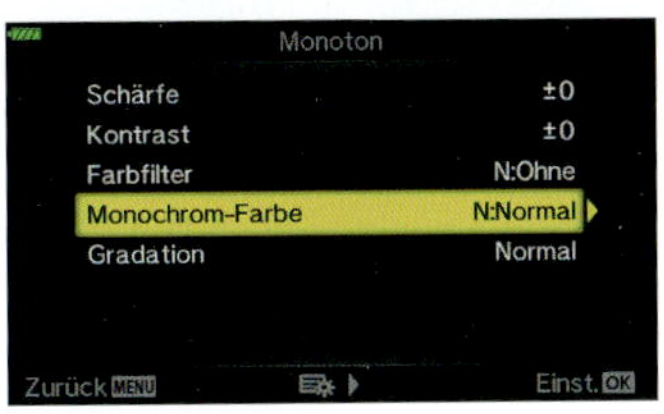

Abbildung 5.14: Links: Menü mit den Optionen im Bildmodus »Monoton«. Oben: Schwarzweißaufnahme im Bildmodus »Monoton«

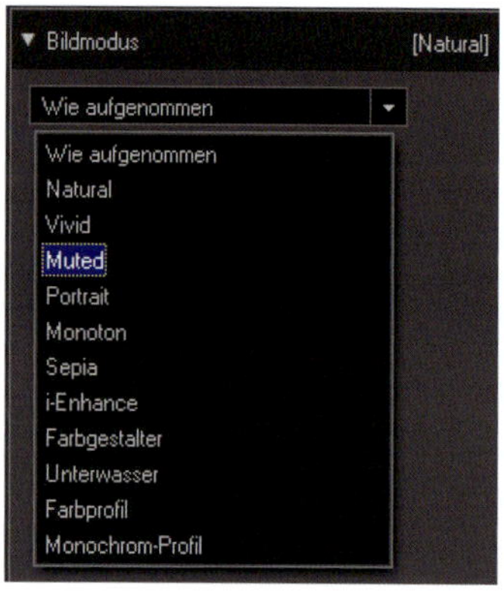

Abbildung 5.15: Im RAW-Konverter, wie hier im Olympus Workspace, können auch nachträglich Bildmodi ausgewählt und auf das Bild übertragen werden.

Bildmodus im Olympus Workspace anwenden

Verwenden Sie das RAW-Format, können Sie nicht nur die Einstellung der Bildmodi an der Kamera verwenden, sondern diese auch nachträglich im Olympus Workspace verändern. Im Konverter stehen Ihnen alle Bildmodi der OM-D E-M10 Mark IV zur Verfügung. In Kapitel 14, »Der digitale Arbeitsablauf«, ab Seite 311, erfahren Sie mehr über die Funktionen des RAW-Konverters.

5.4 Farbraumeinstellungen richtig wählen

Die Farbwiedergabe des Sensors der OM-D E-M10 Mark IV ist sehr zuverlässig. An unser menschliches Auge reicht sie in Bezug auf die Farbwiedergabe dennoch bei Weitem nicht heran. Letztlich ist es die kamerainterne Software, die die einzelnen Farbtöne interpretieren muss. Dahinter verbirgt sich eine komplexe Aufgabe und es ist wichtig, die richtigen Einstellungen vorzunehmen, um Farbabweichungen auszuschließen. In diesem Zusammenhang kommen die *Farbräume* ins Spiel: Sie definieren alle darstellbaren Farben innerhalb eines Farbmodells. In der digitalen Fotografie kommen hauptsächlich zwei davon zum Einsatz: Adobe RGB und sRGB.

Die Farbräume

Unter der Arbeit mit Farbräumen versteht man die Möglichkeit, Farben in einem bestimmten Rahmen zu erkennen beziehungsweise auszugeben. Dabei durchläuft ein Foto von der Kamera über den Bildschirm bis zum Drucker meist mehrere Farbräume. Sind diese nicht aufeinander abgestimmt, weicht beispielsweise das Bildschirmbild wesentlich vom ausgedruckten Ergebnis ab.

sRGB und Adobe RGB – wann sollten Sie welchen Farbraum nutzen?

Die OM-D E-M10 Mark IV bietet den *sRGB*- und den *Adobe-RGB*-Farbraum an. Die Wahlmöglichkeit zwischen beiden Farbräumen finden Sie im Menü ⚙ • *F* unter *Farbraum*. Standardmäßig ist *sRGB* eingestellt.

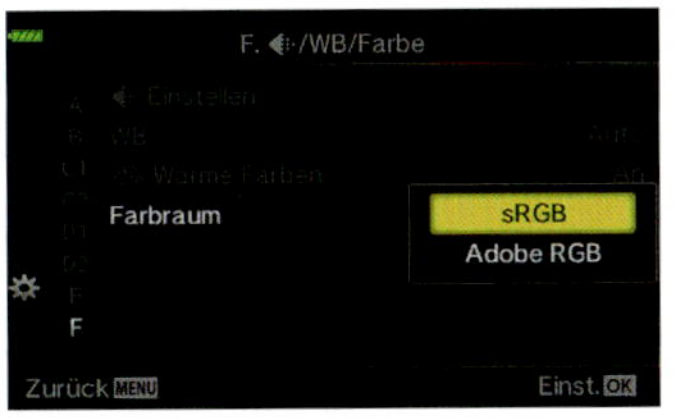

Abbildung 5.16: Menü zur Wahl des sRGB- beziehungsweise des Adobe-RGB-Farbraums

Aber welchen dieser Farbräume sollten Sie sinnvollerweise einsetzen? Damit Sie diese Entscheidung nicht im Blindflug treffen müssen, werfen wir zunächst einen Blick auf das RGB-Farbsystem. RGB steht für die drei Grundfarben Rot, Grün und Blau. Die Farbtiefe beträgt 8 Bit pro Grundfarbe, womit dann insgesamt 16,8 Mio. Farben dargestellt werden können. Die Farbe eines einzelnen Pixels wird dabei mit je einem Wert für die drei Grundfarben beschrieben. Zum Beispiel hat Schwarz den Wert 0/0/0 und Weiß den Wert 255/255/255. Rot ist mit 255/0/0, Grün mit 0/255/0 und Blau mit 0/0/255 definiert. Alle Mischfarben des Systems entstehen durch unterschiedliche Anteile der einzelnen Grundfarben.

Die RGB-Werte stellen nun aber keine absoluten Farbwerte dar. Um zum Beispiel ein bestimmtes Rot mit dem Drucker ausgeben zu können, sind weitere Farbraumdefinitionen erforderlich.

Der Farbraum sRGB wurde speziell für die Wiedergabe auf handelsüblichen Monitoren entwickelt. Einige Farbdrucker unterstützen ebenfalls den sRGB-Farbraum. Die meisten »besseren« Drucker unterstützen aber ein Farbspektrum, das über das des sRGB-Farbraums hinausgeht. Diese Drucker werden mit sRGB nicht optimal genutzt. Der Adobe-RGB-Farbraum ist etwas größer als der sRGB-Farbraum und deckt den größten Teil der druckbaren Farben ab. Er ist quasi auch der Standardfarbraum der Druckindustrie. Die üblichen Offsetdruckverfahren werden gut mit dem Adobe-RGB-Farbaum abgedeckt.

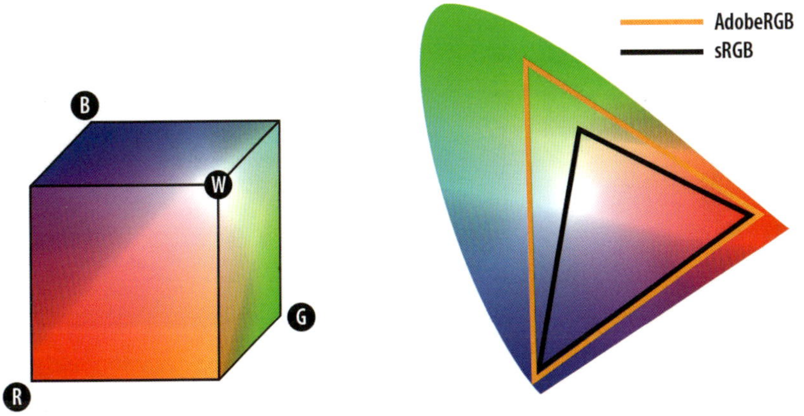

Abbildung 5.17: Die Farbraummodelle Adobe RGB und sRGB im Vergleich (Grafik: Michael Oreal)

Den Unterschied im Farbumfang erkennen Sie am besten in einer dreidimensionalen Grafik. In der Abbildung unten sehen Sie, dass die Farben, die mit sRGB dargestellt werden können, komplett in Adobe RGB enthalten sind. Im rotblauen Bereich sind beide Farbräume denn auch fast identisch, während im blaugrünen Bereich Adobe RGB die Farben weitaus differenzierter wiedergeben kann.

Zudem gehen Details verloren, wenn Sie nachträglich den Adobe-RGB-Farbraum in sRGB konvertieren, da Farben, die nicht in sRGB existieren, der nächstmöglichen Farbe zugeordnet werden. Das kann bei der Umwandlung von sRGB in Adobe RGB natürlich nicht passieren, da Adobe RGB alle Farben von sRGB darstellen kann.

Wenn man das so liest, könnte man zu dem Schluss kommen, Adobe RGB den Vorrang vor sRGB zu geben, denn der Farbraum ist schließlich deutlich größer. Ein größerer Farbraum hat allerdings auch Nachteile. Sollte ein Farbraum nur zum Teil genutzt werden, verschenkt man Platz, denn ein größerer Farbraum bedeutet dann auch zwangsläufig gröbere Farbabstufungen. Die Informationsmenge im RGB-System ist ja immer gleich (16,8 Mio. Farbabstufungen). Tatsächlich sichtbar werden Unterschiede zwischen sRGB und Adobe RGB ohnehin nur dann, wenn es sich um Motive mit großflächigen Bereichen und intensiven Farben aus dem Adobe-RGB-Farbraum handelt, die in sRGB nicht vorhanden sind.

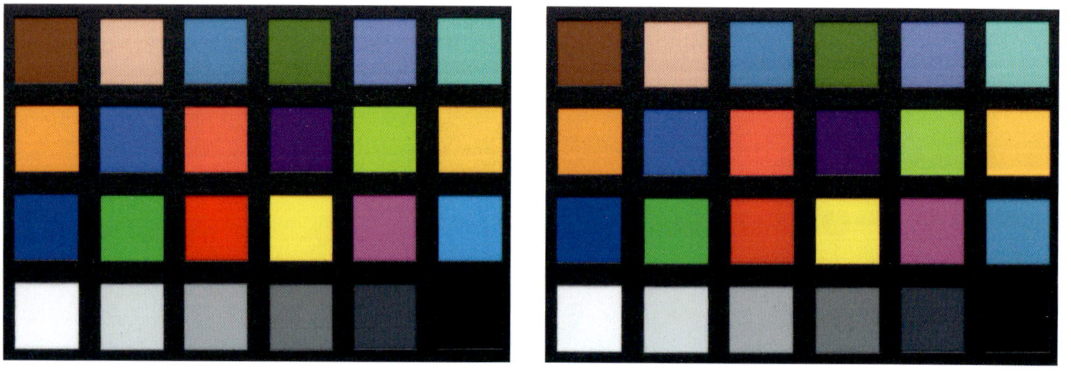

Abbildung 5.18: Links wurde »Adobe RGB« und rechts »sRGB« als Farbraum gewählt. Unterschiede treten im Normalfall nur bei stark gesättigten Farben auf.

Ein optimales Ergebnis wird erreicht, wenn Sie mit dem Ausgangsfarbraum dem Ausgabefarbraum am nächsten kommen, also zum Beispiel dem Farbraum des Monitors oder des Druckers. Für Ihre alltäglichen Fotos können Sie also uneingeschränkt den sRGB-Farbraum verwenden. Monitore, Heimdrucker und Laborprinter können diesen Farbraum sehr gut darstellen beziehungsweise wiedergeben. Im professionellen Bereich dominiert der Adobe-RGB-Farbraum. Hier ist ein durchgängiges Farbmanagement notwendig. Wenn Sie im RAW-Modus fotografieren, spielt die Einstellung an der OM-D E-M10 Mark IV hier keine Rolle. Aus RAW-Dateien lassen sich später beim digitalen Entwickeln beide Farbräume auswählen.

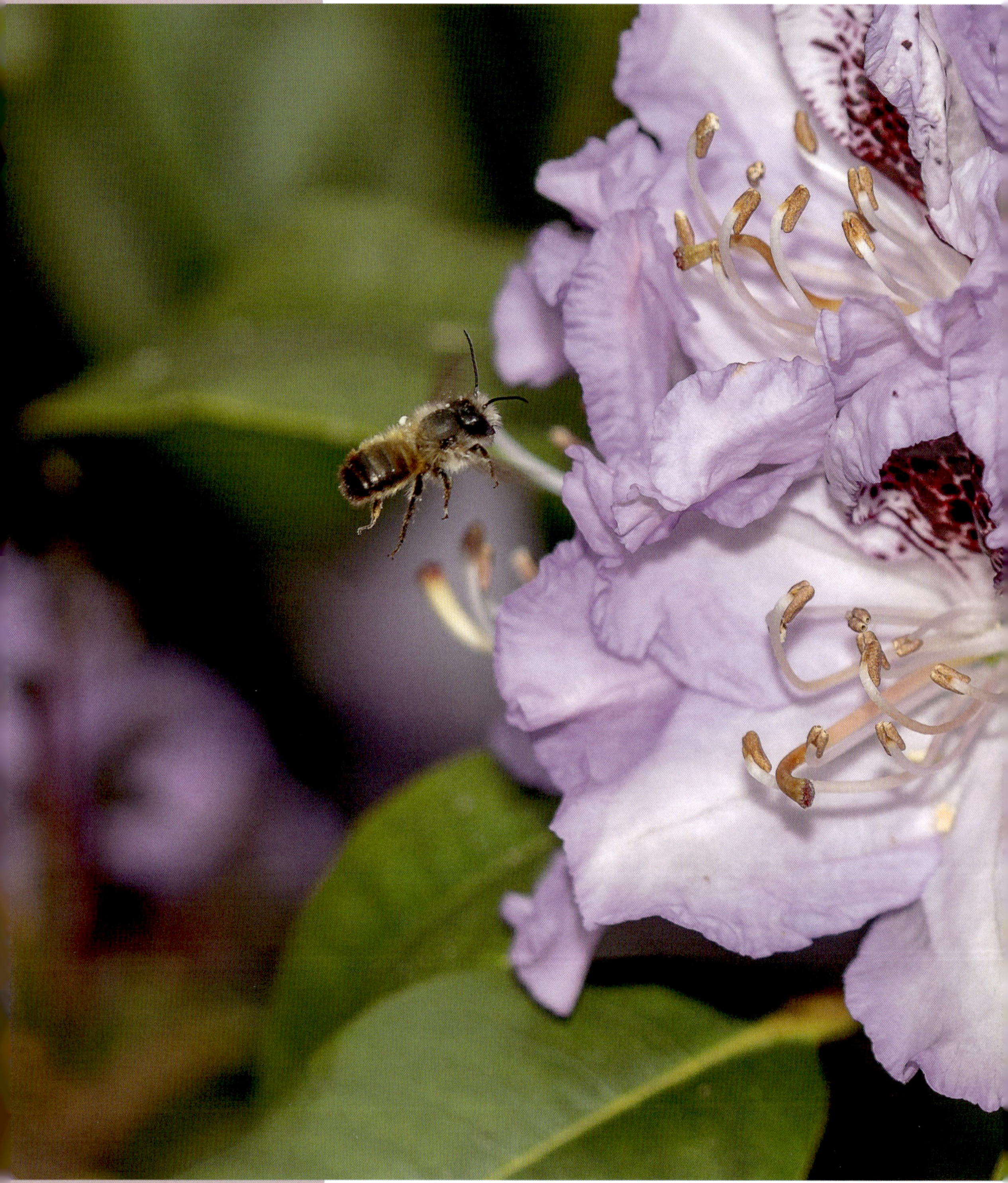

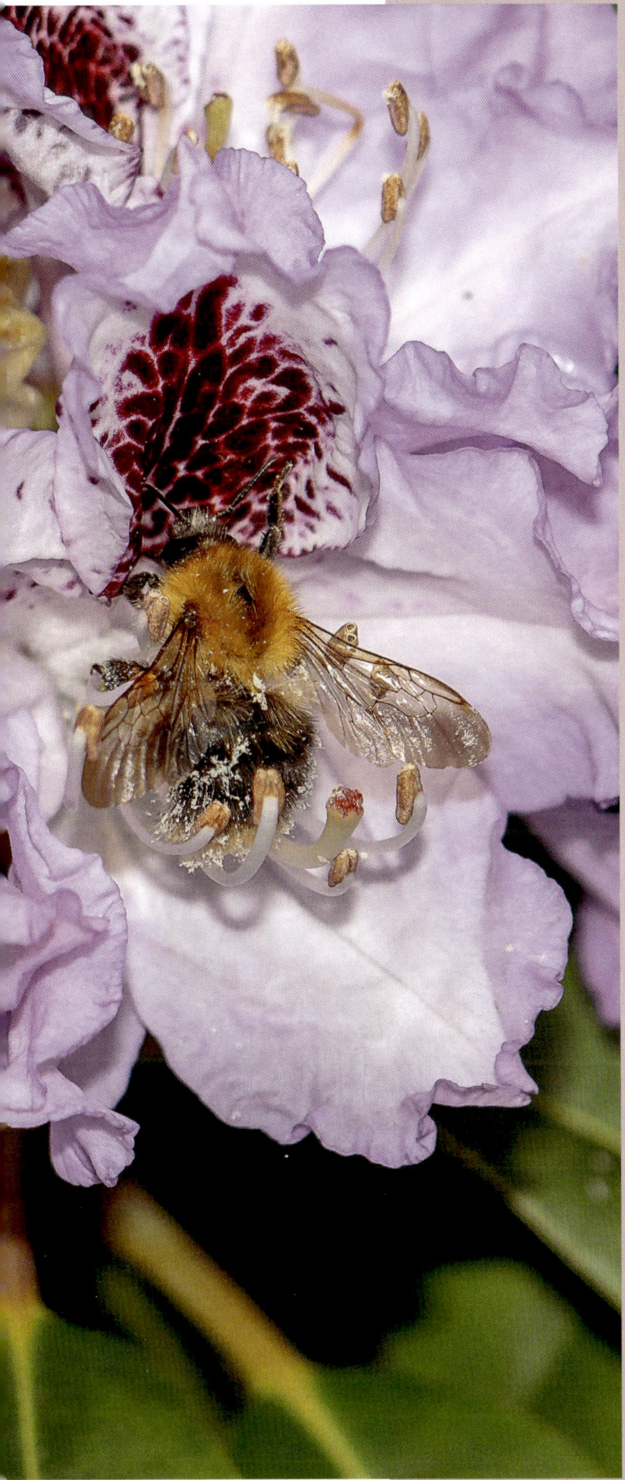

6

Gekonnter Blitzlichteinsatz

Wie Sie Ihre Bilder mit Blitzlicht natürlich ausleuchten, rote Augen oder unschöne Schlagschatten bei Porträts verhindern, ist Thema dieses Kapitels. Geeignete Blitzgeräte von Olympus und anderer Hersteller sowie weiteres Zubehör zur Ausleuchtung werden hier vorgestellt. Außerdem kommt zur Sprache, wie Sie Blitzgeräte kabellos steuern können. Ergänzt wird das Kapitel mit Tipps, um z. B. schöne Spitzlichter in die Augen zu zaubern oder Bewegungsschleier zu erzeugen.

90 mm | f3,5 | 1/600 s | ISO 400

6.1 Blitzlicht perfekt einsetzen

Sie kennen sicher einige Situationen, in denen das Sonnenlicht nicht mehr ausreichte, um die gewünschte Belichtung in den Aufnahmen zu erzielen, etwa bei einem bedeckten Himmel oder bei Innenaufnahmen in schummerigen Lichtverhältnissen. Spätestens dann ist eine zusätzliche Lichtquelle gefragt. Das Blitzlicht können Sie im Gegensatz zur Sonne weitgehend so dosieren und ausrichten, wie es Ihnen in der jeweiligen Situation sinnvoll erscheint. Die heutigen Blitzgeräte ermöglichen es, mit relativ wenig Energie beachtliche Blitzleistungen zu liefern, und die Lichtfarbe ist ein neutrales Weiß (ca. 5.500–6.500 Kelvin Farbtemperatur), das in etwa unserem Sonnenlicht entspricht.

Der wohl wichtigste Begriff in der Blitztechnik ist die *Leitzahl*. Mit der Leitzahl wird die Lichtleistung des Blitzgeräts angegeben. Sie können daraus Rückschlüsse auf die mögliche Leuchtweite ziehen. Die Formel zur Berechnung der Leuchtweite lässt sich recht gut merken:

$$\text{Leuchtweite} = \frac{\text{Leitzahl}}{\text{eingestellte Blende}}$$

Besitzt das Blitzgerät einen Zoomreflektor, mit dem das Blitzlicht gebündelt werden kann, bezieht sich die Angabe der Hersteller meist auf den kleinsten Ausleuchtwinkel. Bei größeren Ausleuchtwinkeln verringert sich die Leitzahl und damit die Blitzreichweite entsprechend.

Diese Angabe bezieht sich auf eine ISO-Empfindlichkeit von ISO 100. Höhere ISO-Werte erhöhen die Leitzahl, niedrigere verringern sie. Weicht das Motiv stark von der »mittleren Helligkeit« (18 % Grauwert) ab, gelten ebenfalls andere Leitzahlen.

Da die Blitzhelligkeit mit dem Quadrat des Blitzabstands abnimmt, benötigt man für die doppelte Leitzahl die vierfache Lichtmenge.

Tabelle 6.1: Faktoren zur Leitzahlbestimmung

ISO 100	ISO 200	ISO 400	ISO 800	ISO 1600
1×	1,4×	2×	2,8×	4×

Wie Sie der Tabelle entnehmen können, ergibt eine Veränderung der ISO-Einstellung an der Kamera von ISO 100 auf ISO 200 eine Leitzahlveränderung um den Faktor 1,4. Besitzt das Blitzgerät bei ISO 100 eine Leitzahl von 36 (wie das Olympus-Blitzgerät FL-600R), ergibt sich bei ISO 200 eine Leitzahl von 50,4 (36 × 1,4). Theoretisch könnte man so zum Beispiel bei ISO 1600 und dem großen Olympus-Blitz sehr große Reichweiten erzielen. In der Praxis herrscht aber meist ein gewisser Dunst und es gibt andere äußere Einflüsse, die sich auf die Reichweite auswirken. Regen und Schnee mindern sie zum Beispiel erheblich.

Oft unterschätzt: das interne Blitzgerät

Die OM-D E-M10 Mark IV verfügt über ein kleines eingebautes Blitzgerät. – Sie haben es also praktischerweise immer mit der Kamera dabei. In vielen Situationen kann dieser Blitz durchaus hilfreich sein. Die Blitzleistung ist ausreichend für einen Bereich von ca. zwei bis vier Metern vor der Kamera (Leitzahl 7,2 bei ISO 200). Den Strom zum Blitzen bezieht der interne Blitz direkt aus der OM-D E-M10 Mark IV. Das ist einerseits von Vorteil, da Sie so keine zusätzlichen Batterien oder Akkus benötigen (wie etwa bei einem externen Blitzgerät), andererseits geht so jeder Blitzladevorgang zulasten des Akkus der OM-D E-M10 Mark IV. Sie müssen diesen also häufiger aufladen. Wollen Sie den Blitz ❶ verwenden, dann schieben Sie den AN-/AUS-Hebel (*ON/OFF*) ❷ bis zur Markierung *⚡UP* ❸. Damit ziehen Sie die Arretierung ❹ nach hinten und das Blitzgerät klappt nach oben.

Sie können das kompakte Blitzgerät zum Beispiel auf Familienfeiern problemlos im Dunkeln oder in Innenräumen verwenden. Auch bei Gegenlicht kann er wertvolle Dienste leisten. Voraussetzung ist, dass der Abstand zum Motiv nicht zu groß wird.

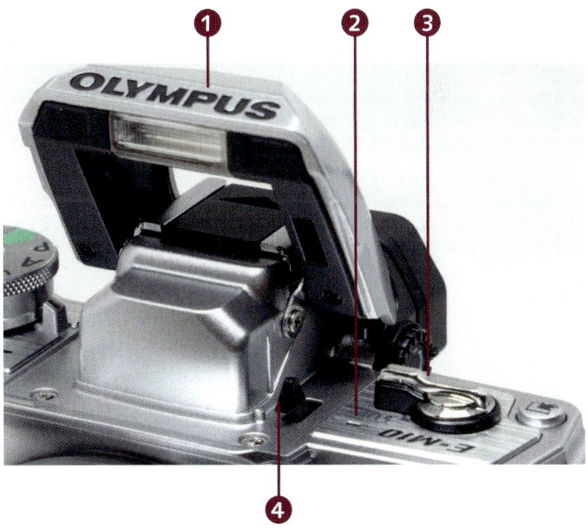

Abbildung 6.1: Der kleine interne Blitz ❶ kann durchaus hilfreich sein, die größeren externen Blitze bieten aber weit mehr Vorteile.

Außerdem können Sie den eingebauten Blitz dazu nutzen, Ihre externen Blitze zu steuern. Mehr dazu erfahren Sie im Exkurs »Grenzenlose Freiheit – externe Blitzgeräte kabellos steuern« ab Seite 207.

6.2 Olympus-Blitzgeräte und empfehlenswerte Alternativen

Olympus bietet eine Reihe kompatibler Programmblitzgeräte sowie eine Ringleuchte und einen Zwillingsblitz an. Aber auch Fremdhersteller wie Metz haben einige interessante Blitzgeräte für die OM-D E-M10 Mark IV im Angebot. Die kleinste Alternative ist das Olympus-Blitzgerät FL-LM3. Wie der interne Blitz wird auch der FL-M3 von der Kamera mit Strom versorgt, bietet dabei jedoch eine etwas höhere Leitzahl (12,7 bei ISO 200) als das interne Blitzgerät. Gegenüber dem internen Blitzgerät lässt er sich außerdem nach links bzw. rechts schwenken und Sie können ihn nach oben ausrichten. Die kürzeste verfügbare Belichtungszeit beträgt hier 1/200 s.

Olympus-Programmblitz FL-14

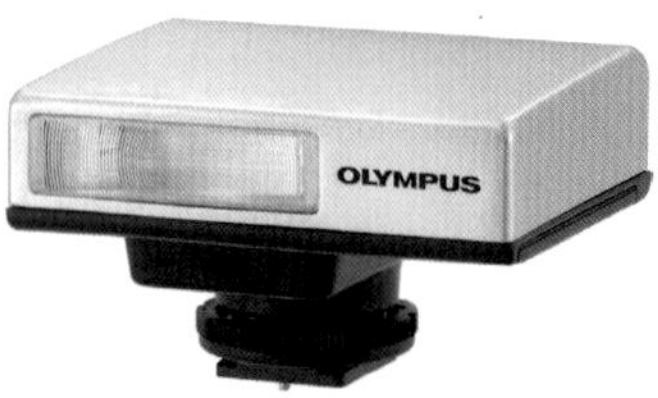

Abbildung 6.2: Blitzgerät Olympus FL-14 (Bild: Olympus)

Mit einer Leitzahl von 20 (bei ISO 200) ist der FL-14 schon etwas stärker als das interne Blitzgerät. Zudem bringt er seine eigene Stromversorgung mit. Er wird mit zwei AAA-Batterien betrieben und belastet so den Akku der OM-D E-M10 Mark IV nicht. Das Blitzgerät ist sehr kompakt (nur 84 Gramm ohne Akkus. Zum Vergleich: Der FL-L3M wiegt 51 Gramm.) und lässt sich nach oben und unten um 55° neigen sowie um 70° nach links und rechts schwenken. Kabellos lässt sich der Blitz nicht auslösen. Das Gehäuse besitzt einen Metallbezug und wirkt dadurch relativ wertig.

Olympus-Programmblitz FL-36R

Der FL-36R besitzt in Telestellung (42 mm Brennweite) bei ISO 200 eine Leitzahl von 50,4 und in Weitwinkelstellung bei 12 mm Brennweite eine Leitzahl von 28. Der Zoomreflektor arbeitet in diesem Bereich automatisch und passt sich der Brennweite der OM-D E-M10 Mark IV an. Der Blitzkopf ist schwenk- (links

180°, rechts 90°) und neigbar (oben 90°, unten 7°). Indirektes Blitzen, um etwa zurückstrahlendes Blitzlicht von der Decke zu erzeugen, ist also möglich. Er kann als Master (steuert andere Blitze) oder auch als Slave (wird gesteuert) eingesetzt werden. Er unterstützt die High-Speed-Synchronisation und lässt sich drahtlos steuern. Der FL-36R ist ein Auslaufmodell und nur noch gebraucht erhältlich.

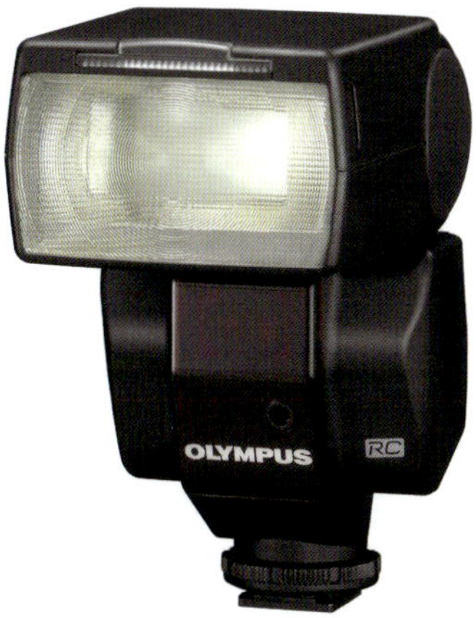

Abbildung 6.3: Auslaufmodell: der Programmblitz FL-36R, ebenso wie der FL-20 (Bild: Olympus)

Olympus-Programmblitz FL-300R

Der Programmblitz FL-300R ist mit seiner Leitzahl von 28 in Telestellung und 17 bei ISO 200 in Weitwinkelstellung deutlich schwächer als der FL-36R. Allerdings ist er auch wesentlich kompakter und wiegt nur 97 Gramm. Eine integrierte Weitwinkelstreuscheibe ermöglicht die Ausleuchtung bis herab zu 9 mm Brennweite. Die manuelle Steuerung ist ebenso möglich wie das drahtlose Blitzen. Das Blitzgerät lässt sich 30° nach vorn neigen, was sich für Makroaufnahmen anbietet. Nach hinten können Sie ihn um 60° neigen, womit auch indirektes Blitzen möglich wird. Drehbar ist das Blitzgehäuse nicht. Für den Preis von ca. 140 € erhalten Sie ein gut ausgestattetes Blitzgerät, das Sie immer dabeihaben können. Allerdings wirkt die Verarbeitung des aus Kunststoff bestehenden Geräts nicht hunderprozentig überzeugend. Das Gehäuse ist nicht gegen Staub und Spritzwasser geschützt.

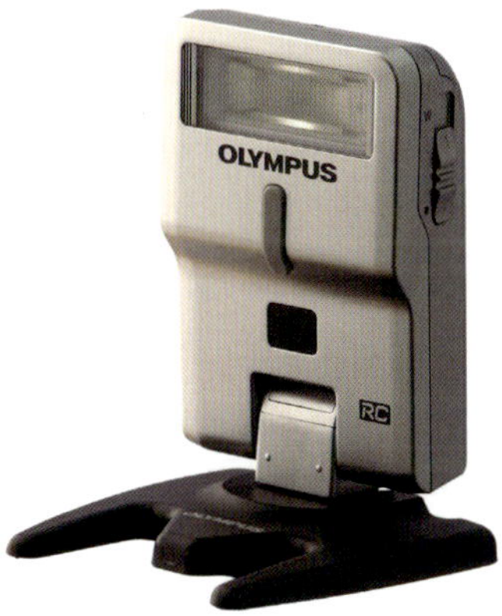

Abbildung 6.4: Programmblitz FL-300R (Bild: Olympus)

Olympus-Programmblitz FL-50R

Für größere Räume und im Außeneinsatz werden hohe Leitzahlen notwendig, um eine gute Ausleuchtung zu erreichen. Mit einer Leitzahl von 70 bei ISO 200 im Telebereich (Leitzahl 40 bei ISO 200 und 12 mm Brennweite) ist der FL-50R gut dafür geeignet. Das Gerät besitzt einen Zoomreflektor, der den Ausleuchtwinkel der gewählten Brennweite an der OM-D E-M10 Mark IV automatisch anpasst. Neigbar ist er zwischen 0 und 90° nach oben und um 7° nach unten. Schwenken können Sie den Reflektor nach rechts zwischen 0 und 90° sowie nach links zwischen 0 und 180°. Im Lieferumfang sind ein Diffusor und ein Bouncer enthalten. So lässt sich das Blitzlicht in der Wirkung weicher machen. Der FL-50R kann fast alles, lediglich auf Stroboskopblitzen und einen Zweitreflektor müssen

Sie bei diesem Modell verzichten. Außerdem ist das Gerät nicht gegen Staub und Spritzwasser geschützt. Auch dieses Blitzgerät ist nur noch gebraucht erhältlich.

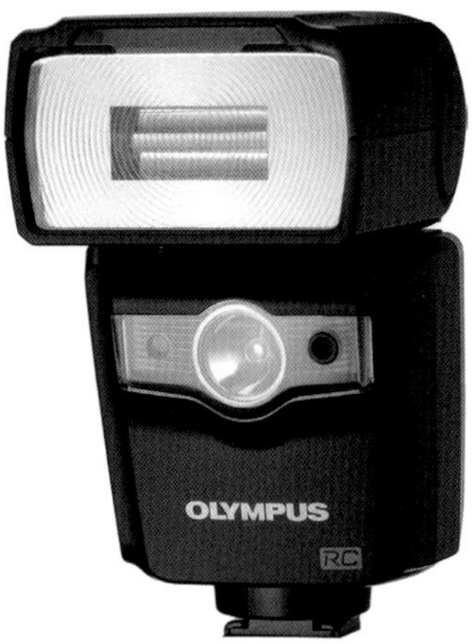

Abbildung 6.5: Programmblitz FL-600R (Bild: Olympus)

Olympus-Programmblitz FL-600R

Ein sehr leistungsstarkes Blitzgerät von Olympus ist der Programmblitz FL-600R. Die Leitzahl beträgt 50 bei ISO 200 im Telebereich (42 mm Brennweite) und mit der Streulichtscheibe im Weitwinkelbereich 17. Der Reflektor ist neigbar zwischen 0° und 90° nach oben und um 7° nach unten. Schwenken können Sie den Reflektor nach rechts zwischen 0° und 90° sowie nach links zwischen 0° und 180° – also ebenso wie beim FL-50R. Kabelloses Blitzen ist in vier Kanälen mit bis zu vier Gruppen möglich. Die Möglichkeit, auf einen anderen Kanal zu wechseln, ist wichtig, wenn andere Fotografen mit ähnlicher Ausrüstung vor Ort sind. Das gegenseitige Beeinflussen beim Blitzauslösen lässt sich so umgehen. Mit unterschiedlichen Blitzgruppen können Sie ein detailliertes und umfangreiches Setup aufbauen, um auch komplizierten Lichtbedingungen gerecht zu werden beziehungsweise die gewünschten Effekte zu erzielen. Über einen LCD-Monitor können Sie die Einstellungen direkt am Blitz vornehmen und kontrollieren.

Der FL-600R bietet auch für Videoarbeiten bei wenig Licht eine LED als Dauerlichtquelle. Der Ausleuchtungswinkel beträgt hier etwa 30° und die LED liefert mit ihrer Leistungaufnahme von 1 W eine Lichtintensität von 100 Lux (bei 1 m). Mit NiMH-Akkus können Sie also je nach Ladestand und Kapazität der Akkus mehrere Stunden mit einem Akkusatz filmen. Die Helligkeit der LED lässt sich dabei in Stufen regeln (1/1 bis 1/16). Die LED übernimmt auch die Arbeit des Autofokushilfslichts, sobald der Blitz auf den Blitzschuh der OM-D E-M10 Mark IV gesteckt wird.

Das Gehäuse macht einen wertigen Eindruck, besteht aus Kunststoff und ist nicht spritzwasser- beziehungsweise staubgeschützt.

Spezielle Beleuchtung
Der Makroringblitz RF-11, der Zangenblitz STF-8 und der Zwillingsblitz TF-22 (RF-11 und TF-22 benötigen den FC-1-Makroblitz-Controller) zählen eher zu den Exoten unter den Blitz- beziehungsweise Beleuchtungsgeräten. Sie sind vor allem für den Makrobereich gedacht und verfügen über eine Reihe von Einstellungsmöglichkeiten. Wer viel im Makrobereich arbeitet und zusätzliches Licht benötigt, sollte sich die drei Geräte genauer ansehen.

Olympus-Programmblitz FL-700WR

Der Programmblitz FL-700WR hält auch härteren Umweltbedingungen stand. Er ist frostsicher bis –10 °C und staub- sowie spritzwassergeschützt. Die Leitzahl des kompakten Gerätes beträgt 42 bei ISO 100. Videoaufnahmen können per LED-Lampe ausgeleuchtet werden. Drahtloses Blitzen wird natürlich auch unterstützt. Hervorzuheben ist, dass das Blitzgerät das recht neue Funksystem von Olympus beherrscht. Die Auslösung erfolgt hier per Funk und nicht per Auslöseblitz. Distanzen bis zu 30 m zwischen Auslöser und Empfänger können so überbrückt werden.

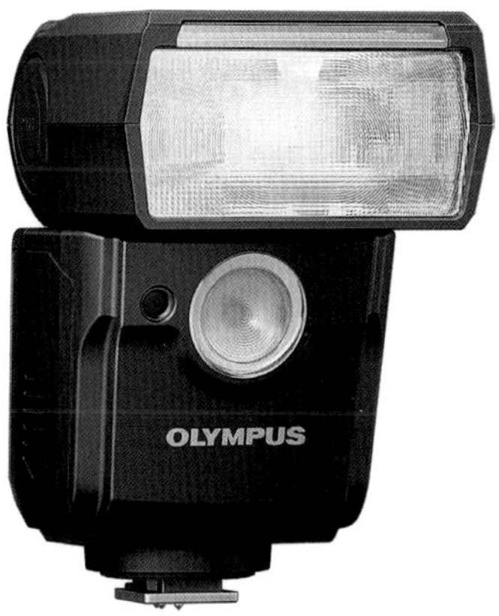

Abbilldung 6.6: Olympus-Programmblitz FL-700WR (Bild: Olympus)

Olympus-Programmblitz FL-900R

Olympus bezeichnet den Programmblitz FL-900R als Flaggschiffblitz. Und das sicher zu Recht. Die maximale Leitzahl beträgt 58 bei ISO 100. Er ist für den rauen Fotoalltag vorbereitet, also frostfest bis –10 °C sowie staub- und spritzwassergeschützt. Er beherrscht alle Blitzsteuermodi wie der FL-600R. Die Video-LED hat eine Leistung von 1,5 W und einen Abstrahlwinkel von 70°. Die Lichtintensität liegt bei 100 Lux (bei 1 m).

Empfehlenswerte Blitze von Fremdanbietern

Die Firmen Metz, Dörr, Soligor und Cullmann können als seriöse Alternative zu den Originalblitzen von Olympus genannt werden. Die Kompatibilität ist in den meisten Fällen gewährleistet. Teilweise können die Blitze per Firmware-Update auf

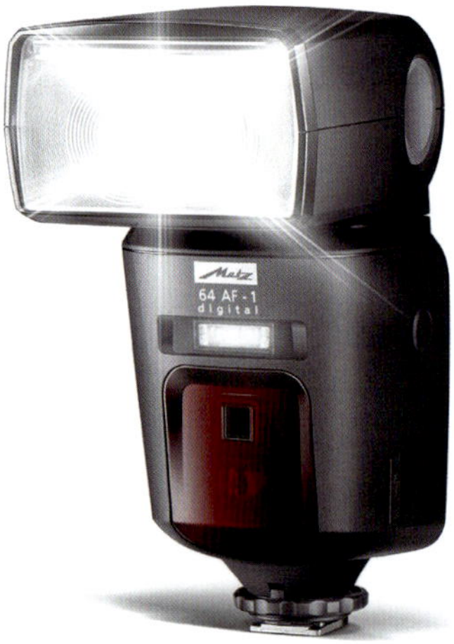

Abbildung 6.7: Der Metz-Blitz 64 AF-1 digital ist vom Funktionsumfang her vergleichbar mit dem großen Olympus-Programmblitz (Bild: Firma Metz).

den neuesten Stand gebracht und so an Weiterentwicklungen von Olympus angepasst werden.

Die Firma Metz bietet für die OM-D E-M10 Mark IV als interessante Alternative zu den hauseigenen Blitzgeräten von Olympus zum Beispiel den mecablitz 64 AF-1 digital an. Der Funktionsumfang dieses Modells entspricht in etwa dem des Programmblitzes FL-600R, wobei der Metz-Blitz noch einen kleinen zusätzlichen Blitz besitzt, mit dem frontal aufgehellt werden kann. Dieser lässt sich in zwei Lichtleistungsstufen einstellen. Die Blitzleistung des Hauptblitzes ist mit Leitzahl 90 (ISO 200) deutlich höher als beim FL-600R. Mit dem mecablitz 64 AF-1 ist auch Stroboskopblitzen möglich, und die Bedienung ist über den Farb-Touch-Monitor sehr komfortabel.

Folgende weitere Metz-Blitzgeräte können Sie an Ihrer OM-D E-M10 Mark IV nutzen:

Systemblitzgeräte mecablitz
24 AF-1 digital
24 AF-2 digital
26 AF-1 digital
36 AF-5 digital
44 AF-1 digital
44 AF-2 digital
52 AF-1 digital
64 AF-1 digital
M400
Slave-Blitzgerät mecablitz
15 MS-1 digital

6.3 Die perfekte Blitzsteuerung in den Kreativprogrammen

Auch im Blitzmodus stehen Ihnen mit den Kreativprogrammen *P*, *A*, *S* und *M* alle Möglichkeiten offen. Sie können hier die Blitzdosis fein variieren und mit dem vorhandenen Licht gezielt abstimmen.

Schieben Sie den AN/AUS-Hebel bis zur Markierung ϟ *UP*. Das Blitzgerät klappt heraus und dessen Kondensator wird geladen, sobald Sie die OM-D E-M10 Mark IV aktivieren. Solange das blinkende Symbol eines Blitzes ϟ oben rechts auf dem Monitor beziehungsweise im Sucher erscheint, wird das Blitzgerät geladen. Schalten Sie den Blitz an der OM-D E-M10 Mark IV (ⓧ) ab, wird er selbst dann nicht auslösen, wenn er ausgeklappt ist.

Möchten Sie ein externes Blitzgerät an Ihrer OM-D E-M10 Mark IV verwenden, schieben Sie zunächst den Schutz des Blitzschuhs nach hinten heraus. Nun können Sie das externe Blitzgerät in den Blitzschuh hineinschieben, bis er einrastet. Schalten Sie das externe Blitzgerät ein.

Blitzen im Blendenvorwahl-Modus für kreative Fotos

Den Blendenvorwahl-Modus *A*, bei dem Sie die Blende selbst wählen können und die Kamera die passende Zeit berechnet, kennen Sie bereits aus vorangegangenen Kapiteln. Über die Änderung der Blende haben Sie Einfluss auf die Schärfentiefe, also auf den Bereich, der scharf auf dem Bild erscheinen soll. Das Ganze funktioniert natürlich auch bei Einsatz eines Blitzes.

Die Bilder mit der Pflanze verdeutlichen das. Bei leichtem Gegenlicht wurde der Blumentopf jeweils mit und ohne Aufhellblitz aufgenommen. Zwei Aufnahmen wurden mit Blende f11, also mit recht großer Schärfentiefe, und zwei Aufnahmen mit Blende f2,8, hier mit geringer Schärfentiefe, angefertigt. Mit Blende f2,8 ließ sich die Pflanze angenehm vom Hintergrund freistellen.

Auch gut zu sehen ist die Wirkung des Aufhellblitzes auf die Pflanze im Vordergrund. Diese wird in den Schatten aufgehellt. Die Stärke der Aufhellung ist abhängig von der gewählten Blende. Bei einer großen Blendenöffnung fällt auch mehr von dem Blitzlicht auf den Sensor, und die Aufhellung ist deshalb stärker als bei einer kleineren Blendenöffnung. Ihnen stehen also auch mit Blitzlicht alle Vorteile der Bildgestaltung des Programms *A* zur Verfügung.

In beiden Fällen wurde mit der digitalen ESP-Messung gearbeitet. Da hier die Entfernung des Motivs, auf das scharfgestellt wurde, mit höherer Priorität in die Belichtungsberechnung einfließt als der Hinter- beziehungsweise Vordergrund, regelt die Kamera den Blitz entsprechend herunter, sobald die Pflanze richtig belichtet wurde. Der Hintergrund erscheint so mit Blitzeinsatz etwas dunkler. Bei f2,8 wirkt sich das allerdings in den folgenden Beispielaufnahmen weniger aus als bei f11.

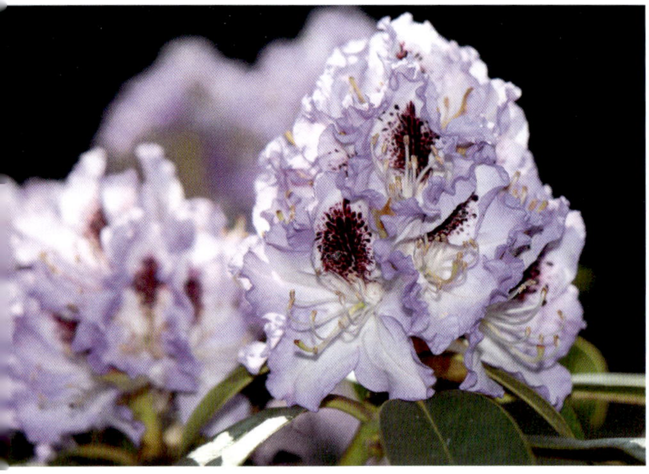

90 mm | f2,8 | 1/2000 s | ISO 200 | mit Blitz

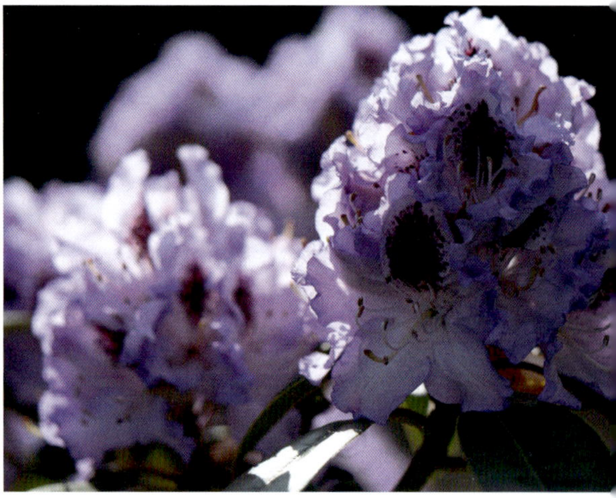

90 mm | f2,8 | 1/2000 s | ISO 200

Abbildung 6.8: Im Vergleich: links mit f2,8 und mit Aufhellblitz, rechts ohne Aufhellblitz.

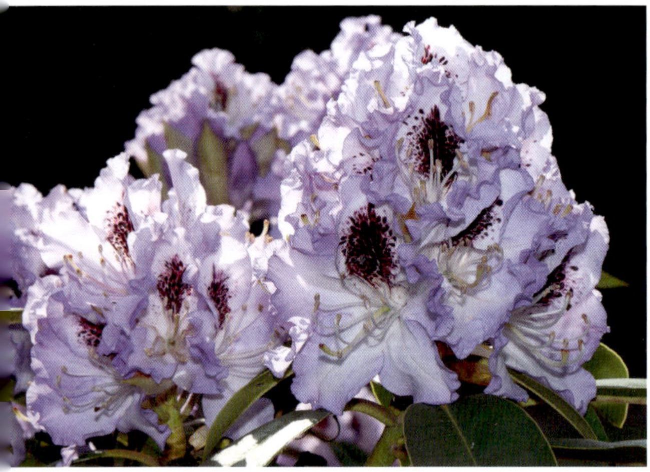

90 mm | f16 | 1/60 s | ISO 200 | mit Blitz

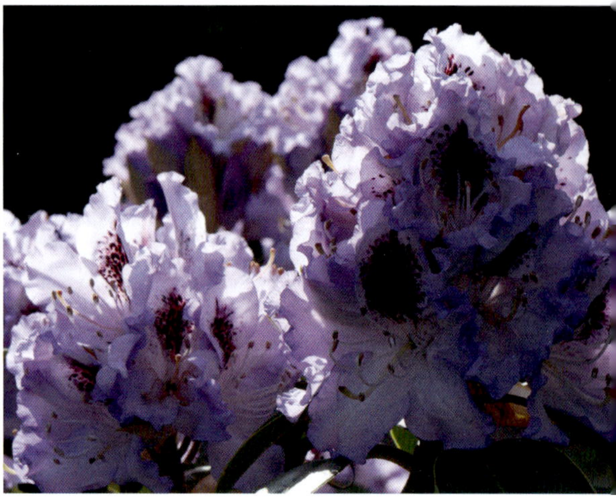

90 mm | f16 | 1/60 s | ISO 200

Abbildung 6.9: Im Vergleich: links mit f16 und mit Aufhellblitz, rechts ohne Aufhellblitz.

Blitzen im Verschlusszeitvorwahl-Modus oder im manuellen Modus

Im Verschlusszeitvorwahl-Modus *S* und im manuellen Modus *M* legen Sie die Belichtungszeit selbst fest. Das gilt auch, wenn Sie mit einem Blitz arbeiten möchten.

Wie stark dabei der Einfluss des Blitzes ist, hängt zum großen Teil von der Belichtungszeit ab. Ist die Belichtungszeit lang genug, um genügend Umgebungslicht mit einzufangen, dann dient der Blitz mehr oder weniger als Aufheller. Je kürzer aber die Belichtungszeit ist, desto stärker tritt das Licht des Blitzes in den Vordergrund.

Im Verschlusszeitvorwahl-Modus *S* wählen Sie die Belichtungszeit selbst, und die Kamera errechnet eine passende Blende. Im manuellen Modus *M* stellen Sie zusätzlich die Blende ein. Je länger Sie die Belichtungszeit wählen, desto mehr tritt das Blitzlicht in den Hintergrund und das Umgebungslicht gewinnt an Einfluss auf das Bild. Durch diese Technik wirken Ihre Bilder mit Blitz nicht mehr »plattgeblitzt«.

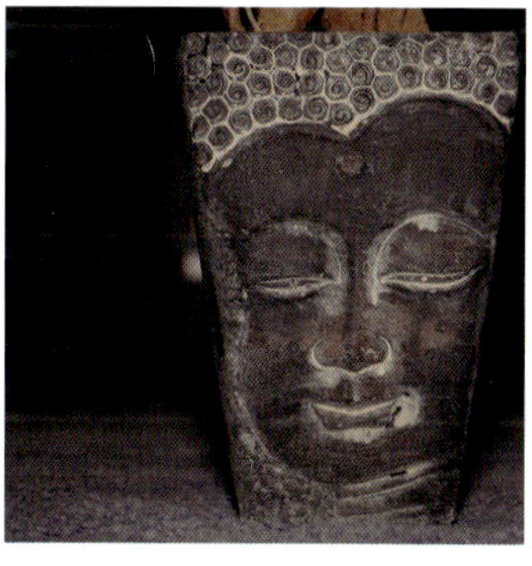

50 mm | f5,6 | 1/250 s | ISO 100

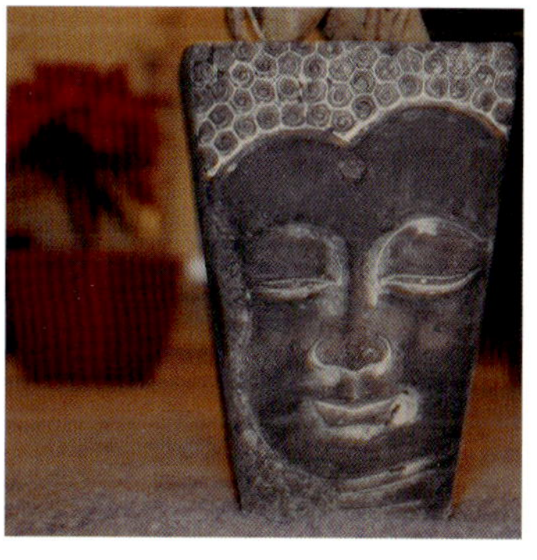

50 mm | f5,6 | 1 s | ISO 100

Abbildung 6.10: Links: Bei einer recht kurzen Belichtungszeit von 1/250 s kommt das Licht fast ausschließlich vom Blitz – zu erkennen an der kühlen Lichtfarbe. Es entstehen harte Schlagschatten. Rechts: Bei einer Belichtungszeit von 1 s übernimmt das Raumlicht die Dominanz. Das Motiv wird wärmer angestrahlt und die Schlagschatten werden weicher.

6.4 Schwierige Blitzlichtsituationen meistern

Ein Blitz kann Ihnen in vielen Motivsituationen eine nützliche Hilfe sein, um trotz schwieriger Aufnahmeverhältnisse ein besseres Ergebnis zu erreichen. Sie können mithilfe des Blitzes auch besondere Effekte erzielen. Im Folgenden finden Sie oft anzutreffende Situationen, in denen der Blitz eine wichtige Rolle spielt.

Schatten aufhellen und Schlagschatten mindern

Die Elektronik der Kamera ist bemüht, die Gesamtsituation perfekt abzustimmen und den Gegenlichteffekt bestmöglich beizubehalten. Die OM-D E-M10 Mark IV untersucht das Umfeld und berechnet eine Belichtung, die ein bis zwei Stufen unterbelichtet ausfallen kann. Dies ist notwendig, um eine Überbelichtung des Hauptmotivs und des Hintergrunds zu vermeiden. Da in hellerer Umgebung die Blende weiter geschlossen werden muss, ist die Blitzreichweite zum Aufhellen geringer als in dunkler Umgebung.

Den sogenannten ϟ *SLOW*-Modus aktivieren Sie, indem Sie die Taste ▶ (ϟ) drücken, um ins *Blitzmodus*-Menü zu gelangen. Hier wählen Sie die Option ϟ *SLOW*. Beachten Sie, dass Ihnen die Option ϟ *SLOW* nur in den Aufnahmemodi *P* und *A* zur Verfügung steht.

Im Vollautomatikmodus wählt die OM-D E-M10 Mark IV immer eine Belichtungszeit, mit der verwacklungsfreie Aufnahmen aus der freien Hand möglich sind. Im ϟ *SLOW*-Modus hingegen wird die Belichtungszeit verlängert, was eventuell den Einsatz eines Stativs notwendig macht. Der Vorteil ist aber, dass das Umgebungslicht mit auf die Aufnahme gelangt.

Denken Sie hier nur an Aufnahmen in der Dämmerung. Der Vordergrund wird durch die Vollautomatik korrekt belichtet, der Hintergrund jedoch ist meist nur noch schwarz. In einer solchen Aufnahmesituation können Sie mit dem ϟ *SLOW*-Modus sowohl den Vorder- als auch den Hintergrund richtig belichten und für ein überzeugendes Bildergebnis sorgen.

Ebenso funktioniert der ϟ *SLOW*-Modus mit einem der Programmblitze. Damit kann auch in einer Entfernung gut aufgehellt werden, die über derjenigen liegt, die mit dem internen Blitz erreichbar ist.

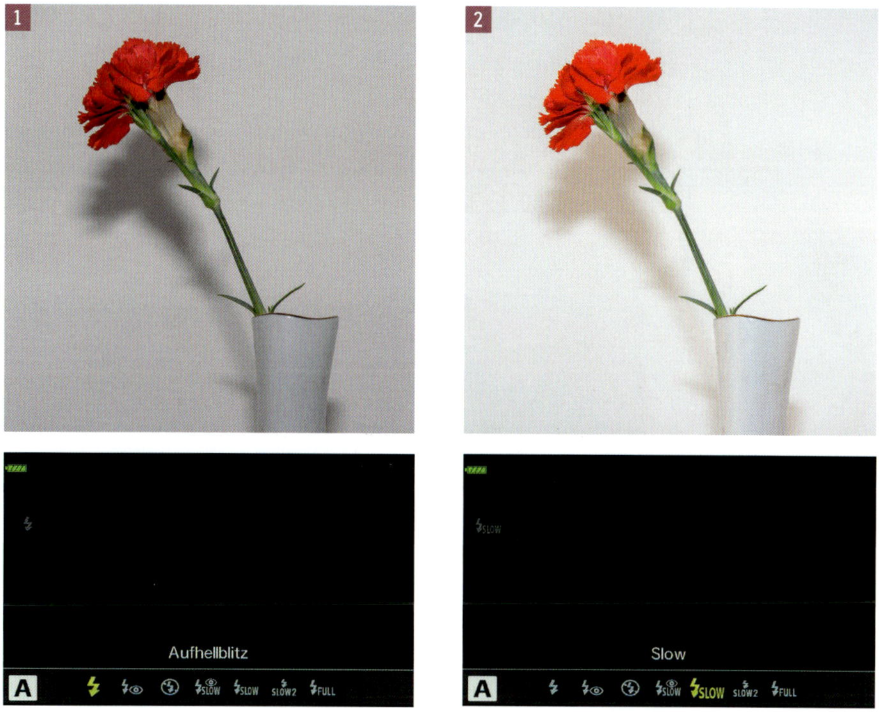

*Abbildung 6.11: Links ❶ wurde das Motiv im Modus »Aufhellblitz« aufgenommen. Die Hauptlichtquelle war dabei das Blitzgerät. Ein unschöner Schatten war die Folge.
Rechts ❷ die gleiche Situation, nun aber mit Blitzlicht und gewählter Option »↯ SLOW« im Aufnahmemodus »A«. Die Belichtungszeit wird so weit verlängert, dass auch das Umgebungslicht das Motiv ausleuchtet. Der Schatten fällt nun heller und weicher aus.*

Zudem haben Sie weitere Möglichkeiten, Schlagschatten zu mindern. Einige Programmblitzgeräte, zu denen auch der FL-300R und der FL-600R von Olympus gehören, erlauben zudem das indirekte Blitzen. Dabei wird der Blitzreflektor gegen die Decke gerichtet. Die beiden Blitzgeräte bieten darüber hinaus die Möglichkeit, den Blitzreflektor seitlich so auszurichten, dass auch die Wand zum indirekten Blitzen genutzt werden kann. Hier gilt: Einfallswinkel ist gleich Ausfallswinkel. Am besten geeignet sind weiße oder graue Decken beziehungsweise Wände, da farbiger Untergrund zu Farbstichen führen kann.

Eine weitere Möglichkeit, um Schlagschatten zu vermeiden, ist die Nutzung sogenannter *Bouncer*, die auf den Blitzre-

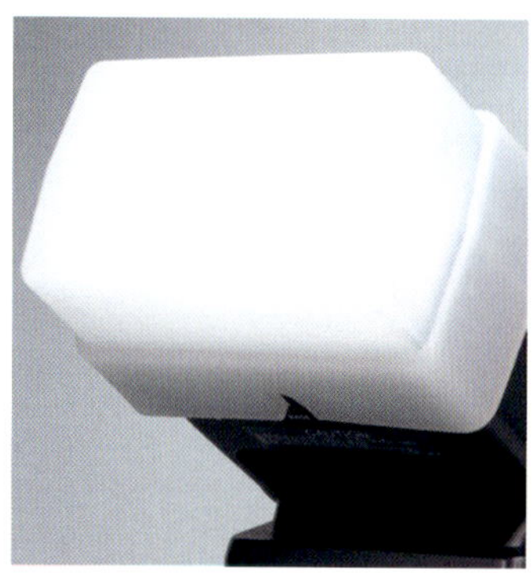

Abbildung 6..12: Sogenannte Bouncer machen das Blitzlicht weicher und können zur Reduzierung der Blitzlichtstärke verwendet werden.

flektor geschoben beziehungsweise daran befestigt werden. Bouncer zerstreuen das Blitzlicht, wodurch es »weicher« wirkt

Die dritte Möglichkeit ist die Nutzung eines oder mehrerer entfesselter Blitze. Damit lassen sich komplexe Beleuchtungen aufbauen. Darüber erfahren Sie im Exkurs »Grenzenlose Freiheit – externe Blitzgeräte kabellos steuern« ab Seite 207 noch mehr.

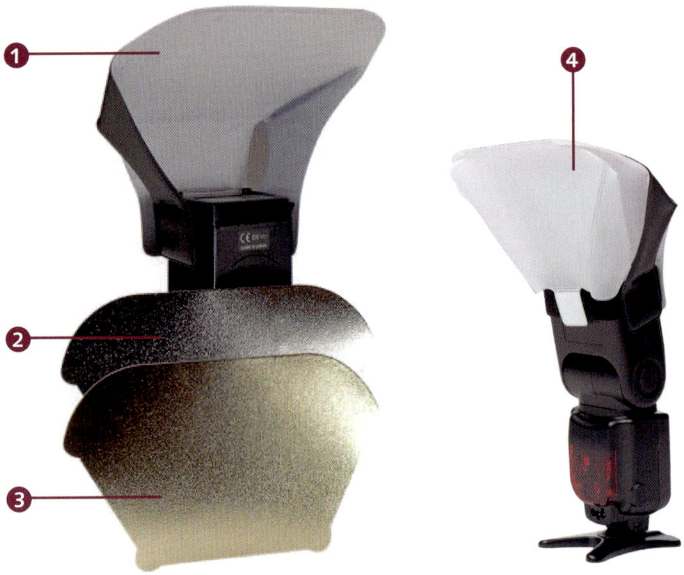

Abbildung 6.13: Mit dem LumiQuest ProMax System stehen mehrere Reflektoren zum indirekten Blitzen zur Wahl. Der Lichtverlust beträgt mit dem weißen Reflektor ❶ etwa 1/3 Blende, mit dem silbernen 2/3 Blende ❷ und mit dem goldenen 1 Blende ❸. Ein mattierter Diffusorschirm schluckt nochmals etwa eine Blende ❹ (Bilder: LumiQuest).

Schöne Spitzlichter in Porträts setzen

Blitzlicht erzeugt auch schöne Spitzlichter in den Augen. Der Blick des Porträtierten wirkt dadurch lebendiger. Schalten Sie dazu auch bei ausreichend vorhandenem Licht den Blitz ein. Jetzt kommt es noch auf eine wohldosierte Blitzleistung an, um z. B. Überstrahlungen zu vermeiden. Eine entsprechende Anpassung können Sie mit der Blitzbelichtungskorrektur (siehe Abschnitt »Immer richtig belichten mit der Blitzbelichtungskorrektur« auf Seite 198) vornehmen.

Gekonnt Bewegungsschleier erzeugen

Um ein bewegtes Motiv mit Bewegungsschleiern zu versehen und so zum Beispiel die Bewegung anzudeuten, ist es wichtig, dass die Bewegungsschleier in Bewegungsrichtung hinten liegen. Dazu ist der Einsatz der Synchronisation auf den zweiten Verschlussvorhang geeignet.

Hier wird der Blitz erst am Ende der Belichtungszeit gezündet. Im Gegensatz zur normalen Synchronisation, bei der der Blitz gleich zu Anfang zündet, sobald der Verschluss komplett geöffnet ist, ergeben sich so natürlichere Abbildungen bei sich im Dunkeln bewegenden Objekten. Das scharfe Motiv erscheint nun am Ende und nicht am Anfang der »Bewegungsspuren«. Objekte, die sich scheinbar rückwärts bewegen, bewegen sich mit der Synchronisation auf den zweiten Vorhang vorwärts.

Um die Funktion zu aktivieren, drücken Sie die Taste ▶ (⚡) und wählen die Option ⚡ *SLOW2* (zweiter Verschlussvorhang). Beachten Sie, dass Ihnen die Option ⚡ *SLOW2* nur in den Kreativprogrammen *S* und *M* zur Verfügung steht.

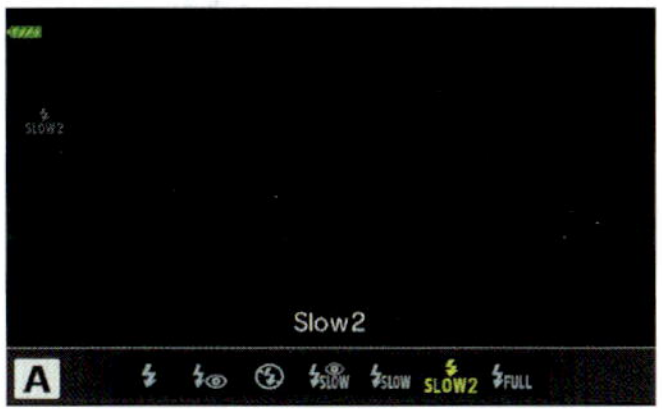

Abbildung 6.15: Im Menü »Blitzmodus« kann über die Option» ⚡SLOW2«die Synchronisierung auf den zweiten Vorhang gewählt werden.

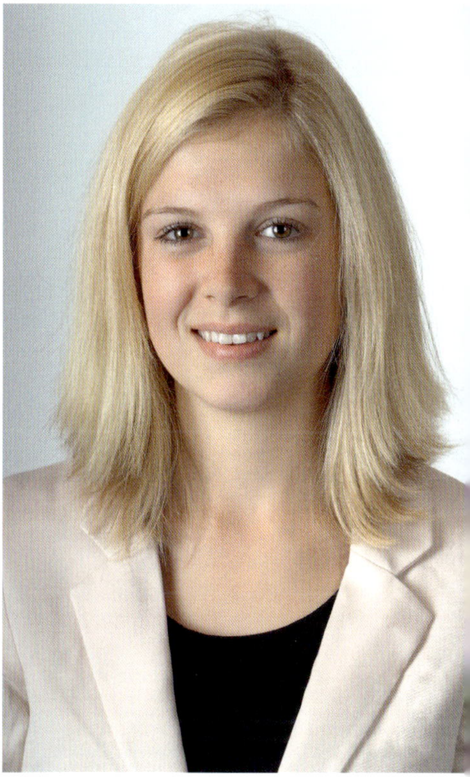

Abbildung 6.14: Der Vorteil von Blitzlicht: schöne Spitzlichter in den Augen
50 mm | f4,5 | 1/125 s | ISO 100 | Blitz

Problematisch bei längeren Belichtungszeiten ist es, dass man zum Beispiel bei sich bewegenden Personen schwer abschätzen kann, wo sie sich bei Auslösung des Blitzes befinden. Auch wenn Sie eine bestimmte Mimik oder Gestik festhalten möchten, sollten Sie an die Zeitverzögerung denken.

Um überhaupt die benötigte lange Belichtungszeit zu erhalten, stellen Sie mindestens 1/30 s ein.

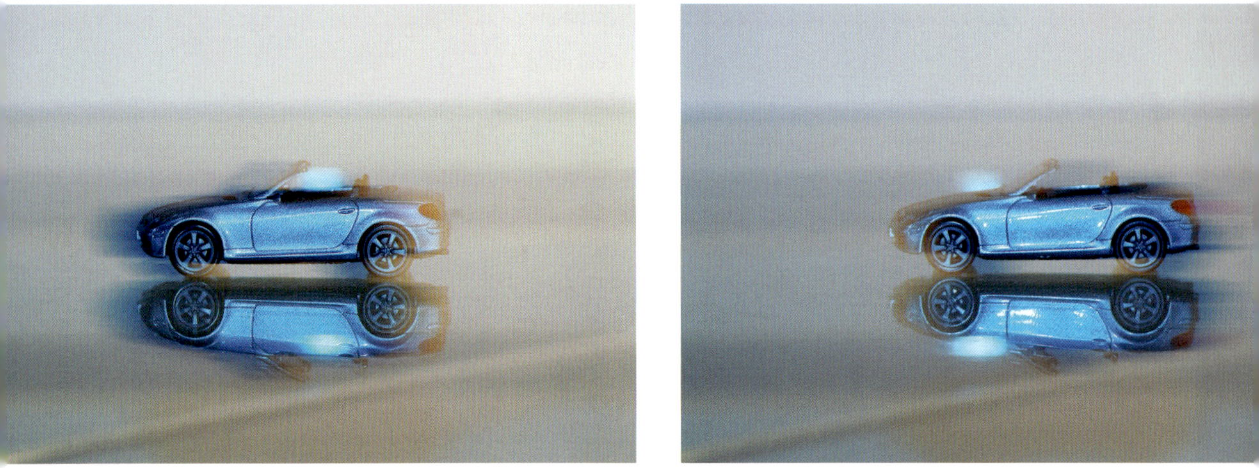

Abbildung 6.16: Links: Verwenden Sie die Option »Aufhellblitz«, zündet der Blitz sofort nach dem Auslösen. Die Bewegungsschleier liegen auf der falschen Seite.
Rechts: Wesentlich natürlicher wirken die Bewegungsschleier bei der Option »⚡SLOW2« (Blitzen auf den zweiten Vorhang). Die Bewegungsrichtung des Fahrzeugs ist so richtig zu erkennen. Der Blitz zündet erst kurz vor dem Schließen des Verschlusses.

Immer richtig belichten mit der Blitzbelichtungskorrektur

Sind im Bild sehr helle oder dunkle Motive vorhanden, kann eine Blitzbelichtungskorrektur ❶ notwendig werden. Das gilt ebenso für Motive, die dem Blitzgerät sehr nah sind. Die OM-D E-M10 Mark IV erlaubt die Einstellung der Belichtungskorrektur im Bereich von –3 EV bis +3 EV. Die Einstellungsmöglichkeit dazu finden Sie in den Aufnahmemodi *P*, *A*, *S* und *M* nach Drücken der Kurzwahl-Taste unter dem Menüpunkt *Blitzstärkensteuerung*.

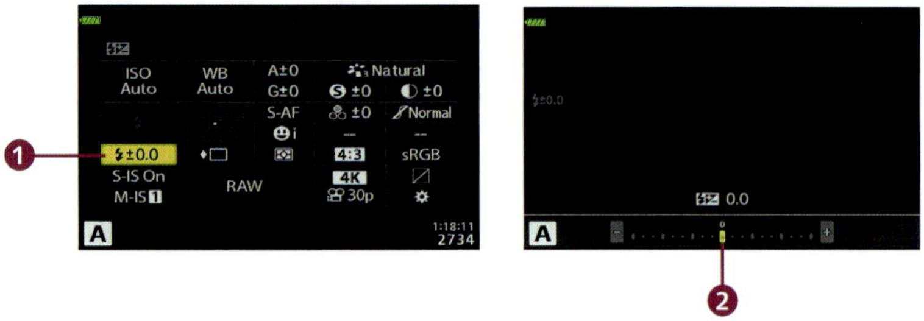

Abbildung 6.17: Mit der Option »Blitzstärkensteuerung« können Sie die Stärke des Blitzgeräts in gewissen Grenzen variieren.

Mit den Tasten ◀ ▶ können Sie nun die entsprechende Korrektur einstellen. Nach dem Drücken des Auslösers wird der Wert gespeichert. Mit einer Minuskorrektur wird die Blitzleistung verringert, mit der Pluskorrektur entsprechend erhöht ❷.

Durch die Blitzbelichtungskorrektur wird nur die Belichtung des Vordergrunds beeinflusst. Sie können so unter anderem die Belichtung des Vorder- und Hintergrunds aufeinander abstimmen. Soll die Belichtung des Hintergrunds ebenfalls verändert werden, nehmen Sie an der Kamera eine einfache Belichtungskorrektur für das Umgebungslicht vor. In der folgenden Abbildung ist gut zu erkennen, wie mit der Blitzstärkensteuerung die Helligkeitsabstimmung zwischen Vorder- und Hintergrund verändert werden kann.

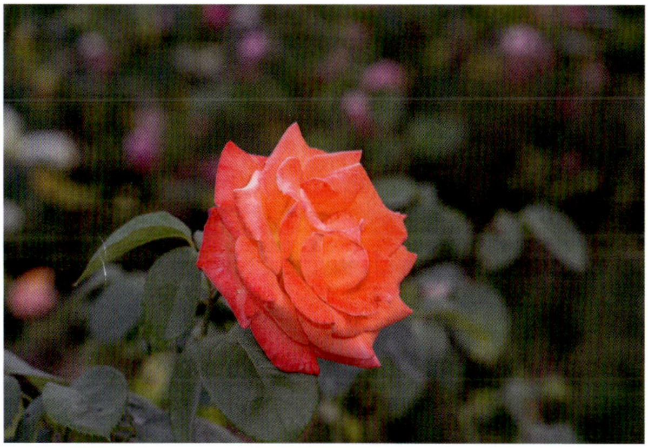

50 mm | f5,6 | 1/125 s | ISO 100 | –3 EV

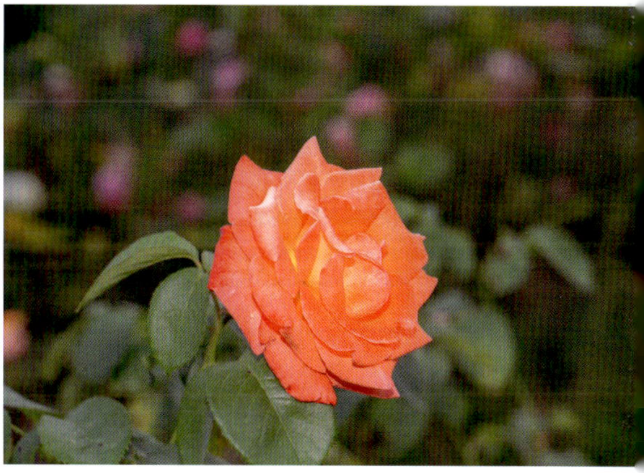

50 mm | f5,6 | 1/125 s | ISO 100

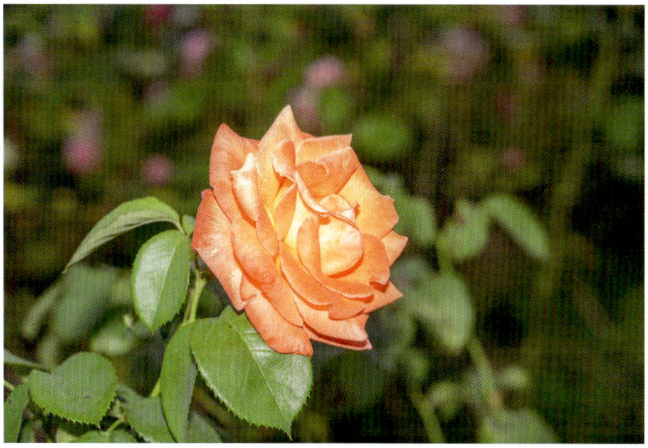

50 mm | f5,6 | 1/125 s | ISO 100 | +3 EV

Abbildung 6.18: Eine negative Blitzbelichtungskorrektur lässt den Vordergrund dunkler erscheinen (links oben), während eine positive Korrektur zur stärkeren Aufhellung des Vordergrunds beiträgt (links unten). Steht die Blitzbelichtungskorrektur auf 0, wirken Vorder- und Hintergrund nahezu gleich hell (oben rechts).

Rote Augen beim Blitzen verhindern

Es kann vorkommen, dass bei Blitzlichtaufnahmen von Personen der Rote-Augen-Effekt auftritt. Dabei erscheinen die Pupillen mehr oder weniger rot. Dieser Effekt entsteht, wenn Blitzlicht und Objektiv nahezu in einer Achse liegen. Der Blitz trifft dabei direkt durch die im Dunkeln weit geöffneten Pupillen auf die Netzhaut. Diese reflektiert den Blitz in Rot, was sich unangenehm auf den Abbildungen widerspiegelt. Auch bei Tieren tritt dieser Effekt auf. Sie besitzen jedoch meist eine andersfarbige Netzhaut. Bei Katzen zum Beispiel ergibt sich ein stark hell leuchtender Effekt, da die Netzhaut sehr stark reflektiert.

Was kann man nun gegen diesen Effekt unternehmen?

Am besten umgehen Sie das Problem, indem Sie den Blitz möglichst weit entfernt von der optischen Achse positionieren. Dafür kommen zum Beispiel die größeren Olympus-Blitzgeräte infrage. Sie beherrschen das drahtlose Blitzen und können somit auch frei angeordnet werden. Mit einer Studioblitzanlage treten diese Probleme ebenfalls nicht auf.

Wie behilft man sich mit dem mitgelieferten Blitzgerät? Zunächst sollte die zu fotografierende Person nicht direkt in die Kamera (und damit in den Blitz) schauen. Es ist ratsam, dass die Person in eine Lichtquelle schaut, sodass sich die Pupillen stärker schließen und dadurch die Gefahr der Reflexion verringert wird.

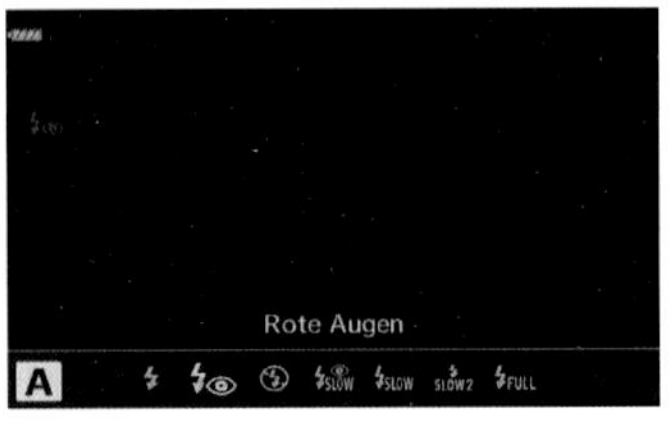

Abbildung 6.19: Aktivieren Sie die Option »Rote Augen«, um damit den gleichnamigen Effekt zu reduzieren.

Zusätzlich bietet die OM-D E-M10 Mark IV eine Funktion, um den Rote-Augen-Effekt zu reduzieren. Dazu wählen Sie im Menü *Blitzmodus* die Blitzfunktion *Rote A* aus.

Vor dem eigentlichen Hauptblitz werden dann mehrere kurze Vorblitze gezündet, um die Pupillen zu animieren, sich möglichst weit zu schließen. Verwenden Sie die Option Rote Augen, sind spontane Schnappschüsse unter Umständen aber schwieriger zu realisieren. Durch die vorgeschalteten Blitze werden die Personen »gewarnt«, sodass sich entsprechend ihre Mimik und Gestik verändern. Blitzt dann der Hauptblitz, hat sich die Atmosphäre verändert und das Ergebnis entspricht nicht unbedingt Ihren Wünschen. Die Option *Rote Augen Slow* kombiniert die Optionen *Slow* und *Rote Augen*.

Es wird also versucht, den Rote-Augen-Effekt zu verhindern und den Hintergrund mit ins Bild zu bekommen.

In solchen Situationen sollten Sie die Funktion eher abschalten und eventuell auftretende rote Augen später am PC per Software entfernen. Das klappt in den meisten Fällen recht gut.

Kurze Belichtungszeiten mit der High-Speed-Synchronisation Super FP

Im normalen Blitzbetrieb können Sie mit der OM-D E-M10 Mark IV als kürzeste Belichtungszeit nur bis maximal 1/250s fotografieren. Diese Belichtungszeitgrenzen schränken den kreativen Fotografen ein. Sind kürzere Belichtungszeiten beziehungsweise eine weiter geöffnete Blende notwendig, können Sie die *High-Speed-Synchronisation* (HSS), auch Kurzzeitsynchronisation oder bei Olympus *Super-FP-Blitz* genannt, nutzen. Mit Super-FP sind alle verfügbaren Belichtungszeiten möglich. Zum Beispiel können Sie sich sehr schnell bewegenden Objekten mit einer sehr kurzen Belichtungszeit und einer offenen Blende selbst bei Tageslicht begegnen. Mit der normalen Synchronisation müssten Sie hier die Blende sehr weit schließen und hätten dann vielleicht nicht die gewünschte große Ausdehnung der Schärfentiefe.

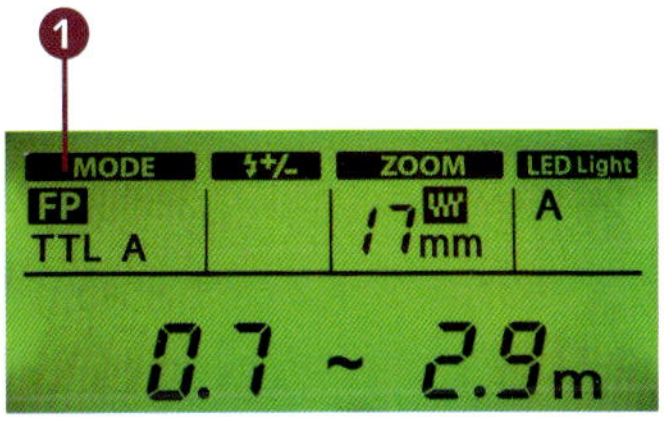

Abbildung 6.20: Die Anzeige »FP« 1 (hier am FL-600R von Olympus) kennzeichnet den Super-FP-Modus am Blitzgerät.

Das interne Blitzgerät kann nicht im Super-FP-Modus betrieben werden. Hier ist bei 1/250s das Ende erreicht. Auch der FL-LM3 (hier ist bereits bei 1/200s Schluss), der FL-14 und der FL-300R unterstützen diesen Modus nicht. Sicher hängt das mit der recht geringen Leistungsfähigkeit dieser Blitzgeräte und dem enorm ansteigenden Leistungsbedarf im Super-FP-Modus zusammen. Gut geeignet sind hingegen die Olympus-Programmblitzgeräte FL-600R, FL-700WR, FL-900R oder der Metz mecablitz 64 AF-1. Allerdings müssen Sie bei Verwendung dieses Modus mit einer erheblichen Abnahme der Blitzreichweite rechnen.

Womit hängt das zusammen? Die normale Blitzsynchronisation zündet den Blitz, sobald der Schlitzverschluss der Kamera vollkommen geöffnet ist. Der Schlitzverschluss kann so die beschriebenen Belichtungszeiten von 1/250s normal synchronisieren. Bei Zeiten darunter gibt es keinen Zeitpunkt mehr, an

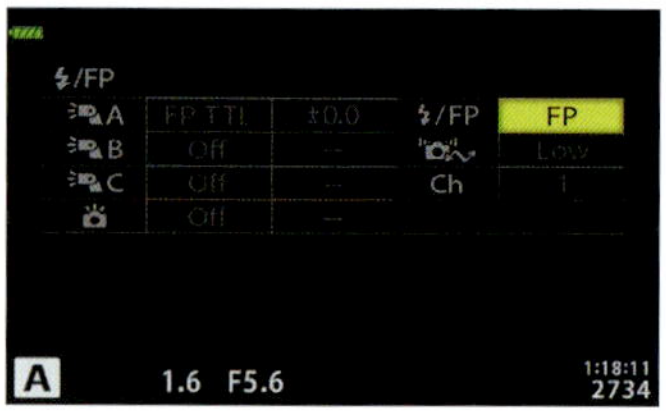

Abbildung 6.21: Menü zur Wahl des Modus für drahtloses Blitzen

Abbildung 6.22: Um die Biene scharf auf das Bild zu bekommen, war eine sehr kurze Belichtungszeit notwendig. Da mit Blitz gearbeitet wurde, war die High-Speed-Synchronisation (Super-FP-Modus) notwendig. Ohne Super-FP-Modus wäre nur eine Belichtungszeit von 1/250 s erreichbar gewesen, was in diesem Fall wesentlich zu lang gewesen wäre. 90 mm | f3,5 | 1/1600 s | ISO 400

dem der Schlitzverschluss komplett geöffnet ist. Es läuft nun nur noch ein Spalt über den Sensor, dessen Größe von der Belichtungszeit abhängt. Der Blitz muss nun von Anfang an, sobald der Schlitz über den Sensor läuft, bis zum Ende der Ablaufzeit »blitzen«, was viel Energie kostet.

Den Super-FP-Modus können Sie im Verschlusszeitvorwahl-Modus *S* durch Wahl einer beliebigen Belichtungszeit unter 1/250 s »erzwingen«. Die Blende wird entsprechend berechnet und eingestellt. Im manuellen Modus *M* ist dies ebenfalls möglich. Hier muss natürlich zusätzlich noch die Blende selbst eingestellt werden. Im Blendenvorwahl-Modus *A* wird die Blende vorgewählt. Sollte die passende Belichtungszeit kürzer als 1/250 s sein, wird auch auf Super-FP umgeschaltet.

Mit der Programmautomatik *P* hängt die Aktivierung des Super-FP-Betriebs von der automatisch gewählten Zeit-Blende-Kombination ab. Auch hier gelten die gleichen Zeiten.

Auch mit externen Blitzgeräten ist Super-FP möglich, sofern diese Funktion von dem Blitzgerät unterstützt wird. Dazu wählen Sie bei eingestelltem *RC Mode* an der OM-D E-M10 Mark IV (Menü 2 • *RC-Modus*) nach Drücken der *OK*-Taste die Option *FP* aus.

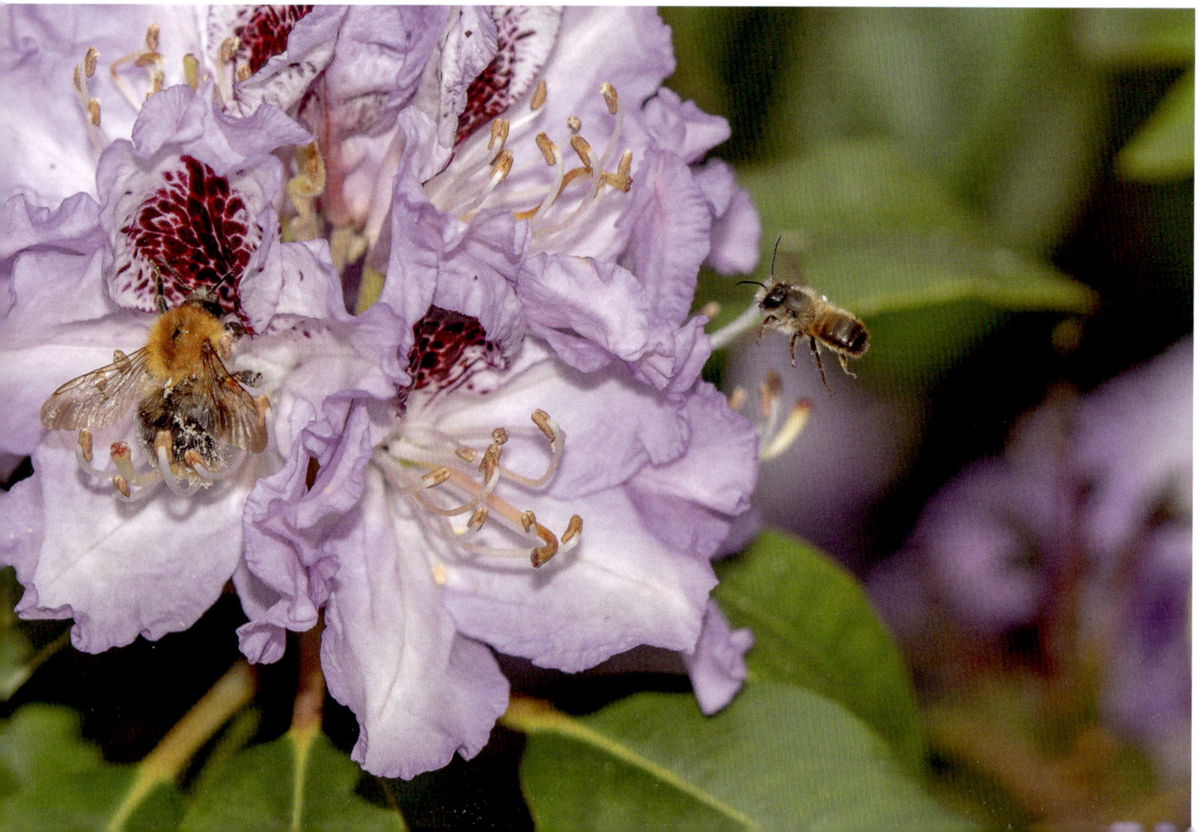

Blitzen bei Gegenlicht

Sehr gut lässt es sich fotografieren, wenn das Sonnen- oder ein Kunstlicht von vorn auf das Motiv fällt. Schwieriger hingegen wird es, wenn sich die Lichtverhältnisse ändern und Sie gegen die Sonne beziehungsweise die Lichtquelle fotografieren müssen. Die Kontraste sind dann meist sehr hoch und überfordern in vielen Fällen die Kameraautomatiken.

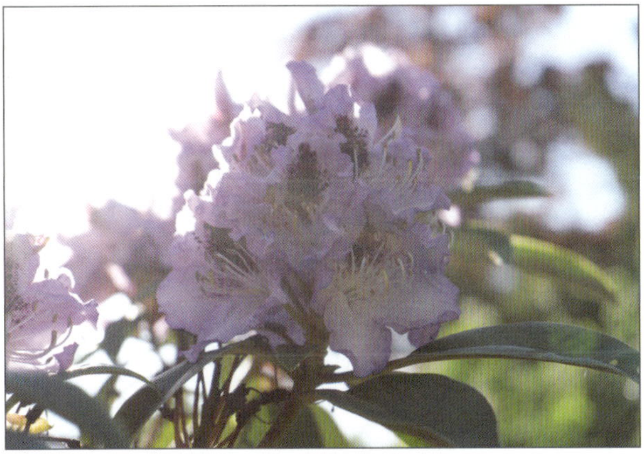

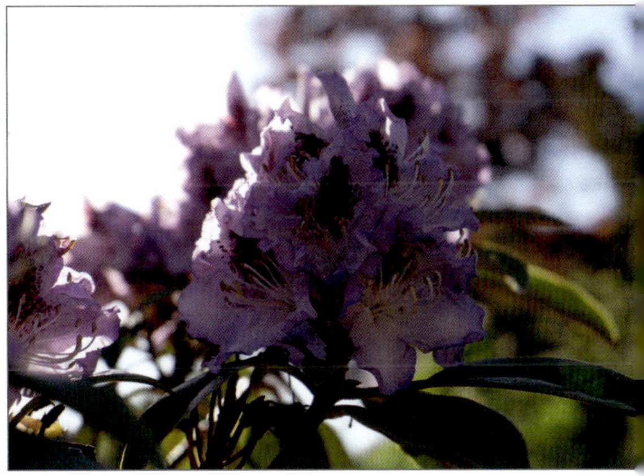

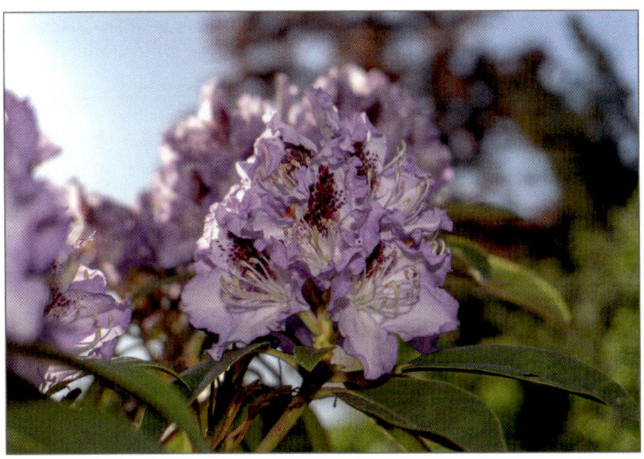

Abbildung 6.23: Links oben wurde im Blendenvorwahl-Modus »A« ohne Blitz und mit digitaler ESP-Messung fotografiert. Die Blüte wurde unterbelichtet. Rechts oben wurde die Sonnenblume per Spotmessung angemessen. Dabei kam es zu Überstrahlungen der helleren Motivbestandteile. Links unten wurde mit Aufhellblitz und digitaler ESP-Messung eine ausgewogene Belichtung erzielt.

Fotografieren Sie wie in Abbildung 6.23 gegen die Sonne, erhalten Sie in den meisten Fällen ein Ergebnis wie im ersten Bild. Die Kamera versucht die Gesamtsituation so gut wie möglich aufzunehmen. Der Helligkeitsunterschied ist hier aber zu hoch, und so wird die Blüte zu dunkel dargestellt. Verwenden Sie die Spotmessung, um die Blüte richtig zu belichten, dann kommt es zu einer starken Überbelichtung der übrigen Motivbestandteile wie des Himmels und der Blätter. Besser ist es, mittels einer weiteren Lichtquelle den Helligkeitsunterschied zu mindern. Und hier kommt Ihnen das interne Blitzgerät beziehungsweise ein anderes externes wie gerufen.

6.5 Gegenlichtaufnahmen meistern

1 Programm wählen

Wählen Sie eines der Kreativprogramme (*P*, *A*, *S* oder *M*) mit der Programmwählscheibe. Alternativ können Sie mit dem Programm *AUTO* Versuche unternehmen. *AUTO* sollte die Gegenlichtsituation erkennen und die notwendigen Einstellungen automatisch wählen.

2 Belichtungsmessung einstellen

Wählen Sie über die Kurzwahl-Taste in der Monitor-Funktionsanzeige *Messung*. Wählen Sie anschließend im Menü die Belichtungsmessung *ESP* aus.

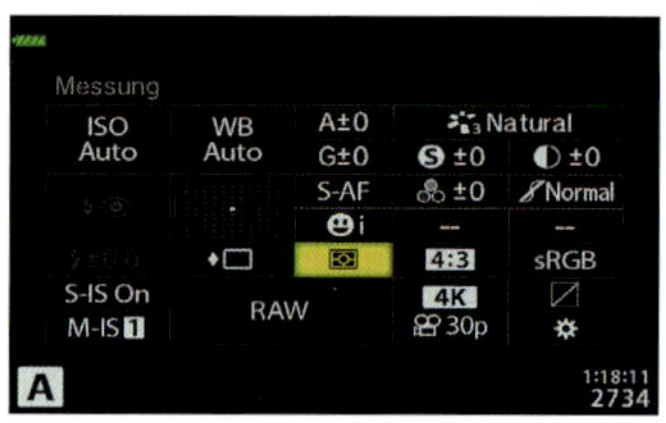

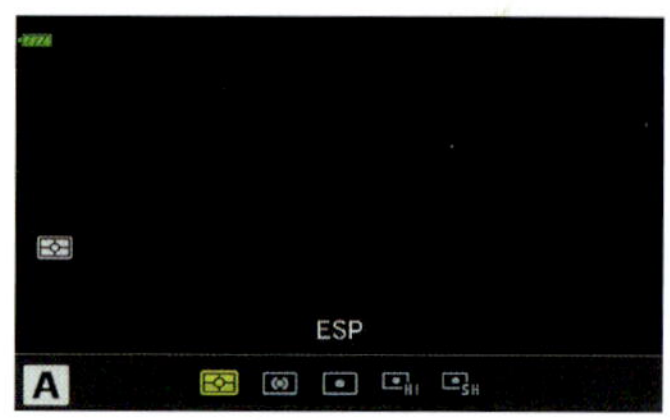

3 Blitz aktivieren

Klappen Sie das Blitzgerät der OM-D E-M10 Mark IV hoch, indem Sie den AN-/AUS-Hebel (*ON/OFF*) bis zur Markierung ϟ*UP* schieben.

4 Blitzbelichtungskorrektur einstellen

Stellen Sie, falls notwendig, wie zuvor beschrieben mithilfe der Funktion *Blitzstärkensteuerung* eine Blitzbelichtungskorrektur ein, um die Helligkeit zwischen Vorder- und Hintergrund Ihren Wünschen entsprechend anzupassen.

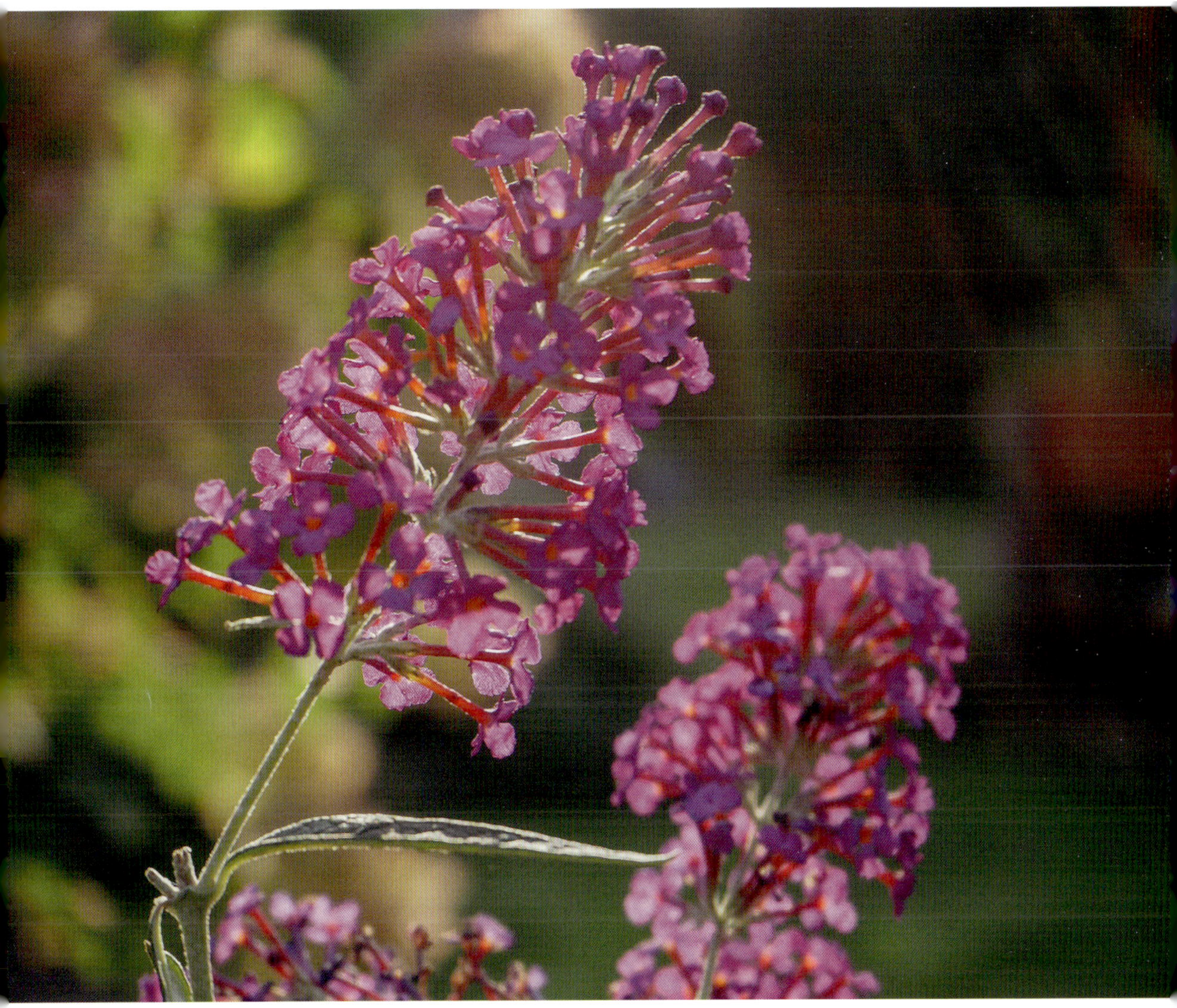

Abbildung 6.24: Mit Blitzlicht konnte der Helligkeitsunterschied im Motiv gemindert werden.
42 mm | f5,6 | 1/200 s | ISO 200

Im Dunkeln ohne Stativ unterwegs

Wenn Sie darauf angewiesen sind, bei wenig Licht ohne Stativ blitzen zu müssen und trotzdem möglichst viel Umgebungslicht mit auf die Aufnahme zu bekommen, ist dies natürlich auch möglich, allerdings mit Einschränkungen.

Einerseits muss die Belichtungszeit möglichst lang sein, damit viel Licht eingesammelt werden kann. Andererseits muss die Belichtungszeit so kurz sein, dass es nicht zu Verwacklungen kommt.

Dieses Problem bewältigen Sie am besten mit dem Verschlusszeitvorwahl-Modus *S* oder dem manuellen Modus *M*. Dabei stellen Sie die Belichtungszeit so ein, dass Sie mit ein-

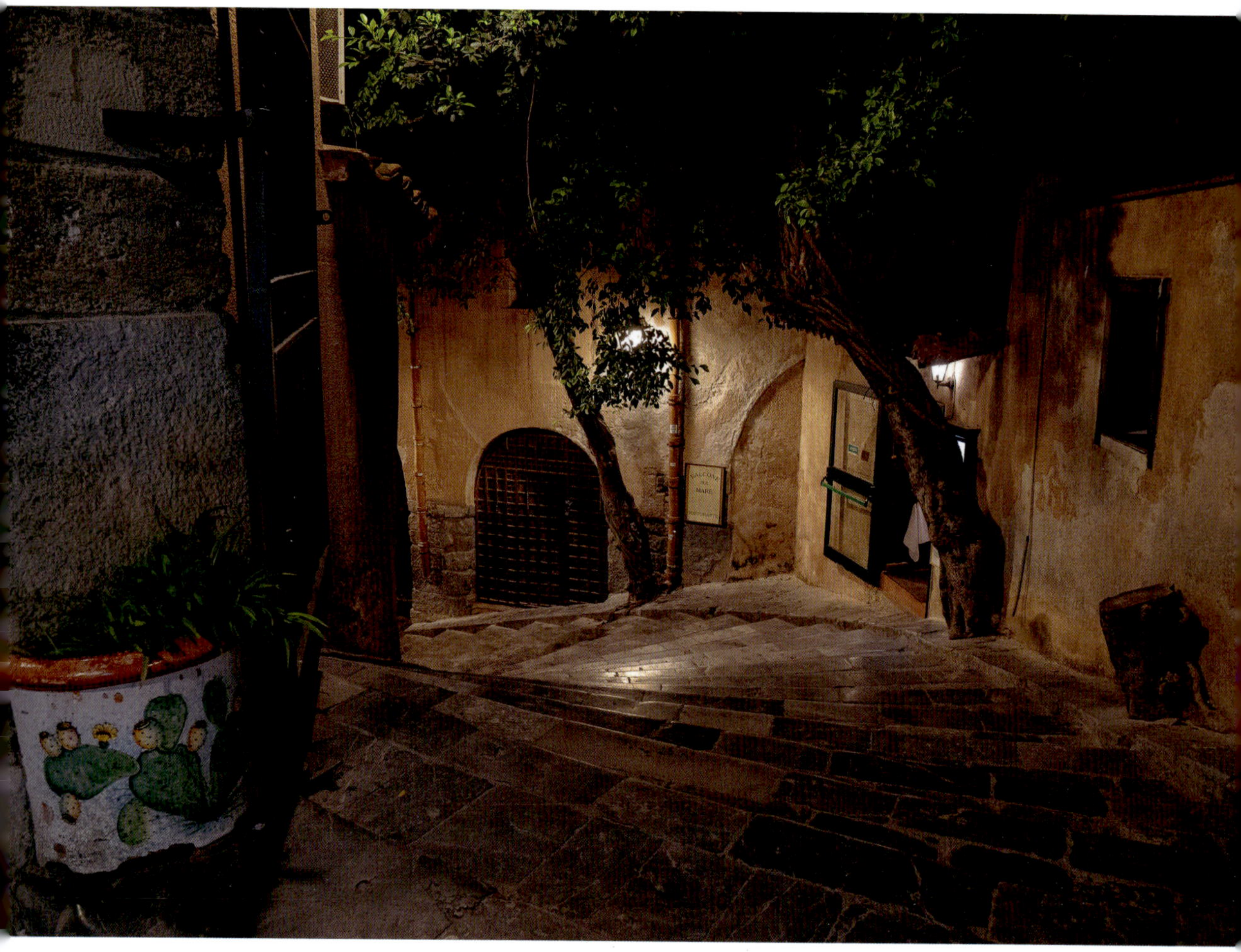

Abbildung 6.25: Im Modus »M« wurde die Belichtungszeit so eingestellt, dass die Kamera gerade noch verwacklungsfrei gehalten werden kann. Dann wurde die Blende weit geöffnet. Der Hintergrund konnte so hell genug dargestellt werden. 16 mm | f4 | 1/10 s | ISO 3200

geschaltetem Bildstabilisator Verwacklungen noch gerade so ausschließen können. Stellen Sie den ISO-Wert auf bis zu ISO 1600 ein. Mit dem manuellen Modus *M* öffnen Sie die Blende möglichst weit, um viel Licht auf den Sensor zu bekommen.

Sie erreichen so, dass der Blitz die im Vordergrund befindlichen Objekte vernünftig aufhellt, ohne gegenüber dem Umgebungslicht zu stark hervorzutreten.

6.6 Grenzenlose Freiheit – externe Blitzgeräte kabellos steuern

Drahtlos zu blitzen (man sagt dazu auch »entfesselt« blitzen) bedeutet, dass der externe Blitz nicht an der Kamera (über den Blitzschuh), sondern getrennt von ihr und ohne Verkabelung arbeitet. Gesteuert wird der externe Blitz dabei zum Beispiel über das interne Blitzgerät der OM-D E-M10 Mark IV. Dieses sendet entsprechende Signale für Start und Lichtmenge an den oder auch die externen Blitzgeräte. Die Olympus-Blitzgeräte FL-36R, FL-300R, FL-50R, FL-600R, FL-700WR und FL-900R sind dafür geeignet. Der FL-LM3 und der FL-14 können hingegen nicht kabellos gesteuert werden.

Am besten funktioniert das drahtlose Blitzen in dunkler Umgebung und dann, wenn der Empfänger für die Steuersignale zur signalgebenden Kamera zeigt. Bei den Olympus-Blitzen stehen ein beziehungsweise vier Übertragungskanäle für die Steuersignale zur Verfügung. Auf Veranstaltungen mit mehreren Fotografen kann so eine gegenseitige Beeinflussung vermieden werden, da jeder seinen eigenen Kanal für die Steuerung der externen Blitzgeräte wählen kann.

Zunächst beginnen Sie, die Kamera und die Blitzgeräte aufeinander abzustimmen. Dazu schieben Sie zum Beispiel das mitgelieferte Blitzgerät auf den Blitzschuh der OM-D E-M10 Mark IV und stellen im Menü 📷2 • ⚡ *RC Mode* die Blitzfunktion auf *An* um. An dem beziehungsweise den externen Blitzgeräten stellen Sie ebenfalls den RC-Modus ein. Wählen Sie an allen Geräten den gleichen Kanal ❼ (siehe Seite 208). Das Blitzgerät FL-300R von Olympus stellt nur den Kanal 1 zur Verfügung. Hier bleibt Ihnen also keine Wahl.

Blitzgruppen

Für komplexe Setups mit mehreren externen Blitzen können Sie auch Gruppeneinstellungen vornehmen und so mehrere Blitzgeräte zu einer Gruppe ❷ zusammenfassen. Mehrere Gruppen können so mit unterschiedlichen Blitzeinstellungen betrieben werden. Auf diese Weise ist eine ausgeklügelte Ausleuchtung des Motivs möglich. Dazu bietet z. B. der FL-300R bis zu zwei, der FL-600R bis zu drei Gruppen an.

Prüfen können Sie die Verbindung beider Geräte, indem Sie eine Testaufnahme machen. Löst das externe Blitzgerät nicht aus, dann prüfen Sie, ob Kamera und Blitz den maximalen Objektabstand überschritten haben (maximal 5–7 Meter) und ob der Signalempfänger zur Kamera zeigt. Mit ❻ können Sie zwischen drei Stufen wählen und damit festlegen, wie stark der Steuerblitz sein soll.

In der Grundeinstellung wird das auf der Kamera befindliche Blitzgerät ❶ nur zur Steuerung des externen Blitzgeräts benutzt und leistet damit lediglich einen unmaßgeblichen Beitrag zum Blitzen. Im Nahbereich hingegen kann der Steuerblitz auf der Aufnahme sichtbar werden. Ist dies nicht gewünscht, hilft hier meist schon das Abdunkeln mit einem weißen Blatt Papier. Möchten Sie hingegen, dass das Blitzgerät einen entscheidenden Beitrag zur Ausleuchtung leistet, dann stellen Sie den Blitzsteuermodus ❸ entsprechend unter ❹ ein.

Mit der Option ϟ */FP* ❺ wechseln Sie zwischen normaler Blitzsynchronisation und dem Super-FP-Modus.

Abbildung 6.26: Menü im RC-Modus (drahtloses Blitzen)

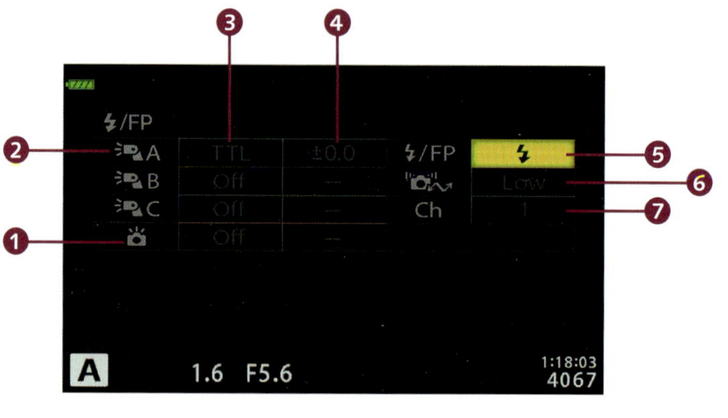

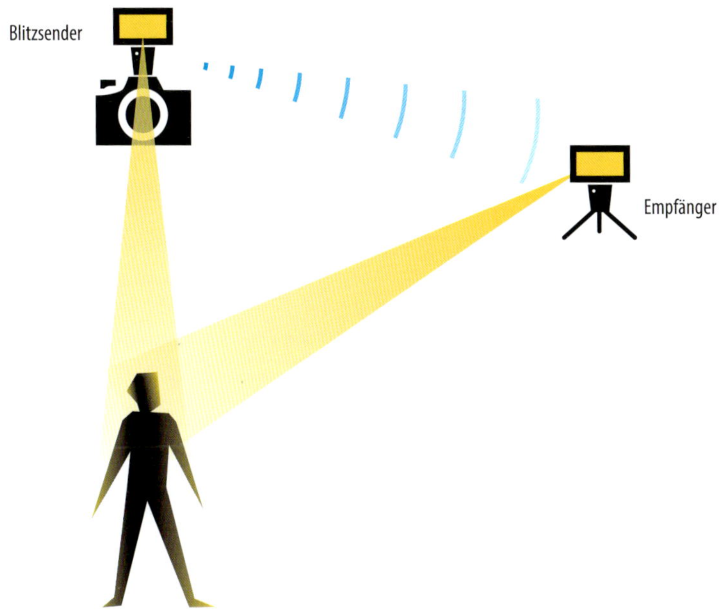

Abbildung 6.27: Im RC-Modus steuert das auf der OM-D E-M10 Mark IV aufgesetzte Blitzgerät das bzw. die anderen Blitzgeräte (Grafik: Michael Oreal).

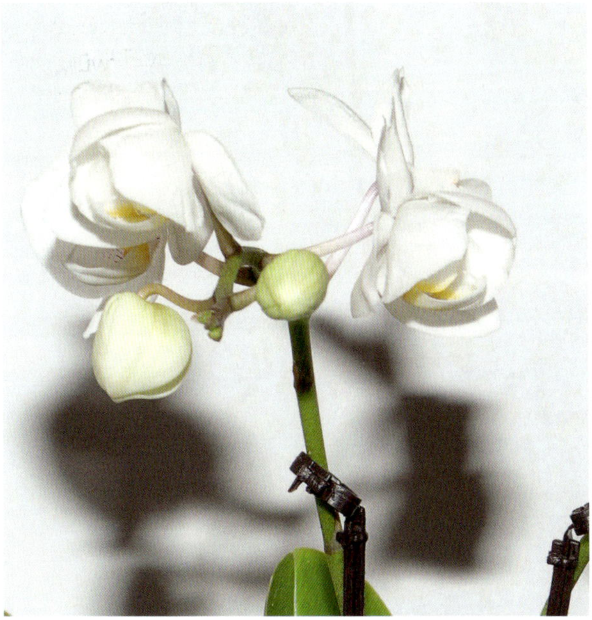

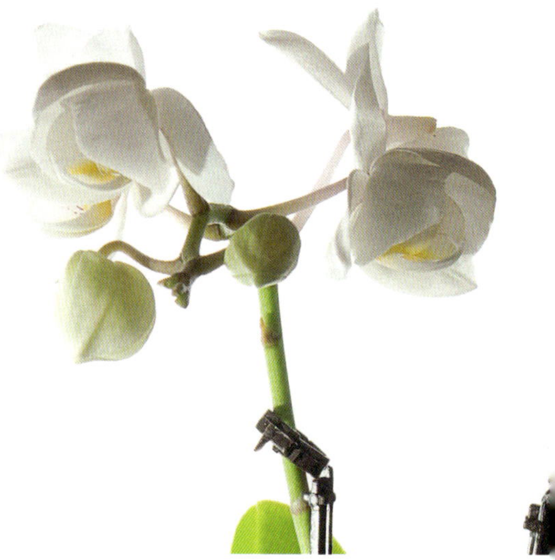

Abbildung 6.28: Links wurde die Pflanze mit dem Blitzgerät der Kamera aufgenommen, was Schlagschatten erzeugt. Rechts hingegen steuerte der Blitz zwei externe Blitzgeräte: Die Schlagschatten verschwinden, und die Lichtgestaltung wirkt insgesamt interessanter.

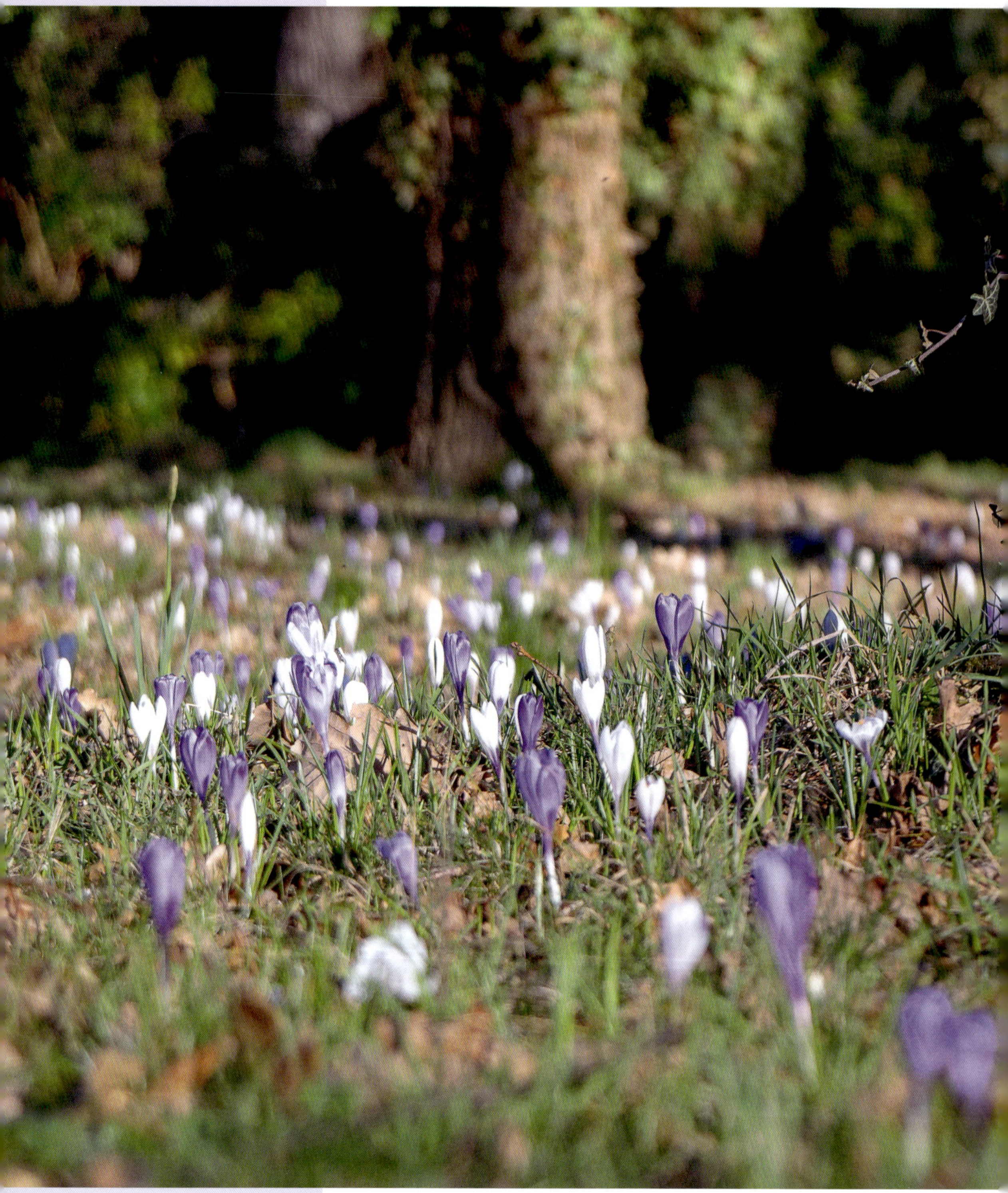

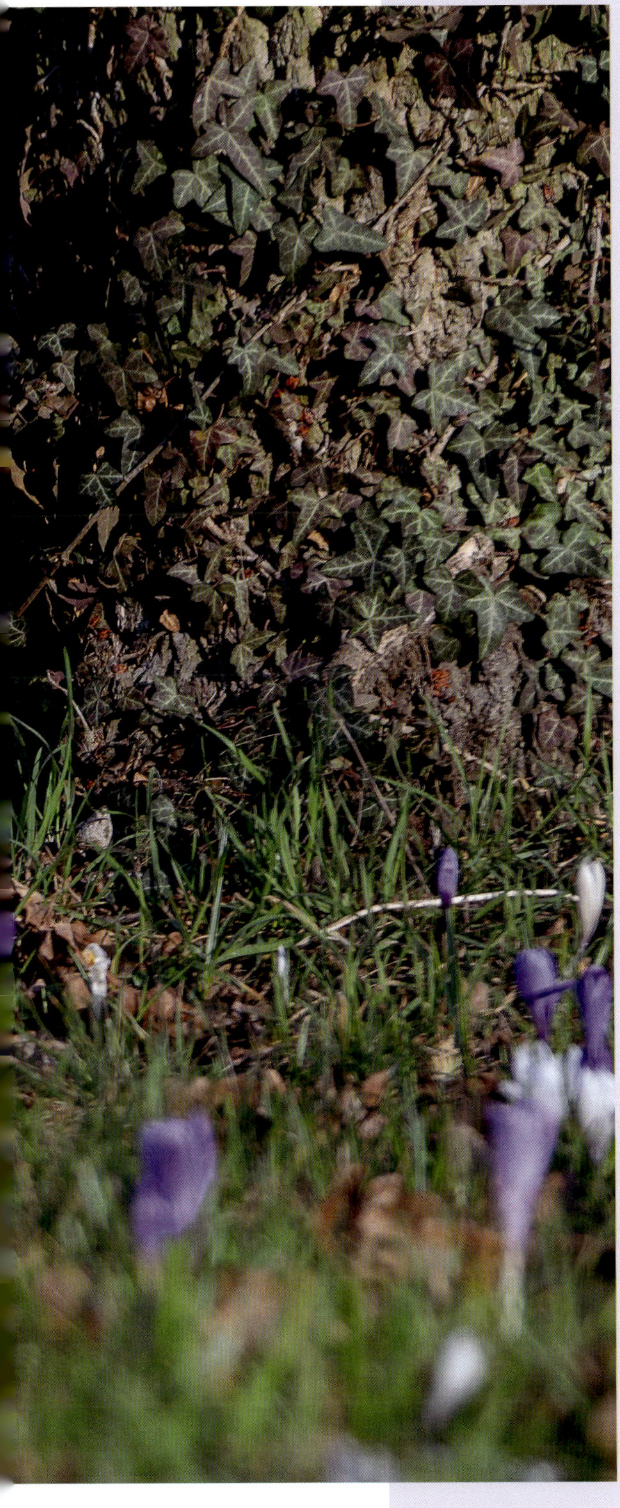

7

Der Objektivratgeber

Mit Ihrer OM-D E-M10 Mark IV haben Sie im einfachsten Fall nur das Gehäuse und eventuell das Kitobjektiv erworben. Zusammen mit einer Speicherkarte besitzen Sie so bereits eine Minimalausstattung für gute Fotos. Zur Erweiterung Ihrer Möglichkeiten steht jedoch ein großes Arsenal an kleinen und großen Helfern bereit. Das folgende Kapitel gibt Ihnen einen Einblick, was möglich und für den jeweiligen Verwendungszweck sinnvoll sein kann.

34 mm | f4 | 1/250 s | ISO 100

7.1 Für jeden Zweck den richtigen Objektivtyp

Nicht umsonst heißt es, dass zu einer guten Kamera auch ein gutes Objektiv gehört. Für Ihre OM-D E-M10 Mark IV steht Ihnen ein beachtliches Sortiment an Zusatzobjektiven und einiges an Zubehör direkt von Olympus zur Verfügung. Aber auch andere Hersteller produzieren fleißig für das Olympus-System. Die Preise bewegen sich in einem relativ großen Spielraum. So erhalten Sie zum Beispiel das *M.ZUIKO DIGITAL 14–42 mm 1:3,5–5,6 II R* bereits ab etwa 200 Euro, während das *M.ZUIKO DIGITAL ED 40–150 mm 1:2,8 PRO* in der Preisklasse um etwa 1500 Euro angesiedelt ist. In der Regel werden Sie, wenn Sie die Fotografie ambitioniert betreiben wollen, mehrere Objektive einsetzen. Es gibt sogenannte *Superzooms*, mit denen ein großer Brennweitenbereich abgedeckt werden kann. Für Gelegenheitsfotografen, die den Objektivwechsel scheuen und keine allzu hohen Ansprüche an die Bildqualität stellen, scheinen diese Objektive ideal zu sein. Und tatsächlich kann ein solches Objektiv für relativ kleine Abzüge bis 15 × 10 cm ausreichend sein. Sind hingegen großformatige Abzüge gewünscht, empfehlen sich zuallererst Festbrennweiten und Zoomobjektive der Pro-Klasse.

Letztlich ist das Objektiv nichts anderes als ein zylindrischer Körper mit mehreren Linsen aus speziellem Glas. Diese bündeln das Licht und leiten es ins Innere der Kamera weiter. Dort gelangt es zum Sucher, zu den Sensoren und natürlich auch auf den Bildsensor. Das menschliche Auge funktioniert ähnlich. Auch hier wird das Licht über unsere Hornhaut durch die Iris einer Linse zugeführt, die die Strahlen zur Netzhaut leitet. Die dort befindlichen Sinneszellen nehmen dann das Bild auf. Scharfgestellt wird hier durch das Dehnen beziehungsweise Stauchen der Linse.

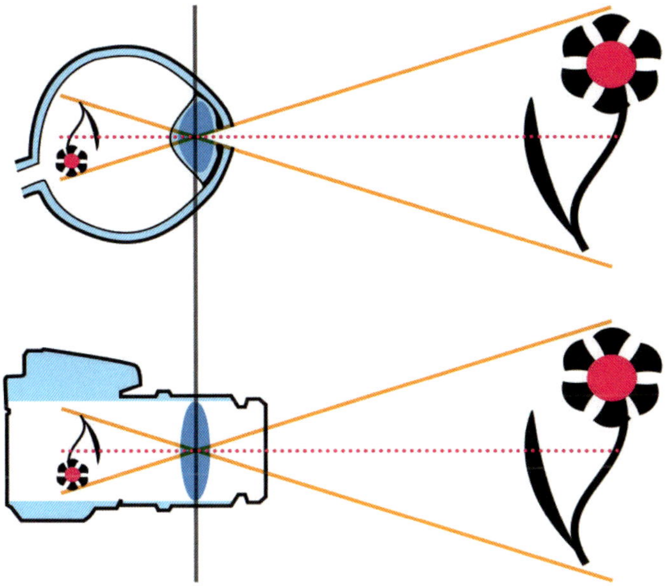

Abbildung 7.1: Das menschliche Auge und die Kamera mit Objektiv im Vergleich (Grafik: Michael Oreal)

Der Cropfaktor – und was er bewirkt

Die Abmessungen des Bildsensors von 17,3×13 mm sind deutlich kleiner als die des üblichen Kleinbildformats. Die Größe des Kleinbildformats beträgt 36×24 mm und ist um den Faktor 2 größer als das Format des Bildsensors der OM-D E-M10 Mark IV. Dieser Faktor wird auch *Cropfaktor* beziehungsweise *Brennweitenfaktor* genannt. Ein Objektiv mit der Brennweite von 100 mm besitzt an der OM-D E-M10 Mark IV die gleiche Bildwirkung wie ein 200-mm-Objektiv an einer Kleinbildkamera. Man erhält quasi einen Bildausschnitt des Kleinbildformats. Was sich als Vorteil für die Naturfotografen darstellt, die sich nach längeren Brennweiten sehnen, ist im Weitwinkelbereich ein Nachteil. Hier müssen extreme Weitwinkelobjektive für den Ausgleich sorgen.

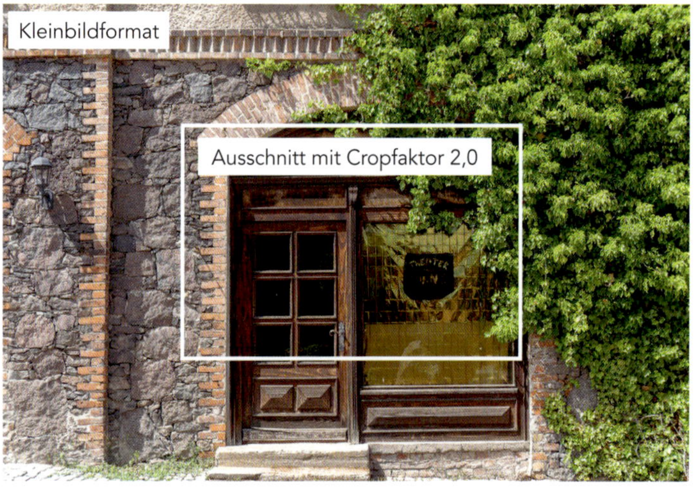

Abbildung 7.2: Mit der OM-D E-M10 Mark IV erhalten Sie gegenüber einem Dia oder Negativ im klassischen Kleinbildformat einen Bildausschnitt um den Faktor 2.

Objektivbezeichnung verstehen

Olympus bietet extra für diese Bildsensorgröße entwickelte Objektive an. Diese Objektive können aufgrund des kleinen Aufnahmeformats extrem kompakt und kostengünstig hergestellt werden.

Zu erkennen sind diese Objektive an der Bezeichnung *M.ZUIKO DIGITAL* (M. steht für Micro). Dieser Kennzeichnung folgen die Brennweite und die größte Anfangsblende. Diese kann auch eine Von-bis-Bezeichnung wie *1:3,5–5,6* haben und deutet darauf hin, dass das Objektiv eine variable und von der Brennweite abhängige Anfangsöffnung besitzt. Danach folgt die Bezeichnung für weitere Zusatzinfos. Dies kann zum Beispiel die Kennzeichnung *PRO* sein, die für die Profiserie von Olympus steht.

Zoomobjektive und ihre Vor- und Nachteile

Sicherlich ist es wünschenswert, mit möglichst wenig Aufwand in jeder beliebigen Situation faszinierende Bilder zu erhalten. Daher ist es leicht zu verstehen, dass das Angebot an Zoomobjektiven in den letzten Jahren stetig gewachsen ist. Auf diese Weise kann unkompliziert ein großer Brennweitenbereich abgedeckt werden. Auch die beiden Kit-Objektive, mit denen die OM-D E-M10 Mark IV angeboten wird, gehören dazu.

Ein Vorteil der Zoomobjektive ist, dass das Objektiv seltener gewechselt werden muss, sollten sich Motivsituationen ändern. Das spart Zeit, ist für den Fotografen bequemer, und die Gefahr, dass Staub auf den Sensor gelangt, ist geringer. Zudem sind die preisgünstigen Zoomobjektive meist recht leicht und werden daher sehr gern als Allrounder oder Reiseobjektive eingesetzt.

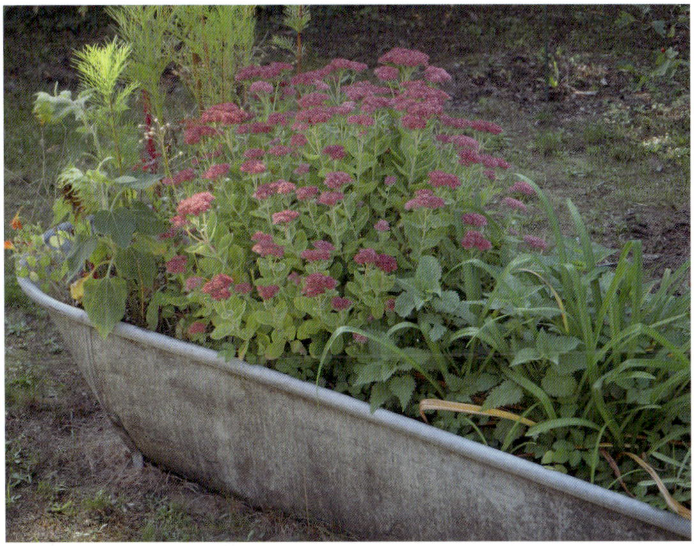

Abbildung 7.3: Oben: In Telestellung aufgenommene Szene. Unten: Die gleiche Szene, aber nun in herausgezoomter Stellung bei 14 mm.

42 mm | f5,6 | 1/80 s | ISO 200

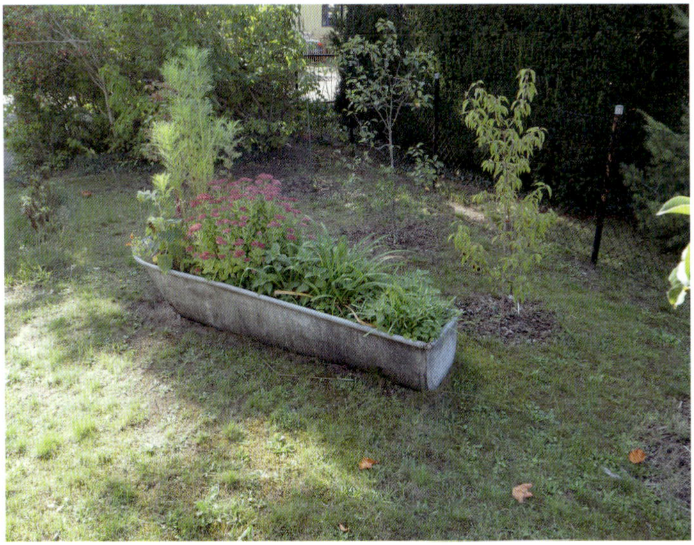

14 mm | f5,6 | 1/60 s | ISO 200

Sie werden die Vorteile schätzen lernen, wenn Sie zum Beispiel auf Fototouren längere Strecken zurücklegen wollen. Der Gewichtsvorteil ist teilweise erheblich.

Leider ist diese Flexibilität nur mit Kompromissen bei der Bildqualität und der Robustheit der Objektive machbar. In vielen Fällen ist die Bildqualität von Zoomobjektiven der von Festbrennweiten unterlegen. Zoomobjektive neigen beispielsweise meist zu stärkeren Randabschattungen, auch *Vignettierung* genannt, auf den Bildern. Dies wirkt unnatürlich und hat, wenn es nicht aus bildgestalterischen Gründen gewünscht wird, nichts auf heutigen Bildern zu suchen.

Um diese Vignettierung zu vermeiden, müssen Sie recht stark abblenden, meist mindestens bis zu Blende f8. In den meisten Fällen werden Sie allerdings die abgedunkelten Ränder nicht loswerden können. Außerdem schränkt dies den Einsatz der Objektive ein, etwa wenn Sie Objekte freistellen wollen und daher eigentlich mit offener Blende arbeiten müssten.

Alternativ können Sie dem Problem der Vignettierung per Software zu Leibe rücken. Das gelingt Ihnen zum Beispiel mit Adobe Photoshop Elements. Aber auch viele andere Bildbearbeitungsprogramme beherrschen diese Retusche.

Ein weiteres Problem der Zoomobjektive stellt die Schärfe der Bilder dar. Für ein gutes Ergebnis muss auch hier meist abgeblendet werden. Da aber die Lichtstärke dieser Objektive in vielen Fällen ebenfalls nicht besonders hoch ist, gelangen Sie durch das Abblenden oft in den Bereich, aus dem ohne Stativ kaum noch scharfe Aufnahmen möglich sind. Hier kann auch der Bildstabilisator der OM-D E-M10 Mark IV nicht immer ausgleichend entgegenwirken.

Möchten Sie gern mit Zoomobjektiven arbeiten und trotzdem die bestmögliche Bildqualität erreichen, dann empfiehlt sich zum Beispiel das *M.ZUIKO DIGITAL ED 12–40mm 1:2,8 PRO*. Dafür müssen Sie allerdings schon recht tief in die Tasche greifen und etwa 1000 Euro ausgeben. Das Objektiv ist staub- und spritzwassergeschützt. Auch gegen Frost ist das Objektiv beständig. Es ist aus Metall gefertigt und fühlt sich sehr hochwertig an. Der Autofokusmotor ist sehr schnell und extrem leise. Damit eignet sich das Objektiv auch für Filmaufnahmen und Aufnahmen in der Natur – zum Beispiel von scheuen Tieren. Zwischen Autofokus und manuellem Scharfstellen können Sie im Handumdrehen durch Schieben am Fokusring umschalten.

Auch im Telebereich bietet Ihnen Olympus im höheren Preissegment ein sehr gutes Zoomobjektiv an. Das *M.ZUIKO DIGITAL ED 40–150mm 1:2,8 PRO* überzeugt selbst am Ende des Telebereichs, also bei 150mm, wo andere Zoomobjektive schon stark an Leistung verlieren. Mit einem Gewicht von 880 Gramm ist es in diesem Bereich auch noch recht handlich. Es ist ähnlich hochwertig verarbeitet wie das zuvor beschriebene *M.ZUIKO DIGITAL ED 12–40mm 1:2,8 PRO*, also auch spritzwassergeschützt, staub- und frostsicher. Es besitzt ebenfalls den Fokusring. Zwei getrennt fahrende Fokusgruppen tragen dazu bei, dass der Autofokus sehr schnell arbeitet.

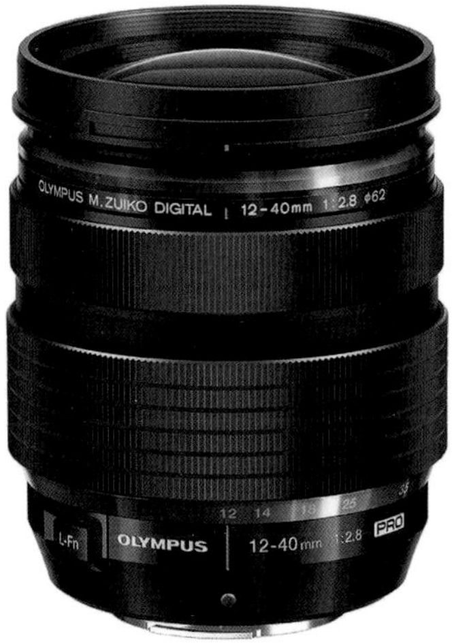

Abbildung 7.4: Erste Wahl, wenn es um Zoomobjektive geht: das M.ZUIKO DIGITAL 12–40mm 1:2,8 PRO von Olympus (Bild: Olympus).

Der Nutzen lichtstarker Objektive

Die Lichtstärke eines Objektivs definiert sich aus dem Verhältnis von größtmöglicher Blendenöffnung und Brennweite. Im Allgemeinen werden Objektive mit einer Anfangsblende von mindestens f2,8 als sehr lichtstark bezeichnet. Im Verhältnis zu weniger lichtstarken Objektiven gelangt so weit mehr Licht zum Sensor Ihrer OM-D E-M10 Mark IV.

Damit ergibt sich der Vorteil, dass bei Verwendung eines lichtstarken Objektivs auch bei wenig Licht, zum Beispiel in Räumen oder in der Dämmerung, ein Arbeiten ohne Stativ und Blitz möglich wird – ein unschätzbarer Vorteil gerade dann, wenn Blitzen verboten oder unerwünscht ist, zum Beispiel in Kirchen oder während Theateraufführungen. Stellen Sie an Ihrer OM-D E-M10 Mark IV den Blendenvorwahl-Modus *A* ein und wählen Sie einen möglichst kleinen Blendenwert. Außerdem stellen Sie den ISO-Wert zum Beispiel auf ISO 800 ein. Die Belichtungszeit sollte nun so kurz sein, dass Unschärfe durch Verwackeln bei der Arbeit aus der Hand vermieden wird.

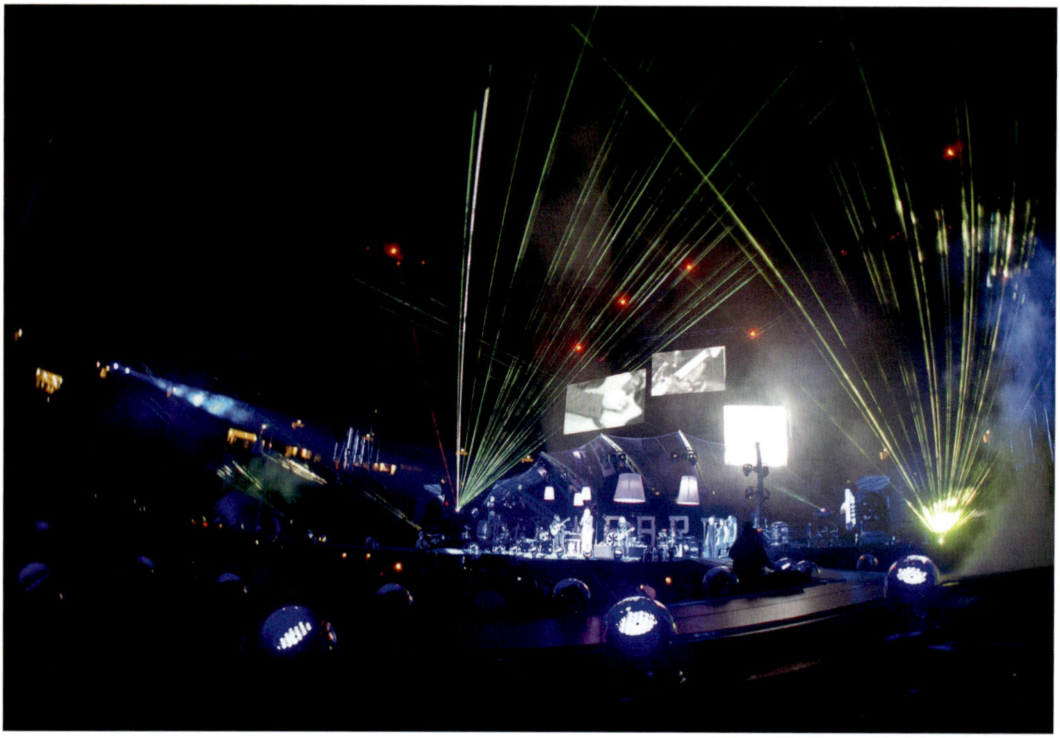

Abbildung 7.5: Dank der hohen Lichtstärke des Objektivs konnte diese Szene aus der Hand bei 1/10s unverwackelt aufgenommen werden. 16mm | f2,8 | 1/10s | ISO 1600

Weitere Vorteile ergeben sich bei lichtstarken Objektiven durch die harmonische Darstellung des unscharfen Hintergrunds. Wenn Sie die Vordergründe vom Hintergrund freistellen möchten, stellen Sie den kleinsten Blendenwert ein. Bei den beiden Aufnahmen der Blüte ist sehr schön zu erkennen, wie bei Blende f5,6 noch ein unruhiger Hintergrund vorhanden ist. Bei Blende 2,8 verwischt dieser harmonisch. Für das Spiel mit der Schärfe und der Unschärfe sind also besonders lichtstarke Objektive notwendig. Die Kit-Objektive, die erst bei Blende 3,5 beziehungsweise 4,5 beginnen, lassen aber erste Experimente zu.

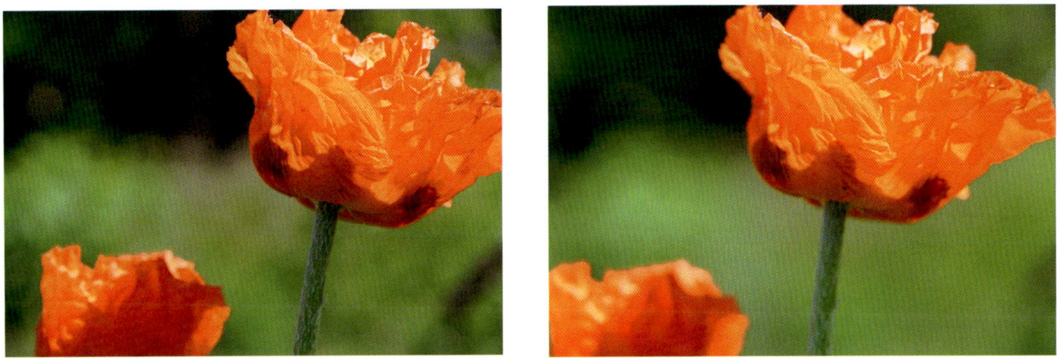

Abbildung 7.6: Die Blüte konnte mit der voll geöffneten Blende 2,8 (rechts) wesentlich harmonischer vor dem Hintergrund freigestellt werden, als dies mit Blende 5,6 (links) möglich ist.

Preislich an dieser Stelle sicher eine Empfehlung wert: das *M.ZUIKO DIGITAL 45mm 1:1,8* von Olympus. Die hohe Lichtstärke dieses Objektivs lädt dazu ein, in die Welt der Schärfe/Unschärfe abzutauchen.

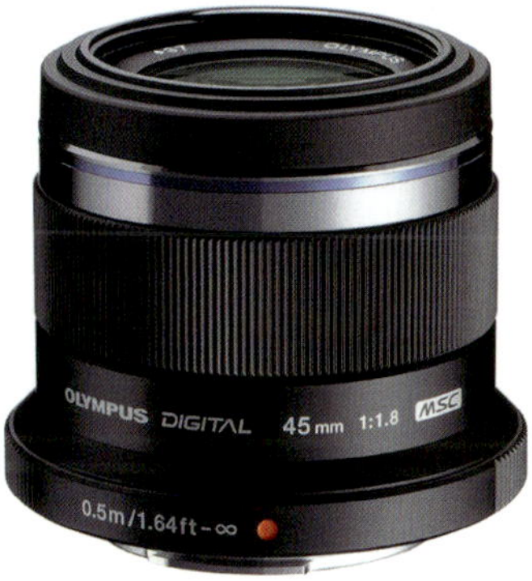

Abbildung 7.7: Eine Preis-Leistungs-Empfehlung wert: das Olympus M.ZUIKO DIGITAL 45mm 1:1,8. Eine große Anfangsöffnung von f1,8 hilft beim Freistellen (Bild: Olympus).

Veränderliche Lichtstärke

Viele Zoomobjektive variieren in der Lichtstärke über den einstellbaren Brennweitenbereich. Das Kit-Objektiv *M.ZUIKO DIGITAL 14–42mm 1:3,5–5,6 II R* besitzt eine Lichtstärke von f3,5 bei 14mm Brennweite. Diese ändert sich stufenweise bis f5,6 bei 42mm Brennweite. Teurere Objektive wie das *M.ZUIKO DIGITAL ED 12–40mm 1:2,8 PRO* besitzen eine durchgehend hohe Lichtstärke von f2,8.

7.2 Vom Allrounder bis zum Spezialisten

Sicherlich ist es der Wunschtraum eines jeden, der fotografiert: ein Objektiv, mit dem alle Arten von Motiven perfekt aufgenommen und mit hoher Abbildungsqualität wiedergegeben werden können und das zudem noch eine hohe Lichtstärke besitzt. Ein Superzoom also, vom extremen Weitwinkel bis hin zum starken Telebereich. Vermutlich wird das bis auf Weiteres ein Wunsch bleiben. Aus heutiger Sicht wäre ein solches Objektiv sehr groß, schwer und enorm teuer. Bleiben wir also bei der Realität und finden uns damit ab, dass wir mit den vorhandenen Alternativen leben müssen.

Um mit der OM-D E-M10 Mark IV alle üblichen Motive in Qualität aufnehmen zu können, sollten Sie zwei bis drei Objektive für Ihre Fototasche einplanen: ein Weitwinkel- und ein Telezoom und eventuell ein Objektiv für den Makrobereich. In jedem Fall gilt der Grundsatz: Die beste Kamera ist nur so gut wie das angeschlossene Objektiv. Im Folgenden finden Sie eine kleine Übersicht interessanter Objektive für die jeweiligen Anwendungsgebiete.

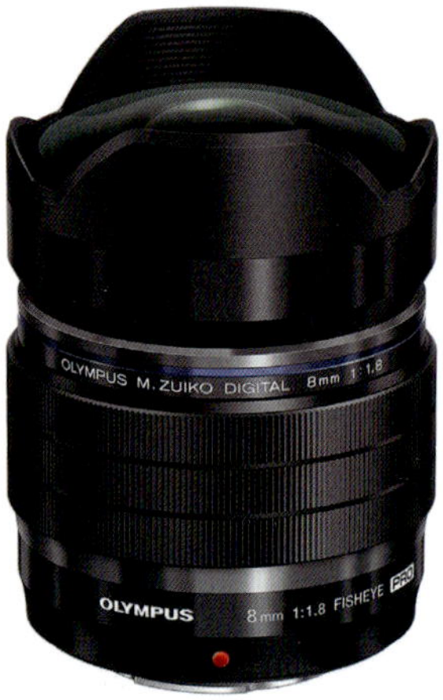

Abbildung 7.8: M.ZUIKO DIGITAL ED 8 mm 1:1,8 FISHEYE PRO (Bild: Olympus)

Weitwinkelobjektive für gelungene Perspektiven

Weitwinkelobjektive sind immer dann nützlich, wenn es darum geht, bei geringer Distanz zum Motiv möglichst viel von diesem aufs Bild zu bekommen. Denken Sie nur an enge Innenräume, weiträumige Landschaftsfotos, Reportagearbeiten und Architekturaufnahmen. Unter anderem deckt das Olympus-Kit-Objektiv *M.ZUIKO DIGITAL 14–42 mm 1:3,5–5,6 II R* diesen Bereich recht gut ab.

Das Spezialobjektiv *M.ZUIKO DIGITAL ED 8 mm 1:1,8 FISHEYE PRO* von Olympus bietet einen Bildwinkel von 180°. Wie der Name »Fischauge« schon vermuten lässt, ist mit diesem Objektiv eine Art Rundumsicht darstellbar.

Gewollt ist hier die starke tonnenförmige Verzeichnung. Nur Linien, die genau durch den Mittelpunkt des Objektivs verlaufen, werden unverzeichnet dargestellt. Der Einsatzbereich dieses Objektivs ist damit begrenzt. Eine Gegenlichtblende ist bereits eingebaut. Hervorzuheben ist hier die hohe Lichtstärke von f1,8, die momentan weltweit einzigartig bei einem Fisheye-Objektiv ist.

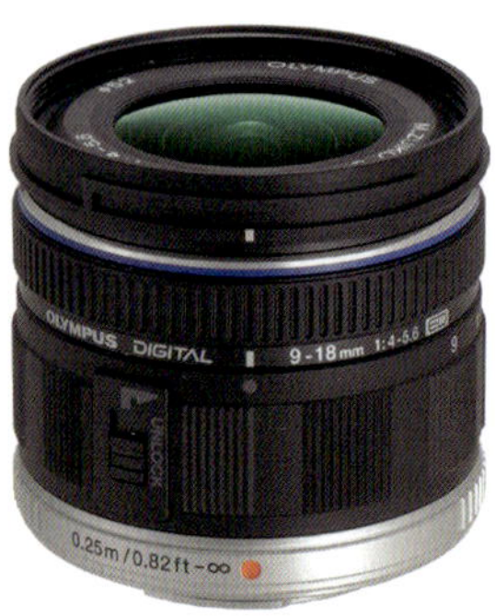

Abbildung 7.9: M.ZUIKO DIGITAL ED 9–18 mm 1:4–5,6 (Bild: Olympus)

Mit dem Ultraweitwinkelzoom *M.ZUIKO DIGITAL ED 9–18 mm 1:4–5,6* gelangen Sie in die Welt der extremen Weitwinkelfotos. Bauartbedingt müssen Sie vor allem am unteren Ende des Brennweitenbereichs mit leichten Verzerrungen rechnen, wie es bei vergleichbaren Objektiven üblich ist. Auch sind die Bildecken nicht ganz so scharf wie die Bildmitte. Das Abblenden um ein bis zwei Stufen schafft hier Abhilfe.

Alternativ bietet sich das *M.ZUIKO DIGITAL ED 7–14 mm 1:2,8 PRO* an. Dieses Objektiv spielt allerdings in einer anderen Liga. Das fängt bei der optischen Leistung an, geht über die Lichtstärke und die Verarbeitung und endet letztlich beim Preis. Es kostet fast das Dreifache vom *M.ZUIKO DIGITAL ED 9–18 mm 1:4–5,6*.

Das professionelle Weitwinkelobjektiv *M.ZUIKO DIGITAL ED 12 mm 1:2* gibt an Ihrer OM-D E-M10 Mark IV eine Bildwirkung wieder, die einem 24-mm-Objektiv im Kleinbildformat entsprechen würde. Damit gelangen Sie also in den recht starken Weitwinkelbereich, was zum Beispiel auch extremere Perspektiven erlaubt.

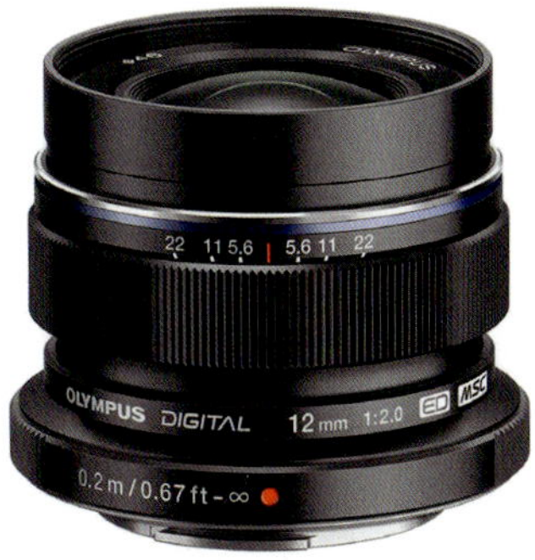

Abbildung 7.10: M.ZUIKO DIGITAL ED 12 mm 1:2 (Bild: Olympus)

Die Lichtstärke ist mit f2 sehr gut, womit auch bei wenig Licht unverwackelte Aufnahmen möglich sind. Die Naheinstellgrenze von 20 cm erlaubt es Ihnen, dicht an die Motive heranzugehen, was interessante perspektivische Effekte ermöglicht. Es verfügt über einen Schnappschuss-Fokusmechanismus, mit dem Sie sehr schnell einen bestimmten Bereich festlegen können, der später scharf auf der Aufnahme sein soll. Das Objektiv eignet sich besonders für Landschaftsaufnahmen. Mit einem Gewicht von 130 Gramm ist es sehr leicht, und auch die Abmessungen von 56 mm im Durchmesser und 43 mm Gesamtlänge sind angenehm klein. Der Preis von ca. 700 Euro geht für ein Objektiv dieser Klasse in Ordnung.

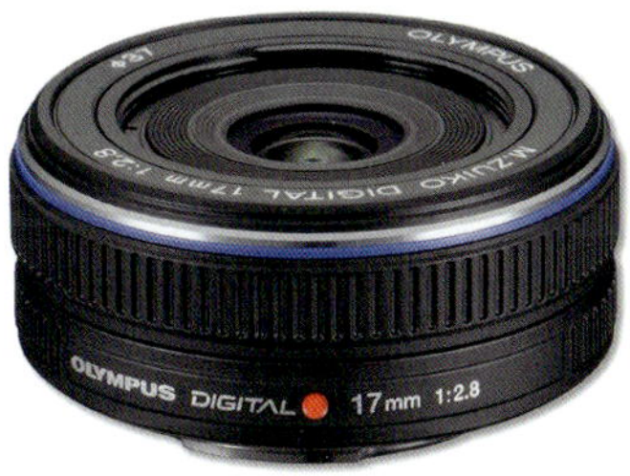

Abbildung 7.11: M.ZUIKO DIGITAL 17 mm 1:2,8 PANCAKE (Bild: Olympus)

Besonders kompakt und daher beispielsweise gut für Reisereportagen geeignet ist das *M.ZUIKO DIGITAL 17 mm 1:2,8 PANCAKE*. Mit einem Gewicht von lediglich 71 Gramm und einer Länge von 22 mm ist dieses Objektiv wirklich leicht und ultrakompakt gebaut – bietet aber trotzdem eine sehr gute Lichtstärke von f2,8. Bereits bei Offenblende können Sie mit scharfen Aufnahmen bis in die Ecken rechnen. Die Bildwirkung entspricht der eines 34-mm-Objektivs im Kleinbildformat, was ideal für Reportage- und auch für Landschaftsaufnahmen ist.

Objektive für den mittleren Brennweitenbereich

Der mittlere Brennweitenbereich von 25–50 mm (50–100 mm Kleinbildformat) eignet sich sehr gut für die Dokumentation oder auch für Porträts. Mit 25 mm (50 mm Kleinbildformat) Brennweite nehmen Sie mit diesem Objektiv das Geschehen von den Proportionen so auf, wie auch das menschliche Auge die Szene wahrnimmt.

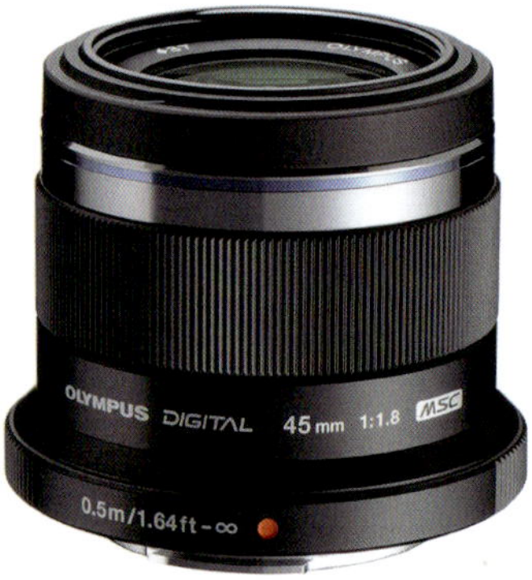

Abbildung 7.12: M.ZUIKO DIGITAL 25 mm 1:1,8 (Bild: Olympus)

Das Olympus-Objektiv *M.ZUIKO DIGITAL 25 mm 1:1,8* ergibt an der OM-D E-M10 Mark IV die Bildwirkung eines 50-mm-Objektivs, bezogen auf das Kleinbildformat. Es ist damit unter anderem hervorragend für die Porträtfotografie geeignet. Die Schärfentiefe ist bei offener Blende (f1,8) überaus gering, sodass sich damit interessante Effekte erzielen lassen.

Dieses Objektiv ist ebenfalls bestens für schlechte Lichtbedingungen geeignet. Die Qualität der Abbildungen kann als sehr hoch eingeschätzt werden. Brillanz und Schärfe sind ab Blende f2,8 hervorragend, aber auch schon ab Offenblende (f1,8) sehr gut.

Eine preiswerte und zugleich recht gute Alternative dazu liefert Sigma mit dem *Art 30 mm f2,8 DN*. Es ist nicht ganz so lichtstark wie das zuvor genannte *M.ZUIKO DIGITAL 25 mm 1:1,8*, dafür allerdings auch nur halb so teuer. Auch bei diesem Objektiv können Sie mit ausgezeichneter Schärfe und nur minimaler Verzeichnung rechnen.

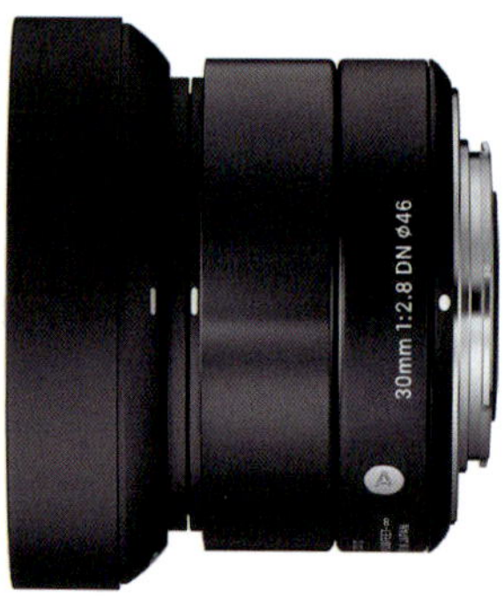

Abbildung 7.13: Sigma Art 30 mm f2,8 DN (Bild: Sigma)

Alternativen für den Weitwinkel- bis leichten Telebereich

Der Brennweitenbereich von etwa 12–50 mm ist für »Alltagsaufgaben« des Fotografen sicher am interessantesten. Die Objektivhersteller haben dies natürlich erkannt und entsprechende Zoomobjektive entwickelt, die diesen Brennweitenbereich teilweise beziehungsweise komplett abdecken. Ein empfehlenswertes Objektiv ist hier etwa das *M.ZUIKO DIGITAL ED 14–42 mm 1:3,5–5,6 EZ PANCAKE* von Olympus.

Das Objektiv stellt eine Alternative zum deutlich teureren *M.ZUIKO DIGITAL ED 12–40 mm 1:2,8 PRO* dar. Es kostet etwa ein Drittel und bietet trotzdem eine gute Leistung. Zudem ist es wesentlich kompakter. Es fehlt jedoch ein Stück Brennweite in Richtung Weitwinkel. Die zusätzlichen 2 mm des Pro-Objektivs können einem schon manchmal fehlen, um effektvoll Perspektive ins Bild zu bringen. Auch müssen Sie Abstriche bei der Verarbeitung in Kauf nehmen. Es ist nicht staub- beziehungsweise spritzwasserfest. Bei 14 mm Brennweite tritt eine leichte tonnenförmige Verzeichnung auf.

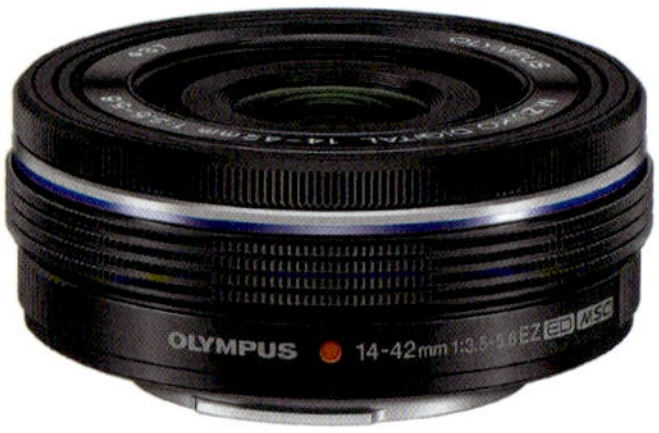

Abbildung 7.14: M.ZUIKO DIGITAL 14–42 mm 1:3,5–5,6 PANCAKE (Bild: Olympus)

Mit Teleobjektiven Weites nah heranholen

Bereits mit 60 mm Brennweite wird ein Objektiv an Ihrer OM-D E-M10 Mark IV zu einem leichten Teleobjektiv. Richtig in den Telebereich gelangen Sie aber erst mit Brennweiten ab 80 mm, was an der OM-D E-M10 Mark IV der Bildwirkung eines 160-mm-Objektivs entspricht. Holen Sie so zum Beispiel kleine Vögel oder weit entfernte Gegenstände dichter heran. Je größer die Brennweite, desto stärker ist die Vergrößerung. Ab etwa 150 mm Brennweite sollten Sie über ein Stativ nachdenken, um Unschärfe durch Verwacklungen wirkungsvoll zu vermeiden. Telebrennweiten eignen sich zudem auch dazu, das Motiv vor dem Hintergrund freizustellen. Dazu ist dann gleichzeitig eine große Blendenöffnung notwendig. Mit dem Olympus-Kit-Objektiv *M.ZUIKO DIGITAL ED 40–150 mm 1:4–5,6* können Sie bereits einen gewissen Teil des Telebereichs recht gut abdecken.

Das *M.ZUIKO DIGITAL ED 40–150 mm 1:4–5,6 R* wird als Kit-Objektiv angeboten. Kit-Objektive sollen möglichst preiswert und dabei noch leistungsfähig sein. Erreicht wurde dies durch Einsparmaßnahmen beim Gehäuse. Es besteht komplett aus Kunststoff.

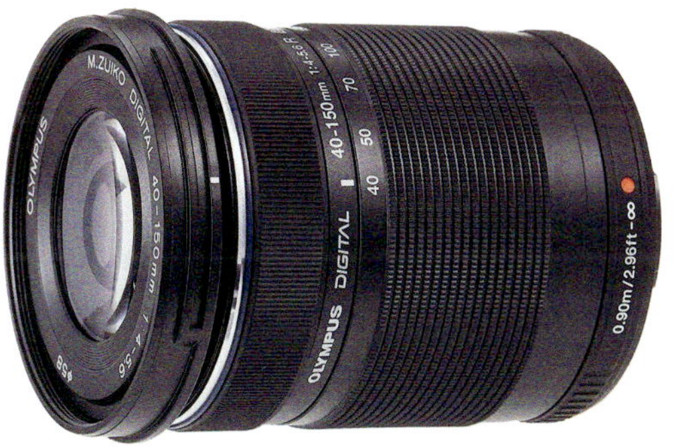

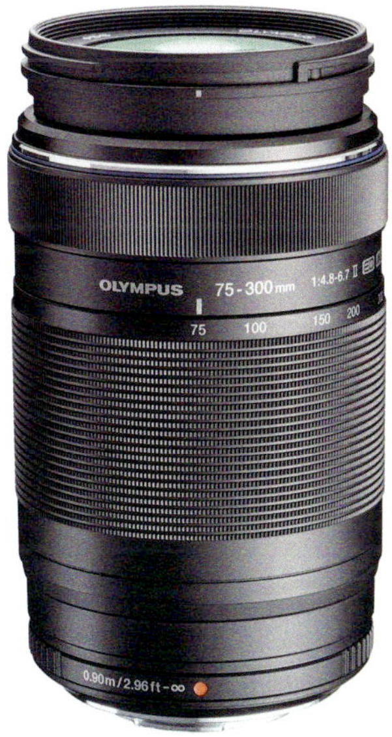

Beim Zoomen in den Telebereich verdoppelt sich die Objektivlänge, und die Lichtstärke ist hier mit f5,6 schon nicht mehr so gut. Die Abbildungsleistung kann sich aber sehen lassen, und auch das geringe Gewicht von nur 190 Gramm ist sicher ein Vorteil.

Abbildung 7.15: Links: M.ZUIKO DIGITAL ED 40–150 mm 1:4–5,6 R (Bild: Olympus). Rechts: M.ZUIKO DIGITAL 75–300 mm 1:4,8–6,7 II (Bild: Olympus)

Möchten Sie kostengünstig in den Telebereich einsteigen, dann bietet sich das Objektiv *M.ZUIKO DIGITAL 75–300mm 1:4,8–6,7 II* an. Mit dem etwa 550 Euro teuren Objektiv erreichen Sie am Teleende die Bildwirkung eines 600-mm-Objektivs, bezogen auf das Kleinbildformat. Und das ist wirklich schon beachtlich.

Trotz des guten Bildstabilisators der OM-D E-M10 Mark IV kann ein Stativ hier gute Dienste leisten. Allzu leicht kann es hier zu Verwacklungen beim Fotografieren aus freier Hand kommen. Aufgrund der geringen Lichtstärke von f6,7 am Ende des Telebereichs wird dieser Umstand noch verschärft, vor allem wenn weniger Licht zur Verfügung steht. Die Schärfe bei Offenblende ist jedoch recht gut, und auch die Autofokusgeschwindigkeit geht in Ordnung. Die empfehlenswerte Streulichtblende ist nicht im Lieferumfang enthalten und muss getrennt gekauft werden.

Objektive von Fremdanbietern
Einige Fremdhersteller produzieren ebenfalls Objektive für das Olympus-System. Dazu gehören unter anderem Carl Zeiss, Sigma, Tamron, Samyang, Voigtländer, Walimex und Tokina. Auch einige Objektive von Panasonic, wie das *Lumix G 12mm 3D Lens f12*, sind an der OM-D E-M10 Mark IV verwendbar. Alle Fremdobjektive werden an der OM-D E-M10 Mark IV praktisch ebenfalls zu stabilisierten Objektiven.

Objektive für die OM-D E-M10 Mark IV per Adapter

Die OM-D E-M10 Mark IV ist eine sehr adapterfreundliche Kamera. Diverse Objektive anderer Hersteller lassen sich per Adapter anschließen. Der Autofokus funktioniert hier allerdings nur mit Four-Thirds-Objektiven und entsprechenden Adaptern, und dies auch nicht für Videoaufnahmen. Neben Olympus selbst bieten noch weitere Hersteller Adapter an. Unter anderem erhalten Sie von Novoflex, Panasonic, KIWI-FOTOS und Quenox passende Modelle.

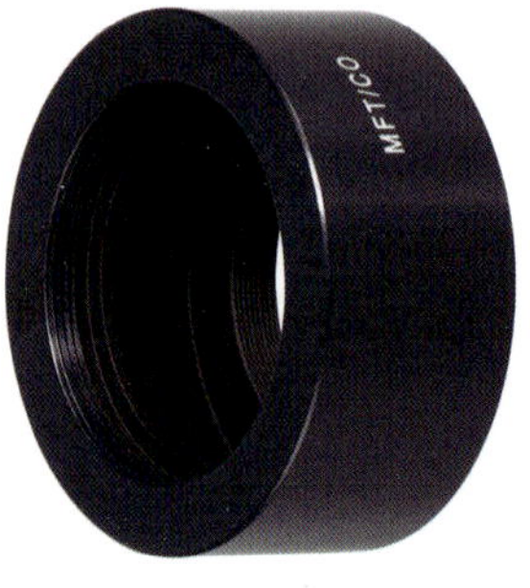

Abbildung 7.16: Novoflex-Adapter zum Ansetzen eines M42-Objektivs (Bild: Novoflex)

Vorsicht ist allerdings geboten, wenn die hintere Linse des Objektivs zu weit in das Kameragehäuse ragt und dadurch der Sensor zerstört zu werden droht. Schauen Sie sich zuvor sicherheitshalber die Kompatibilitätslisten der Adapterhersteller an, um sicherzugehen.

Adapter	Novoflex	KIWIFOTOS	Quenox
Canon FD	MFT/CAN	x	x
Canon EOS EF	MFT/EOS		x
Contax/Yashica	MFT/CONT	x	x
Hasselblad 6x6	MFTA + HARING		
Leica M	MFT/LEM		
Leica R	MFT/LER		x
Leica M39	MFTLEI		x
M42	MFT/CO	x	x
Mamiya 645	MFTA + MAMRING		
Minolta AF/Sony OM-D E-M10 Mark IV	MFT/MIN-AF		x
Minolta MD	MFT/MIN-MD		x
Minolta-MD-Tilt-Adapter			x
Nikon	MFT/NIK		x
Nikon-F-Tilt-Adapter			x
Konica AR			x
Olympus OM	MFT/OM		x
Olympus PEN F			x
Pentax 6×7	MFTA + PENTRING 67		
Pentax K	MFT/PENT		x
T2	MFT/T2	x	x
Four Thirds		x	
X-Fujinon		x	
Rollei QBM			x

Tabelle 7.1: Adapter für die OM-D E-M10 Mark IV zum Ansetzen von Fremdobjektiven. Da es mittlerweile eine unüberschaubare Menge an Adaptern gibt, ist diese Liste nicht vollständig.

Für Olympus-OM-Objektive steht Ihnen der Adapter MF-2 und für die Olympus-E-Systemobjektive der Adapter MMF-3 zur Verfügung. Letzterer ist spritzwassergeschützt.

7.3 Den Brennweitenbereich mit Konvertern erweitern

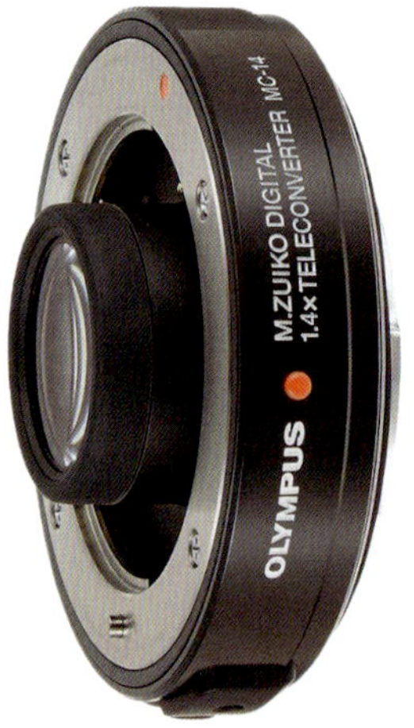

Abbildung 7.17: 1,4-fach-Telekonverter von Olympus (Bild: Olympus)

Wünschen Sie sich im Telebereich mehr Brennweite, um zum Beispiel Wildtiere formatfüllender aufzunehmen, bieten sich Telekonverter an. Diese werden einfach zwischen die Kamera und das Objektiv gesetzt.

Olympus hat dafür zwei Konverter im Angebot: den 1,4-fach-Telekonverter (MC-14) und den 2-fach-Telekonverter (MC-20). Zu beachten ist, dass die Konverter nur am *M.ZUIKO DIGITAL ED 40–150mm 1:2,8 PRO und am M.ZUIKO DIGITAL ED 300mm 1:4 PRO* verwendet werden können.

Die Brennweite wird um den Faktor 1,4 (2) erweitert, sodass Sie einen Brennweitenbereich von 56–210mm (80–300mm) bzw. 420mm (600mm) erhalten. Auch die Anfangsblende wird um denselben Faktor 1,4 verringert. Die Anfangsblende liegt mit Konverter somit bei f4 (5,6) bzw. f5,6 (f8). Auch der Abbildungsmaßstab ändert sich entsprechend. Die Naheinstellgrenze bleibt aber erhalten.

Ein Konverter verringert zwangsläufig die Abbildungsleistung des Objektivs. Olympus konnte die Berechnung der Konstruktion präzise auf das Objektiv abstimmen. So kann man zur Qualität des Konverters von Olympus sagen, dass die Abbildungsleistung durch diesen nur minimal negativ beeinflusst wird. Er ist wie das Objektiv staub- und spritzwassergeschützt. Rechnen Sie bei Verwendung des Konverters mit einer etwas langsameren Autofokusgeschwindigkeit. Versuchen Sie nicht, diesen Konverter mit einem anderen Objektiv zu koppeln, da es sonst durch die Linsenkonstruktion des Konverters zu Schäden am Objektiv beziehungsweise am Konverter kommen kann.

Olympus hat zudem noch die beiden Konverter *ZUIKO DIGITAL EC-14* und *EC 20* im Angebot. Diese sind zum Einsatz von Four-Thirds-Objektiven gedacht, die an die OM-D E-M10 Mark IV ja wiederum per Adapter angeschlossen werden können.

An das *M.ZUIKO DIGITAL 14–42mm 1:3,5–5,6 II R* können Sie drei Objektivkonverter ansetzen. Mit dem Weitwinkelkonverter *WCON-P01* verkürzen Sie die Brennweite des Objektivs von 14 auf 11mm am unteren Ende, was eine erhebliche

Erweiterung des Bildwinkels bedeutet. Mit dem Fisheye-Konverter *FCON-P01* geht da aber noch mehr. Wer in den Bereich der Fisheye-Fotografie vorstoßen möchte, hat hier eine interessante und preiswerte Alternative zu deutlich teureren Fisheye-Objektiven. Ein weiterer Konverter (*MCON-P01*) ist für den Makrobereich zuständig. Dieser reduziert die Naheinstellgrenze des Objektivs auf 24 cm. Sie kommen also dichter an das Objekt der Begierde heran und erreichen so einen größeren Abbildungsmaßstab. Dieser Makrokonverter ist ebenfalls mit den Objektiven *M.ZUIKO DIGITAL 40–150 mm 1:4–5,6 R*, *M.ZUIKO DIGITAL 14–150 mm 1:4–5,6* und dem *M.ZUIKO DIGITAL 45 mm 1:1,8* kompatibel. Olympus liefert die Konverter einzeln, aber auch im Set (*3CON-P01*).

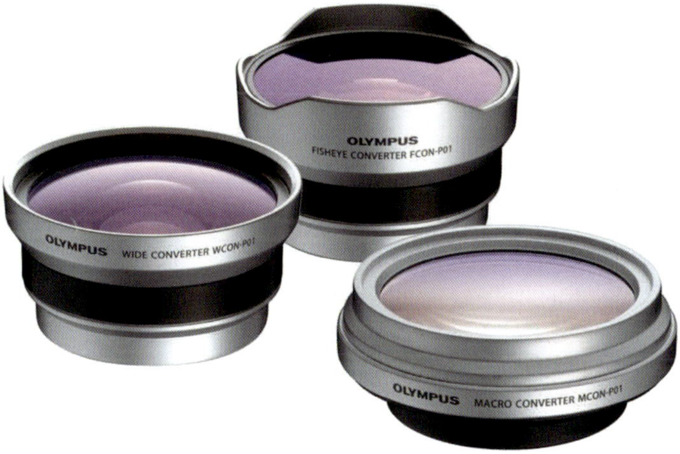

Abbildung 7.18: Für das M.ZUIKO DIGITAL 14–42 mm 1:3,5–5,6 II R stehen drei Konverter zur Verfügung, um den Brennweitenbereich zu erweitern (Bild: Olympus).

7.4 Welche Objektivfilter sind noch notwendig?

Verschiedene Hersteller bieten ein recht großes Sortiment an Filtern für den Einsatz an Objektiven an. Auch Olympus hat eine Filterpalette im Programm. In der analogen Fotografie waren früher unterschiedliche Filter notwendig, um bestimmte Effekte zu erreichen. Zum Beispiel waren Konversionsfilter nötig, um einen Farbstich zu vermeiden, wenn mit einem Tageslichtfilm Glühlampenlicht aufgenommen wurde. Heutzutage sind in der digitalen Fotografie weit weniger Filter notwendig.

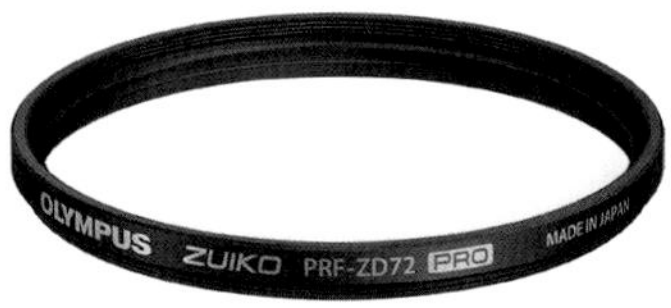

Abbildung 7.19: Schutzfilter mit Mehrfachbeschichtung für optimale Bildergebnisse. Hier ist der Filter PRF-ZD72 Pro dargestellt, der speziell für das Objektiv M.ZUIKO DIGITAL ED 40–150 mm 1:2,8 entwickelt wurde (Bild: Olympus).

Schutzfilter

Gern möchte man seine teuren Objektive vor Beschädigungen schützen. Besonders die Frontlinse ist recht gefährdet. Ein Filter könnte die Gefahr reduzieren, die Frontlinse zu zerkratzen. Andererseits mindert jede weitere Optik vor der Frontlinse zwangsläufig die Qualität der Aufnahme. Mit Streulicht und Reflexen muss gerade auch bei günstigen Exemplaren gerechnet werden. Gern werden UV-Filter oder Skylight-Filter eingesetzt. Olympus bietet speziell vergütete Schutzfilter von hoher Qualität an. Die Linsenmehrfachbeschichtung ZERO (*ZUIKO Extra-low Reflection Optical*) soll das Auftreten von Gegenlichtreflexen und Geisterbildern verhindern.

Ein Test mit einem im mittleren Preissegment befindlichen UV-Filter an einem Makroobjektiv ergab hinsichtlich der Bildqualität kaum sichtbare Einschränkungen. Die Bildschärfe war bei mehreren getesteten Blendenwerten auch mit Filter sehr gut. Minimale Änderungen ergaben sich beim Kontrast, der durch den Filter etwas herabgesetzt wurde. In der Praxis können zudem Streulichteinflüsse und Reflexe das Bildergebnis negativ beeinflussen. Möchten Sie also die volle Objektivqualität nutzen, sollten Sie auf Schutzfilter verzichten oder hoch vergütete Exemplare verwenden. Der Einsatz einer Streulichtblende kann ebenfalls zum Schutz der Frontlinse beitragen, etwa bei einem Sturz.

Spiegelungen verhindern mit dem Polfilter

Effekte, wie sie der Polfilter bewirkt, sind nur mit diesem zu erreichen. Mit nachträglicher Bildbearbeitung ist es kaum beziehungsweise gar nicht möglich, diese Effekte zu simulieren. Der Polfilter gilt deshalb als unverzichtbar, wenn es um Filterzubehör geht.

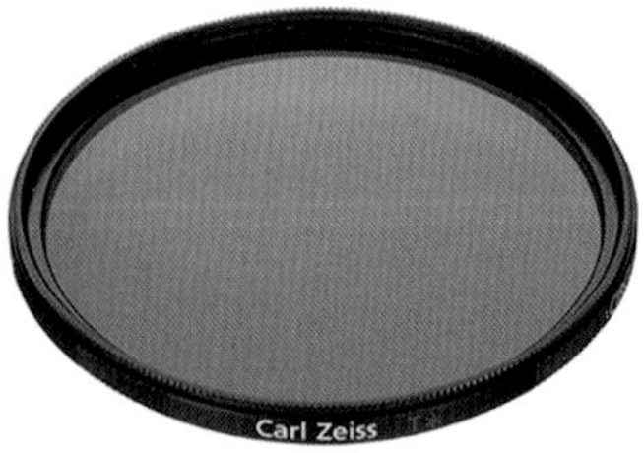

Abbildung 7.20: Über einen Dosierring am Polfilter lässt sich die Wirkung gezielt verändern (Bild: Carl Zeiss).

Ein Polfilter hilft, Spiegelungen an nicht beziehungsweise schwach elektrisch leitenden Oberflächen zu reduzieren oder ganz zu verhindern. Die Farbsättigung kann ebenfalls erhöht werden. Ein gewisser Lichtverlust durch den Filter muss dabei allerdings in Kauf genommen werden. Für die OM-D E-M10 Mark IV wird ein zirkularer Polfilter benötigt. Verwenden Sie nur hochwertige Polfilter (zum Beispiel von der Firma B+W) und bevorzugen Sie die schmale Bauform (Slim), um Randabschattungen zu vermeiden. Auch Carl Zeiss bietet sehr hochwertige zirkulare Polfilter an, zum Beispiel die VF-CPAM-Reihe in unterschiedlichen Größen.

Licht dämpfen mit dem Graufilter

Auch für den Graufilter gibt es softwareseitig wenig Alternativen. Mit ihm wird das einfallende Licht reduziert. Man erhält so längere Belichtungszeiten, wodurch bestimmte Effekte, wie zum Beispiel die Darstellung von fließendem Wasser, erst möglich werden. Spezielle Graufilter, die Grauverlaufsfilter, helfen dabei, zu starke Kontraste im Motiv zu reduzieren. Wenn etwa ein Landschaftsbild mit hellem Himmel und dunkler Landschaft fotografiert wird, sind die Kontraste meist zu stark, und entweder ist der Himmel überbelichtet oder die Landschaft zu stark unterbelichtet. Verlaufsfilter besitzen eine über den Filter verlaufende Graustärke und können so Bereiche stärker abdunkeln, während auf der anderen Seite mehr Licht durchgelassen wird. In begrenztem Umfang kann man hier auch softwaretechnisch arbeiten. Für zu starke Kontraste bleibt Ihnen aber nur der Einsatz von Graufiltern übrig. B+W bietet hier die ND-vario-Serie mit hochwertigen Graufiltern an, die stufenlos zwischen einer und fünf Blendenstufen einstellbar sind.

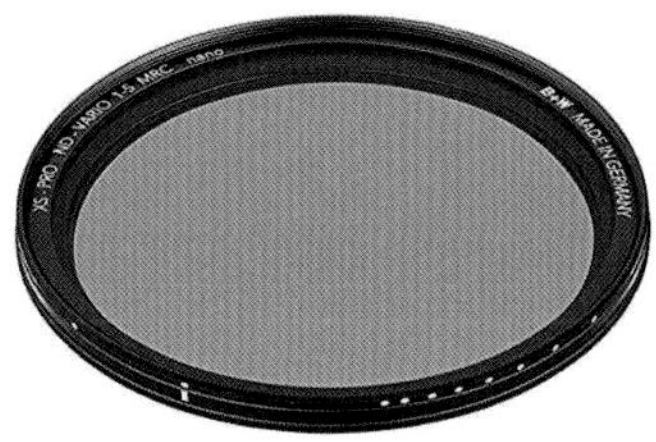

Abbildung 7.21: Carl-Zeiss-Graufilter aus der VF-NDAM-Serie (Bild: Carl Zeiss)

7.5 Weiteres nützliches Zubehör

Olympus hat ein großes Zubehörprogramm für die OM-D E-M10 Mark IV im Angebot. Die Fremdhersteller runden das Programm mit einer Fülle an nützlichen Zusatzausrüstungen ab. Welches Zubehör Sie wirklich benötigen, hängt von Ihren Vorlieben in der Fotografie und von speziellen Aufgabengebieten ab.

7.6 Die richtigen Speicherkarten für Ihre Kamera

Speicherkarten gehören notwendigerweise zu jeder Fotoausrüstung dazu. Sie sollten sich daher etwas intensiver mit dem Thema beschäftigen.

Die OM-D E-M10 Mark IV speichert die Bild- und Videodateien auf sogenannten SecureDigital-Karten (SD, SDHC, SDXC). Diese müssen Sie getrennt zur Kamera erwerben. Mit einem entsprechenden Adapter sind auch die Micro-Varianten der vorgenannten Speicherkarten einsetzbar.

Sinnvolle Größen und Geschwindigkeitsklassen

Für Ihre OM-D E-M10 Mark IV besorgen Sie sich am besten Speicherkarten mit der Kennzeichnung SDXC. Im Moment gibt es diese Karten mit einem Speicherplatz bis zu 1 TB. Später werden bis zu 2 TB möglich sein.

Empfehlenswert für Ihre OM-D E-M10 Mark IV sind SDXC-Karten mit 64 bzw. 128 GB und einer Geschwindigkeitsklasse *U1 (Klasse 10)*. Wenn Sie 4K-Videoaufnahmen machen bzw. den High-Speed-Modus verwenden möchten, benötigen Sie Speicherkarten mit der Geschwindigkeitsklasse *U3 (Klasse 10)*. Hier schreit die OM-D E-M10 Mark IV förmlich nach flinken Speicherkarten. Gute Werte für die Schreib- und Lesegeschwindigkeit liegen zwischen 80 und 100 MB/s.

Auf einer 64-GB-Karte lassen sich ca. 4000 Bilder unterbringen, wenn Sie JPEG-Bilder im *LSF*-Modus erstellen. Im *RAW*-Modus reduziert sich die speicherbare Bilderzahl entsprechend. Hier bleibt immerhin noch Platz, um 3200 Bilder zu speichern.

Möchten Sie die Vorteile schneller Karten auch am PC nutzen, dann benötigen Sie einen entsprechend schnellen Kartenleser, ansonsten wird die Datenübertragung ausgebremst.

7.7 Die digitale Diashow am HD-TV

Wenn Sie Ihre Bilder oder Filmaufnahmen zum Beispiel Ihrer Familie präsentieren möchten, ist der Monitor der Kamera weniger geeignet. Auch der Computer- oder Laptop-Bildschirm ist oft nicht groß genug. Sehr praktisch ist es daher, dass Sie die OM-D E-M10 Mark IV auch ganz bequem an ein Fernsehgerät anschließen können.

Die OM-D E-M10 Mark IV verfügt über einen HDMI-Ausgang, den Sie direkt mit Ihrem HD-fähigen Fernseher verbinden können. Standardfernsehgeräte besitzen eine Auflösung im VGA-Bereich, also etwa 768×576 Pixel. Mit HD-Geräten erreichen Sie hingegen Auflösungen von 1920×1080 Pixel beziehungsweise im 4K-Ultra-HD-Bereich 3480×2160 Pixel.

Verwenden Sie an der OM-D E-M10 Mark IV möglichst die hohen Qualitätsstufen (Speichermodus), wenn Sie auch für zukünftige Anwendungen im 4K- oder sogar 8K-Bereich gerüstet sein wollen. Über das Herunterrechnen der Auflösung brauchen Sie sich keine Gedanken zu machen. Die Kamera stellt automatisch die richtige Auflösung bei der Ausgabe bereit.

Sie benötigen zur Verbindung der OM-D E-M10 Mark IV mit einem HDMI-fähigen Gerät ein HDMI-Kabel. Achten Sie bei dem Kabel auf eine hohe Qualität und darauf, dass es die Anschlüsse Micro-HDMI (Typ D) zu Standard-HDMI (Typ A) besitzt. Besitzen Sie ein WLAN-fähiges Smart-TV, können Sie die Bilder auch kabellos an den Fernseher übertragen. Dazu erfahren Sie mehr im Kapitel 8, »Die Drahtlosfunktionen nutzen«, ab Seite 235.

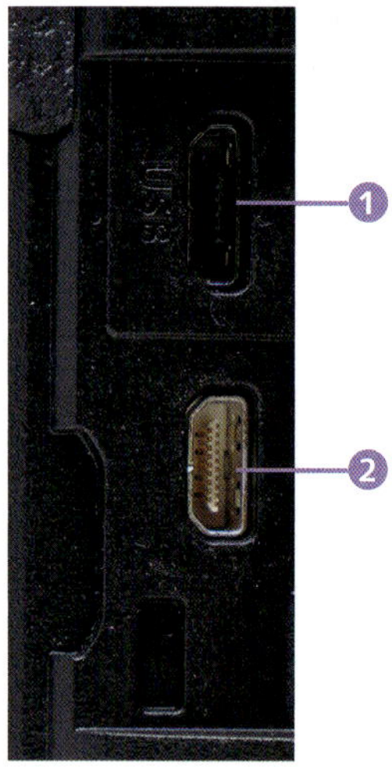

Abbildung 7.22: Über den HDMI-Ausgang ❷ (nicht zu verwechseln mit dem Micro-USB-Anschluss ❶) verbinden Sie die Kamera mit einem HDMI-fähigen Gerät, wie zum Beispiel einem HD-Fernseher.

Besitzen Sie ein Fernsehgerät, das die HDMI-Steuerung unterstützt, können Sie zur Bedienung der Kamera im Wiedergabemodus auch die Fernbedienung des Fernsehers verwenden. Möchten Sie diese Funktion nutzen, dann wählen Sie im Menü ✲ • *C2* • *HDMI* • *HDMI Einstell. An* aus. Besitzen Sie einen Fernseher, der keine HDMI-Steuerung unterstützt, dann steuern Sie die Präsentation am Fernseher mit der OM-D E-M10 Mark IV. Dazu verwenden Sie die Wiedergabetaste ▶ und die Tasten ◀ ▶.

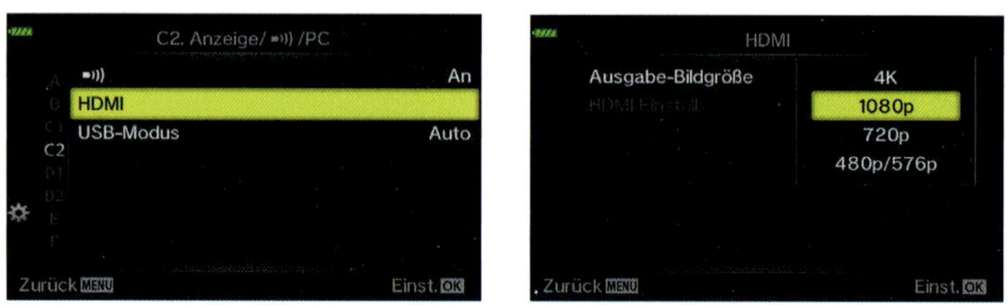

Abbildung 7.23: Im Menü »HDMI« passen Sie das Videoformat an Ihren Fernseher an. »1080p« ist für Full-HD-Geräte die richtige Wahl, »4K« für Fernseher ab 4K-Auflösung.

Wurde die OM-D E-M10 Mark IV per USB-Anschluss an einen PC oder Drucker angeschlossen, dann ist der HDMI-Ausgang abgeschaltet.

Aufgrund der Breitbilddarstellung mit einem Seitenverhältnis von 16:9 werden die Standardbilder der OM-D E-M10 Mark IV nicht optimal dargestellt. Besser ist es in diesem Fall, vor der Aufnahme nach Drücken der *OK*-Taste das Seitenverhältnis *16:9* zu wählen. Die *JPEG*-Bilder werden nun in diesem

Format gespeichert. *RAW*-Bilder werden weiterhin im Format 4:3 gespeichert. Kompatible Software wie der Olympus Workspace kann die Information aber auswerten und die Bilder entsprechend darstellen.

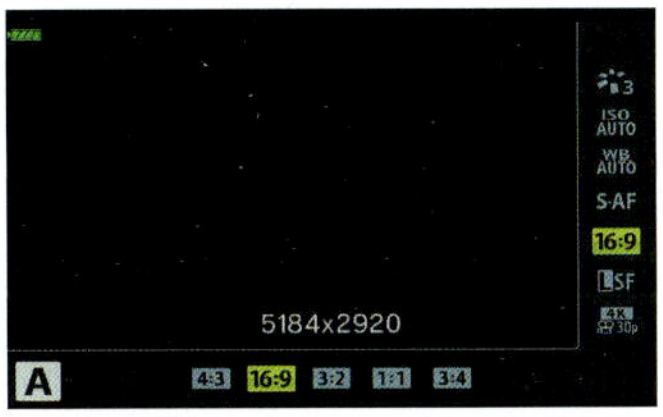

Abbildung 7.24: Für die optimale Darstellung sollten Sie die Bilder im 16:9-Format aufnehmen. Stellen Sie dazu den Standardwert des Seitenverhältnisses von 4:3 auf 16:9.

Begrenzter Aufnahmebereich bei 16:9

Achten Sie, wenn Sie Bilder für eine Präsentation im 16:9-Format aufnehmen wollen, auch auf den begrenzten Aufnahmebereich. Im Sucher sehen Sie die Begrenzung rechts und links oben beziehungsweise unten. Bildbestandteile außerhalb dieser Begrenzung werden später nicht sichtbar sein (Ausnahme: das *RAW*-Format).

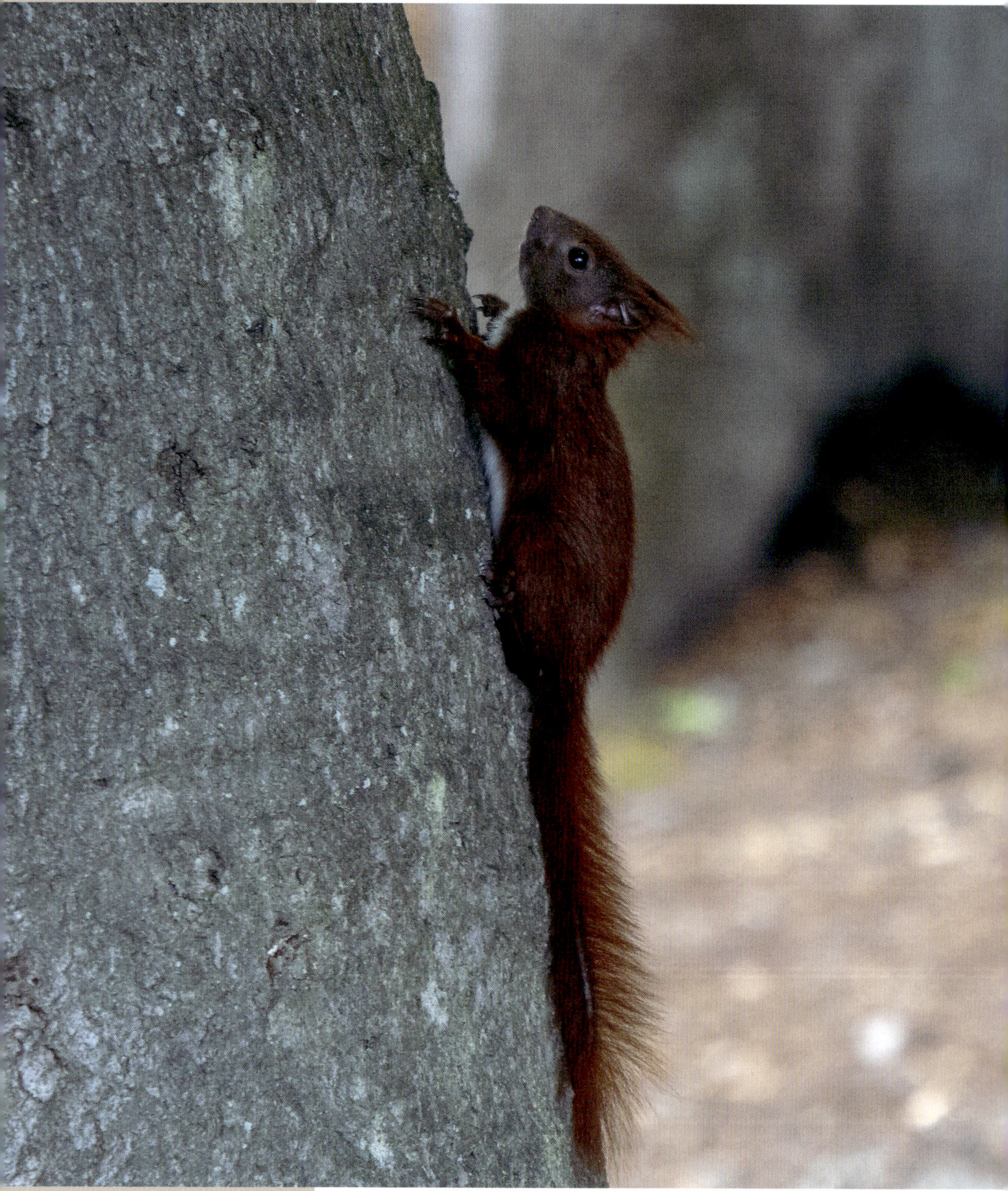

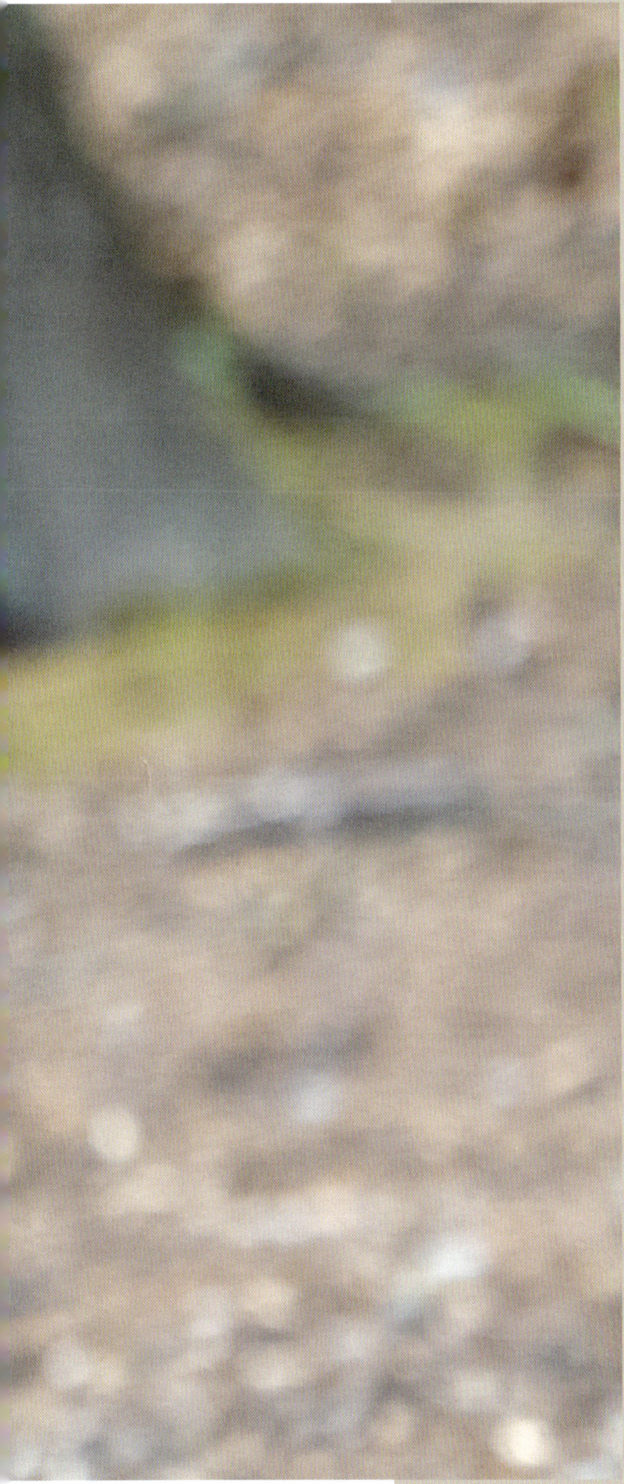

8

Die Drahtlos-funktionen nutzen

In diesem Kapitel wird erläutert, wie Sie die OM-D E-M10 Mark IV im Heimnetzwerk per WLAN anmelden und damit Bilder kabellos an Ihren Computer senden können. Auch die Bedienung Ihrer Kamera per Smartphone ist hier Thema und zudem wird auf die Olympus-Apps eingegangen.

148 mm | f5 | 1/100 s | ISO 3200

8.1 Die WLAN-Funktion einrichten

Olympus macht es Ihnen einfach, Bilder und Videos zu Ihrem Smartphone zu senden und Ihre OM-D E-M10 Mark IV per Smartphone zu steuern. Das heißt, Sie können Einstellungen vornehmen und auch auslösen. So lässt sich die OM-D E-M10 Mark IV, wenn sie zum Beispiel auf einem Stativ montiert ist, bequem fernsteuern. Auf dem Smartphone können Sie dann den Bildern GPS-Daten (Ortsdaten) zufügen, die Bilder bearbeiten und mit aller Welt teilen.

Zunächst benötigen Sie auf Ihrem Smartphone die Olympus-App *OI.Share* (Olympus Image Share). Diese steht kostenlos für die Smartphone-Betriebssysteme iOS und Android im App Store (*https://goo.gl/5YZGzo*) beziehungsweise Google Play Store (*https://goo.gl/2hVPcN*) zur Verfügung.

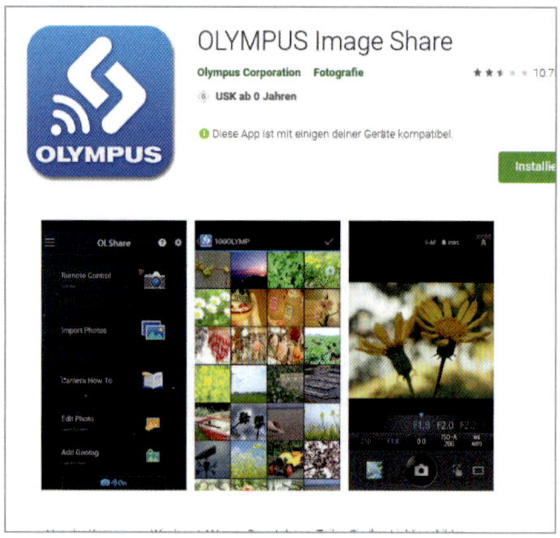

Abbildung 8.1: App OI.Share im Google Play Store

Laden Sie OI.Share auf Ihr Smartphone und öffnen Sie die Anwendung. An der OM-D E-M10 Mark IV wechseln Sie zum Menü ▶ • *Geräteverbindung*. Alternativ können Sie auch auf dem Monitor das Symbol berühren. Die OM-D E-M10 Mark IV zeigt nun einen QR-Code (quadratische Matrix aus schwarzen und weißen Punkten mit codiertem Inhalt) an.

Abbildung 8.2: Im WLAN-Menü werden die Anmeldedaten und der QR-Code zum Einscannen angezeigt.

Diesen scannen Sie nun mit Ihrem Smartphone ein. Sobald der QR-Code erkannt wurde, wird die Verbindung automatisch erstellt. Die Einstellungen dazu werden gespeichert, sodass Sie den Vorgang beim nächsten Verbinden nicht wiederholen müssen.

Klappt das Einscannen des QR-Codes nicht, können Sie die Anmeldung am Smartphone auch manuell durchführen. Die Vorgehensweise ist an jedem Smartphone etwas anders, in der Regel aber sehr ähnlich. Das Smartphone sollte sich in unmittelbarer Umgebung der OM-D E-M10 Mark IV befinden. Wechseln Sie zu den Smartphone-Einstellungen und wählen Sie dort *WLAN*. Die Einstellung *WLAN* muss aktiviert sein. Hier sehen Sie die WLAN-Netze in Ihrer Umgebung. Das WLAN-Netz der OM-D E-M10 Mark IV ❶ erkennen Sie an der Bezeichnung E-M10MKII-P, gefolgt von weiteren Buchstaben und Zahlen, die bei jeder Kamera anders sind, um eine eindeutige Zuordnung zu gewährleisten. Wählen Sie dieses Netz. Anschließend werden Sie aufgefordert, ein Passwort ❷ einzugeben. Geben Sie hier die Ziffernfolge ein, die Ihnen die OM-D E-M10 Mark IV als Passwort auf dem Monitor anzeigt, und wählen Sie *Verbinden*. Konnte die Verbindung hergestellt werden, sehen Sie unter dem WLAN-Netz-Namen der OM-D E-M10 Mark IV den Hinweis *Verbunden* ❸. Sie können nun die App OI.Share öffnen und verwenden. Dass die Verbindung zur OM-D E-M10 Mark IV steht, wird Ihnen auch in der App mit dem Hinweis darauf, welche Verbindungen bestehen ❺ (siehe Seite 238) angezeigt.

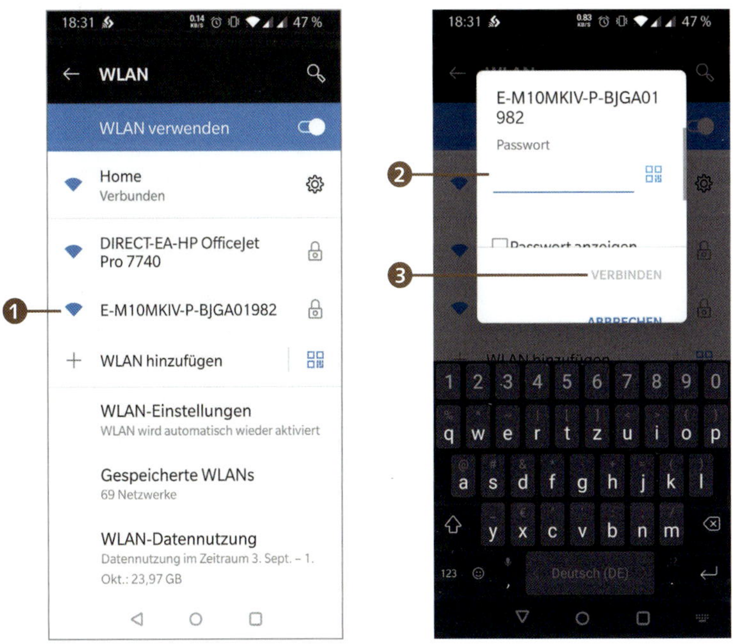

Abbildung 8.3: WLAN-Menü (links) und Eingabeaufforderung des WLAN-Passworts (rechts) auf dem Smartphone

Abbildung 8.4: Sie werden durch die Einrichtung der Bluetooth- und Wi-Fi-Verbindung geleitet. Eine aktive Verbindung zur OM-D E-M10 Mark IV wird im Menü der App OI.Share angezeigt.

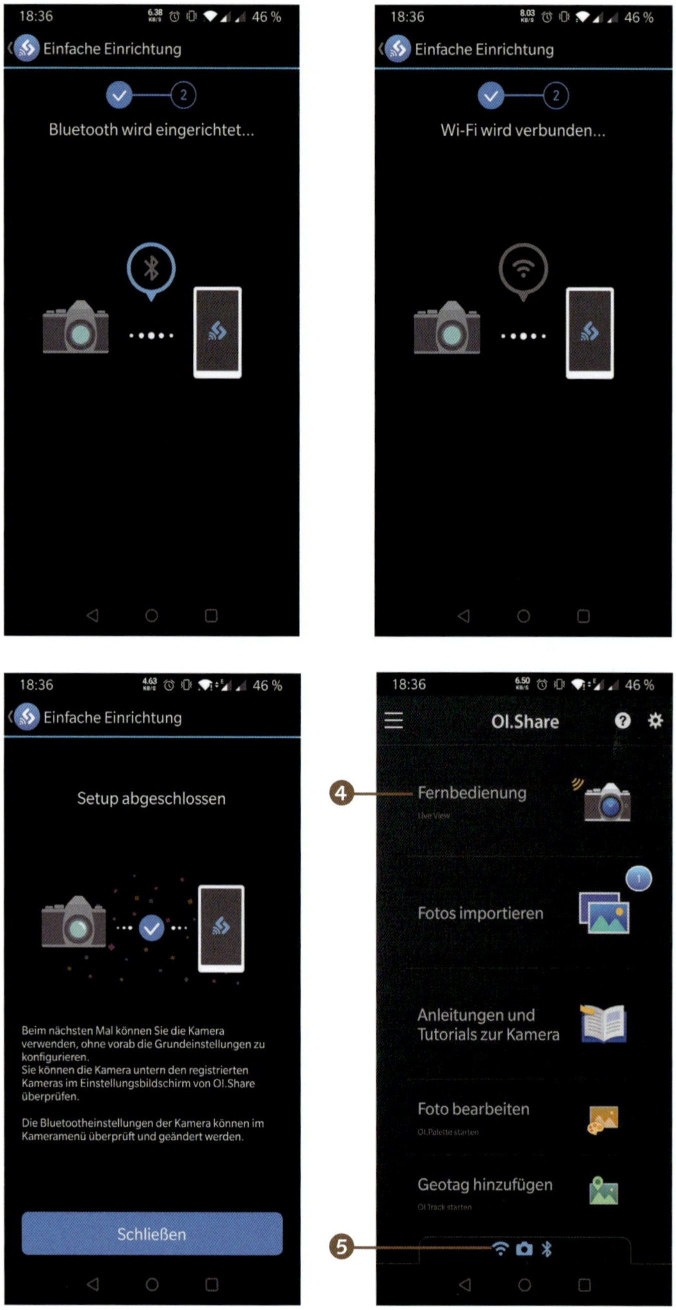

Beenden können Sie die Verbindung auf dem Smartphone, indem Sie das Programm OI.Share schließen. An der OM-D E-M10 Mark IV drücken Sie dazu die *MENU*-Taste beziehungsweise tippen auf dem Monitor auf den Button *Ende Wi-Fi* oder schalten die Kamera aus.

Nur eine WLAN-Verbindung möglich

Das Smartphone kann nicht gleichzeitig mit der OM-D E-M10 Mark IV und mit Ihrem WLAN-Netz zu Hause verbunden sein. Aus diesem Grund wird die Verbindung zwischen Smartphone und Ihrem WLAN-Netz beim Verbinden mit der Kamera automatisch unterbrochen, sobald dieses verfügbar ist. Eine erneute Verbindung mit dem Internet wird dann über Mobilfunk aufgebaut. Daran sollten Sie denken, wenn Sie gerade größere Datenmengen übertragen und der Datenverbrauch beim Mobilfunkprovider limitiert ist.

8.2 Die OM-D E-M10 Mark IV per Smartphone bedienen

Praktischerweise können Sie die OM-D E-M10 Mark IV auch mit Ihrem Smartphone fernsteuern, wenn beide Geräte miteinander verbunden sind. Sie sehen dabei auch direkt das Bild der OM-D E-M10 Mark IV, vergleichbar mit dem Sucher- oder dem Monitorbild auf Ihrem Smartphone. Wählen Sie dazu in der OI.Share-App den Menüpunkt *Fernbedienung* ❹ (in Abbildung 8.4) aus.

Die OM-D E-M10 Mark IV bietet Ihnen nun diverse Einstellungsmöglichkeiten direkt vom Smartphone aus. Diese entsprechen zum großen Teil dem jeweiligen Programm, wie Sie es von der Bedienung an der Kamera gewohnt sind. Im Blendenvorwahl-Modus *A* können Sie zum Beispiel weiterhin die Blende einstellen, aber auch den ISO-Wert, die Belichtungskorrektur oder den Weißabgleich anpassen.

Die OM-D E-M10 Mark IV zeigt Ihnen nun das Live-Bild und die diversen Einstellungsmöglichkeiten. Über den Button ❾ (siehe Abbildung 8.5 auf Seite 240) können Sie die Kamera auslösen. Möchten Sie das Programm wechseln, geht das nach der Kopplung mit dem Smartphone nicht mehr über die Programmwählscheibe, sondern nur noch über die App. Das trifft auch auf die anderen Einstellungen wie Blende und Belichtungszeit zu. Den Autofokusmodus können Sie dagegen nicht per App ändern. Verfügt Ihr Objektiv über einen zurückschiebbaren Fokusring, können Sie damit zwischen Autofokus und manuellem Fokus *MF* wechseln. An der Kamera lässt sich der Autofokusmodus bei bestehender Verbindung mit der App nicht ändern.

Die App OI.Share bietet Ihnen die folgenden Einstellungsmöglichkeiten und Anzeigen zur Fernsteuerung der OM-D E-M10 Mark IV:

1. eingestellter Autofokusmodus
2. verbleibende Anzahl speicherbarer Bilder auf der Speicherkarte (ungefähre Angabe)
3. Aufnahmemodus (*AP* nicht wählbar)
4. Belichtungskorrektur
5. ISO-Einstellung
6. Weißabgleich
7. Fokuswahl per Touchscreen
8. Bildfolgemodus
9. Auslöser
10. Wiedergabemodus
11. Belichtungszeit
12. Blende
13. Live-Bild
14. Brennweite anpassen (sofern ein elektrisches Zoomobjektiv angeschlossen ist)

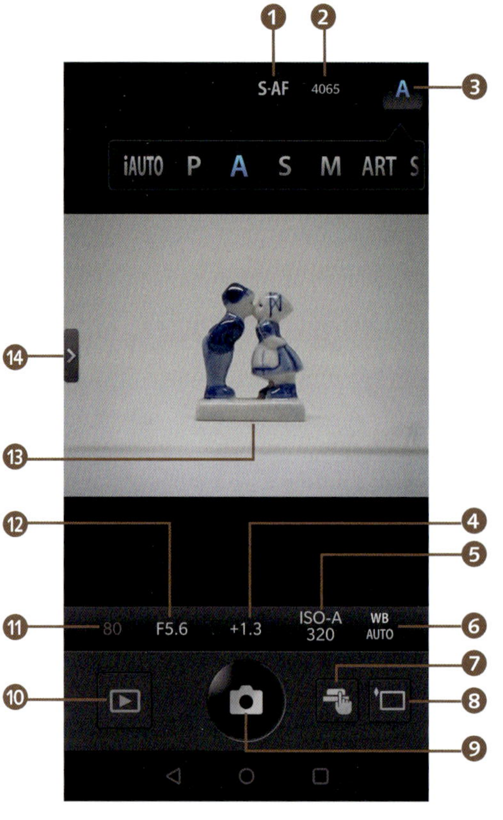

Abbildung 8.5: Live-Bild und Einstellungsmöglichkeiten der OM-D E-M10 Mark IV per OI.Share-Fernsteuerung

Über den Button 7 können Sie per Fingertipp auf den Smartphone-Monitor den Fokuspunkt der Kamera setzen. Sobald Sie auf den Button getippt haben, stehen Ihnen zwei Einstellungsmöglichkeiten zur Verfügung: Mit [Symbol] löst die Kamera automatisch aus, sobald der Fokus von der OM-D E-M10

Mark IV bestätigt werden kann. Im Videomodus ist die Funktion nicht verfügbar. Mit der Option legen Sie ebenfalls den Fokuspunkt per Monitorberührung fest, lösen aber selbst aus, wenn Ihnen der Zeitpunkt dafür richtig erscheint.

Die Smartphone-Fernbedienung lässt sich mit einigen Optionen noch feiner konfigurieren. Rufen Sie dazu über das Zahnrad-Symbol ⑮ das Menü *Einstellungen* auf. Tippen Sie hier auf den Punkt *Fernbedienung* ⑯, um diese Funktion anzupassen.

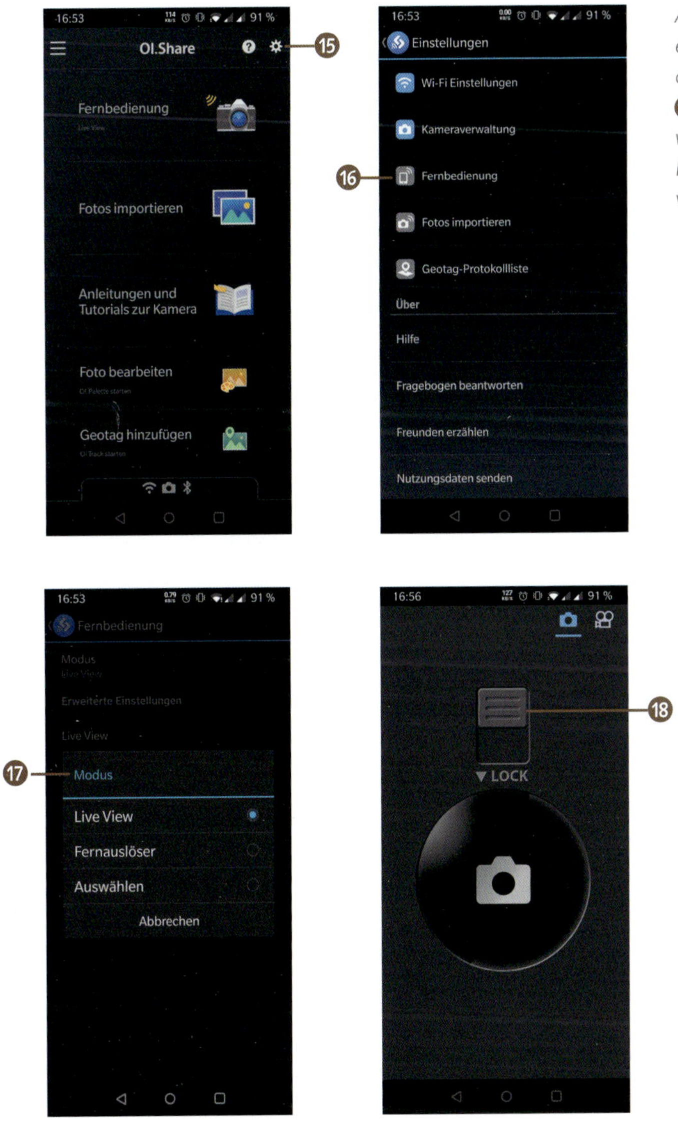

Abbildung 8.6: Weitere Einstellungen erreichen Sie über die Option »Fernbedienung« ⑯. Wählen Sie unter »Modus« ⑰ die Option »Fernauslöser«, dann verwenden Sie Ihr Smartphone wie einen Kabelfernauslöser. Die Option »LOCK« verriegelt den Auslöser ⑱.

Unter dem Menüpunkt *Modus* können Sie zwischen *Live View* und *Fernauslöser* wählen. *Live View* (per Wi-Fi) stellt das Bild der OM-D E-M10 Mark IV auf dem Smartphone dar, während *Fernauslöser (per Bluetooth)* das Bild nicht darstellt. In diesem Modus bedienen Sie die OM-D E-M10 Mark IV ganz normal weiter über die Kamera. Nur das Auslösen ist jetzt per Smartphone möglich. Haben Sie den Modus *Fernauslöser* gewählt, können Sie für Langzeitaufnahmen auch die Option *LOCK* verwenden.

Bei Verwendung dieser Option öffnen Sie den Verschluss beim Drücken des Auslösers und schließen ihn durch Wischen nach oben auf dem Smartphone-Monitor. Kabelfernauslöser haben meist noch eine weitere Funktion. Werden sie halb durchgedrückt, dann stellt die Kamera scharf; der Fernauslöser verhält sich also ganz so wie der Auslöser der OM-D E-M10 Mark IV, wenn Sie ihn halb durchdrücken. Ist die Option *Fernauslöser* gewählt worden, können Sie auch hier zusätzlich diese Funktion einschalten. Wählen Sie dafür die Option *Halb herunter gedrückt* aus. Außerdem können Sie wählen, ob ein Tonsignal beim Auslösen zu hören und ob das Smartphone vibrieren soll.

Unter dem Menüpunkt *Erweiterte Einstellungen/Aufn. Ansicht* stellen Sie ein, wie lange die Bildrückschau nach der Aufnahme zu sehen ist, bis in den Aufnahmemodus zurückgeschaltet wird.

Verwenden Sie ein hochauflösendes Tablet, um die OM-D E-M10 Mark IV fernzusteuern, dann kann es notwendig werden, unter dem Menüpunkt *Qualität der Echtzeitaufnahme* die Option *Qualitätspriorität* zu wählen. Sie verbessern so die Auflösung des Live-Bildes, müssen aber eventuell bei der Schnelligkeit der App-Bedienung Abstriche machen, da mehr Daten übertragen werden. Auf einem Smartphone reicht die Option *Verschlusspriorität* völlig aus.

Über den Menüpunkt *Timer* können Sie eine Anzeige zum Herunterzählen der Zeit aktivieren, wenn Sie bei *Zählanzeige für den Selbstauslöser* ein Häkchen durch Antippen setzen.

Kurz vor dem Auslösen der Kamera (bei gewähltem Selbstauslöser) können Sie sich benachrichtigen lassen, wenn die Selbstauslöserzeit abgelaufen ist. Dazu navigieren Sie zur Option *Sprache für Selbstauslöser*. Hier können Sie drei Sprachnachrichten aufnehmen, die Sie für die Benachrichtigung dann später wählen können.

Unter dem Menüpunkt *Zeit für Reihenaufnahmen* können Sie zwischen 1 s, 2 s, 3 s und 4 s wählen. Diese Zeit bestimmt die Dauer der Serienaufnahmen. Für Videoaufnahmen können Sie unter dem Menüpunkt *Zeit für Videoaufnahmen* wählen, wie lang die einzelnen Videosequenzen sein sollen.

Im Abschnitt *Intervallaufnahmen* unter dem Menüpunkt *Anzahl der Zeiten* können Sie einstellen, wie viele Aufnahmen bei Intervallaufnahmen hintereinander angefertigt werden sollen. Das können Sie für Einzelbildaufnahmen (*Einzeln*), Serienbildaufnahmen (*Sequenziell*) und für Videos (*Movie*) getrennt einstellen. Und auch die Intervallzeit lässt sich für diese drei Optionen getrennt im Menüpunkt *Intervallzeit* festlegen.

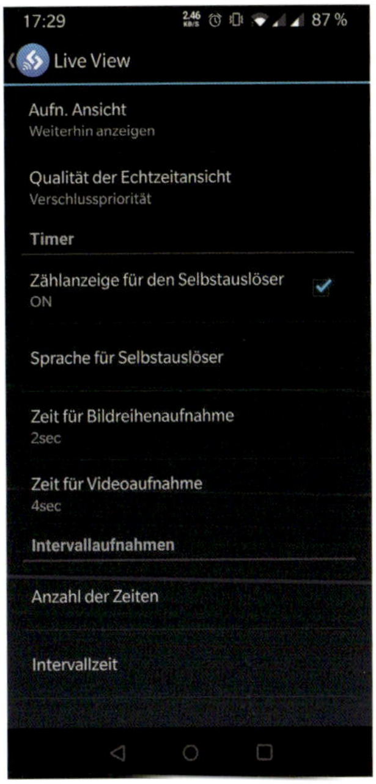

Abbildung 8.7: Die App OI.Share bietet diverse Einstellungsmöglichkeiten im Bereich »Fernbedienung/Live View«.

8.3 Drahtlos Bilder übertragen

Neben der Fernsteuerung ist es natürlich auch möglich, die Bilder von der OM-D E-M10 Mark IV auf das Smartphone zu übertragen. Dazu muss, wie im Abschnitt »Die WLAN-Funktion einrichten« ab Seite 236 beschrieben, eine WLAN-Verbindung zwischen den Geräten hergestellt werden. Wählen Sie danach in der OI.Share-App den Menüpunkt *Fotos importieren* ❶ (siehe Abbildung 8.8 auf Seite 244).

Befinden sich die Bilder in einem anderen als dem vorgegebenen Ordner auf der Speicherkarte der Kamera, dann drücken Sie ❷. Sie sehen nun alle Ordner. Wählen Sie den gewünschten Ordner und dann die Bilder per Fingertipp aus.

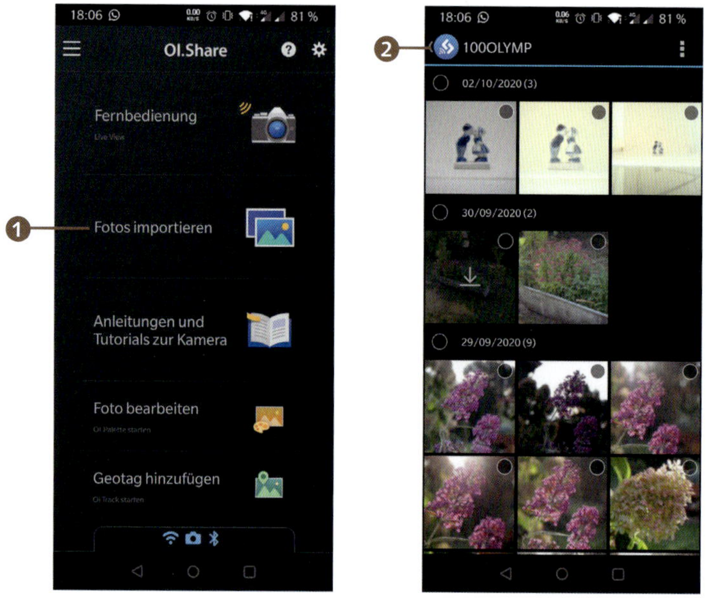

Abbildung 8.8: Möchten Sie Bilder von der Kamera auf das Smartphone übertragen, wählen Sie zunächst »Fotos importieren« (links) und dann die zu übertragenden Bilder (rechts).

Markierte Bilder erhalten ein Häkchen ❻ und es wird die Anzahl der markierten Bilder angezeigt ❸. Sind alle gewünschten Bilder markiert, kann es an die Übertragung gehen. Tippen Sie auf das Speicher-Symbol ❹. Es folgt eine Dialogauswahl. Wählen Sie hier *Sichern*, um die Bilder auf dem Smartphone zu speichern. Bei vielen ausgewählten Bildern und abhängig von der Speichergröße kann die Übertragung länger dauern.

Am Ende der Übertragung erhalten Sie eine Mitteilung, dass der Speichervorgang abgeschlossen ist. Wählen Sie nun, ob die Verbindung zur Kamera unterbrochen werden soll. Möchten Sie die Verbindung aufrechterhalten, tippen Sie auf *Schließen*, andernfalls wählen Sie *Ausschalten*.

Möchten Sie Bilder direkt und ohne Umweg über den Smartphone-Speicher teilen, dann wählen Sie das Teilen-Symbol ❺. Wählen Sie im Anschluss an die Übertragung den Dienst aus, über den Sie die Bilder veröffentlichen möchten.

Auch hier bietet Ihnen die App einige Einstellungsmöglichkeiten, wie mit den zu übertragenden Bildern verfahren werden soll. Navigieren Sie in der App in den Bereich *Einstellungen • Fotos importieren*.

Unter dem Menüpunkt *Größe ändern* ❼ können Sie die Bildgröße festlegen, mit der die Bilder von der OM-D E-M10

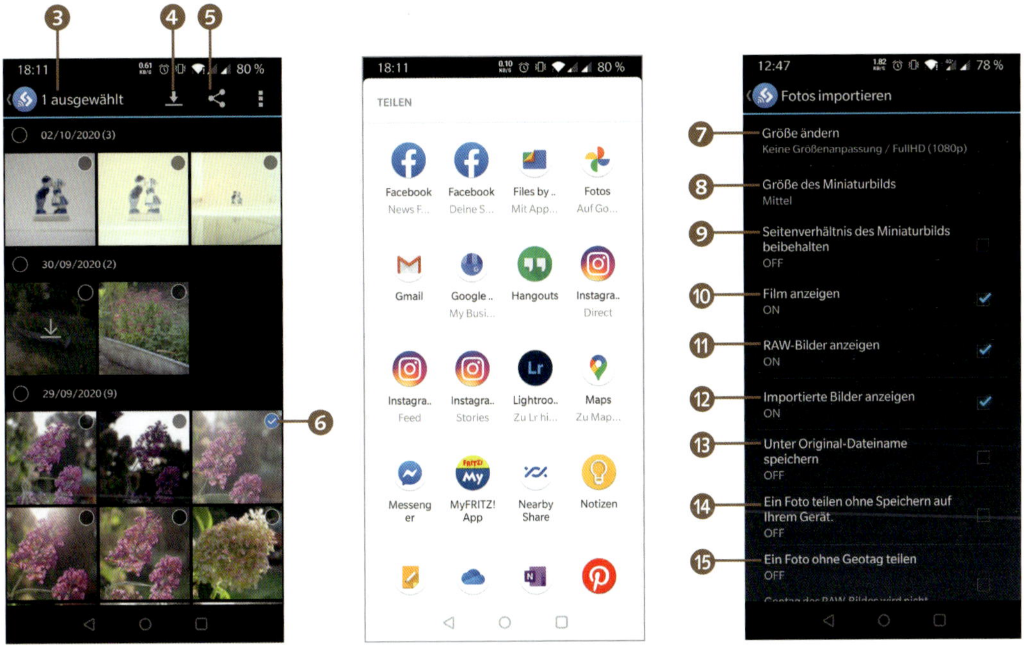

Abbildung 8.9: Markieren Sie die Bilder, die Sie übertragen oder über einen Dienst teilen möchten (links und Mitte). Rechts sehen Sie die Importeinstellungen.

Mark IV zum Smartphone übertragen werden. Standardmäßig findet keine Größenanpassung statt. Empfehlenswert ist hier eine Reduzierung der Bildgröße auf 2048×1536 Pixel. Das spart Speicherplatz auf dem Smartphone und die Übertragung geht schneller vonstatten. Teilen Sie die Bilder ohnehin nur im Internet, dann genügen auch 1024×768 Pixel. Die meisten Plattformen – wie etwa Facebook – rechnen die Bilder ohnehin herunter. Sie sparen so Zeit beim Übertragen der Bilder und zudem Smartphone-Speicher, der auch schon mal knapp werden kann.

Größe des Miniaturbildes ❽ bestimmt die Pixelanzahl des Vorschaubildes. Die App speichert zu dem Originalbild noch eine kleine Version zur schnelleren Darstellung ab. Verwenden Sie ein Tablet für den Fotoimport, wählen Sie hier die Option *Groß*, während Sie bei Smartphones der 4,5-Zoll-Klasse *Mittel* beibehalten können. Mit der Option *Seitenverhältnis des Miniaturbilds beibehalten* ❾ können Sie Einfluss auf das Seitenverhältnis nehmen. Videos auf das Smartphone zu übertragen, dauert sehr lange, da sie relativ viel Speicher belegen. Die Option *Film anzeigen* ❿ könnte daher wertvoll sein. Stellen Sie diese auf *OFF*, dann lässt sich nicht versehentlich ein Video zur Übertragung auswählen.

Möchten Sie keine RAW-Bilder auf Ihr Smartphone übertragen, dann deaktivieren Sie die Option *RAW-Bilder anzeigen* ⓫. RAW-Bilder werden Ihnen dann gar nicht erst beim Importdialog angezeigt. Mit der Option *Importierte Bilder anzeigen* ⓬ können Sie wählen, ob bereits importierte Bilder im Importdialog angezeigt werden sollen oder nicht.

Unter Original-Dateinamen speichern ⓭ bietet Ihnen die Möglichkeit, entweder die Dateinamen Ihrer OM-D E-M10 Mark IV zu übernehmen oder die importierten Dateien umzubenennen. Im Dateinamen wird dann neu hochgezählt (OI000001.JPG usw.).

Wollen Sie viele Bilder teilen oder haben Sie nur noch wenig Speicherplatz auf Ihrem Smartphone frei, dann stellen Sie die Option *Ein Foto teilen ohne Speichern auf Ihrem Gerät* ⓮ auf *ON*.

Mit der Option *Ein Foto ohne Geotag teilen* ⓯ können Sie die Standortinformation in der Bilddatei beim Teilen über die sozialen Netzwerke entfernen, z. B. wenn Sie nicht möchten, dass diese Information mitgeteilt wird.

Wenn Sie Ihre Bilder automatisch importieren möchten, dann setzen Sie ein Häkchen bei *Dienst für automatischen Import aktvieren.*

Videos verbrauchen relativ viel Speicherplatz und benötigen im Allgemeinen deutlich mehr Übertragungszeit zum Smartphone. Daher sollten Sie die Option *Videos in automatischen Import einbeziehen* nur aktivieren, wenn Sie die Videos wirklich auf dem Smartphone benötigen.

8.4 Bilder mit der App OI.Share bearbeiten

Sie können mit der App *OI.Share* Ihre OM-D E-M10 Mark IV nicht nur bedienen und Bilder auf Ihr Smartphone übertragen. Sondern es lassen sich auch Fotos, die Sie auf das Smartphone übertragen haben beziehungsweise sich darauf befinden, mit der App OI.Share betrachten und bearbeiten. So können Sie Ihren Fotos gleich unterwegs mit dem Smartphone noch den rechten Schliff geben. Dazu stehen in der App drei Bereiche zur Verfügung.

Zum einen können Sie unter *Foto bearbeiten* Effektfilter über die Fotos legen, wie zum Beispiel den Filter *Pop Art*, wodurch die Farben deutlich knalliger wirken. Zum anderen können Sie ein Foto bearbeiten, das mit dem Programm *FOTOSTORY* aufgenommen wurde. Zu guter Letzt stehen Ihnen verschiedene fertige und benutzerdefinierte Signaturen zur Verfügung, die Sie Ihren Bildern hinzufügen können.

Öffnen Sie dazu OI.Share auf Ihrem Smartphone und wechseln Sie in den Bereich *Foto bearbeiten*. Wenn die Bilder bereits auf das Smartphone übertragen sind, wird eine WLAN-Verbindung zur OM-D E-M10 Mark IV nicht benötigt. Sollte das nicht der Fall sein, müssen Sie zunächst eine Verbindung mit der Kamera herstellen und die Bilder auf das Smartphone übertragen. Wie das geht, ist im Abschnitt »Die WLAN-Funktion einrichten« ab Seite 236 geschildert.

Haben Sie sich für den Bereich *Effektfilter* ❶ entschieden, tippen Sie auf die jeweiligen Voransichten der Effektfilter ❷, um einen dieser Filter über Ihr Foto zu legen. Der Effekt wird Ihnen unmittelbar in der Voransicht der App angezeigt. Sind Sie mit der Wahl zufrieden, können Sie das Bild kopieren ❸ oder teilen ❹. Sollte Ihnen der gewählte Filter nicht gefallen, tippen Sie einfach einen anderen Filter an. Wischen Sie von links nach rechts über den Bereich mit den Effektfiltern, um weitere Filter auswählen zu können. Tippen Sie in diesem Bereich auf die Option *Normal*, dann setzen Sie das Bild in den ursprünglichen Zustand ohne Filter zurück.

Der zweite Bereich gibt Ihnen die Möglichkeit, die Farbigkeit im Bild per Fingertipp auf den Farbkreis zu verändern.

Außerdem können Sie Veränderungen im dritten Bereich per Histogramm durchführen, um z. B. Über- und Unterbelichtungen auszugleichen.

Im vierten Bereich lassen sich Signaturen einfügen. Das können handschriftliche, Text- oder Bildsignaturen sein. Olympus hat auch ein paar Grafiksignaturen mitgeliefert.

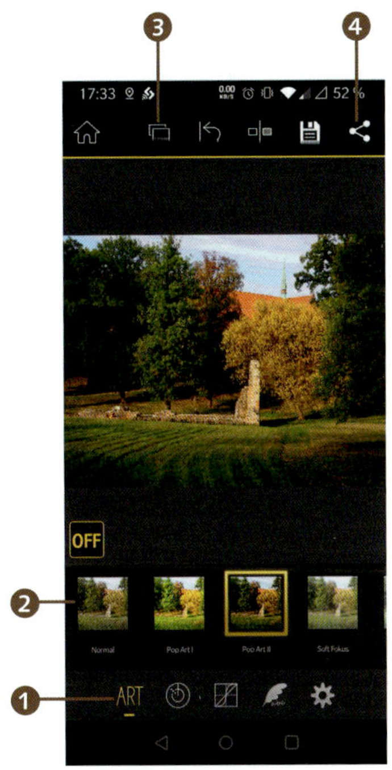

Abbildung 8.10: Es stehen diverse Effektfilter zur Auswahl.

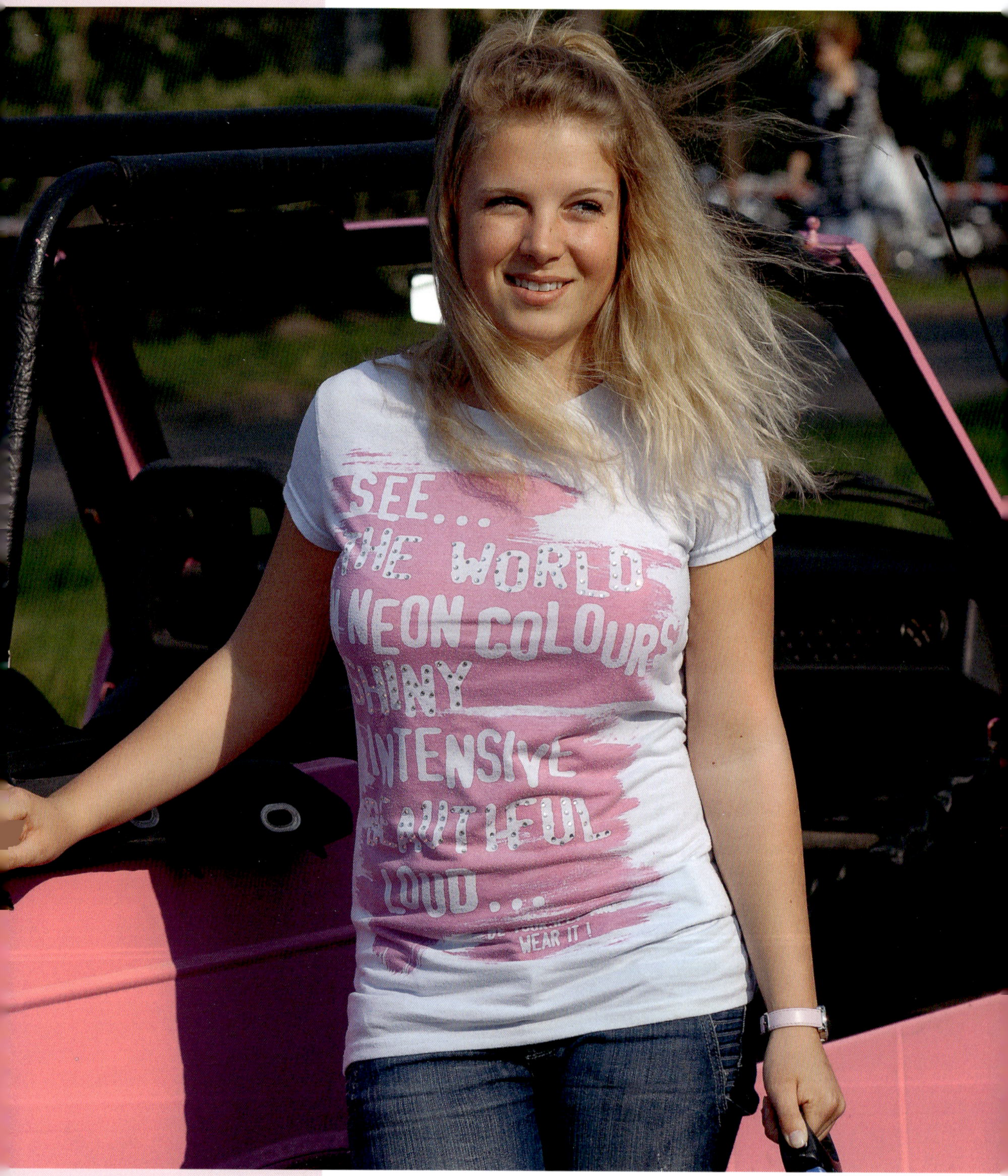
SEE...
NEON COLOURS
INTENSIVE
LOUD...
WEAR IT !

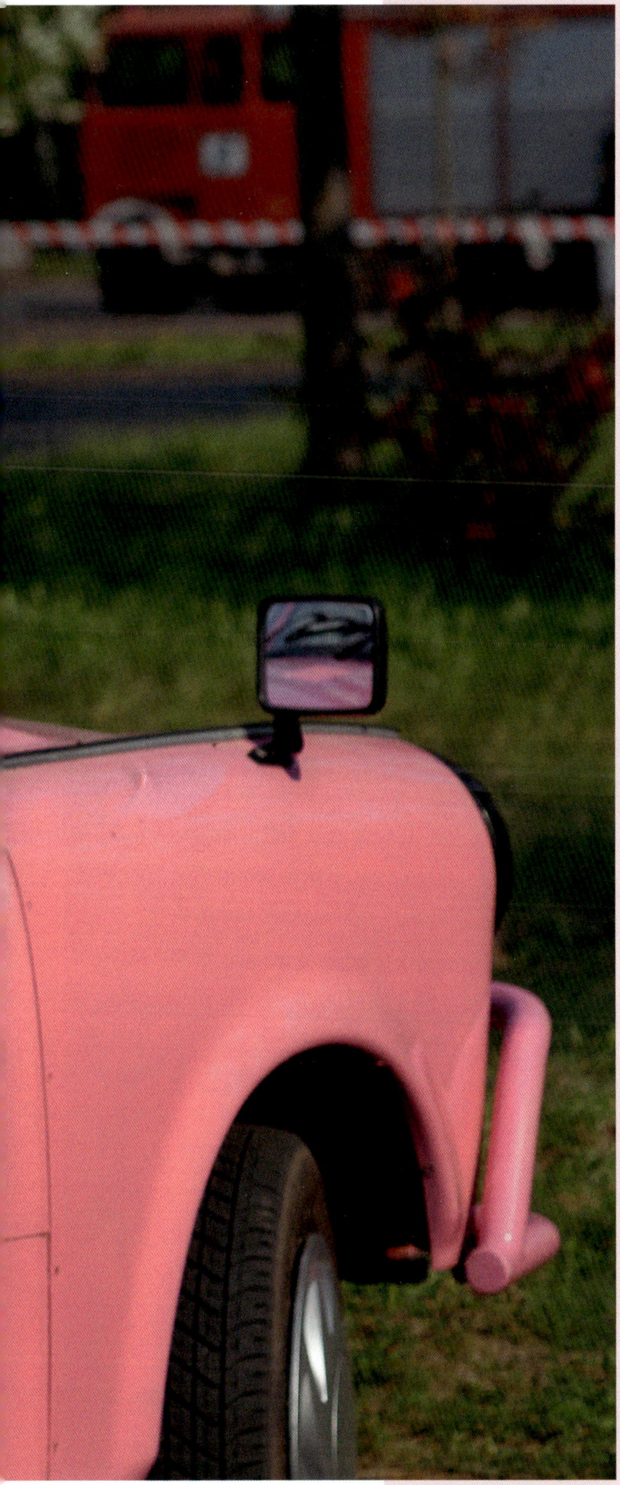

9

Menschen fotografieren

In diesem Kapitel wird erläutert, wie Sie mit Ihrer OM-D E-M10 Mark IV Menschen gut in Szene setzen und schöne Porträts erhalten. Oft wird diese Kamera angeschafft, um vorrangig seine Lieben im Bild festzuhalten. Hier erfahren Sie, welche Objektive dafür besonders geeignet sind, welche Blende wann sinnvoll ist und wie die Gesichtserkennung Sie unterstützen kann. Auch die Bildgestaltung von ausdrucksstarken Porträts wird Ihnen nähergebracht.

100 mm | f5,6 | 1/200 s | ISO 100

9.1 Menschen in Szene setzen

Gelegenheiten, Menschen zu fotografieren, gibt es viele: im Urlaub, auf Familienfeiern, Geburtstagsfesten oder auch einfach zu Hause. Wenn Sie selbst schon einmal Porträtaufnahmen gemacht haben, werden Sie wissen, dass es gar nicht so leicht ist, einen Menschen gelungen zu fotografieren. Nicht viele Aufnahmen schaffen es deshalb gerahmt an unsere Wand oder in die Vitrine. Besonders schwierig ist es, das Typische und Einzigartige der porträtierten Person auf dem Foto festzuhalten und zum Ausdruck zu bringen. Aber auch ein gut durchdachter Bildaufbau trägt entscheidend zum Gelingen einer Porträtaufnahme bei.

Doch wann gefallen uns eigentlich Bilder – und speziell Bilder von Porträtierten? Studieren Sie Bildbände oder sind Sie in Ausstellungen von Künstlern unterwegs, stellen Sie vermutlich immer wieder fest, dass bestimmte Aufnahmen Sie immer wieder fesseln. Hier können Sie ansetzen und überlegen, wie

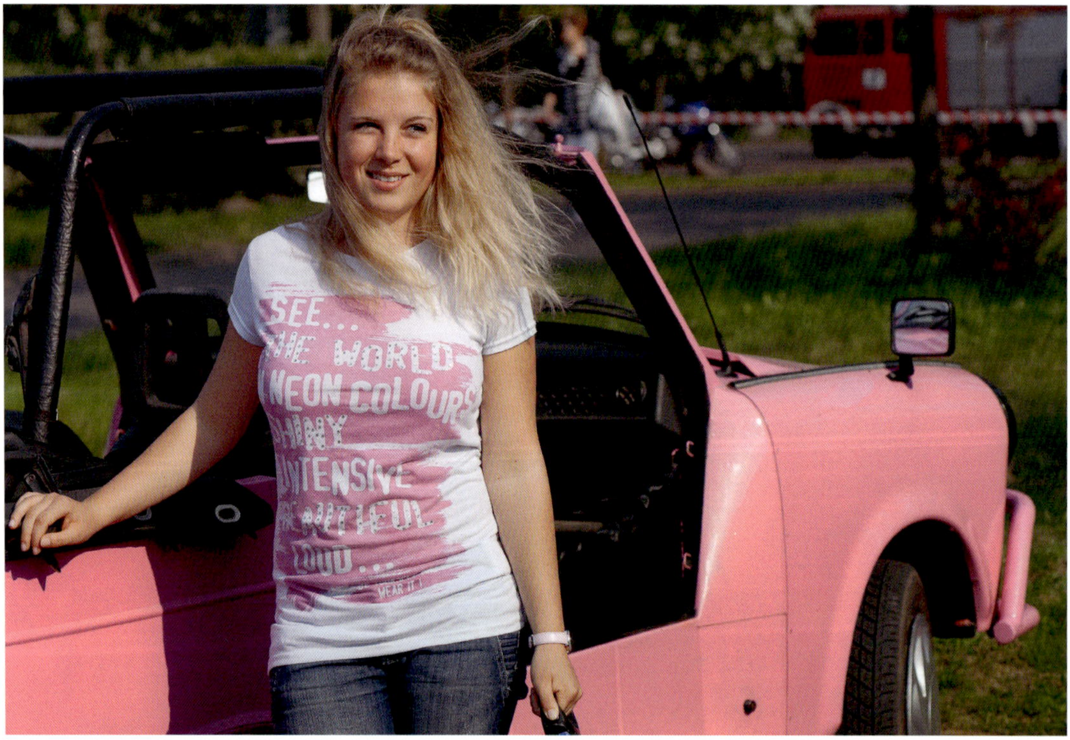

Abbildung 9.1: Der ideale Brennweitenbereich für Porträts beträgt 50–200 mm. Hier wurde ein Objektiv mit einer Brennweite von 100 mm verwendet. 100 mm | f5,6 | 1/200 s | ISO 100

diese Aufnahmen entstanden sind und warum sie diese Bildwirkung ausstrahlen. Vielleicht erkennen Sie nach einer gewissen Zeit, dass sich hinter vielem gewisse Gesetzmäßigkeiten verbergen. Andererseits werden Sie sehen, dass auch Bilder dazu zählen, die gerade keiner dieser Regeln entsprechen und trotzdem in Ihren Augen als »gute« Bilder erscheinen.

Leider gibt es keine allgemeingültigen Regeln, die garantieren, dass Ihnen und vor allem dem Porträtierten die Porträtaufnahme gefällt. Trotzdem gibt es natürlich ein paar Kniffe, wie Sie Ihre Aufnahmen besser und einfacher gestalten können, und die OM-D E-M10 Mark IV bietet Ihnen dazu einige Funktionen.

9.2 Bessere Bildwirkung bei Porträts erzielen

Seien Sie mutig und gehen Sie möglichst nah ans Motiv heran. Übersichtsaufnahmen von Porträtierten lassen sie meist wirkungslos erscheinen. Haben Sie also keine Scheu. Wichtig ist dabei, dass sich der Porträtierte wohlfühlt und das auch ausstrahlt. Kommen Sie einmal in eine Situation, in der Sie fremde Menschen fotografieren möchten, ist es wichtig, sich angemessen zu nähern. Zeigen Sie hier das richtige Fingerspitzengefühl, dann lassen sich die meisten recht gern fotografieren.

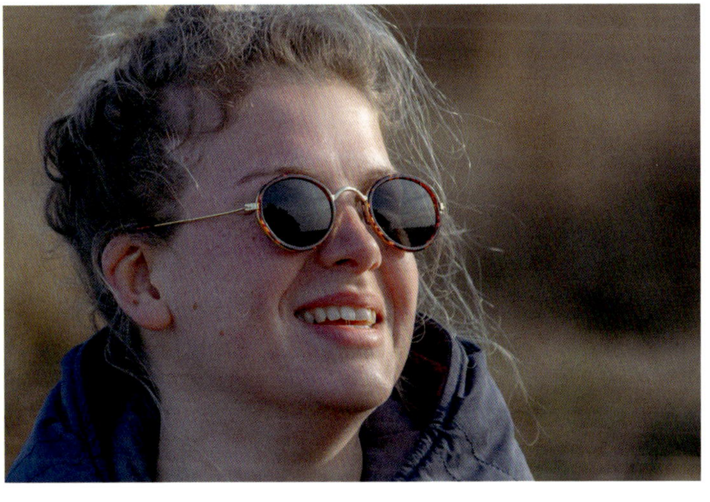

Abbildung 9.2: Gehen Sie nah ans Motiv heran – so wirken die Bilder meist besser als Übersichtsaufnahmen der Porträtierten.
50 mm | f4,5 | 1/200 s | ISO 200

Weiche-Haut-Effekt

Es ist meist vorteilhafter für den Porträtierten, wenn die Gesichtshaut etwas weicher erscheint. Mit dem *SCN*-Programm *Porträt* können Sie diesen Effekt erreichen. Allerdings haben Sie hier keinen Einfluss auf die Blende und damit auf die Schärfentiefe. Das Programm verwendet eine weit geöffnete Blende, um den Porträtierten vom Hintergrund freistellen zu können. Gerade bei Verwendung von Telebrennweiten kann das schon zu wenig Schärfentiefe bedeuten, um das ganze Gesicht scharf abzubilden. In diesen Fällen ist es besser, den Blendenvorwahl-Modus *A* zu wählen. Hier können Sie die Blende selbst festlegen. Wählen Sie nun noch den Bildmodus *Porträt* (per *OK*-Taste in der Funktionsanzeige *Bildmodus* wählen), dann übernehmen Sie die Bildeigenschaften aus dem *SCN*-Programm *Porträt*. So können Sie die Vorteile aus *SCN*-Programm und Blendenvorwahl-Modus *A* für sich nutzen. Bild 1 wurde ohne den Bildmodus *Porträt* aufgenommen und Bild 2 mit diesem Modus. Die Unterschiede fallen allerdings sehr gering aus.

Abbildung 9.3: Der Effekt des Bildmodus »Porträt« ist nicht sofort zu erkennen.

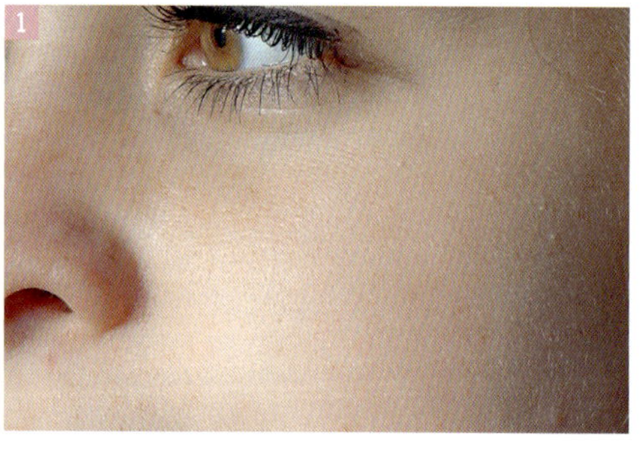

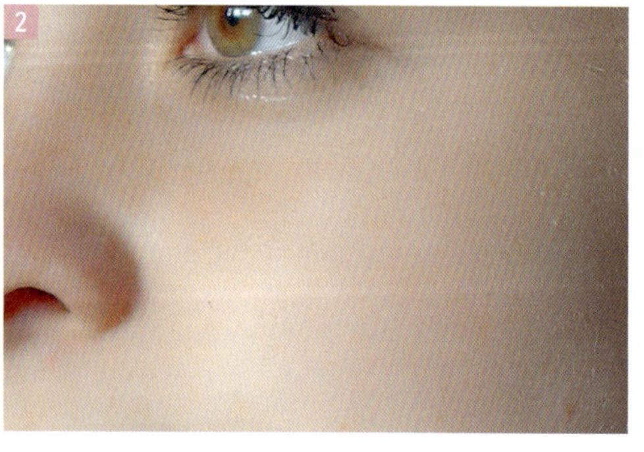

Bildmitte meiden

Nicht selten sieht man Aufnahmen, in denen das Motiv genau in der Bildmitte mit Platz ringsherum platziert wurde. In den allermeisten Fällen wirken diese Bilder langweilig. Dabei genügt es schon, die Kamera nur leicht zu schwenken. Lassen Sie einfach etwas mehr Platz in Blick- beziehungsweise Bewegungsrichtung. Nutzen Sie den verbliebenen Platz zum Beispiel, um eine schöne Landschaft oder ein markantes Bauwerk neben dem Porträtierten mit aufs Bild zu bringen.

Ihre OM-D E-M10 Mark IV macht es Ihnen leicht, etwa die wichtigen Punkte für die Drittelregel zu finden. Die Drittelregel stellt eine Vereinfachung des Goldenen Schnitts dar, der bereits seit der Antike bekannt ist und für Harmonie im Bild steht. Wenn Sie das Sucherbild in drei horizontale und drei vertikale Flächen einteilen, erhalten Sie an den Schnittstellen die entsprechenden Punkte. Hier sollten die Blickpunkte angeordnet sein. Welchen Schnittpunkt Sie dabei wählen, hängt von der Szene ab, die dargestellt werden soll. Ein entsprechendes Raster können Sie im Menü ✲ • *C1* unter *Gitterlinie* einblenden.

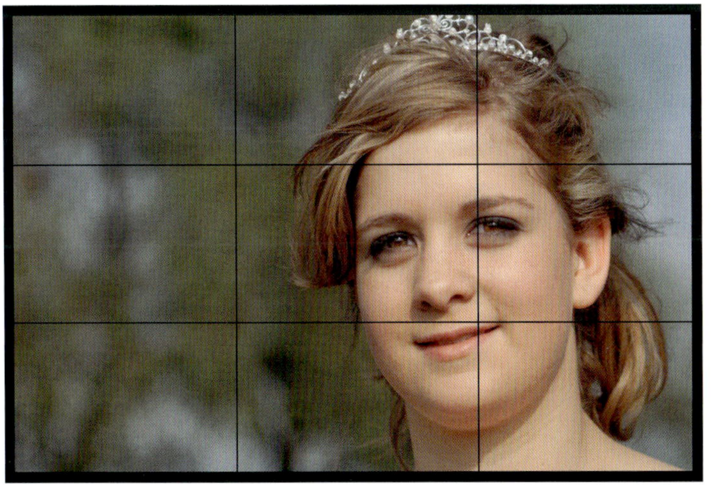

Abbildung 9.4: Die Person wurde im Goldenen Schnitt positioniert. Das Bild wirkt dadurch harmonisch. Sie können dies mithilfe der Gitterlinien überprüfen.

Positionieren Sie am besten ein AF-Feld im Goldenen Schnitt. Dazu drücken Sie die Kurzwahltaste und wählen im Bereich *AF-Feld* die Option *Einzelnes Feld* [▪]. Nun können Sie mit den Tasten ◀ ▶▲▼ eine entsprechende Position des AF-Feldes wählen.

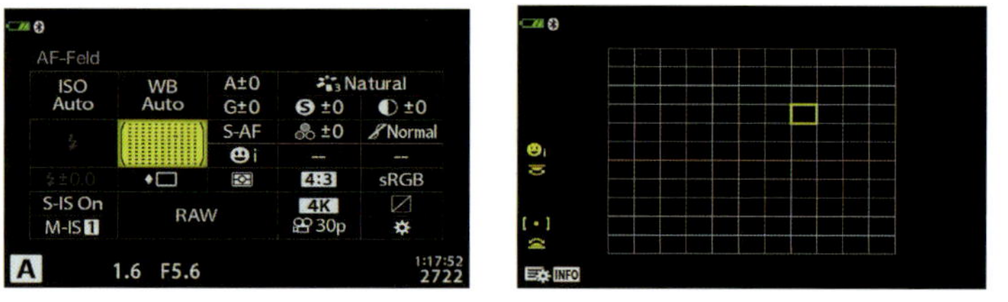

Abbildung 9.5: Wählen Sie die Messfeld-Option »Einzelnes Feld« [▪].

Einen weichen Hintergrund erzeugen

Besonders wirkungsvoll werden Porträts, wenn die Person wie aus dem Hintergrund herausgelöst wirkt. Dieser lenkt dann weit weniger vom eigentlichen Bildinhalt, dem Porträtierten, ab. Diese Wirkung wird erzielt, wenn Sie mit einer möglichst weit geöffneten Blende arbeiten und zudem eine Telebrennweite einsetzen. Dies sorgt dann für eine geringe Schärfentiefe. Die Person wird so recht gut vor dem Hintergrund freigestellt.

Verwenden Sie das *SCN*-Programm *Porträt* oder besser den Blendenvorwahl-Modus *A*, wenn Sie die komplette Kontrolle über die Einstellwerte behalten wollen. Wählen Sie dann am hinteren Einstellrad einen möglichst kleinen Blendenwert, zum Beispiel Blende f2,8.

Das interne Blitzgerät kann als Aufheller dienen und für die interessanten Spitzlichter in den Augen sorgen. Da das Blitzlicht in den meisten Fällen aber nicht zu dominant sein sollte, nehmen Sie, falls nötig, eine Blitzlichtbelichtungskorrektur (siehe Abschnitt »Schwierige Blitzlichtsituationen meistern« ab Seite 194) vor.

Was für Porträts mit Menschen gilt, kann man natürlich auch auf Tierporträts übertragen. Der Hund wurde – jeweils mit 45 mm Brennweite – zum einen mit Blende f5,6 (links) und zum anderen mit Blende f1,8 fotografiert (rechts). Durch die weit geöffnete Blende entsteht so der weiche Hintergrund.

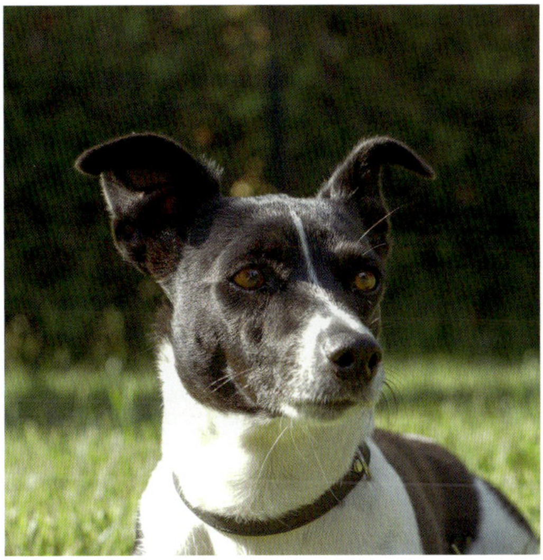

45 mm | f5,6 | 1/200 s | ISO 200

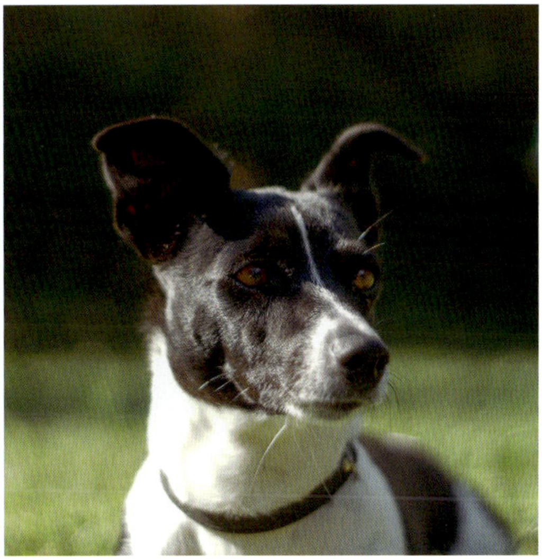

45 mm | f1,8 | 1/1 500 s | ISO 200

Abbildung 9.6: Während bei Blende f5,6 der Hintergrund schon unscharf ist, verschmilzt er bei Blende 1,8 deutlich und beinahe nur noch das Auge ist scharf.

9.3 Gesichtserkennung: schnell und automatisch

Das Anfertigen ansprechender Personenaufnahmen, zum Beispiel auf einer Feier im Getümmel, bei denen die Belichtung des Gesichts stimmt und der Fokus passt, ist schon eine kleine Herausforderung. Wenn dann noch ein Lächeln mit auf der Aufnahme ist, darf der Fotograf zufrieden sein.

Selfies aufnehmen

Wenn Sie sich einmal selbst aufnehmen oder mit auf das Familienbild wollen, ist der Selbstauslöser sehr praktisch. Falls Sie nicht mehr genau wissen, wie das einzustellen ist, dann schlagen Sie doch im Abschnitt »Auf sich selbst scharfstellen« auf Seite 76 noch einmal nach.

Mit der Funktion *Gesichtserkennung und Augenprior.* unterstützt Ihre OM-D E-M10 Mark IV Sie bei dieser Aufgabe. Die Kamera versucht dabei den Fokus auf das Auge zu legen, das ihr am nächsten ist. Wünschen Sie dies nicht, können Sie auch eine reine Gesichtserkennung wählen. Navigieren Sie dazu in das Menü ✱ • *A* • ☺ *Gesichtserkennung* und wählen Sie die Option ☺. Wenn die Gesichtserkennung nicht verwendet werden soll, wählen Sie im Menü die Option *Aus*.

Abbildung 9.7: Auswahlmenü zur Gesichtserkennung

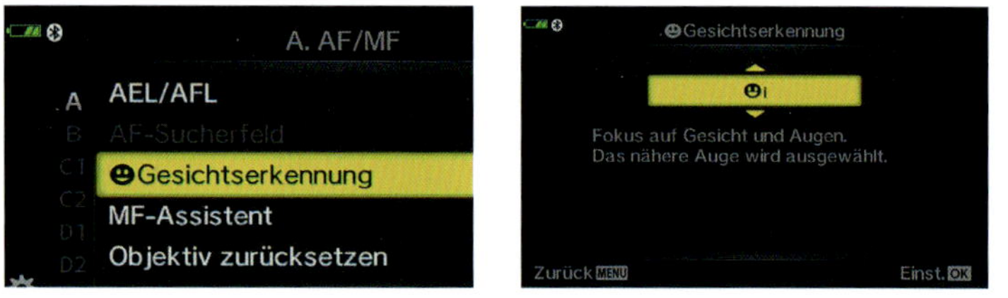

Auch wenn Sie zum Scharfstellen nur ein AF-Feld aktiviert haben, verwendet die OM-D E-M10 Mark IV fast die gesamte Sensorfläche zum Suchen und Scharfstellen auf das Gesicht.

Die Funktion arbeitet recht zuverlässig. Allerdings bietet es sich an, auf einige Details zu achten, um ein Maximum an gelungenen Aufnahmen zu erhalten. Erkennt die OM-D E-M10 Mark IV ein Gesicht, während Sie den Auslöser halb herunterdrücken, wird der Rahmen um das Gesicht weiß und – falls sie darauf scharfstellen kann – grün.

Um ein erkanntes Auge wird ebenfalls ein grüner Rahmen eingeblendet.

Stellen Sie C-AF ein, dann versucht der Autofokus das Auge eines sich bewegenden Menschen zu verfolgen – ideal z. B. bei herumtobenden Kindern.

Wählen Sie am besten auch den Messmodus *Digitale ESP-Messung* ▣ (per *OK*-Taste in der Funktionsanzeige unter *Messung*). Hier wird das gefundene Gesicht ausgewertet und die Belichtungssteuerung vorrangig auf das Gesicht abgestimmt – und ein scharfes und korrekt belichtetes Gesicht ist ja in den meisten Fällen gewünscht, wenn man Menschen fotografiert.

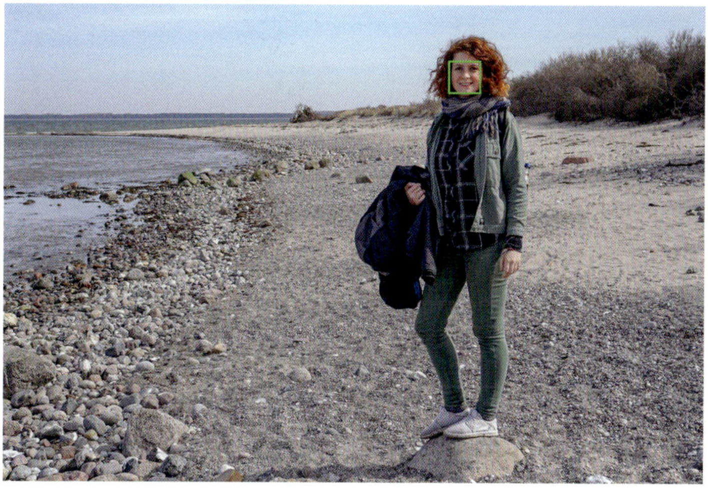

Abbildung 9.8: Ist der Gesichtserkennungsrahmen grün, dann hat die OM-D E-M10 Mark IV bei halb durchgedrücktem Auslöser das Gesicht und den Fokus auf das Gesicht bestätigt.
35 mm | f4 | 1/100 s | ISO 100

Das stört die Gesichtserkennung

Die Gesichtserkennung sucht im Bild nach einem typischen aufrechten menschlichen Gesicht, das frontal in die Kamera blickt. Probleme bekommt die Funktion, sobald zum Beispiel viele Haare im Gesicht hängen oder man den Kopf mit der Hand abstützt. In diesen Fällen ist die Erkennung nicht gewährleistet. Zudem werden eventuell Formen, die Gesichtern ähneln, fälschlicherweise als solche erkannt.

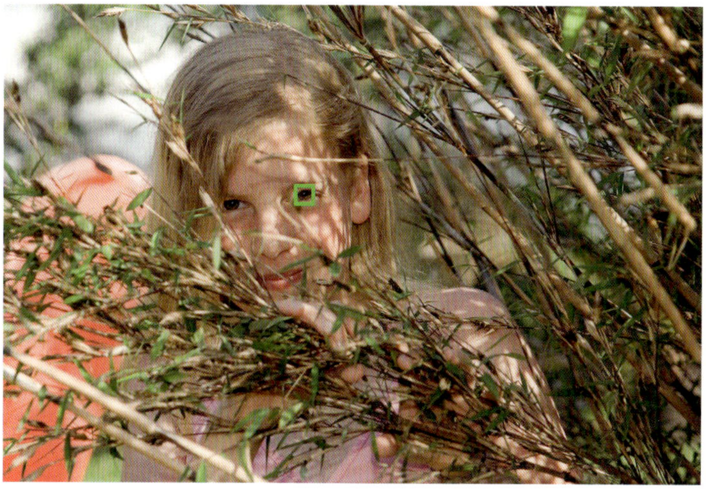

Abbildung 9.10: Die Gesichtserkennung funktioniert auch in vielen schwierigen Fällen, etwa bei einem zum Teil verdeckten Gesicht.
80 mm | f4,5 | 1/500 s | ISO 100

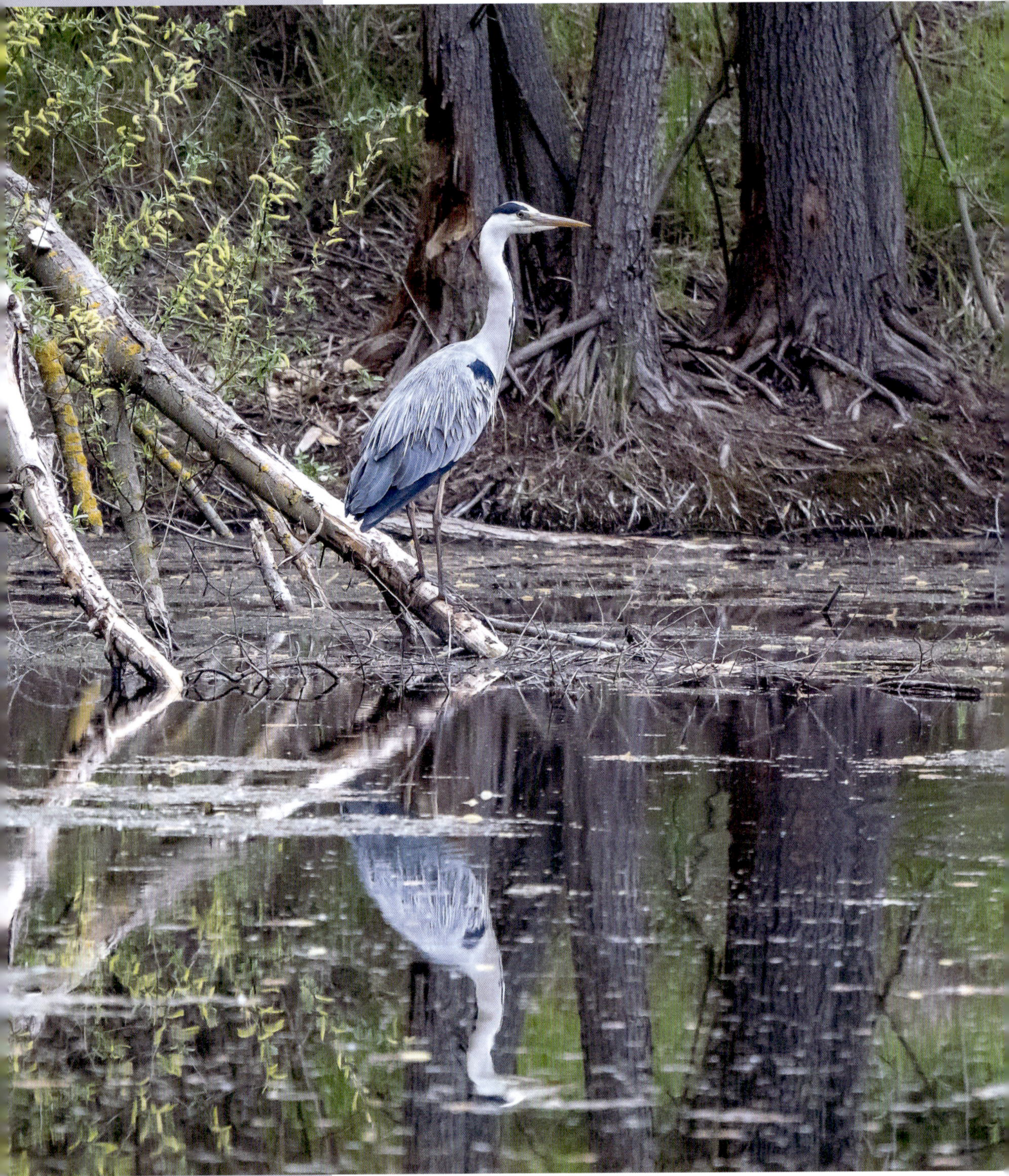

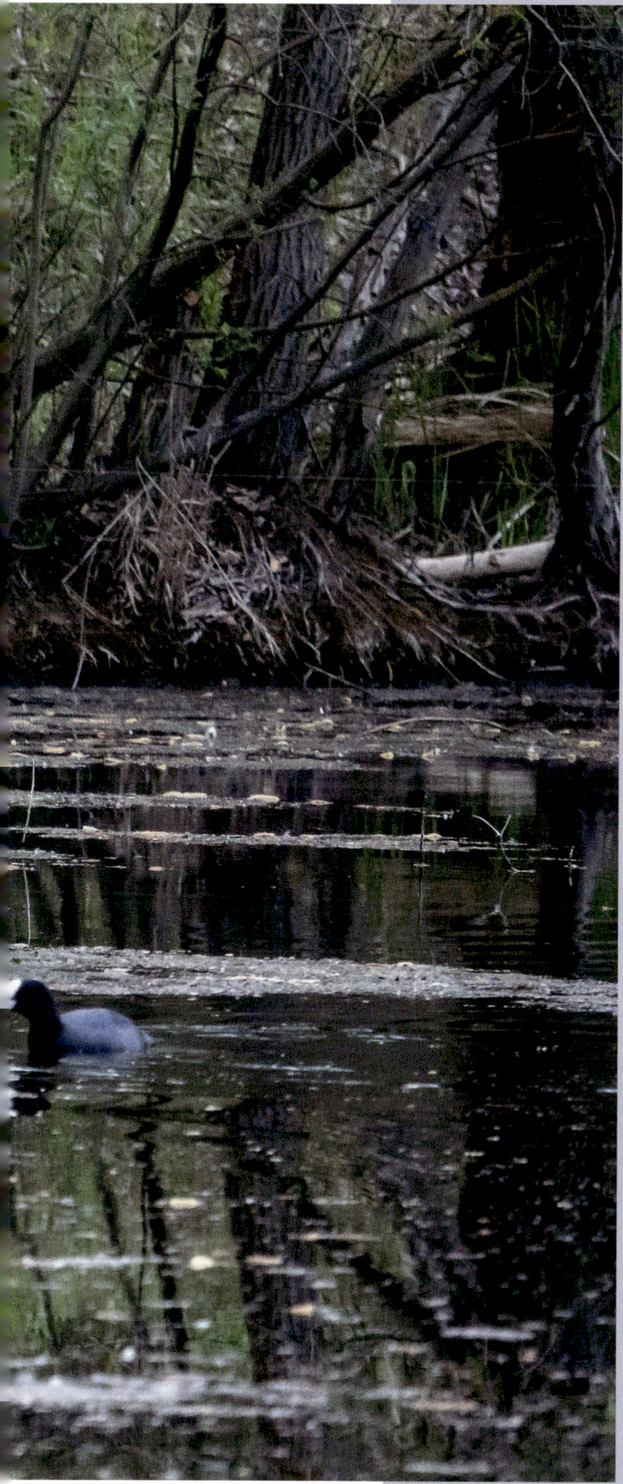

10

Natur- und Landschaftsfotografie

Auch die Natur- und Landschaftsfotografie ist für viele Fotografen ein spannendes Thema. In diesem Kapitel werden die optimalen Einstellungen in der jeweiligen Situation erläutert. Zudem wird erklärt, wann welches Objektiv die bessere Wahl ist und wie man beeindruckende Panoramabilder erstellt.

300 mm | f5,6 | 1/320 s | ISO 3200

10.1 Sinnvolle Einstellungen und Tipps für die Natur- und Landschaftsfotografie

Nicht nur in Landschaften ferner Länder, sondern auch in der heimischen Umgebung finden sich interessante und lohnenswerte Motive. In der Natur- und Landschaftsfotografie überwiegen die statischen Motive (die Tierfotografie mal ausgenommen) – Sie als Fotograf haben in der Regel also viel Zeit, sich mit dem Motiv zu beschäftigen, den richtigen Bildausschnitt zu wählen oder eine besondere Lichtstimmung abzuwarten.

Für perfekt komponierte Bilder ist sicherlich ein Stativ von Vorteil, vor allem wenn die Belichtungszeiten länger ausfallen und ein Verwackeln vermieden werden soll. Auch ein Fernauslöser oder alternativ der 2-Sekunden-Selbstauslöser (zu erreichen über die Taste ▼) kann hier gute Dienste leisten. Für leuchtende Farben, vor allem für ein schönes Himmelblau, ist ein Polfilter von Vorteil. Damit können Sie zum Beispiel auch

Abbildung 10.1: Beziehen Sie den Vordergrund, wie hier die vorderen Strohballen, mit in die Komposition ein, erhält das Bild mehr Tiefenwirkung. 50 mm | f8 | 1/200 s | ISO 100

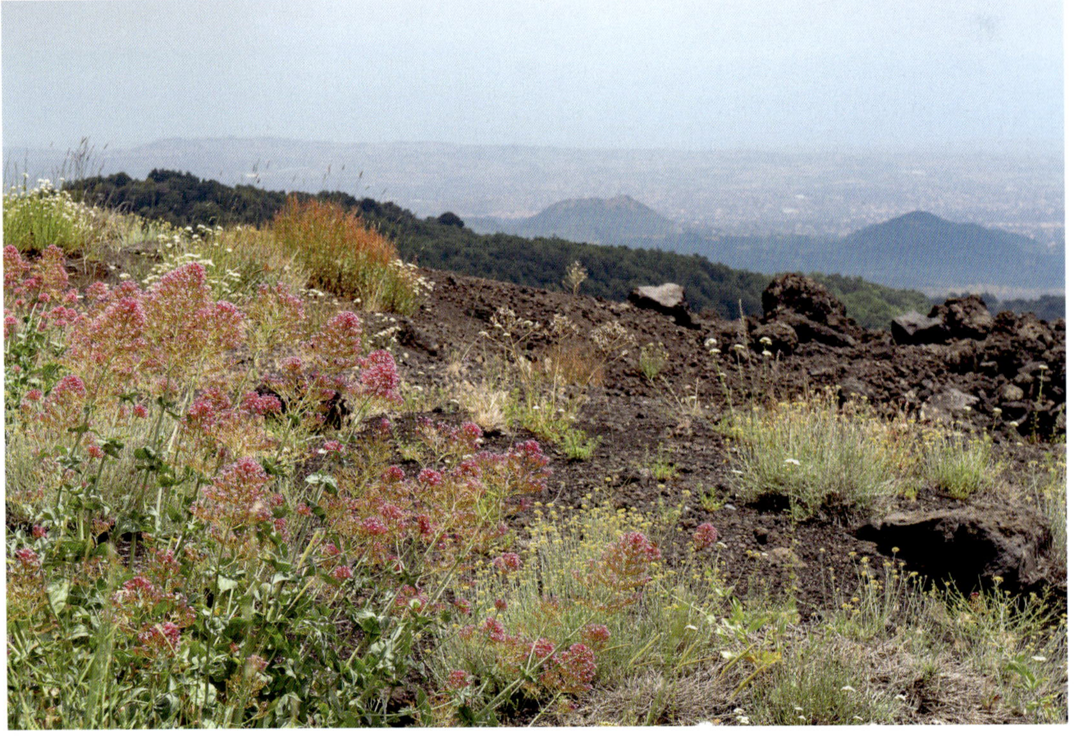

Spiegelungen im Wasser vermeiden. Ein Grauverlaufsfilter mindert die Kontraste zwischen Vorder- und Hintergrund, da er einen hellen und einen abgedunkelten Bereich besitzt. Der Übergang ist dabei fließend. Ein reiner Graufilter wird für effektvolle Langzeitbelichtungen benötigt. Dieser mildert die Gesamthelligkeit und verlängert damit die Belichtungszeit. Also schnappen Sie sich am besten gleich Ihre OM-D E-M10 Mark IV und gehen Sie raus in die Natur.

10.2 Der effektvolle Umgang mit der Perspektive im Weitwinkelbereich

Schon das Kit-Objektiv *M.ZUIKO DIGITAL ED 14–42 mm 1:3,5–5,6 EZ Pancake* erlaubt in Weitwinkelstellung effektvolle Aufnahmen von Landschaften, in denen sowohl der Vorder- als auch der Hintergrund scharf dargestellt sind. Die Distanz zum Objekt im Vordergrund sollte möglichst gering

Abbildung 10.2: Eine tiefe Kamerahaltung sorgt hier für einen räumlichen Bildeindruck. 28 mm | f8 | 1/200 s | ISO 100

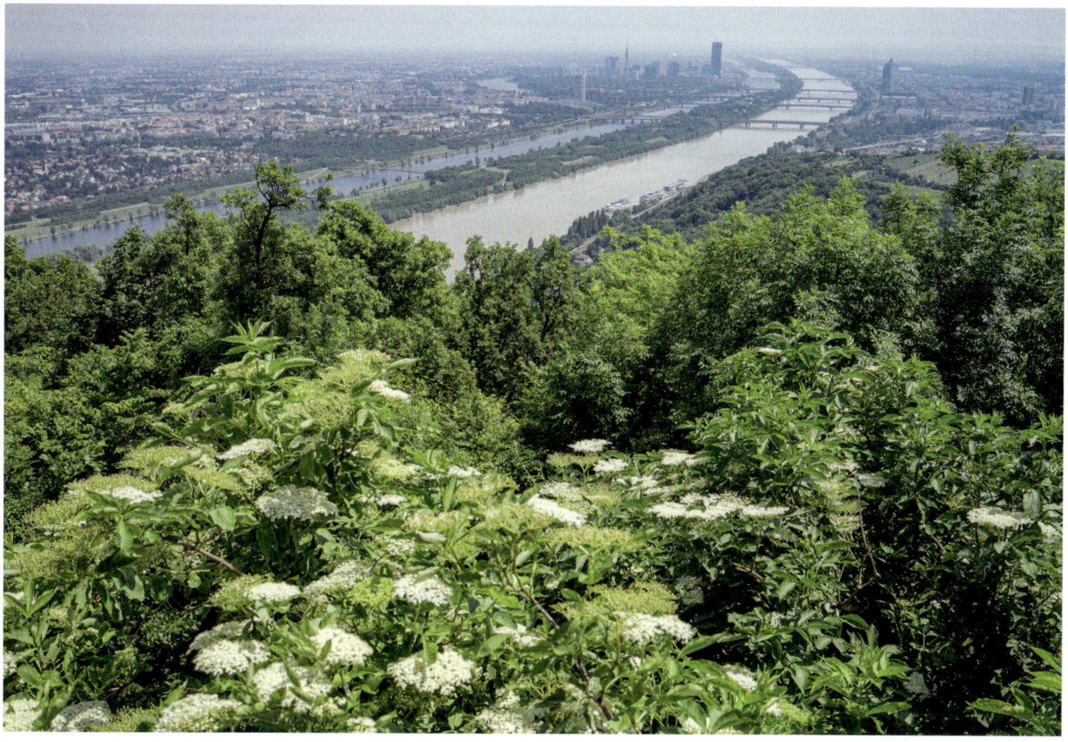

sein, um die Relationen zwischen nah und fern gut darzustellen.

Die Blende sollte so weit wie möglich geschlossen sein. Zu bedenken ist allerdings, dass Sie durch eine lange Belichtungszeit möglicherweise Verwacklungen riskieren. Dabei hilft der Einsatz eines Stativs, sodass Sie noch weiter abblenden können. (Beachten Sie die förderliche Blende! Mehr darüber erfahren Sie im Infokasten unten.) Zudem können Sie das Bild in Ruhe arrangieren. Verwenden Sie am besten den Blendenvorwahl-Modus *A*. Stellen Sie die Brennweite des Objektivs auf 14 mm ein, dann können Sie sich dem Objekt im Vordergrund auf bis zu ca. 20 cm (gemessen von der Sensorebene) nähern. Hier ist die Naheinstellgrenze erreicht und ein Scharfstellen bei geringerem Abstand nicht mehr möglich.

Förderliche Blende

Mit *förderlicher Blende* bezeichnet man die Blende, bis zu der man ohne Einbußen in der Abbildungsleistung des Objektivs abblenden kann. Ab einer bestimmten Blende machen sich Beugungsunschärfen aufgrund der geringen Blendenöffnung bemerkbar. Gerade im Makrobereich ist es wichtig, auf die förderliche Blende zu achten, da der Abbildungsmaßstab ein wichtiges Kriterium darstellt. Dabei gilt: Je größer der Abbildungsmaßstab, desto geringer die förderliche Blende. Machen Sie am besten vor dem Fotoausflug ein paar Probeaufnahmen mit den Objektiven, die Sie einsetzen wollen. Mit einer Blendenreihe können Sie so ermitteln, bei welcher Blende die Schärfe nachlässt und wie weit Sie für ein akzeptables Ergebnis abblenden können.

Im extremen Weitwinkelbereich können winzige Änderungen der Kameraposition zu erheblichen Änderungen im Bildergebnis führen. Möchten Sie eine schöne Tiefenwirkung in Ihren Bildern erzeugen, dann ist der Weitwinkelbereich erste Wahl. Zoomen Sie ruhig bis an den Anschlag, also bis auf 14 mm. Nutzen Sie Linien im Bild und lassen Sie diese diagonal im Bild verlaufen. Mehr zur Linienführung erfahren Sie im Abschnitt »Den Horizont gerade ausrichten« ab Seite 265. Wenn möglich, beziehen Sie auch den Vordergrund mit ein. Dadurch lässt sich ebenfalls Tiefenwirkung erzielen. Bäume, Sträucher etc. bieten sich dafür zum Beispiel an. Sie können

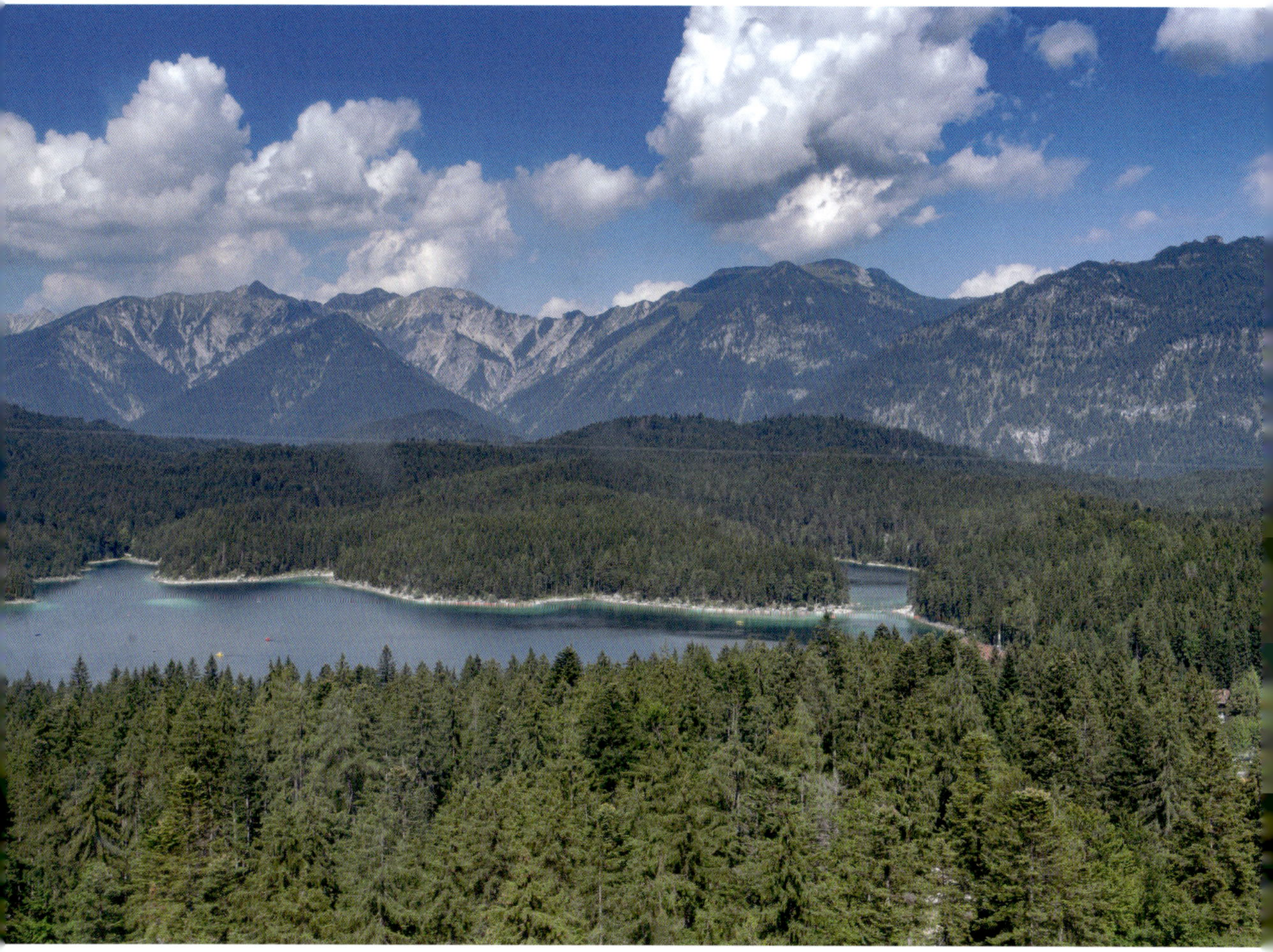

Abbildung 10.3: Verwenden Sie einen Polfilter, so erhalten Sie satte Farben und einen schönen blauen Himmel. Zudem können Sie dadurch Spiegelungen reduzieren.
24 mm | f6,7 | 1/125 s | ISO 200

so außerdem einen natürlichen Rahmen im Bild schaffen, was ebenfalls sehr gut wirkt.

An der OM-D E-M10 Mark IV stellen Sie am besten die digitale ESP-Messung ein, wenn Sie im Weitwinkelbereich arbeiten. Niedrige ISO-Werte sind von Vorteil, da Rauschen meist auch schnell im Himmel sichtbar wird. Wollen Sie sich die Einstellungsmöglichkeiten sparen, die der Blendenvorwahl-Modus *A* bietet, können Sie auch alternativ das *SCN*-Programm *Landschaft* wählen. Einfluss auf die Schärfentiefe haben Sie hier dann allerdings nicht mehr. Die Kamera versucht in diesem Programm selbstständig die Schärfentiefe zu maximieren.

10.3 Perspektive gezielt straffen mit Teleobjektiven

Wollen Sie einzelne Objekte von der restlichen Umgebung lösen beziehungsweise herausstellen, bietet sich der Telebereich an. Mit dem Kit-Objektiv *M.ZUIKO DIGITAL ED 14–42mm 1:3,5–6,3 EZ Pancake* zum Beispiel gelangen Sie bereits in brauchbare Bereiche. Besser geeignet ist hier aber das Kit-Objektiv *M.ZUIKO DIGITAL ED 14–150mm 1:4–5,6 II*, da hier deutlich mehr Brennweite vorhanden ist. Die Blende sollte möglichst geöffnet sein, um dem Vorder- und Hintergrund die Schärfe zu nehmen. Auf diese Weise wird das Herausstellen des Hauptobjekts möglich.

Darüber hinaus eignet sich der Telebereich dazu, die Perspektive zu straffen, damit ist gemeint, dass die räumliche Darstellung verdichtet wird. Zum Beispiel können Bergketten oder Blumenwiesen so vorteilhaft verdichtet werden. Die Wirkung der Szene nimmt zu. Die Illusion der enger gestaffelten Motive, wie zum Beispiel von Bergketten, wirkt hier doch

Abbildung 10.4: Eine Brennweite von 90mm straffte hier die Perspektive so, dass die Bildwirkung intensiviert wurde.
90mm | f3,5 | 1/320s | ISO 100

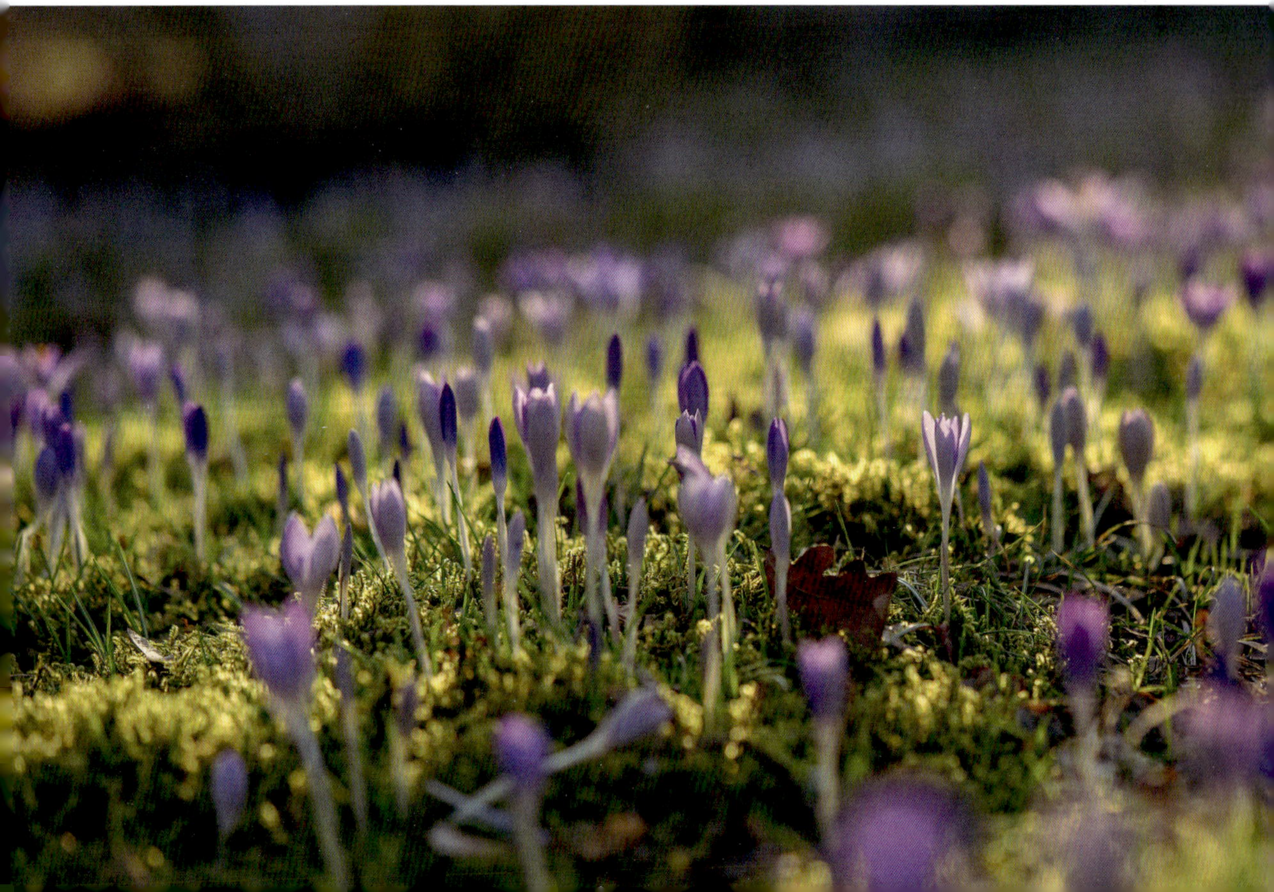

wesentlich gewaltiger und imposanter. Die Blumenwiese kann ebenfalls interessanter werden, da die vorhandenen Blumen scheinbar zusammenrücken und so wie ein sehr dichtes Blumenmeer wirken.

In diesen Aufnahmesituationen empfiehlt es sich, ein Stativ einzusetzen. An der OM-D E-M10 Mark IV stellen Sie die digitale ESP-Messung oder – wenn es das Motiv erfordert, also das Hauptmotiv relativ klein ist – die Spot- oder mittenbetonte Integralmessung ein. Sinnvoll ist auch hier wieder der Blendenvorwahl-Modus *A*, um selbst die Blende nach Wunsch einstellen zu können. Möchten Sie ein Objekt freistellen, wählen Sie möglichst die Offenblende. Soll hingegen der Schärfentiefebereich größer sein, dann blenden Sie ab.

10.4 Den Horizont gerade ausrichten

Diese Situation kennen Sie vielleicht: Sie konzentrieren sich auf das Motiv im Vordergrund und versuchen es so perfekt wie möglich aufzunehmen, dabei lassen Sie den Horizont außer Acht. Und dann ist er meistens nicht perfekt gerade abgebildet. Doch keine Sorge, das kommt bei Profis genauso wie bei Hobbyfotografen vor. Sie können den Horizont natürlich später am PC gerade ausrichten, das kostet allerdings Zeit und Sie verlieren immer einen gewissen Bildanteil durch das notwendige Beschneiden. Nehmen Sie sich daher die Zeit, den Horizont gleich in der Aufnahmesituation gerade auszurichten. Wenn es einmal ganz schnell gehen muss oder Sie ein sich rasch bewegendes Objekt fotografieren wollen, können Sie das Ausrichten des Horizonts aber auch vernachlässigen und in der späteren Bildbearbeitung nachholen.

Die OM-D E-M10 Mark IV unterstützt Sie beim Geradeausrichten mit fünf unterschiedlichen Hilfslinienmustern. Aktivieren Sie diese, lässt sich die Kamera leicht gerade ausrichten. Anhand dieser Linien können Sie Ihr Motiv aber auch nach den klassischen Regeln beispielsweise des Goldenen Schnitts oder der Drittelregel anordnen. Wie Sie die Gitterlinien an der OM-D E-M10 Mark IV im Sucher beziehungsweise auf dem Monitor einblenden, erfahren Sie in der folgenden Schritt-für-Schritt-Anleitung.

Die Gitterlinie für einen geraden Horizont

1 Gitter wählen

Um die Gitterlinien im Sucher beziehungsweise auf dem Monitor einzublenden, drücken Sie die Taste *MENU* und wechseln ins Menü • *C1*. Navigieren Sie zum Menüpunkt *Gitterlinien* und wählen Sie hier einen der Gitterlinientyp aus.

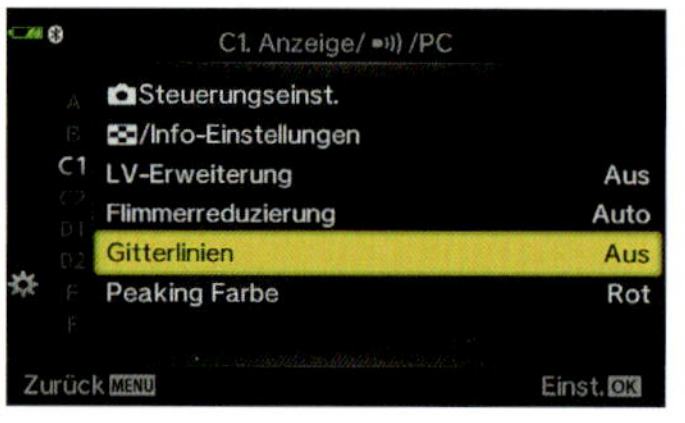

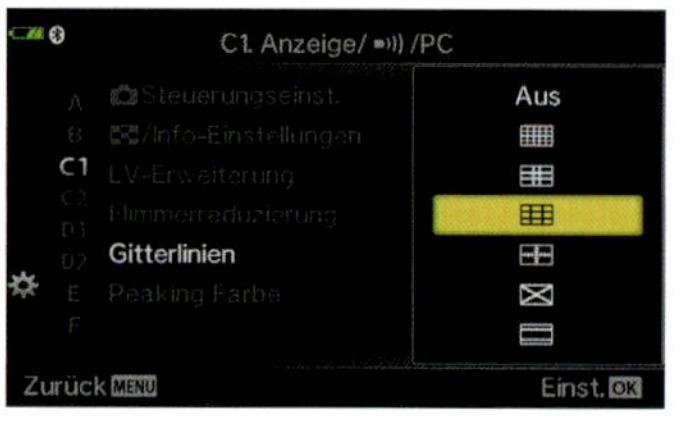

2 Gitter verwenden

Nun wird das gewählte Gitter im Sucher beziehungsweise auf dem Monitor eingeblendet. Je nach gewähltem Gitter wird das Bild in 9 oder 24 Teilbereiche aufgeteilt. Mit der Option wird ein Fadenkreuz eingeblendet. Zwei Diagonalen lassen sich mit der Option einblenden, und mit der Option stehen Ihnen oben und unten zwei eingeblendete Linien zur Verfügung, die das 16:9-Format abbilden.

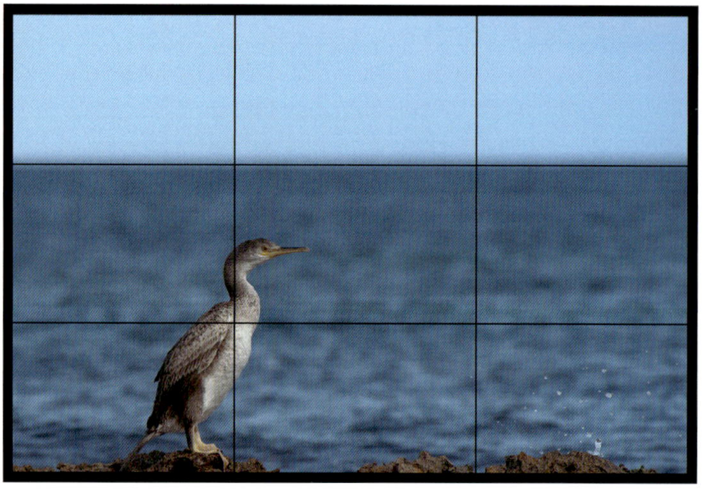

Abbildung 10.5: Für die meisten Motive ist das 3×3-Raster der Funktion »Gitterlinien« gut geeignet.

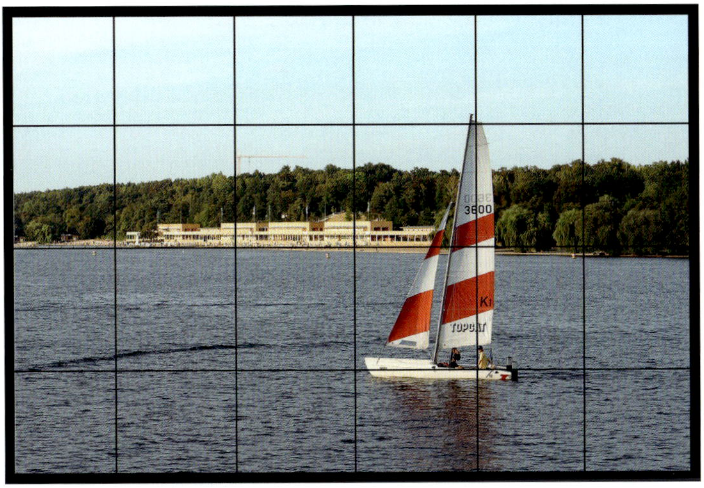

Abbildung 10.6: Das 6×4-Raster eignet sich vor allem für Motive, die aus vielen einzelnen Elementen bestehen.

Gitterlinien im Video-Modus
Im Video-Modus 🎥 können Sie sich ebenfalls die verschiedenen Raster der Funktion *Gitterlinien* einblenden lassen. Auch die Wasserwaage lässt sich beim Filmen nutzen.

Alternativ können Sie natürlich auch die einblendbare Wasserwaage zur horizontalen Ausrichtung verwenden. Diese erreichen Sie über die *INFO*-Taste. Drücken Sie diese Taste einfach so oft, bis die Wasserwaage eingeblendet wird. Gegenüber der Gitterlinie hat die Wasserwaage den entscheidenden Vorteil, dass Sie die Kamera nicht nur horizontal, sondern auch vertikal ausrichten können.

Übrigens sollte der Horizont auch nicht genau in der Bildmitte verlaufen. Der Betrachter kann sich sonst nur schwer entscheiden, welcher Bildteil denn nun der wichtigere ist. Meist wirken solche Bilder uninteressant. Am besten wenden Sie auch hier die Drittelregel an und geben dem bildwichtigen Teil zwei Drittel der Bildfläche.

Anordnung nach dem Goldenen Schnitt und der Drittelregel

Bereits in der Antike wusste man um die Bedeutung der harmonischen Anordnung von Bildelementen. Die Verwendung der Gestaltungsregel des Goldenen Schnitts (Seitenverhältnis a : b = 1,618033989 …) zum Beispiel in der Malerei ließ die Gemälde ansprechend und harmonisch wirken. Dieses Wissen können Sie sich auch in der Fotografie zunutze machen. Der Sensor der OM-D E-M10 Mark IV entspricht in seinen Proportionen allerdings nicht ganz den Gesetzen des Goldenen Schnitts. Sie können sich aber damit behelfen, dass Sie die Drittelregel anwenden. Diese ähnelt dem Goldenen Schnitt. Hier werden bildwichtige Elemente auf die »Drittelschnittpunkte« gelegt; die Bildfläche wird mithilfe zweier horizontaler und zweier vertikaler Linien in neun gleich große Bereiche geteilt. Viele Bilder wirken dann ausgeglichen und die Aufmerksamkeit des Betrachters wird auf diese Elemente des Bildes gelenkt. Bilder, bei denen sich das Motiv genau in der Bildmitte befindet, sind meist weniger spannend und langweilen den Betrachter schnell.

Abbildung 10.7: Mithilfe der Gitterlinien ließ sich hier das Motiv sehr gut nach der Drittelregel positionieren. Gleichzeitig konnte der Horizont gerade ausgerichtet werden.

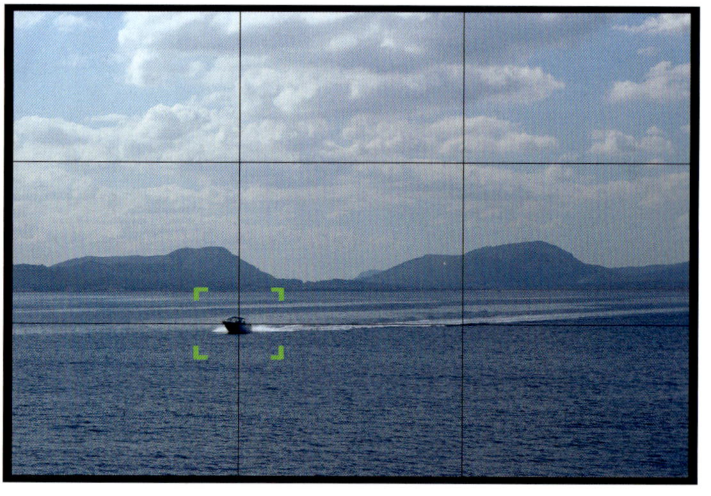

Keine Regeln ohne Ausnahmen

Auch in der Fotografie gibt es natürlich Ausnahmen von den Regeln. Wenn Sie sich an die genannten Regeln halten, haben Sie bereits gute Voraussetzungen für gelungene Fotos. Allerdings bedeutet das nicht, dass Fotos automatisch schlecht sind, wenn die Regeln nicht befolgt werden. Schließlich macht es auch den Reiz der Fotografie aus, dass besondere Bilder auch ohne irgendwelche Regeln entstehen können. Ihrer Kreativität sind hier also keine Grenzen gesetzt.

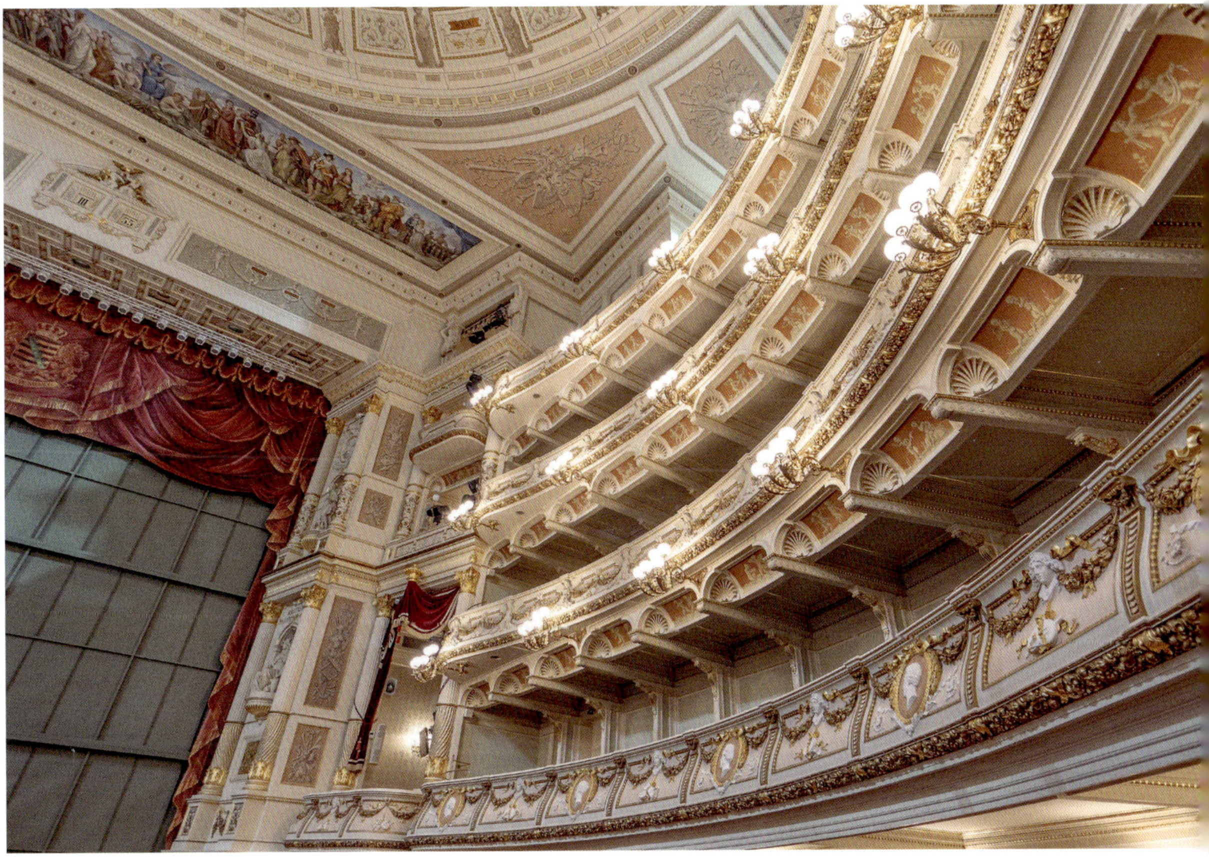

Abbildung 10.8: Stürzende Linien mit einer absichtlich schräg ausgerichteten Kamera können gerade Architekturaufnahmen spannender wirken lassen als rein dokumentarisch aufgenommene Bilder.
12 mm | f5,6 | 1/30 s | ISO 500

10.5 Panorama – das besondere Bildformat

Im Allgemeinen spricht man bei einem Bild von einem *Panorama*, wenn die Seitenverhältnisse bei mindestens 1 : 2 liegen. Für das Bildformat des Panoramas gibt es aber keine feststehende Definition. Panoramen eignen sich im Besonderen für Landschaftsaufnahmen, da sie unserem visuellen Eindruck des Wahrgenommenen und unserer natürlichen Sehweise entsprechen. Wir erleben eine Landschaftsszene nicht in einem Blick oder Bild, sondern drehen den Kopf, um die Gesamtheit zu erkennen.

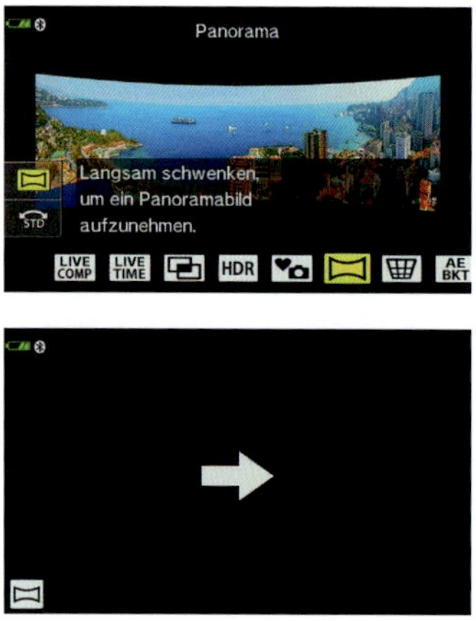

Abbildung 10.9: Die Aufnahmeansicht des »AP«-Programms »Panorama«

Eine besondere Wirkung erzielen Panoramen, wenn sie ein Seitenverhältnis besitzen (ab 1:4), das von unserem Gesichtsfeld nicht sofort erfasst wird. Dies kommt unserem natürlichen Sehen in der Realität entgegen.

Panoramen sind durch Beschnitt oder das Aneinanderreihen mehrerer Bilder (das sogenannte *Stitchen*) möglich. Auch wenn die OM-D E-M10 Mark IV mit ihrer recht hohen Auflösung ein gutes Potenzial bietet, um das Format zu beschneiden, wird man im Normalfall das nachträgliche Stitchen, zum Beispiel mit Adobe Photoshop Elements, bevorzugen. Eine optimale Wirkung erzielen Panoramen ohnehin erst im großformatigen Ausdruck, und hier zählt dann eine möglichst hohe Auflösung für qualitativ hochwertige Panoramaabzüge.

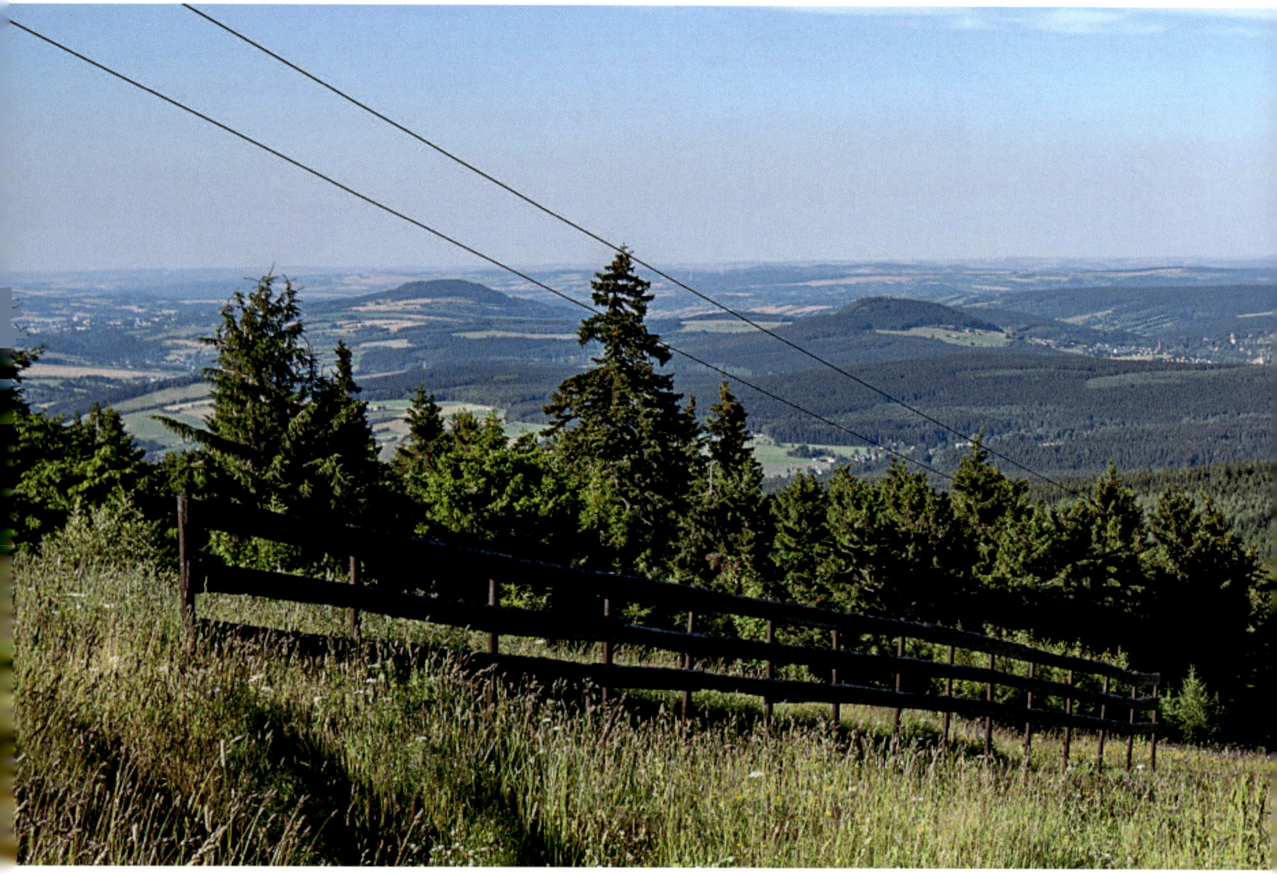

Die OM-D E-M10 Mark IV liefert aber auch entsprechende Hilfen wie das *AP*-Programm *Panorama* ⊠ mit. Die Kamera speichert in diesem Programm die Schärfe und die Belichtung. Stellen Sie an der Programmwählscheibe das Programm *AP* ein.

Es stehen zwei Panoramatypen zur Auswahl, nämlich *Standard* und *Full*. Der Typ *Standard* liefert ein Panorama mit 6208 × 1792 Pixeln, bei *Full* sind es 12.400 × 1792 Pixel.

Mit den Tasten ◀ ▶▲▼ legen Sie die Schwenkrichtung fest. Um scharfzustellen, drücken Sie den Auslöser halb herunter. Hat die Kamera den Schärfepunkt gefunden, drücken Sie den Auslöser komplett durch. Schwenken Sie nun die Kamera ruhig und gleichmäßig in Pfeilrichtung. Sie sehen dabei eine Fortschrittsanzeige bis zum Ende der Aufnahme.

Abbildung 10.10: Panoramaaufnahme, erstellt mit dem »AP«-Programm »Panorama«
35 mm | f4 | 1/320 s | ISO 200

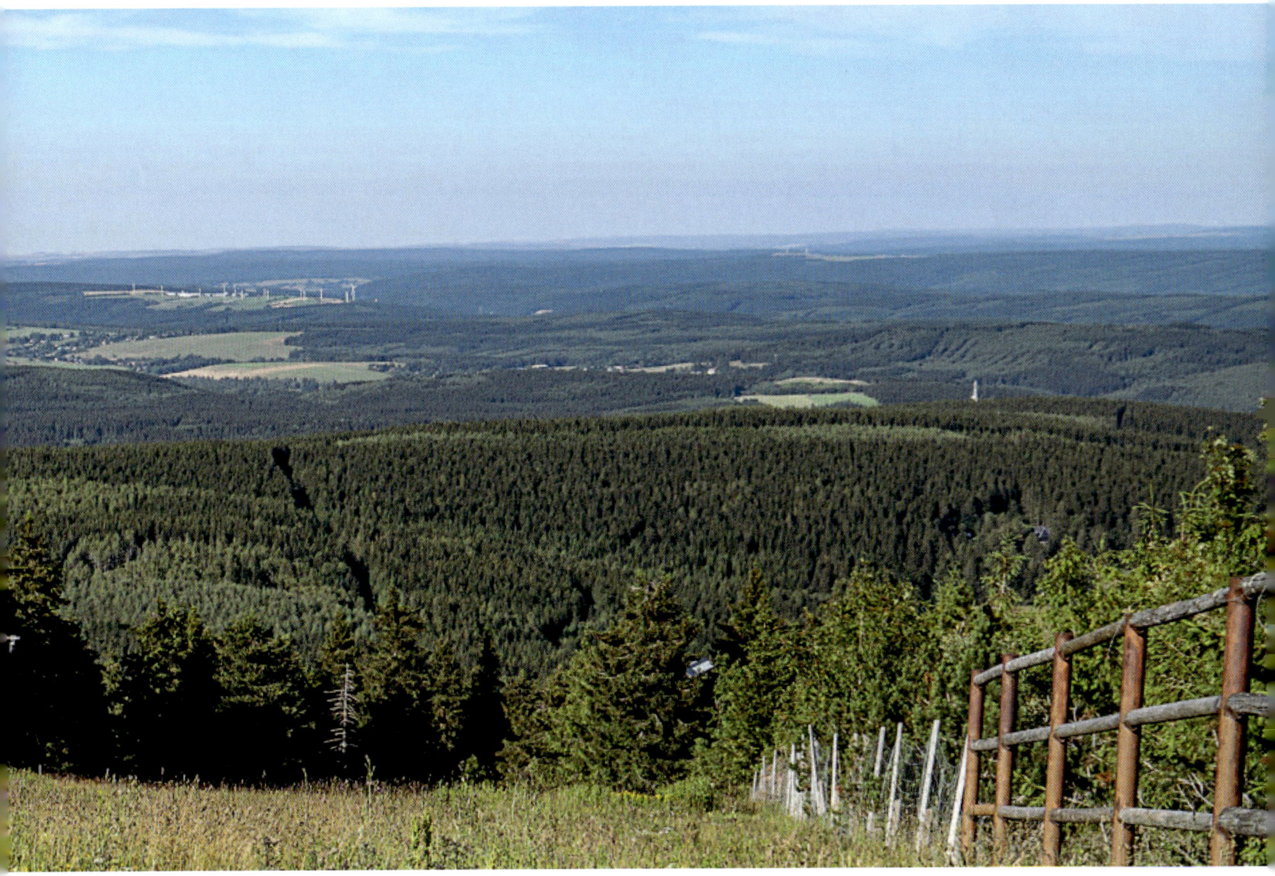

Durch Drücken der *OK*-Taste können Sie den Vorgang an einer beliebigen Stelle beenden und das Bild speichern. Abbrechen lässt sich die Panoramaaufnahme durch Drücken der Taste *MENU*.

Im *AP*-Programm *Panorama* können Sie weder Blende noch Belichtungszeit einstellen, wodurch die Kreativität leider eingeschränkt wird. Die OM-D E-M10 Mark IV legt beide Werte bei der ersten Aufnahme der Panoramaserie fest und verwendet diese für die weiteren Bilder. So sollen eine gleich bleibende Schärfentiefe und Belichtung gewährleistet werden.

Das Motiv Ihrer Panoramaaufnahme sollte idealerweise statisch sein und Sie sollten die Kamera möglichst ruhig und gleichmäßig in einem bestimmten Winkel schwenken. Der Winkel ist dabei abhängig von der gewählten Brennweite. Läuft Ihnen zum Beispiel während der Aufnahme eine Person vor die Kamera, müssen Sie leider die Aufnahme in den meisten Fällen von Neuem starten. Motive, die sich bewegen, sind für Panoramaaufnahmen weniger geeignet, da die Kamera den dadurch entstehenden Versatz nicht ausgleichen kann.

Möchten Sie sich ernsthafter mit der Panoramafotografie auseinandersetzen, kommen Sie um den Begriff *Nodalpunkt* nicht herum. Er wird auch als optisches Zentrum bezeichnet. Dies ist der Knotenpunkt des Objektivs, um den die Kamera bei Panoramaaufnahmen gedreht werden muss. Bewegt man die Kamera nicht um diesen Punkt, kommt es zu sogenannten *Parallaxenfehlern*. Diese erschweren das spätere Zusammensetzen der Bilder zu einem Panoramabild. Um ein exaktes Ausrichten der Kamera zu gewährleisten, werden spezielle Panoramastativköpfe angeboten. Mit diesen ist es möglich, die Kamera nach vorne und hinten, nach rechts und links sowie in der Höhe zu verschieben.

Sie bestimmen den Nodalpunkt, indem Sie sich dazu im Freien eine vertikale Linie im Nahbereich und eine weiter entfernte suchen. Diese beiden Linien werden später zur Deckung gebracht. Richten Sie Ihr Stativ mit einer Wasserwaage horizontal aus. Nach Befestigung der Kamera am Panoramakopf wählen Sie die gewünschte Brennweite vor. Die Drehachse der Kamera muss nun exakt der Drehachse des Panoramakopfes entsprechen. Nehmen Sie die diesbezügliche Einstellung am Panoramakopf vor.

Schauen Sie durch den Sucher beziehungsweise auf den Monitor der Kamera und visieren Sie nun die beiden vertikalen Linien an, die Sie zuvor in Ihrer Umgebung ermittelt haben. Diese Linien sollten außerhalb der Bildmitte zum Beispiel rechts im Sucher dicht nebeneinanderliegen. Drehen Sie dann die Kamera weiter nach rechts, sodass die beiden Linien auf der linken Seite im Sucher erscheinen. Der Abstand beider Linien muss rechts und links identisch sein. Wenn Sie Glück haben, stimmt die Einstellung jetzt. Im Normalfall müssen Sie aber noch am Panoramastativkopf nachjustieren.

Für weitere Panoramabilder mit der gleichen Konfiguration ist es sinnvoll, die Werte festzuhalten. So ersparen Sie sich die vorangegangenen Schritte und können sofort mit dem Fotografieren beginnen.

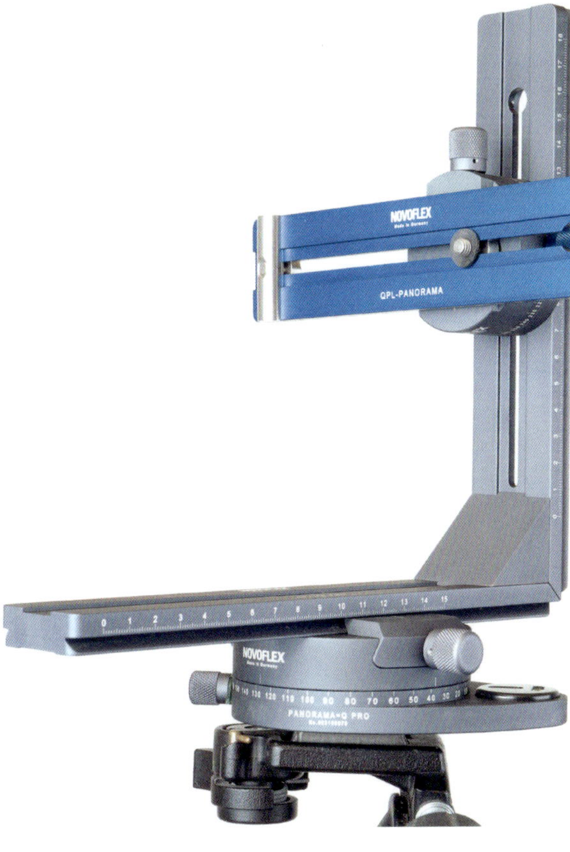

Abbildung 10.11: Ein Spezialist für Panoramen ist der Panoramakopf Novoflex-System VR. Allerdings muss es nicht gleich ein so professionelles Modell sein. Sie erhalten auch deutlich günstigere Geräte, etwa von der Firma Roundabout-NP.

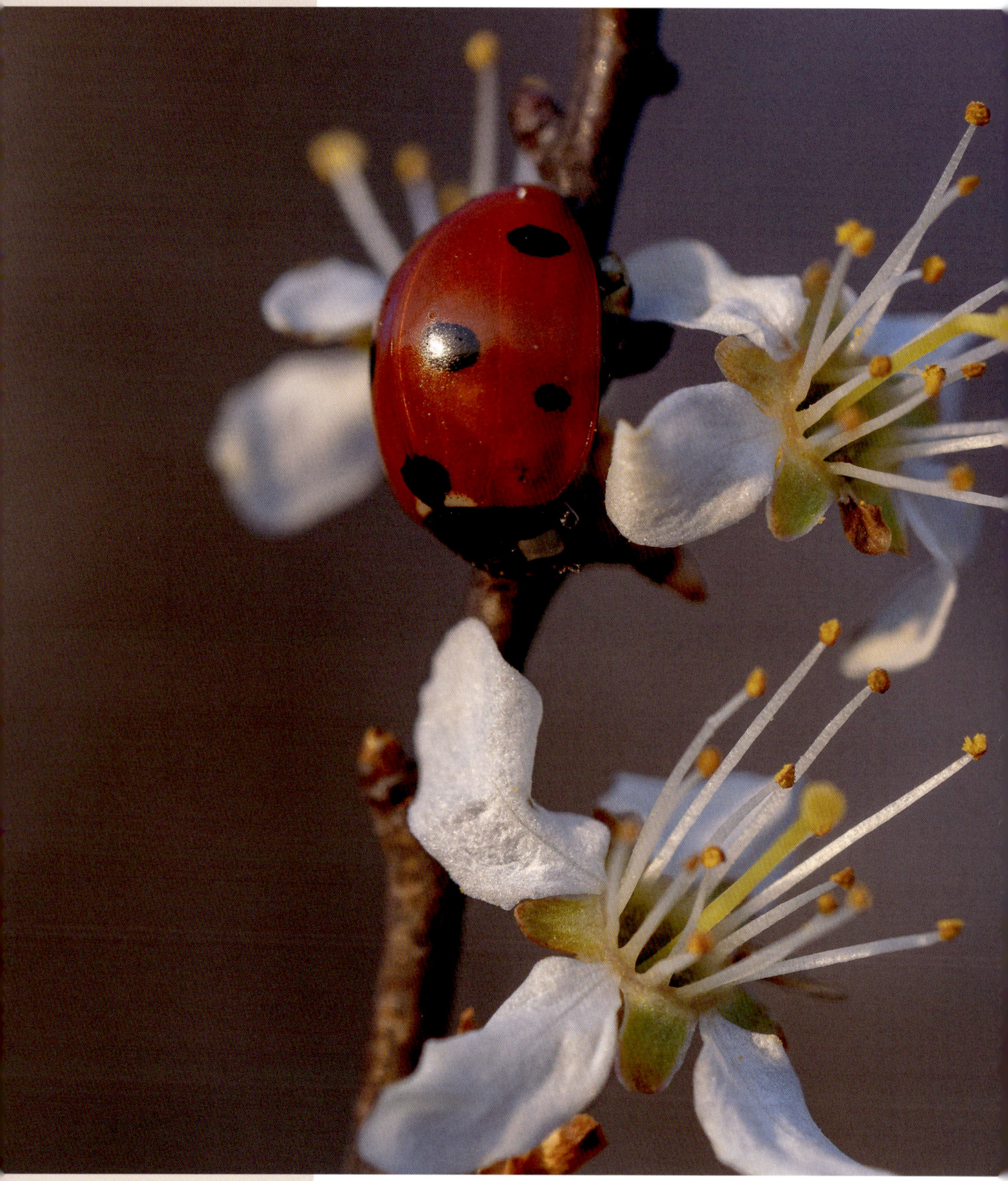

11

Nah- und Makrofotografie

Auch die Welt der kleinen Dinge ist spannend und will erforscht werden. Sie erfahren, wie Sie die Kamera optimal einstellen und welches Zubehör empfehlenswert ist, um die kleinen Dinge ganz groß herauskommen zu lassen. So werden u. a. die Möglichkeiten der Nahlinsen, Makroobjektive oder Ringblitze beleuchtet.

90 mm | f5 | 1/160 s | ISO 400

11.1 Optimale Kameraeinstellungen für den Makrobereich

Zu den aufregendsten und beliebtesten Gebieten der Fotografie zählt sicherlich die Makrofotografie – erhalten wir hier doch mit relativ wenig Aufwand Einsichten in Größenordnungen, die wir ansonsten in ihrer Schönheit kaum wahrnehmen würden. Selbst die im Set mit der OM-D E-M10 Mark IV erhältlichen Objektive *Olympus M.ZUIKO DIGITAL ED 14–42mm 1:3,5–5,6 EZ Pancake* und *Olympus M.ZUIKO DIGITAL ED 14–150mm 1:4–5,6 II* besitzen schon leichte Makrofähigkeiten, mit denen Sie erste Schritte im Nahbereich wagen können. Mit dem erstgenannten Objektiv ist ein Abbildungsmaßstab bis ca. 1:4 möglich, das heißt, das Motiv wird auf dem Bildsensor mit einem Viertel der tatsächlichen Größe dargestellt. Mit dem Olympus M.ZUIKO DIGITAL ED 14–150mm 1:4–5,6 II ist immerhin ein Abbildungsmaßstab bis ca. 1:5 möglich. Speziell für den Makrobereich berechnete Objektive können meist einen Abbildungsmaßstab von 1:2 beziehungsweise 1:1 darstellen.

Haben Sie dann erst einige Schritte in die Welt der kleinen Dinge gewagt, sind Sie vielleicht schon mit Bienen und Heuschrecken per Du oder Sie kennen die Blütenvielfalt des eigenen Gartens plötzlich wie kein anderer. Schnell kommt da der Wunsch nach noch besserer oder spezialisierter Ausrüstung auf. Plötzlich wird Zubehör wie Nahlinsen, Vorsätze, Zwischenringe oder Makroobjektive interessant, und man möchte noch dichter an das Objekt der Begierde heran, denn der Sinn der Nah- und Makrofotografie liegt ja darin, das Motiv möglichst stark zu vergrößern. Sie gehen also im Idealfall so nah an das Objekt heran, wie es möglich ist.

Die Grenze bildet hier die Naheinstellgrenze des Objektivs. Nähern Sie sich weiter, ist keine Schärfe mehr zu erreichen. Bei Tieren müssen Sie zudem unterschiedliche Fluchtdistanzen (also die Distanz, bevor ein Tier die Flucht ergreift) einhalten. Kurze Motivabstände fordern zudem mehr Licht, was sich nicht selten in einer längeren Belichtungszeit niederschlägt. Situationsabhängig ist meist außerdem der Einsatz eines Stativs oder die Erhöhung des ISO-Wertes erforderlich.

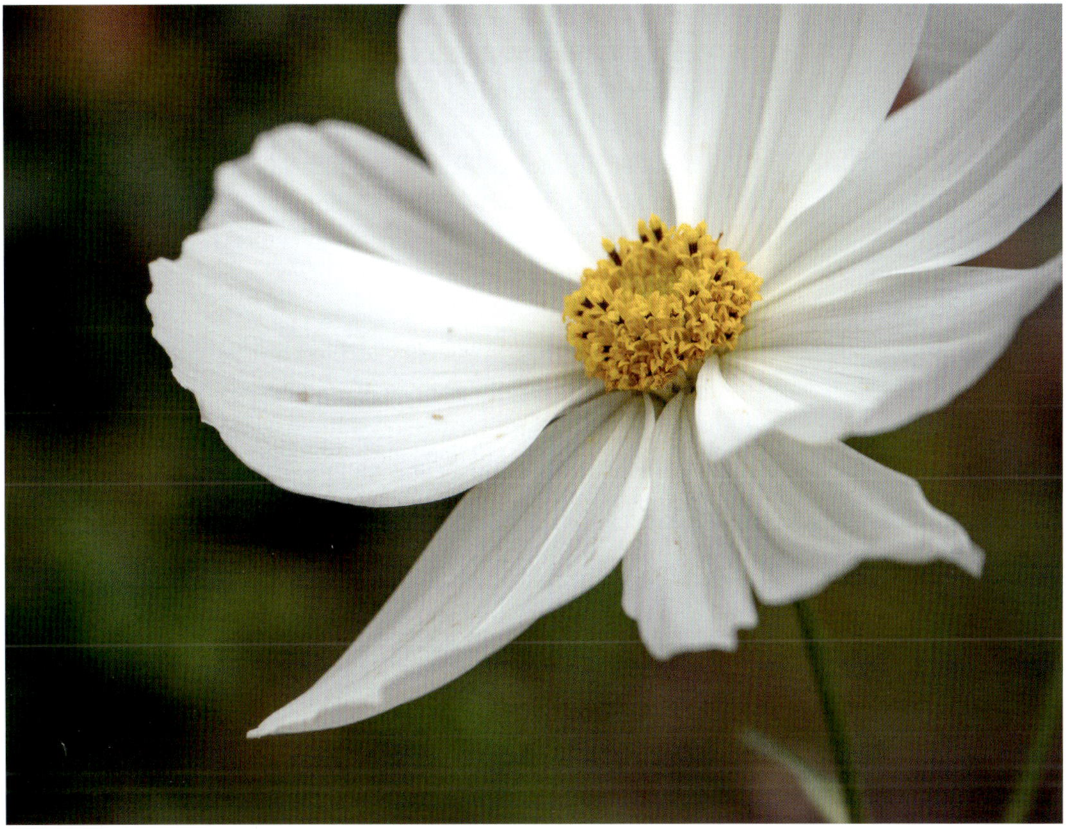

Abbildung 11.1: Selbst mit dem Kit-Objektiv kann man bereits erste Schritte im Nah- und Makrobereich unternehmen.
42 mm | f6,3 | 1/200 s | ISO 200

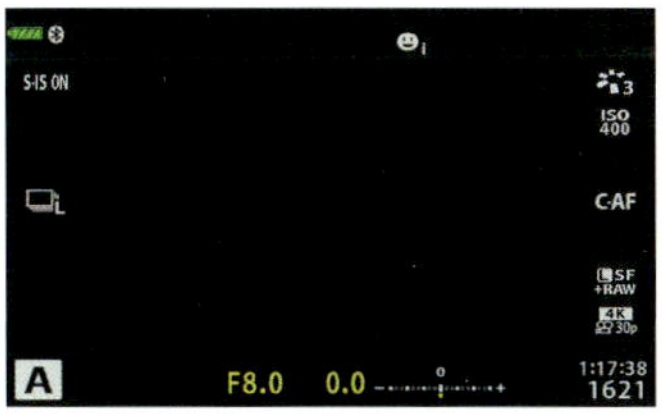

Abbildung 11.2: Einstellungsvorschlag für die Makrofotografie mit Dreibeinstativ. Die einzelnen Einstellungen wie Blende, Belichtungsmessmethode etc. passen Sie den Gegebenheiten an.

Ein nicht unerhebliches Problem in der Nah- und Makrofotografie ist die geringe Schärfentiefe. Um hier schnell die Blendenwerte für einen ausgewogenen Kompromiss aus Schärfentiefe und möglichst kurzer Belichtungszeit zu erhalten, wählen Sie am besten den Blendenvorwahl-Modus *A* an Ihrer OM-D E-M10 Mark IV aus. Die Kamera stellt Ihnen alternativ auch die *SCN*-Programme *Makro* und *Natur-Makro* zur Verfügung. Hier haben Sie aber keinen Einfluss auf die Schärfentiefe.

Im Makrobereich ist das automatische Scharfstellsystem der Kamera in vielen Fällen nicht ideal. Kommen Sie mit dem Autofokus nicht zu den gewünschten Ergebnissen, dann wählen Sie ruhig einmal den manuellen Fokus *MF* (über die *OK*-Taste in der Funktionsanzeige beziehungsweise durch Zurückziehen des Fokusrings am Objektiv, sofern dieser vorhanden ist). Sie verhindern so, dass der Autofokus von einer Schärfeebene zur anderen springt oder eventuell den Fokus erst gar nicht findet. Sie können damit zum Beispiel auch gezielt die Schärfe auf bestimmte Motivbereiche legen – etwa auf die Augen bei Insekten oder anderen Tieren.

In Makroaufnahmen die Schärfentiefe meistern

Je größer der Abbildungsmaßstab, desto geringer ist leider die Schärfentiefe. Und da man im Makrobereich mit großen Abbildungsmaßstäben arbeitet, fällt die Schärfentiefe entsprechend gering aus. Damit Sie eine Vorstellung davon erhalten, wie stark sich dies auswirkt, hier ein Beispiel: Bei Blende f8 und maximalem Abbildungsmaßstab von 1:4 beträgt die Schärfentiefe des Olympus-Kit-Objektivs *M.ZUIKO DIGITAL ED 14–42mm 1:3,5–5,6 EZ Pancake* zum Beispiel ca. 10mm, was schon ziemlich gering ist. Nehmen Sie nun das *Olympus M.ZUIKO DIGITAL ED 60mm 1:2,8 Macro* zur Hand und stellen es so dicht wie möglich am Objekt scharf, erhalten Sie einen Abbildungsmaßstab von 1:1 und eine Schärfentiefe von nur noch ca. 1mm. Da in den meisten Situationen eine größere Schärfentiefe gewünscht ist, bleibt in diesem Fall nur die Möglichkeit, noch weiter abzublenden.

An der OM-D E-M10 Mark IV können Sie vor der Aufnahme die Schärfentiefe prüfen, indem Sie z.B. eine Funktionstaste als Abblendtaste (Vorschau-Taste ◎) programmieren (Menü ✲ • B • *Tastenfunktion*). Sehr angenehm funktioniert das mit dem elektronischen Sucher beziehungsweise mit dem Monitor, da hier die Helligkeit nachgeregelt wird und Sie sich auf diese Weise bereits vor der Aufnahme einen Eindruck von Ihren Einstellungen verschaffen können.

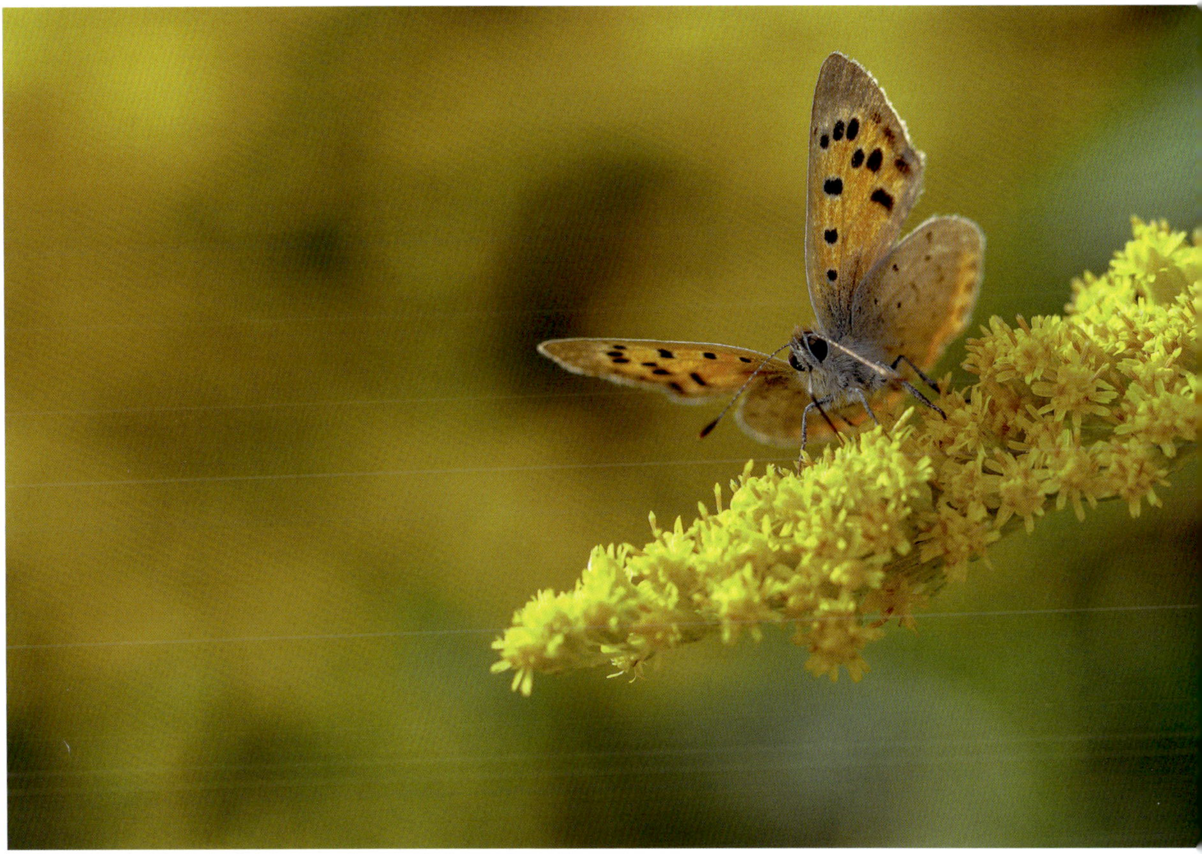

Abbildung 11.3: Im Nah- und Makrobereich macht dem Fotografen die relativ geringe Schärfentiefe zu schaffen. Der Kopf des Kleinen Feuerfalters konnte bei Blende f4,5 noch scharf abgelichtet werden, während alles, was nicht in derselben Schärfeebene liegt, unscharf ausgefallen ist. Um den Schärfebereich weiter auszudehnen, blenden Sie weiter ab.
90 mm | f4,5 | 1/125 s | ISO 400

Der Abbildungsmaßstab

Der Abbildungsmaßstab ist das Verhältnis zwischen dem zu fotografierenden Objekt und der Größe, in der es auf dem Bildsensor erscheint. Bei einem Abbildungsmaßstab von 1 : 1 wird das Objekt auf dem Bildsensor genauso groß dargestellt wie in der Realität. Eine 1 cm lange Ameise wird also auf dem Bildsensor auch eine Länge von 1 cm haben, auf einem Bildabzug im gängigen Format 15 × 10 cm immerhin schon 6,3 cm. Fotografiert man die Ameise mit einem Makroobjektiv im maximalen Abbildungsmaßstab von 1 : 2, wäre sie auf dem Bildabzug halb so groß, also 3,15 cm. Der Abbildungsmaßstab des Objektivs bleibt natürlich trotz des Formatfaktors der OM-D E-M10 Mark IV von 2 erhalten.

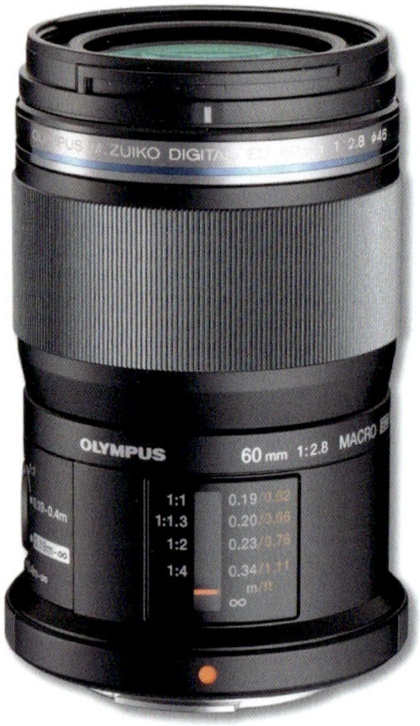

Abbildung 11.4: Olympus M.ZUIKO DIGITAL ED 60 mm 1:2,8 Macro (Bild: Olympus)

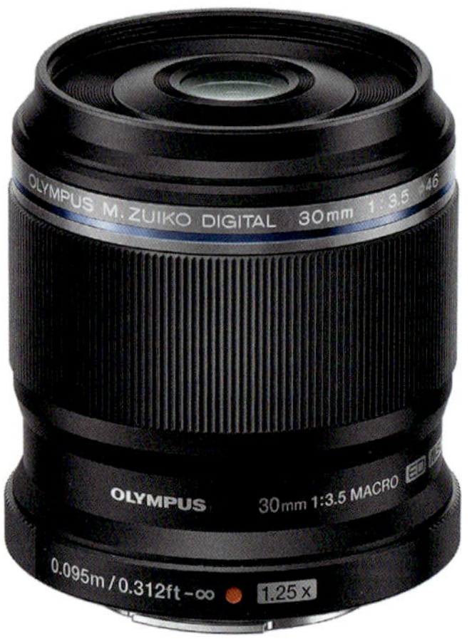

Abbildung 11.5: Gut für den Einstieg in die Makrofotografie geeignet: Das »Olympus M.ZUIKO DIGITAL ED 30 mm 1:3,5 Macro« ist mit ca. 250 € ein sehr preiswertes Makroobjektiv (Bild: Olympus).

11.2 Makroobjektive und anderes nützliches Zubehör

Mit normalen Objektiven erreicht man schnell die Grenze, bei der ein Scharfstellen auf das gewünschte Motiv nicht mehr gelingen kann. Die Naheinstellgrenze dieser Objektive ist einfach zu groß, um in den Nah- beziehungsweise Makrobereich vordringen zu können. Als *Naheinstellgrenze* wird dabei die kürzestmögliche Entfernung bezeichnet, ab der man scharfstellen kann.

Makroobjektive sind hingegen so konstruiert, dass man bedeutend näher herankommt und damit die Objekte wesentlich größer abgebildet werden können. Dies verlangt nach einer aufwendigeren Konstruktion, die sich im Preis niederschlägt. Makroobjektive können aber auch universell außerhalb des Nah- und Makrobereichs eingesetzt werden und erzielen auch dann hervorragende Bildergebnisse. Ab einem Abbildungsmaßstab von 1 : 4 wird ein Objektiv im Allgemeinen als makrofähig eingestuft.

Das *Olympus M.ZUIKO DIGITAL ED 60 mm 1:2,8 Macro* besitzt einen maximalen Abbildungsmaßstab von 1 : 1. Um diesen Maßstab zu erreichen, müssen Sie 19 cm an das Motiv herangehen. An dem Objektiv können Sie den Bereich, der zum Scharfstellen benutzt wird, in zwei Stufen einschränken (0,19 m – 0,4 m und 0,4 m – unendlich). Das erhöht die Fokussiergeschwindigkeit, wenn sich die Motive ohnehin nur in diesem Bereich bewegen. Der normale Scharfstellbereich liegt zwischen 0,19 m und unendlich. Das Objektiv ist staub- und spritzwassergeschützt und somit auf einen rauen Einsatz vorbereitet. Die Blende ist mit sieben Lamellen ausgestattet, die durch ihre Konstruktion eine kreisrunde Öffnung ergeben. Damit sind natürlich Hintergründe im Unschärfebereich garantiert.

Unabhängig von seiner Makrofähigkeit können Sie dieses Objektiv natürlich auch im Fernbereich einsetzen. Aufgrund seiner hohen Lichtstärke ist es speziell auch zum Freistellen von Motiven sehr gut geeignet.

Deutlich günstiger ist das *Olympus M.ZUIKO DIGITAL ED 30 mm 1:3,5 Macro*. Es erreicht sogar einen Abbildungsmaßstab von leicht über 1 : 1 (max. Bildvergrößerung 1,25-fach).

Für diese maximale Vergrößerung müssen Sie 9,5 cm an das Objekt Ihrer Begierde heran. Damit ist es weniger für z. B. für scheue Insekten geeignet.

Über Adapter können Sie natürlich noch weitere Makroobjektive verwenden – so zum Beispiel aus dem Four-Thirds-System das *Olympus ZUIKO DIGITAL 35 mm Makro 1:3,5* oder das *ZUIKO DIGITAL ED 50 mm Makro 1:2* per Adapter *mmF-2* oder *mmF-3*. Hier funktioniert auch der Autofokus im Zusammenspiel mit der OM-D E-M10 Mark IV, was sonst nicht bei allen Objektiven und Adaptern gegeben ist.

Hersteller und Bezeichnung	Max. Abbildungsmaßstab	Naheinstellgrenze (cm)	Maße (mm)	Filtergröße (mm)
Olympus M.ZUIKO DIGITAL ED 60 mm 1:2,8 Macro	1:1	19	56 × 82	46
Olympus M.ZUIKO DIGITAL ED 30 mm 1:3,5 Macro	1,25:1	9,5	57 × 60	46
Panasonic Lumix G Macro 30 mm 1:2,8 II ASPH/OIS	1:1	10,5	58,8 × 63,5	46
Lumix Leica DG Makro-Elmarit 45 mm 1:2,8 ASPH/OIS	1:1	15	62 × 63	46
Tokina Reflex 300 mm 1:6,3	1:2	80	66 × 66	55

Tabelle 11.1: Makroobjektive für Ihre OM-D E-M10 Mark IV, die Sie direkt ohne Adapter ansetzen können

Motive vergrößern mit Nahlinsen

Nahlinsen dienen ebenfalls dem Vergrößern des Abbildungsmaßstabs. Im Gegensatz zu Konvertern schraubt man diese aber auf das Filtergewinde des jeweiligen Objektivs. Bei Konvertern bleibt zudem die Naheinstellgrenze gleich. Bei der Nahlinse gilt: näher ran für größere Abbildungen. Je stärker die Nahlinse, desto näher kann man an das Motiv heran. Um maximale Bildergebnisse zu erzielen, muss mit Nahlinsen abgeblendet werden. Ein wesentlicher Vorteil von Nahlinsen besteht darin, dass sie keinen Lichtverlust verursachen. Der Autofokus arbeitet einwandfrei, ebenso die Belichtungsmessung.

Ein Nachteil ist, dass man für jeden Filterdurchmesser eine gesonderte Linse benötigt. Für das *Olympus M.ZUIKO DIGITAL ED 14–42mm 1:3,5–5,6 EZ Pancake* benötigen Sie eine Nahlinse mit 37mm Durchmesser. Das Maß der Stärke einer solchen Linse wird in Dioptrien angegeben und definiert die Brechkraft. Der Hersteller B+W (Jos. Schneider Optische Werke GmbH, *www.schneiderkreuznach.com*) liefert dazu Nahlinsen im Bereich von +1 bis +5, NL 1 bis NL 5.

Die Nahlinse NL 1 ist dabei vor allem für Tele- und Zoomobjektive bis 200mm geeignet. NL 2 kann an Normalobjektiven bis 50cm Naheinstellgrenze eingesetzt werden. NL 3 und 4 verringern erneut die Naheinstellgrenze, wobei NL 4 auch für Weitwinkelobjektive geeignet ist. NL 5 erweitert diesen Bereich nochmals. Ab NL 3 ist die Schärfentiefe bereits minimal. Bei NL 5 ist ein besonders starkes Abblenden unerlässlich.

Besitzen Sie das Kit-Objektiv *Olympus M.ZUIKO DIGITAL ED 14–42mm 1:3,5–5,6 Pancake EZ*, lohnen sich Versuche mit der Nahlinse NL 3. Die Naheinstellgrenze reduziert sich um etwa 2cm.

Es ist prinzipiell möglich, mehrere Nahlinsen hintereinanderzuschrauben. Sie sollten dies aber bei der Theorie belassen, denn die Qualität der Aufnahmen leidet meist recht stark.

Einfache Nahlinsen werden hinsichtlich der Qualität von speziell korrigierten Nahlinsen, den sogenannten *Achromaten*, übertroffen. Allerdings spiegelt sich dies auch in ihren Preisen wider.

Günstig in den Nahbereich mit Zwischenringen

Nahlinsen sind recht günstig, die erreichbaren Bildergebnisse befriedigen aber unter Umständen nicht ganz. Zwischenringe stellen einen preislichen Kompromiss zu Makroobjektiven und der erreichbaren Bildqualität dar. Auch mit ihnen lässt sich der Abbildungsmaßstab vergrößern. Zwischenringe werden wie Telekonverter zwischen die Kamera und das Objektiv gesetzt. Selbst besitzen sie kein optisches System, sind also »hohl«. Die optische Leistung des jeweiligen Objektivs wird daher im Gegensatz zur Nahlinse nicht gemindert. Außerdem können Sie sie an allen Objektiven nutzen – ein weiterer Vorteil.

Zwischenringe werden in unterschiedlichen Längen hergestellt, was einen flexiblen Einsatz gestattet. Dabei unterscheidet man zwischen Ringen, die alle Daten des Objektivs an die Kamera weitergeben, und manuellen Systemen. Bei manuellen Zwischenringen muss man unter anderem die Blende manuell einstellen, deshalb sind sie eigentlich nicht zu empfehlen. Der Einsatz von Zwischenringen an Zoomobjektiven ist auch nur beschränkt empfehlenswert. Die Bildergebnisse sind in vielen Fällen nicht befriedigend.

Darüber hinaus sollten Sie beachten, dass man mit Auszugsverlängerungen wie den Zwischenringen nicht mehr auf unendlich scharfstellen kann – das macht sie wirklich nur für den Nah- und Makrobereich einsetzbar.

Kenko bietet beispielsweise einen Zwischenringsatz für das Micro-Four-Thirds-Bajonett an. Dieser Satz enthält einen 10-mm- und einen 16-mm-Zwischenring. Achten Sie auf den Zusatz *DG*. Damit gekennzeichnete Zwischenringsätze sind für digitale Systeme optimiert. Die Ringe lassen sich problemlos untereinander kombinieren. Alle notwendigen Daten werden dabei von den Zwischenringen an die Kamera übertragen. Ein problemloser Einsatz ohne langwierige manuelle Einstellungen ist garantiert.

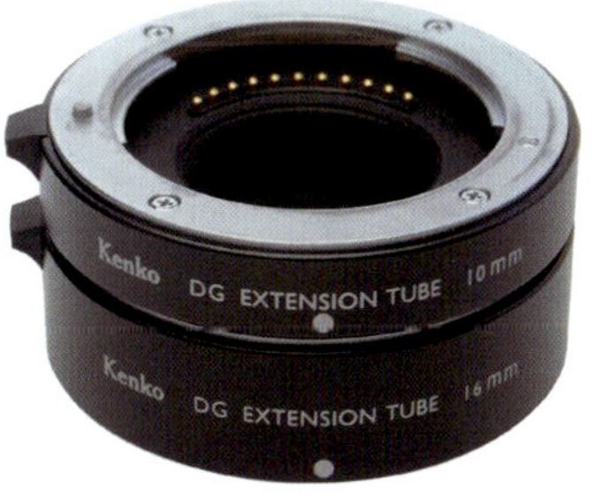

Abbildung 11.6: Kenko-Zwischenringe 10 mm und 16 mm (Bild: Kenko)

Mit sinnvollem Zubehör zu besseren Makroaufnahmen

Auf jeden Fall zu empfehlen sind im Makrobereich ein Stativ, ein Einstellschlitten und ein Fernauslöser.

Es sollte schon ein stabiles Dreibeinstativ sein, wenn man nicht gerade Libellen, Bienen oder Ähnliches verfolgt. Hier tut es hilfsweise auch ein Einbeinstativ, weil man damit wesentlich flexibler und schneller ist. Für präzise Makroarbeiten sind ein Dreibeinstativ und ein belastbarer Stativkopf unerlässlich. Manfrotto, Giottos, Slik, Gitzo und Berlebach zum Beispiel bieten eine gute Auswahl an hochwertigen Stativen an. Die Mittelsäule sollte nach Möglichkeit sowohl demontiert als auch kopfüber montiert werden können, um auch den Bereich am Boden gut zu erreichen.

Am Stativkopf kann der Einstellschlitten montiert werden. Dieser hat die Aufgabe, möglichst feinfühlig den bildwichtigen Schärfepunkt einzustellen. Aufgrund der geringen Schär-

zuerst scharfzustellen und danach die Blitzeinheit auszurichten.

Etwas flexibler lässt sich der mecablitz 15 MS-1 digital von Metz an Ihrer OM-D E-M10 Mark IV einsetzen. Diesen können Sie direkt mit dem internen Blitzgerät kabellos steuern oder einen mit der OM-D E-M10 Mark IV kompatiblen externen Programmblitz verwenden. Mit der mitgelieferten IR-Klammer können Sie den Kamerablitz auch abdecken, falls die zusätzliche Ausleuchtung nicht gewünscht ist. Für eine feinfühlige Lichtverteilung sorgen schwenkbare Reflektoren (0°–20°), sechs verschiedene Teillichtleistungsstufen und eine Bouncerscheibe, die nach Bedarf angebracht werden kann. Metz hat den Blitz mit einer USB-Schnittstelle versehen, worüber ein Firmware-Update eingespielt werden kann. Dies stellt sicher, dass der Blitz auch an zukünftige Weiterentwicklungen angepasst werden kann.

Auch das interne Blitzgerät der OM-D E-M10 Mark IV ist recht »makrotauglich«. Im Zusammenspiel mit dem Kit-Objek-

Abbildung 11.7: Nutzen Sie ein Einbeinstativ, um wie hier gezielt auf bestimmte Motivbereiche korrekt scharfzustellen. Damit bleiben Sie auch relativ flexibel, was bei sich schnell bewegenden Motiven von Vorteil ist.
100 mm | f5,6 | 1/800 s | ISO 1600

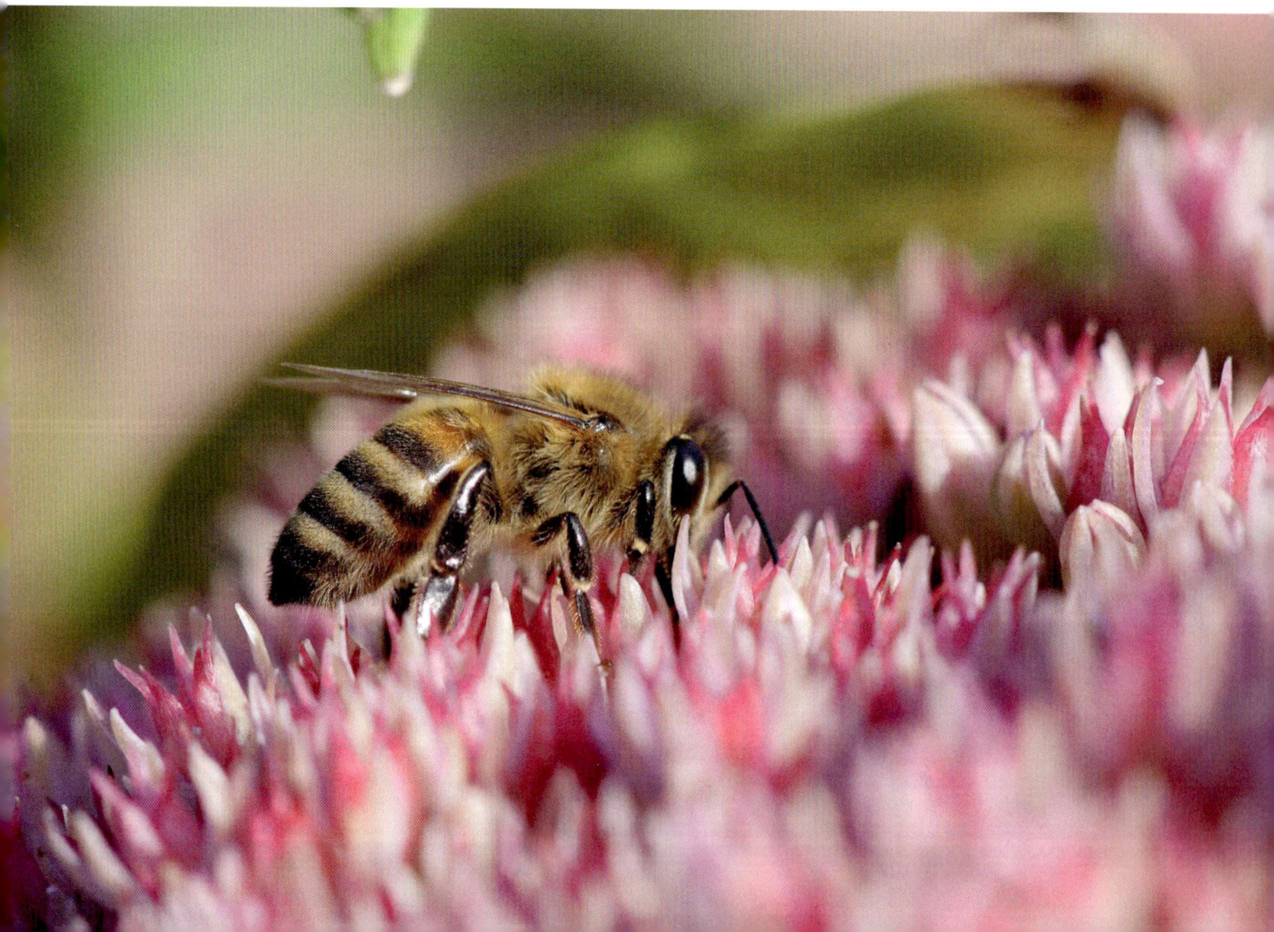

tiv *M.ZUIKO DIGITAL ED 14–42 mm 1:2,5–5,6 EZ Pancake* kann es ohne Abschattungen eingesetzt werden, auch wenn Sie sehr dicht an das Motiv herangehen (bei 42 mm Brennweite). Auch mit Objektiven, die den Abbildungsmaßstab 1 : 2 beziehungsweise 1 : 1 darstellen können, führt das interne Blitzgerät kaum zu Abschattungen, wenn die Streulichtblende nicht montiert wird. Eleganter ist aber das drahtlose Blitzen mit den externen Programmblitzgeräten.

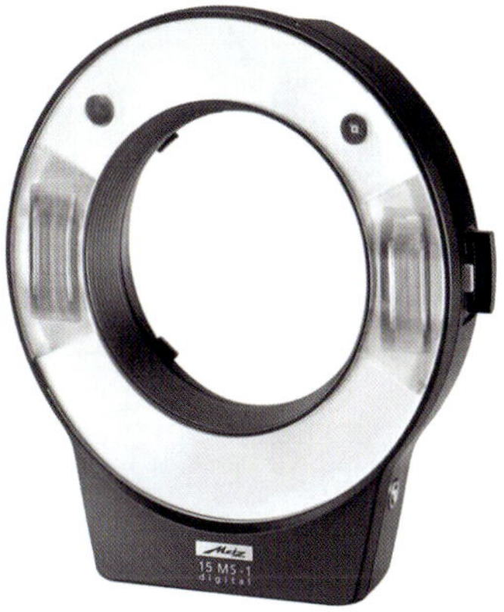

Abbildung 11.8: Der Makroringblitz 15 MS-1 digital von Metz unterstützt das entfesselte Blitzen mit Ihrer OM-D E-M10 Mark IV (Bild: Metz).

11.3 Praxistipps im Makrobereich

Verwenden Sie bei Makroaufnahmen nach Möglichkeit ein Stativ mit Stativkopf und Einstellschlitten. So können Sie den Abstand zum Motiv sehr fein einstellen. Sie erreichen auf diese Weise auch am besten den maximal möglichen Abbildungsmaßstab. Auch das feine Scharfstellen im manuellen Modus *MF* ist so bequem möglich. Beim Einsatz eines Dreibeinstativs schalten Sie den Bildstabilisator aus. Drücken Sie dazu die Taste *MENU* und wählen Sie unter 📷2 *Bildstabilisation* die Option *S-IS Off*. Verwenden Sie dagegen ein Einbeinstativ oder arbeiten aus der freien Hand, dann leistet der Bildstabilisator natürlich sehr gute Dienste und sollte eingeschaltet bleiben. Einen Fern- beziehungsweise den 2-Sekunden-Selbstauslöser oder das Smartphone als Fernauslöser sollten Sie verwenden, um Verwacklungen durch Drücken des Auslösers zu vermeiden, wenn Sie mit einem Dreibeinstativ arbeiten.

Den richtigen Augenblick zum Auslösen zu finden, ist manchmal schwierig. Stellen Sie daher an der OM-D E-M10 Mark IV die Serienbildmodi □L oder □H ein. So können Sie sich aus der aufgenommenen Serie im Nachhinein die besten Bilder aussuchen. Wenn Sie Tiere fotografieren, lohnt es sich außerdem, zuvor ihre Verhaltensweisen zu studieren. So können Sie besser einschätzen, wann eine lohnende Fotosituation entstehen könnte.

Um maximale Schärfe und Brillanz zu erhalten, sollten Sie nur bis zur förderlichen Blende abblenden. Dieser Blendenwert ist von vielen Faktoren abhängig. Pauschal kann man hier keine Richtwerte angeben. Machen Sie am besten vor dem Fotoausflug ein paar Probeaufnahmen mit jedem Objektiv, das Sie auf der Tour verwenden werden. Mit einer Blendenreihe können Sie so ermitteln, bei welcher Blende die Schärfe nachlässt und wie weit Sie für ein akzeptables Ergebnis abblenden können.

Bei eingestelltem RAW-Format (über die *OK*-Taste in der Funktionsanzeige unter einstellbar) stehen Ihnen alle Möglichkeiten zur Nachbearbeitung offen. Besonders in schwierigen Belichtungssituationen im Makrobereich können Sie so noch einiges aus den Sensorrohdaten herausholen.

Mit sogenannten *Retro-* oder *Umkehradaptern* können Sie den Abbildungsmaßstab Ihrer Objektive vergrößern und noch tiefer in den Mikrokosmos eintauchen. Dazu schrauben Sie den Umkehradapter direkt auf das Kamerabajonett. Am Umkehradapter wird dann das Objektiv in Umkehrstellung angebracht. Der mögliche Abbildungsmaßstab ist vom verwendeten Objektiv abhängig. Je stärker Sie dabei in den Weitwinkelbereich gelangen, desto stärker ist der Lupeneffekt und damit der Abbildungsmaßstab. Sie können hier nur manuell arbeiten. Es wird keine Blende übertragen und auch das Scharfstellen geschieht per Hand. Eine korrekte Belichtung ist aber gewährleistet, da die Belichtungsmessung durch das Objektiv hindurch erfolgt.

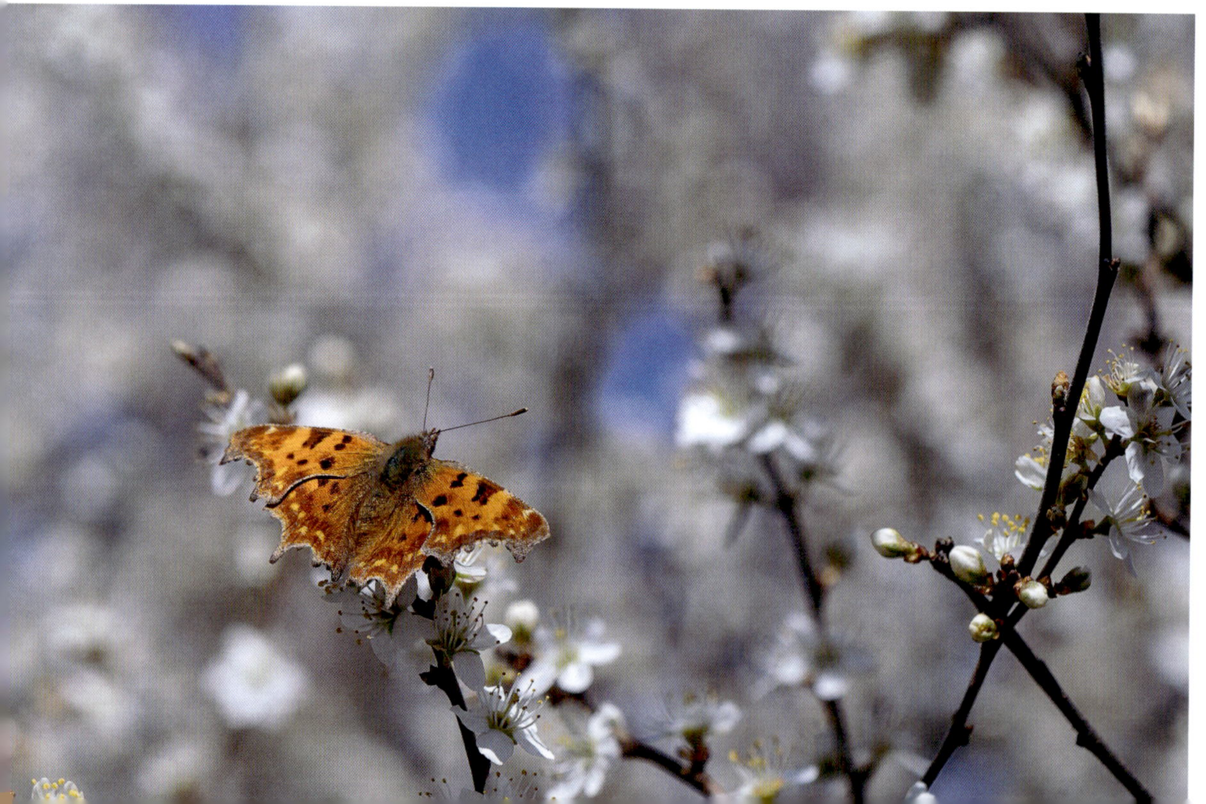

Abbildung 11.9: Fotografieren Sie Tiere, studieren Sie im Vorfeld deren Verhalten, um den richtigen Aufnahmemoment abzuschätzen.
90 mm | f5 | 1/500 s | ISO 200

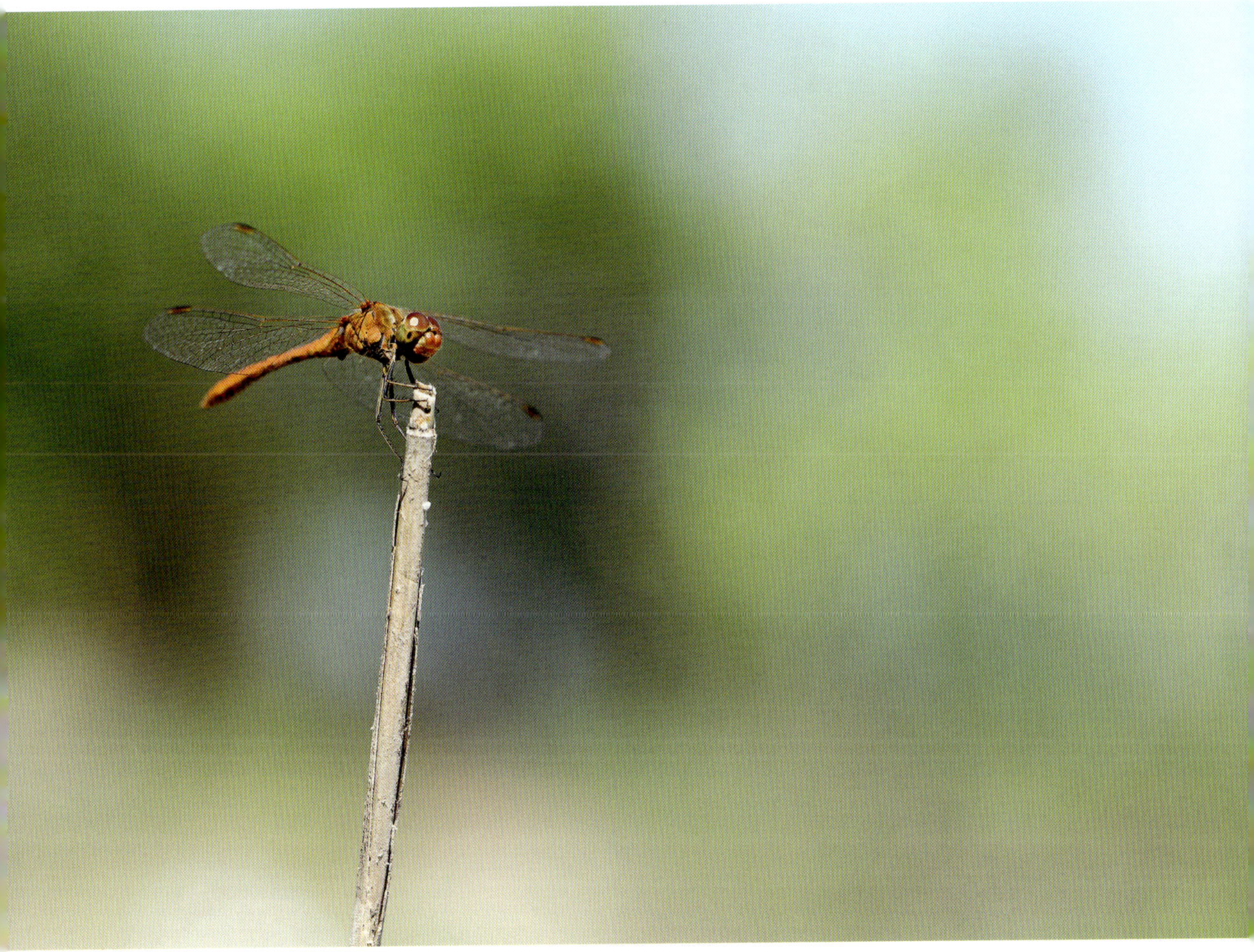

Abbildung 11.10: Libellen zum Beispiel fangen Sie am besten mit einem Einbeinstativ ein. Damit sind Sie flexibel und können so den flinken Gesellen schnell folgen.
90 mm | f4,5 | 1/500 s | ISO 100 | Einbeinstativ

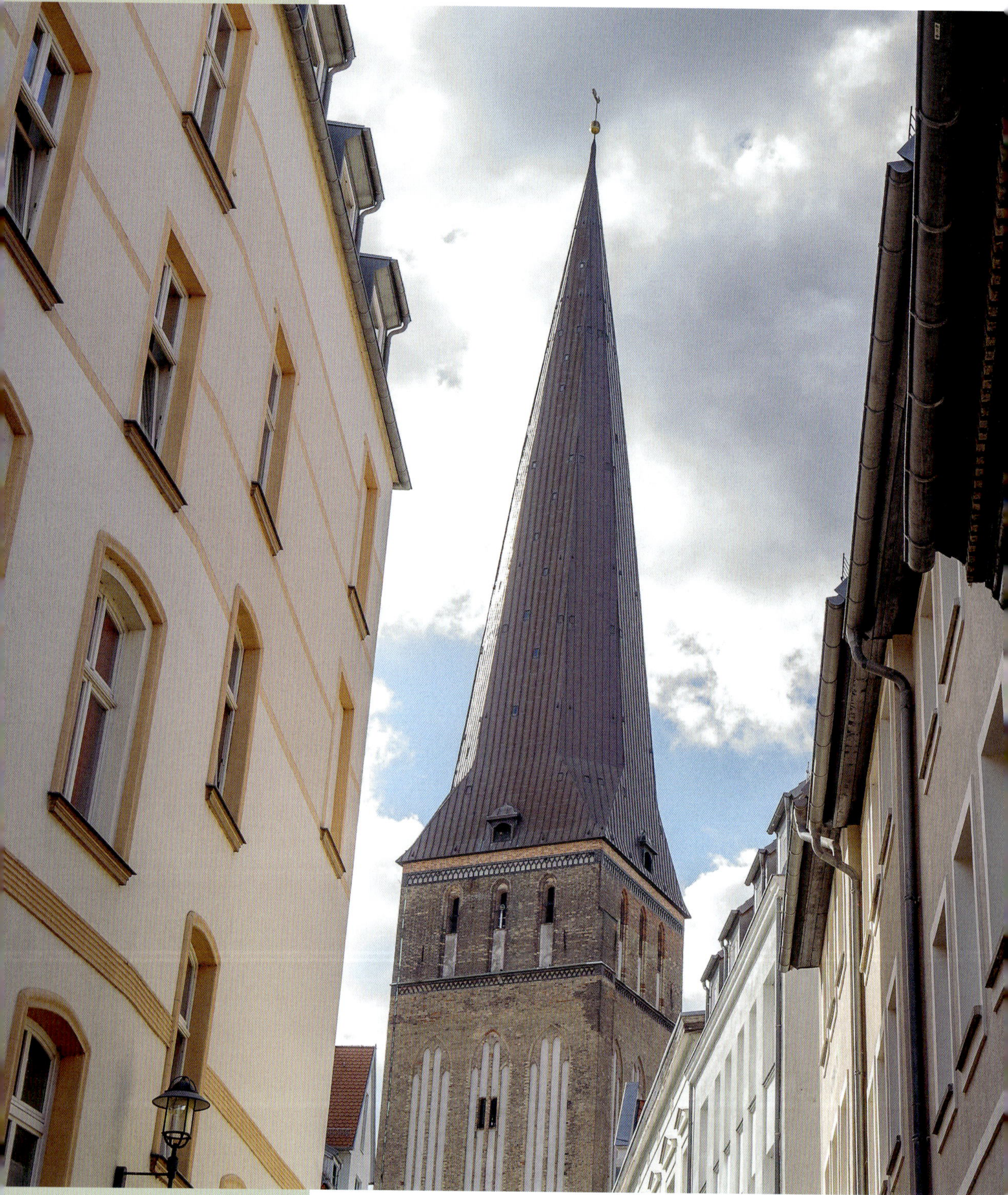

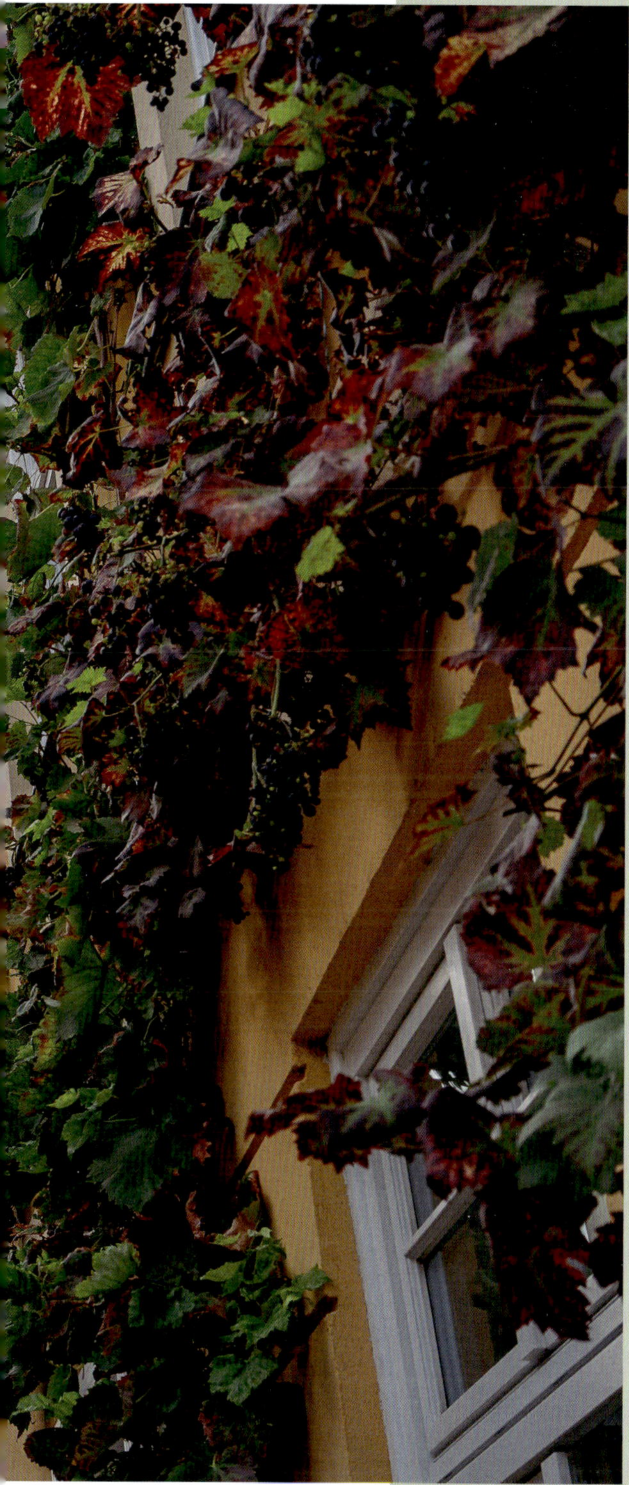

12

Architektur fotografieren

In diesem Kapitel erfahren Sie, welche Einstellungen an Ihrer OM-D E-M10 Mark IV vorzunehmen sind, um beeindruckende Architekturaufnahmen zu erzielen. Nutzen Sie abwechslungsreiche Perspektiven und lernen Sie stürzende Linien und Verzeichnungen zu vermeiden.

35 mm | f8 | 1/100 s | ISO 100

12.1 Gebäude in Szene setzen

Sind Sie zum Beispiel auf einer Städtereise unterwegs, dann liegt der Schwerpunkt Ihrer Aufnahmen meist auf der vorhandenen Architektur der Bauten. Wie Sie hier mit Ihrer OM-D E-M10 Mark IV zu effektvollen Fotos gelangen, erfahren Sie in diesem Kapitel.

Perspektive schaffen

Bei Außenaufnahmen, aber gerade auch im Inneren von Gebäuden bietet sich der Weitwinkelbereich an. Hier steht Ihnen in vielen Fällen wenig Platz zur Verfügung, um die optimale Aufnahmeposition zu finden, und doch soll meist möglichst viel aufs Bild gelangen. Bedenken Sie, dass die Verzeichnungen im Randbereich immer stärker werden, je dichter Sie sich am Motiv befinden (siehe dazu auch den Abschnitt »Stürzende Linien und Verzeichnungen vermeiden« ab Seite 295).

Bei dem Inneren des Gebäudes wurde Tiefenwirkung durch diagonal verlaufende Linien (am Fußboden) erzeugt. Das ist – neben dem Wunsch, das Objekt möglichst großflächig einzufangen – in der Architekturfotografie wichtig. Neben diesen Überlegungen zum Bildaufbau stellen Sie an der OM-D E-M10 Mark IV am besten die digitale ESP-Messung und den Blendenvorwahl-Modus *A* ein. So haben Sie Einfluss auf die Schärfentiefe. Ein scharfer Bereich von vorn bis nach hinten wird bei Architekturaufnahmen meistens gewünscht, um der realistischen Abbildung nahezukommen. Die digitale ESP-Messung sorgt für eine möglichst ausgeglichene Belichtung des ganzen Bildbereichs.

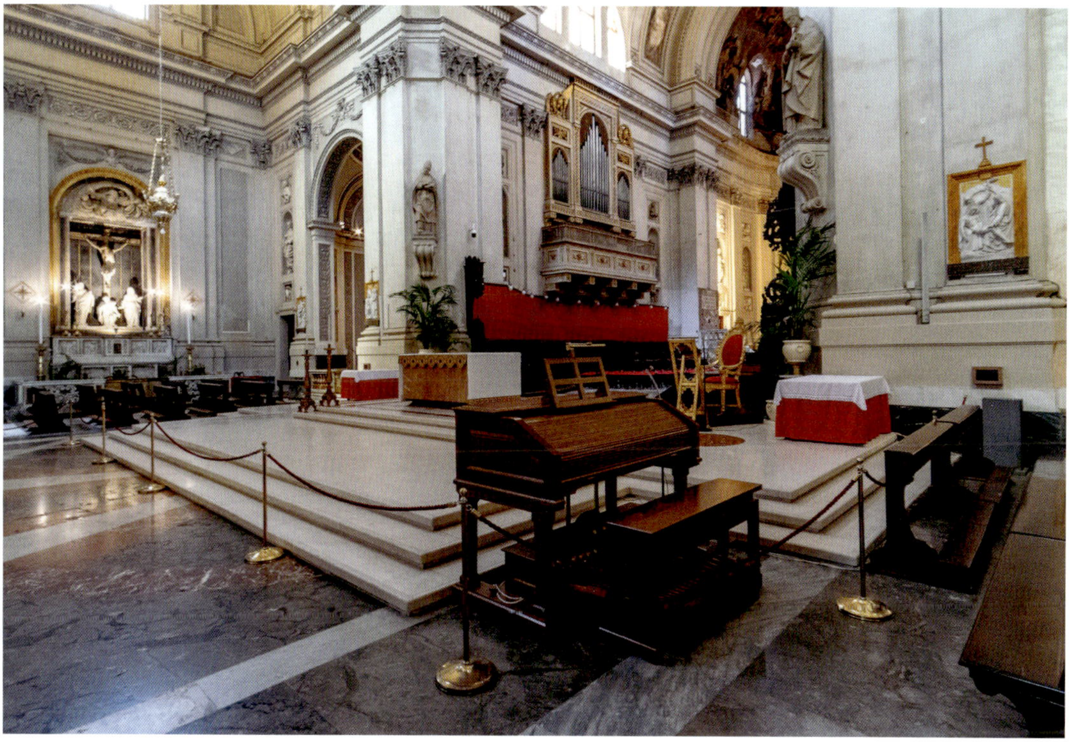

Abbildung 12.1: Auch im Inneren von Gebäuden von Vorteil: der Weitwinkelbereich. Die diagonal verlaufenden Linien der Bänke erzeugen eine schöne Tiefenwirkung.
12 mm | f8 | 1/5 s | ISO 1600

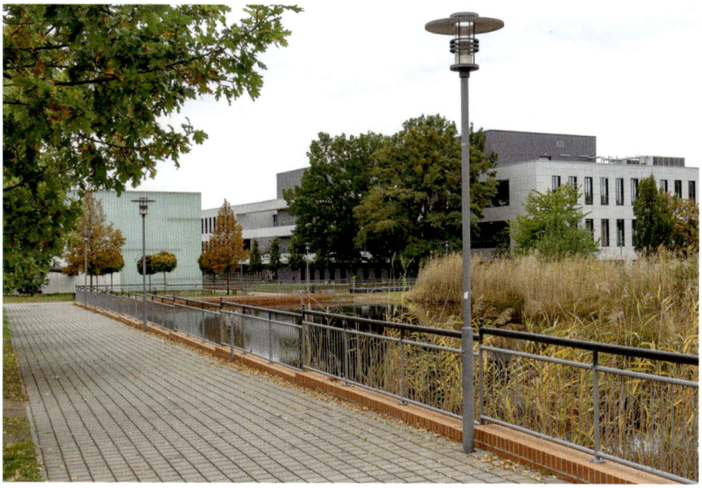

Abbildung 12.2: Diagonale Linien verleihen dem Bild räumliche Tiefe.
31 mm | f7,1 | 1/50 s | ISO 200

Tiefenwirkung schaffen auch, wie hier, Elemente im Vordergrund. Beziehen Sie diese ruhig mit ins Bild ein. Diese Wirkung hat man sich bei dem Bild mit dem Gebäude im Hintergrund (siehe Abbildung 12.3) und den Tafeln im Vordergrund zunutze gemacht. Durch den durch das Bild laufenden Menschen lassen sich die Größenverhältnisse erahnen, was das Gebäude noch beeindruckender wirken lässt.

Ebenso gut eignen sich Teleobjektive, um schöne Effekte zu erzielen. Die räumliche Darstellung wird verdichtet wiedergegeben, was spannender wirken kann. Die eng gestaffelte Anordnung der einzelnen Bildelemente zum Beispiel in Abbildung 12.4 wirkt hier doch deutlich imposanter als bei einer Aufnahme mit zum Beispiel 30 mm Brennweite.

Ebenfalls interessant kann es sein, Aufnahmen vom Motiv im Weitwinkel- und Telebereich anzufertigen. Es ergeben sich dadurch unterschiedliche Betrachtungsweisen. Der Telebereich eignet sich auch sehr gut, um bemerkenswerte Details herauszustellen, da er das Objekt auf dem Bild größer darstellt als

Abbildung 12.3: Tiefenwirkung erzielen Sie auch, wenn Sie Elemente im Vordergrund in die Bildkomposition einbeziehen. Hier wird die Bildwirkung durch die Einrahmung der Kirche mit der vorderen Metallkonstruktion verstärkt. 28 mm | f7,1 | 1/80 s | ISO 100

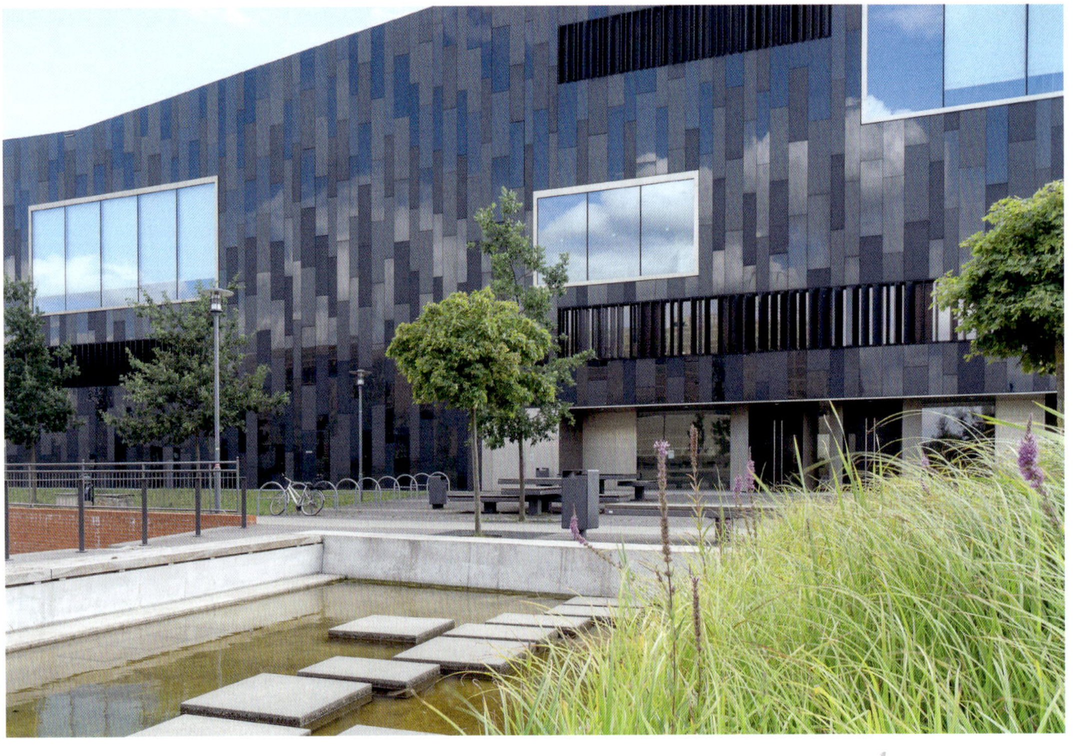

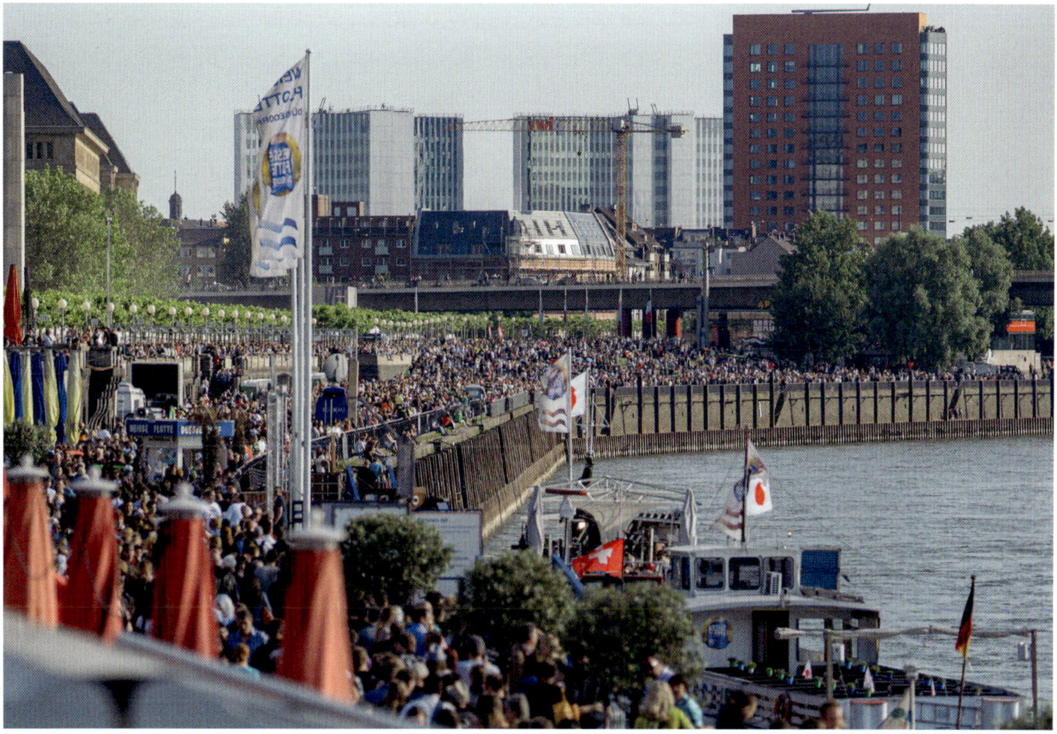

in Wirklichkeit und es damit besser als im Weitwinkelbereich freigestellt werden kann.

Ein Stativ bietet sich auch bei Architekturaufnahmen an, um das Bild in Ruhe gestalten zu können. Die OM-D E-M10 Mark IV kann Sie bei der Bildgestaltung zum Beispiel auch mit den einblendbaren Gitternetzlinien (Menü ✲ • *C1* • *Gitterlinien*) oder der Wasserwaage unterstützen. Um die Wasserwaage einzublenden, drücken Sie mehrfach die *INFO*-Taste, bis sie auf dem Monitor angezeigt wird. Sollte die Wasserwaage nicht eingeblendet werden, müssen Sie die *INFO*-Taste (Menü ✲ • *C1* • ▣*/Info Einstellungen* • *LV-Info*) zunächst entsprechend programmieren.

Abbildung 12.4: Für diese Architekturaufnahme hat man sich der straffenden Wirkung von Teleobjektiven bedient. 100 mm | f6,7 | 1/350 s | ISO 320

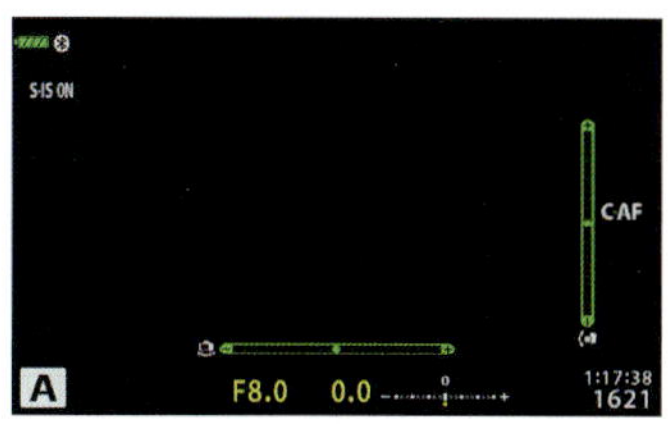

Abbildung 12.5: Die Wasserwaage hilft bei der Ausrichtung der Kamera.

Abwechslung mit der Froschperspektive

Auch die Froschperspektive, also die Perspektive von unten nach oben, ist für besondere Effekte gut. Hier macht sich der klappbare Monitor der OM-D E-M10 Mark IV sehr positiv bemerkbar, denn Sie können damit recht komfortabel die Froschperspektive einnehmen und sich ohne Verrenkungen der Bildkomposition widmen.

Die Froschperspektive hilft dabei, das Motiv erhabener oder auch majestätischer wirken zu lassen. Auch hier ist wieder eine möglichst große Schärfentiefe von Vorteil, der Blendenvorwahl-Modus *A* also wieder erste Wahl. Experimentieren Sie mit Werten ab Blende f7,1. Platzieren Sie ein AF-Feld (zu erreichen im Modus *Einzelnes Feld* über die *OK*-Taste in der Funktionsanzeige unter *AF Feld*) entsprechend und stellen Sie auf das Motiv scharf.

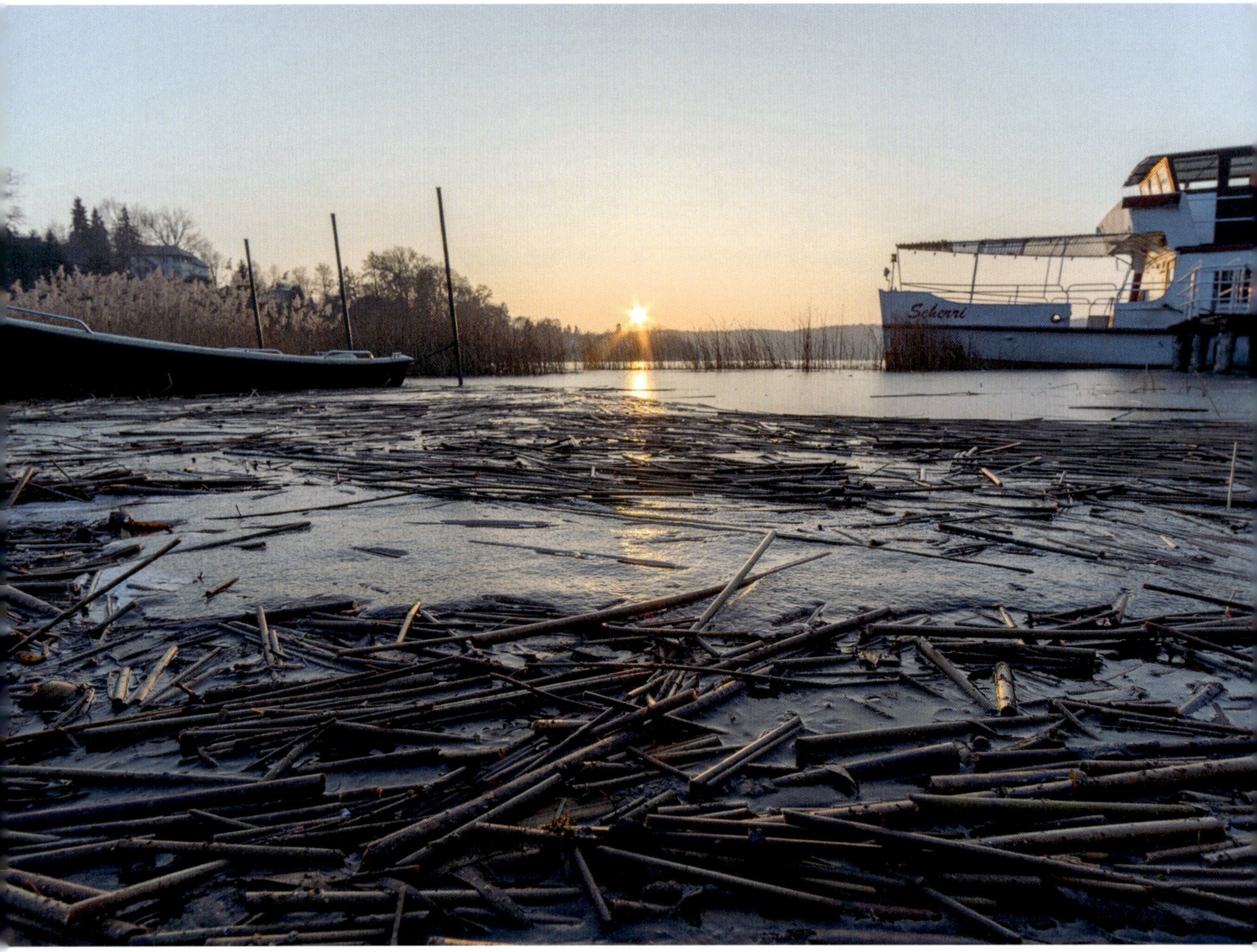

Abbildung 12.6: Durch die Froschperspektive konnte hier die Bildwirkung erhöht werden. 28 mm | f3,5 | 1/2000 s | ISO 1600

12.2 Stürzende Linien und Verzeichnungen vermeiden

Wenn Sie mit der Kamera unterwegs sind, um auch größere Gebäude aufs Bild zu bekommen, werden Sie vor allem im Weitwinkelbereich fotografieren. Mit Weitwinkelaufnahmen können Sie auch sehr schön realistische bis hin zu kreativen Perspektiven festhalten.

Ein häufiges Problem in der Architekturfotografie stellen stürzende Linien dar. Das heißt, wenn Sie die Kamera aus der horizontalen Betrachtungsebene nach oben oder nach unten schwenken, erscheinen Linien im Bild unnatürlich gekippt. Wenn Sie die Kamera nach unten kippen, laufen die Linien auseinander, während sie aufeinander zu laufen, wenn die nach oben gekippt wird. Möchten Sie die korrekten Proportionen der Gebäude erhalten, dann richten Sie die Kamera möglichst parallel zur Gebäudefront aus.

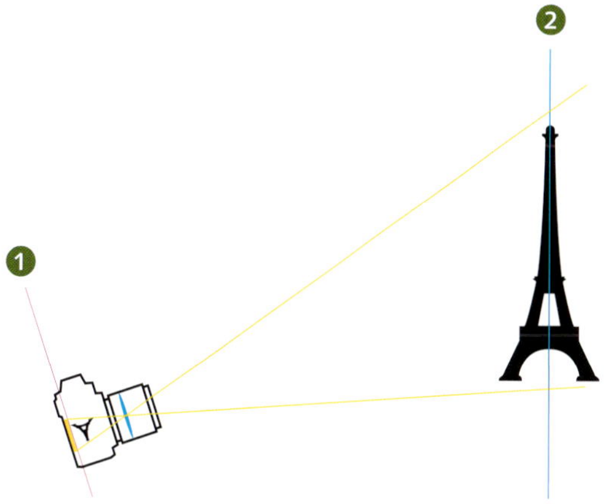

Abbildung 12.7: Stehen Sensorebene ❶ und Objektebene ❷ nicht parallel zueinander, kommt es zur Verzeichnung (Grafik: Michael Oreal).

Das Gebäude in Abbildung 12.8 stellt ein solches unschönes Beispiel dar. Wäre die Kamera gerade ausgerichtet worden, hätte das Gebäude nicht komplett auf das Foto gepasst. Eine Lösungsmöglichkeit wäre hier, sich in ein gegenüberliegendes Gebäude zu begeben und zu versuchen, von dort einen höheren Standpunkt einzunehmen, von dem aus eine gerade Ausrichtung der Kamera möglich ist. In den seltensten Fällen werden Sie in einer solchen Situation jedoch Zugang zu benachbarten Gebäuden haben. Dann bleibt nichts weiter übrig, als mit stürzenden Linien zu leben. Ein Tipp: Je weiter Sie vom Objekt entfernt sind, desto weniger fallen die Verzerrungen später auf.

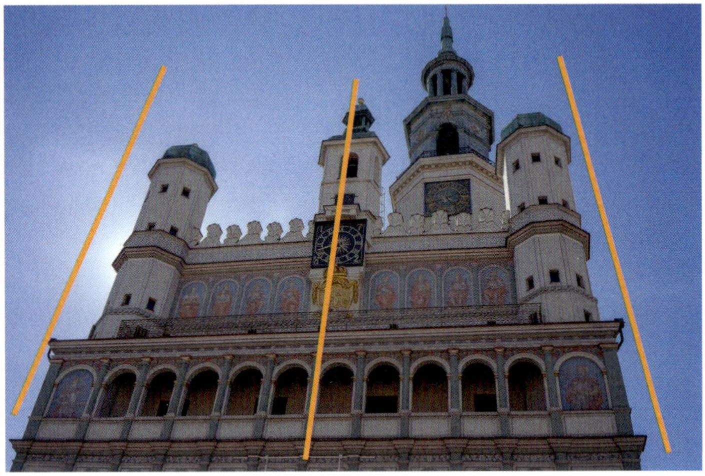

Abbildung 12.8: Wenn Sie die Kamera auf das Gebäude richten und dabei nach oben kippen, um das Motiv komplett auf das Bild zu bekommen, sind stürzende Gebäudelinien häufig die Folge. Richten Sie die Kamera deshalb möglichst frontal auf das Gebäude, um diesen unschönen Effekt zu vermeiden.

Die OM-D E-M10 Mark IV kann Sie aber auch in solchen Fällen unterstützen. Sie besitzt dafür eine sogenannte *Keystone-Korrektur*. Damit können Sie in einem gewissen Umfang das Bild direkt mit der OM-D E-M10 Mark IV entzerren und so stürzende Linien vermeiden.

Im Modus *AP* finden Sie die *Keystone-Korrektur*.

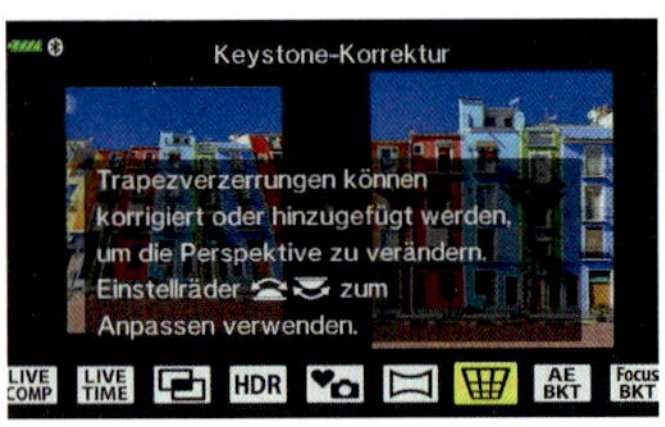

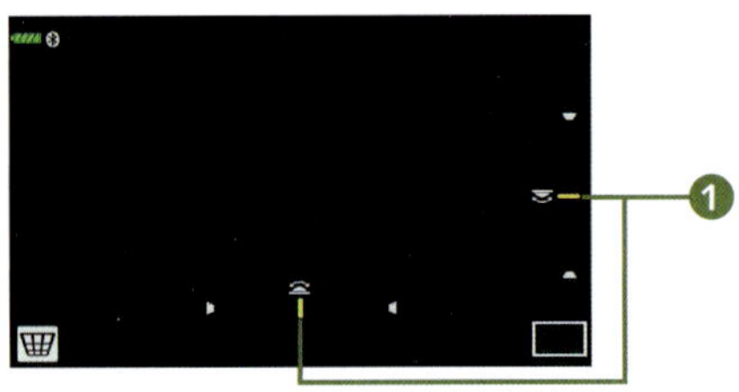

Abbildung 12.9: Menü (links) und Aufnahmeansicht (rechts) der Option »Keystone-Korrektur«

Auf dem Monitor beziehungsweise im Sucher erscheint nun oben links das Symbol und im rechten und unteren Bereich erscheinen Schieberegler (1), die Sie mit dem hinteren (vertikal) und mit dem vorderen (horizontal) Einstellrad verstellen können. Sie können jeweils nur in einer Richtung entzerren. Sobald Sie also mit dem einen Einstellrad entzerren, ist das andere Einstellrad gesperrt. Unten rechts auf dem Monitor beziehungsweise im Sucher können Sie die Stärke der Entzerrung in einem eingeblendeten Fenster überprüfen und gegebenenfalls mit den Tasten ▶◀▲▼ den aufzunehmenden Bildausschnitt verschieben.

Die Funktion hat nur Einfluss auf das JPEG-Bildformat. Haben Sie das Bildformat *RAW* eingestellt, aktiviert die OM-D E-M10 Mark IV automatisch auch das Bildformat *JPEG*. So haben Sie in diesem Fall eine korrigierte und eine unkorrigierte Version des Bildes. Die Blenden-Belichtungszeit-Kombination können Sie mit dem hinteren Einstellrad ändern, wenn Sie zuvor die *INFO*-Taste drücken, um in eine andere Aufnahmeansicht umzuschalten. Mit dem vorderen Einstellrad ist dann auch die Änderung der Belichtungskorrektur möglich. Zur Keystone-Korrektur gelangen Sie dann wieder zurück per Druck auf die Taste *INFO* (gegebenenfalls müssen Sie diese mehrfach drücken).

Die Keystone-Korrektur ist sicherlich für eine schnelle Entzerrung unterwegs direkt in der Kamera recht sinnvoll. Auch zum Abschätzen, wie viel Platzreserve das Bild enthalten sollte, um später die Korrektur am Computer vornehmen zu können, ist sie durchaus praktisch. Allerdings schränkt der kleine Monitor der OM-D E-M10 Mark IV das genaue Arbeiten ein, bequemer nehmen Sie diese Korrekturen am Computermonitor vor.

Eine weitere Möglichkeit, stürzende Linien zu vermeiden, ist der Einsatz von Shift-Objektiven. Diese Spezialobjektive lassen sich so einstellen, dass stürzende Linien vermieden werden. An der OM-D E-M10 Mark IV wäre hier zum Beispiel das *ZUIKO SHIFT 24 mm f3,5* mit einem Adapter einsetzbar. Dies ist aber nur noch gebraucht ab etwa 2000 Euro zu bekommen.

Alternativ bleibt noch die Entzerrung in einem Bildbearbeitungsprogramm wie etwa *Adobe Photoshop Elements*. Hier benötigen Sie allerdings um das Motiv herum auf dem Foto etwas an Platzreserven. Diese Reserven werden benötigt, da nach der Entzerrung schiefe Ränder entstehen. Schneidet man das Bild nun wieder auf ein rechteckiges Maß zu, geht an den Seiten ein wenig Bildmaterial verloren. Das ist natürlich dann besonders ärgerlich, wenn zum Beispiel wichtige Gebäudeelemente entfernt werden. Die Entzerrung in der Software ist allerdings auch kein Allheilmittel, extreme Verzerrungen lassen sich auch hier nicht immer komplett beseitigen.

Bei Naturaufnahmen fällt dieser Effekt übrigens weniger auf, da hier ohnehin nichts so winklig und gerade ist wie zum Beispiel Gebäude.

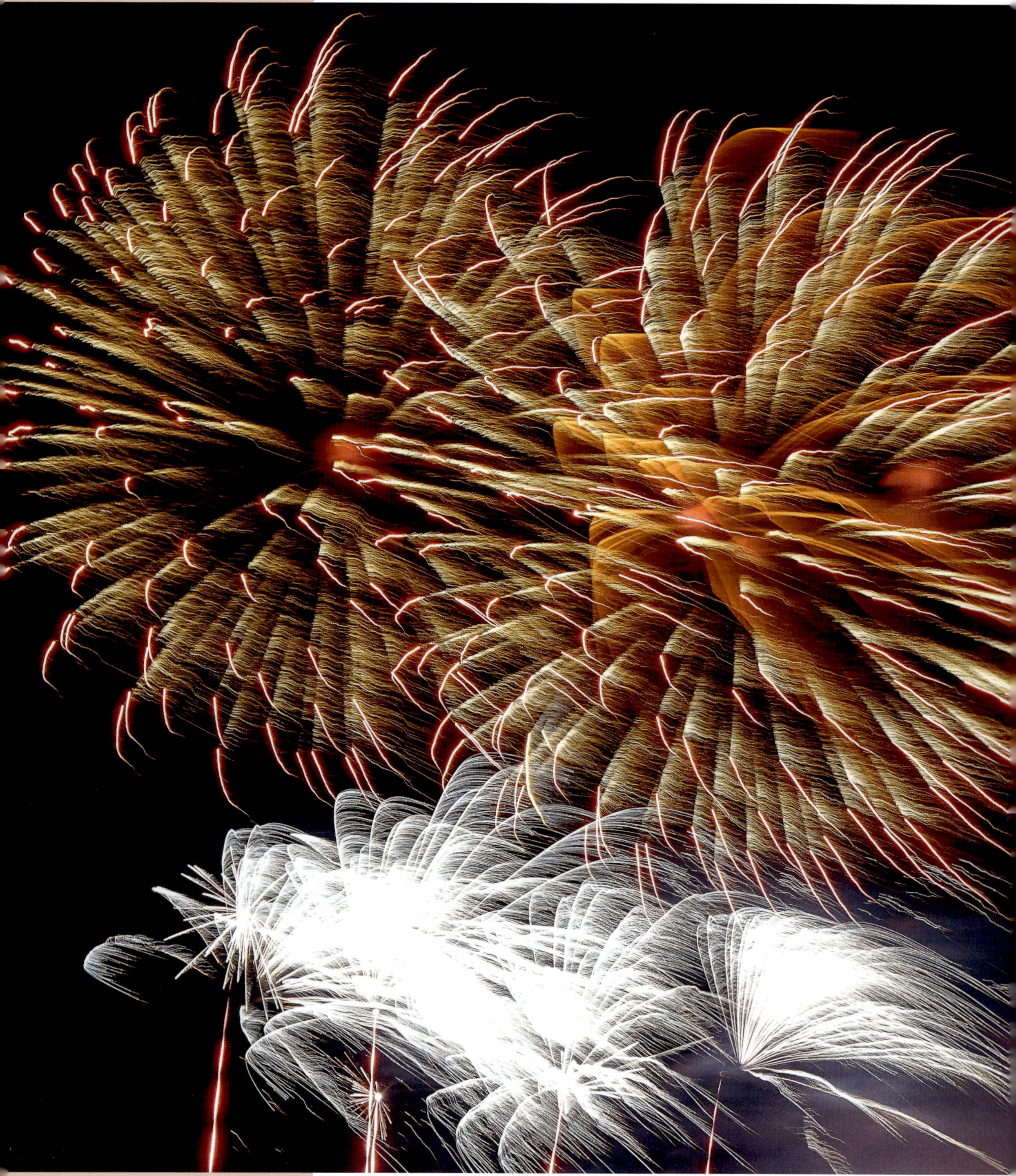

13

Perfekte Aufnahmen bei Dämmerung und in der Nacht

Besonders anspruchsvoll, aber umso beeindruckender sind Aufnahmen zur Blauen Stunde oder in der Nacht. In diesem Kapitel erfahren Sie, wie sich diese Herausforderung meistern lassen. Außerdem wird besprochen, wie Sie am besten ein Feuerwerk aufnehmen und welches die entsprechenden Einstellungen dafür sind.

35 mm | f5,6 | 3,2 s | ISO 100 | Stativ

13.1 Die besondere Stimmung zur Blauen Stunde einfangen

Wenn es dunkel wird, ändern sich die Lichtverhältnisse gravierend. Viele Dinge, an die der Fotograf tagsüber nicht weiter denken muss, wie zum Beispiel die Verwendung höherer ISO-Werte, die Wahl des richtigen Weißabgleichs oder Fokusmodus, werden nun wichtig. Dabei ist dunkel nicht gleich dunkel. Von kurz vor Sonnenuntergang bis zur völligen Dunkelheit durchlaufen das Farbspektrum und das verfügbare Licht unterschiedliche Phasen. Für eine recht kurze Zeit vor Sonnenuntergang beginnt die für viele Fotografen wohl reizvollste Zeit zum Fotografieren – die Blaue Stunde. Hier kommt es, kurz bevor alles im Schwarz versinkt, zu einzigartigen Farben. Die untergehende Sonne liefert warme Farbtöne, und sobald sie endgültig am Horizont verschwunden ist, wird die Umgebung in einen starken Blauton eingehüllt.

Abbildung 13.1: Die Blaue Stunde liefert besonders interessante Farben.
35 mm | f3,5 | 1/15 s | ISO 1600

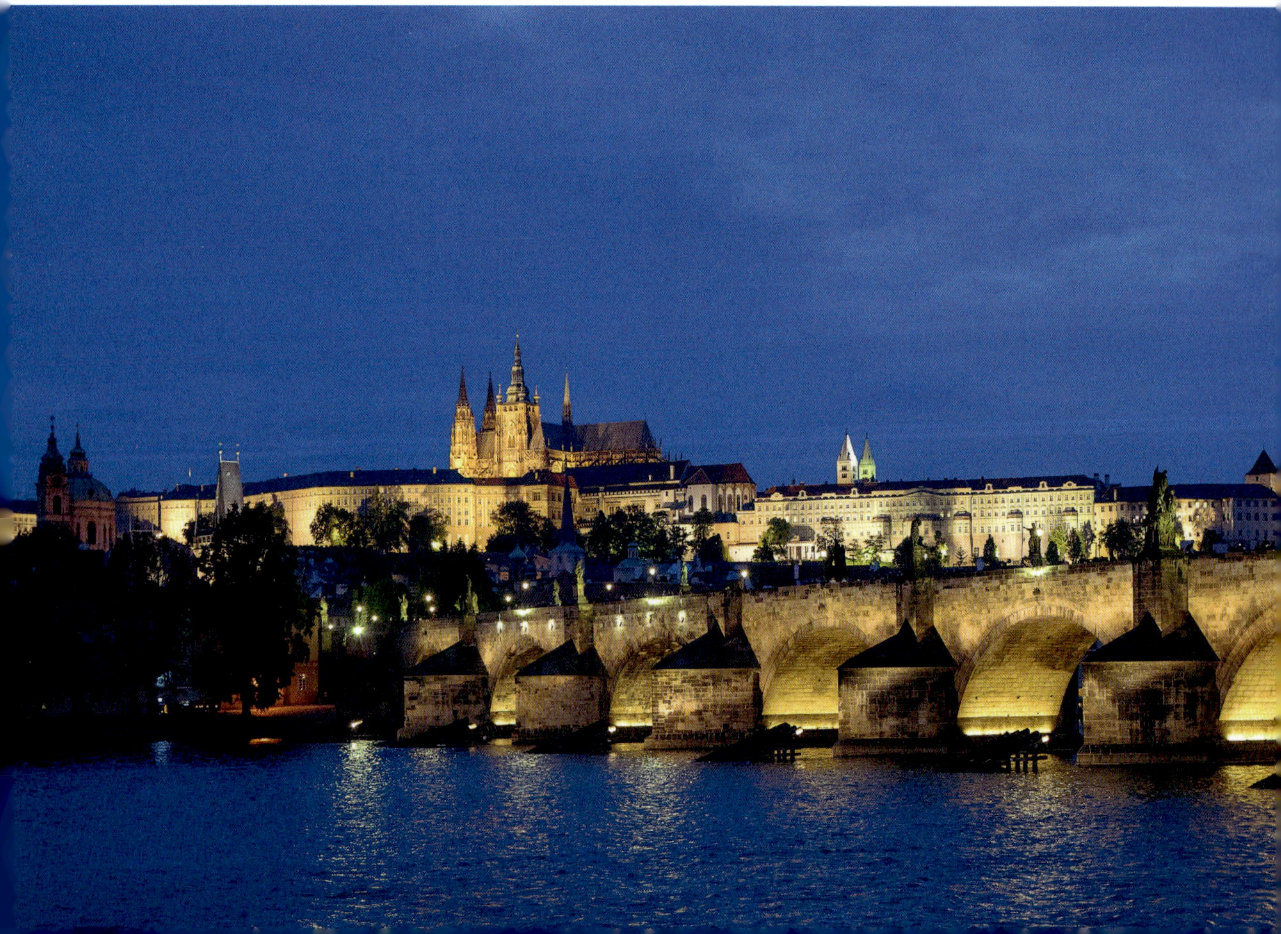

Da die Helligkeit hier schon deutlich nachgelassen hat, sind ein Stativ und ein Fernauslöser von Vorteil. Kommen Sie in den Bereich von mehreren Sekunden für die Belichtungszeit, dann ist zumindest das Stativ ein Muss, wenn Sie Verwacklungen vermeiden wollen. Mithilfe des Stativs können Sie auch im unteren ISO-Bereich arbeiten und so das Bildrauschen in Grenzen halten.

Schon mit dem *SCN*-Programm *Sonnenuntergang* erzielen Sie hier gute Ergebnisse. Mehr Einfluss auf das Bildergebnis haben Sie allerdings, wie so oft, in den Kreativprogrammen. Nutzen Sie am besten den Blendenvorwahl-Modus *A* oder den manuellen Modus *M* mit Blendenwerten zwischen f4 und f8. Für den ISO-Wert stellen Sie ISO 200 beziehungsweise 400 (über die Taste *ISO*) ein. Als Messmethode ist die digitale ESP-Messung sinnvoll, damit es bei den doch meist starken Kontrasten zu einer möglichst ausgewogenen Belichtung kommt. Möchten Sie sich die Möglichkeit offenhalten, nachträglich den Weißabgleich und die Belichtung optimieren zu können, wählen Sie das *RAW*-Format.

Abbildung 13.2: Dank Bildstabilisator konnte diese Aufnahme während der Blauen Stunde noch aus freier Hand aufgenommen werden, ohne zu verwackeln.
70 mm | f5,6 | 1/13 s | ISO 200

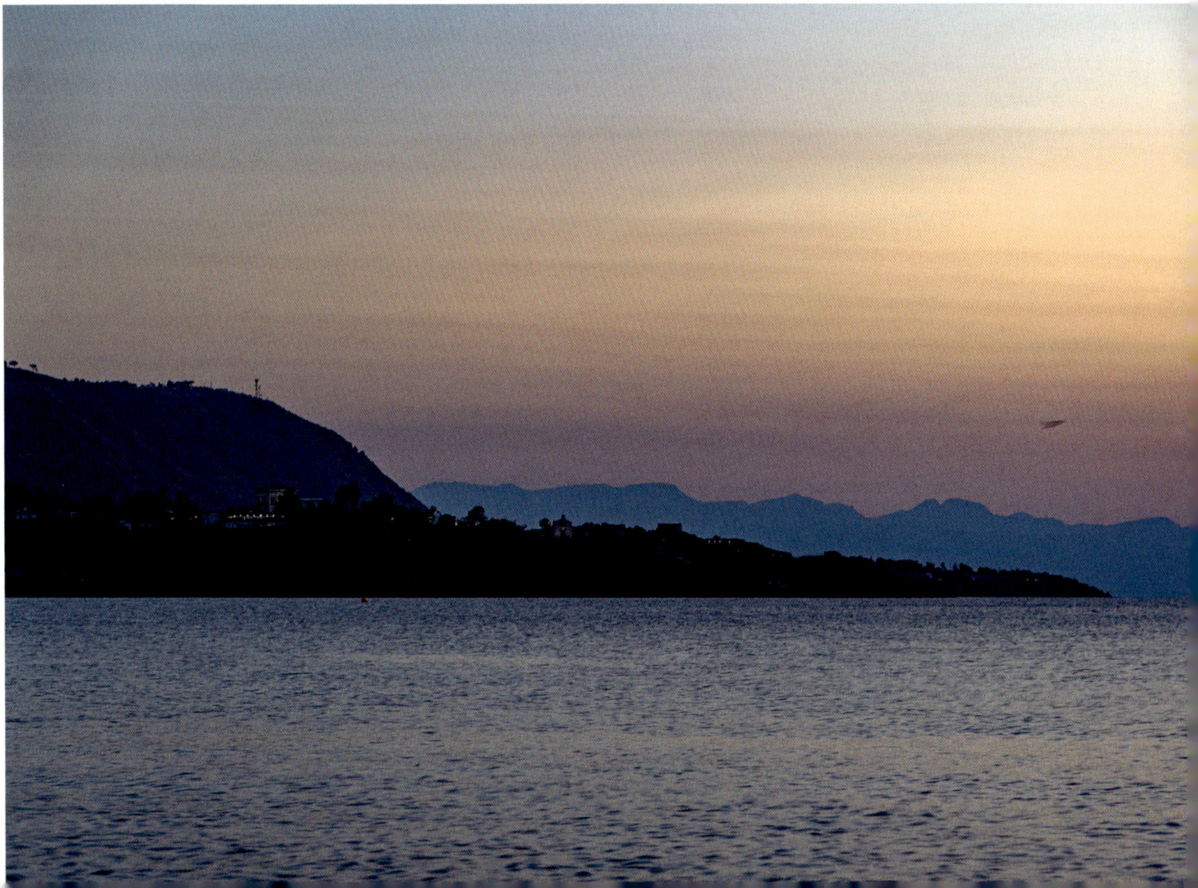

Die folgende Tabelle soll Ihnen weitere Hilfestellungen für nächtliche Aufnahmesituationen geben. Die Angaben sind natürlich nur Richtwerte und sollten von Ihnen individuell an die aktuelle Aufnahmesituation angepasst werden. Eine kleine Belichtungsreihe mit unterschiedlichen Zeit-Blenden-Kombinationen kann sicher nicht schaden, wenn Sie optimale Ergebnisse mit nach Hause nehmen wollen.

Motiv	Zeit	Blende	ISO-Wert
Dämmerung mit Sonne	1/2000 bis 1/15 s	f7,1 bis f16	LOW bis 400
Dämmerung ohne Sonne	1/10 bis 10 s	f7,1 bis f11	200 bis 400
Landschaft oder Stadt zur Blauen Stunde	1 bis 10 s	f7,1 bis f11	200 bis 400
Nächtliche Stadtansicht	4 bis 10 s	f7,1 bis f11	200
Beleuchtete Straße	1 bis 2 s	f7,1 bis f11	LOW bis 200
Befahrene Straße (Fahrzeuge als Lichtspur)	10 bis 20 s	f16 bis f22	LOW bis 200

Tabelle 13.1: Diese Zeit-Blenden-Kombinationen dienen als Richtlinie für Aufnahmen in der Dämmerung und der Nacht.

Natürlich wirkt die Blaue Stunde nicht nur in der Architekturfotografie. Genauso gut können Sie die Lichtstimmung zum Beispiel auch für Natur- und Landschaftsaufnahmen wirkungsvoll einsetzen.

Für Ihre Planung von Aufnahmen in der Blauen Stunde können Sie sich im Internet unter *http://goo.gl/bu1SC* über den zeitlichen Beginn und das Ende der Blauen Stunde informieren.

Die Abendsonne im Bild

Das direkte Anvisieren der Sonne kann zu Schäden am Bildsensor Ihrer OM-D E-M10 Mark IV führen. Sehen Sie dabei auch noch durch den Sucher, können Sie auch Ihre Augen gefährden. Nähert sich hingegen die Sonne dem Horizont und wird in ihrer Intensität schwächer, dann können Sie sich auch ohne weitere Hilfsmittel (wie spezielle Schutzfolien) an das Ablichten der Sonne beziehungsweise schöner Sonnenuntergänge wagen.

13.2 Feuerwerk: die Kamera richtig einstellen

Ob Sie nun ein eigenes Feuerwerk veranstalten oder einem professionellen beiwohnen, in jeden Fall ist dies ein besonderes Ereignis. Die Lichteffekte lassen uns nicht selten staunen und gern möchte man auch diese Augenblicke mit der eigenen Kamera einfangen. Allerdings fordern die sich permanent ändernden Lichtverhältnisse den Fotografen und das Gerät schon ordentlich heraus. Und natürlich ist auch hier ein Quäntchen Glück erforderlich, um den perfekten Augenblick zu erwischen.

Im *SCN*-Programm *Feuerwerk* stellt die OM-D E-M10 Mark IV eine Belichtungszeit von vier Sekunden ein und wählt eine Belichtungskorrektur von –1 EV. Vielleicht werden Sie es schon ahnen ... mehr Flexibilität erreichen Sie im manuellen Modus *M* Ihrer OM-D E-M10 Mark IV.

Abbildung 13.3: Mit der Automatik der Kamera können Ihnen passable Bilder gelingen, hier mit dem »SCN«-Programm »Feuerwerk«. Flexibler ist aber der manuelle Modus »M«. 35 mm | f5,6 | 3,2 s | ISO 100 | Stativ

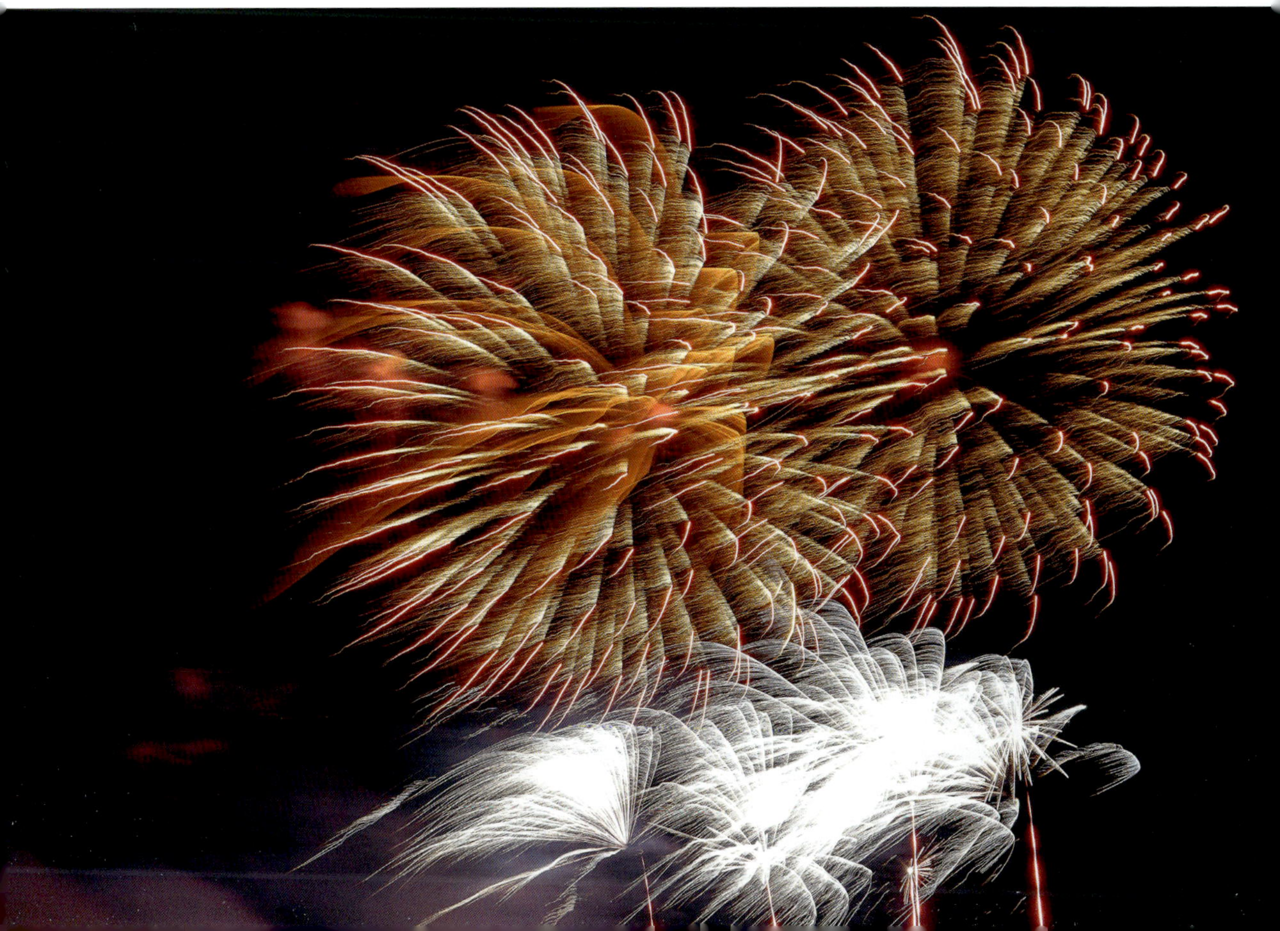

Feuerwerk perfekt einfangen

1 Kamera ausrichten

Suchen Sie sich als Erstes einen erhöhten Standort, das ist vor allem bei größeren Feuerwerken wichtig. Stellen Sie die OM-D E-M10 Mark IV auf ein Stativ und verwenden Sie einen Fernauslöser. Visieren Sie den Himmel dort an, wo mit den Feuerwerkskörpern zu rechnen ist, und wählen Sie den Bildausschnitt. Nach Möglichkeit sollte sich keine stärkere Lichtquelle im Hintergrund befinden, da dies meist zu Überbelichtungen führt.

2 Kamera einstellen

Stellen Sie ISO-Werte von ISO 200 bis ISO 1600 ein. Mit der Programmwählscheibe wählen Sie den manuellen Modus *M*. Als Blendenwerte bieten sich Werte zwischen f5,6 und f11 an. Stellen Sie im manuellen Fokusmodus *MF* auf einen Punkt scharf, an dem sich das Hauptmotiv befinden wird. Nutzen Sie als Hilfsmotive Brücken, Gebäude oder Ähnliches in der Nähe, um schon vor dem Feuerwerk scharfstellen zu können. Je nach Brennweite und Entfernung zum Feuerwerk werden Sie in vielen Fällen auf unendlich scharfstellen können.

3 Belichtungszeit wählen

Stellen Sie nun die Belichtungszeit ein. Diese ist abhängig von der Helligkeit des Feuerwerks. Hier experimentieren Sie am besten mit Werten von 1/100s bis zu 30s. Sinnvoll sind auch hier wieder Belichtungsreihen und das *RAW*-Format ist zu empfehlen.

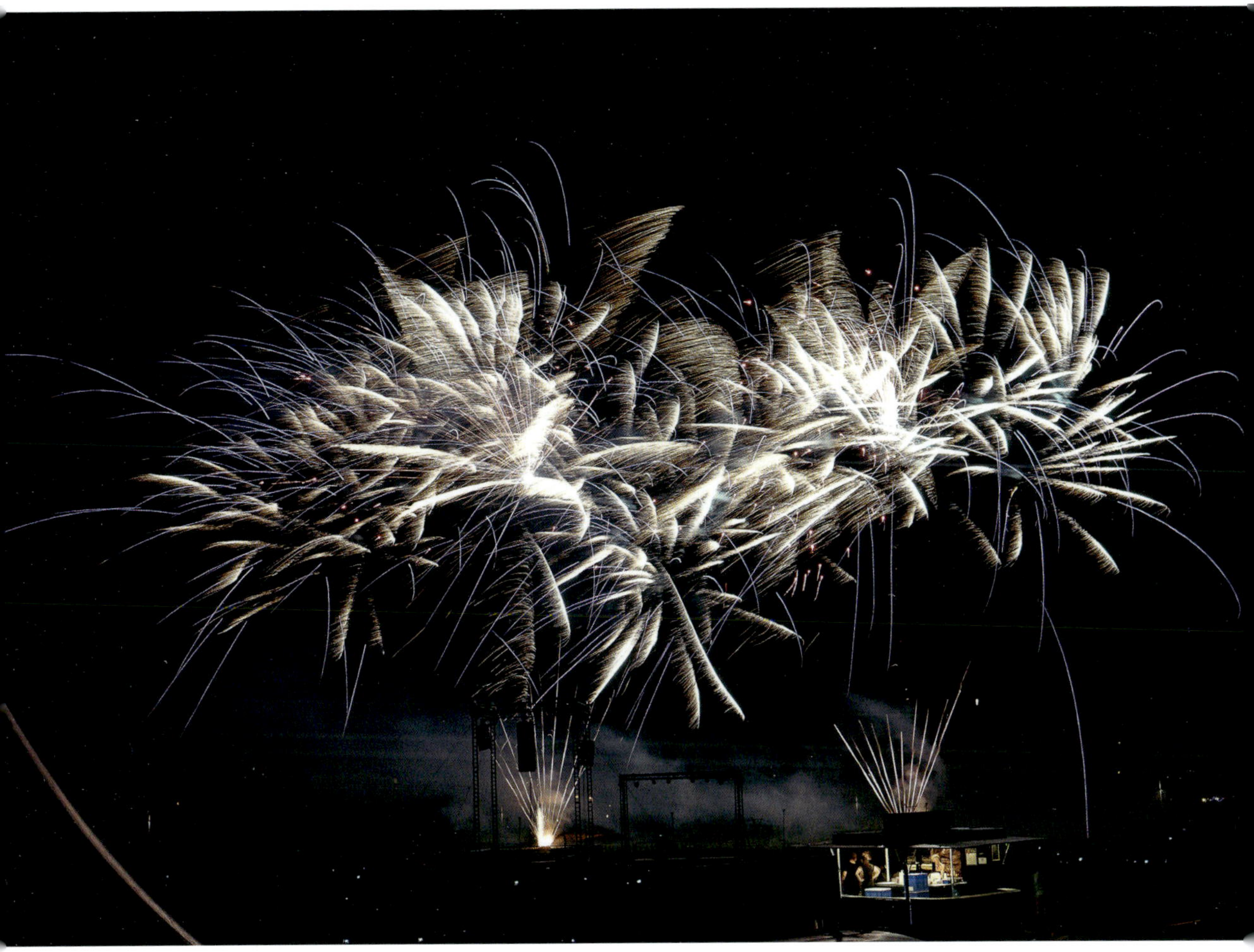

Abbildung 13.4: Beziehen Sie ruhig auch das Umfeld mit ein, so werden die Dimensionen des Feuerwerks deutlich.
24 mm | f5,6 | 1,6 s | ISO 200 | Stativ

13.3 Schöne Nachtaufnahmen mit Pep

Zur Blauen Stunde kann man noch mit dem Restlicht der Sonne arbeiten. Ist auch dieses nicht mehr verfügbar, steht an natürlichem Licht allenfalls noch das Mondlicht zur Verfügung. Vor allem aber wird nun das Kunstlicht im Vordergrund stehen, wenn Sie nachts in Städten oder Dörfern unterwegs sind. Erscheinen diese tagsüber vielleicht trist und langweilig, so erwacht dagegen nachts eine farbenfrohe Welt. Wenn Sie nun mit einem Blitzgerät arbeiten möchten, dann kann Ihnen das Kapitel 6, »Gekonnter Blitzlichteinsatz«, ab Seite 183 sicherlich weiterhelfen. Im Folgenden soll es allerdings darum gehen, das Nachtgeschehen ohne den Blitz festzuhalten. Auch das hat seinen ganz besonderen Reiz. Ohne ein Dreibeinstativ geht trotz hoher ISO-Werte hier aber so gut wie nichts.

Schöne Nachtbilder aufnehmen

1 Programm wählen

Wählen Sie den Blendenvorwahl-Modus *A*. Stellen Sie einen niedrigen ISO-Wert, also ISO 200 oder ISO 320, ein. Für die Belichtungsmessung aktivieren Sie die digitale ESP-Messung.

2 Manuellen Fokus einstellen

Ist kaum noch Licht vorhanden, wird Ihre OM-D E-M10 Mark IV nicht mehr automatisch scharfstellen können. Wählen Sie dann den Fokusmodus *MF* und stellen per Hand scharf.

3 Selbstauslöser wählen

Da es hier weniger um schnelle Reaktionszeiten beim Auslösen geht, können Sie neben einem Fernauslöser auch den 2-Sekunden-Selbstauslöser verwenden, um ein Verwackeln durch das Drücken des Auslösers zu verhindern. Stellen Sie also die Bildfolge auf *2 Sekunden* ein (per Taste ▼).

4 Bildstabilisator abschalten

Schalten Sie den Bildstabilisator ab (über die Kurzwahl-Taste in der Funktionsanzeige unter *Bildstabilisation*).

5 Blende wählen

Stellen Sie nun die Blende ein. Wünschen Sie den »Sternchen-Effekt« bei den Lichtern, dann wählen Sie Blendenwerte ab f8. Je weiter Sie die Blende schließen, also einen höheren Blendenwert einstellen, verstärkt sich der Effekt.

6 Belichtungszeit kontrollieren

Errechnet die Kamera eine Belichtungszeit von über 60 Sekunden, blinkt im Sucher beziehungsweise auf dem Monitor *60"* als Belichtungszeit. In diesem Fall schalten Sie auf den manuellen Modus *M* um. Mit dem hinteren Einstellrad wählen Sie nun *BULB* für die Belichtungszeit. Im *BULB*-Modus belichtet die Kamera so lange, wie Sie den Auslöser gedrückt halten. Mit einem Fernauslöser ist das wesentlich komfortabler und zudem verwacklungsfrei. Die beste Lösung ist die elektronische Variante, da Sie hier die Belichtungszeit direkt einstellen können und die Zeit nicht wie bei anderen Fernauslösern manuell stoppen müssen. Dafür können Sie auch die OI.Share-App im Modus *Fernauslöser* verwenden.

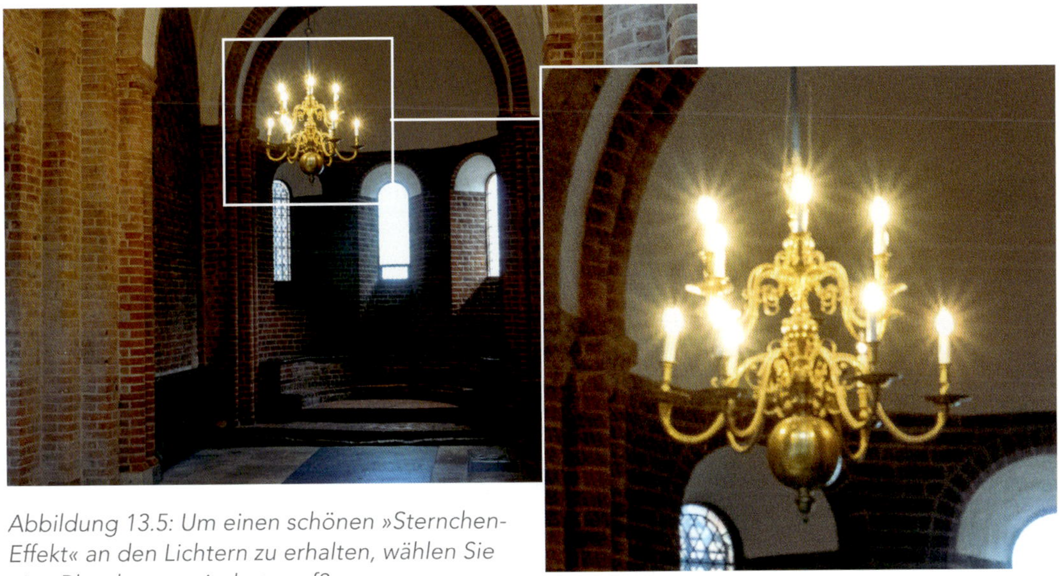

Abbildung 13.5: Um einen schönen »Sternchen-Effekt« an den Lichtern zu erhalten, wählen Sie eine Blende von mindestens f8.
24 mm | f8 | 1/20 s | ISO 1600

In der Abbildung 13.5 erhalten Sie einen Einstellungsvorschlag für Aufnahmen im Dunkeln mit einem Dreibeinstativ. Sie erzielen so den Sternchen-Effekt bei Lichtquellen wie etwa Straßenlaternen. Stellen Sie in einer solchen Aufnahmesituation besser von Hand scharf, da der Autofokus hier seine Schwierigkeiten hat, den Schärfepunkt zu ermitteln.

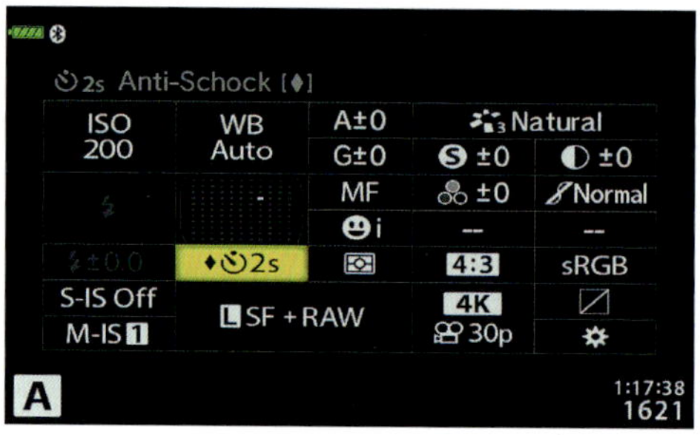

Abbildung 13.6: Einstellungsvorschlag für schöne Nachtaufnahmen per Dreibeinstativ

Auch ohne Stativ können Ihnen, wie in Abbildung 13.7 zu sehen, gute Nachtaufnahmen gelingen, solange die Belichtungszeiten nicht zu lang ausfallen. Ab etwa 1/10s Belichtungszeit nützt dann aber auch keine ruhige Hand beziehungsweise kein Bildstabilisator mehr und Sie müssen nach einer stabilen Unterlage suchen oder zu einem Stativ greifen. Ansonsten kommt es zu Verwacklungen.

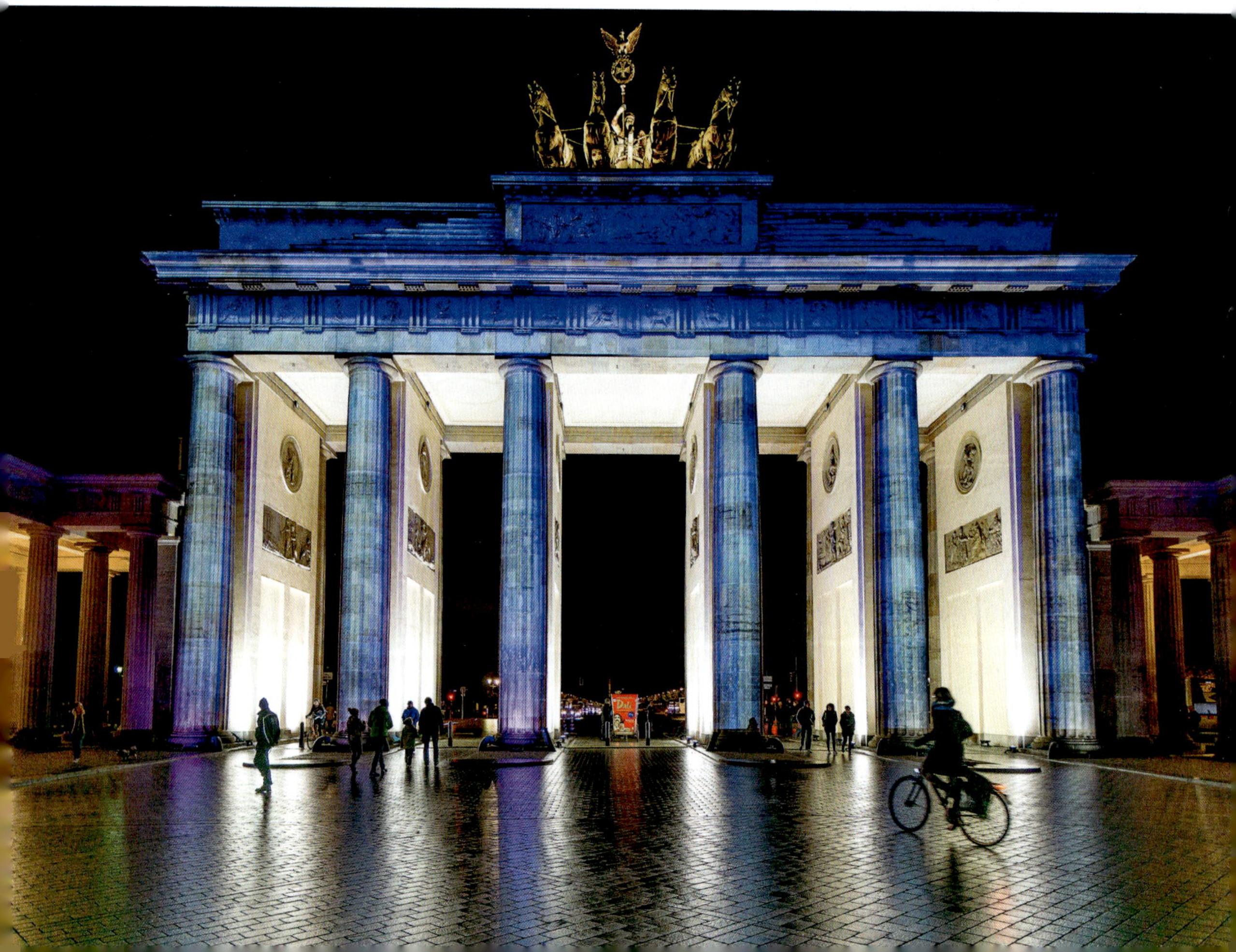

Abbildung 13.7: Auch ohne Stativ können Ihnen gute Nachtaufnahmen gelingen, solange die Belichtungszeiten nicht zu lang geraten. Ab etwa 1/10s Belichtungszeit müssen Sie nach einer stabilen Unterlage suchen oder auf ein Stativ zurückgreifen. Ansonsten kommt es zu Verwacklungen. 24mm | f5,6 | 1/60s | ISO 400

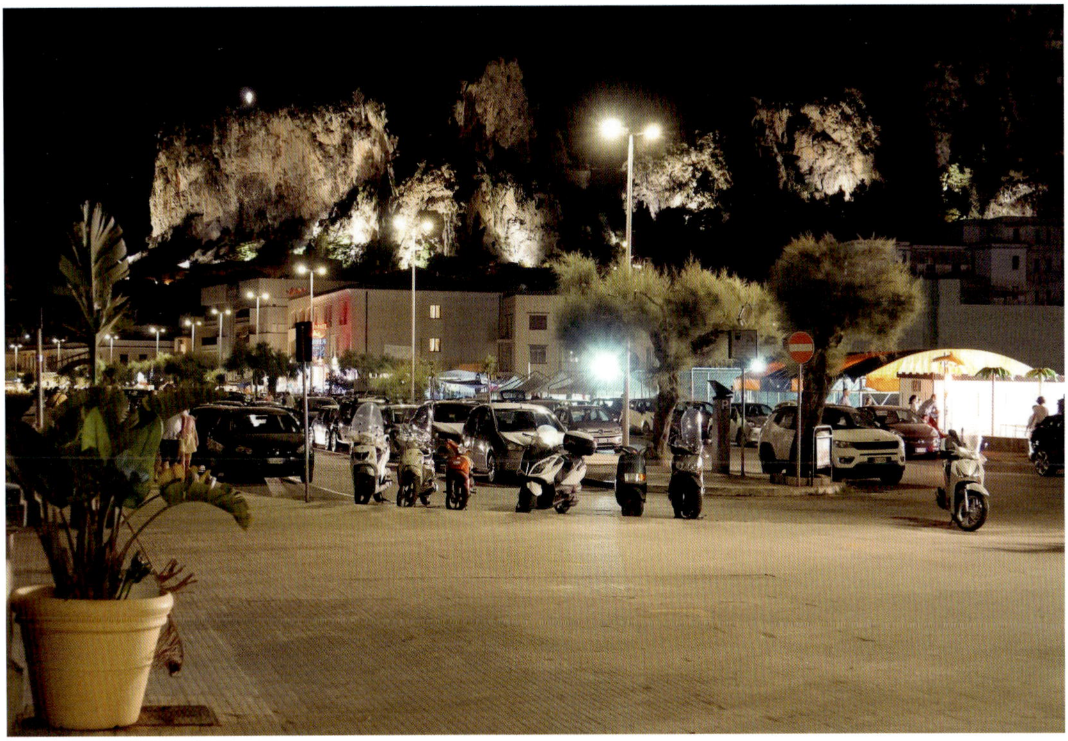

Abbildung 13.8: Werden Objekte nachts angestrahlt, ergeben sich besonders interessante Aufnahmemöglichkeiten. Bei längeren Belichtungszeiten, wie im Bild oben von 8 s, gelangt auch das Licht der Sterne mit auf die Aufnahme. 34 mm | f4 | 1/50 s | ISO 12.800

Experimentieren Sie ruhig auch mit den *SCN*-Programmen der OM-D E-M10 Mark IV, die für Nachtaufnahmen vorgesehen sind. Dazu zählen die Programme *Freihand Sternenlicht*, *Nachtlandschaft* und *Nacht+Porträt*. Diese wurden bereits im Abschnitt »Mit den Motivprogrammen schnell zu besseren Fotos« ab Seite 127 erläutert.

Wird der Kontrast zu groß, kommt es also zum Beispiel bei leuchtenden Lampen zum »Ausbrennen« der Lichter, sodass keine Zeichnung mehr vorhanden ist. Oder Sie erhalten komplett schwarze Flächen, die ebenfalls keine Zeichnung enthalten. In solchen Fällen können Sie Versuche mit der HDR-Technik der OM-D E-M10 Mark IV unternehmen. Diese wird im Abschnitt »Hohe Kontraste beherrschen« ab Seite 115 erläutert. Die HDR-Funktion rechnet mehrere Bilder zu einem zusammen und reduziert so die Kontraste. Allerdings eignet sich dieses Verfahren nur für statische Motive.

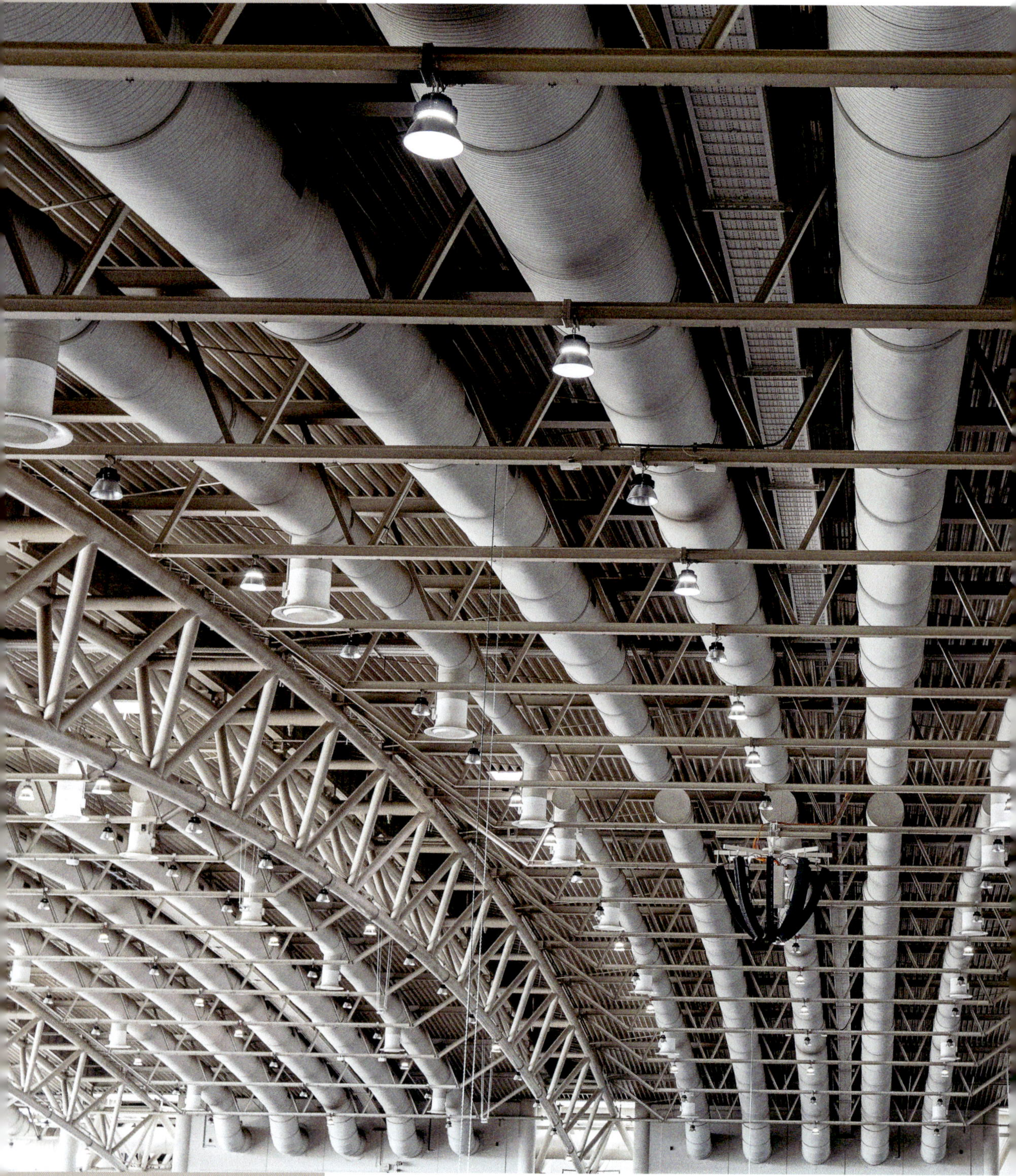

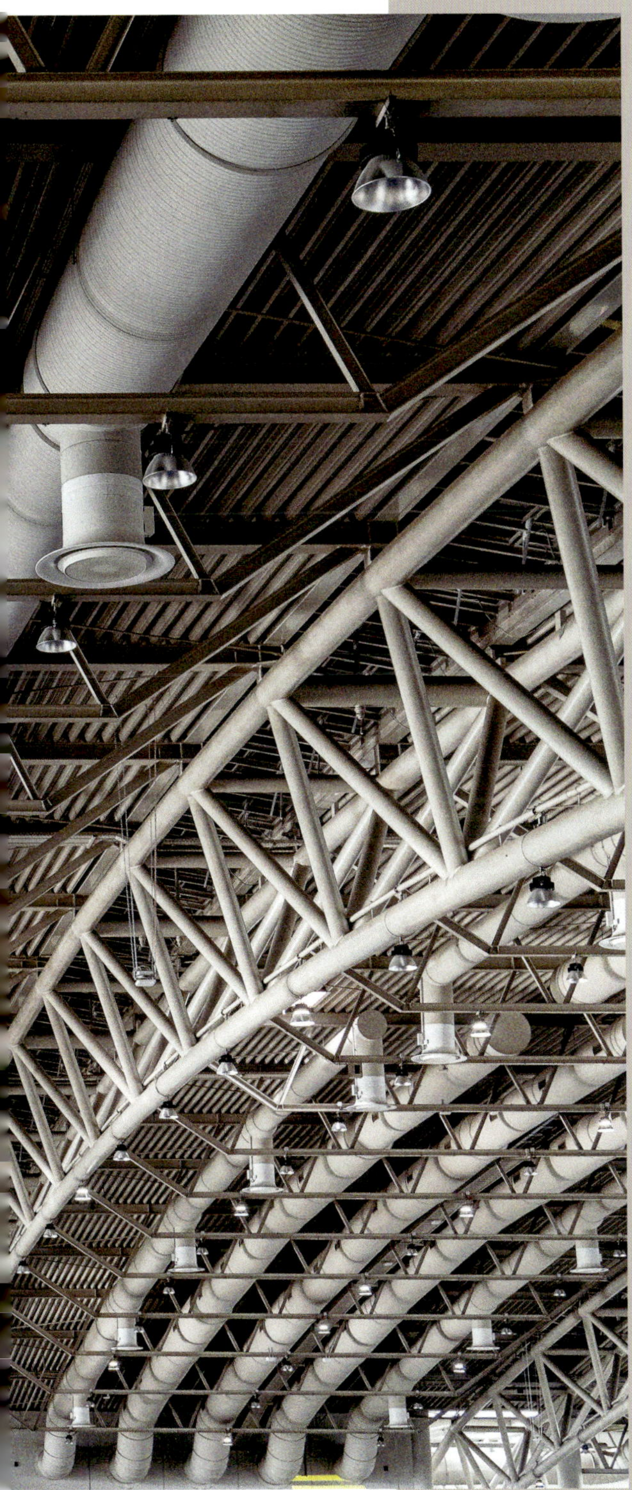

14

Der digitale Arbeitsablauf

Wie Sie die Software von Olympus zur Archivierung von Bildern und zur Entwicklung von Aufnahmen im RAW-Format verwenden, erfahren Sie in diesem Kapitel. Es wird detailliert auf die einzelnen Einstellmöglichkeiten des RAW-Konverters eingegangen, sodass Sie lernen, auch noch das letzte Quäntchen Qualität aus Ihren Aufnahmen herauszuholen.

28 mm | f5,6 | 1/50 s | ISO 2000

14.1 Die Olympus-Software sinnvoll nutzen

Nachdem Sie mit Ihrer OM-D E-M10 Mark IV sicherlich viele schöne Motive auf die Speicherkarte gebannt haben, steht nun die Verarbeitung der Bilder am heimischen Computer an. Olympus hilft Ihnen bei den ersten Schritten in der digitalen Dunkelkammer mit einem leicht verständlichen Softwarepaket. Den optimalen Einsatz dieser und alternativer Software lernen Sie in diesem Kapitel kennen. Außerdem erfahren Sie, wie Sie Ihren Fotos die Positionsdaten hinzufügen können und so auch später jederzeit wissen, an welchem Ort die Bilder aufgenommen wurden.

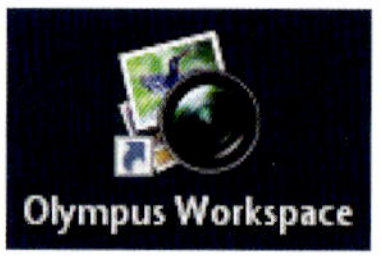

Abbildung 14.1: Mit der OM-D E-M10 Mark IV steht Ihnen der Olympus Workspace zur Verfügung.

Olympus liefert mit der OM-D E-M10 Mark IV die Software *Olympus Workspace (früher Olympus Viewer)*, eine Anwendung zur leichten Bild- und Videoübertragung auf den Computer mit einer Bildverwaltung in Kalenderform, *mit.*

Für den täglichen Gebrauch verfügen Sie mit diesem Programm über eine gute Basis für die Verwaltung und Bearbeitung Ihrer mit der OM-D E-M10 Mark IV aufgenommenen Bilddateien. Herunterladen können Sie die Software unter *https://support.olympus-imaging.com/owdownload/*.

Mit dem Olympus Workspace lassen sich zum Beispiel Ihre Bilder importieren ❶ und exportieren ❷ sowie verwalten. Die Option ❸ steht an der OM-D E-M10 Mark IV nicht zur Verfügung und dient der RAW-Bearbeitung in der Kamera. Mit *Composite Bilder* ❹ können Bilder zusammengesetzt werden. Die Option *Panorama* ❺ dient dem Zusammenfügen von einzelnen Bildern zu einem Panorama. Mit *Intervallvideo* ❻ können Sie mehrere Bilder zu einem Video zusammensetzen lassen. Außerdem lassen sich die Bilder drucken ❼ und als Diashow ❽ wiedergeben. Ein Zusatzprogramm ❾ dient der Aktualisierung der Software (Firmware) der OM-D E-M10 Mark IV. Es stehen Ihnen mehrere Ansichten ❿ zur Verfügung.

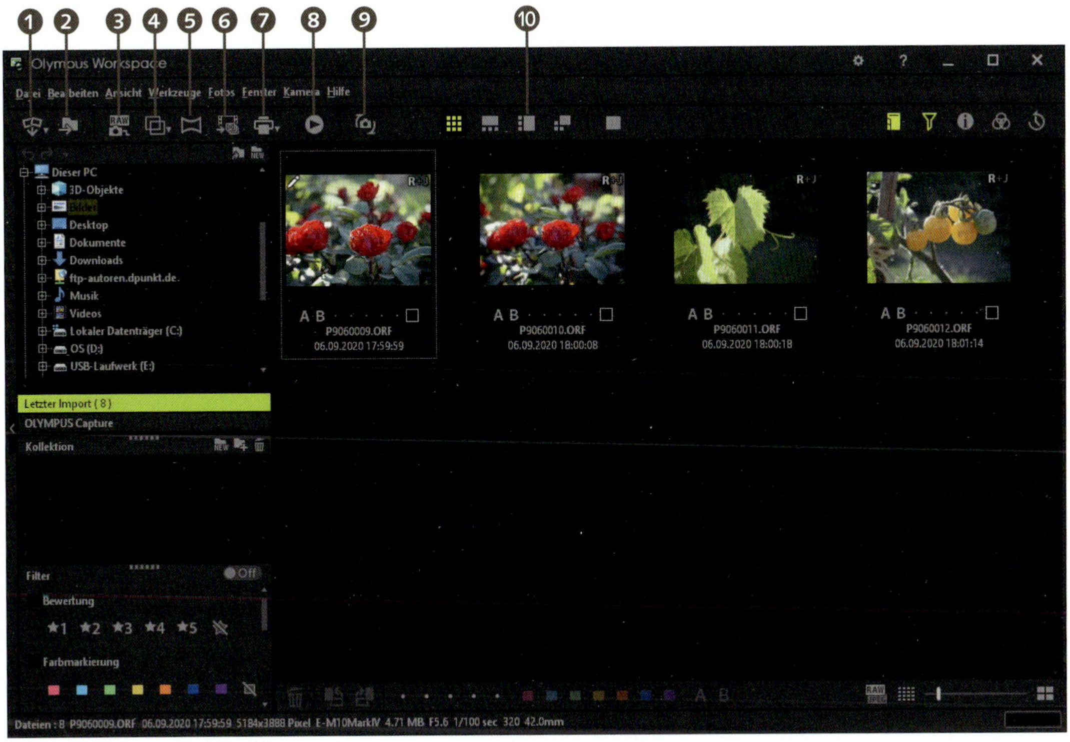

Abbildung 14.2: Die Modi des Olympus Workspace

Die Bilder der OM-D E-M10 Mark IV auf den Computer kopieren

Ihnen stehen drei Möglichkeiten zur Verfügung, die Bilddaten auf den Computer zu kopieren. Zum einen können Sie das mitgelieferte Schnittstellenkabel verwenden und die Kamera über einen USB-Anschluss mit dem Computer verbinden. Sie können aber auch die Speicherkarte der Kamera entnehmen und ein Kartenlesegerät zur Übertragung nutzen. Als dritte Möglichkeit lassen sich die Daten per Wi-Fi auf den Computer übertragen.

Bilder übertragen

1 Kamera und Computer verbinden

Schalten Sie die Kamera aus. Verbinden Sie die OM-D E-M10 Mark IV über das mitgelieferte Schnittstellenkabel mit einem

USB-Anschluss am Computer. Schalten Sie die Kamera an. Auf dem Monitor der OM-D E-M10 Mark IV erscheint das Dialogfeld *USB*. Wählen Sie *Speicher* und drücken Sie die Taste *OK*. Starten Sie *Olympus Workspace*.

2 Speicherort auswählen

Stellen Sie zunächst im Bereich *Von Kamera importieren* ein, wie beim Import vorgegangen werden soll. Klicken Sie auf den Button *Siehe* ❶, um einen Speicherort (Ordner auf dem Speichermedium) auszuwählen.

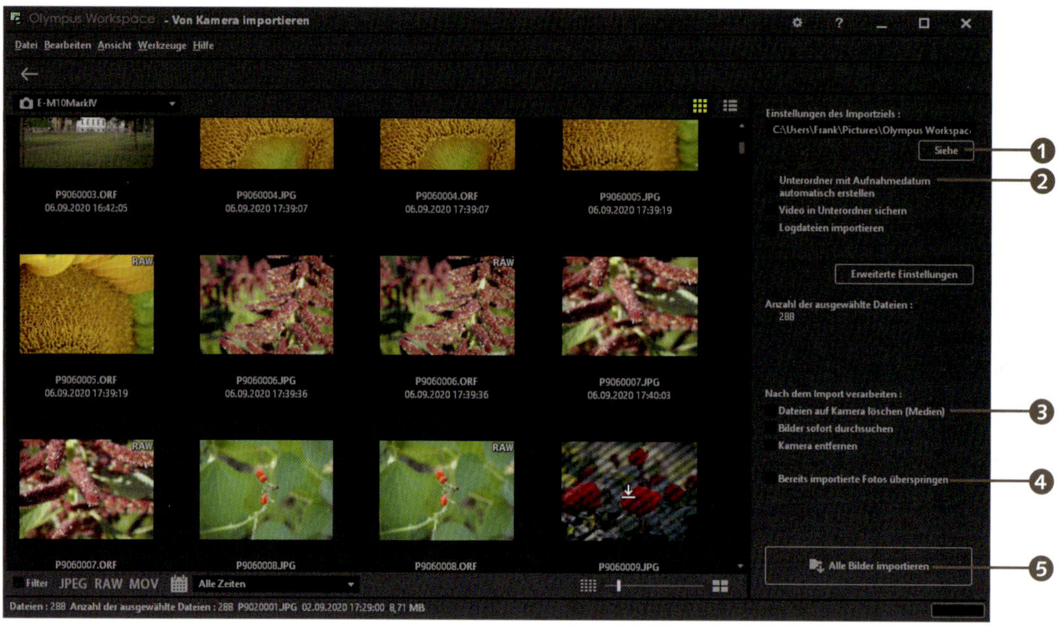

3 Importeinstellungen anpassen

Wenn beim Import ein Unterordner mit dem Aufnahmedatum der Bilder erstellt werden soll, dann klicken Sie auf das Kästchen bei *Unterordner mit Aufnahmedatum automatisch erstellen* ❷. Ein Häkchen in das Kästchen *Dateien in Kamera (Medien) nach Übertragung löschen* ❸ setzen Sie, wenn die Bild- und Videodateien nach dem Import auf der Speicherkarte gelöscht werden sollen. Damit schaffen Sie Platz für die nächste Fototour. Setzen Sie ein Häkchen bei *Bereits importierte Fotos überspringen* ❹, so werden Bilder, die Sie bereits von der Kamera in den Olympus Workspace importiert haben, nicht mehr im Importdialog angezeigt. Das ist vor allem dann eine sinnvolle Option, wenn Sie die Dateien nach dem Import nicht von der Speicherkarte löschen lassen.

4 Übertragungseinstellungen anpassen

Klicken Sie nun auf den Button *Erweiterte Einstellungen*. Im sich öffnenden Fenster *Übertragungseinstellungen* können Sie festlegen, ob und wie der Dateiname der Dateien während des Imports geändert werden soll. Außerdem können Sie regeln, wie vorgegangen werden soll, falls sich eine Datei mit gleichem Namen bereits auf dem Speichermedium des Computers befindet. Aktivieren Sie mit einem Mausklick das Kästchen *IPTC-Informationen hinzufügen*, lassen sich Zusatzinformationen (etwa zur Urheberschaft und Schlagwörter) zu den Bilddateien hinterlegen.

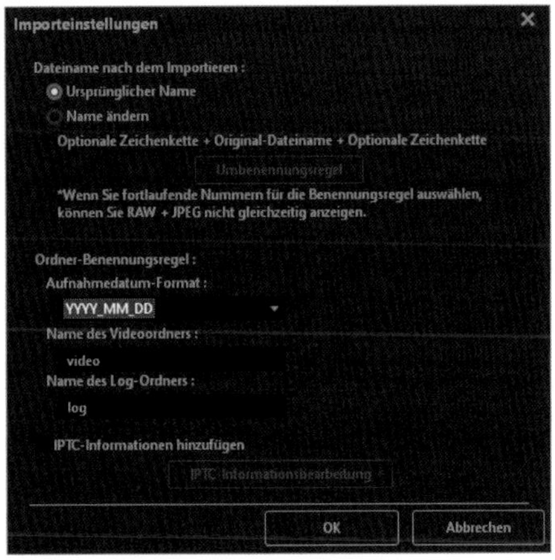

5 Bilder selektieren

Bilder, die Sie importieren wollen, werden selektiert, indem Sie mit der linken Maustaste darauf klicken. Halten Sie die Taste `Strg` dabei gedrückt, falls mehrere Bilder gleichzeitig markiert werden sollen.

6 Importieren

Um die so selektierten Bilder zu importieren, klicken Sie auf den Button *Ausgewählte Bilder importieren*. Sollen alle Bilder von der Speicherkarte importiert werden, dann klicken Sie auf *Alle Bilder importieren* ❺.

Aufnahmedaten auslesen und nutzen

Mithilfe der Exif-Daten (Exif = *Exchangeable Image File Format*) können zusätzliche Informationen direkt in der Bilddatei gespeichert werden. Die sogenannten *Metadaten* informieren über das Kameramodell und das Objektiv, die Belichtungszeit, Blende, den ISO-Wert etc. Exif-Daten können in den Bildformaten JPEG und TIFF gespeichert werden. Die OM-D E-M10 Mark IV legt diese Daten automatisch an und sie können mit allen gängigen Bildbearbeitungsprogrammen ausgelesen

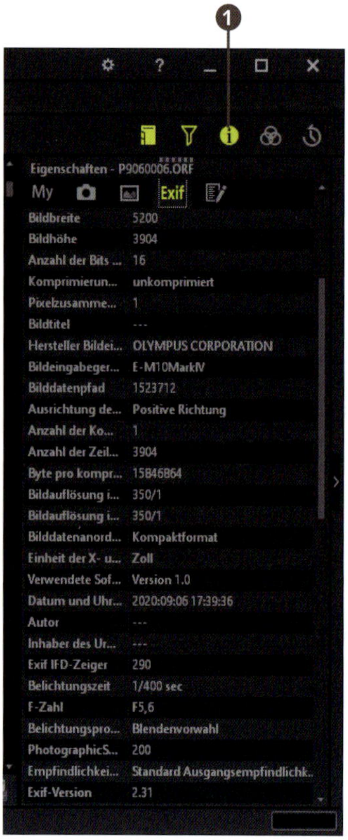

Abbildung 14.3: Datei- und Exif-Informationen einer Bilddatei im Olympus Workspace

werden. Allerdings sollten Sie darauf achten, dass nach dem Speichervorgang die Exif-Daten erhalten bleiben. Dies handhaben die einzelnen Programme leider verschieden. Meist werden beim Dialog zum Speichern entsprechende Optionen zur Wahl beziehungsweise Abwahl angeboten.

Dank der Exif-Daten können Sie jederzeit alle wichtigen Aufnahmedaten einsehen. Es ist so leichter, etwa Rückschlüsse auf die Ursachen missglückter Fotos zu ziehen und Erfahrungen aufgrund der Kamera- und Objektiveinstellungen zu sammeln.

Um diese Daten im Olympus Workspace anzeigen zu lassen, klicken Sie auf *Eigenschaften* ❶. In diesem Bereich werden Ihnen wichtige Aufnahmedaten wie der verwendete Aufnahmemodus, die Blende, die Belichtungszeit, der Weißabgleich, die Brennweite, die Belichtungskorrektur, der ISO-Wert und ein eventuell verwendeter Effektfilter angezeigt. Auch mit welcher Firmware-Version Ihrer OM-D E-M10 Mark IV das Bild aufgenommen wurde, können Sie hier überprüfen.

Ein weiterer, vor allem im professionellen Bereich eingesetzter Standard zur Speicherung zusätzlicher Bildinformationen ist der IPTC-Standard (IPTC = *International Press Telecommunications Council*). Hier können Informationen (neben den Exif-Daten) wie Bildbeschreibung, Urheber, Schlagwörter etc. hinterlegt werden. Dieser Standard wird vom Olympus Workspace, wie bereits beschrieben, unterstützt. Diese Daten können Sie später im Export-Dialog unter *Erweiterte Einstellungen • IPTC-Informationen hinzufügen* der Bilddatei anhängen.

Exif-Daten ändern

Eine Änderung der Exif-Daten ist in den meisten Fällen nicht sinnvoll und wird daher von vielen Programmen, so auch vom Olympus Workspace, nicht unterstützt. Sollte doch einmal die Notwendigkeit bestehen, Daten zu ändern, können Sie sich dazu zum Beispiel das kostenlose Programm Exif-Workspace herunterladen. Das Programm bietet darüber hinaus auch den Export der Daten zu Excel für die Archivierung und Auswertung an.

Bilder bearbeiten

Der Olympus Workspace bietet auch die Bearbeitung der JPEG- und RAW-Bilder an. Dazu selektieren Sie ein Bild ❷. Die einzelnen Bearbeitungsmöglichkeiten finden Sie in der Palette *Bearbeiten* ❸. Im folgenden Abschnitt »RAW-Bilder entwickeln mit dem Olympus Workspace« erfahren Sie mehr darüber, wobei sich die meisten Bearbeitungsmöglichkeiten der beiden Bildformate ähneln.

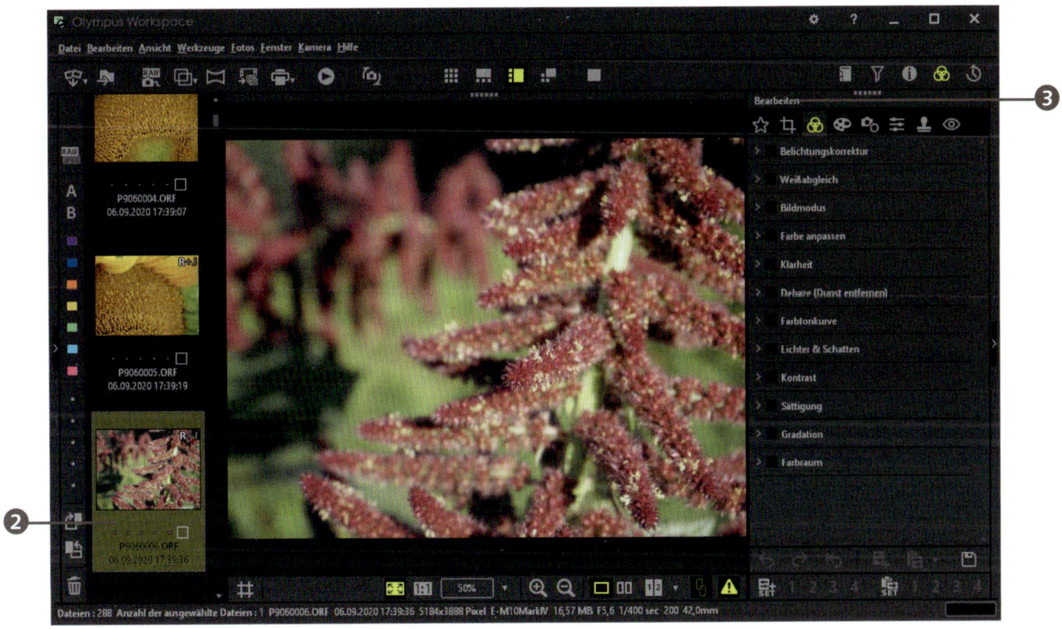

Abbildung 14.4: Der Olympus Workspace in der Bearbeitungsansicht

14.2 RAW-Bilder entwickeln mit dem Olympus Workspace

Mit dem Olympus Workspace ist es recht einfach, die aufgenommenen RAW-Dateien der OM-D E-M10 Mark IV »zu entwickeln«, also nach Wunsch zu bearbeiten und zum Schluss in ein allgemein übliches Dateiformat wie JPEG oder TIFF umzuwandeln. Die einzelnen Möglichkeiten, die Ihnen das

RAW-Entwicklungsmodul bietet, lernen Sie in den folgenden Abschnitten anhand des Beispielbildes aus Abbildung 14.5 kennen.

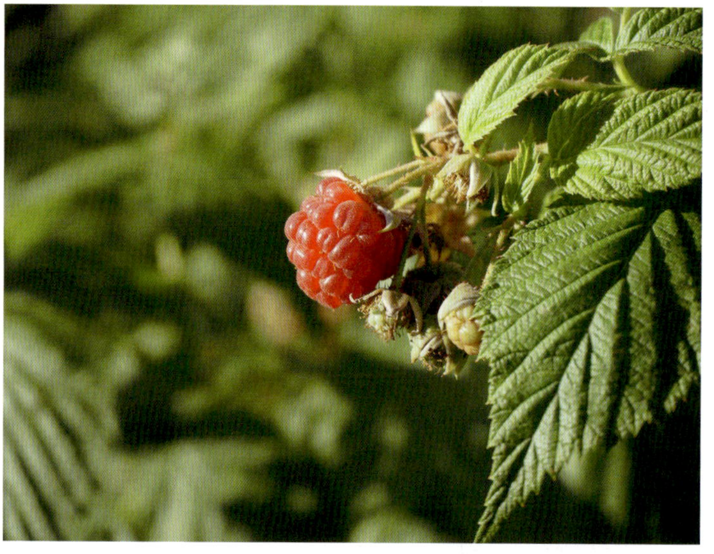

Abbildung 14.5: Das ursprüngliche Bild für die RAW-Entwicklung in den folgenden Abschnitten
42 mm | f5,6 | 1/250 s | ISO 200

Datei öffnen

Nachdem Sie die Bilddatei importiert haben, wählen Sie als Erstes die entsprechende Bilddatei im Rohdatenformat der OM-D E-M10 Mark IV (**.ORF*) aus und die Bearbeitung kann beginnen.

Für die RAW-Entwicklung stehen Ihnen nun sieben Registerkarten mit Einstellungen ❷ zur Verfügung. Unter *Favoriten* ❶ können Sie sich eine eigene Palette z. B. mit bevorzugten Einstellungen zusammenstellen.

Im Bereich ❸ können Sie Entwicklungseinstellungen speichern und diese auch wieder laden, wenn sie auch auf ein anderes Bild angewendet werden sollen. So sparen Sie sich viel Zeit und Arbeit beim Entwickeln ähnlicher Bilder beziehungsweise im Fall von Aufnahmen, bei denen ein ähnliches Ergebnis gewünscht ist.

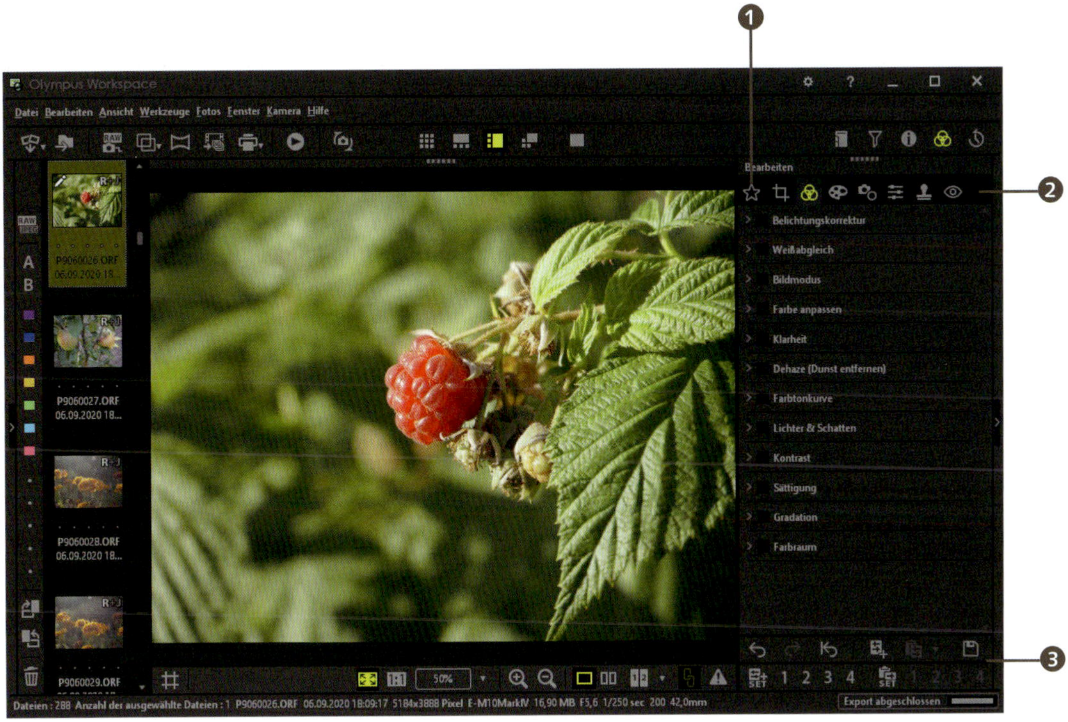

Abbildung 14.6: Im Bearbeitungsmodus stehen Ihnen sieben Registerkarten für die RAW-Bearbeitung zur Verfügung.

Effektfilter einsetzen

Die Filter, die Sie mit der OM-D E-M10 Mark IV im Aufnahmemodus *ART* wählen können, stehen Ihnen auch im Olympus Workspace zur Verfügung. Im Abschnitt *Effektfilter* können Sie diese nach einem Klick auf die Pfeilschaltfläche im folgenden Menü wählen und per Mausklick dem Bild zuordnen.

Klicken Sie auf *Effekt*, dann öffnet sich das Fenster *Effekt*. Hier lässt sich der gewählte Effektfilter noch feiner einstellen und zum Beispiel ein Rahmen zum Bild hinzufügen oder ein Weichzeichnereffekt über das Bild legen. Möchten Sie einen Effektfilter wieder deaktivieren, wählen Sie dazu im Auswahlmenü die Option *Kein Filter*.

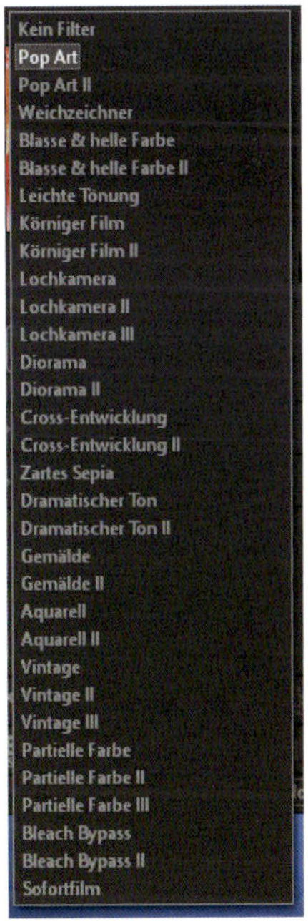

Abbildung 14.7: Die einzelnen Effektfilter lassen sich noch weiter anpassen.

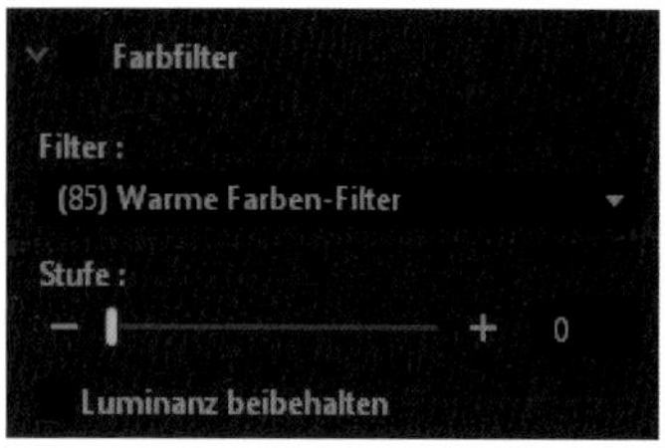

Abbildung 14.8: Wünschen Sie z. B. eine warme Farbabstimmung Ihres Bildes, dann finden Sie die Einstellung hierzu im Bereich »Effekt« • »Farbfilter«.

Außerdem steht Ihnen im Bereich *Effekt* die Option für Farbfilter zur Verfügung. Hier können Sie z. B. eine warme oder kalte Farbabstimmung einstellen oder auch bestimmte Farben als Filter wählen.

Im Bereich *Vignettierung anpassen* können Sie eine eventuell vorhandene Randabschattung (Vignettierung) beseitigen. Die Wahl der Stärke der Korrektur hängt von Ihrem Geschmack ab. Zum Teil kann Randabschattung aber auch gewünscht sein, um bestimmte Effekte zu erzielen.

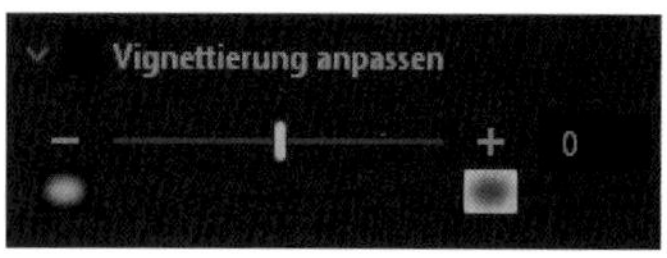

Abbildung 14.9: Mit »Vignettierung anpassen« können Sie die Randabschattung im Bild beeinflussen.

Optimale Helligkeit und Kontrast einstellen

Soll die Belichtung nachträglich korrigiert werden, klappen Sie den Bereich *Belichtungskorrektur* auf, indem Sie auf die kleine Pfeilschaltfläche klicken ❶. Im Fall des Beispielbildes wurde der Wert um *0,3 EV* ❷ verringert, da die Aufnahme etwas zu hell erschien.

Möchten Sie den Kontrast noch weiter anpassen, falls die Aufnahme zum Beispiel etwas zu kontrastlos geworden ist, dann können Sie dies im Bereich *Kontrast* ❸ ändern. Hier wurde der Kontrast leicht angepasst ❹.

Abbildung 14.10: Einstellregler für »Belichtungskorrektur« und »Kontrast«

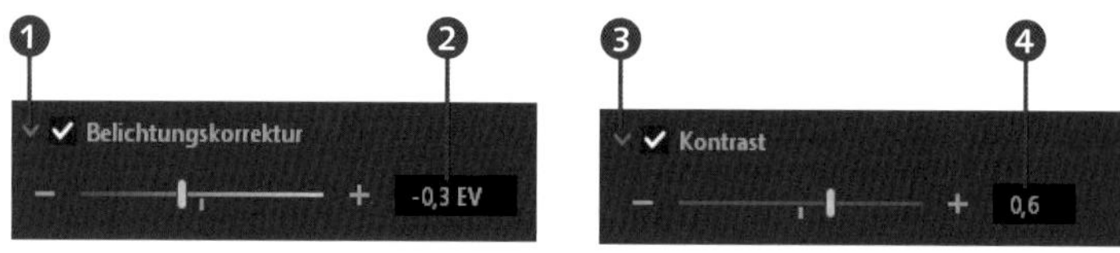

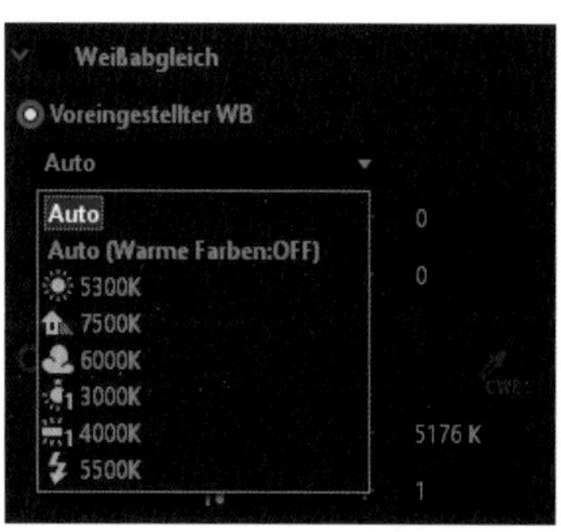

Abbildung 14.11: Im Bereich »Weißabgleich« können Sie Farbstiche korrigieren.

Farbtemperatur beeinflussen

Möchten Sie den kamerainternen Weißabgleich verändern, dann können Sie diesen in der Anpassungspalette *Weißabgleich* Ihren Wünschen entsprechend anpassen. Wie Sie dabei Schritt für Schritt vorgehen, können Sie im Abschnitt »Farbstiche auch in schwierigen Lichtsituationen vermeiden« ab Seite 169 nachlesen. In diesem wie in vielen anderen Fällen passt der Weißabgleich jedoch gut und muss nicht verändert werden.

Bildmodus einstellen

Im Bereich *Bildmodus* stehen Ihnen die Bildmodi Ihrer OM-D E-M10 Mark IV, die Sie vor der Aufnahme direkt an der Kamera wählen können, für die nachträgliche Zuweisung beziehungsweise Änderung zur Verfügung. Wählen Sie hier den gewünschten Stil aus oder belassen Sie es bei der Aufnahmeeinstellung. Für das Beispielbild wurde *Vivid* gewählt.

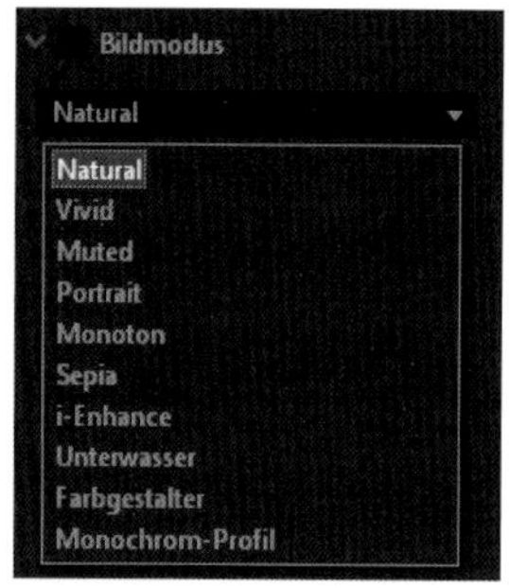

Abbildung 14.12: Wenden Sie nachträglich einen Bildmodus an.

Dynamik anpassen

Ähnlich der in der Kamera integrierten Option *Lichter & Schatten* (Gradationskurven-Korrektur) können Sie hier die Dynamik des Bildes anpassen.

Möchten Sie möglichst viel Zeichnung in den Lichtern, dann verwenden Sie *Highlight*. Sehr dunklen Bildbereichen, also zum Beispiel den Schatten, können Sie mit *Shadow* in gewissen Grenzen wieder Zeichnung entlocken. Mit *Midtone* können Sie die Kurve nach oben bzw. unten wölben.

Achten Sie auf eine Balance zwischen Sichtbarkeit von Details und Kontrast beziehungsweise Kontrastlosigkeit der Aufnahme.

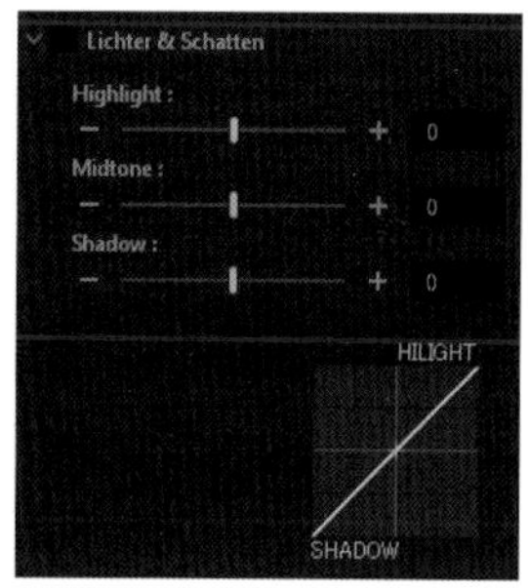

Abbildung 14.13: Bis zu einem gewissen Grad lässt sich mit »Lichter & Schatten« Zeichnung zurückgewinnen.

Tonwerte optimieren

Im Bereich *Sättigung* können Sie die Intensität der Farben erhöhen. Im Normalfall sollten diese Regler mit Bedacht eingesetzt werden, es sei denn, Sie möchten stark unnatürliche Effekte erreichen. Aus diesem Grund wurde hier für das Beispielbild nichts geändert.

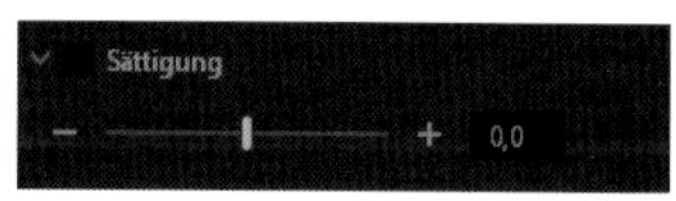

Abbildung 14.14: Verwenden Sie die Einstellungen bei »Sättigung« mit Bedacht.

Tönung fein einstellen

Im Bereich *Gradation* justieren Sie die Tonwerte. Dazu stehen vier Optionen zur Verfügung. Die Option *Low Key* verwenden Sie bei vorwiegend dunklen Motiven. Zur Verstärkung des High-Key-Effekts bei hellen Motiven verwenden Sie die Option *High Key*. Mit *Normal* wird keine Korrektur der Gradationskurve vorgenommen, während *AUTO* das Bild analysiert und die Kurve automatisch einstellt. Hier wurden die Werte der OM-D E-M10 Mark IV übernommen, die bei der Aufnahme auf *Normal* eingestellt war.

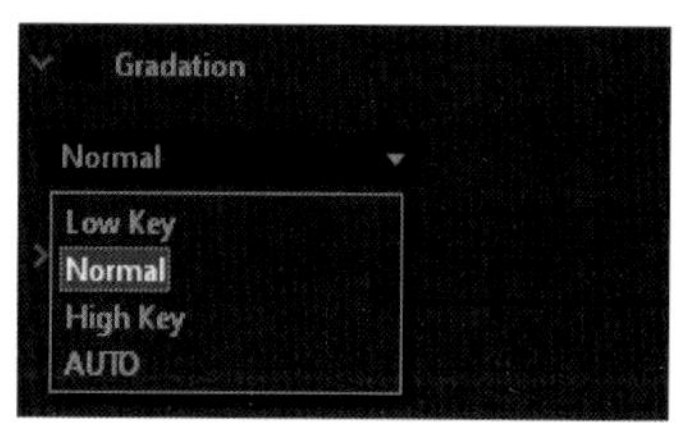

Abbildung 14.15: Anpassung der Gradationskurve

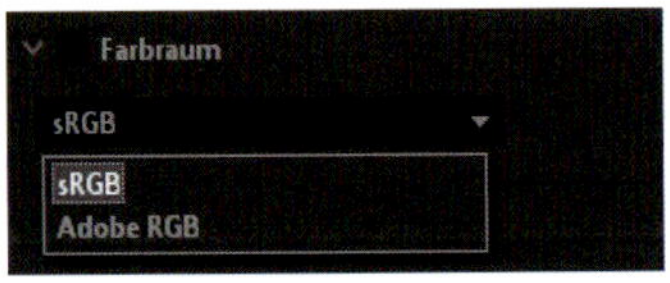

Abbildung 14.16: Im Normalfall wählen Sie hier »sRGB«.

Farbraum einstellen

Im Abschnitt *Farbraum* können Sie zwischen den Farbräumen *sRGB* und *Adobe RGB* wählen. Für welchen Farbraum Sie sich hier entscheiden sollten, hängt davon ab, was Sie mit dem Bild vorhaben. Im Normalfall wählen Sie hier *sRGB*, zum Beispiel auch wenn Sie das Bild im Internet teilen möchten. Unterstützt Ihr Monitor Adobe RGB und Sie möchten das Bild hier ideal darstellen lassen, dann wählen Sie die Option *Adobe RGB*. Weitere Informationen zum Farbraum finden Sie im Exkurs »Farbraumeinstellungen richtig wählen« auf Seite 178.

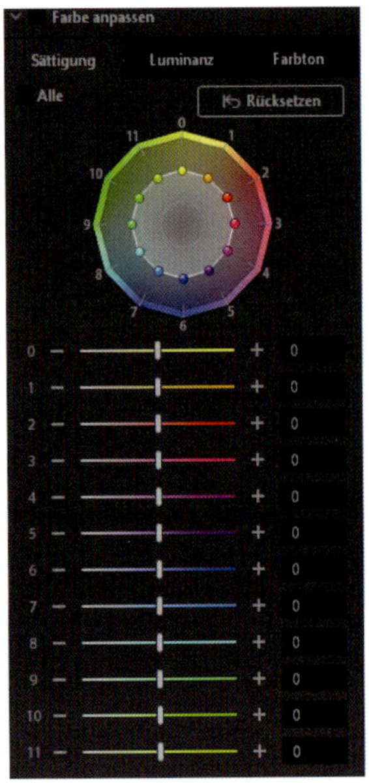

Abbildung 14.17: »Farbe anpassen« bietet Ihnen ein Werkzeug, um detailliert die Farbstruktur im Bild zu verändern.

Farbe anpassen

Die Bereiche *Sättigung*, *Luminanz* und *Farbton* lassen sich in diesem Bereich detailliert beeinflussen. Einstellungen können hier aber nur vorgenommen werden, wenn der Bildmodus auf *Neutral* steht.

Klarheit

Wenn Sie Ihren Bildern etwas mehr »Knackigkeit« verschaffen wollen, dann testen Sie mal den Regler *Klarheit*. Hier wird der Kantenkontrast angepasst. Kanten bzw. Linien im Foto werden stärker betont, was z. B. geeignet ist, um Strukturen hervorzuheben.

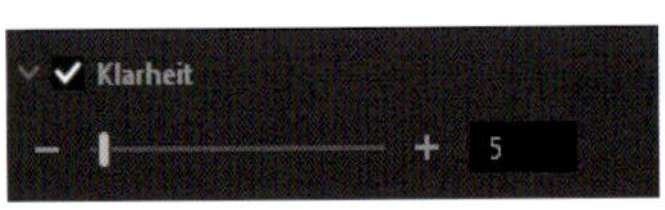

Abbildung 14.18: »Klarheit« hebt den Kantenkontrast an.

Dehaze (Dunst entfernen)

Dunstschleiern im Bild können Sie mit *Dehaze (Dunst entfernen)* zu Leibe rücken. Sind im Bild entsättigte und kontrastarme Bereiche vorhanden, kann der Filter gute Wirkung zeigen. Starken Nebel oder Rauch können Sie hingegen nur zum Teil entfernen.

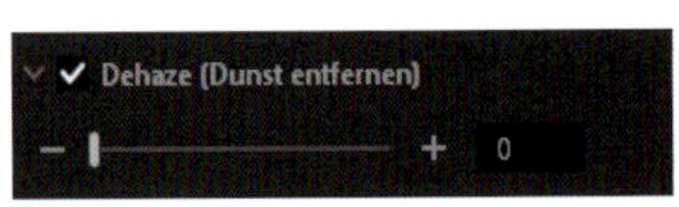

Abbildung 14.19: Leichte Dunstschleier im Bild lassen sich mit »Dehaze (Dunst entfernen)« mindern«.

Objektivfehler beseitigen

Im Panel *Objektiv* stellt Olympus Workspace eine Reihe von Objektiv- und Perspektivkorrekturen bereit.

Ähnlich Vignettierung anpassen können Sie unter Schattenkorrektur die Vignettierung korrigieren. An dieser Stelle können Sie aber zusätzlich eine Automatik (Auto) verwenden.

Stellen Sie auf den Aufnahmen Farbsäume (*chromatische Aberrationen*) fest, die nicht zum Motiv gehören, lässt sich dies im Bereich *Abweichungsvergl.* korrigieren. Ihnen stehen dort zwei Schieberegler zur Verfügung: zum einen *Chromatische Aberration R/C* für Farbfehler im Rot- und Cyanbereich, zum anderen *Chromatische Aberration B/G* für blaue und gelbe Farbfehler.

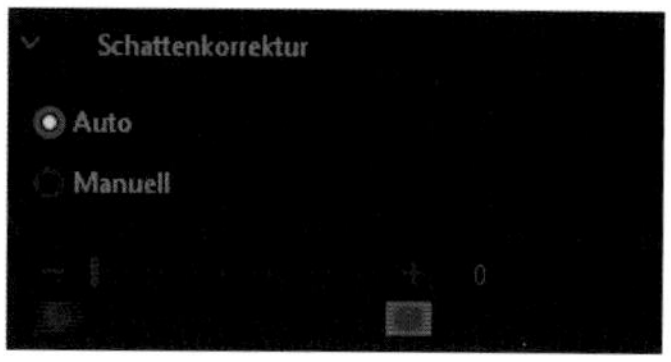

Abbildung 14.20: Mit Schattenkorrektur steht ein weiteres Werkzeug zur Korrektur der Vignettierung bereit.

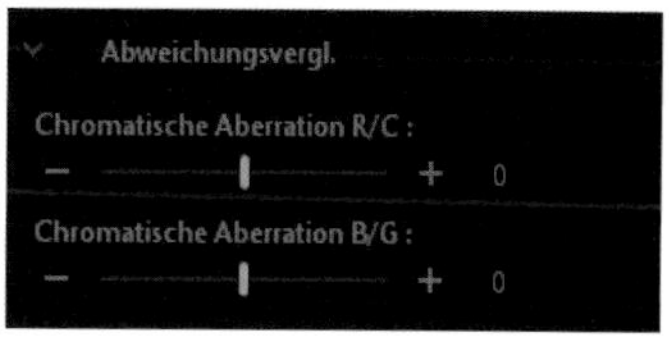

Abbildung 14.21: Objektivfarbfehler können Sie im Bereich »Abweichungsvergl.« reduzieren.

Auf Farbfehler prüfen

Farbfehler (chromatische Aberrationen) einer Optik sollten bei Tageslicht geprüft werden. Dazu überprüft man Aufnahmen weiter entfernter Motive. An starken Kanten dürfen keine Farbsäume, meist blau, auftreten. Sind doch Farbsäume vorhanden, handelt es sich um eine nicht ausreichend korrigierte Optik.

Da Licht unterschiedlicher Wellenlänge (also unterschiedlicher Farbe) unterschiedliche Brechzahlen besitzt, entstehen unterschiedliche Brennpunkte beim Durchgang durch eine Optik. Farbsäume und Unschärfe sind die Folgen, die schlecht per Bildbearbeitung korrigiert werden können. Einfache unkorrigierte Optiken werden als *Chromaten* bezeichnet. Alle Farben treffen auf einen unterschiedlichen Brennpunkt. Diese Optiken sind nur für Spezialanwendungen geeignet. Achromaten korrigieren durch weitere Linsen die rote und die blaue Farbe, sodass der Brennpunkt übereinstimmt. Hochwertige Optiken sind für den gesamten sichtbaren Wellenlängenbereich korrigiert und werden als *Apochromaten* bezeichnet.

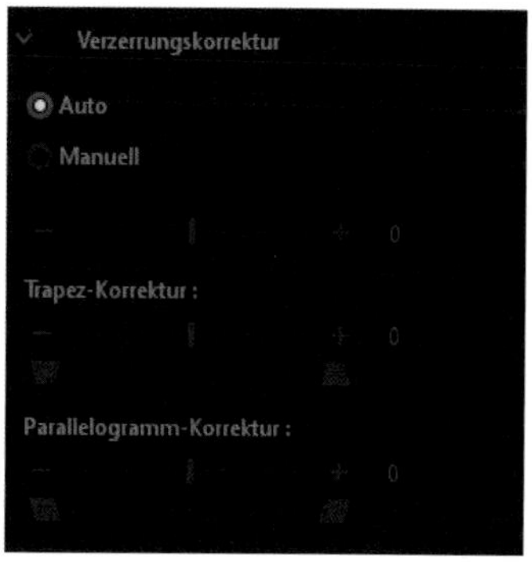

Abbildung 14.22: Übliche Objektivfehler korrigieren Sie in dem Abschnitt »Verzerrungskorrektur.«

Im Bereich *Verzerrungskorrektur* können Sie Objektivfehler korrigieren. Das ist vor allem wichtig, wenn Sie zum Beispiel Architektur fotografieren. Mit der Option *Auto* überlassen Sie dem Olympus Workspace die Korrektur, bei der die Daten des verwendeten Objektivs ausgewertet werden und eine entsprechende Korrektur erfolgt. (Dies ist jedoch nicht mit allen Objektiven möglich.) Mit der Option *Manuell* führen Sie

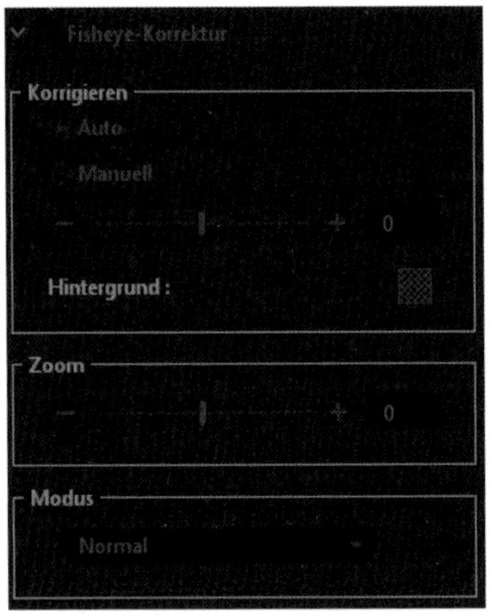

Abbildung 14.23: Eine spezielle Korrektur für Extremweitwinkel-Aufnahmen steht für Sie unter »Fisheye-Korrektur« bereit.

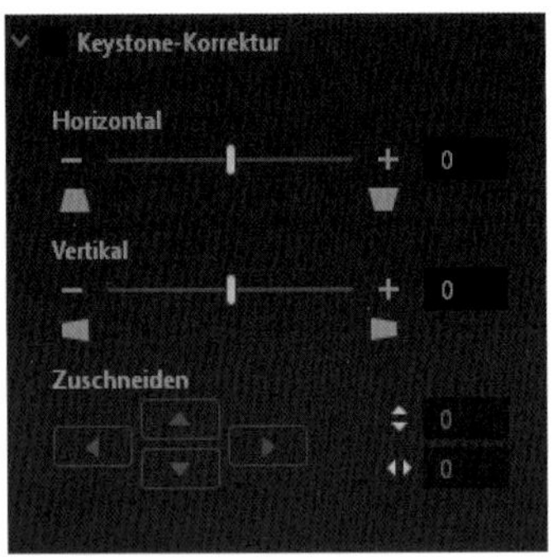

Abbildung 14.24: Beseitigen Sie z. B. stürzende Linien mit der »Keystone-Korrektur«.

die Korrektur von Hand aus. Verwenden Sie dafür die Schieberegler. Bei Naturaufnahmen ist eine solche Korrektur nicht notwendig, da die geringen Verzeichnungen hier nicht auffallen.

Fisheye-Korrektur

Haben Sie für die Aufnahme ein spezielles Fisheye-Objektiv verwendet, dann stehen Ihnen zusätzliche Korrekturmöglichkeiten zu Verfügung.

Keystone-Korrektur verwenden

Die Keystone-Korrektur wurde bereits im Abschnitt »Stürzende Linien und Verzeichnungen vermeiden« ab Seite 295 erklärt. Dort ging es um die Korrektur direkt per OM-D E-M10 Mark IV. Hier können Sie diese Korrektur am großen Bildschirm vornehmen, was deutlich mehr Spaß macht als auf dem kleinen Monitor der OM-D E-M10 Mark IV.

Kippen bietet Ihnen die Möglichkeit, das Bild horizontal und vertikal zu spiegeln.

Im Panel *Details* dreht sich alles um die Schärfe und das Rauschen im Bild.

Schärfe optimieren

Zoomen Sie zunächst zu mindestens 100 % (1 : 1) ins Bild hinein – und zwar in den Bereich, auf den Sie beim Fotografieren scharfgestellt haben.

Die Software nimmt bereits eine Grundschärfung vor, die im Bereich *Schärfe* angepasst werden kann. Passen Sie die Werte Ihren Wünschen entsprechend an. Achten Sie dabei darauf, dass Sie das Bild nicht überschärfen. Für das Beispielbild wurde die Schärfe um +1 erhöht.

Zusätzlich stehen Ihnen auf der Registerkarte *Bearbeiten* im Abschnitt *Unscharfe Maske* weitere Möglichkeiten zur Verfügung, um die Schärfe zu optimieren. Mit dem Regler *Wert* stellen Sie die Stärke der Schärfung ein. Das Schieben des Reglers nach rechts verstärkt den Effekt, ein Schieben nach links lässt die Konturen weicher erscheinen. Auf welche Größe sich diese Bearbeitung beziehen soll, können Sie mit dem Regler *Radius* festlegen. *Grenzwert* gibt an, ab welchem Helligkeitsunterschied an den Kanten geschärft werden soll. Auch hier sollten Sie wieder darauf achten, dass das Bild nicht überschärft wird.

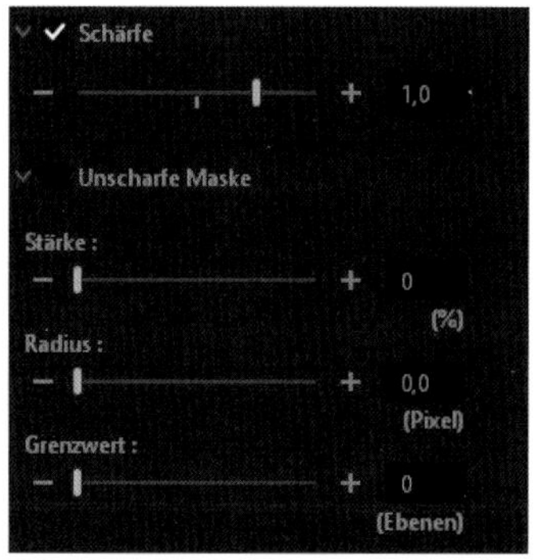

Abbildung 14.25: Optimieren Sie die Schärfe Ihres Bildes.

Rauschen reduzieren

Dieser Bereich ist nur dann wichtig für Sie, wenn Sie mit höheren ISO-Werten gearbeitet haben. Ab ISO 400 bis ISO 800 wird das Rauschen sichtbar. In seltenen Fällen kann das Rauschen je nach Situation auch schon bei geringeren Werten auftreten. Empfinden Sie es als störend, dann können Sie hier korrigierend eingreifen.

Im Bereich *Rauschunt.* lässt sich zunächst die automatische Rauschminderung in vier Stufen einstellen. Mit *Aus* deaktivieren Sie die Rauschminderung und machen so auch eine eventuell an der OM-D E-M10 Mark IV eingestellte Rauschminderung rückgängig. Diese Funktion ist vor allem dann wichtig, wenn Sie das Rauschen mit einem externen Programm verringern möchten. Mit den drei anderen Stufen *WENIGER*, *STANDARD* und *STÄRKER* können Sie experimentieren, um ein Optimum an Rauschminderung und gleichzeitigem Detailerhalt zu gewährleisten.

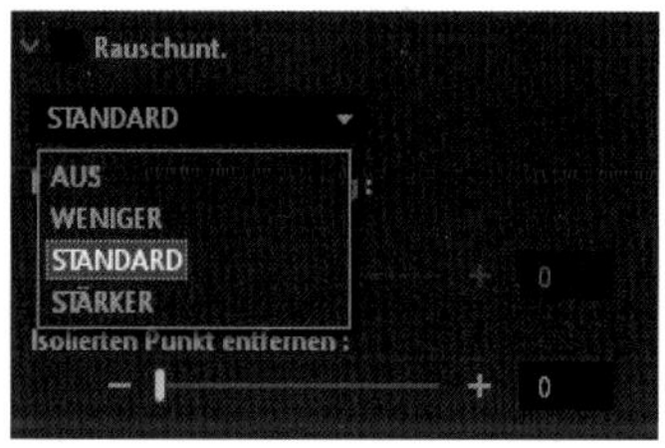

Abbildung 14.26: Beim Fotografieren mit höheren ISO-Werten bietet sich die Rauschminderung an.

Die zweite Option zur Rauschminderung finden Sie im Abschnitt *Falschfarbenunterdrückung*. Setzen Sie mit einem Mausklick bei *Auto* ein Häkchen, kümmert sich der Olympus Workspace um die Rauschminderung. Sind Sie hier mit der Automatik nicht zufrieden, dann nehmen Sie die Einstellung manuell vor. Mit dem Regler *Falschfarbenunterdrückung* können Sie Farbrauschen reduzieren. Der Regler *Isolierten Punkt entfernen* wirkt auf die Kanten und damit auch stark auf die Schärfe im Bild. Setzen Sie ihn deshalb mit Bedacht ein.

Weitere Informationen zum Bildrauschen finden Sie im Abschnitt »Funktion zur Reduzierung von Bildrauschen« auf Seite 103.

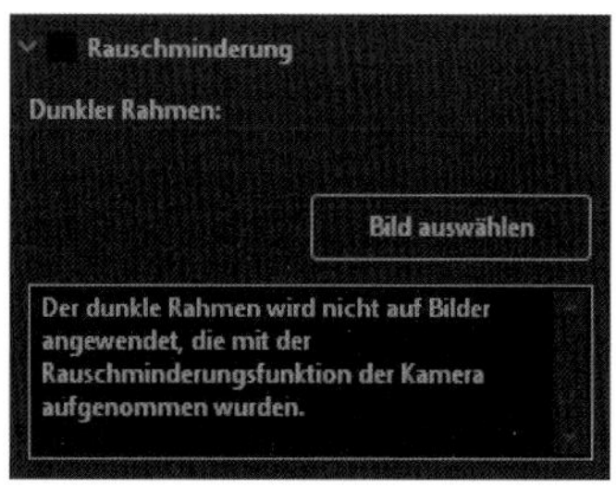

Abbildung 14.27: Das Rauschen bei langen Belichtungszeiten kann mit »Rauschreduzierung« vermindert werden.

Rauschminderung

Haben Sie zusätzlich zu Ihrem Bild ein sogenanntes Dunkelbild aufgenommen, dann können Sie es in diesem Abschnitt von Ihrem Bild »abziehen lassen« und so das Rauschen reduzieren. Mehr Informationen dazu finden Sie im Abschnitt »Hotpixel vermeiden« auf Seite 104.

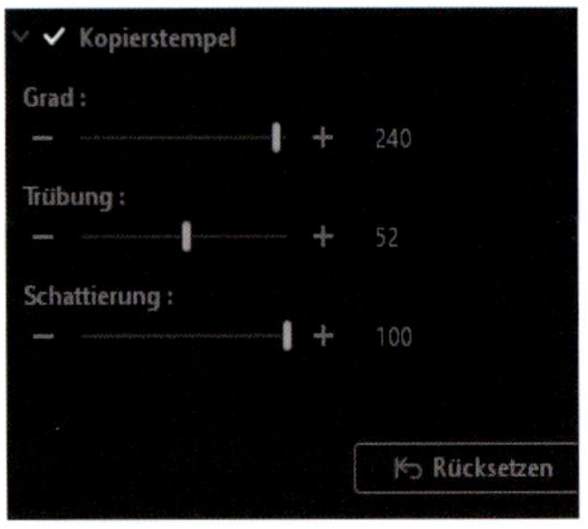

Abbildung 14.28: Bildbestandteile können mit dem Kopierpinsel übertragen werden.

In der Registrierkarte *Kopierstempel* steht Ihnen ein Werkzeug zur Verfügung, mit dem Sie Bildbestandteile kopieren und an einer anderen Stelle im Bild einfügen können. Mit *Grad* wählen Sie die Größe des Kopierstempels. Mit *Trübung* stellen Sie die Weichheit der Kante und mit *Schattierung* die Deckkraft des Kopierstempels ein.

Wenn es darum geht, rote Augen im Bild zu entfernen, wählen Sie die Registrierkarte *Rote Augenfärbung reduzieren.* Mit der Maus ziehen Sie einen Rahmen um das Auge auf und klicken auf die Schaltfläche *Korrigieren*.

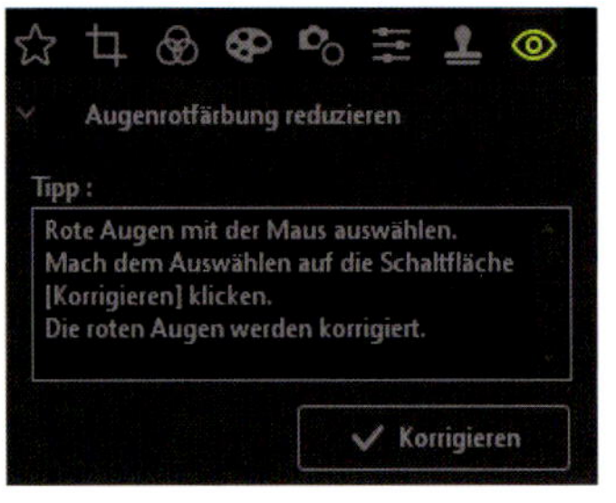

Abbildung 14.29: Der Rote-Augen-Effekt lässt sich per Klick entfernen.

Bild zuschneiden

Haben Sie alles entsprechend Ihren Wünschen eingestellt, können Sie das Bild zuschneiden, falls das nötig ist. Öffnen Sie dazu auf der Registerkarte *Zuschneiden / Horizontalanpassung* und klicken Sie in das Kästchen *Zuschneiden* ❶ (siehe Abbildung 14.30) Der Olympus Workspace blendet nun im Bild einen Rahmen ein, den Sie durch Anklicken und Ziehen an den Anfasspunkten vergrößern und verkleinern können. *Mit der Maus* können lässt sich der Rahmen nach Ihren Wünschen verschieben.

Möchten Sie die Aufnahme auf ein bestimmtes Bildformat zuschneiden, wählen Sie die Option ❷. Im Auswahlmenü stehen nun verschiedene Formate zur Auswahl, Sie können aber auch durch Wahl des Punktes *ANPASSEN* ein eigenes Format einstellen. Im unteren Bereich ❸ des Abschnitts lässt sich das Format unmittelbar über die Eingabe der Pixel bestimmen. Unter *Horizontalanpassung*: können Sie das Bild z. B. gerade ausrichten ❹.

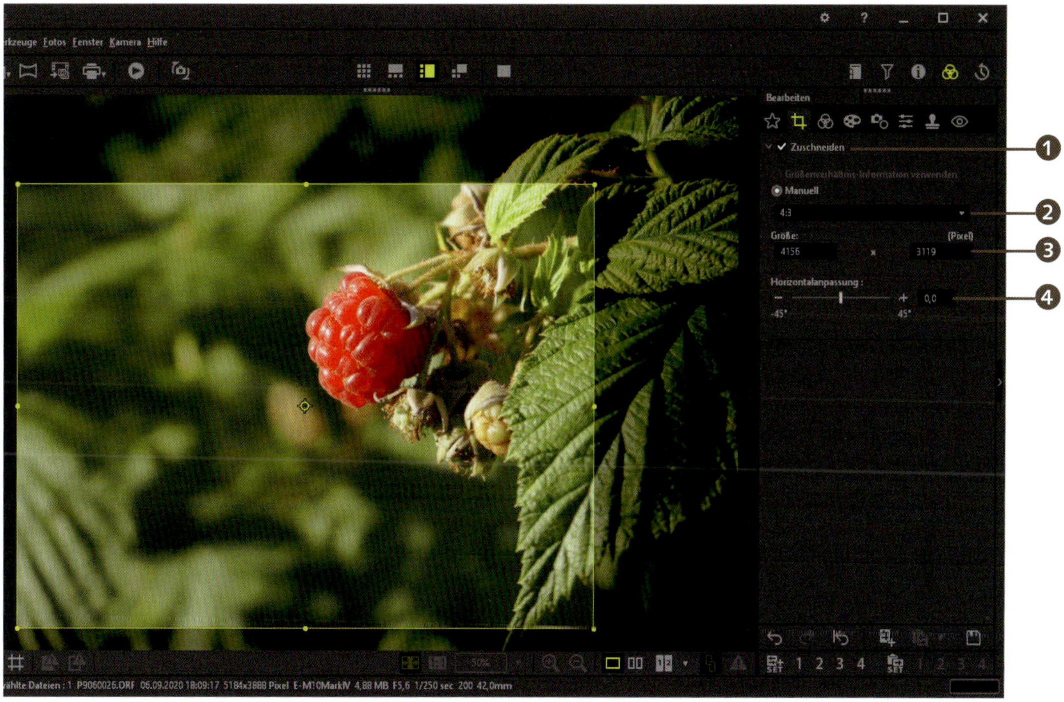

Abbildung 14.30: Zuschneiden des Bildes

Bild speichern

Entspricht das Foto nun Ihren Vorstellungen, können Sie über den Button *Export* die Umwandlung in das TIF- beziehungsweise JPEG-Format vornehmen und das Bild speichern. Es öffnet sich das Fenster *Bild exportieren*. Mit *Speichern in* ❶ (siehe Abbildung 14.31) legen Sie den Speicherort auf Ihrem Speichermedium fest. Aktivieren Sie das Kästchen bei *Größe ändern* ❷, dann haben Sie die Möglichkeit, eine kleinere Bildgröße einzustellen. Haben Sie dem Bild GPS-Tags zugeordnet, möchten aber nicht, dass diese mit abgespeichert werden, dann klicken Sie in das Kästchen bei ❸. Klicken Sie auf den Button *Erweiterte Einstellungen* ❹, so werden im Fensterbereich weitere Optionen zugreifbar. Ist eine bestimmte Auflösung des Bildes gewünscht, können Sie diese bei *Auflösung* ❺ einstellen. Das ist zum Beispiel bei einer späteren Druckausgabe wichtig. Möchten Sie noch IPTC-Informationen in die Bilddatei schreiben, lässt sich dies nach Aktivierung von

IPTC-Informationen hinzufügen ❻ tun. Ist ❼ angewählt, dann wird das Bild auf das bei der Aufnahme gewählte Bildverhältnis zugeschnitten. Im Auswahlmenü *JPEG-Komprimierung* ❽ legen Sie fest, wie stark die Dateigröße reduziert werden soll. Je stärker Sie komprimieren, desto mehr Bildinformationen gehen verloren. Unter *Format* ❾ können Sie das JPEG-, TIF- und Bitmap-Format wählen. Die Formate *JPEG* und *TIFF* können jeweils mit (*Exif-JPEG*, *Exif-TIFF*) oder ohne Exif-Informationen gespeichert werden. Im Feld *Dateiname* ❿ geben Sie den gewünschten Dateinamen ein.

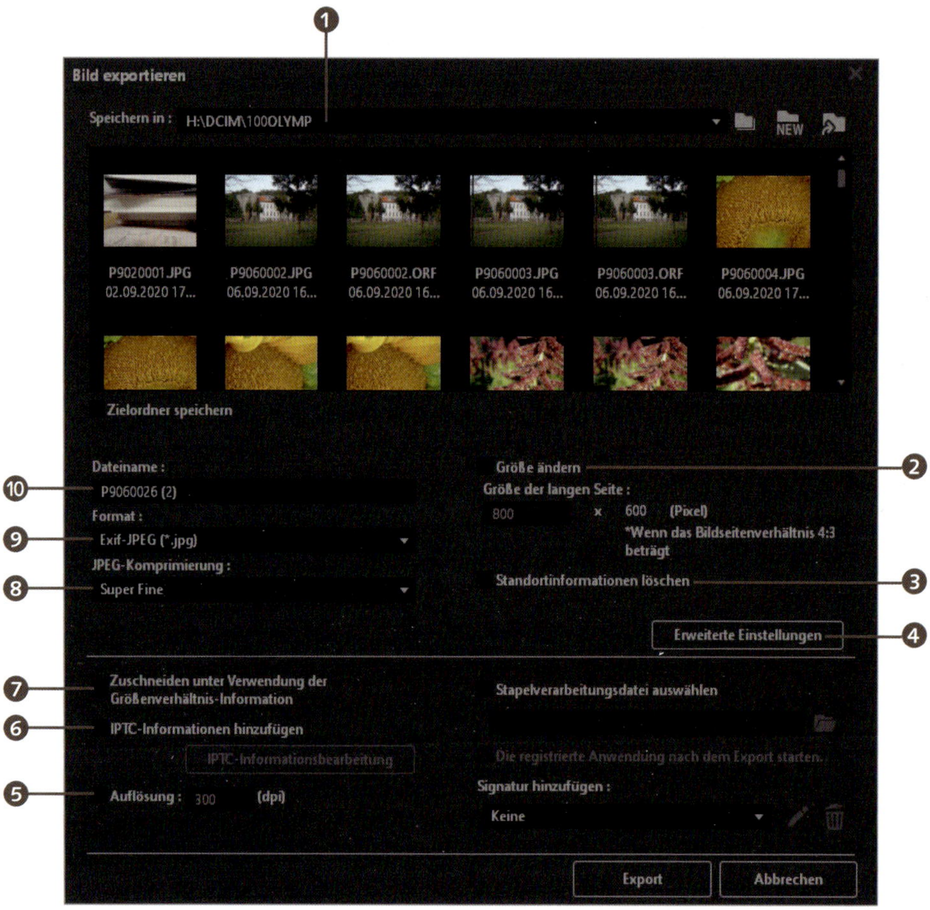

Abbildung 14.31: Dialog zum Bildexport

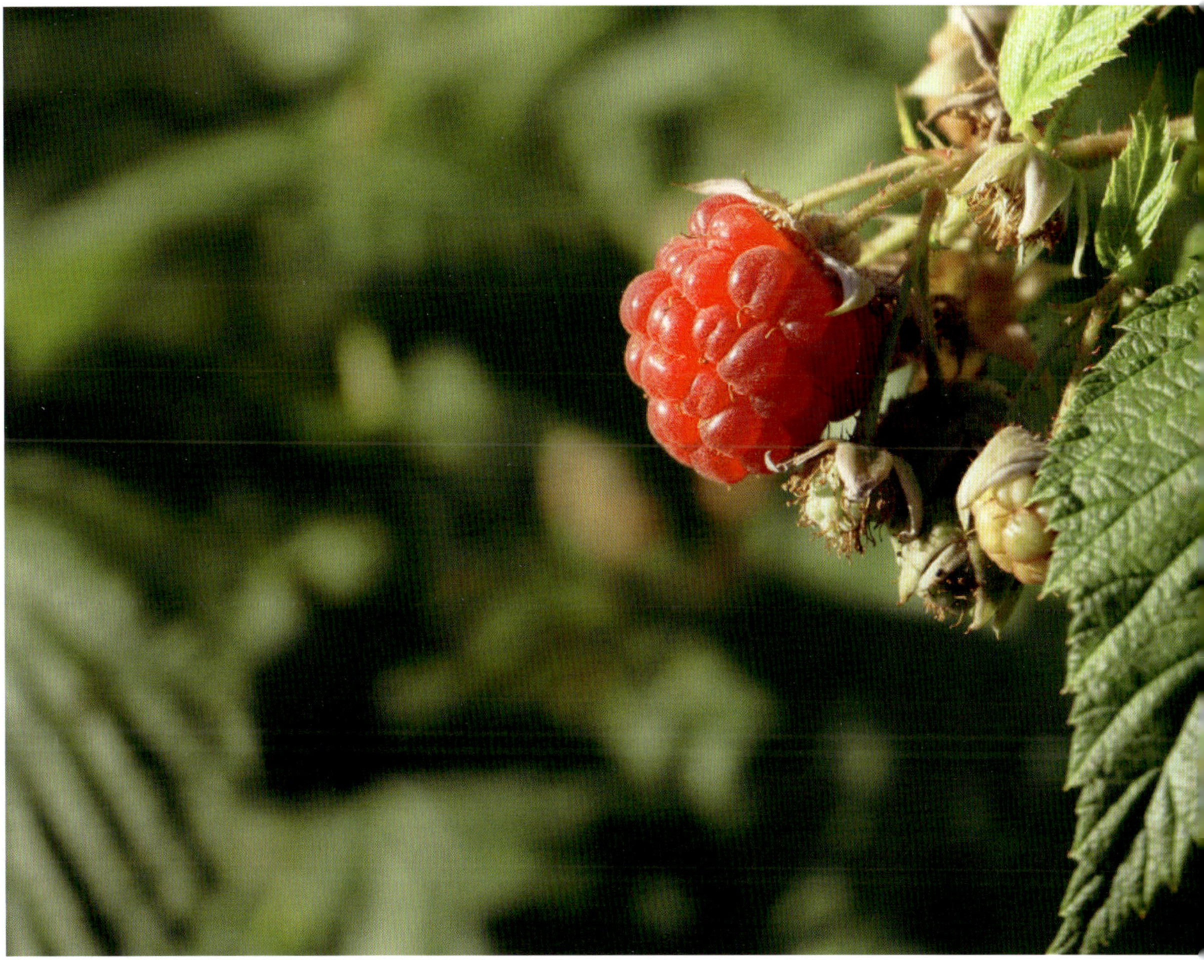

Abbildung 14.32: Ergebnis der Bearbeitung mit dem Olympus Workspace

Die Alternative Lightroom

Vermutlich gelangen Sie mit dem kostenlosen RAW-Entwickler von Olympus Workspace irgendwann an Grenzen. Deutlich mehr Funktionen bietet unter anderem Adobe Photoshop Lightroom. Es ist eng an die Bedürfnisse von Fotografen der heutigen Zeit angepasst und trägt dem Wunsch nach effizienter Verwaltung einer großen Anzahl digitaler Bilder sowie nach der präzisen Entwicklung von RAW-Dateien inklusive Automatisierung Rechnung. Mit Lightroom können Sie Ihre Bilder auch für die Ausgabe am Drucker, für TV/Monitor und für das Internet aufbereiten.

14.3 Die Kamerasoftware auf dem Laufenden halten

Digitalkameras besitzen zur Ausführung ihrer Funktionen eine spezielle Software – die sogenannte *Firmware*. In unregelmäßigen Abständen gibt es Updates für die Kamera-Firmware, die Fehler beseitigen oder neue Funktionen ermöglichen. Für die OM-D E-M10 Mark IV gab es bis Drucklegung des Buches noch keine Updates. Einsehen können Sie die Firmware-Version im Menü 🔧 • *Firmware*. Auch für bestimmte Objektive und Zubehör können Firmware-Updates angeboten werden. Für angeschlossene Objektive und Zubehör wird Ihnen die Firmware-Version unter dem gleichen Menüpunkt angezeigt.

Wird ein Firmware-Update von Olympus angeboten, sollten Sie es auch installieren. Den Hinweisen von Olympus zum Update sollten Sie unbedingt folgen, um die Funktion der Kamera nach dem Update sicherzustellen.

Olympus bietet zwei Wege für das Firmware-Update an. Verwenden Sie den Olympus Workspace ohnehin zur Bearbeitung und Verwaltung Ihrer Bilder, dann können Sie direkt aus dem Programm heraus das Update anstoßen. Haben Sie aber ein anderes Bildverwaltungsprogramm im Einsatz und die Olympus-Software möglicherweise gar nicht installiert, führen Sie das Update direkt per Olympus Digital Kamera Updater durch. So müssen Sie nicht extra den Olympus Workspace dafür installieren. Beachten Sie, dass Sie Administrationsrechte am Computer benötigen, um das Update durchführen zu können.

Akkuladung beachten

Überprüfen Sie in jedem Fall die Akkuladung, bevor Sie das Update durchführen. Laden Sie den Akku am besten voll auf. Bedenken Sie auch, dass bei einigen Firmware-Updates die Einstellungen der OM-D E-M10 Mark IV auf den Werkszustand zurückgesetzt werden. Am besten notieren Sie sich Ihre persönlichen Einstellungen vor dem Update.

Um zu überprüfen, ob eine neue Firmware bereitsteht, gehen Sie wie folgt vor. Prüfen Sie, ob im Menü ⚙ • *C2* • *USB-Modus* die Option *Auto* (oder *Speicher*) eingestellt ist. Schalten Sie die Kamera aus. Verbinden Sie die OM-D E-M10 Mark IV über das mitgelieferte Schnittstellenkabel mit einem USB-Anschluss am Computer. Schalten Sie die Kamera ein. Auf dem Monitor der OM-D E-M10 Mark IV erscheint daraufhin das Dialogfeld *USB*. Wählen Sie *Speicher* und drücken Sie die Taste *OK*.

Starten Sie das Programm Olympus Workspace und wählen Sie *Kamera • Update*. Es wird der Olympus Digital Kamera Updater gestartet.

Folgen Sie nun den Anweisungen des Programms. Im Fenster *Kameraaktualisierung* können Sie überprüfen, welche Updates bereitstehen und heruntergeladen werden können. Möchten Sie erfahren, was die einzelnen Updates an Neuerungen mit sich bringen, dann klicken Sie auf den Button *Details*. Klicken Sie auf *Aktualisieren*, um den Vorgang zu starten.

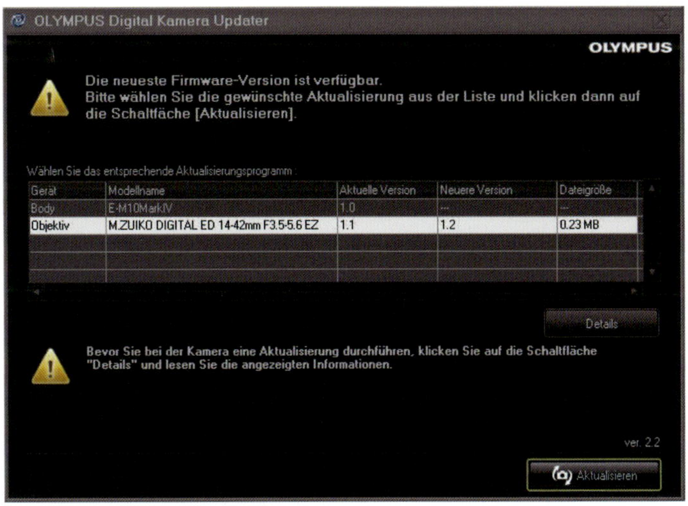

Abbildung 14.33: Mit dem »Olympus Digital Kamera Updater« können Sie neben der Kamera auch Zubehör – wie hier das Objektiv – aktualisieren.

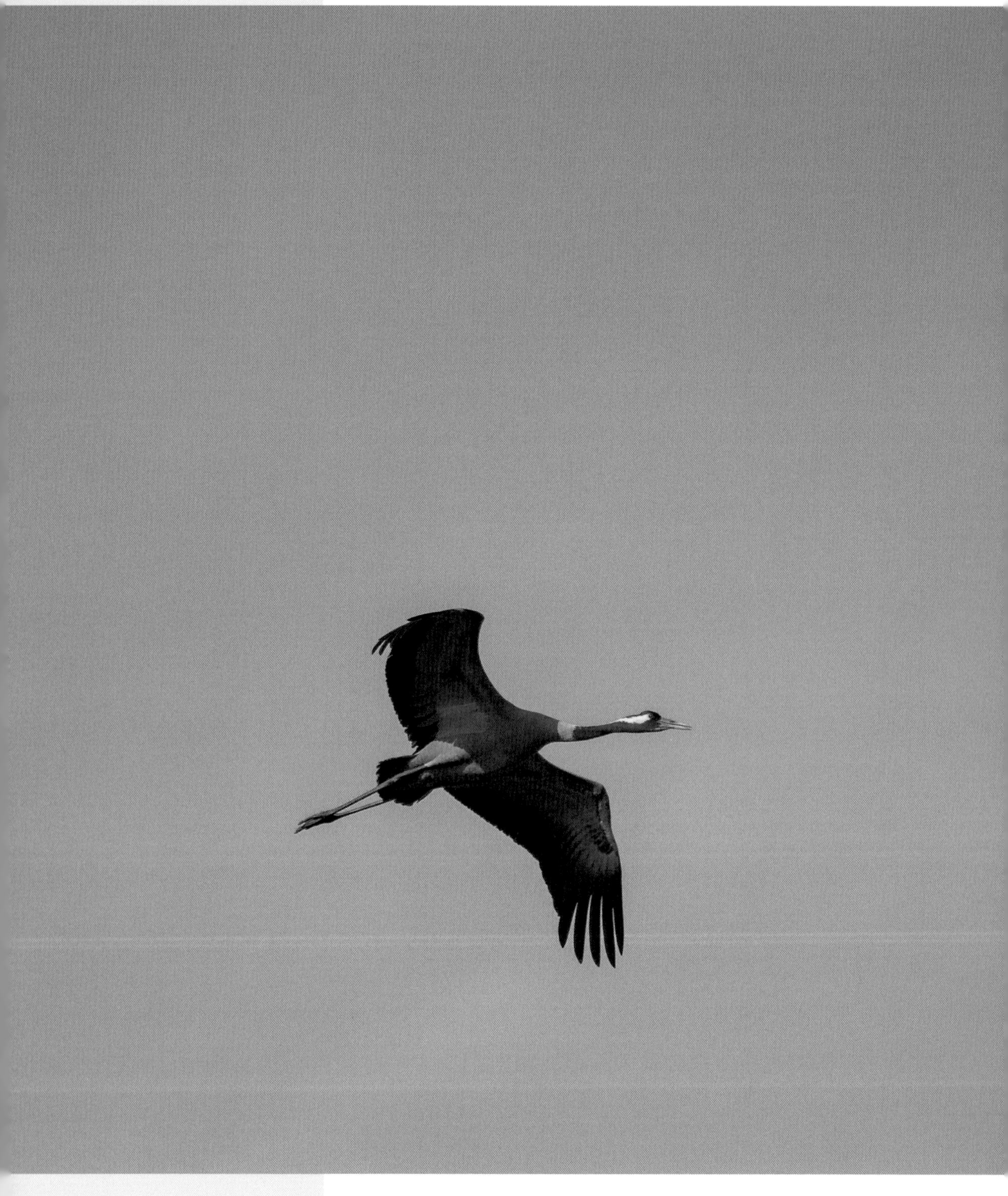

15

Videos aufzeichnen

Mit der OM-D E-M10 Mark IV können Sie natürlich auch Videos aufzeichnen. In diesem Kapitel erhalten Sie einen Einstieg in die Aufnahme bewegter Bilder. Es wird auf das passende Videoformat und die unterschiedlichen Videomodi eingegangen. Außerdem erfahren Sie, wie der Bildstabilisator Sie beim Filmen unterstützen kann und wie sich Videos am Monitor bzw. Fernseher präsentieren lassen.

300 mm | f5,6 | 1/2500 s | ISO 100

15.1 Einfache Videos aufnehmen

Mit der OM-D E-M10 Mark IV können Sie hochauflösende Videoaufnahmen anfertigen. Auch wenn viele ambitionierte Fotografen der Videotechnik eher verhalten gegenüberstehen, gibt es doch immer wieder Gelegenheiten für lohnende kurze Videosequenzen. Dieses Kapitel gibt Ihnen einen Überblick über die Möglichkeiten, bewegte Bilder mit der OM-D E-M10 Mark IV aufzunehmen.

Im Video-Modus können Sie alle Autofokusmodi, die Ihnen auch bei Fotoaufnahmen zur Verfügung stehen, wählen. Am meisten Sinn machen sicherlich der kontinuierliche AF-Modus (*C-AF*) und das manuelle Scharfstellen (*MF*). Bei *C-AF* wird die Schärfe permanent nachgeführt, das heißt, schwenken Sie die OM-D E-M10 Mark IV von nah nach fern, passt sie automatisch die Entfernungseinstellung an.

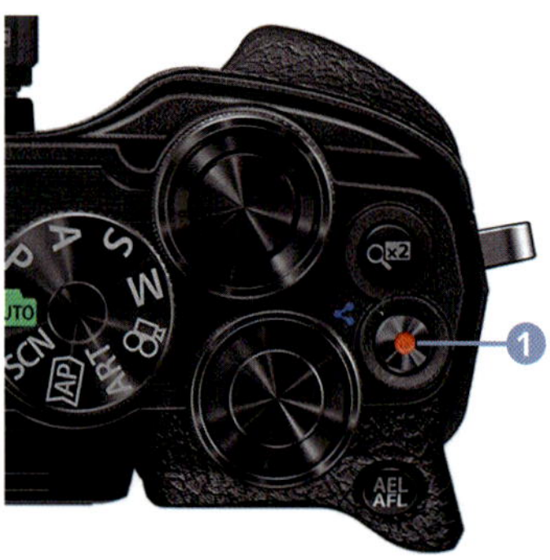

Abbildung 15.1: Nicht zu verwechseln: Die Video-Taste ❶ ist rot gekennzeichnet (Bild: Olympus).

Im zweiten Fall muss der Schärfepunkt manuell eingestellt werden. Ohne Stativ ist das manuelle Scharfstellen aber sehr schwierig, da Sie die Kamera ruhig halten und gleichzeitig gefühlvoll am Steuerring drehen müssen. Hier kann es schnell zu Verwacklungen kommen.

Um in einem Fotomodus die Videoaufnahme zu starten, drücken Sie die Taste ◉ ❶. Ein erneutes Drücken der Taste ◉ stoppt die Aufnahme dann wieder. Im *SCN*-Modus *e-Portrait*, *Freihand Sternenlicht*, *Panorama* und *Gegenlicht HDR* ist der schnelle Wechsel zwischen Foto- und Video-Modus allerdings nicht möglich. Das Gleiche gilt im *AP*-Modus *Keystone-Korrektur*, *Panorama*, *Live Time*, *Mehrfachbelichtung* und *HDR*.

Das Zoomen erfolgt deutlich feinfülliger als im Fotomodus, was sich angenehm auf das Filmergebnis auswirkt.

Aber nicht nur über die Taste ◉ können Sie den Video-Modus aktivieren. Das geht auch mit der Programmwählscheibe 🎥.

Achtung bei zu hohen Umgebungstemperaturen

Verwenden Sie die Filmfunktion bei höheren Umgebungstemperaturen als 30 °C, dann schaltet sich die Kamera eventuell früher ab. Wird das Symbol °C/°F angezeigt, dann deaktiviert sich die Kamera innerhalb kurzer Zeit von selbst, um eine Überhitzung im Inneren des Kameragehäuses zu vermeiden. Sie müssen ihr dann etwas Zeit geben, um sich abzukühlen. Klappen Sie den Monitor ein wenig nach vorn, lässt sich der Abkühlvorgang etwas beschleunigen.

Wie lang Ihre Videoaufnahmen werden, hängt von der Kapazität Ihrer Speicherkarte ab. Verwenden Sie eine Speicherkarte mit mindestens 4 GB, können maximal bis zu 29 Minuten am Stück aufgenommen werden. Diese Begrenzung ist in einer EU-Richtlinie für Digitalfotoapparate festgeschrieben.

Video-Taste deaktivieren

Die Video-Taste können Sie auch deaktivieren. Sinnvoll ist das vor allem dann, wenn Sie verhindern wollen, dass Sie diese Taste ungewollt beim Fotografieren drücken. Das kann aufgrund des kompakten Kameragehäuses recht schnell passieren. Navigieren Sie in das Menü ✲ • *B* • *Tastenfunktion* • ◉ *Funktion* und wählen Sie *Aus*. Möchten Sie dann doch einmal filmen, stellen Sie einfach die Programmwählscheibe auf 🎥.

Ein Video aufnehmen

1 Kamera vorbereiten

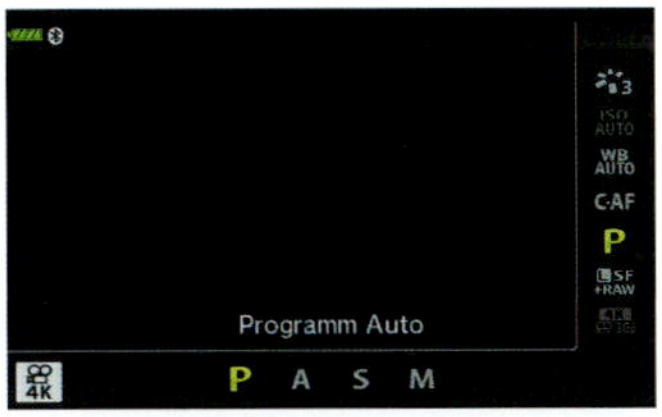

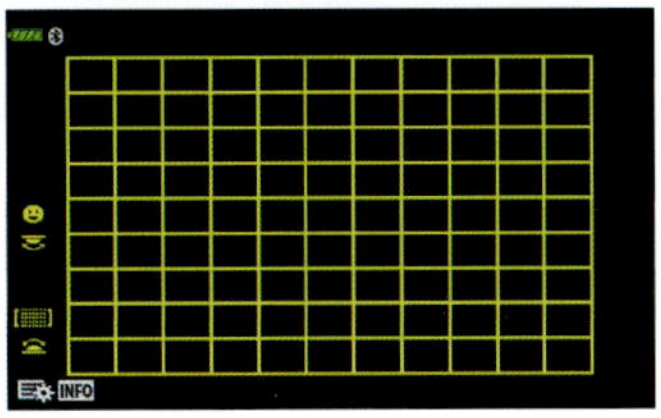

Stellen Sie die Programmwählscheibe auf 🎥. Für den Anfang unternehmen Sie am besten Versuche in der Programmautomatik *P* (einzustellen nach Drücken der *OK*-Taste in der Funktionsanzeige).

Drücken Sie die *INFO*-Taste, bis die Aufnahmeeinstellungen auf dem Monitor der Kamera erscheinen. Nur so sehen Sie während der Aufnahme die verbliebene Restaufnahmezeit.

Drücken Sie eine der Tasten ◀ ▶▲▼, um zur Auswahl des AF-Fokus zu gelangen. Wählen Sie hier für den Anfang am besten *Alle Felder* (*INFO*-Taste drücken und dann mit den Tasten ▲▼ durch die Auswahl scrollen). Die Kamera stellt auf das Hauptobjekt im Vordergrund scharf.

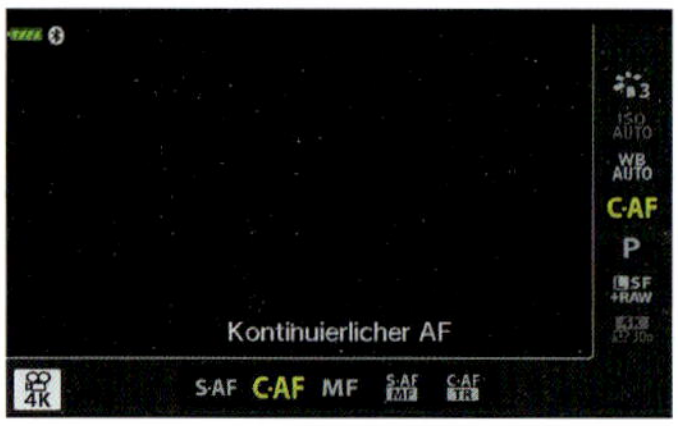

2 Fokusmodus einstellen

Stellen Sie über die *OK*-Taste in der Funktionsanzeige den kontinuierlichen AF-Modus (*C-AF*) ein. Bewegt sich Ihr Motiv, wird nun die Schärfe nachgeführt.

3 Filmen starten

Jetzt kann das Filmen beginnen. Zum Starten drücken Sie die Taste ◉. Im Sucher beziehungsweise auf dem Monitor erscheint die Meldung *REC* und die Aufnahmezeit wird hochgezählt. Vermeiden Sie möglichst das Berühren des Mikrofonbereichs ❶, da es sonst zu unerwünschten Nebengeräuschen kommen kann.

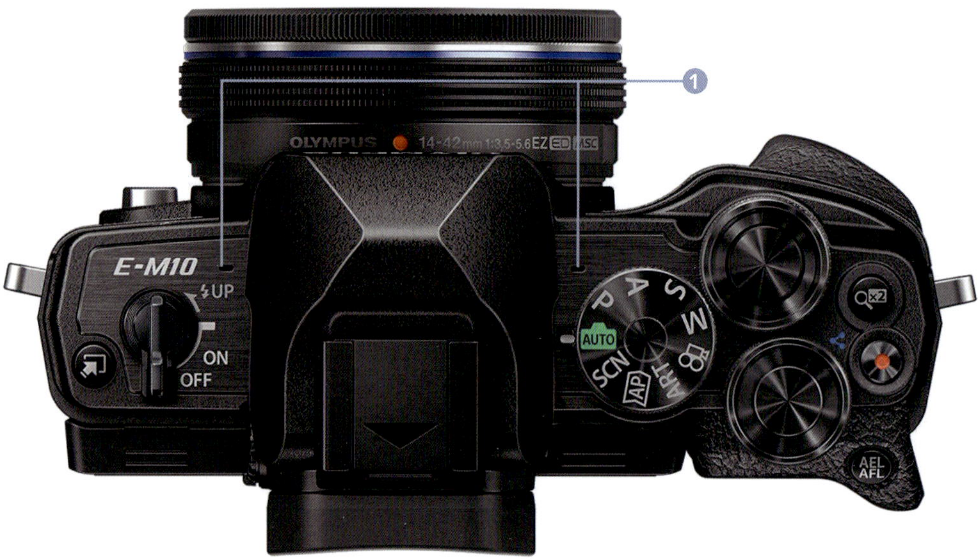

4 Filmen stoppen

Um das Filmen zu beenden, drücken Sie erneut die Video-Taste ◉.

15.2 Den Bildstabilisator bei Videoaufnahmen verwenden

Im Video-Modus stehen Ihnen drei Optionen des Bildstabilisators zur Verfügung (Menü 🎥 • *Bildstabilisation* beziehungsweise über die Taste *OK* in der Funktionsanzeige).

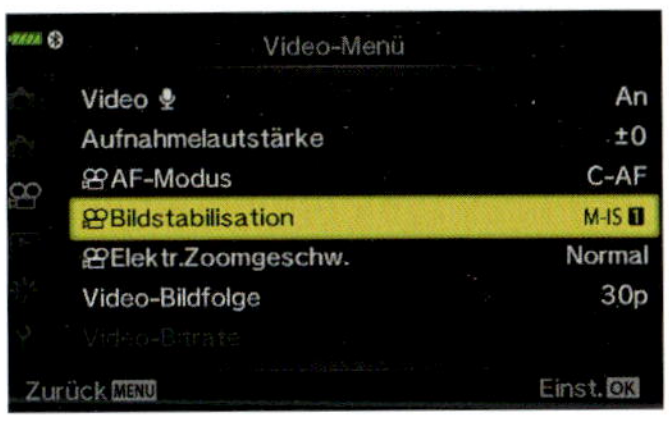

Abbildung 15.2: Der Bildstabilisator kann für den Videomodus getrennt zum Fotomodus eingestellt werden.

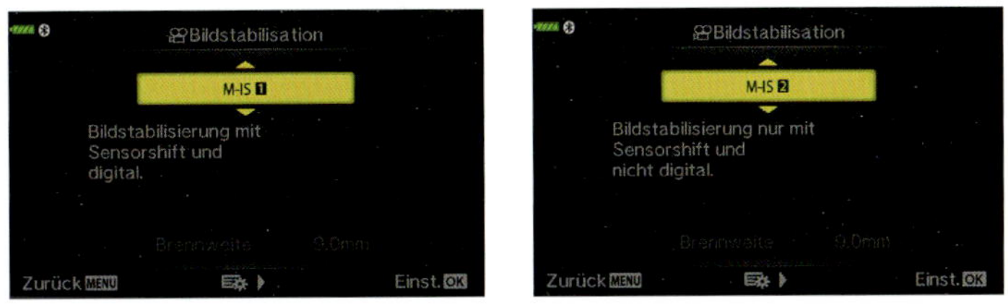

Abbildung 15.3: Beim Filmen kann der Bildstabilisator an Ihre Wünsche angepasst werden.

M-IS1 ist die Standardeinstellung Ihrer OM-D E-M10 Mark IV. Hier greift zusätzlich zum mechanischen ein elektronischer Stabilisator ein und versucht etwas stärkere Bewegungen des Fotografen auszugleichen. Bei dieser Option werden allerdings die einzelnen Bilder des Films etwas beschnitten, sodass der Bildausschnitt um ca. 5 % verringert wird, falls der mechanische Stabilisator die Verwacklungen nicht mehr ausgleichen kann. Die Option *M-IS2* stabilisiert nicht zusätzlich per Elektronik.

Verwenden Sie die Option *M-IS Off*, wenn Sie die OM-D E-M10 Mark IV auf einem Stativ montiert haben. Für normale Anwendungen, zum Beispiel wenn Sie die Kamera ruhig halten können und sich das Motiv weniger stark bewegt, verwenden Sie *M-IS2*.

Verwenden Sie kein Micro-Four-Thirds- oder Four-Thirds-Objektiv, dann müssen Sie der OM-D E-M10 Mark IV mitteilen, um welche Brennweite es sich gerade handelt. Die Daten werden in diesem Fall nicht vom Objektiv zur Kamera übertragen. Diese stellen Sie im Menü • *Bildstabilisation* nach Drücken der Taste ▶ ein.

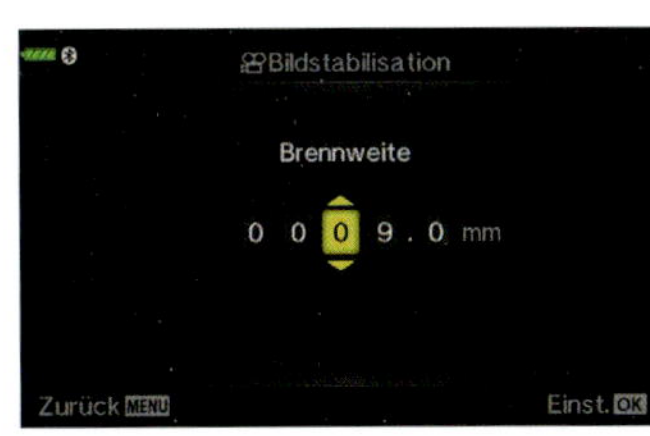

Abbildung 15.4: Bei systemfremden Objektiven wählen Sie die Brennweite manuell, damit der Bildstabilisator richtig arbeiten kann.

15.3 Das passende Videoformat wählen

Die OM-D E-M10 Mark IV stellt Ihnen mehrere Aufnahmeformate zur Verfügung. Bevor Sie so richtig in das Filmen einsteigen, ist es sinnvoll, sich auch darüber ein paar Gedanken zu machen.

Die OM-D E-M10 Mark IV bietet Ihnen diverse Videoqualitätsoptionen. Alle Formate verwenden die Kodierung MPEG-4 AVC/H.264.

Entscheidend für die Auswahl des Formats ist das Medium, auf dem Sie später die Videos betrachten wollen. *4K* besitzt die höchste Auflösung (3840×2160 Pixel). Möchten Sie Ihre Videos auf 4K-Geräten wiedergeben, dann verwenden Sie dieses Format. Hier werden allerdings auch die meisten Ressourcen an Speicherplatz und Computerleistung bei der Bearbeitung benötigt. Belohnt werden Sie mit extrem detailreichen Videos. *FHD* (bis 1920×1080 Pixel) entspricht in der Auflösung den Full-HD-Geräten. Damit wäre dieses Format also hierfür die erste Wahl. Ob am HD-Beamer oder -Fernseher: Sie werden von der Bildqualität sicher ebenfalls beeindruckt sein. Auch mit HD-Ready-Geräten können Sie *FHD* verwenden. Die Auflösung wird hier automatisch heruntergerechnet.

Am wenigsten Speicherbedarf benötigen das Format *HD* (1280×720 Pixel). Es eignet sich eher für die Weitergabe über das Internet, wenn keine schnelle Internetverbindung vorhanden ist. Wenn Sie also zum Beispiel Videos als E-Mail weiterleiten wollen, verwenden Sie dieses Format. Viele E-Mail-Postfächer können nur 10 bis 25 MB versenden. Unter Umständen lassen sich also nur kurze Sequenzen (unter 15 Sekunden) per E-Mail versenden. Verwenden Sie den Olympus Workspace oder eine ähnliche Software, können Sie später am Computer die aufgenommenen Videos auch in ein kleineres Format konvertieren und versenden.

Es bietet sich daher an, bei genügend Speicherplatz auf der Speicherkarte die höheren Auflösungen beim Filmen zu verwenden. So haben Sie für die spätere Verwendung immer die hochwertigeren Aufnahmen zur Verfügung.

15.4 Die Video-Modi der OM-D E-M10 Mark IV

Die OM-D E-M10 Mark IV besitzt interessante Möglichkeiten zur Einstellung im Video-Modus. Stellen Sie zur Auswahl die Programmwählscheibe auf den Modus . Zwischen den Programm-Modi wechseln Sie nach Drücken der Taste *OK* in der Funktionsanzeige mit den Tasten ▶◀▲▼.

In der Video-Programmautomatik *P* bestimmt die Kamera die Verschlusszeit und den Blendenwert selbst. Sie tendiert zu einer Verschlusszeit, die ein möglichst verwacklungsfreies Arbeiten gewährleisten soll. Ein kreatives Arbeiten wird so etwas eingeschränkt. Diese Einstellung ist daher vor allem für Videoeinsteiger oder für die schnelle Filmaufnahme zwischendurch interessant.

Möchten Sie die Blende selbst bestimmen, um zum Beispiel mit der Schärfentiefe zu experimentieren, dann ist der Video-Blendenvorwahl-Modus *A* die richtige Wahl. Die Belichtungszeit wird hier der Lichtsituation entsprechend von der Kamera berechnet und eingestellt. Vor der Aufnahme können Sie die Blende mit dem hinteren Einstellrad ändern. Mit dem vorderen Einstellrad lässt sich eine Belichtungskorrektur vornehmen. Diese können Sie in einem Bereich von +3 EV bis –3 EV verstellen. Möchten Sie die Blende während der Aufnahme verstellen, ist das über das hintere Einstellrad möglich.

Ist eine bestimmte Belichtungszeit notwendig, dann wählen Sie den Video-Verschlusszeitvorwahl-Modus *S*. Damit können Sie zum Beispiel eine Action-Szene mit einer sehr kurzen Belichtungszeit aufnehmen und so Bewegungsunschärfe vermeiden. Die Blende wird in diesem Modus automatisch von der Kamera gewählt. Die Belichtungszeit können Sie vor der Aufnahme mit dem hinteren Einstellrad anpassen. Mit dem vorderen Einstellrad können Sie hier ebenfalls eine Belichtungskorrektur vornehmen.

Die längstmögliche Belichtungszeit hängt von der gewählten Bildrate ab. So können Sie etwa bei *50p* maximal 1/50 s und bei *25p* maximal 1/25 s einstellen. Würde die Belichtungszeit länger ausfallen, könnten die eingestellten Bildraten ja nicht mehr erreicht werden.

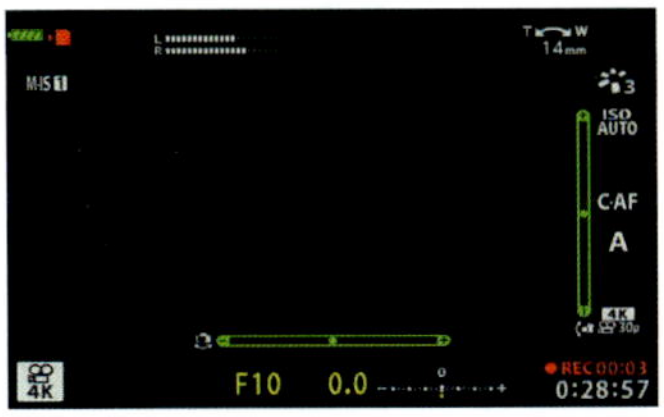

Abbildung 15.5: Während der Aufnahme können Sie bestimmte Werte ändern. Bei Videoaufnahmen im Programm »A« sind es z. B. die Zoomeinstellung (wenn vorhanden), die Blende und die Belichtungskorrektur.

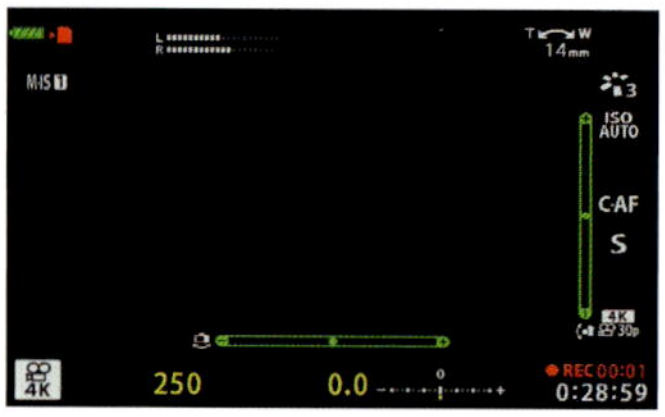

Abbildung 15.6: Haben Sie im Videomodus das Programm »S« gewählt, dann können Sie während der Aufnahme auch die Belichtungszeit ändern.

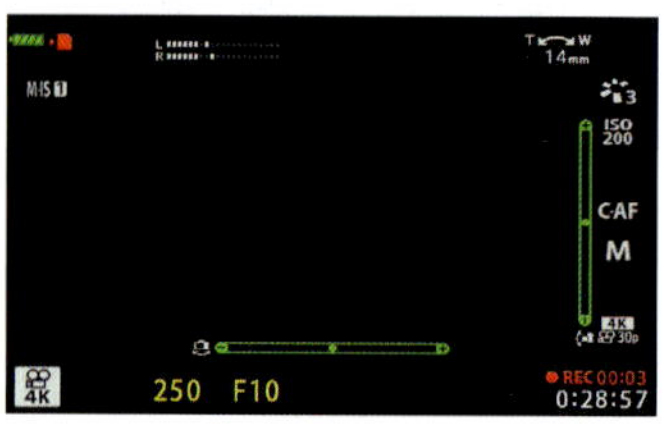

Abbildung 15.7: Im Video-Modus »M« lassen sich während der Aufnahme die Zoomeinstellung (wenn vorhanden), die Blende, die Belichtungszeit und der ISO-Wert verändern.

Abbildung 15.8: Sie können zwischen unterschiedlichen Bildraten und Komprimierungsstufen wählen.

Auch hier lässt sich über denselben Weg wie im Programm *A* die Belichtungszeit während der Aufnahme anpassen.

Fast völlige Freiheit im Hinblick auf Blende und Belichtungszeit erhalten Sie im Video-Modus *M*. Hier können Sie die Werte für Blende (vorderes Einstellrad) und Belichtungszeit (hinteres Einstellrad) entsprechend vorwählen. Für die längstmögliche Belichtungszeit gilt aber auch hier das zuvor bereits für den Verschlusszeitvorwahl-Modus *S* Gesagte.

Während der Aufnahme lassen sich Blende, Belichtungszeit und Belichtungskorrektur verändern. Im Video-Modus *M* können Sie die ISO-Werte im Bereich von ISO 200 bis ISO 6400 einstellen. In den anderen Modi wird *ISO Auto* verwendet.

15.5 Die Bildraten der OM-D E-M10 Mark IV

Filmen ist ja letztlich nichts weiter als das schnelle Aufnehmen von mehreren Bildern hintereinander. Damit nun die Ausgabe des Films ruckel- beziehungsweise flimmerfrei erfolgen kann, sind bestimmte Bildmengen je Zeiteinheit notwendig. An der OM-D E-M10 Mark IV haben Sie im FHD-Modus die Wahl zwischen den Bildraten 60p, 50p, 30p, 25p und 24p (Vollbilder/Sekunde), jeweils mit unterschiedlichen Datenraten. Dies sind gute Werte, wenn man bedenkt, dass etwa 22 Bilder pro Sekunde ausreichen, um uns die Illusion eines flimmerfreien Films zu suggerieren.

Für Heimkinoanwendungen kommt eine Bildrate von 24p zum Einsatz. Das entspricht auch der Filmqualität von Blu-ray-Videos. Hier liegen Sie also mit der Einstellung 25p richtig.

4K 30p liefert die beste Filmqualität. Hier müssen dann schon beachtliche Datenmengen bewegt werden, was einen entsprechend gut ausgerüsteten Computer voraussetzt.

15.6 Der optimale Ton zum Video

Neben der Aufzeichnung der Bildsequenzen gehört natürlich auch der Ton zu einer Videoaufnahme. Die OM-D E-M10 Mark IV besitzt zwei eingebaute Mikrofone auf der Oberseite zur Stereoaufnahme sowie einen Lautsprecher für die Wiedergabe auf der Rückseite der Kamera.

Qualitativ ist die Tonaufnahme mit den eingebauten Mikrofonen recht gut. Allerdings bringt es die Einbaulage mit sich, dass Kamerageräusche wie der Bildstabilisator mit aufgezeichnet werden.

Möchten Sie überhaupt keinen Ton aufzeichnen, dann können Sie dies im Menü • *Video* abschalten. In diesem Auswahlmenü können Sie auch die Option wählen, eventuelle Windgeräusche während der Aufnahme herausrechnen zu lassen.

Unter *Aufnahmelautstärke* finden Sie einen Regler, mit dem Sie die Aufnahmelautstärke einstellen können. Im Allgemeinen, etwa bei Videoaufnahmen in der Stadt oder im Park bei normalem Geräuschpegel, verwenden Sie am besten die Einstellung *0*. Bei starker Geräuschkulisse, wie zum Beispiel bei Rockkonzerten oder auf dem Flugplatz, verwenden Sie Werte unter *0*.

In diesem Fall wird der Eingangspegel gedämpft, um die Aufnahme nicht zu übersteuern. Ist es sehr leise und Sie wollen das Aufnahmesignal verstärken, dann stellen Sie Werte über *0* ein. Der von den Mikrofonen aufgenommene Pegel wird im Einstellungsdialog unten rechts angezeigt (unabhängig davon, welche Option Sie gewählt haben). Stellen Sie die Werte so ein, dass die Pegelanzeige bei Geräuschen ausschlägt, aber möglichst nicht in den roten Bereich gelangt. Das könnte die Aufnahme übersteuern und damit zu Verzerrungen bei den Aufnahmetönen führen.

Beachten Sie, dass Sie im Modus *Diorama* keinen Ton aufzeichnen können.

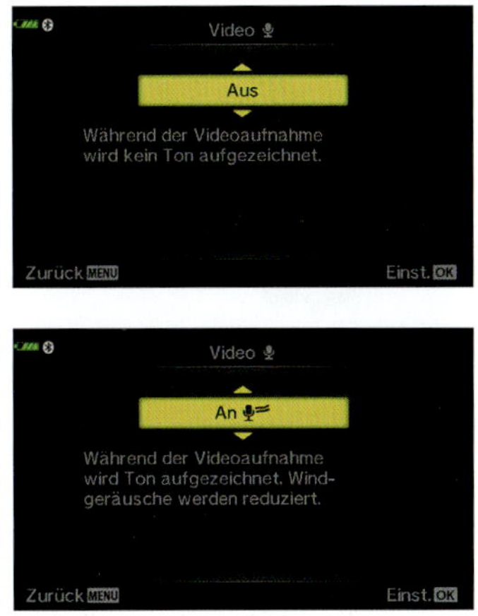

Abbildung 15.9: Schalten Sie den Ton bei der Videoaufnahme ein oder aus. Optional kann die OM-D E-M10 Mark IV auch versuchen, Windgeräusche aus der Tonaufnahme herauszurechnen.

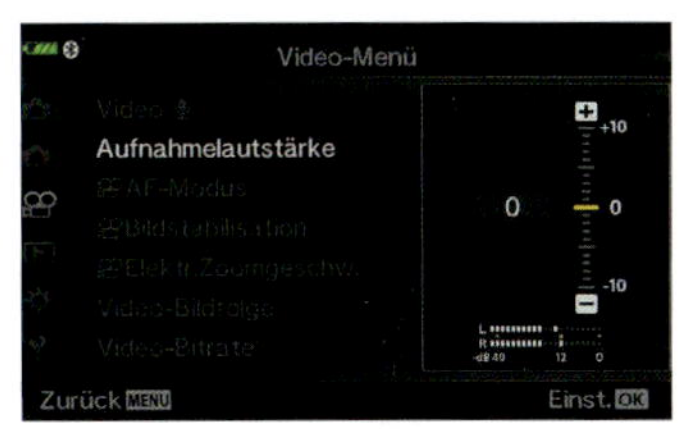

Abbildung 15.10: Sie können die Aufnahmelautstärke dem vorhandenen Geräuschpegel entsprechend anpassen.

15.7 Videos am Monitor und TV präsentieren

Die mit der Kamera aufgenommenen Videos können Sie direkt per Kabelverbindung am Monitor Ihres Rechners beziehungsweise an Ihrem Fernsehgerät abspielen. Dazu benötigen Sie für die Verbindung zur OM-D E-M10 Mark IV ein HDMI-Kabel mit einem HDMI-Micro-Stecker. Die zweite Möglichkeit ist die

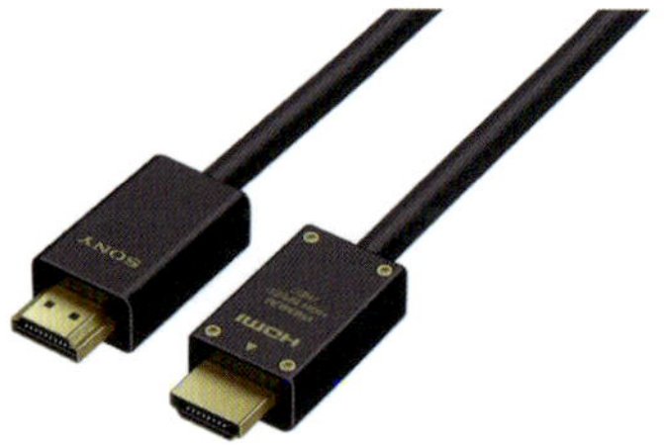

Abbildung 15.11: HDMI-Kabel zur Verbindung der OM-D E-M10 Mark IV mit einem Monitor oder Fernsehgerät (Bild: Sony)

Verbindung per AV-Kabel (zum Beispiel CB-AVC3). Hier nutzen Sie den USB-Anschluss der OM-D E-M10 Mark IV und die Video- und Audioeingangsbuchse am Fernsehgerät. Haben Sie beide Varianten an der OM-D E-M10 Mark IV angeschlossen, also HDMI- und AV-Kabel, dann hat HDMI Vorrang.

Schalten Sie die Kamera und den Monitor beziehungsweise Fernseher aus. Verbinden Sie nun die Kamera mit dem Ausgabegerät, indem Sie den HDMI-Micro-Stecker in den HDMI-Kamera-Anschluss Ihrer OM-D E-M10 Mark IV und den größeren Stecker in die HDMI-TV- beziehungsweise Monitorbuchse stecken. Als Kabel können Sie zum Beispiel das DLC-HEU15 von Sony oder jedes höherwertige handelsübliche HDMI-Kabel mit einseitigem Micro-Anschluss verwenden.

Schalten Sie den Fernseher ein und wählen Sie den entsprechenden HDMI-Eingang aus (im Beispiel *HDMI 2*). Moderne Fernseher haben meist mehrere Signaleingänge. Sollte das Fernsehgerät den Eingang nicht automatisch wählen, stellen Sie ihn von Hand ein.

Schalten Sie die Kamera ein und drücken Sie die Taste ▶. Wird das Bild nicht ordnungsgemäß angezeigt, dann testen Sie die Einstellungsmöglichkeiten *4K*, *1080p*, *720p* oder *480p/576p* (Menü ⚙ • *C2* • *HDMI* • *Ausgabe-Bildgröße*).

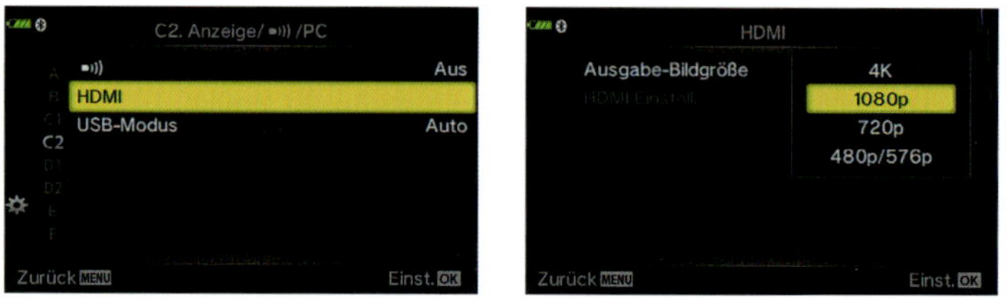

Abbildung 15.12: Mit der Option »HDMI« lassen sich unterschiedliche Bildgrößen für die Ausgabe wählen.

Alle Wiedergabemöglichkeiten der Kamera stehen Ihnen nun auf dem Ausgabegerät zur Verfügung. Möchten Sie die Kamera mit der Fernbedienung des Fernsehgeräts steuern, wählen Sie im Menü *HDMI* unter *HDMI Einstell.* die Option *An*. Beachten Sie, dass die Fernbedienung die HDMI-Steuerung unterstützen muss.

1 Lautstärke wählen

Die Lautstärke der Videowiedergabe stellen Sie am TV-Gerät nach Ihren Wünschen ein.

15.8 Zeitraffer-Videos mit der OM-D E-M10 Mark IV

Zeitraffer-Videos zeigen uns einen relativ langen Vorgang relativ stark verkürzt an. Zum Beispiel dauert ein Sonnenuntergang ja mehrere Minuten und kann per Zeitraffer-Video innerhalb von Sekunden wiedergegeben werden. Oder eine Blüte öffnet sich langsam, was im Zeitraffer-Video auch wesentlich beeindruckender wirkt als in Echtzeit. Bei Zeitraffer-Videos werden mehrere Bilder zeitversetzt aufgenommen und später am Stück als Video wiedergegeben. Bei der Aufnahme dieser Intervallaufnahmen kann Sie die OM-D E-M10 Mark IV unterstützen. Dabei lassen sich Videos in HD-, FHD- und sogar in 4K-Auflösung erzeugen. Möchten Sie die Funktion nutzen, dann navigieren Sie ins Menü 2 • *Intervallaufnahmen* • *An und drücken die Taste* ▶.

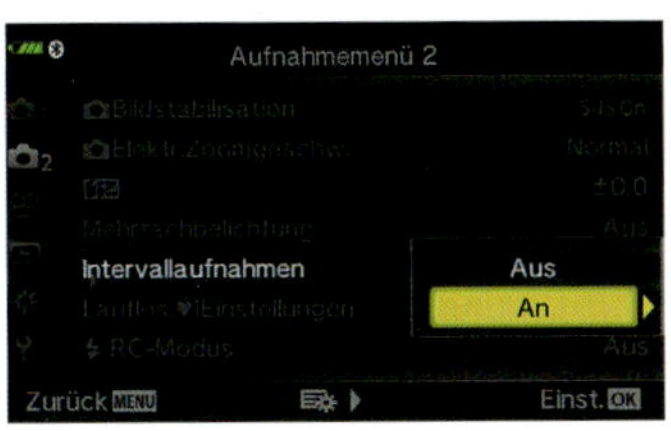

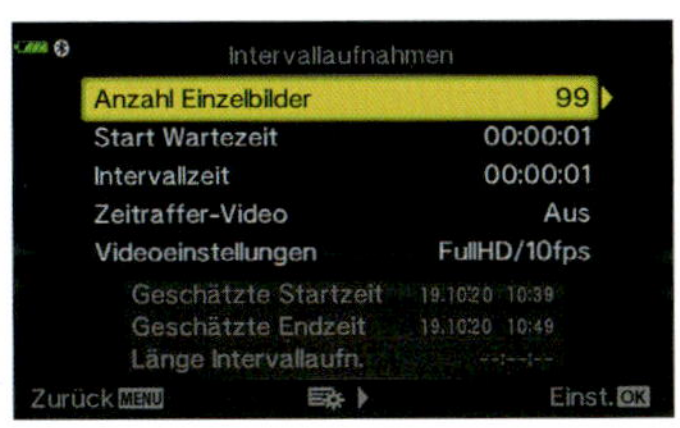

Abbildung 15.13: Über das Menü »Intervallaufnahmen« gelangen Sie auch zur Einstellung der Zeitraffer-Videoaufnahme.

Ein Zeitraffer-Video kann mit der OM-D E-M10 Mark IV theoretisch aus 999 Einzelbildern bestehen – theoretisch, weil Sie durch die Akkukapazität limitiert sind. Die gewünschte Anzahl stellen Sie unter der Option *Bild* ein. Soll die Aufnahme erst zu einem späteren Zeitpunkt erfolgen, so können Sie der OM-D E-M10 Mark IV unter *Start Wartezeit* die gewünschte Verzögerungszeit bis zum Start der Intervallaufnahme vorgeben. Mit der Option *Intervallzeit* legen Sie die Abstandszeit zwischen den einzelnen Aufnahmen fest. Allerdings muss die OM-D E-M10 Mark IV auch die einzelnen Bilder während der gesamten Aufnahmezeit auf der Speicherkarte ablegen. Und das bedeutet einen gewissen Zeitaufwand. Dieser ist abhängig von der Bildqualität sowie der Schreibgeschwindigkeit der Speicherkarte und muss zur Intervallzeit dazugerechnet werden. Das Gleiche gilt für längere Belichtungszeiten.

Haben Sie zum Beispiel eine Belichtungszeit von 1s eingestellt, ist schon hierdurch die Intervallzeit deutlich länger als eine Sekunde. Bei Belichtungszeiten über 4s kommt noch einmal die Belichtungszeit hinzu, falls bei *Rauschminderung* die Option *Auto* eingestellt wurde (Standard). Stellen Sie als Beispiel bei Intervallzeit 10s ein und haben eine Belichtungszeit von 4s gewählt (*Rauschminderung* auf *Auto*), dann erhalten Sie einen Abstand zwischen den Aufnahmen von mindestens 4s + 4s + 10s + Zeit zum Abspeichern. Das sollte man bedenken, wenn eigentlich nur 10s zwischen den Aufnahmen vorgesehen waren. Zur Abschätzung der Gesamtzeit der Intervallaufnahme zeigt die OM-D E-M10 Mark IV die geschätzte Start- und Endzeit an.

Mit der Option *Zeitraffer-Video* legen Sie fest, ob nur die Bilder auf der Speicherkarte abgelegt werden sollen (*Aus*) oder ob die OM-D E-M10 Mark IV zusätzlich ein Video aus den Bildern zusammensetzen soll (*An*). Fügen Sie die Bilder später selber am Computer per Software zu einem Video zusammen, dann wählen Sie *Aus*.

Bei *Videoeinstellungen* können Sie die Videoqualität (*HD*, *FullHD*, *4K*) und die Anzahl der Bilder pro Sekunde (Bildrate) des Videos festlegen. Wurde *4K* gewählt, dann ist eine maximale Bildrate 5 fps (5 Bilder pro Sekunde) erreichbar. Bei *FullHD* sind bereits 15 fps möglich, während bei *HD* bis zu 30 fps gewählt werden kann, was einem flüssigen Video entspricht und auch den stärksten Zeitraffer-Effekt bietet.

Bei 100 Einzelbildern als Beispiel erhalten Sie so

- bei 5 fps eine Videogesamtzeit von 20s
- bei 10 fps eine Videogesamtzeit von 10s
- bei 15 fps eine Videogesamtzeit von 6,7s
- bei 30 fps eine Videogesamtzeit von 3,4s

Es kann nur der statische Autofokus (S-AF) verwendet werden. Vor jeder Aufnahme stellt die OM-D E-M10 Mark IV den Autofokus neu ein. Auch wenn keine Schärfe gefunden wurde, löst die Kamera aus. Alternativ können Sie den Fokus im MF-Modus manuell einstellen. Die Kamera schaltet bei längeren Pausen zwischen den Aufnahmen in den Ruhemodus. Zehn Sekunden vor der nächsten Aufnahme wacht sie selbstständig wieder auf. Der Touchscreen kann während der Zeitraffer-Aufnahme nicht verwendet werden. Möchten Sie das Blitzgerät verwenden, dann muss das Blitzgerät während der Intervallzeit geladen werden können. Wird das Blitzgerät nicht rechtzeitig bis zur nächsten Aufnahme geladen, dann löst die OM-D E-M10 Mark IV ohne Blitzunterstützung aus. Haben Sie die Videoauflösung *4K* gewählt, dann ist eine HDMI-Ausgabe nicht möglich. Möchten Sie die Zeitraffer-Aufnahme abbrechen, dann drücken Sie die Taste *MENU*, die Taste ▶ oder die Objektiventriegelung. Schließen Sie das USB-Kabel an Ihre OM-D E-M10 Mark IV an, bricht der Vorgang ebenfalls ab.

15.9 Zeitlupenaufnahmen

Die OM-D E-M10 Mark IV erlaubt Zeitlupenaufnahmen mit 120 Bildern pro Sekunde. Damit erreichen Sie eine vierfache Verlangsamung gegenüber einer normalen Videoaufnahme. Die Wiedergabe erfolgt nach der Aufnahme mit 30 Bildern pro Sekunde und die Bildqualität entspricht *HD*. Denken Sie z.B. an eine Tanzvorführung, bei der sehr schnelle Bewegungen der Tänzer nun verlangsamt wiedergegeben werden können. Beeindruckende Aufnahmen sind damit möglich.

Stellen Sie mit der Programmwählscheibe den Videomodus ein und wählen Sie mit den Tasten ◀ ▶ *HS* aus. Stellen Sie den Fokus ein und drücken Sie die Video-Taste ◉. Der Fokus und die Belichtung werden gespeichert und auf die gesamte Aufnahme angewendet. Aufnehmen können Sie maximal 20 Sekunden und es wird kein Ton aufgezeichnet.

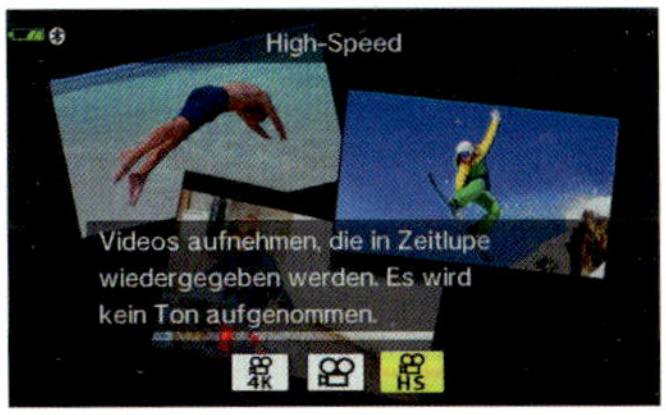

Abbildung 15.14: Zeitlupenaufnahmen mit 4-facher Verlangsamung sind möglich.

Index

L

M

N

O

P

R

S

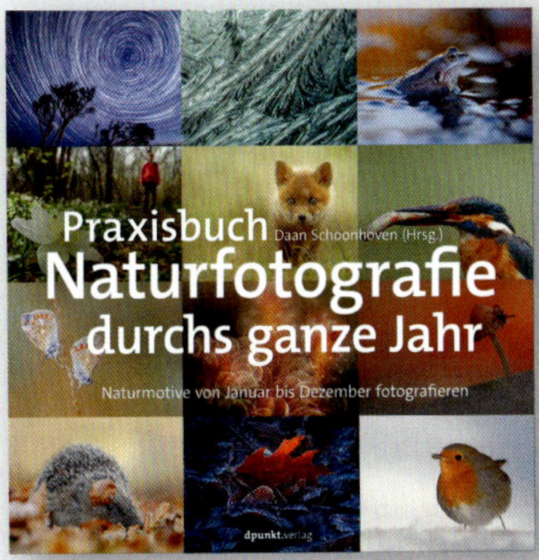

Daan Schoonhoven (Hrsg.)

Praxisbuch Naturfotografie durchs ganze Jahr

Naturmotive von Januar bis Dezember fotografieren

2020
292 Seiten, Festeinband
€ 34,90 (D)

ISBN:
Print 978-3-86490-723-4
PDF 978-3-96088-879-6
ePub 978-3-96910-042-4
mobi 978-3-96910-043-1

Der Kreislauf des Lebens bestimmt das Angebot an Naturmotiven. Er sorgt für Vielfalt und Abwechslungsreichtum, erfordert aber auch Kenntnisse über das Naturgeschehen und sorgfältige Planung der Fotoprojekte.

Manche Jahreszeiten eröffnen so viele Möglichkeiten, dass Sie kaum wissen, wo Sie die Kamera hinhalten sollen. Zu anderen Jahreszeiten ist die Auswahl an Motiven spärlicher. Welche Pflanzen- und Tierarten, Landschaften, Naturerscheinungen und Wetterphänomene man wann und wie am besten fotografieren kann, erfahren Sie in diesem nach Monaten gegliederten Fotoratgeber.

Zusätzlich bietet Ihnen jedes Kapitel ein Vertiefungsthema, mit dessen Hilfe Sie sich als Fotograf*in weiterentwickeln können und bewusster fotografieren lernen: Die Autor*innen zeigen Ihnen, wie Sie einen detaillierten Jahresplan anlegen, Ihre Fotoprojekte sorgfältig vorbereiten oder bei allem fotografischen Eifer verantwortungsvoll und ethisch handeln.

dpunkt.verlag
www.dpunkt.de